四川师范大学巴蜀文化研究中心资助出版

走出盆地
巴蜀文化与欧亚古文明

段渝 著

ZOUCHU PENDI

BASHU WENHUA YU OUYA GUWENMING

人民出版社

责任编辑：杨美艳
封面设计：石笑梦

图书在版编目（CIP）数据

走出盆地：巴蜀文化与欧亚古文明／段渝 著 . —北京：人民出版社，2019.7
ISBN 978 - 7 - 01 - 019965 - 8

I. ①走… II. ①段… III. ①巴蜀文化 – 研究 ②文化史 – 研究 – 欧洲、亚洲
 IV. ① K871.34 ② K500.3

中国版本图书馆 CIP 数据核字（2018）第 239785 号

走出盆地：巴蜀文化与欧亚古文明
ZOUCHU PENDI: BASHU WENHUA YU OUYA GUWENMING

段渝 著

人民出版社 出版发行
（100706 北京市东城区隆福寺街 99 号）

环球东方（北京）印务有限公司印刷 新华书店经销

2019 年 7 月第 1 版 2019 年 7 月北京第 1 次印刷
开本：710 毫米 × 1000 毫米 1/16 印张：35.75
字数：622 千字

ISBN 978 - 7 - 01 - 019965 - 8 定价：99.00 元

邮购地址 100706 北京市东城区隆福寺街 99 号
人民东方图书销售中心 电话（010）65250042 65289539

序

　　中国古代文化由各个区系文化多元一体整合而成，巴蜀文化是其中一个重要的区系。近年以来的考古研究成果充分证明，在中国古代文明的起源形成时代，中国文化呈现为平行发展、多元一体的几大板块，由东西南北中几大区系文化共同构成，它们各有渊源，自成体系，在成长中交流，在交流中融合，形成上古中国文化的主干和前锋。其中的一大板块，就是位于中国西部长江上游的巴蜀文化区，它在中国古代文明起源、形成的历史大舞台上，扮演了重要角色，发挥了积极作用，是中国古代文明多元一体演进构架的重要组成部分之一。夏商时代的巴蜀文化主要表现为神权文明，周代及春秋战国时代的巴蜀文化主要表现为礼乐文明。战国末叶秦并巴蜀以后，巴蜀先是在秦后来又在汉王朝的政治经济、社会组织改造以及文化变革和引导之下，逐步从独立王国性质和民族形态的文化向着秦汉统一帝国内的地方文化形态转型，成为中华文化的一支重要的地域亚文化，同时又给秦汉文化以积极影响。

　　巴蜀文化不但是一支高度发展并且极富特色的区域文化，有着悠久的始源、独特的文化模式和文明类型，同时它还具有强烈的开放性特点。以巴蜀为重心的中国西南对外经济、文化交流，不论在中国文明史还是中外关系史上都占有相当的地位。长期以来，国内外对于中外关系史的研究，往往只上溯到汉代并且以西北丝绸之路为唯一重心。但是，近年中国西南尤其巴蜀地区外来文化因素的发现，以及东南亚、南亚、中亚、欧洲一些地区中国文物尤其是巴蜀文化遗迹的发现，使得我们越来越深刻地认识到古代巴蜀在早期中外关系史上的重要地位和作用。

　　古代巴蜀与欧亚古文明的各种关系，主要是经由南方丝绸之路进行的。"南方丝绸之路"概念的提出，是基于对这条交通路线上若干相同或相近的文化因素的认识。在以四川地区为重心，延展到云南、贵州，直至中南半岛以及缅甸、印度等地区，近年考古出土不少相同或相近的古代文化遗物或遗迹，这些文物不仅有古蜀文化，而且有印度、中亚乃至西亚的文化因素，而这些文物的时代明显早于经中国西北河西走廊出西域的中外交通线即北方丝绸之路的开通年代。由于丝绸之路作为古代中西文化交流的代称已为中外学者和社会各界所普遍接受，因此便称这条以巴蜀为起始地，分别经云南、贵州、广西、广东出域外，至东南亚、印度、阿富汗、中亚、西亚及欧洲地中海地区的中外交通线路为"南方丝绸之路"。

20世纪80年代，在全国改革开放大潮的促动下，四川省和云南省以及贵州省的历史学、考古学、人类学界提出古代南方丝绸之路研究，并一度掀起研究热潮。本世纪初，随着对巴蜀文化内涵及其与越南、缅甸、印度和近东文明关系认识的不断深化，我们对南方丝绸之路的认识也向着更加深入的层面发展。我们认为，在南方丝绸之路的研究上，有两个十分重要而无法回避的学术问题越来越明显地摆在面前：一是以往学术界对南方丝绸之路的研究，绝大多数集中在国内段，研究领域、对象和资料等多限于中国西南地区，而对南方丝绸之路国外段的研究则非常缺乏，难以形成南方丝绸之路的整体研究；二是我们在研究过程中认识到，南方丝绸之路不仅仅是一条贸易通道，它实际上是古代中国同东南亚、南亚、西亚乃至欧洲等地各文明之间碰撞、交流、互动的重要纽带，是欧亚大陆相互影响、促进发展的文明载体，对欧亚文明的发展和繁荣有着非常重要的历史作用，而古代中国与欧亚文明关系的发展又对南方丝绸之路的演变产生了重要影响。

巴蜀文化研究与南方丝绸之路研究是相互关联的两大课题。历史上不论在南方丝绸之路的国内段还是国外段，巴蜀都是作为重要的枢纽，发挥了重要作用。从南方丝绸之路国内段而言，历代中央王朝对西南地区的政治经济治理和文化整合，都是通过巴蜀经由南方丝绸之路进行的，而巴蜀文化本身也对西南地区的经济技术发展和文明演进起到了十分重要的推动作用。从南方丝绸之路国外段而言，中国政治经济文化对东南亚的深刻影响，其发源地或表现最为集中的地区，就是古代巴蜀，而历代中央王朝对东南亚地区的政治影响和经济文化传播，也是以巴蜀为枢纽的。古代中国通过欧亚大陆通道与缅甸、印度以及西亚以至欧洲地区的经济文化交往，除西域丝绸之路和草原丝绸之路外，南方丝绸之路是一条重要的途径。至于古代中国通过海路与外域的经济文化交流，则除南海和东海的海上丝绸之路外，南方丝绸之路仍然是一条重要的途径。很明显，作为南方丝绸之路起始地的古代巴蜀，一直都充当着沟通与连接各条丝绸之路的枢纽的角色。可见，只有深入系统地研究了南方丝绸之路这个课题，才能够最终解决巴蜀文化的开放性和世界性问题。另一方面，对巴蜀文化的深入系统研究，又将为南方丝绸之路研究提供极为重要的实证和理论资料。通过对这两个紧密关联课题的透彻研究，必将在这两个领域的研究中做出突出贡献。

道路是历史的见证，是文明的载体。对道路的研究，不仅仅在于对交通和交通线的研究，更重要的是对发生在道路及所涉区域以及相关地区政治经济发展和文明演进的研究。对巴蜀文化与南方丝绸之路的研究，其研究意义和学术价值正在于此。

本书为作者研究巴蜀文化与欧亚古文明的部分论文成果的集结。本书分为三个部分，第一部分是关于巴蜀文化研究的内容，第二部分是关于古代巴蜀与中央王朝政治和文化关系研究的内容，第三部分是关于巴蜀文化与南方丝绸之路研究的内容。这三个部分之间有着内在的关联，可以从中考察巴蜀文化与中原和欧亚古文明的关系，这也是选编这本文集的目的。

目　录

第三篇　古代巴蜀与南方丝绸之路

第一篇

巴蜀文化研究

三星堆与巴蜀文化研究七十年

从 20 世纪 40 年代初"巴蜀文化"命题的正式提出，迄今已经半个多世纪了。如果从 1933 年四川广汉月亮湾的首次考古发掘算起，三星堆与巴蜀文化的研究已达整整 70 年。70 年来，三星堆与巴蜀文化研究在若干方面取得了重要进展，尤其是中华人民共和国建立以来的 50 多年，由于党和政府的关怀与支持，考古工作全面深入开展，大量新材料不断问世，使学术界得以比较充分地运用当代考古新成果，对巴蜀文化进行不懈探索，取得了一系列令人瞩目的新成就，不但彻底否定了前人所谓"蜀无礼乐，无文字"的旧说，而且提出了"三星堆文明"、"巴蜀古代文明"和"巴蜀是中华文明又一个发源地"的崭新论断[1]，引起了中外学术界和社会各界的广泛关注和兴趣，并取得越来越多的共识。这一切，使学术界对三星堆与巴蜀文化的重要学术地位有了更加深刻的认识，正如李学勤教授最近所总结的那样："可以断言，如果没有对巴蜀文化的深入研究，便不能构成中国文明起源和发展的完整图景"，"中国文明研究中的不少问题，恐怕必须由巴蜀文化求得解决。"[2]

据不完全统计，国内外各报刊杂志和出版社公开发表出版的有关三星堆与巴蜀文化研究的学术论著达 1000 篇（部）以上[3]，在海内外产生了重要影响。本文仅从学术背景、文化内涵、考古新发现的意义、主要学术成果与分歧等方面对 70 年来的三星堆与巴蜀文化研究作一综合分析论述[4]，并对未来的主要研究方向提出自己不成熟的看法，供各界参考。

---

① 段渝：《巴蜀是华夏文化又一个起源地》，《社会科学报》1989 年 10 月 19 日。

② 李学勤：《略论巴蜀考古新发现及其学术地位》，《中华文化论坛》2002 年第 3 期。

③ 这里所说，是指先秦时期的巴蜀文化，即传统上或本来意义上的巴蜀文化。

④ 本文所列观点，其取舍均以原创性观点为标准，余皆不列，敬请读者雅谅。

一、中华人民共和国建立前"广汉文化"和
"巴蜀文化"的提出与初步研究

三星堆与巴蜀文化研究的兴起，在中华人民共和国建立以前主要是从两个方面发端，在两条线索上分别展开的。这就是广汉真武宫玉石器坑的发现与发掘、成都白马寺坛君庙青铜器的发现与研究。

1929 年（一说 1931 年）春，四川广汉县（今广汉市）城西 18 里太平场附近真武宫南侧燕氏宅旁发现大批玉石器，其中不少种类在形制上与传世和其他地区出土的同类器型不同，引起有关方面注意。1930 年，英籍牧师董宜笃（A.H.Donnithone）函约成都华西大学教授戴谦和（D.S.Dye）同往调查，获得一批玉器。戴氏据此撰《四川古代石器》（*Some Ancient Circles, Squa res, Angles and Curves in Earth and in Stone in Szechwan*），备记其事，并对器物用途等略加探讨。该文发表于华西大学华西边疆研究学会主办的英文杂志《华西边疆研究学会会志》（*Journal of the West China Border Research Society*）第 4 卷（1934 年）。1932 年秋，成都金石名家龚熙台称从燕氏购得玉器 4 件，撰《古玉考》一文[①]，认为燕宅旁发现的玉器坑为蜀望帝葬所。1933 年（一说 1934 年），华西大学博物馆葛维汉教授（D. C. Graham）及该馆助理馆员林名均应广汉县政府之邀，在燕宅旁开展正式田野考古发掘，颇有收获，由此揭开了日后三星堆文化发掘与研究的序幕。

1934 年 7 月 9 日，旅居日本并潜心研究甲骨文的郭沫若在给林名均的回信中，表达了他对广汉发掘所取成果的兴奋心情，并认为广汉出土玉器与华北、华中的发现相似，证明古代西蜀曾与华中、华北有过文化接触。他还进一步从商代甲骨文中的"蜀"字，以及蜀人曾参与周人克商等史料出发，认为广汉遗址的时代大约在西周初期。

1936 年，葛维汉将广汉发掘及初步研究成果撰成《汉州发掘初步报告》（*A Preliminary Report of the Hanchou Excavation*），发表于《华西边疆研究学会会志》第 6 卷（1936 年）。林名均亦撰成《广汉古代遗物之发现及其发掘》一文，发表于《说文月刊》第 3 卷第 7 期（1942 年）。两文均认为出土玉石器的土坑为墓葬。

---

① 龚熙台：《古玉考》，《成都东方美术专科学校校刊》创刊号，1935 年。

至于年代，葛维汉认为其最晚年代为西周初年，约公元前 1100 年；林名均则将广汉文化分为两期，认为文化遗址的年代为新石器时代末期，在殷周以前，坑中所出玉石器则为周代遗物。

1946 年 7 月，华西大学博物馆出版了郑德坤教授的《四川古代文化史》，作为该馆专刊之一。在这部著作里，郑德坤把"广汉文化"作为一个专章（该书第 4 章）加以讨论研究，从调查经过、土坑遗物、文化层遗物、购买所得遗物、广汉文化时代之推测等五个方面详加分析，不同意葛维汉、林名均提出的墓葬之说，认为广汉出土玉石器的土坑应为晚周祭山埋玉遗址，其年代约为公元前 700—前 500 年；广汉文化层为四川新石器时代末期遗址，在土坑时代之前，其年代约在公元前 1200—前 700 年之间。

广汉发掘尤其是"广汉文化"的提出，表明当时的学者对广汉遗物与中原文化有异有同的现象开始给予关注。不过，由于种种原因，广汉文化在当时并没有引起更多学者的特别重视。

比较而言，"巴蜀文化"概念的命运却全然不同。这一概念在学术界引起了十分热烈的争论，直接导致了巴蜀文化作为一个科学命题的最终确立。

当 20 世纪 40 年代学术界首次提出"巴蜀文化"的时候，还仅仅是把它作为一种与中原文化有别的青铜器文化来看待的。其背景是 20 世纪 20 年代成都西门北面白马寺坛君庙时有青铜器出土，以兵器为多，形制花纹与中原青铜器有异，流布各地以至海外，被人误为"夏器"。抗战爆发后，学者云集四川，遂对这些异形青铜器产生兴趣。卫聚贤搜集这批资料，写成考释论文，题为《巴蜀文化》，发表于《说文月刊》3 卷 4 期（1941 年）和 3 卷 7 期"巴蜀文化专号"（1942 年）。他在文中将这批兵器分为直刺、横刺、勾击三类，并摹写出器体上的各种纹饰。他认为，春秋以前蜀人有自己的文字，春秋战国时仿中原文字。对于蜀国青铜器的年代，则断在商末至战国。

卫文刊布后，在学术界掀起轩然大波。一些知名学者力驳卫说，认为卫文所举青铜器，若不是中原兵器，便是伪器。如像金石甲骨学家商承祚[1]、考古学家郑德坤[2]，都不同意卫聚贤的看法。在当时四川地区尚未大力开展科学的考古发掘的情况下，人们大多从古人言，认为巴蜀蛮荒、落后，这固然可以理解，

---

① 商承祚：《成都白马寺出土铜器辨》，《说文月刊》第 3 卷第 7 期，1942 年。

② 郑德坤：《四川古代文化史》，华西大学博物馆 1946 年版。此书未列巴蜀文化。

然而由此怀疑巴蜀文化的存在，全盘否定巴蜀青铜器，却显然是"中原中心论"长期占据学术统治地位的结果。

在"巴蜀文化"命题提出的前后，学术界还从文献方面对巴蜀古史进行了研究，辑佚钩沉，试图重建巴蜀的古代史①。发表的论著中，所依据的材料主要是旧题西汉扬雄的《蜀王本纪》、东晋常璩的《华阳国志》，以及先秦汉晋其他的一些历史文献。这些新著论文，大多限于微观研究，视角不广，几乎没有提出成体系的观点。

1941年，古史辨大师顾颉刚在四川发表重要论文《古代巴蜀与中原的关系说及其批判》②，清理了古代文献中有关巴蜀的多数材料，彻底否定几千年来人们信奉不二的"巴蜀出于黄帝说"，首次提出"巴蜀文化独立发展说"，认为巴蜀融合中原文化是战国以来的事。顾氏的看法，在当时产生了很大影响，可以说是新中国成立以前巴蜀文化与历史研究领域内最具灼见、考论最精的一篇奠基之作。其实质在于，他实际上已洞见并提出了中国文明多元起源的问题和巴蜀文化区系的问题，而此类问题正式提上研究日程并为学术界所接受，却是40年以后的事情，足见其大师风范。

考古学方面，冯汉骥等人调查了成都平原的"大石文化"遗迹，认为是新石器时代到周代，即秦灭巴蜀以前的遗迹，部分证实了文献有关记载的可靠性。吴金鼎、凌纯声、马长寿等著名学者也在四川各地进行考古调查，史前遗址屡有发现。郑德坤比较全面地搜集了当时可能看到的四川考古材料，详加排列整理，出版了《四川古代文化史》专著。尽管郑氏并不同意"巴蜀文化"的提法，但这部著作对于研究考古学上的巴蜀文化，却有十分重要的意义，这是他所始料不及的。

巴蜀文化的讨论激发了一大批学者的热情，人们纷纷著文参加讨论，各抒己见。董作宾著《殷代的羌与蜀》一文，发表在《说文月刊》3卷7期"巴蜀文化专号"上。他仔细搜求当时所见甲骨文，确认有"蜀"，并根据甲骨文中蜀与羌每在同一片上甚至同一辞中的情况，断言蜀国在陕南一带，并不在传统上

---

① 吴致华：《古巴蜀考略》，《史学杂志》1930年第2期；朱逖先：《古蜀国为蚕国说》，《时事新报·学灯》1939年第14期；孙次舟：《古蜀国的起源》，《星期评论》1941年第22期、23期；缪凤林：《漫谈巴蜀文化》，《说文月刊》第3卷第7期，1942年。

② 顾颉刚：《古代巴蜀与中原的关系说及其批判》，《中国文化研究汇刊》1941年9月第1卷。此文收录于顾颉刚《论巴蜀与中原的关系》，四川人民出版社1981年版。

所认为的成都。在董作宾之前，唐兰也曾考释了甲骨文中的"巴方"和"蜀"，认为在今四川①。陈梦家也承认甲骨文中有"蜀"，指为西南之国②。郭沫若亦从此论，但认为甲骨文中的蜀"乃殷西北之敌"③。胡厚宣承认甲骨文中有蜀，不过他认为此蜀并不是四川的蜀国，而是山东的蜀，"自今之泰安南到汶上，皆蜀之疆"④。童书业则认为巴蜀原本都是汉水上游之国，春秋战国时才南迁入川⑤。徐中舒在其享有盛誉的论文《殷周之际史迹之检讨》中，认为巴、蜀均南土之国，殷末周文王经营南国，巴蜀从此归附⑥。

此外，在四川史前文化的调查方面也取得初步成果。1886年英人巴贝（C.F.Babei）在重庆附近购得磨制石器2枚，西蜀有石器文化遂闻于世。1913年美国哈佛大学叶长青（J.H.Edgar）在西康采集到打制石器材料。1925—1926年美国中亚考察队格兰杰（Walter Granger）在万县盐井沟发现1件与更新世动物化石群同时代的穿孔石盘。1930年德国人阿诺尔德·海姆（Arnold Heim）在西康道孚发现2件刮削器。1931年美国哈佛燕京学社派包戈登（Gordon Bowles）在道孚附近发现史前遗址多处，采集石器数十件。1935年法国人德日进(Teilhard Decheadin）与中国生物学家杨钟健在万县西约10公里的长江第一阶地上采集到1件新石器时代以前的石器⑦。还有一些学者对巴蜀的物质文化、古史传说、政治史，以及史前文化进行了探讨⑧，对学术界也有较大影响。

综观新中国成立前的巴蜀文化研究，有以下特点：

第一，大多数是对古代文献材料的搜集、整理和辨伪，初步开展了考古调查和局部的发掘，并加以排列分类，这仍然主要是材料的搜集整理工作。但以考古材料包括殷墟甲骨文来印证、补充或纠正文献材料，却在研究方法上突破了传统考据学的框架，开创了以近代方法论研究巴蜀文化的新风，为后来研究工作奠定了基石。

---

① 唐兰：《天壤阁甲骨文存考释》，北平辅仁大学，第54期。

② 陈梦家：《商代地理小记》，《禹贡半月刊》1937年第6期、7期合刊。

③ 郭沫若：《卜辞通纂》，《郭沫若全集》考古编第二卷，人民出版社1985年版，第119页。

④ 胡厚宣：《卜辞中所见之殷代农业》，《甲骨学商史论丛》第二集。

⑤ 童书业：《古巴国辨》，《文史杂志》，1943年第2期。

⑥ 徐中舒：《殷周之际史迹之检讨》，《"中央"研究院历史语言研究所集刊》7本2分，1936年。

⑦ 郑德坤：《四川古代文化史》，《华西大学博物馆》，1946年。此书未列巴蜀文化。

⑧ 郑德坤：《巴蜀始末学思，第2卷"巴蜀的交通与实业"；《学思》第3卷，1943年；林名均：《广汉古代遗物之发现及其发掘》，《说文月刊》第3卷第7期，1942年。

第二，提出了巴蜀文化和历史研究的一些基本课题，包括巴蜀的地理位置，巴蜀与中原的关系，考古学上巴蜀遗物的真伪，以及巴蜀史料的纠谬释疑等等。从这些内容很容易看出，尽管在研究过程中运用了新方法，也提出了一些很有见地、很有水平的新观点，但就整个课题设计及方向上看，未能提出超越传统史学体系的新鲜内容。并且，论者往往仅从微观角度立论，缺乏把握全局的宏观眼光，因此常常是浅尝辄止，不能深入而广泛地进行研究。

第三，这一时期最重要的成果是提出了巴蜀文化的命题，从青铜器的角度同中原文化进行了初步比较，并提出了巴蜀有文字的初步看法。同时，从文献研究的角度透视了巴蜀古史，第一次把巴蜀作为无论其历史还是文化都是独立发展起来的古国来加以看待。这些成果，虽然由于资料的限制无法深入，但却涉及了当代巴蜀文化研究的几个基本层面，而这几个层面正是今天学术界关于文化与文明史研究的基础所在。在当时能够提出这些问题，是极为难能可贵的。

二、对巴蜀文化基本内涵的新认识

新中国成立以后，巴蜀文化研究进入了新的发展阶段。学术界对巴蜀文化基本内涵的认识，也随着研究工作的深入而不断深化。

徐中舒发表的《巴蜀文化初论》[①]，是新中国成立以后第一篇论述巴蜀的历史与文化的重要论文。在这篇论文中，徐中舒从经济、政治、民族、地理以及文字等方面入手，比较全面地阐述了巴蜀文化的内涵。他指出，古代四川是一个独立的经济文化区，但与中原有经济关系，文化上受中原较深的影响。蜀国在战国时代已进入国家，而巴国则一直盛行以血缘为纽带的大姓统治。巴早在先秦就有初等文字，巴文是中原文字的不同分支。在这篇文章中，徐中舒还初步研究了巴文化与蜀文化的区别和联系，不过没有明确指出这两支文化之间的关系。

蒙文通紧接着发表了《巴蜀史的问题》这篇重要论文[②]。文章概述了他对巴蜀疆域的研究成果，指出巴蜀的地理位置大抵以《华阳国志》所记较准确，并包括那些与巴蜀同俗的地域。蒙文通还认为，蜀国最初起源于岷山一带，后来

---

① 徐中舒:《巴蜀文化初论》,《四川大学学报》1959 年第 2 期。
② 蒙文通:《巴蜀史的问题》,《四川大学学报》1959 年第 4 期。

才迁居成都平原。并认为，巴蜀的文化自古就很发达，巴蜀文化并非始于文翁兴学，巴蜀文化的内涵丰富多彩，其天文星象学自成一体（此本吕子方之说）①，词赋、黄老、历律、灾祥等是巴蜀固有的文化。蒙文通这篇论文的一些主要观点，为后来的考古发现与研究成果所逐步证实。

缪钺发表《〈巴蜀文化初论〉商榷》②，针对徐中舒《巴蜀文化初论》所提某些观点，提出了自己的看法。这就引起了徐中舒另一篇宏论《巴蜀文化续论》的发表③。

在《巴蜀文化续论》中，徐中舒广征博引，从社会性质、民族学等方面详细论述了他对巴蜀文化的再认识，并提出巴国非廪君，原居江汉平原，后受楚逼凌，被迫向西南进入大巴山地区，到战国才西迁到川东，与蜀邻敌，而川东古为蜀壤等观点。这篇论文，丰富了巴蜀文化的内涵，首次从地域上说明了巴文化与蜀文化的空间构架，在学术界产生了很大影响。

上述几篇专论，不仅继承了新中国成立以前巴蜀文化研究的成果，深化了巴蜀文化命题，而且扩大了巴蜀文化的内涵，并使之走上科学研究的轨道，为学术界提供了新认识。

对巴蜀文化加以科学性规范化界定是在"文革"结束以后。1979 年童恩正出版《古代的巴蜀》专著④，对巴、蜀的含义及其沿革做了考察，认为巴蜀文化是青铜时代的文化，一方面是中华民族古代文化的一个组成部分，另一方面又带有独特的地方风格。童恩正关于巴蜀文化内涵和性质的提法，基本上因袭了其先师冯汉骥的观点。冯汉骥的遗作《西南古奴隶王国》于 1980 年发表⑤。这篇论文指出，考古学上的巴蜀文化，仅是一种青铜时期的文化。巴、蜀文化在大体上虽然相同，但从一些文化遗物上仍能加以区别。蜀人似乎没有文字，巴人的各种符号似乎是文字的雏形。蜀大约在殷周之际进入阶级社会，巴人的社会则较蜀人落后，直到秦灭巴时，巴尚处于奴隶制的初期阶级。并指出，巴蜀文化虽有明显的地方性，但仍属于中原汉文化范围内的一种地方性文化。在文化面貌上，蜀文化近乎关中和黄河流域，巴文化则近乎楚。

---

① 蒙文通：《巴蜀史的问题》，《四川大学学报》1959 年第 4 期。

② 缪钺：《〈巴蜀文化初论〉商榷》，《四川大学学报》1959 年第 4 期。

③ 徐中舒：《巴蜀文化续论》，《四川大学学报》1960 年第 1 期。

④ 童恩正：《古代的巴蜀》，四川人民出版社 1979 年版。

⑤ 冯汉骥：《西南古奴隶王国》，《历史知识》1980 年第 2 期。

20世纪80年代，巴蜀文化研究更向纵深发展，对巴蜀文化内涵的认识又有若干新的成果，其中重要的一个方面，是对巴蜀文化时空内涵认识的不断深化。

赵殿增《巴蜀原始文化的研究》①认为，考古学所说的巴蜀文化，不光是指巴国和蜀国的文化，而应包括巴蜀整个民族文化发展的全过程，既包括商周杜宇族建立国家之前巴蜀民族文化形式的前期遗存，也包括公元前316年巴蜀被秦统一之后仍保持本民族习俗的巴蜀遗民的文化的遗存。据此，他把巴蜀文化的上限提前到新石器时代晚期，称为早期巴蜀文化；地域上，他认为巴蜀文化的分布地区与两国边境并不完全一致。李复华、王家祐在《巴蜀文化的分期和内涵试说》②一文中，不同意把巴蜀文化的上限推前到新石器时代。他们认为，蜀的早期文化，广汉三星堆第二、三期可能是其第一阶段，而三星堆第一期新石器文化则是蜀文化的前身。早期蜀文化是一种土著文化，但受中原影响较深，成为这阶段蜀文化的重要内涵。蜀文化的下限，从考古学上看可延续到西汉初期。至于巴文化与蜀文化的合流，则是春秋战国时期，这时才有"巴蜀文化"。

从20世纪80年代到90年代初，许多学者在讨论巴蜀文化时，都提到了对其内涵的认识。一般说来，这种认识目前还主要限于考古学文化，即巴、蜀两族或两国的物质文化遗存。时序方面，多数论著把成都平原的新石器晚期文化视为先蜀文化，而把蜀文化分为早、晚两期，早期从夏代至春秋，晚期从春秋战国至汉初③。空间位置方面，林向提出，殷卜辞中的"蜀"的中心地区在成都平原，它在江汉地区与南传的二里头文化（夏文化）相遇，在陕南与商文化相遇，在渭滨与周文化相通④，并提出"巴蜀文化区"的概念⑤。段渝通过对三星堆文化与汉中、大渡河流域、川东鄂西相似遗存的考察，提出"古蜀文化区"的

① 赵殿增：《巴蜀原始文化的研究》，《中国考古学会第四次年会论文集》，文物出版社1985年版。

② 李复华、王家祐：《巴蜀文化的分期和内涵试说》，《巴蜀历史·民族·考古·文化》，巴蜀书社1991年版。

③ 林向：《周原卜辞中的"蜀"——兼论早期蜀文化与岷江上游石棺葬的族属之二》，《考古与文物》1985年第6期；林向：《三星堆遗址与殷商的西土——兼释殷墟卜辞中的"蜀"的地理位置》，《四川文物》1989年"三星堆遗址研究专辑"；宋治民：《早期蜀文化分期的再探讨》，《考古》1990年第5期。

④ 林向：《三星堆遗址与殷商的西土——兼释殷墟卜辞中的"蜀"的地理位置》，《四川文物》1989年"三星堆遗址研究专辑"。

⑤ 林向：《论古蜀文化区——长江上游的古代文明中心》，载李绍明、林向、徐南洲主编：《三星堆与巴蜀文化》，巴蜀书社1993年版。

概念①。这两个文化区的概念大体相通，为学术界所普遍接受。

至于川东鄂西的古文化，一般依其发现地名称为"某文化"、"某类型"、"某遗存"，也有论著称其为"早期巴文化"，不过没有取得学术界的共识②。段渝认为，巴文化有三个层次，或三种概念：一是战国以前位于汉水上游的巴国文化，一是长江三峡川东鄂西巴地的史前文化，一是春秋战国之际巴国进入长江流域与当地的巴地文化合流所形成的复合共生的地域文化，这个时候的巴文化才是可以用"巴"来涵盖并指称国、地、人、文化的完整意义上的巴文化，从而形成巴文化区。巴文化区大体北起汉中，南达黔中，西起川中，东至鄂西。其文化内涵的基本特点是：大量使用巴蜀符号，多刻铸在青铜器和印章上；巫鬼文化非常发达，形成巫文化圈；乐舞发达；崇拜白虎与敬畏白虎信仰的共生和交织；具有丰富而源远流长的女神崇拜传统；民众质直好义，土风敦厚；等等③。

先秦巴蜀文化事实上不是一个统一的文化，而是巴文化和蜀文化的总和。巴文化是指巴国王族和巴地各族所创造的全部物质文化、精神文化和社会结构的总和。蜀文化是指蜀族和蜀地各族所创造的全部物质文化、精神文化和社会结构的总和。将这两种起源不同、类型有异、族别非一的古代文化统称为巴蜀文化，首先导源于一种地理单元观念，即它们在古代是紧相毗邻，而在中、近古以迄于近现代又是省区与共的。其次导源于战国以来两者文字的相同，中古以来两者语言的一致，经济区的大体划一，以及其他诸多原因。这许多因素使两种文化逐渐融而为一，形成了大体整合的巴蜀文化④。

1990 年代初以后，对巴蜀文化时空内涵的认识又有了新发展。一批学者主张，巴蜀文化有"大巴蜀文化"和"小巴蜀文化"之分，即广义上的巴蜀文化和狭义上的巴蜀文化。所谓"大巴蜀文化"，是指从古到今的四川文化。这些学者以谭洛非、袁庭栋等为代表。袁庭栋的《巴蜀文化》专著⑤，综论了四川古代文化的主要方面。谭洛非发表了《关于开展巴蜀文化研究的建议》⑥，建议全方位

---

① 段渝：《古蜀文化区》、《三星堆文明的空间分布》、《三星堆文明的延伸分级》，载《三星堆文化》，四川人民出版社 1993 年版，第 9—12 页。

② 段渝：《论早期巴文化——长江三峡的古蜀文化因素与"早期巴文化"》，《巴渝文化》第 3 辑，重庆出版社 1994 年版，第 185—194 页。

③ 段渝：《巴文化与巴楚文化简说》，《楚俗研究》第 3 集，湖北美术出版社 1999 年版。

④ 段渝：《巴蜀古代文明的时空框架》，《文史杂志》2000 年第 6 期。

⑤ 袁庭栋：《巴蜀文化》，辽宁教育出版社 1991 年版。

⑥ 谭洛非：《关于开展巴蜀文化研究的建议》，《社会科学研究》1991 年第 5 期。

地研究四川从古到今的全部文化史。

至此，巴蜀文化在三个层面上形成了三种概念：一种是先秦巴蜀文化，即原来意义上或狭义的巴蜀文化，这一概念在学术界采用最为普遍，并得到中外学术界的肯定；一种是考古学上的巴蜀文化，主要运用考古理论与方法研究先秦巴蜀的物质文化，这一概念得到全国考古学界的肯定；另一种是广义巴蜀文化，研究从古至今巴蜀地区的文化，这一概念越来越取得各界的认同。

三、巴蜀考古的新发现

正如中原文化和其他区域文化的研究一样，巴蜀文化的研究是建立在以考古学和古文献为主要材料的基础之上的，并且由于文献不足征，考古学的新发现就愈益显示出其特殊地位和作用。1980 年代以来巴蜀文化研究的若干重大进展，都是充分运用考古新材料的结果。

中华人民共和国成立以来，由于基本建设规模的不断扩大，给考古学提供了前所未有的良好条件，新发现层出不穷，其中重要的发现有：

1. 四川广元宝轮院和重庆巴县冬笋坝船棺葬

1954 年在四川昭化（今属四川省广元市宝轮院）和巴县冬笋坝发现大批船棺葬，出土大量青铜器、陶器和印章，其时代为秦灭巴蜀前后到汉初[①]。这些器物，为学术界认识考古学上的巴文化提供了标准的衡量尺度，并使人们确信作为一种区域文化的巴蜀文化的存在。船棺葬式，最初认为是巴文化的重要特征，后来由于川西平原也发现了大量船棺葬，仅形制稍异，又使学术界认识到蜀文化同样也有船棺葬传统。

2. 成都羊子山土台

1953—1956 年在成都北郊清理的这座大型土台[②]，残高 10 米，台底 103.6 米见方，最上层 31.6 米见方，为三级四方形土台，这是现存先秦最大的土台。土台年代，原报告认为是西周到战国，后经林向研究，提出其始建年代可能为商代。[③] 土台性质，一般认为是集会、观望和祀典的场所，或古蜀国巫觋通天地

① 四川省博物馆：《四川古代船棺葬》，文物出版社 1960 年版。
② 四川省文管会：《成都羊子山土台遗址清理报告》，《考古学报》1957 年第 4 期。
③ 林向：《羊子山建筑遗址新考》，《四川文物》1988 年第 5 期。

的神坛，即大型礼仪中心。

3.四川新繁水观音遗址和墓葬

1957—1958年在四川新繁县（今属成都市新都区）水观音发掘的遗址和墓葬[①]，出土大量陶器和青铜器。墓葬年代，早期墓为商代，晚期墓为西周到春秋。遗址年代为商末周初。这一发现，为商周与春秋战国巴蜀文化的分期断代提供了可靠的序列依据。

4.四川彭县竹瓦街铜器窖藏

1959年和1980年分别在四川彭县（今属四川省彭州市）竹瓦街发现窖藏铜器[②]，有容器、兵器、工具，年代为殷周之际。其中2件青铜觯上有铭文，徐中舒考定为蜀人参加武王伐纣所获战利品，证实了文献关于"武王伐纣，实得巴蜀之师"的记载[③]。

5.成都百花潭中学十号墓

1965年清理的这座墓葬，出土不少青铜器[④]，其中一件水陆攻战铜壶，壶面有习射、采桑、宴乐、弋射、水战等图案，十分精美，全国罕见，铸于蜀国[⑤]，年代为公元前4世纪末。这座墓葬为战国蜀人的铜兵器的研究提供了断代的标尺。

6.重庆涪陵小田溪战国土坑墓

1972年在四川涪陵小田溪（今属重庆）发掘了3座土坑墓，出土大批青铜器，墓主为巴国上层统治者[⑥]。徐中舒研究了出土的虎纽錞于，认为这种器物是中原文化的传入，后来成为巴文化的重要特征之一。并认为，墓主可能是巴国众多部落中的小王之一[⑦]。段渝认为，墓主可能为巴国王子[⑧]。对于墓中所出14枚

---

① 王家祐、江甸潮：《四川新繁、广汉古遗址调查记》，《考古通讯》1958年第8期；四川省博物馆：《四川新繁水观音遗址试掘简报》，《考古》1959年第8期。

② 王家祐：《记四川彭县竹瓦街出土的铜器》，《文物》1961年第11期；四川省博物馆等：《四川彭县西周铜器窖藏》，《考古》1981年第6期。

③ 徐中舒：《四川彭县濛阳镇出土的殷代二觶》，《文物》1962年第6期。

④ 四川省博物馆：《成都百花潭中学十号墓发掘记》，《文物》1976年第3期。

⑤ 杜恒：《试论百花潭嵌错图象铜壶》，《文物》1976年第3期。

⑥ 四川省博物馆：《四川涪陵地区小田溪战国土坑墓清理简报》，《文物》1974年第5期。

⑦ 徐中舒：《四川涪陵小田溪出土的虎纽錞于》，《文物》1974年第5期。

⑧ 段渝：《涪陵小田溪巴王墓新证》，载《巴蜀历史·民族·考古·文化》，巴蜀书社1991年版，第269—283页。

一组的错金编钟，邓少琴考证为古代小架所用①。墓葬年代，徐中舒、唐嘉弘认为是秦昭王时期②，王家祐认为是秦厉共公时期③，于豪亮认为是秦始皇时期④。这批墓葬的发现，为解决巴国历史地理上的一些问题以及巴与楚、秦的关系提供了珍贵的新材料⑤。

7. 有铭青铜戈

1970 年代在四川郫县发现两件带有铭文的青铜戈，在四川新都出土一件有铭文的青铜戈，1973 年在重庆万县发现一件有铭青铜戈，1959 年在湖南常德26 号战国墓出土一件巴蜀铭文青铜戈⑥，文字似汉字而非汉字，为确证巴蜀有文字提供了重要的物证。

8. 四川犍为巴蜀墓群

1977 年发掘，年代为战国晚期，少数为汉初，出土陶器、青铜器、铁器等⑦。王有鹏认为，这批墓葬，为研究古文献记载的蜀人南迁提供了可靠的地下证据⑧。

9. 四川青川墓群

1979—1980 年在四川省青川县清理了 82 座土坑墓，出土陶器、铜器、漆器、竹木器、玉石器等 400 多件，并出土秦武王时在巴蜀推行田律的木牍⑨。时代为战国中期和晚期。出土的漆器上有刻划文字，既有汉字，又有巴蜀文字，为巴蜀符号确属文字提供了坚实依据。出土的漆器，表明巴蜀漆器与楚器有着相当的交流和相互影响。这批墓葬中巴蜀与秦、楚文化因素并存，为深入研究其间的关系提供了新资料。

---

① 邓少琴：《四川涪陵新出土的错金编钟》，《文物》1974 年第 12 期。

② 徐中舒、唐嘉弘：《古代楚蜀的关系》，《文物》1981 年第 6 期。

③ 王家祐等：《涪陵出土巴文物与川东巴国》，《四川大学学报丛刊》第 5 辑，《四川地方史研究专辑》，1980 年。

④ 于豪亮：《四川涪陵的秦始皇二十六年铜戈》，《考古》1976 年第 1 期

⑤ 段渝、谭晓钟：《涪陵小田溪战国墓及所见之巴楚秦关系诸问题》，《四川文物》1991 年第 2 期。

⑥ 李复华：《四川郫县红光公社出土战国铜器》，《文物》1976 年第 10 期；童恩正、龚廷万：《从四川两件铜戈上的铭文看秦灭巴蜀后统一文字的进步措施》，《文物》1976 年第 7 期；刘瑛：《巴蜀兵器及其纹饰符号》，《文物资料丛刊》第 7 辑，文物出版社 1983 年版；湖南省博物馆：《湖南常德德山楚墓发掘报告》，《考古》1963 年第 9 期。

⑦ 四川省博物馆：《四川犍为县巴蜀土坑墓》，《考古》1983 年第 9 期。

⑧ 王有鹏：《犍为巴蜀墓的发掘与蜀人的南迁》，《考古》1984 年第 12 期。

⑨ 四川省博物馆等：《青川县出土秦更修田律木牍——四川青川县战国墓发掘简报》，《文物》1982 年第 1 期。

10. 四川新都战国木椁墓

1980年发掘的这座战国早、中期之际的大型带斜坡墓道的土坑木椁墓[①]，椁内分出棺室和8个边箱，棺具为独木棺，椁室出土青铜器188件，青铜器多为5件成组，或2件成组，显示出特殊的礼制。青铜器中的鼎、敦等器，与楚文化有相似之处。沈仲常认为此墓是比较典型的楚文化墓葬，所出"邵之飤鼎"，"邵"为"昭"，即是楚昭王之意[②]。徐中舒、唐嘉弘认为这种楚国昭氏器物，表明有可能楚之昭氏驻蜀地[③]。李学勤认为，新都墓部分青铜器与楚器形制的相近，应是道一风同的缘故，即同一时代流行同样的艺术和风格，应是蜀器[④]。段渝提出，此墓并不具有典型的楚文化的特征，确为蜀墓，至于青铜鼎上的"昭"字，应是古代的"昭祭"，而不是楚之昭氏[⑤]。李复华、王家祐认为，该墓墓主应是蜀王开明九世到十一世当中的某一位，是为蜀王之墓[⑥]。这座墓葬的发掘，为深入认识战国时期蜀文化的丰富内涵、蜀文化的特征、蜀国的礼制以及蜀、楚关系和蜀与中原的关系提供了新认识。

11. 四川荥经巴蜀文化遗存

1981年在四川省荥经县烈太清理的墓葬内，出土印章等巴蜀文化遗物[⑦]。1981年、1982年在荥经曾家沟发掘的战国墓群中[⑧]，出土大量漆器，有的漆器上有铭文，尤其是"成"、"成市造"等铭刻的发现，为探讨巴蜀漆器的生产规模以至工商业的发展提供了新资料[⑨]。

12. 四川广汉三星堆遗址

1980年以来对四川广汉三星堆遗址进行了多次发掘，发现房屋基址40余座，陶窑1座，灰坑100多个，墓葬4座，出土数万件陶、石、金、铜、玉石器物[⑩]。文化堆积分为4期，第一期为新石器时代晚期文化，年代约距今4800—

---

① 四川省博物馆等：《四川新都战国木椁墓》，《文物》1981年第6期。

② 沈仲常：《新都战国木椁墓与楚文化》，《文物》1981年第6期。

③ 徐中舒、唐嘉弘：《古代楚蜀的关系》，《文物》1981年第6期。

④ 李学勤：《论新都出土的蜀国青铜器》，《文物》1982年1期

⑤ 段渝：《论新都蜀墓及所出"昭之飤鼎"》，《考古与文物》1991年第3期。

⑥ 李复华、王家祐：《巴蜀文化的分期、断代和渊源试说》，《四川史学通讯》1983年第3期。

⑦ 李晓鸥等：《四川荥经县烈太战国土坑墓清理简报》，《考古》1984年第7期。

⑧ 四川省文管会等：《四川荥经曾家沟战国墓群第一、二次发掘》，《考古》1984年第12期。

⑨ 段渝：《先秦秦汉成都的市与市府职能的演变》，《华西考古研究（一）》，成都出版社1991年版。

⑩ 四川省文管会等：《广汉三星堆遗址》，《考古学报》1987年第2期。

4000 年；第二、三、四期为蜀文化，年代约从夏代到西周早期。遗址总面积约 12 平方公里。位于遗址中部的古城遗址，总面积 3.6 平方公里[①]。1986 年夏季在南城墙外发掘的两个器物坑内，出土青铜器、金器、玉石器、象牙等近千件，尤以大型青铜雕像和金杖、金面罩等中国考古首次发现的珍贵之物为奇特[②]。三星堆遗址文化内涵连续变化、发展演进，揭示出蜀文化发展的脉络，清楚表明了它是与中原文化不同区系的一种文化。而城墙的发掘，文物坑内所出与中原迥然有异的青铜器，以及文字符号的发现，为商代蜀文化业已进入文明时代，它是中华文明的又一个起源地等崭新观点的提出，提供了坚实可靠的实物证据。

13. 成都十二桥遗址

1958 年底、1986 年至 1987 年，两次对该遗址进行发掘。在商代地层内，发现大型木结构建筑遗址，房顶、梁架、墙体、桩基、地梁等，基本保存完好。文化内涵与三星堆遗址具有明显的共性和发展连续性。大型地梁式宫殿建筑与小型干栏式建筑浑然一体，错落有致，分布面积为 15000 平方米以上[③]。在以十二桥遗址为中心南北延伸的数公里，还发现多处商周时期古遗址，文化面貌与十二桥相同[④]，它似是成都这个总遗址的不同组成部分[⑤]。其重要意义，一方面表现出商周之际的成都是古蜀文化的又一个中心，另一方面又以其文化发展演变的同步性展现出成都早期城市起源的历史进程[⑥]。

14. 四川绵阳边堆山遗址

1989 年发掘的四川绵阳边堆山新石器时代遗址，出土陶、石、骨器和房屋基址红烧土等标本数千件，年代距今 5000—4500 年上下[⑦]。该遗址的发掘，对于探索四川盆地文明的起源等课题具有重要意义。

15. 重庆云阳李家坝遗址

1992—1993 年、1994—1995 年曾进行过数次小规模试掘，1997 年进行大规模发掘，确定这是一处重要的古代巴人遗址。1997 年的发掘，出土的巴人遗

---

① 陈德安、罗亚平：《蜀国早期都城初见端倪》，《中国文物报》1989 年 9 月 15 日。

② 四川省文物考古研究所：《三星堆祭祀坑》，文物出版社 1999 年版。

③ 四川省文管会等：《成都十二桥商代建筑遗址第一期发掘简报》，《文物》1987 年第 12 期。

④ 王毅：《成都市蜀文化遗址的发现及其意义》，《成都文物》1988 年第 1 期。

⑤ 罗开玉：《成都城的形成和秦的改建成都》，《四川文物》1989 年第 1 期。

⑥ 段渝：《巴蜀古代城市的起源、结构和网络体系》，《历史研究》1993 年第 1 期。

⑦ 中国社会科学院考古研究所：《四川绵阳市边堆山新石器时代遗址调查简报》，《考古》1990 年第 4 期。

存有40座墓葬、多座房屋基址、3座窑址和大量遗物，时代从商周到战国时期。其中商周时期的墓葬1座。在战国时期的墓葬中，出土了丰富的陶器和青铜器，以及少量漆器、铁器、玉石器和琉璃器。此次发掘，对于深入认识巴文化尤其是三峡地区的巴文化提供了重要的资料①。

16.重庆忠县哨棚嘴遗址

该遗址属于重庆忠县洽甘（上洽下甘）井沟遗址群中具有代表性的遗址。根据1994年和1997年较大规模发掘的结果，哨棚嘴遗址可以分作三期，第一期的年代范围相当于中原仰韶文化晚期至龙山文化早期之间；第二期相当于二里头文化早期左右至二里岗下层，文化面貌近似于三星堆文化早期；第三期相当于商代晚期至西周中期，文化面貌近似于成都抚琴小区第4层②。哨棚嘴遗址的发掘，为探索三星堆文化和十二桥文化在川东地区的分布范围提供了重要的资料。

17.成都平原早期城址群

1995年以来，在成都平原相继发现了新津宝墩村、都江堰芒城村、崇州双河村和紫竹村、郫县古城村、温江鱼凫村以及大邑盐店和高山等8座早期城址，经不同程度的勘探和发掘，证实这些城址是早于三星堆文化（不含三星堆遗址一期）的早期城址。这批城址的年代略有差异，总体文化面貌基本一致，有一组贯穿始终而又区别于其他考古学文化的器物群，属于同一考古学文化遗存，命名为"宝墩文化"。宝墩文化的绝对年代，初步推定在距今4500—3700年③。成都平原早期城址群的发现，为分析文明起源时代古蜀地区政治组织的发展变化和三星堆文化的来源提供了十分重要的资料④。

18.成都市商业街大型船棺、独木棺墓葬

2000年8月至2001年1月发掘，确定是一处蜀王开明氏王朝晚期（约相当于战国早期偏晚期）的大型多棺合葬的船棺、独木棺墓葬，墓坑长达30.5米，

① 四川大学历史文化学院考古系等：《重庆云阳李家坝东周墓地1997年发掘报告》，《考古学报》2002年第1期。
② 王鑫：《忠县洽甘井沟遗址群哨棚嘴遗址分析——兼论川东地区的新石器文化及其青铜文化》，《四川考古论文集》，文物出版社1996年版；北京大学考古文博学院三峡考古队等：《重庆洽甘井沟遗址群哨棚嘴遗址发掘简报》，《重庆库区考古报告集》1997卷，科学出版社2001年版。
③ 江章华、王毅、张擎：《成都平原早期城址及其考古学文化初论》，《考古学报》2002年第1期。
④ 段渝：《玉垒浮云变古今：古代的蜀国》，四川人民出版社2001年版，第65—87页。

宽20.3米，面积达620平方米，墓坑中现存船棺、独木棺葬具17具。船棺规模、形制宏大，最大的一具长达18.8米，为其他地区所未见。随葬品虽被盗过，仍出土陶器103件、铜器20件以及漆、木器153件等。遗迹显示，墓葬有布局规整的地面建筑①。此处大型船棺、独木棺墓葬的发现，为探讨蜀王开明氏时期的政治、经济、社会以至与楚文化的关系提供了崭新的资料。

19. 四川茂县营盘山遗址

2000年10—11月在茂县发掘的营盘山遗址，是岷江上游地区发现的82处新石器时代晚期遗址之一，约距今5500—5000年。出土灰坑26座、灰沟1条和地面或房屋基址3座，遗物包括陶器、玉器、骨器等。陶器以平底和小平底器为主，有少量圈足器，不见三足器，器形多样，纹饰丰富，有一定数量的彩陶。彩陶器与西北地区仰韶文化庙底沟类型和马家窑文化马家窑类型均有差异。文化面貌与绵阳边堆山、广元张家坡、邓家坪等遗址有一些相同之处，与成都平原宝墩文化有明显的共同文化因素，为认识5000年以前长江上游与黄河上游的文化交流和传播情况提供了新材料，并为深入探讨古蜀文化的来源提供了重要的信息和有益的启示②。

20. 成都市金沙村商周遗址

2001年2月以来在成都市金沙村发现商代晚期至春秋时期的大型遗址，主体文化遗存的时代在商代晚期至西周早期，分布范围约3平方公里，是一处十二桥文化的大型遗址。遗址内有一定规划和功能分区，每一文化堆积区内有一定布局结构，出土大量青铜器、黄金制品和玉石制品，包括金器40余件、青铜器700余件、玉器900余件、石器近300件、象牙40余件等计2000余件，还发现大批象牙和数以万计的陶器、陶片等。青铜器、金器与三星堆有同有异。玉器种类尤其丰富，其中不少种类是首次出土③。金沙遗址的发现，为探索三星堆文化的去踪提供了重要线索④，为进一步探明古蜀文明的丰富内涵和成都平原

---

① 成都市文物考古研究所：《成都市商业街船棺独木棺墓葬发掘报告》，《成都考古发现（2000）》，科学出版社2002年版，第78—136页。

② 成都市文物考古研究所：《四川茂县营盘山遗址试掘报告》，《成都考古发现（2000）》，科学出版社2002年版，第1—77页；蒋成，陈剑：《岷江上游考古新发现述析》，《中华文化论坛》2001年第3期。

③ 成都市文物考古研究所，北京大学考古文博学院：《金沙淘珍》，文物出版社2002年版。

④ 林向：《寻找三星堆文化的来龙去脉——成都平原的考古最新发现》，《中华文化论坛》2001年第4期。

早期城市的形成与发展提供了十分珍贵的资料。

除以上重要考古发现外，四川省和重庆市境内大体均有古文化遗存出土。在今天四川省和重庆市的行政区划以外，也有不少巴蜀文化遗存发现，较重要的有陕南、鄂西、湘西和云南、贵州等地区，为研究巴蜀文化的空间分布、文化内涵以及文化交流与传播等课题提供了新材料。这些考古新发现，促进了学术界对巴蜀文化的新认识，使人们对以前关于巴蜀为蛮荒之地的陈旧看法彻底改观，取得了古代巴蜀是一个高度发展的文明社会的新共识。

四、巴蜀文化研究的主要成果与分歧

新中国成立以来的巴蜀文化研究，可以大致划分为三个阶段：

第一阶段，20 世纪 50 年代至 60 年代，主要研究内容为巴人和蜀人的族属、地域、迁徙、列国关系等，基本上是传统研究课题。

第二阶段，20 世纪 70 年代至 80 年代中期，主要研究巴蜀的来源、政治、经济、社会制度等，对传统研究有所突破。

第三阶段，20 世纪 80 年代后期至今，主要研究巴蜀文化的来源，巴蜀古文明的起源、形成、动力、内涵、内外关系等，无论在研究方向、研究范围还是在研究的理论方法等方面，都取得了突破性进展，使巴蜀文化研究出现了崭新气象，研究更加深化，研究领域越来越广泛。

巴蜀文化研究涉及的范围相当大，内涵非常丰富，成果层出不穷。限于篇幅，本文仅对其中的主要成果分成 14 个方面略加述评。

1. 巴蜀的族属、地域和迁徙

新中国成立后对巴蜀文化的第一阶段讨论中，族属、地域和迁徙问题是一个重要内容。这个问题在巴蜀文化研究中事关重大，所以至今仍有争论。

徐中舒首先指出，巴为姬姓，是江汉诸姬之一，为周族。史籍所载巴为廪君后代，兴起于巫诞之说，并不正确。巴与濮原为两族，后因长期杂居成为一族，故称巴濮。巴人原居川鄂之间，战国时受楚逼凌，退居清江，秦汉时期沿江向西发展[①]。

---

① 徐中舒：《论巴蜀文化》，四川人民出版社 1981 年版。

蒙文通认为，巴国不止一个，秦灭的巴是姬姓之巴，楚灭的巴是五溪蛮，为樊瓠后代，即是枳巴[①]。

缪钺提出，廪君之巴与板楯蛮不同族，廪君祖先化为白虎，板楯蛮则以射白虎为事，两族非一[②]。

邓少琴、童恩正等坚持巴人出自廪君的看法。邓少琴提出，古代数巴并存，有清江廪君白虎之巴，而巴诞是廪君族系并兼有獽人的名称。所谓太皞之巴，应源出氐羌[③]。董其祥《巴史新考》支持这一看法，并认为賨、诞、僚等族，曾与巴共处于江汉平原或川东，有些就是巴族的组成部分[④]。

蒙默认为，古代没有一个单独的巴族，先秦至少有4个巴国：廪君之巴、宗姬之巴、巴夷賨国和枳巴，分别活动在夷水、汉水、渝水及涪陵水会，分属蜒族、华夏族、賨族和獽蜒族[⑤]。

李绍明则提出了广义的巴人和狭义的巴人这个概念，认为广义的巴人包括"濮、賨、苴、共、奴、獽、夷、诞之蛮"，其族属未必一致。狭义的巴人则指巴国王室，即"廪君种"，其主源可追溯到濮越人，其次源可追溯到氐羌人，但一经成为一个统一的民族共同体，就与昨天那些母体民族告别了[⑥]。

关于蜀人，看法也不是一致的。主要有两种意见，一种认为蜀人出自氐羌民族系统，一种认为蜀人出自百濮民族系统。这两种意见中，也有种种分歧，不一而足。一般认为，夏商时代的蜀人，即蚕丛、柏濩、鱼凫，与氐羌民族有关，西周和春秋战国时期的杜宇、开明则与百濮民族有关。蒙默提出，古代没有一个统一的蜀族，历代蜀王都分属不同的族系[⑦]。孙华则提出，蜀人既非西北氐羌，亦非江汉濮人，而来源于商代黄河中下游的一支氏族[⑧]。张勋燎认为，鱼凫氏来源于川东巴人[⑨]。徐中舒、唐嘉弘提出，蜀王开明氏为荆楚之人[⑩]，童恩正

① 蒙文通：《巴蜀古史论述》，四川人民出版社1981年版。
② 缪钺：《〈巴蜀文化初论商榷〉》，《四川大学学报》1959年第4期。
③ 邓少琴：《巴蜀史迹探索》，四川人民出版社1983年版。
④ 董其祥：《巴史新考》，重庆出版社1983年版。
⑤ 蒙默：《试论古代巴蜀民族及其与西南民族的关系》，《贵州民族研究》1983年第4期。
⑥ 李绍明：《川东南土家与巴蜀南境问题》，《思想战线》1985年第6期。
⑦ 蒙默：《试论古代巴蜀民族及其与西南民族的关系》，《贵州民族研究》1983年第4期。
⑧ 孙华：《蜀族起源考辨》，《民族论丛》第2辑，1983年。
⑨ 张勋燎：《古代巴人的起源及其与蜀人、僚人的关系》，《南方民族考古》1987年第1期。
⑩ 徐中舒、唐嘉弘：《古代楚蜀的关系》，《文物》1981年第6期。

认为是巴人①，段渝认为应如史籍所述为原居贵州鳖水的濮人，既非楚国人，亦非巴国人②。

以上问题是逐步深化的，主要成果在于明确了古代巴、蜀民族组成的多元性，明确了巴、蜀民族与长江上游、中游和岷江流域及江汉地区的古代民族的深厚关系，对于深入研究长江流域的古代民族和古代文化具有重要意义。至于分歧的原因，主要在于对直接材料和相关材料的理解不一，同时在理论上也有分歧以至模糊不清之处，在研究方法上也存在若干差异。

2.巴蜀的政治经济和社会形态

这个主题在中华人民共和国建立以前涉及很少，中华人民共和国建立以后的第一、二阶段，也限于资料的贫乏，难以深入，第三阶段则成为研究的热点之一。

史料记载巴蜀蛮荒落后，无文字，无礼乐，俨如原始社会末叶的军事民主主义。中华人民共和国建立后，徐中舒首先指出，蜀有高等农业，至迟在战国已具备了国家形式，巴则是部落组织，尚未形成国家。但认为从殷周到战国，巴蜀的经济和文化还落在中原后面③。这种看法，长时期占据巴蜀史研究的主导地位，只是到1986年以后，由于广汉三星堆遗址的重大考古发现，学术界才开始改变了这种传统认识，一致认为商代蜀国已是比较成熟的国家。

关于巴蜀社会经济的研究，主要集中在农业、手工业、商业等方面。目前在蜀人拥有比较发达的农业，巴人以粗耕农业兼营狩猎畜牧等方面，学术界基本拥有共识，但在蜀地农业的起源方面，则存在分歧。有的认为蜀人的农业发源于川西北高原岷江流域，有的认为蜀人的稻作农业来源云南，有的则认为蜀地稻作农业是土生土长的。由于文献不足征，考古材料尚不能提供进一步的证据，这些看法目前都还处在假说阶段。

商业的发展是促进社会进步的一大要素。"文革"前少有论著对此进行过研究。1987年，张勋燎《古璧和春秋战国以前的权衡（砝码）》提出，古蜀国的大量石璧，应即用以"均物平轻重"的砝码④，此本郑德坤之说。更多学者则认为，石璧是一种祭天的礼器。考古中，巴蜀墓葬内常出土一种形制如璜的"桥

---

① 童恩正：《古代的巴蜀》，四川人民出版社1979年版。

② 段渝：《四川通史》第1册，四川大学出版社1993年版。

③ 徐中舒：《论巴蜀文化》，四川人民出版社1981年版。

④ 张勋燎：《古璧和春秋战国以前的权衡（砝码）》，《四川大学学报》1979年第1期。

形币"，多数学者认为是巴蜀的一种货币。对于三星堆出土的大量穿孔海贝，也认为是贝币。这样，考古发现便证明了古蜀国确有发达的商业。徐中舒还提出，成都是古代的自由都市①。童恩正也认为，战国时代成都与中原各地以至中亚地区都存在商业贸易关系②。段渝还根据多种资料进一步指出，早在商代，成都平原的广汉蜀王都和成都，就已初步形成为中国西南同南亚、西亚进行经济文化交流的枢纽。③

关于巴蜀的社会形态，分歧也是较大的。传统的看法认为巴蜀是奴隶社会。唐嘉弘认为，古代巴国并非奴隶制社会，在春秋战国时期，巴国从原始社会的家长奴隶制阶段向封建化过渡，并未形成一个发达或发展的奴隶王国④。《四川通史》第1册认为，开明氏蜀王国不是奴隶制王国，而具有若干领主封建制特征，属于早期的封建社会。⑤

对巴蜀社会形态的认识，随着学术思想和学术热点的变化与转移，已归入关于文明起源与形成这一内涵更加丰富的研究领域之中。

3. 巴蜀古代文明的起源与形成

文明起源与形成研究，其重要意义在于搞清楚人类与文化进化的关系，人类文化的成长、变迁、文化类型、结构和功能、政治组织的形态，以及文化进化的动力法则等等。一般认为，文明形成主要有几大标志，物质文化标志有文字、城市、金属器、大型礼仪建筑等，社会形态标志是国家的形成，即公共权力的设立和按地区划分其国民。

这个问题的提出，有两大时代背景。一是20世纪80年代中期以后，由著名考古学家苏秉琦和著名社会学家费孝通所首倡的中国文明多元一体结构框架的论断，在国内学术界产生了深刻影响，突破了中国文明一元起源论（即从中原起源）的传统看法。一是广汉三星堆出土的大型青铜雕像群、金杖、金面罩等，与中原青铜文化迥异，迫使学术界重新思考古蜀文明的起源与形成这个重大课题。

三星堆遗址发掘后，学术界对此做了大量研究工作。首先是关于两个"祭

---

① 徐中舒：《成都是古代自由都市说》，《成都文物》1984年第1期。
② 童恩正：《略谈秦汉时代成都地区的对外贸易》，《成都文物》1984年第2期。
③ 段渝：《古代巴蜀与南亚和近东的经济文化交流社会》，《社会科学研究》1993年第3期。
④ 唐嘉弘：《巴国是一个奴隶王国吗?》，《四川文物》1984年第1期。
⑤ 段渝：《四川通史》第1册，四川大学出版社1993年版。

祀坑"的报道和发掘简报，披露了资料，进行了初步研究。李学勤①、林向②、赵殿增③、陈德安④、陈显丹⑤、沈仲常⑥、罗开玉⑦、霍巍⑧、段渝⑨等，分别对三星堆青铜文化进行了不同侧重点的研究，认识到古蜀青铜文化的年代，至少可上溯到商代中期，比起传统的看法，早了近千年。

1980 年代末，通过对三星堆遗址的试掘，确认了古城城墙，认识到三星堆是商代蜀国的都城⑩。苏秉琦教授提出了三星堆古文化、古城、古国的概念⑪。段渝比较全面系统地研究了巴蜀早期城市，提出了巴蜀城市的起源模式、城市结构功能、城市体系等问题，并将巴蜀古代城市同中外早期城市进行了概略的比较研究⑫。美国学者罗伯特·W.贝格勒认为三星堆是商代主要都市之一，是中国青铜时代文化的第三个中心⑬。

巴蜀国家的问题，得到了深入研究。蒙默⑭、段渝⑮、胡昌钰和蔡革⑯等均有论述。但关于这个问题，多数论著限于考证三星堆文化如何与文献所记"三代蜀王"相衔接，没有更多地研究国家形式、政治结构等内容。段渝通过对三星堆文化的物资流动机制的研究，提出古蜀王权性质是神权政体，从分层社会的

① 李学勤：《商文化怎样传入四川》，《中国文物报》，1989 年 7 月 21 日；《三星堆饕餮纹的分析》，载《三星堆与巴蜀文化》，巴蜀书社 1993 年版；《比较考古学随笔》，中华书局（香港）有限公司 1991 年版。

② 林向：《蜀酒探原》，《南方民族考古》第 1 辑，1987 年第 1 期。

③ 赵殿增：《巴蜀文化几个问题的探讨》，《文物》1987 年第 10 期。

④ 陈德安：《试析三星堆遗址商代一号坑的性质及有关问题》，《四川文物》1987 年第 4 期。

⑤ 陈显丹：《从"纵目"谈起》，《中国文物报》1988 年 1 月 5 日。

⑥ 沈仲常：《三星堆二号坑立人像初记》，《文物》1987 年第 10 期。

⑦ 罗开玉：《三星堆遗址与古代西南文化关系初论》，《四川文物》1989 年专辑。

⑧ 霍巍：《广汉三星堆青铜文化与古代西亚文明》，《四川文物》1989 年专辑。

⑨ 段渝：《巴蜀是华夏文化又一个起源地》，《社会科学报》1989 年 10 月 19 日。

⑩ 段渝：《论巴蜀地理对文明起源的影响》，《四川大学学报》1988 年第 2 期。

⑪ 苏秉琦：《四川考古论文集序》，载《四川考古论文集》，文物出版社 1996 年版。

⑫ 段渝：《古代中国西南的世界文明——论商代川西平原青铜文化与华北和世界古文明的关系》，《先秦史研究动态》1989 年第 3、4 期合刊。段渝：《论商代长江上游川西平原青铜文化与华北和世界古文明的关系》，《东南文化》1993 年第 2 期。

⑬ 罗伯特·W.贝格勒：《四川商城》，载《三星堆与巴蜀文化》，巴蜀书社 1993 年版。

⑭ 蒙默等：《四川古代史稿》，四川人民出版社 1988 年版。

⑮ 段渝：《论巴蜀地理对文明起源的影响》，《四川大学学报》1988 年第 2 期；《略论蜀古文化的物资流动机制》，《社会科学报》1990 年 12 月 6 日。

⑯ 胡昌钰、蔡革：《鱼凫考》，《四川文物》1992 年专辑。

复杂结构、基本资源的占有模式、再分配系统的运作机制、统治集团的分级制体系等方面对此进行了深入分析讨论，并讨论了王权的深度、广度和阶级结构、民族构成等问题①。

学术界充分认识到，三星堆宏阔的古城、辉煌的青铜文化，是商代长江流域城市文明和青铜文化的杰出代表。从青铜文化而言，其青铜合金技术、铸造工艺和青铜制品种类均有十分鲜明的特点，达到相当成熟的水平。李学勤因而提出，蜀文化是与商文化平行发展的②。段渝也认为，三星堆文化是与中原夏商王朝平行发展的另一个文明中心③。当前，关于古蜀文明有其独立而悠久的始源，有独特的文化模式和文明类型，是一支高度发达的灿烂的古代文明等观点，在学术界已取得普遍共识。

文明起源的问题，是全世界范围内引起学术界深切关注和热烈争论的重大学术理论课题，同时又是一个实证性极强的课题。中国学术界从1980年代初中期开始对这个重大课题形成研究热潮，并逐步形成在对各区系文明起源的研究中进而全面深入探索中国文明起源问题的研究格局。作为重要的区系文明之一，巴蜀古代文明的起源问题，由于三星堆遗址和成都平原史前古城群的发现，已引起国内外众多学者的密切关注。

在1990年代以前，由于学术界对文明时代与文明起源时代这两个紧密联系而又有所区别的范畴有相当的模糊以至混淆，不少学者在探讨文明起源的时候，事实上是把文明时代当作文明起源时代加以分析论述的，因而对巴蜀古代文明起源这个问题的研究多是无功而返。另一方面，由于文献难征，考古资料也还不足以提供比较清晰的线索，有些学者把巴蜀文明的起源直接与中原地区或长江中游地区相联系，多数学者则认为巴蜀文明的起源含有更多的土著文化因素，尤其与岷江上游古文化有关，而外来文化因素则是巴蜀文明得以最终形成的重要外部动力之一。不过，有关探讨多半属于文化来源或文化类型问题方面的讨论，还不能说接触到了文明起源问题的深刻实质。

文明起源研究，最重要的是研究文明诸要素的起源，以及文明诸要素之间的互动关系，这些要素包括城市、文字、金属器、大型礼仪建筑和国家，其中

---

① 段渝：《商代蜀国青铜雕像文化来源和功能之再探讨》，《四川大学学报》1991年第2期；《政治结构与文化模式——巴蜀古代文明研究》，学林出版社1999年版。

② 李学勤：《三星堆饕餮纹的分析》，载《三星堆与巴蜀文化》，巴蜀书社1993年版。

③ 屈小强、李殿元、段渝主编：《三星堆文化》，四川人民出版社1993年版。

最重要并且具有本质性的要素是国家。因此，除从物质文化要素方面深入系统地加以研究外，须从政治组织的演化角度进行分析，才可能从本质上充分透彻地阐明文明起源的问题。在关于文明起源时代政治组织的演化形式上，国内学术界主要有两种意见，一种意见认为由农耕聚落到大型聚落再到中心聚落是其演化阶段；另一种意见认为酋邦组织是文明起源时代政治组织的主要形式。在对巴蜀文明起源的研究中，林向、段渝运用酋邦制理论来分析巴蜀文明的起源。段渝提出，城市、文字、金属器、大型礼仪建筑等要素其实是政治组织变化过程中所先后产生的物质文化成果，从功能的观点看，这些物质文化成果的产生和发展是受政治组织的变化及其需要所制约的。据此，他认为宝墩文化古城的政治组织是发展比较充分、形态比较完整的酋邦组织，由各座古城的共存所形成的古城群，则是成都平原最早出现的酋邦社会，它是文明的前夜，预示着文明时代的即将来临。同时还分析了史册所载鄂西清江流域的巴氏廪君集团酋邦组织的形成和发展途径[1]。彭邦本根据酋邦理论，在早年蒙文通所说巴蜀不过是两个区域内联盟的盟主或霸君的基础上，认为从宝墩文化古城直到秦灭巴蜀，历代古蜀王朝均为共主政体[2]。江章华、王毅、张擎则从成都平原考古学文化序列的角度，勾勒了古蜀文明起源尤其城市起源的进程[3]。这些分析讨论，把巴蜀古代文明起源的研究向着纵深方向推进了一步。

巴蜀古文明的研究，当前多数学者的兴趣还是集中在族属、文化来源、青铜器形制等方面，这些方面发表的论文最多。从考古学上说，这些都是十分必要的、必须的，从历史学上看，又是不够的。正如苏秉琦所指出的，考古资料本身不等于历史，依照考古序列编排出的年表也不等于历史，从考古学到历史要有个升华过程，即概括抽象过程，科学思维的过程[4]。因此，要从考古学上的巴蜀文化继续深入探索巴蜀古代文明的起源、形成和演进，尚需今后进一步努力。

4. 巴蜀文化与中原和周边文化的关系

学术界大多认为：古蜀文化是以土著文化为基础，在新石器文化的基础上发展起来的，具有鲜明的个性和特征。从政治上看，古蜀是独立的政治实体，

---

① 段渝：《政治结构与文化模式——巴蜀古代文明研究》，学林出版社 1999 年版。

② 彭邦本：《古城、城邦与古蜀共主政治的起源》，《四川文物》2003 年第 2 期。

③ 江章华、颜劲松、李明斌：《成都平原的早期古城址群——宝墩文化初论》，《中华文化论坛》1997 年第 4 期；江章华、王毅、张擎：《成都平原先秦文化初论》，《考古学报》2002 年第 1 期。

④ 苏秉琦：《关于重建中国史前史的思考》，《考古》1991 年第 12 期。

同中原夏商王朝不存在直接隶属的关系，但西周初年成为西周王朝的封国，与周王朝有较密切的关系。巴国为姬姓，是周王室分封到南方的一大诸侯国，文化上，受到了中原文化一定的影响，但主要的还是当地土著文化。

古蜀文化与黄帝和夏文化的关系，过去认为是黄帝后代，完全就是中原文化的分支。20 世纪 40 年代疑古派对此大加批驳，一概否定。1950 年代，徐中舒认为，黄帝与巴蜀的关系是子虚乌有，除几个人名、地名重合外，完全没有根据。蒙文通则认为蜀为黄帝后代的说法绝非无稽之谈。由于没有新的证据，这个重大问题很快就被搁置起来。

1980 年代末期以后，随着中华炎黄文化研究的兴起和各区域文化史研究热潮的风行，古蜀与黄帝文化、夏文化的关系再次被提出来。李学勤《〈帝系〉传说与蜀文化》考证了传说中黄帝后裔的二系，并联系三星堆出土的玉璋、陶盉等物质文化因素，认为蜀国君主与中原有更多的联系，蜀、夏同出于颛顼的传说不是偶然的[1]。

谭洛非、段渝撰《论黄帝与巴蜀》、《再论黄帝与巴蜀》两文，段渝撰《黄帝、嫘祖与中国丝绸的起源时代》，从文献与考古综合分析的视角，论证了古史所载黄帝一系与古蜀的关系绝非无稽之谈[2]。杜金鹏《三星堆文化与二里头文化的关系及相关问题》认为，三星堆文化是夏末商初由夏遗民与当地土著结合所创造的一支新型文化[3]。为此，林向撰《蜀与夏——从考古新发现看蜀与夏的关系》一文，通过对宝墩文化古城与"夏鲧作城郭"、"禹龙"与"蜀虫"、"禹龙"与"建木"的分析，认为不论从古城、字符还是龙崇拜来看，蜀与夏禹均有文化上的同源关系[4]。祁和晖[5]、冯广宏[6] 等均持类似看法。谭继和撰《禹文化西兴东渐简论》，进一步认为，禹治水始于岷山，扩及九州，提出夏文化初起于西蜀，而兴盛于河洛的看法，并概括为"夏禹文化西兴东渐"

① 李学勤：《〈帝系〉传说与蜀文化》，《四川文物》1992 年专辑。
② 谭洛非、段渝：《论黄帝与巴蜀》，《社会科学研究》1994 年第 1 期；《再论黄帝与巴蜀》，《中华文化论坛》1994 年第 1 期；段渝：《黄帝、嫘祖与中国丝绸的起源时代》，《中华文化论坛》1996 年第 4 期。
③ 杜金鹏：《三星堆文化与二里头文化的关系及相关问题》，《四川文物》1994 年第 1 期。
④ 林向：《蜀与夏——从考古新发现看蜀与夏的关系》，《中华文化论坛》1998 年第 4 期。
⑤ 祁和晖：《夏禹之有无及族属地望说商兑》，载李绍明等主编：《夏禹文化研究》，巴蜀书社 2000 年版。
⑥ 冯广宏：《夏禹文化与古蜀史》，载李绍明等主编：《夏禹文化研究》，巴蜀书社 2000 年版。

之说①。段渝《三星堆文化与夏文化》认为夏、蜀均为黄帝、颛顼后代，文化上同源异流②。关于古蜀与黄帝、颛顼、大禹和夏文化的关系问题，由于最近几年岷江上游尤其茂县营盘山遗址的发掘，看来已出现了进一步加以实证的契机。

巴蜀与商文化的关系方面，1950年代王家祐等提出其间有较深的文化联系③，后来冯汉骥认为巴蜀文化属于中原文化范围内的一种地方文化④。沈仲常、黄家祥1980年代提出蜀文化与二里头文化有一定关系⑤。林向认为古蜀是殷商的西土和外服方国⑥。段渝认为古蜀不曾成为商王朝的外服方国，其青铜文化的主体和一些政治制度与商不同，古蜀由于控制了从中原通往南中的金锡之道，而与商王朝在资源贸易的基础上发生和战关系⑦。

关于商代的巴，目前对殷卜辞中是否有"巴"还存在相当分歧，巴与商文化的关系亦少有专文研究。

巴蜀与周文化的关系方面，由于有少量文献可征，意见比较一致，近年的主要成果是根据考古所获大量资料，明确了蜀人参与伐纣，受西周王室分封的史实⑧。

巴蜀与周边文化的关系，过去学术界曾长期持巴文化近楚、蜀文化近秦的观点，近年来在这个问题上取得若干重要突破。李学勤提出，秦文化中的鍪釜甑，是从蜀文化当中吸取的，而后又流布其他地区⑨。林春认为，夏商时代江汉平原的若干文化因素，来源于成都平原蜀文化⑩。段渝认为，长江三峡地区、陕南汉中地区夏商时代的古蜀文化因素与三星堆遗址文化的扩张有关⑪，尹盛平⑫、

① 谭继和：《禹文化西兴东渐简论》，载李绍明等主编：《夏禹文化研究》，巴蜀书社2000年版。

② 段渝：《三星堆文化与夏文化》，《中国文物报》1999年8月2日。

③ 王家祐、江甸潮：《四川新繁、广汉古遗址调查记》，《考古通讯》1958年第8期。

④ 冯汉骥：《西南古奴隶王国》，《历史知识》1980年第2期。

⑤ 沈仲常、黄家祥：《从新繁水观音遗址谈早期蜀文化的有关问题》，《四川文物》1984年第2期。

⑥ 林向：《三星堆遗址与殷商的西土——兼释殷墟卜辞中的"蜀"的地理位置》，《四川文物》1989年三星堆遗址研究专辑。

⑦ 段渝：《四川通史》第1册，四川大学出版社1993年版，第43—48页；《政治结构与文化模式——巴蜀古代文明研究》，学林出版社1999年版。

⑧ 徐中舒：《四川彭县濛阳镇出土的殷代二觯》，《文物》1962年第6期。

⑨ 李学勤：《东周与秦代文明》，文物出版社1984年版。

⑩ 林春：《宜昌地区长江沿岸夏商时期的一支新文化类型》，《江汉考古》1984年第2期。

⑪ 屈小强、李殿元、段渝主编：《三星堆文化》，四川人民出版社1993年版。

⑫ 尹盛平：《西周的强（左弓右鱼）国与太伯仲雍奔"荆蛮"》，载《陕西省文博考古科研成果汇报会论文选集》，1981年。

赵<u>丛苍</u>[①]等则认为陕南古文化与巴文化有关。江章华认为由于二里头文化从鄂西沿长江西进，成都平原于是诞生了三星堆文明，川东鄂西亦成为三星堆文化的分布范围[②]。李学勤认为，商周时的蜀文化较多影响了楚文化[③]。徐中舒、唐嘉弘[④]、沈仲常[⑤]认为战国时楚之昭氏后代驻蜀，战国蜀文化受楚文化影响十分深刻。李学勤认为，蜀、楚文化的某些风格相近是道一风同的缘故[⑥]。段渝认为新都蜀墓所出"昭之飤鼎"，"昭"为"昭祭"，不足以说明是楚国昭氏之后，蜀、楚文化在若干重要方面有明显区别，春秋时代巴与楚曾结成政治军事联盟，后来联盟破裂，巴被迫弃土南迁；江汉地区"信巫鬼，重淫祀"之风，与巴人的巫鬼文化有关，其根源在巴[⑦]。澳大利亚 N. 巴纳认为，三星堆文化的青铜人像，其风格是受楚文化影响[⑧]。段渝则认为这种文化影响的方向正好与巴纳所说相反。王有鹏认为，川滇之间出现的若干巴蜀考古遗存，证明了战国后期蜀人南迁的史实。段渝认为古蜀在商中叶后已控制南中，川滇之间的考古遗存不能完全视为安阳王南迁所遗[⑨]。林向提出商代三星堆文化对中原和华南地区均有深刻影响，中华牙璋的起源和传播可以证明这个史实[⑩]。

巴文化的问题更为复杂。1950—1980 年代的研究，基本上弄清楚了巴国的建国和迁徙，即巴国原建国于陕南鄂西与川北之间，春秋战国之际才南下至长江流域，进入川东。但是对于长江三峡地区的巴文化怎样看待，三峡地区的巴文化与陕南鄂西川北之间的巴国是什么关系，由于资料不足，当前对这个问题的研究还没有取得令人满意的成果。

为解决这一矛盾，一些学者提出巴为地区名而非国名、族名的看法，

---

① 赵丛苍：《城固宝山·结语》，文物出版社 2002 年版。

② 江章华：《川东长江沿岸先秦考古学文化的初步分析》，《中华文化论坛》2002 年第 2 期。

③ 李学勤：《论新都出土的蜀国青铜器》，《文物》1982 年第 1 期。

④ 徐中舒、唐嘉弘：《古代楚蜀的关系》，《文物》1981 年第 6 期。

⑤ 沈仲常：《新都战国木椁墓与楚文化》，《文物》1981 年第 6 期。

⑥ 李学勤：《论新都出土的蜀国青铜器》，《文物》1982 年第 1 期。

⑦ 段渝：《论新都蜀墓及所出"昭之飤鼎"》，《考古与文物》1991 年第 3 期；《论巴楚联盟及其相关问题》，《楚学论丛》第 1 辑，《江汉论坛》1990 年增刊；《略论巴蜀与楚的文化交流关系》，载《长江文化论集》，湖北教育出版社 1995 年版。

⑧ N. 巴纳：《对广汉埋藏坑青铜器及其他器物之意义的初步认识》，《南方民族考古》1993 年第 5 期。

⑨ 段渝：《政治结构与文化模式——巴蜀古代文明研究》，学林出版社 1999 年版。

⑩ 林向：《古蜀文明与中华牙璋》，《中华文化论坛》1994 年第 1 期。

蒙默便力主此论①。但这仍未很合理地解决文化类型问题。于是，有学者于1990年代初得出巴国文化与巴地文化的新认识，认为二者起源、地域、内涵均不同，直到巴国南下长江后，才整合起来，这时才有名实相符的巴文化②。

三峡地区的巴文化问题，许多学者认为与古蜀文化即顺江东下的三星堆文化有关，也有学者认为三峡地区文化较早影响了成都平原古文化。对此，学术界没有达成共识。

5. 巴蜀文化与南亚、西亚和东南亚的关系

千百年来，四川地区在人们心目中，总被认为是僻处西南内陆，文化落后，与外界联系甚少，更谈不上与中国以外其他文明地区的经济文化交往。1980年代以前，学术界虽然注意到巴蜀与越南北部历史文化的一些关系以及巴蜀地区对于向南传播中原文化所发生的作用，但由于资料所限，没有从根本上改变过去的认识。

1983年童恩正发表《试谈古代四川与东南亚文明的关系》③，除了提到巴蜀向越南等东南亚大陆地区传播中原文化外，还研究了巴蜀文化本身在北越地区的传播，这主要是指青铜文化。同年蒙文通遗著《越史丛考》由人民出版社出版，其中的《安阳王杂考》一章提出，战国末秦代之际，蜀人向越南的大规模南迁，对越南民族的形成产生了很大的影响。

1980年代末和1990年代初，随着对三星堆文化因素的深入认识，段渝、霍巍及湖北张正明、云南张增祺、湖北万全文、美国许倬云、香港饶宗颐等，分别指出了殷商时期古蜀文化与西亚文明具有某种联系。他们的主要依据是古蜀文化的青铜雕像群、金杖、金面罩、青铜神树以及海贝、象牙等文化因素集结，不仅与中国文化异趣，而且在古代巴蜀也无其来源的蛛丝马迹，而这些文化因素却能在西亚近东文化中找到渊源。段渝还进一步研究了这种文化交流关系，提出了文化采借的看法。他还从"支那"名称的由来以及西传的角度，讨论了先秦巴蜀与古印度的文化交流，认为公元前4世纪印度文献中说的"支那"，不论从史实还是音读考证，都当为"成都"之称。对于中西交流来说，这个问题至关重要，必须寻找更多的证据加以进一步实证，从而深化对古代巴蜀的开

---

① 蒙默：《试论古代巴蜀民族及其与西南民族的关系》，《贵州民族研究》1983年第4期。

② 屈小强、李殿元、段渝主编：《三星堆文化》，四川人民出版社1993年版。

③ 童恩正：《试谈古代四川与东南亚文明的关系》，《文物》1983年第9期。

放与交流的认识①。何崝从文字源流的角度分析了印度河文明的文字与中国商代文字的异同，认为三星堆刻符与印度河文字有紧密联系，在中国原始文字符号传播到印度河地带时起了桥梁作用②。

6. 南方丝绸之路研究

丝绸之路这个名称是 1877 年德国地理学家李希霍芬（F.von Richthofen）提出的，用以指称中国丝绸西运罗马的交通道路，并用以泛称中西交通。长期以来，丝绸之路一直被认为是由长安出发，西经河西走廊，出西域，至中亚，然后进抵罗马帝国的唯一的一条中西交流道路。不久以前，中外学术界和联合国教科文组织又确认丝绸之路还包括长城以北的"草原丝绸之路"和由东海至南海经印度洋航行至红海的"海上丝绸之路"。这样，丝绸之路的外延得到了大大扩展。

早在古代，《史记》就记载了中、印、阿富汗的经济文化交流，《三国志》裴松之注引三国时人鱼豢的《魏略·西戎传》里，也提到罗马帝国"有水通益州（四川）"。但这些史料千百年来未受到认真对待。1960 年代和 1970 年代，任乃强、邓少琴等曾提出中国丝绸最早出在巴蜀的看法，任乃强又于 1980 年代论述了中国西南通印度、阿富汗的"蜀布之路"，认为年代远远早于北方丝绸之路③。童恩正也研究了从成都经云南、缅甸、印度、巴基斯坦到达中亚的商道的大概情况，认为战国时代已初步开通④。日本学者藤泽义美⑤，港台学者桑秀云⑥、饶宗颐⑦，云南学者方国瑜⑧、陈茜⑨、张增祺⑩，均对这条由四川经云南西行印度的古老商路进行了研究。

"南方丝绸之路"的提出，是基于以巴蜀文化为重心，分布于云南至缅、印

---

① 段渝：《古代巴蜀与近东文明》，《历史月刊》1993 年第 2 期；《支那名称起源之再研究》，载四川大学历史系编：《中国西南的古代交通与文化》，四川大学出版社 1994 年版。

② 何崝：《商代文字来源缺失环节的域外觅踪》，《四川大学学报》2001 年第 4 期。

③ 任乃强：《中西陆上古商道》，《文史杂志》1987 年第 1 期、第 2 期。

④ 童恩正：《略谈秦汉时代成都地区的对外贸易》，《成都文物》1984 年第 2 期。

⑤ 藤泽义美：《古代东南亚的文化交流》，《南亚与东南亚资料》1982 年第 2 期。

⑥ 桑秀云：《蜀布邛竹杖传至大夏路径的蠡测》，"中央"研究院历史语言研究所集刊》41 本 10 分，1969 年。

⑦ 饶宗颐：《蜀布与 Cinapata》，《"中央"研究院历史语言研究所集刊》45 本 4 分，1974 年。

⑧ 方国瑜：《中国西南历史地理考释》，中华书局 1988 年版。

⑨ 陈茜：《川滇缅印古道初考》，《中国社会科学》1981 年第 1 期。

⑩ 张增祺：《战国至西汉时期滇池区域发现的西亚文物》，《思想战线》1982 年第 2 期。

的地区内，近年出土大量相同文化因素，这些文化因素不仅有巴蜀文化，而且更有印度乃至西亚的大量文化因素，其时代明显早于经中国西北出西域的丝绸之路。由于丝绸之路作为古代中西文化交流的代称已为中外学者所普遍接受，因此便称这条由巴蜀为起点，经云南出缅、印、巴基斯坦至中、西亚的中西交通古道为"南方丝绸之路"（简称"南丝路"）或"西南丝绸之路"。

南丝路的研究从1980年代逐步开始形成风气，国内已出版多部专著，日本出版专著1部（中国重庆学者著），论文集多部，论文200余篇，电视系列片1部（川、滇两省合拍），大型画册2部，由四川的凉山州博物馆、成都博物馆和云南的曲靖文管所、瑞丽文管所等14个单位举办的大型文博展览10余次，召开"南方丝绸之路研讨会"2届。这些研究论著和一系列学术活动、宣传报道，在中外造成了很大影响。尤其是三星堆遗址发掘后，学者们注意到其中明显的印度地区和西亚文明的文化因素集结，于是提出南丝路早在商代即已初步开通的新看法，段渝认为其年代可上溯到公元前14、15世纪①，早于曾由季羡林所提中、印交通起于公元前4世纪，向达所提公元前5世纪，丁山所提公元前6世纪，日本藤田丰八所提公元前11世纪等说法。

南丝路研究目前在学术界达成了多方面的共识，认为这是一条以商贸为主的多功能道路，国内的起点是成都，开辟年代在先秦②。

7. 巴蜀文字、巴蜀符号、巴蜀图语

20世纪50年代，由于川东船棺葬的发掘，人们发现出土青铜器、铜印章上不同于中原汉语言文字系统的大量符号。1970年代，又在川东和川西平原发现了青铜器上的铭文。这就为巴蜀文字研究提供了第一手资料和契机。

1950年代到1970年代，学术界提出了"巴蜀符号"、"巴蜀图语"等概念，王家祐为此搜集的各类符号达300种以上。当时，一般认为这些语言符号是川东巴人的创造，仍持"蜀无文字"的看法。但蒙文通认为汉初成都地区文字发达，大文豪层出不穷，据此推断蜀人应有文字。

1960年出版的《四川船棺葬发掘报告》认为，巴蜀文字有两类，一类是符号，一类似汉字而又非汉字。童恩正等于1976年发表文章，对后一类文字做了科学说明③。1982年，李学勤发表文章，将巴蜀文字分为甲、乙两类，认为都是

---

① 段渝：《古代巴蜀与近东文明》，《历史月刊》1993年第2期。

② 刘世旭，刘弘：《振兴南丝路，走向东南亚》，《四川文物》1993年第2期。

③ 童恩正：《从四川两件铜戈上铭文看秦灭巴蜀后统一文字的进步措施》，《文物》1976年第7期。

文字①。王家祐、李复华1984年发表文章，认为巴蜀图语具有看图传语的功能，并提出巴蜀方块字与夏有关，是夏人先祖母家西陵氏的文化②。这些论著，对巴蜀文字研究新高潮的出现准备了条件。

1988年，钱玉趾发表《古蜀地存在过拼音文字》的论文，提出巴蜀符号实为拼音文字的看法，并认为巴蜀文字与古彝文有关③。其后，又对这一看法提供了进一步的补充论证。这一新看法，引起了热烈讨论，魏学峰、刘志一等分别著文提出质疑，反对这种看法。

古蜀没有文字的看法，已为许多近年新出土的考古资料所否定。林向著文披露了三星堆陶器上的刻划文字符号，三星堆发掘报告和成都十二桥遗址简报均发表了遗址中出土的刻划符号和文字资料④，这就促成了新成果的问世。段渝1991年发表论文指出，巴蜀文字不但有两类，而且两类文字均可在商代找到其起源的痕迹，并指出巴蜀文字最初起源于蜀，后来传播川东，成为巴蜀地区通行的文字⑤。

上述各种看法虽然尚不一致，但古代巴蜀确有文字，已成为学术界普遍接受的定论。

8. 宗教和巫术

1986年三星堆遗址发掘后，学术界为古蜀文化恢宏的宗教场面所震惊，无不感到古老的蜀文化中宗教力量的巨大作用。这个问题在发掘简报中提了出来，认为古蜀宗教是以自然崇拜为主。林向《蜀酒探原——巴蜀的"萨满式文化"研究之一》认为，古蜀盛行萨满文化，巫师以酒精性饮料处于麻醉状态，与天神相交接，据此主宰民意⑥。范小平认为，古蜀人奉行原始巫教，三星堆出土的青铜面像就是为原始巫教的祭祀活动服务的⑦。巴家云则否定图腾在古蜀文化中的地位，认为蜀文化早已超越图腾信仰阶段，奉行的是崇拜鬼神思想⑧。段渝认为，

---

① 李学勤：《论新都出土的蜀国青铜器》，《文物》1982年第1期。

② 王家祐、李复华：《关于"巴蜀图语"的几点看法》，《贵州民族研究》1984年第4期。

③ 钱玉趾：《古蜀地存在过拼音文字》，《四川文物》1988年第6期。

④ 林向：《三星堆遗址与殷商的西土——兼释殷墟卜辞中的"蜀"的地理位置》，《四川文物》1989年"三星堆遗址研究专辑"。

⑤ 段渝：《巴蜀古文字的两系及其起源》，《成都文物》1991年第3期，《考古与文物》1993年第1期。

⑥ 林向：《蜀酒探原》，《南方民族考古》第1辑，1987年第1期。

⑦ 范小平：《广汉商代纵目青铜面具研究》，《四川文物》1989年"三星堆遗址研究专辑"。

⑧ 巴家云：《三星堆遗址所反映的蜀人一些宗教问题的研究》，《四川文物》1989年，"三星堆遗址研究专辑"。

古蜀的宗教是一个有中心、分层次的体系，其主体是宗教神权，而不是图腾崇拜，而神权又是与王权紧密结合、合为一体的。古蜀神权政体通过控制宗教这一意识形态工具，使政治权力宗教化，以宗教掩盖政治，以文化代替暴力，从而实现其统治①。刘弘认为，古蜀国统治下的诸民族信奉的是一种统一的宗教，至少各族的统治者在形式上皈依了这种宗教②。赵殿增对巴蜀"原始宗教"作了多方面研究③。看来，在研究巴蜀宗教与巫术这个问题上，有些理论问题还得首先解决，才能为进一步深入研究宗教、巫术及其社会功能提供正确的解决途径和方法论。

9. 巴蜀的哲学与学术

蒙文通在《巴蜀史的问题》中，广泛深入地研究了巴蜀的词赋和哲学，认为战国时代蜀人的哲学受道家影响较大，蜀人臣君子远在韩非子以前已有著述，传于汉代，书在道家，可能是严君平学术的来源。并认为史籍所载秦相商鞅之师尸佼在蜀作《尸子》是可信的，尸佼的著作也是通过蜀人流传下来的。段渝认为，古蜀的宗教信仰和鬼神崇拜贯穿于诸方面，与儒家、法家均格格不入，与"神道设教"的墨家亦无共同之处，古蜀源远流长的方术神仙家传统使它成为道教土壤，最终发展成为汉末道教的重要起源地④。

古蜀的史学，过去不曾有人提出研究。蒙文通曾讲到《山海经》中的《大荒经》作于蜀，认为"蜀王有其家史"，惜无翔实论证。段渝提出古蜀的"史学之源"问题，认为古蜀人崇尚历史的传统可追溯到遥远的上古时代，《山海经》中的一些篇章就是根据古蜀王的历史写成的，并对古蜀史材料在古蜀和中原地区的流传情况作了分析讨论⑤。

由于书阙有间，要对古代巴蜀的哲学与学术进行深入研讨，确实困难重重。如果将来考古能够发现巴蜀文献，当可以充分研究这个问题。

10. 艺术

巴蜀艺术多种多样，丰富而又充满神秘气息，很早就吸引着艺术家和社会

---

① 段渝：《四川通史》第 1 册，四川大学出版社 1993 年版；《政治结构与文化模式——巴蜀古代文明研究》，学林出版社 1999 年版。

② 刘弘：《蜀巫与滇巫》，《中华文化论坛》2001 年第 2 期。

③ 赵殿增：《三星堆文化的重要特色——神》，《中华文化论坛》2002 年第 1 期。

④ 段渝：《巴蜀文化与汉晋学术和宗教》，《中华文化论坛》1999 年第 1 期；《巴蜀学术的发生与发展》，载《巴蜀文化与四川旅游资源开发》，四川人民出版社 2000 年版。

⑤ 段渝：《玉垒浮云变古今：古代的蜀国》，四川人民出版社 2001 年版，第 65—87 页。

各界的注意。1980 年代以前，学术界主要关心的是巴蜀青铜艺术，包括兵器、礼（容）器形制和花纹、图案，以及各种巴蜀图语。1986 年三星堆发掘后，人们发现，古蜀艺术中的大型青铜雕像自成体系，与中原有别，普遍感到填补了中国美术史的一大空白[1]。而黄金面具、金虎、金杖等，其造型艺术和制作工艺，在同时代的中国都处在领先地位，堪称商代中国黄金制品南方系统的杰出代表[2]。

11. 科学技术

巴蜀科学丰富多彩，但大多数仅以实物形式被发现，几乎没有通过历史文献流传下来。学术界从青铜器制造技术、冶金术、建筑术、纺织术、制陶术、制玉术、酿造术等多方面进行了探索，也从天文学方面进行了研究，对巴蜀科学评价甚高，尤其青铜合金、建筑、天文历算等几项，普遍认为水平很高，完全不亚于中原文化。

例如青铜合金，古蜀很有特色，并且在使用某些元素如磷元素等方面十分具有科学性，铜焊技术也早于中原数百年。成都十二桥商代木结构建筑的地梁，也优于中原建筑。天文学方面，古蜀的天文星象术代表着中国天文学的南方系统，具有很高水平，还影响了汉代天文学。但比较而言，对巴蜀科学技术的研究还显得较为薄弱。

12. 巴人与土家族

潘光旦于 1955 年著文指出，巴人是今天湘西北土家族的先民[3]。此论一出，各种反映蜂起，赞成者有之，怀疑者有之，补充者有之，反对者有之，引发了一场旷日持久的民族学问题大讨论。到目前为止，从主要学术观点看，多数人支持土家族出自古代巴人的论点，这样的论点在当代土家族地区的经济文化建设中发挥了重要作用。

13. 氐羌民族研究

氐羌民族原居中国西部高原黄河上源地区，主要分布在甘青和川西北。1960 年代中期，冯汉骥、林向、童恩正等认识到岷江上游文化与氐羌民族的南

---

[1] 李松：《广汉青铜人物群雕的美术史价值》，载《三星堆与巴蜀文化》，巴蜀书社 1993 年版。

[2] 段渝：《商代中国黄金制品的南北系统》，载《三星堆遗址发现 70 周年暨殷商文明国际学术研讨会论文集》，文物出版社 2000 年版。

[3] 潘光旦：《湘西北"土家"与古代的巴人》，《中国民族问题研究丛刊》第 4 辑，1955 年。

迁有关①。多数学者还认为，氐羌人是蜀人的先民之一，夏商时代南下成都平原。

冉光荣、李绍明、周锡银合著的《羌族史》，是研究并总结氐羌历史的一部力著，这部著作于1984年出版，学界评价很高。杨铭的《氐族史》是又一部详细研究西北民族的力著，对川西北地区的民族研究亦具有重要参考价值。罗开玉《中国西南民族墓葬研究》一文，从考古学上研究了氐羌入蜀的年代和历史。童恩正《中国西南民族考古论文集》于1990年出版，从多种角度探讨了包括四川在内的西南民族文化与历史，颇具学术价值。

14.濮越民族与夷系研究

古代四川除氐羌民族外，濮越民族是又一个大的民族系统。李绍明、蒙默、童恩正等对这个民族系统进行了深入研究。

一般认为，川东地区以濮人为主，川西南地区的濮越人群团也纷繁复杂。对于濮人问题，蒙默撰《试论汉代西南民族中的"夷"与"羌"》，独树一帜，认为属于古代西南的"夷系"②。但对这个问题，学术界并没有取得一致意见。

五、三星堆文化研究的主要争论

三星堆文化的发现与研究引起了中外学术界和社会各界的广泛兴趣和关注，"三星堆文化热"和由它所引发的系列反应正方兴未艾。也正是由于三星堆文化的发现与研究所取得的突破性成就，才使巴蜀文化这个几十年来未曾得到学术界更多关注的研究领域最终登上了中外学术界的大雅之堂。

三星堆文化研究涉及面极广，在考古学、历史学、民族学、文化学、艺术学以及自然科学等领域都有不少学者加入研究行列，在各个方面都取得了重要进展，新成果不断问世，同时在一些主要问题上也存在不少分歧。这里仅就笔者阅读与研究所及，对三星堆文化研究的主要分歧从10个方面略加述评。

1.三星堆文化的命名及概念的演变

三星堆文化的命名，是基于1933年至1980年、1981年的若干次考古调查和发掘所获资料。自1933年华西大学博物馆葛维汉、林名均首次发掘后，直到

---

① 四川大学历史系考古专业：《四川理县汶川县考古调查简报》，《考古》1965年第12期。
② 蒙默：《试论汉代西南民族中的"夷"与"羌"》，《历史研究》1985年第1期。

建国以后才对三星堆一带展开科学的考古调查与发掘。四川省文物管理委员会、四川大学历史系等于 1956 年、1958 年、1963 年、1964 年和 1980 年 5 月在这一带进行过考古工作，当时称这一带的古遗址为中兴古遗址（因遗址位于广汉县中兴公社范围）。1980 年 11 月至 1981 年 5 月，四川省文管会、四川省博物馆和广汉县文化馆在三星堆进行发掘，获得丰富的资料：发现房屋基址 18 座、灰坑 3 个、墓葬 4 座、玉石器 110 多件、陶器 70 多件及陶片 10 万多件。此次发掘报告刊布于《考古学报》1987 年第 2 期。根据这次发掘以及历年所获资料，发掘者认为三星堆遗址文化分为三期（后据资料分为四期），年代上限距今4500±150 年，延续至距今 3000 年左右，即从新石器时代晚期至相当于中原夏、商时期。根据三星堆遗址古文化在四川地区分布较广，又具有一群区别于其他任何考古学文化的特殊器型等条件，发掘者建议将这一考古学文化命名为"三星堆文化"①。

尽管当时还没有预料到三星堆文化会在日后产生重大影响，以至会由此改写中国古代文明的历史，但作为一个科学命名，"三星堆文化"这个名称，从此便正式出现在中国考古学文化的行列之中，并日益取得中外学术界的公认。

在 1980 年以后的多次发掘中，三星堆遗址考古获得了更加丰富的资料，其中最具震撼力的发现是 1986 年夏秋之际相继发现的两个"祭祀坑"② 和 1980 年代末至 1990 年代初发掘并确认的三星堆古城址的东、西、南三面城墙③。大批考古新发现，极大地丰富了三星堆文化的内涵，同时也引起了"三星堆文化"概念的发展演变。

从分期上看，先是把三星堆遗址第一至第四期文化通称为三星堆文化。1990 年代初，学术界注意到三星堆遗址第一期文化与后三期文化在内涵和时代上的区别，第一期为新石器时代末期文化，后三期为青铜时代的文化，从而提出三星堆遗址文化的后三期为三星堆文化，而第一期为新石器文化。这一分期法很快得到学术界的采纳④。1990 年代中期，学术界又注意到三星堆文化第三期

① 四川省文物管理委员会等：《广汉三星堆遗址》，《考古学报》1987 年第 2 期。
② 四川省文物管理委员会：《广汉三星堆遗一号祭祀坑发掘简报》，《文物》1987 年第 10 期；《广汉三星堆遗址二号祭祀坑发掘简报》，《文物》1989 年第 5 期。
③ 陈德安、罗亚平：《蜀国早期都城初见端倪》，《中国文物报》1989 年 9 月 15 日。
④ 李复华、王家祐：《巴蜀文化的分期和内涵试说》，载《巴蜀历史·民族·考古·文化》，巴蜀书社 1991 年版。

与成都十二桥文化的共性[①]，考虑到十二桥文化的兴起与分布情况，提出三星堆文化第三期应属于十二桥文化的范畴[②]。这一分期序列逐步得到学术界较多学者的采纳。当前在三星堆遗址文化分期问题上居于主导地位的观点可以表述为：

三星堆遗址文化	三星堆文化	十二桥文化	时代
一期			新石器时代（先蜀文化）
二期	一期		青铜时代（早期蜀文化）
三期	二期		青铜时代（早期蜀文化）
四期		四期	青铜时代（早期蜀文化）

另有一些学者则坚持三星堆遗址第一至第四期文化有着清晰的发展演变脉络，它们同属于完整的三星堆文化的观点。

从文化内涵上看，1986 年以前所提出的三星堆文化概念，通常把它作为早期蜀文化看待，还认识不到它是一个古代文明的概念。1986 年两个"祭祀坑"发现后，出土上千件青铜器、金器、玉石器、象牙以及数千枚海贝，加上后来发现的三星堆古城址，这些重大考古新发现立即突破了以前的认识，使学术界最终充分认识到，三星堆文化（不包括三星堆遗址一期文化）是一个拥有青铜器、城市、文字符号和大型礼仪建筑的灿烂的古代文明。

2. 三星堆遗址一期文化与宝墩文化的关系

1995 年宝墩文化发现后，在对三星堆遗址第一期文化的文化属性问题上，学术界有两种不同意见。江章华、王毅、颜劲松、李明斌、张擎等撰文提出，从遗址年代、分布范围和文化因素等方面对宝墩文化与三星堆遗址一期文化进行分析比较，可以看出宝墩文化在时代上既早于三星堆文化（三星堆二至四期，下同），在文化内涵上又有不少因素被三星堆文化继承，因而宝墩文化应是三星堆文化的上源，即三星堆文化是直接从宝墩文化发展演变而来的，而三星堆遗址一期文化应当归入宝墩文化范畴[③]。陈显丹、刘家胜则不同意这种观点，撰文

---

① 宋治民：《早期蜀文化分期的再探讨》，《考古》1990 年第 5 期。

② 孙华：《试论广汉三星堆遗址的分期》，载《南方民族考古》1993 年第 5 期；《成都十二桥遗址群分期初论》，载《四川考古论文集》，文物出版社 1996 年版。

③ 江章华、颜劲松、李明斌：《成都平原的早期古城址群——宝墩文化初论》，《中华文化论坛》1997 年第 4 期；江章华、王毅、张擎：《成都平原先秦文化初论》，《考古学报》2002 年第 1 期。

提出，不论从宝墩文化各遗址出土的陶器、石器，还是从宝墩文化房址、城垣构造和方向、墓葬特点看，宝墩文化与三星堆遗址的特点和文化内涵都是基本一致的，应属同一种文化，但宝墩文化并非可以作为一个独立的考古学文化，也不能作为一种考古学文化来命名，它只能归属于三星堆文化范畴之内，可以将其命名为三星堆文化"宝墩类型"①。

以上两种意见均认为三星堆一期与宝墩文化属于同一文化范畴，分歧主要在这支考古学文化的命名（归属）问题和三星堆文化的来源问题。从碳测年代看，三星堆遗址一期的最早年代数据是 4740±150 B.P.，宝墩遗址最早的年代数据是 4500±150 B.P.，在两个遗址内均未找到其最早上源。从文化因素看，尽管两者的文化内涵基本相同，但也并非不存在某些差异。看来要论定谁涵盖谁，还必须寻找新的材料来作结论。近年岷江上游茂县营盘山遗址距今 5000 年前的宝墩文化遗存的发现，为解决宝墩文化的来源提供了重要线索，但要判明宝墩文化本身与三星堆一期的关系，还需更多的材料作为依据。

3. 三星堆遗址文化的来源和族属

有关三星堆遗址文化的来源，绝大多数论著认为有相当的土著文化因素，也认为有某些外来文化因素。对于外来文化因素所占比重，未见发表统计数据资料予以说明，一般从文化形态上进行比较研究，定性研究占绝大多数，定量研究非常缺乏。

王仁湘、叶茂林认为，三星堆体小扁薄的磨制斧、锛、凿、锄等石器，和夹砂灰褐陶、平底器、绳纹等，其来源与四川盆地北缘的绵阳边堆山文化有关②。徐学书认为，与岷江上游新石器文化的南迁有关③。张勋燎认为，三星堆遗址出土的鸟头柄勺与川东鄂西的史前文化有关，来源于溯江西上的一支古代巴地的文化④。俞伟超、范勇认为三星堆文化与江汉地区西迁的三苗有关⑤。孙华认为，三星堆文化的某些因素与山东龙山文化有关，其主体部分应来源于山东⑥。罗开

① 陈显丹、刘家胜：《论三星堆文化与宝墩文化之关系》，《四川文物》2002 年第 3 期。

② 王仁湘、叶茂林：《四川盆地北缘新石器时代考古新收获》，载《三星堆与巴蜀文化》，巴蜀书社 1993 年版。

③ 徐学书：《关于商代蜀国青铜文化的认识》，载《三星堆与巴蜀文化》，巴蜀书社 1993 年版。

④ 张勋燎：《古代巴人的起源及其与蜀人、僚人的关系》，《南方民族考古》第 1 辑，1987 年。

⑤ 俞伟超：《三星堆蜀文化与三苗文化的关系及其崇拜内容》，《文物》1997 年第 5 期；范勇：《试论早蜀文化的渊源及族属》，载《三星堆与巴蜀文化》，巴蜀书社 1993 年版。

⑥ 孙华：《巴蜀文物杂识》，《文物》1989 年第 5 期。

玉等认为，三星堆文化面貌显示出古代西南民族的文化特征，因此是以土著成分为主，外来因素为次①。林向、段渝认为，三星堆遗址文化经历过突破与变异，第一期以土著因素为主，第二期由于文化内涵的巨大变异而出现突破，但外来文化并不是整个地取代了原有文化，而是对原有文化有所承袭，有所融合②。

至于族属，则有氐羌说、濮人说、巴人说、越人说、东夷说等不同看法。

4.三星堆"祭祀坑"的性质与年代

这个问题分歧较大，争议颇多。

陈德安、陈显丹首先提出，一、二号坑均为"祭祀坑"，是古蜀人在一次大型祭祀活动后所遗留下来的，坑中瘗埋的器物均为祭器③。林向认为，一、二号坑应为厌胜埋藏，是古代萨满式文化的产物④。张明华认为，一、二号坑绝非祭祀坑，而是墓葬⑤。孙华认为，一、二号坑既非祭祀坑和厌胜埋藏，更非墓葬，应为两位死去的古蜀国统治者生前所用器物的埋藏坑⑥。徐朝龙认为，一、二号坑所埋器物的制器者、使用者，与埋藏者不同，应为一个王朝推翻另一个王朝而将前朝用品加以毁坏掩埋的结果⑦。李安民认为，一、二号坑为祭祀坑，但不是同一民族所为⑧。郑光认为，一、二号坑反映了中原中央王朝或地方政府对当地巫风的打击和遏制⑨。此外，尚有陪葬坑、窖藏以及其他一些意见，不再一一赘述。

关于三星堆"祭祀坑"的年代问题，绝大多数学者主张一、二号坑分别约当殷墟一期和三、四期，宋治民认为应在西周⑩，徐学书则认为应在春秋⑪。

---

① 霍巍：《广汉三星堆青铜文化与古代西亚文明》，《四川文物》1989年专辑。

② 林向：《三星堆遗址与殷商的西土》，《四川文物》1989年专辑；段渝：《商代蜀国青铜雕像文化来源和功能之再探讨》，《四川大学学报》1991年第2期。

③ 四川省文物管理委员会等：《广汉三星堆遗址一号祭祀坑发掘简报》，《文物》1987年第10期。

④ 林向：《蜀酒探源》，《南方民族考古》第一辑。

⑤ 张明华：《三星堆祭祀坑会否是墓葬》，《中国文物报》1989年6月2日。

⑥ 孙华：《关于三星堆器物坑的年代及性质问题》，载《三星堆与巴蜀文化》，巴蜀书社1993年版。

⑦ 徐朝龙：《三星堆"祭祀坑"唱异》，《四川文物》1992年第5期。

⑧ 李安民：《论广汉三星堆一、二号祭祀坑非同一民族所为及相关问题》，载《三星堆与巴蜀文化》，巴蜀书社1993年版。

⑨ 郑光：《从三星堆文化看古蜀地与中原的关系》，载《纪念三星堆遗址发现70周年暨殷商文明国际学术研讨会论文集》，2000年。

⑩ 宋治民：《早期蜀文化分期的再探讨》，《考古》1990年第5期。

⑪ 徐学书：《三星堆祭祀坑为春秋说》，《社会科学研究》1995年第1期。

可以看出，对三星堆"祭祀坑"年代的争论，很大程度上在于方法和视角的不同，目前要取得完全一致的认识还有一定距离。至于性质，目前所见诸说虽然都从不同侧面进行了深入分析，但差不多是各执一端，诸说均不能圆满解释一、二号坑的各种遗迹现象。看来要取得共识，必须首先针对各种遗迹现象作出细致分析，在此前提下再来分析其性质，以便寻求更多的共同点。并且这种分析应该建立在比较研究的基础上，才能获得更深刻的认识和有价值的启示。

5. 三星堆青铜人物雕像的文化意蕴

这个问题分歧较大，异论纷出，莫衷一是。

发掘者认为，青铜人头雕像胸部以下呈倒三角形，应为杀殉奴隶替代品或象征[1]。多数观点认为，"杀殉论"不能成立。青铜为古代贵重金属，是富于战略意义的物资，何以能用来代替杀殉奴隶作其"替身"？徐学书认为，青铜人面像为古蜀人祖先形象的塑造，具有祖先崇拜的意义。其中的大面像即双眼突出眼眶10多厘米的"纵目人"像，或认为是蜀先王蚕丛氏的偶像[2]，龙晦认为是蜀王杜宇的偶像[3]，陈德安认为大面像不是人面像而是"兽面具"[4]。对于与真人大小近似的人头像，或认为是贡奉者形象，或认为是受祭者形象。

陈德安认为，青铜人面像不是古蜀人祖先崇拜的产物，而是图腾崇拜的产物。其中的小型青铜人面具，即是图腾舞蹈用具[5]。范小平认为，青铜"纵目人"大面像，突出双眼，其做法和含义与中原甲骨文中的"蜀"字突出双眼（"目"字期的意义相同，反映了"蜀"的图腾崇拜[6]。

关于青铜大立人雕像，也有不同看法。

沈仲常认为，青铜大立人是古蜀人的一代蜀王的形象，由于古代社会的政治君王同时又是宗教上的群巫之长，所以是蜀王兼巫师的形象[7]。段渝认为是古

---

① 四川省文物管理委员会等：《广汉三星堆遗一号祭祀坑发掘简报》，《文物》1987 年第 10 期；《广汉三星堆遗址二号祭祀坑发掘简报》，《文物》1989 年第 5 期。

② 徐学书：《关于三星堆出土青铜人面神像之探讨》，《四川文物》1992 年专辑。

③ 龙晦：《三星堆出土铜像考释三星堆与巴蜀文化》，载《三星堆与巴蜀文化》，巴蜀书社 1993 年版。

④ 陈德安：《三星堆祭祀坑出土青铜面具研究》，《四川文物》1992 年专辑。

⑤ 陈德安：《三星堆祭祀坑出土青铜面具研究》，《四川文物》1992 年专辑。

⑥ 范小平：《广汉商代纵目青铜面具研究》，《四川文物》1989 年专辑 。

⑦ 沈仲常：《三星堆二号祭祀坑青铜立人像初记》，《文物》1987 年第 10 期。

蜀神权政治领袖的形象①。陈德安认为，青铜大立人形象酷似汉语古文字"尸"字的字形，故应为"立尸"，称为立人像则不妥②。与此相对的观点则认为，青铜大立人绝非是中原文献中的"立尸"或"坐尸"，两者内涵截然不同，《礼记》等文献可以证实此点③。整个青铜人物雕像群，反映了以古蜀族为中心的多元一体的民族构成，具有民族结构的象征意义和有中心、分层次的君统与神统的表现功能④。

凡此种种，尚有其他看法，不一而足。

6. 三星堆金杖、金面罩的文化意蕴

关于金杖，争议不是很多，但差异甚大。

一般认为，金杖是蜀王权杖。段渝进一步认为，金杖是古蜀神权政治领袖集王权（政权）、神权（宗教特权）、财富垄断之权（对自然资源和社会财富的垄断权力）为一体的权力标志，象征着古蜀国王至高无上的权力⑤。另一种截然不同的观点认为，金杖与神杖同义，均为古蜀人的神树崇拜⑥。

关于金面罩，对其文化意蕴较少争论，多认为与古蜀人的宗教习俗有关。陈显丹认为是古文献中"黄金四目"的方相氏⑦，但有争议。

7. 三星堆青铜神树的文化意蕴

对此也有不同看法，但将青铜树界定为"神树"，则是分歧之中的一致。

陈显丹认为，三棵神树应分别为《山海经》中记载的"建木"、"若木"和"扶桑"，是古蜀人在举行祭祀仪式时用于人、神上下天地的"交通工具"或祭祀器⑧。

胡昌钰、蔡革否定青铜神树为建木。认为其构造形态极似《山海经》中的"若木"⑨。另一种观点认为，神树具有"社"的功能，与文献中的"桑林"一致，应

---

① 李学勤：《比较考古学随笔》，广西师范大学出版社 1997 年版。

② 陈德安：《三星堆祭祀坑出土青铜面具研究》，《四川文物》1992 年专辑。

③ 段渝：《论商代长江上游川西平原青铜文化与华北和世界古文明的关系》，《东南文化》1993 年第 2 期。

④ 段渝：《商代蜀国青铜雕像文化来源和功能之再探讨》，《四川大学学报》1991 年第 2 期。

⑤ 段渝：《论商代长江上游川西平原青铜文化与华北和世界古文明的关系》，《东南文化》1993 年第 2 期。

⑥ 季智慧：《神树、金杖、筇与蜀文化》，《四川文物》1989 年专辑。

⑦ 陈显丹：《广汉三星堆一、二号坑两个问题的探讨》，《文物》1989 年第 5 期

⑧ 陈显丹：《三星堆一、二号坑几个问题的研究》，《四川文物》1989 年专辑

⑨ 沈仲常：《三星堆二号坑立人像初记》，《文物》1987 年第 10 期。

为"社树"。

与此不同的观点则认为，神树并非"社树"，其文化内涵与中原的"桑林"不同，中原无以神树为天梯的文化传统，《山海经》中以神树为"通天之梯"者仅一见，即位于"都广之野"的"建木"。三星堆神树当为"建木"，反映了古蜀人交通于天人之际的特殊宗教权力被其神权政治集团所独占的情况①。樊一认为神树为古蜀人的宇宙树，反映了蜀人的世界观②。日本林巳奈夫则认为神树起源于对日晕现象的认识，代表东西两极的若木（即扶桑、若木）③。

8.三星堆金杖、雕像的文化来源

金杖、雕像是三星堆出土金属制品中具有代表性的特征，这是众所公认的。但对其文化因素的来源，却众说纷纭，差异甚大。

宋新潮认为，青铜雕像文化形式来源于中原文化，与殷墟、西安老牛坡、湖南出土的青铜面像或青铜礼器上的浮雕有一定关系④。罗开玉认为，雕像、神树等与古代的西南民族传统有关，但青铜器的出现则与中原文化的传播有关⑤。李绍明认为，金杖、雕像并非土著文化，也不来源于中原文化，从青铜人物的冠式、体质面部特征看，可分为二种，一种为华南濮越民族系，一种为西北氐羌系，扁宽鼻型来源于华南，直高鼻型来源于西北⑥。

还有一种观点认为，金杖、雕像无论在中原、长江流域还是古蜀地本身都没有发现其文化来源，应与对外来文化的采借有关。纵观世界古文明，西亚近东是青铜雕像和权杖的渊薮，并有向南连续分布的历史。再联系到三星堆遗址出土的大量海贝、海洋生物青铜造像和象牙等文化遗物，判定金杖、雕像文化因素来源于西亚、近东文明，是文化交流、文化传播和采借的产物，反映了古蜀人的文化开放和走向世界意识⑦。这种意见中，又有南来论、北来论的区别。

9.三星堆文化的宗教体系

屈小强认为，三星堆出土文物反映了古蜀人的竹崇拜，表明了古蜀人以竹

① 段渝：《古代巴蜀与南亚和近东的文化交流》，《社会科学研究》1993 年第 3 期。

② 樊一：《三星堆寻梦》，四川民族出版社 1998 年版。

③ 林巳奈夫：《中国古代的日晕与神话图像》，载《三星堆与巴蜀文化》，巴蜀书社 1993 年版。

④ 宋新潮：《商代青铜面具小考》，《考古与文物》1989 年第 6 期。

⑤ 罗开玉：《三星堆遗址与古代西南文化关系初论》，《四川文物》1989 年专辑。

⑥ 李绍明：《蜀人的来源与族属》，载《三星堆与巴蜀文化》，巴蜀书社 1993 年版。

⑦ 霍巍：《广汉三星堆青铜文化与古代西亚文明》，《四川文物》1989 年专辑。

为图腾的情况①。陈显丹认为，三星堆青铜文化反映了古蜀人的自然崇拜，表明古蜀人以自然崇拜为主的宗教形态②。

范小平认为，三星堆青铜人像表现了对"蜀"的图腾崇拜，即是作为祭祀客体的艺术形象图腾的崇拜，而不是祭祀客体本质本身的崇拜③。巴家云认为，三星堆文化决不仅仅表现自然崇拜，更不是图腾崇拜，而主要反映了祖先崇拜，也有自然崇拜④。段渝认为，三星堆宗教崇拜是一个极为复杂的体系，其中既有自然崇拜，又有祖先崇拜，还有至上神信仰等多种崇拜形式，表现出一个神权政治中心的多层次结构和网络体系，是一个神秘王国⑤。黄剑华认为，三星堆文物揭示了古蜀昌盛的太阳崇拜⑥。

10. 三星堆文化与中原文化的关系

在这个问题上，有多种层次的讨论，或从单项文化因素，或从多项文化因素，或从整体内涵上去进行比较研究。作为比较的对象也不尽一致，有新石器文化，有夏文化、商文化，也有东夷文化、北方草原青铜文化、长江中下游青铜文化、云南青铜文化等等。

就三星堆文化与夏、商文化的关系而言，过去的认识由于建立在中国文明一元起源论的理论基础之上，所以多认为是夏文化或商文化的传播，或其分支。近年由于中国文明多元起源论和多元一体发展格局理论的创立和发展，学术界多在这种更加符合中国历史实际的理论指导下，研究古文化和古文明，对于三星堆文化的研究也不例外。但具体观点，各派则不尽一致。

一种观点认为，三星堆文明在文字、城市、青铜器等文明三要素方面，以及在国家政体方面，均与中原夏、商文化有较大差别，有其自身的生长点。尽管三星堆文明在其起源、形成和发展过程中，受到中原文明较多的影响，采借了中原青铜器和陶器中的某些形式，但从整体上看，仍然具有明显的自成体系的结构框架，因此是中国文明的起源地之一⑦，是古代长江上游的一大文明

---

① 屈小强：《巴蜀氏族一部落的共同图腾是竹》，载《三星堆与巴蜀文化》，巴蜀书社 1993 年版。

② 陈显丹：《三星堆一、二号坑几个问题的研究》，《四川文物》1989 年专辑。

③ 范小平：《广汉商代纵目青铜面具研究》，《四川文物》1989 年专辑。

④ 巴家云：《三星堆遗址所反映的蜀人一些宗教问题的研究》，《四川文物》1989 年专辑。

⑤ 段渝：《四川通史》第 1 册，四川大学出版社 1993 年版；段渝：《古代中国西南的神秘王国》，伦敦：《丝语中文时报》1996 年第 6 期。

⑥ 黄剑华：《三星堆太阳崇拜探讨》，《中华文化论坛》2001 年第 2 期。

⑦ 段渝：《巴蜀是华夏文化又一个起源地》，《社会科学报》1989 年 10 月 19 日。

中心①。这种观点，在学界和社会各界中愈益占有多数。

李学勤认为，史籍记载了黄帝与蜀山氏的关系，这在三星堆文化中有所反映，古蜀的某些陶器形制和玉器形制便与中原二里头文化（夏文化）有关，证明蜀国君主确与古史传说中的颛顼有关②。李炳海认为，古蜀文化的发展早于中原，夏文化的源头之一便是古蜀文化③。温少峰通过对史籍所记古史传说的研究，发现中原所传的黄帝，实与古蜀文化的"西山文化"有深刻联系④。郑光认为三星堆文化应是中原为代表的华夏文化系统的一支或一个组成部分⑤。

在三星堆文化与夏商文化交往的途径问题上，学术界也有不尽一致的认识。李学勤认为商文化主要是通过长江西上进入四川地区的⑥。林向认为三星堆文化与商文化的碰撞地在陕南，与夏文化的碰撞地在川东鄂西长江沿岸⑦。段渝认为汉中和长江三峡川东鄂西均为三星堆文化与中原文化的边际交流地带，汉中地区是三星堆文化的北部军事屏障和扩张前锋，川东鄂西则是三星堆文化与中原夏商文化和平交流的舞台⑧。李民提出从潜至沔，再经陆行入于渭，是古代潜、沔、褒、斜、渭、河的一条"水陆联运"途径，这条入蜀途径在夏商时代发挥了重要作用⑨。

除以上十大论争外，学术界的研究和讨论还涉及更多的层面和方面，其中一枝独秀者不在少数，因篇幅所限，未能一一列出。至于本文未列出的其他内容，则属挂一漏万，尚希雅谅。

仅就上面论列的十大问题来看，三星堆研究已是高潮迭出、新见迭出、争

---

① 林向：《巴蜀文化区论纲——长江上游的古代文明中心》，载《三星堆与巴蜀文化》，巴蜀书社1993 年版。

② 李学勤：《〈帝系〉传说与蜀文化》，《四川文物》1992 年专辑。

③ 李炳海：《夏楚文化同源于巴蜀考辨》，《天府新论》1990 年第 6 期。

④ 此论本出温少峰先生，未见形诸文字。

⑤ 郑光：《从三星堆文化看古蜀地与中原的关系》，载《纪念三星堆遗址发现 70 周年暨殷商文明国际学术研讨会论文集》，2000 年。

⑥ 李学勤：《商文化怎样传入四川》，《中国文物报》1989 年 7 月 21 日。

⑦ 林向：《论古蜀文化区——长江上游的古代文明中心》，载《三星堆与巴蜀文化》，巴蜀书社1993 年版，第 1—10 页。

⑧ 段渝：《古蜀文化区三星堆文明的空间分布三星堆文明的延伸分级》，载《三星堆文化》，四川人民出版社，1993 年第 9—12 页，第 579—605 页，第 606—618 页。

⑨ 李民：《三星堆文化与夏商文化》，载《纪念三星堆遗址发现 70 周年暨殷商文明国际学术研讨会论文集》，2000 年。

论迭出，给人以惊心动魄之感。这无疑是由三星堆文明本身的丰富内涵和辉煌成就所决定的。

毫无疑问，就三星堆文明的影响、争论范围、研究者队伍、学科构成、学者层次来看，都远远超出了四川本身，在中国文明形成、发展的研究中占有重要地位，相信随着研究的不断深入和研究范围的不断拓展，其全局意义将会日益突出。正如李学勤先生所说："中国文明研究中的不少问题，恐怕必须由巴蜀文化求得解决。"[1]

六、三星堆与巴蜀文化研究的几大方向和课题

巴蜀文化博大精深，内涵宏富，目前所揭示的仅仅是其中的一部分，更多的部分尚待发掘和探索，前景广阔，大有可为。

总结当前的各项成果，展望未来，我们以为三星堆与巴蜀文化研究在以下四大方向和若干课题上可望取得重大的突破性进展。

1. 古蜀文明的起源与形成

根据中外学术界关于文明时代的界定，文字、城市、金属器，是文明社会形成的三大物质文化要素，在三星堆文化中均可得到明确反映。

城市的性质，固然不是由是否有围墙来决定，但三星堆城墙以内的范围达3.6平方公里，无论比中国北方农村围有围墙的村庄，还是比史前时代围有围墙的近东耶利哥村落，规模都绝然不同。量的变化反映了质的变化，何况三星堆古城中还体现了史前时代所无法比拟的社会分工、社会分层和王权运作机制，因此必为城市无疑。三星堆城市研究，不但是文明研究的重要内容之一，而且对于确定古蜀文明的社会性质、政府组织、权力结构、文明起源与形成的动力等等，都具有头等意义和重大价值。它的另一个前景，在于通过考古发现，确定各类遗迹的所在和相互关系，比如宫殿群、居室群等，确定其城市布局、规划，从而探知其完整面貌和文化形态。

目前已知宝墩文化是古蜀文明的起源时代，宝墩文化古城群的衰落和三星堆古蜀城市文明的兴起是什么关系，其转化过程和机制是什么，都必须通过对

---

[1]　李学勤：《略论巴蜀考古新发现及其学术地位》，《中华文化论坛》2002 年第 3 期。

宝墩文化古城群的新发掘与深入研究才有可能探明。因此，探索三星堆城市文明的起源，关键在于探讨它与宝墩文化之间的兴替。

青铜文化方面，除了进一步研究古蜀青铜文化的起源、演变，进一步考察各类青铜制品文化因素的渊源而外，在科技史、冶金史方面，在生产资源、自然资源和生产力布局、生产的组织管理形式及其社会机制等方面，都有待深入开拓。

具体而言，对于青铜雕像、金杖、金面罩的文化渊源问题，对于蜀式三角形援无胡青铜戈的起源问题，对于柳叶形青铜短剑的起源、分布和传播问题，都需要进一步研究加以深入解决，并与中原等地考古资料作细致的比较研究，获得突破性进展。冶金术、科技史方面，通过自然科学实验，将进一步摸清三星堆青铜技术的特点、合金特点，以及青铜矿产资源来源问题。综合研究则将解决古蜀生产力布局的科学性程度、生产组织管理所反映的社会机制和王权集中程度等问题，以及对资源的控制或贸易等获取方式问题，而这些方面的研究对古蜀文明社会的探讨具有极为重要的学术价值和理论意义。

三星堆遗址和成都十二桥遗址所发现的刻划文字问题，目前因资料不集中，也因数量较少，故研究成果不多，今后这个问题的研究将会日益显示出其不可忽视的意义，为巴蜀文字的起源和巴蜀文明的形成提供十分有价值的第一手资料。

古蜀国家形态、政治组织、政权结构、王权与神权的关系、社会分层等研究，对于认识古蜀文明的进化程度、文化进化的动力和社会运作机制等一系列重大课题，至关重要。目前这方面的研究还比较薄弱，应大力加强，必将取得丰硕成果。

以上诸方面研究的综合成果，必将对三星堆文明的起源、形成、发展、演变，文化结构、文化模式与类型，以及文化功能体系等，取得新的认识，获得重大突破，必将对中国文明研究做出新贡献。

2. 三星堆文明与中原文明和周边文明的关系

从考古学文化的角度上说，三星堆文化已初步显示出与中原二里头文化（夏文化）和殷墟文化（商文化）的一些密切联系，也隐含着更多的一些区域文化因素，如长江中、下游，以及滇、越等文化色彩。通过对这些因素所占比重、变异程度、地位和作用等的研究，同时通过对其他区域中的三星堆文化因素的相关研究，将对古蜀文化与中国古代其他区域文化的交流与融合，以及中原文化和其他区域文化对古蜀文化的演进所起作用等，得出更深入的认识，从而在理论和实践上同时做出贡献。

三星堆文明与中原文明关系的研究，应成为今后研究的重点项目之一。当前在考古学文化区系理论的基础上，已初步建立了三星堆文化的发展序列和相应网络。然而这个序列和网络，与中原文化的发展演变有无关系，有什么关系，实质怎样，均须进一步探索。与中国古史传说相联系，当前已从过去的疑古转变为探索古蜀文化与炎黄文化的关系阶段，今后必须深化认识，首先从考古学上建立可靠的认识基础，然后具体分析来龙去脉和发展演变诸关系，从而为中国文明多元一体的发展格局增添新的内容，做出新的发展。

古蜀文明与周边文化的关系，重在长江三峡鄂西地区、陕西南部汉中地区，以及云南东部和贵州西部的古代文化。当前学术界已在多方面开展了工作，还须通过对考古资料的仔细梳理，探明其间文化交流传播的基本轨迹，并结合文献和民族学材料，阐明古蜀文明在西南地区深刻而持久的历史影响。

古蜀文明与中原和周边文明的关系，实质上是一个互动、双向以至多向的文化接触和交流问题，其中既有文化中心之间的相互交流，也有边际文化交流、普通民众之间的文化交流和由边际向中心逐步渗透、延伸等交流形式，以及其他各种形式。其速率或快或慢，其程度或深或浅，其影响或大或小，其作用或显或隐，既具发展不平衡性，又具连续性、间断性，其过程、途径、方式极其错综复杂，绝不是单向、单纯或单一的，需要细致地进行艰苦的工作才能明察。

这项工作具有极为重要的意义，对于深入认识文化传播、文化变迁与文化演进及其动力法则的深层关系，至为重要。对此问题的深入研究和理论概括，必将对全面认识中国文化做出重要贡献，并提供具体实例和理论模式。而且，从另一个宏观角度看，还将对中国文化传统形成过程中区域与整体的关系得出意想不到的新成果，在此方面填补空白，开风气之先。

3. 巴蜀文化与西亚、南亚和东南亚文明的关系

这个方向是古代中外经济文化交流新方向，具有国际意义。

当前的研究成果，是根据考古资料和文化形态、文化因素集结、功能及其空间分布等方面的研究，初步对巴蜀文化与古印度和中、西亚文化进行了比较研究，认为早在商周时代就存在某种形式的文化交流。根据考古和文献资料，阐明了巴蜀文化对东南亚大陆文化的持久深刻影响。当前初步取得的这一系列成果，不仅开创了新思路，开拓了新领域，而且具有广阔的前景和重大的研究价值。

由此展开的进一步深入全面研究，不但将对巴蜀文化与中国西南其他民族文化的关系，对南方丝绸之路的开辟，以及对中西文化交流等重大问题提供崭新认识，而且将对古代亚洲的国际文化交流纽带的研究做出新论断，从而在更大范围和更高程度上认识中国与世界，以至人类文化的交流、发展和人类文化的空间传播能力，和文化交流、传播方式、途径的复杂性，并认识人类文化传播与政体、国界、民族等一系列重大课题的关系和实质，从而对中国、亚洲以至世界文化研究做出贡献。

与此相关的另一个问题是，在古代亚洲国际文化纽带中，巴蜀起到什么作用，扮演什么角色的问题。对这个问题的充分研究，将揭示中原文化与西南民族文化的联系途径和方式，巴蜀文化面对南、北两种文化所取态度和发生作用等问题，还预示着南、北丝绸之路关系问题的提出和解决，对于中国古代的对外文化交流及交通诸问题提出新的课题和认识。这些问题的提出和解决，均属填补空白而富于学术价值和理论意义的研究，具有充分的发展空间。

4. 封闭与开放

三星堆文明研究向我们提出了一个需要重新认识的课题：内陆文化是否必然与封闭性、落后性联系在一起，这是一个既有历史意义又有现实意义的课题。

一系列研究成果足以揭示，身居内陆盆地的三星堆文明绝非封闭型文明，它不但与中原文明和中国其他区域文明有这样那样的联系，而且还发展了与亚洲其他文明古国的关系，证明它是一支勇于迎接世界文化浪潮冲击的开放型的文明。

三星堆文明开放性的揭示和继续深入研究，将给今天的四川内陆盆地和中国其他类似区域的改革开放提供古鉴，其中许多问题还值得进一步深思，有许多事情可做，在理论和实践上取得进展。比如，巴蜀人是通过什么途径、以什么方式实现同外域文化的远程交流的？又如，三星堆文明尽管吸收采借了若干外来文化因素，却并未改变其文明社会的基本结构，这是为什么？值得深思。

以上论列的各点，仅仅是就未来三星堆与巴蜀文化研究中的荦荦大者而言，绝不是全面列举，也不可能全面列举。全面的研究，需要学术理论界和社会各界携手合作，共同努力。此外，在相当多的具体问题上，巴蜀文化也值得进一步细致研究，有些问题还必须反复研究，或从不同角度、不同层面去解剖分析。我们相信，未来的三星堆与巴蜀文化研究必将获得更加丰硕的成果。

（原载《中华文化论坛》2003 年第 3 期）

巴蜀古文字的两系及其起源

一、学术源流回顾

古代巴蜀，作为我国先秦时代西南腹地一个灿烂的古文明中心，曾经在农业、冶金术、青铜器制造、城市、建筑、商业贸易、生产专门化以及知识水平等若干文化领域中，取得过重大的进步和辉煌的成就，这在我国考古事业不断发展的今天，已经很少有人怀疑了。然而，如此灿烂的巴蜀文明，是否曾产生创制过它自己的古文字呢？如果有，它又具有什么样的特点呢？无论在考古、古文字还是历史学界，这仍然是一个有相当争议的问题。毫无疑问，古代巴蜀文字的研究，已成为巴蜀文化研究以至先秦文化研究的一个重大课题。

为了正确理解巴蜀文字研究的情况，有必要对其学术源流予以简略回顾。

早在汉、晋历史文献中，对于巴蜀是否有其文字，就已存在重大争论。旧题西汉扬雄所著《蜀王本纪》首倡蜀无文字之说，其文云："蜀王之先名蚕丛、柏濩、鱼凫、蒲泽、开明。是时人萌椎髻，左言，不晓文字，未有礼乐。"[1]东晋成汉史家常璩则对此说提出质疑，所著《华阳国志·叙志》云："而世俗间横有为蜀传者……又言蜀椎髻左衽，未知书，文翁始知书学……则彭祖本生蜀，为殷太史。夫人为国史，作为圣则，仙自上世，见称在昔。及周之末，服事于秦，首为郡县，虽滨戎夷，亦有冠冕。故《蜀纪》曰：'大人之乡，方大之国'也。至于汉兴，反当荒服，而无书学乎？《汉书》曰：郡国之有文学，因文翁始。若然，翁以前齐、鲁当无文学哉……惟智者辨其不然，幸也。"常璩之意，是蜀有文字。是后，历代学者多据《蜀王本纪》，遂使蜀无文字之说几成定论。

---

① 《文选·蜀都赋》刘逵注引，中华书局 1977 年版。

从汉、晋以迄于近代，对于巴蜀文字的问题，不论学者主张其有还是主张其无，不过都是凭借臆断，皆无确切证据以成其论。这一重大课题，直到20世纪40年代以后，由于巴蜀青铜器的不断发现和巴蜀考古的逐渐深入①，才开始获得解决的生机，进入科学研究的轨道。

1940年代以来特别是中华人民共和国建立以后，随着巴蜀考古工作的进展，资料日益丰富，学术界据此并参照文献记载和人类学材料研究巴蜀文字，已有相当的进展，形成了不同的学术观点。各种观点及其主要分歧如下：

第一，巴蜀有文字。卫聚贤于1942年发表的《巴蜀文化》中称巴蜀青铜器上的各种符号为"巴蜀文字"。1960年，四川省博物馆在《四川船棺葬发掘报告》中指出，巴蜀文字有两类，一类是"符号"，有的"与铜兵器上的铸文相同"，另一类是"似汉字而又非汉字者"②。童恩正先生于其1979年出版的《古代的巴蜀》中，认为后者无疑是巴蜀文字③。李学勤先生进一步将巴蜀文字分作甲、乙两种，并指出巴蜀文字甲既有表音符号，又有表义符号④。

第二，巴蜀无文字。一种意见认为巴蜀青铜器等上面的符号是带有原始巫术色彩的吉祥符号，不能单个予以宣读，只能成组进行解释⑤。邓廷良先生认为巴人铜器上的符号是巴人及其有关部族图腾的徽纹⑥。李复华、王家祐两先生则主张巴蜀符号是巴蜀人或巫师借以表意的"巴蜀图语"⑦。

第三，是巴有文字还是蜀有文字。徐中舒先生主张巴蜀青铜器上的绘画图像是巴人的文字"巴文"，与蜀无关⑧。蒙文通先生则根据史籍考订蜀有文字，与

---

① 20世纪20年代以后，成都白马寺不断出土青铜器，其形制花纹与中原所出颇多不同。40年代，在四川的许多考古、历史学家对此进行研究、论争，于是提出"巴蜀文化"和"巴蜀文字"的课题。见《说文月刊》第三卷第四期（巴蜀文化专号，1940年，上海）、第三卷第七期（巴蜀文化专号，1942年，重庆）。从那时至今，半个世纪多以来，有关巴蜀文字的许多问题仍有待继续深入研究。

② 四川省博物馆编：《四川船棺葬发掘报告》，文物出版社1960年版。

③ 童恩正：《古代的巴蜀》，四川人民出版社1979年版，第132页。

④ 李学勤：《论新都出土的蜀国青铜器》，《文物》1982年第1期，又见所著《东周与秦代文明》，文物出版社1984年版，第168—169页。

⑤ 孙华：《巴蜀符号初论》，《四川文物》1984年第1期。

⑥ 邓廷良：《巴人的图腾》，《四川史学通讯》第2期，1983年。

⑦ 李复华、王家祐：《关于"巴蜀图语"的几点看法》，《贵州民族研究》1984年第4期。

⑧ 徐中舒：《巴蜀文化初论》、《巴蜀文化续论》，均见《论巴蜀文化》，四川人民出版社1982年版，第27、31、111页。

中原的区别只是存在部分相异的方言和新字①。李复华、王家祐两先生则指出，蜀有不同于中原甲骨文和金文的方块象形字②。

第四，古蜀文字是一种比较发达的拼音文字，属于音素——音节文字体系，其产生时间可上溯到公元前 15 世纪殷代甲骨文时期，与甲骨文并行产生和发展，甚至更早③。

以上各种意见分歧的焦点，直接涉及对三个基本问题的估计和理解：第一，有关巴蜀文字产生与否的社会背景即社会发展水平的估计；第二，有关文字和符号资料的发现和积累；第三，有关符号性质的判定。后两个问题将在后面随文解说，值得重视的是第一个问题，它往往为人们所忽略，实际上却是理解全部材料的基础。《蜀王本纪》和《华阳国志》对蜀人有无文字的争论，关键不在有无蜀人的古文字材料，因为其作者均未曾见过任何巴蜀的古文字，而在于对蜀人社会经济文化发展水平的总体认识的差异。《蜀王本纪》之所以提出蜀无文字，依据在于"（蜀人）椎髻，左言，未有礼乐"，经济文化落后。《华阳国志》之所以认为蜀人必有其文字，依据亦在于蜀得天文地理之利，精英辈出，经济文化发达。以此言之，古代学者的争论，是建立在对社会发展水平的认识基础之上的，而不是建立在科学研究的基础之上。在考古学取得重大进步的今天，这种争论应该结束了，因为考古工作已经充分提供了古代巴蜀社会发展水平的丰富的第一手资料，彻底否定了蜀无礼乐之说④。就此而论，巴蜀产生文字的条件已经具备。尽管世界上并非没有无文字的古文明，如南美秘鲁的印加文明，虽已建立了国家，但却没有文字的使用，中美洲文明的文字也主要用于历法，与一般意义上的文字在使用上有明显不同⑤。但这不是普遍原则，仅为特殊的例外，与旧大陆各古文明存在区别。并且，正如对于古代埃及文明有无城市的争论一样，其中还存在一个认知标准的问题。因此，只有在排除了古代巴蜀没有达到文明社会的歧见，并且不先入为主地认为巴蜀没有发明使用文字的条

---

① 蒙文通：《巴蜀史的问题》，《巴蜀古史论述》，四川人民出版社 1981 年版，第 87—96 页。

② 李复华、王家祐：《关于"巴蜀图语"的几点看法》，《贵州民族研究》1984 年第 4 期。

③ 钱玉趾：《古蜀地存在过拼音文字——成都百花潭战国墓出土的铜壘盖考》，《四川文物》1988 年第 6 期。

④ 广汉三星堆 1、2 号祭祀坑内出土的大型青铜雕像群、金器、玉石器、象牙等，是蜀人有发达的礼乐制度的绝好证明。资料见《广汉三星堆遗址一号祭祀坑发掘简报》，《文物》1988 年第 10 期；《广汉三星堆遗址二号祭祀坑发掘简报》，《文物》1989 年第 5 期。

⑤ C. Renfrew, *The Emergence of Civilization*, Methuen, 1972, p. 7.

件，才能比较正确地认识和解决问题。

二、巴蜀方块字——表意文字

学术界对巴蜀方块表意文字的认识，基本上是从 20 世纪 70 年代才开始的。1972 年，四川省博物馆在郫县独柏树发现一件中胡三穿青铜戈[①]，戈援后部至内两面均各铸一虎纹，胡的两面均铸有巴蜀符号，援脊下侧两面各铸有巴蜀符号一行四个，其中一面援脊上侧有古文字一行约十余字（图一：1、2）。1973 年，

重庆市博物馆在万县新田发现一件中胡三穿青铜戈[②]，在胡侧近阑处，有两个巴蜀符号，略似殷周金文"弓"字。援脊下侧有巴蜀符号一行三个，援脊上侧有铭文一行（图一：3）。另据资料，除此两戈外，在四川新都出土的一件中胡三穿戈的胡上，有古文字一行（图一：4）；在郫县张家碾出土的一件中胡三穿戈的胡上，也有古文字一行[③]（图一：5），此两戈的内上均铸有巴蜀符号。此外，早在 1959 年，湖南常德 26 号战国墓就曾出土一件中胡三穿青铜戈，内的两面各铸有巴蜀符号，援末近阑侧至胡两面均各铸铭文一行[④]

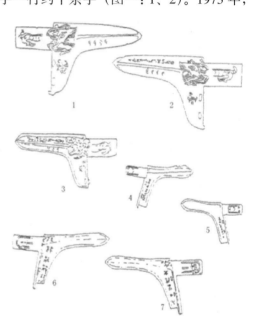

1、2.郫县独柏树（正、反） 3.万县新田
4.新都 5.郫县张家碾 6、7.湖南常德（正、反）

图一 巴蜀青铜戈上的表意文字

---

① 李复华：《四川郫县红光公社出土战国铜器》，《文物》1976 年第 10 期。

② 童恩正、龚廷万：《从四川两件铜戈上的铭文看秦灭巴蜀后统一文字的进步措施》，《文物》1976 年第 7 期。

③ 刘瑛：《巴蜀兵器及其纹饰符号》，载《文物资料丛刊》第 7 辑，文物出版社 1983 年版，图三：8、9。

④ 湖南省博物馆：《湖南常德德山楚墓发掘报告》，《考古》1963 年第 9 期，图一〇：12，图版二：六。

（图一：6、7）。以上诸器上的铭文均未获解读。据分析，这五件青铜戈上的铭文，共有五十余字①，其字形结构相同，可以断定属于同一个古文字系统。

那么，这是一个什么样的古文字系统呢？有两个基本证据，足以使我们得出它是巴蜀古文字的确切结论，这就是青铜戈的形制以及其上的纹饰和符号。

从形制分析，这五件戈都是巴蜀青铜戈常见的形式。郫县独柏树出土的一件和万县新田出土的一件，均直援中胡，近阑处二穿，援上角另有一稍小的方或圆穿，胡的末端均有一后突的牙，与新都三合场②、成都南郊战国墓③、四川省博物馆旧藏④、成都百花潭中学⑤出土的巴蜀戈形制基本相同，冯汉骥先生曾将此种戈划为蜀戈分式的第 V 式⑥。郫县张家碾、新都、湖南常德出土的三件，均中胡三穿，援微弧，胡上昂，与新都战国木椁墓⑦、峨眉符溪⑧、成都市博物馆收集⑨的青铜戈相类，亦属冯汉骥先生关于蜀戈分式的第 V 式。我认为，蜀戈当按李学勤先生的意见进行分式⑩。以上五件有铭戈应为李学勤先生分式的第Ⅳ式，但包含两个亚型，郫县张家碾、新都、湖南常德出土的三件，当为Ⅳa 型；郫县独柏树和万县新田出土的二件，当为Ⅳb 型。五件有铭青铜戈均为巴蜀地区流行戈的典型形式，故为巴蜀制作和使用无疑。

五件有铭青铜戈最富于巴蜀戈特征的是其上的纹饰和符号。援后部凸起铸成浅浮雕虎头作为装饰，内和胡上铸各种巴蜀特有的符号，均为巴蜀戈区别于其他青铜戈的显著标志。因此，这五件有铭青铜戈确为巴蜀戈无疑。毋庸置疑，五件巴蜀戈上与巴蜀纹饰和符号一同出现的铭文，也就不可能是别的，只能是巴蜀古文字。

---

① 李复华、王家祐：《关于"巴蜀图语"的几点看法》，《贵州民族研究》1984 年第 4 期。

② 冯汉骥：《关于"楚公豪"戈的真伪并略论四川"巴蜀"时期的兵器》，《文物》1961 年第 11 期，图二：3。

③ 赖有德：《成都南郊出土的铜器》，《考古》1959 年第 8 期。

④ 刘瑛：《巴蜀兵器及其纹饰符号》，《文物资料丛刊》第 7 辑，图三：11。

⑤ 四川省博物馆：《成都百花潭中学十号墓发掘记》，《文物》1976 年第 3 期。

⑥ 冯汉骥：《关于"楚公豪"戈的真伪并略论四川"巴蜀"时期的兵器》，《文物》1961 年第 11 期。

⑦ 四川省博物馆、新都县文管所：《四川新都战国木椁墓》，《文物》1981 年第 6 期，图40，图版五：右下。

⑧ 刘瑛：《巴蜀兵器及其纹饰符号》，载《文物资料丛刊》第 7 辑，图三：7。

⑨ 刘瑛：《巴蜀兵器及其纹饰符号》，载《文物资料丛刊》第 7 辑，图三：20。

⑩ 李学勤：《论新都出土的蜀国青铜器》，《巴蜀考古论文集》，文物出版社 1987 年版，第 193—194 页。

就五件青铜戈上的铭文五十余字的字形和基本结构分析，巴蜀古文字与汉语古文字有着明显区别。从其方块字形来看，这种文字"似汉字而又非汉字"[①]，但其"基本偏旁结构和汉字有别"[②]，无论与殷周甲骨文、金文，还是与四川涪陵小田溪 3 号战国墓出土的"武二十六年"戈上的秦篆[③]，新都马家公社战国木椁墓出土的"邵之飤鼎"文字[④]，均不相同。诚然，从殷周到春秋战国，属于汉语古文字系统的各国文字在字体风格上并非雷同，"言语异声，文字异形"[⑤]，但构字方法和基本偏旁并无二致，且万变不离其宗，都根源于商代甲骨文，因此用同样规律和方法可以释读。但上述巴蜀古文字却不能运用汉语古文字的方法予以解读，这也就反过来说明它是不同于汉字的另一古文字系统。由于这种巴蜀古文字出土数量不多，缺乏进一步比较研究的材料，故对其结构规律等还无从做出结论，自然对已出土的五十余字亦暂不能解读。

关于这种巴蜀古文字的特征，童恩正先生曾指出："这种文字是方块字而非拼音字，是直行而非横行。它与汉字一样，应属于表意文字的范围，而且还经历了一段相当长的发展历史，完全脱离了原始的象形阶段。"[⑥]细审这种文字，我们认为，它已是一种相当进步的方块表意字。

首先，五件戈铭的字体，均已达到简化、省略、定型、单位小的水平，大多数看不出其所象形的事物，显然不是直观绘写，"画成其物，随体诘诎"的象形字，已经发展成为象形字的符号。在字形笔画构成的总体水平上，也基本上达到了直笔化和线条化，即以直笔取代了圆笔，以线条取代了实体，比直观的象形字前进了一大步，不能不说是较为成熟的表意文字。

其次，从五件戈铭分析，巴蜀方块字的行款，是从上到下直行排列，即所谓"下行"。郫县独柏树出土戈上的一行铭文（图二），从援本向援锋的第四字，是一兽的侧面抽象表现方式，此字兽脚朝向援锋，双立耳朝向援本，显然其上下朝向就代表着这行铭文的行款方式。因此，此行铭文可确定为从上到下直行

---

① 四川省博物馆：《四川船棺葬发掘报告》，文物出版社 1960 年版。

② 童恩正、龚廷万：《从四川两件铜戈上的铭文看秦灭巴蜀后统一文字的进步措施》，《文物》1976 年第 7 期。

③ 四川省博物馆等：《四川涪陵地区小田溪战国土坑墓清理简报》，《文物》1974 年第 5 期，图 24、25、46。

④ 四川省博物馆：《四川新都战国木椁墓》，《文物》1981 年第 6 期，图十四：2。

⑤ 《说文解字》卷 15 上《叙》，中华书局 1963 年版。

⑥ 童恩正：《古代的巴蜀》，四川人民出版社 1979 年版，第 132 页。

排列。以此例之，其余四戈铭文行款亦应如此。在这一点上，它与汉语古文字的行款大体一致，但五件巴蜀戈上的铭文均为单行，对其双行以上铭文的行款，目前尚难推定，但估计当为并行排列。五件戈铭行款的一致，也说明巴蜀文字已进化到较高水平。

最后，从五件有铭青铜戈的分布看，不仅在成都平原蜀地，而且在川东巴地和湘西山地均有发现，又充分说明巴蜀文字在一定范围内既经约定俗成，得到认可并推行使用，成为一种通行的文字。

关于五件有铭巴蜀青铜戈的年代，据分析，其上限可早到春秋晚期[①]，下限则在战国末叶秦统一巴蜀以后[②]。但这一年代体系并不就是戈上巴蜀文字的年代体系。从字形的发展演变规律出发，巴蜀方块字既已简

图二　四川郫县独柏树出土青铜戈上的铭文

化、进步到如此程度，其起源必定会早得多。通观迄今为止的考古资料，我认为，至少在商代晚期，巴蜀方块字不但已经产生，而且趋于成熟。对此，广汉三星堆遗址和成都十二桥遗址考古所得古文字资料，为我们提供了确凿无疑的证据。

第一，在广汉三星堆遗址出土的一些陶器上，发现有刻划符号[③]，作✕、∧、𝌆、◳、⌂、𝇌、⌂等形。例如，在一件Ⅰ式小平底罐肩部，刻划有✕形符号。一件Ⅰ式高柄豆的圈足外壁，有一⌂形符号。一件Ⅰ式小平底罐的肩部，有三枚成组、两组对称的⌂形符号；在一件Ⅱ式陶盉的裆间，也各有一⌂形符号。另据林向先生披露，三星堆遗址陶器上的"刻划文字符号"，有✕、∧、𝌆、◳、⌂、𝇌等等[④]。这些陶器上的刻划符号，显然不是偶然的刻划痕迹。同一种符号出现在不同的器物上，这一现象说明，这些符号及其含义已经固定化，约定俗成。其意义，正如大汶口陶器上的刻划符号一样，均代表着较早期的古文字。✕符号可能具有计数的意义，∧符号亦然。这两种符号，均与西安半坡、临潼

① 童恩正、龚廷万：《从四川两件铜戈上的铭文看秦灭巴蜀后统一文字的进步措施》，《文物》1976年第7期。

② 李复华：《四川郫县红光公社出土战国铜器》，《文物》1976年第10期。

③ 《广汉三星堆遗址》，《考古学报》1987年第2期。

④ 林向：《三星堆遗址与殷商的西土——兼释殷墟卜辞中的"蜀"的地理位置》，《四川文物》1989年，"三星堆遗址研究专辑专辑"。

姜寨[①]，以及二里头夏代遗址[②]和侯马东周遗址[③]所出土的陶器符号，有相同的意义。 两种符号意义不明。符号，原《报告》称为"贝纹"。从这个符号的形体分析，确象贝形，显然是一个象形字，当释为"贝"。符号的形体，象以一绳并列悬系两串贝之形，当释为"朋"。此字与甲骨文朋字的字形近似。联系到三星堆 1、2 号祭祀坑所出土的大多数海贝均有穿孔的情况，释为贝，释为朋，当有根据。符号，酷象人眼之形，外圈为眼眶，中间小圆为眼球，此字当释作"目"。此字与河南舞阳贾湖遗址所出龟腹甲上的目字字形相较[④]，三星堆遗址的目字更突出两眼角罢了。

第二，广汉三星堆 2 号祭祀坑内出土的一块牙璋的射部和柄部，两面各阴刻两组图案，每一组包括五幅图案，其中第二幅图案的"两山中间，刻有一个形符号"[⑤]（图三）。这个符号不仅在年代上远远早于后来的巴蜀符号（春秋战国），而且在迄今所见的全部巴蜀符号中无从查找，它显然不是其中的一种。从这个符号的方块化、抽象化和线条化等特点来看，与春秋战国时期巴蜀青铜戈上的方块表意字有异曲同工之处，应当说是文字而不是纹饰或符号。从结构分析，此字大约是合体字，由《《》和口两个独体字构成。口象器皿之形，《《》象器中所盛物之形。此字在结构上已简化到看不出所象事物的程度，且以两个独体象形符号形成会意，与汉语古文字中"比类合宜，以见指撝"[⑥]的会意字属于同一原理，与埃及古文字中会意字的构成原理亦同[⑦]。这个字的意义，由它

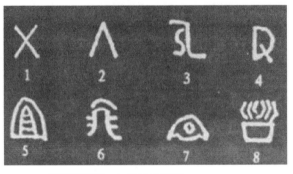

1-7.三星堆陶器　8.三星堆牙璋

图三　早期方块表意字

①　王志俊：《关中地区仰韶文化刻划符号综述》，《考古与文物》1980 年第 3 期。

②　方酉生：《河南偃师二里头遗址发掘简报》，《考古》1965 年第 5 期。

③　侯马市考古发掘委员会：《侯马牛村古城南东周遗址发掘简报》，《考古》1962 年第 2 期。

④　冯沂：《河南省舞阳贾湖新石器时代遗址第二至六次发掘简报》，《文物》1989 年第 1 期。

⑤　二陈：《广汉三星堆遗址二号祭祀坑发掘简报》，《文物》1989 年第 5 期，图三八、三九。

⑥　《说文解字》卷 15 上《叙》，中华书局 1963 年版。

⑦　A. Gardiner, *Egyptian Grammer*, Oxford, 1982.

所在牙璋图案中的位置可以看出，应与祭祀有关，有可能是祭名，但其具体意义和读音不详。

第三，在与广汉三星堆 2 号祭祀坑年代大致相当的成都十二桥商代木结构建筑遗址的第 12 层内，出土的一件陶纺轮，腰部刻有 ⊞、 两字①（图四）。这两个字与三星堆 2 号坑牙璋上文字一样，也是抽象化、线条化了的方块表意文字。此两字必非偶然的刻划符号，从字形结构分析，颇似汉语古文字中的指事字。其横笔、直笔和折笔是基本的象形结构，中间的小圆点点和两旁的小圆点则是其所指明的事物要点。估计这两个字的字义与城市布局和作坊所在地的关系有关，但尚

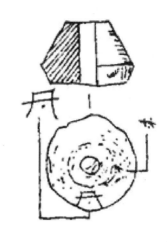

图四　成都十二桥遗址出土陶纺轮上的刻画文字

不能确定。此类"象人为的事物之形"的构字方法具有普遍性。如汉语古文字中"井"字就作井中一个小圆点的形态，井象四周围栏之形，当中的小圆点·则指水井②。又如，甲骨文中"亦"是人的正面形象，在其腋下分别加上一个小点，两小点即示其两腋所在。可见，陶纺轮上两字确为文字无疑。因此，年代与之相仿并且属于同一文化系统的三星堆陶器上的刻划文字和牙璋上的文字，亦是文字。

成都十二桥陶纺轮上的两字是否属于甲骨文系统呢？在字形上，两字确与甲骨文形似，颇似汉字的"丹"，但与甲骨文"丹"字又有区别。并且，不能说凡是以象形字为基础发展而来的表意字都是甲骨文系统。与中国文字毫无关系的古埃及、古苏美尔文字，最初无一不从象形字发展而来，都先后经历过从象形到会意的发展过程，这也是文字初创不久必经的阶段。再往后看，春秋战国时期巴蜀青铜戈上的方块表意字，在字形结构上也类于商代晚期成都十二桥陶纺轮上的文字。因此，毋宁说，商代晚期成都十二桥、三星堆的文字，与春秋战国时期巴蜀青铜戈铭文，是一系相传的古文字，前者正是后者的上源，它们是不同于中原文字的另一古文字体系。

① 四川省文物管理委员会、四川省文物考古研究所、成都市博物馆：《成都十二桥商代建筑遗址第一期发掘简报》，《文物》1987 年第 12 期，图三八、图四○：4。
② 徐中舒：《古井杂谈》，《四川大学学报》1977 年第 3 期。

有学者提出，前述湖南常德 26 号墓所出巴蜀青铜戈上的铭文"属于一种较早期的楚文字"，而"巴族青铜戈上铸造楚文字，已有例可援，如上海博物馆所藏的'立立'戈，湖南发现的'楚公豪'戈都是在巴蜀青铜戈上铸造楚文字的。"① 此说似可商榷。首先从文字的年代看，目前已知最早的楚文字是西周晚期楚公豪钟、楚公豪戈和楚公逆镈诸器上的铭文②。此三器铭文固然早于春秋战国时期巴蜀青铜戈铭文，却晚于商代晚期蜀地的文字，而蜀文至少在春秋晚期已推行到巴地，成为巴蜀共同使用的文字。春秋战国时期巴蜀人在其青铜戈上同时铸刻自己的文字和富于特色的纹饰、符号，并不奇怪。常德 26 号墓出土青铜戈在一面铭文的第一字上方和第四、五字之间铸太阳状巴蜀符号，也可说明铭文与符号是同时铸就的，并非铭文由楚人补铸。并且，此戈铭文无法释读，而楚文字可以释读，两者不属同一文字系统是显而易见的，因此不是楚文字，而是巴蜀文字。其次，从地域上看，湘西曾是古代巴人活动之地，历年来在湘西考古中发现巴人器物十分丰富，而史籍中所称的"巴黔中"，实际上也正是指楚威王在其地设置"楚黔中郡"以前的巴人故地③。因此，在湘西出现带有巴蜀铭文的巴蜀青铜戈是不奇怪的。可见，既然巴蜀有其早于楚并且一系相传的古文字，并且常德 26 号墓所出青铜戈不论形制还是铭文字体均雷同于川西蜀地和川东巴地发现的青铜戈及其铭文，那么我们就有充分理由确信此戈铭文是巴蜀文字，而没有理由认为是"楚人获得后铸刻上去的楚文字"。

三、巴蜀符号——象形文字

所谓巴蜀符号，即铸刻在巴蜀青铜兵器、乐器、礼器、生活用器以及铜、石等印章和其他器物上的各种非纹饰、图案的符号。除开其中一些暂不能识别的外，巴蜀符号大体可按其形态特征分为两类。一类是直观象形、比较繁复的符号，暂称巴蜀符号Ⅰ；一类是不易看出象形、经过简化的抽象符号，暂称巴蜀符号Ⅱ。两类符号各包括一系列独体单符和由独体单符所组成的复合符号。各类符号在器物上有时单独出现，有时重复出现，有时成组出现，有时交叉出现。

① 熊传新：《湖南发现的古代巴人遗物》，载《文物资料丛刊》第 7 辑，文物出版社 1983 年版。
② 刘彬徽：《楚国有铭铜器编年概述》，《古文字研究》第 9 辑，中华书局 1984 年版。
③ 参见《史记·秦本纪》、《史记·楚世家》、《史记·西南夷列传》、《战国策·楚策一》。

不论出现在哪一件器物上，每一类符号的基本形态均较一致，因此是已经定型化的符号。

据初步统计，巴蜀符号的单符已发现 100 余种，成组的复合符号已发现 200 余种①。其中巴蜀符号 I 有下列五型单符（图五）：

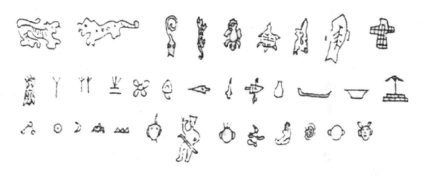

图五　巴蜀符号 I 单符

IA 型：动物，或动物躯体的某一部分。如虎、豹、龙、蛇、鸡、犬、龟、鸟、鱼、蚕、蝉、角，等等。

IB 型：植物，或植物的某一部分。如树、树<u>丛</u>、草、草<u>丛</u>、花、花蒂，等等。

IC 型：器物，如兵器、乐器、礼器、生活用器、舟船、建筑物，等等。

ID 型：日月星辰、山川河流等自然景观。

IE 型：人物，或人体的某一部分。如单髻人、双髻人、裹中人、尖帽人、披发人、光头人、直立人、踞坐人，人首、人手、人耳等等。

可以看出，以上各型均采用全体象形和局部象形两种手法。

巴蜀符号 II 包括若干种独体单符（图六），其特点是笔画或直或曲或圆，形体均经简化，不易识别其所象之形。

图六　巴蜀符号 II 单符

---

① 李复华、王家祐：《关于"巴蜀图语"的几点看法》，《贵州民族研究》1984 年第 4 期。

巴蜀符号是不是文字？这是一个不成问题的问题。

众所周知，文字是记录语言的符号，传达语言和思想的工具。但在文字起源时代，其最初目的和功能却主要在于记事和表达某种思想，直接目的还不在于记录语言。由于事物需要通过语言来表述或传达，所以在记事的同时，实际上也就记录了语言。如古苏美尔泥版上刻划的牯牛头、三角形等各种文字，是神庙祭司们为了记忆的方便、管理的需要而创制的，最初不是为了读，而是为了记。但由于牯牛头、三角形等均有读音，因此它们也就同时具备了形、音、义三要素。古埃及象形文字、我国大汶口文化陶文，均是如此，它们都具有形、音、义，故无一不是文字。文字成为语言的符号，是在文字发展到一定阶段才产生的需要。世界文明初期，古苏美尔、古埃及、古克里特文字等，一开始都纯为直观象形的表形文字，后来才逐渐将繁复的图画文字加以精简和省略，除用以表示事物和观念外，同时又用来表示语音，于是发展成为象形字的符号[①]（图七）。但这时还不是更后来的表音文字，而属于表意文字范畴。我国商代甲骨文已是比较成熟的文字，但其中仍保存了许多直观写实的象形字。为许多学者所公认的作为甲骨文上源的大汶口陶器符号，其象形文字的特征更加突出。由此可见，无论是古苏美尔、古埃及、古克里特文字，还是我国大汶口陶器文字和商代早期的甲骨文，都与巴蜀符号有着基本的共同点，因此不能说巴蜀符号不是形、音、义皆备的象形文字。

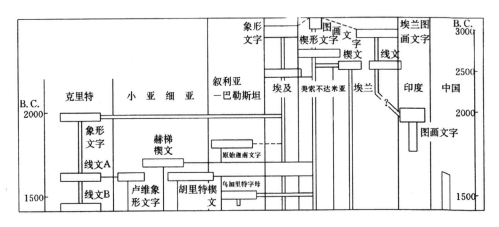

图七　文字的演进

---

① 图见 Geoffrey Barraclough ed., *The Times Atlas of World History*, London, 1979, pp.52–53。

在巴蜀符号Ⅰ中，有的是独体象形字（单符），有的是由两个或两个以上的独体字复合构成的合体字（复合符号）。无论独体字还是合体字，字形均基本固定，变化甚小，达到定型化水平。由于定型化，就不能随意勾勒字形，不能随意解释字义，每一个字形及其含义也就获得了区别于其他字形和字义的统一的标准。

目前所见巴蜀符号Ⅰ中有相当多的合体字。这些合体字似亦有规律可寻。例如，合体字所由构成的单体字，在同一个合体字中一般不重复出现，而多数合体字中几乎总是包含有一个或几个巴蜀符号Ⅱ（图八），如此等等。合体字的大量存在以及所形成的某些构字规律，表明它已不是早期的纯粹一字一形的图画文字，开始向会意的表意字发展。比如，不论巴蜀符号Ⅰ的独体字多么直观象形，当它一旦成为某个合体字的一部分即所谓偏旁时，事实上就成了这个合体字的构成要素之一，也就是一个象形的符号，不再是它作为独体字的自身。而合体会意字本身，由于是借用几个独体字符号会意另一个新的字义，因此它也不是一个象形字，而是象形的会意符号。不论独体字还是合体字，都各有读音，不过早已湮没，无迹可寻罢了。

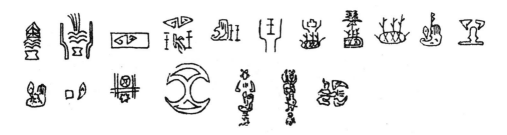

图八　巴蜀符号合体字

巴蜀符号Ⅱ大多抽象程度较高，经过相当简化，有的尚可稍辨其原形，有的则难以识别。但可以肯定，巴蜀符号Ⅱ均从巴蜀符号Ⅰ简化而来。例如，巴蜀符号Ⅱ中常见的"王"字和重复组成的"王王"字，就有可能脱胎于巴蜀符号Ⅰ中的虎字。因为"王"字绝少与虎纹共存。以"王"字代替虎字，实际上是以局部象形代替全体象形[①]，符合字形简化的一般规律。又如φ字和重复组成的字，则较易看出前者是一枝花蒂的简化，后者是花蒂丛的简化。另有许多巴

---

① 　刘豫川：《巴蜀符号印章的初步研究》，《文物》1987 年第 10 期。

蜀符号Ⅱ，作为独体字不易辨认，但与巴蜀符号Ⅰ组成合体会意字时，则可稍辨其字义。例如，符号Ⅱ的＝ ≡ ≋、单独出现根本不识，但与符号Ⅰ中的草分别组成合体字，就较易看出表示土地之意，其上的符号Ⅰ则分别是草丛、林木、山脉等象形。前三字的字形、字义颇类于甲骨文中的"封"字，但在巴蜀符号—象形文字中作何意义，还不能确定。至于完全抽象化的巴蜀符号Ⅱ，则难以辨其原形，其字义亦完全不知。

与巴蜀符号Ⅰ相比，巴蜀符号Ⅱ不仅简化、抽象，而且在笔画上绝大多数形成直笔和线条化，圆笔者仅为

A	B	C	D	E
原始象形文字	楔形文字	早期巴比伦文字	亚述文字	原义或引申义
				鸟
				鱼
				鸭
				牛
				太阳 白昼
				草
				果园
				犁 耕作
				飞镖 投掷 扔掉
				站立 走

图九　美索不达米亚文字的演进

少数，如花蒂（释为"心"），立体者则完全没有。说明符号Ⅱ的进步程度比符号Ⅰ更高。

值得探讨的一个问题是，在由两类符号所构成的合体字中，符号Ⅱ究竟发生什么功能，是什么性质？它仅仅作为偏旁，还是进一步具有表音的功能[1]？假定它仅仅是偏旁，那为什么不把同样是作为偏旁的符号Ⅰ予以简化，而仅仅简化全部符号中的某些种？显然，从符号Ⅰ中简化出某些字，使其成为纯粹的象形符号，是有目的、有意识地进行的，其意图并不仅是使其成为一个个简化的偏旁。比较一下古代美索不达米亚楔形文字的演进程序[2]（图九），和商代甲骨文的进化（象形、指事、会意、形声），我们认为，巴蜀符号Ⅱ完全有可能是作为声符，从巴蜀符号Ⅰ中逐渐进化产生出来的。巴蜀符号Ⅱ本身也可能包含两个组，其中那些高度简化、抽象的符号为一组，即所谓声符；另一部分可以看出其原来象形并易于与巴蜀符号Ⅰ会意的为一组，则兼具意符与声符两种功能，

---

[1] 李学勤先生主张，巴蜀符号中那些常见的、重复出现的、简化的符号，用以表音，见《论新都出土的蜀国青铜器》，载《巴蜀考古论文集》，文物出版社1987年版，第196—197页。

[2] 见 Henri Frankfort, *The Birth of Civilization in the Near East,* Williams and Norgate Limrted, London, 3rd impression, 1954, plate Ⅳ。

颇类于汉语古文字六书中"会意而兼形声"[①]的"亦声"。例如，为学者们释为"心脊股肱之意"的字（卫聚贤称为"心手纹"），左边字是常与巴蜀符号Ⅰ合体构字的符号Ⅱ，从花蒂进化而来，或可引申为心，其本身是一独体字，在合体字中就可能起"亦声"的作用，兼具意符和声符两种功能。否则，对这个字又常与其他字构成合体的情况，就无法解释。

目前所发现的巴蜀符号，绝大多数的年代是在春秋晚期至战国以至秦统一巴蜀以后。但巴蜀符号显然已不是最初的内涵单一的文字画，它不仅有象形字，而且有会意字以至形声字，证明它业已经过一个相当长的发展演化时期，达到足以用不同形态的符号表示各种复杂事物和观念的阶段。因此，其起源时期绝不是春秋战国，应当大大提前。

从现有资料考察，商代晚期有可能是巴蜀符号的滥觞期。广汉三星堆2号祭祀坑出土的青铜大立人雕像，衣襟前左侧和后右侧，从上到下各有一直行"回字形纹"[②]。细审这两行纹饰，实由两种符号按一定方式间隔组合而成。在青铜立人雕像方座上层的四边，也同时出现这两种符号。这两种符号，在春秋战国时期的巴蜀符号中均为常见之形，只不过商代晚期的略显粗陋，春秋战国时期的则较规整，显示了年代早晚的内在发展演变关系。我们推想，既然春秋战国时期的巴蜀方块表意文字已在晚商时期的广汉三星堆和成都十二桥找到了渊源，那么春秋战国时期的巴蜀符号与晚商时期广汉三星堆完全相同的符号，其间也就有可能是一种一脉相承的源与流的关系。早于三星堆年代的巴蜀符号，目前绝无发现，因此将商代晚期作为巴蜀符号的滥觞期，看来并非不可能。

四、关于巴蜀符号性质的几点辨正

学术界对巴蜀符号的性质，长期存在不同看法，分歧很大。李复华、王家祐两先生称巴蜀符号为"巴蜀图语"[③]，认为其单符的象形直接提供了"看图识字"或"望文生义"的直觉感，所谓图语，即是"图象的语言"。然而，既是象形，又能生义，又能以语诵之，实质上所起到的就是记录语言的符号的作用，它也

---

① 《说文解字》段玉裁注。
② 二陈：《广汉三星堆遗址二号祭祀坑发掘简报》，《文物》1989年第5期，图六。
③ 李复华、王家祐：《关于"巴蜀图语"的几点看法》，《贵州民族研究》1984年第4期。

就是文字了。

相反的意见，是把巴蜀符号当作宗教、巫术或图腾的标记，也有人称其为"图腾艺术"，否认它是文字。对此，有必要稍加辨析。

先看"图腾艺术"说。我们知道，图腾产生并盛行于人类的史前时期，有着丰富的内容。就其艺术而言，大体可分为文学、雕刻、图画、装饰、音乐、舞蹈等形式。即以图画而论，大多是石（洞、崖）壁绘画，所绘内容与史前人们的生产、生活和精神世界直接相关。图腾图画虽有表现方式的不同，但其主要功能与所谓文字（象形文字）有相当的联系，其中一些图画还是象形字的直接来源之一。正如岑家梧先生所指出："其代表图腾动物之存在，或记录图腾传说之用途则一，如取广义的解释，此等图画，当为图腾民族的文字无疑。"[①] 但这类文字，属于孳乳阶段的文字，纯为象形，至多是图画文字或文字画，没有会意字，更无形声字。而巴蜀符号显然不是这种正在形成的初等文字，因此根本谈不上会是所谓"图腾艺术"。

"图腾艺术"说的致命弱点，在于混淆了图腾崇拜与青铜时代的前后关系。史前时期盛行的图腾崇拜，在进入文明时代前后，都先后经历了一个转型期，从动植物或其他形式演变为半人半神或人神为标志的祖先崇拜。古代巴蜀即令有过图腾崇拜，但在其全面进入青铜时代以后，无论从物质生活还是精神生活上都不可能再维持其先民的图腾崇拜，必然转化为祖先崇拜。《后汉书·巴郡南郡蛮传》所载巴氏子廪君死化白虎，巴人奉为先祖而祀之的传说，不是虎化人，而是人化虎，这就不是图腾崇拜，而是祖先崇拜的显著例证。广汉三星堆一、二号祭祀坑出土的大型青铜人物雕像群，更是祖先崇拜的铁证。青铜时代纵然会保有一些图腾遗风，也是微乎其微，不占主导地位，一般仅能够在礼仪性艺术形式上表现出某些风格罢了。因此，绝不可能有什么以青铜时代为母题的图腾艺术，也不可能有什么以青铜器作为史前图腾艺术的主要载体的情况。因此，将巴蜀符号作为图腾艺术，此说不能成立。

有人认为，巴蜀符号因其数量不多，故不成其为文字。这种看法未免牵强，不符合文字起源、发展的一般规律。从世界各大文明区文字起源的情况看，任何古文字的产生，都绝非突然之间大批量地被发明创造出来，总是根据各种实践活动的需要，逐渐地、不断地发明创造，经历一个较长时期，约定俗成，取

---

① 岑家梧：《图腾艺术史》，学林出版社1986年版，第80页。

得公认，加以通行。古代爱琴海克里特早王宫时代的文字，最早起源于印章上的一些符号，数量不多，后逐渐增多，演变为线形文字A、线形文字B。我国河南舞阳贾湖遗址出土的距今八千多年的甲骨文[①]，数量极少。大汶口陶器刻划文字亦为数不多[②]。至殷墟时期，经数千年发展，文字已近成熟，甲骨文单字达到数千个。秦汉字书，如李斯《苍颉篇》，赵高《爰历篇》，胡毋敬《博学篇》，以及汉代诸儒所撰，据许慎《说文·叙》云："凡《苍颉》已下十四篇，凡五千三百四十字。群书所载，略存之矣。"许氏《说文》则收录九千三百五十三字。直到清初康熙年间编纂集文字大成之《康熙字典》，增到四万余字。今徐中舒先生主编的八卷本《汉语大字典》，也就是四万多字。文字起源、发展的历史充分说明，文字起源阶段，其数量是极少的，后来才随社会经济文化的发展而不断地、逐渐地增多，这就是我国古代学者所说的"孳乳而又浸多"。文字发展的"孳乳浸多"，实为带规律性的总结，乃不易之论。我国先秦甲、金文直至战国诸子百家书中，每有所谓转注、假借，竟成"六书"之两种，正是因为上古字少，不得不"音近相通"、"形近相通"的缘故。即令古代苏美尔和古代埃及，在其文字发明产生二千余年后，苏美尔楔形文字的单字也只六百到一千，埃及象形文字和僧侣用字亦只五百左右[③]。于此可见，不能以为当前可知的巴蜀符号不多，就轻率地否定它是文字。何况，即以现有巴蜀符号而论，独体字已近二百，合体字稍多，总数并不算很少。因此，从数量多少的角度来否定巴蜀符号是文字，其方法是不科学的。

　　另有一种意见，认为巴蜀符号是图腾标记，而不是文字。关于图腾，前面已经证明，于巴蜀符号不通。那么，从"标记"这一角度来理解，是否可能成立呢？如果孤立地从某件器物来看，此说似有一定道理。但巴蜀符号分布范围如此广泛，从川西平原到川东平行岭谷以至湘西山地的连续性空间内呈连续性分布状态，同一种符号往往同时见于其分布范围内的各个地方，这种情况就决定了图腾标记之说难以成立。无论古代文献还是考古材料，均说明巴蜀境内分布有若干不同的族类，其来源不同，族属有异。

---

① 冯沂：《河南舞阳贾湖新石器时代遗址第二至六次发掘简报》，《文物》1989年第1期。

② 山东省文物管理处：《大汶口》，文物出版社1974年版。王树明：《谈凌阳河与大朱村出土的陶尊"文字"》，《山东史前文化论文集》，齐鲁书社1986年版。

③ V. G. *Childe, Man Makes Himself*，中译本《远古文化史》，周进楷译，中华书局1958年版，第176页。

仅广汉三星堆一、二号祭祀坑内所出青铜人物雕像群，就存在发式、衣式、冠式、人物脸型等方面的重要差别，充分显示了蜀国范围内众多不同族属的民族共存的情况。《华阳国志》中的《巴志》、《蜀志》等篇则明确提到了巴蜀境内众多来源不同的族类。即使从图腾角度出发，根据古代史和文化人类学的通例，史前各民族的图腾标记也大多不同，每一族类总有其自身特定的图腾。即使从同一部落中分化出来的氏族部落，各支系之间也使用不同的图腾标记，仅基本氏族、胞族或部落袭用其原先图腾。至于复合图腾，其标记也不是单一而是复合的。就是进入了文明时代的古代民族，为了区别其子孙所自分、祖先所自出，也有必要使用不同的氏族标记。如殷商为子姓，但从王族中分化出来的子族、多子族，亦是名号各异而均与王族不同。当然，不排除偶然的巧合，但这种巧合在同一时期的某一有限空间内却发生甚少。假如认为巴蜀符号是图腾标记，那么对于同一种符号同时分布在川西、川东以至湘西，就只能理解为某一族系中的某一基本支系广布在这一较广阔的空间内。而这种解释显然违背人类学常识，同时也显然是违背巴蜀古史记载和考古材料的。

其实，巴蜀符号广泛的连续性分布，这一现象本身就显示了它作为文字的性质。因为任何一个形、音、义皆备的符号，只要被一个地域内人们公认为某种记事符号并按约定俗成原则通行于这一地域，表示同一意义（当然读音可以不同），这个符号就具备了文字的功能，成为文字。巴蜀符号广泛地被巴蜀境内各不同民族所接受，得以通行，正说明它已被公认为文字。事实上，巴蜀符号并不只有某一种或某几种通行巴蜀全境，几乎所有符号以及它们之间各种复杂的组合群均在全境通行，这也恰能说明它们不是图腾标记。

五、巴蜀文字与道教符箓

李膺《蜀记》说张陵在蜀"得咒鬼之术书，为之，遂解使鬼法"，这种所谓咒鬼之术书，当即五斗米道符箓的来源，因用巴蜀古文字写成，与汉字不同，故须破解才能行使。《后汉书·刘焉传》载，张陵"学道鹤鸣山中，造作符书，以惑百姓"，"符书"即符箓之书，乃是张陵学道得来，应当就是李膺《蜀记》所说的"咒鬼之术书"。从考古发掘的情况看，东汉墓中出土的道教符箓，有许多是似汉字而又非汉字的文字，且多有日月星辰等图像。这种文字不论在形体还是行款上，都同巴蜀古文字十分类似，而且日月星辰等图像也是巴蜀文字、符号中最常见的几种，它们应当就是先秦至西汉中叶巴蜀文字（又称巴蜀符号、巴蜀图语）的遗留。虽然道教符箓可能有着多元性来源，但作为以三张（陵、衡、鲁，又称三师）为首的道教符箓派，既然在蜀之鹤鸣山"得咒鬼之术书"，"造作符书"，那么就与其他地区的符箓有不同的来源。考古发现的东汉时的早期道符[①]，分为不同的几种类型，恰能证明这一点。而东汉时早期道符中的"符箓式"和"符书式"两种，当即从巴蜀文字演化而来，即三张一派的道符。

五斗米道崇奉"天、地、水三官"，有"三官手书"请祷之法作为其宗教仪式。三国时人鱼豢《典略》记载：五斗米道"请祷之法，书病人姓名，说服罪之意。作三通，其一上之天，著山上，其一埋之地，其一沉之水，谓之三官手书"[②]。如果分开来看，天、地、水三官中的任何一种宗教仪式都可以在不同的文化区见到，其间并无一般意义上的区别。如《礼记·觐礼》载，"祭天燔柴，登山丘陵升，祭川沉，祭地瘗"，几种宗教仪式在不同文化的各个区系都可以见到。但是道教的三官不能分开来看，因为它并非三种不同的仪式，不是用三种不同的物质载体来分别举行三种不同的仪式，而是用同一载体来举行三次仪式，是同一种仪式的三道程序，它与《礼记》所记载的中原祭仪显有区别，也与秦、楚、吴、越的祭祀仪式迥然不同，所以不能如有些学者那样在《礼记》中去寻找三官的来源。道教三官的来源，实应在它的发源地去探寻，那就是古代的巴蜀。

仔细分析巴蜀文化的各种材料，不难发现将天地水汇为一体的材料至少在三星堆古蜀文明时就有所体现。三星堆一号祭祀坑出土的金杖，中端线刻2个戴高冠的人头像，上端刻有2组鱼、鸟纹饰，每组一鱼二鸟，一支羽箭将其串连在一起。金杖图案的文化内蕴在于，鸟能登天，鱼能潜渊，它们是图案中人物肖像蜀王的通神之物；而能够上天入地、交通于人神之间的，是蜀王自身[③]，这恰是天地水融为一体的表现。三星堆二号祭祀坑出土的青铜神树，是"众帝

---

① 王育成：《略论考古发现的早期道符》，《考古》1998年第1期。

② 《三国志·魏志·张鲁传》裴注引。

③ 段渝：《论商代长江上游川西平原青铜文化与华北和世界古文明的关系》，《东南文化》1993年第2期。

（即众神）所自上下"①的"建木"②，亦即天梯，神树上有铜制立鸟、悬龙、贝、铃等，既具登天的功能，又具潜渊的功能，它与金杖图案具有相同的含义，均可谓天地水一以贯之。二号坑出土的一件"祭山图"牙璋上的图案，也表现了天地水一以贯之的宗教仪式及观念。发掘者认为，二号坑是一次祭天、祭地、祭山等重大综合祭祀活动的遗存③，颇有道理。从三星堆"祭祀坑"出土物来看，其宗教仪式的物质载体主要有金、铜、玉、石、海贝、象牙等物，分别取自山上、地下和水中，所举行的仪式也是连续性的。以天地水为主的祭祀对象，不仅与其仪式所用物质材料相符合，而且也与仪式所体现出来的宗教观念相符合。巴蜀文化对于天地水一以贯之的这种宗教崇拜及其仪式，在春秋战国延及西汉的巴蜀青铜器上的文字（符号）以及巴蜀印章上也能见到。这表明，作为同一种宗教仪式的三道程序，对于天地水一以贯之的崇拜，在巴蜀文化中是自成传统而源远流长的。汉末张陵在蜀创五斗米道，对于天地水三官一以贯之的崇拜，以及由此而来的"三官手书"这种形式，显然就采用并进一步发挥了巴蜀文化的类似观念和形式，至少可以认为是从巴蜀文化的类似形式中衍生发展而来的。由此可见三星堆文明强烈的历时性辐射力和历史穿透力。

六、巴蜀古文字的两系及与汉语古文字的关系

巴蜀文字按其特点分为两系，一为方块表意文字，一为符号象形文字。巴蜀方块字的起源可上溯到商代晚期，但考虑到广汉三星堆、成都十二桥出土文字的进步程度，其滥觞还应予以提前。巴蜀符号的起源晚于方块字，目前只能将滥觞期追溯到商代晚期。两系巴蜀文字均源远流长，春秋战国时期大量使用，成为巴蜀境内并行不悖的两大系列文字。由于西周时期巴蜀的考古发掘存在大量缺环，资料匮乏，故此期的巴蜀文字材料尚付阙如，需要今后考古发掘予以提供，弥补这一缺环。

巴蜀方块字是一种比较成熟的文字，它以象形为基础，发展出了指事、会意形体结构，其水平接近于商周甲骨文和金文，与年代稍早或相差不远的西亚

---

① 《淮南子·地形》，上海古籍出版社 1989 年版。

② 袁珂：《山海经校注·海内经》，上海古籍出版社 1980 年版。

③ 四川省文物管理委员会等：《广汉三星堆遗址二号祭祀坑发掘简报》，《文物》1989 年第 5 期。

鸟加里特文字、小亚细亚赫梯文字、胡里特文字、卢维象形文字，以及克里特线文 A、线文 B 等相比，也丝毫不逊色。巴蜀符号作为象形文字，主要是其符号Ⅰ基本还是直观的象形体系，但符号Ⅱ则已形成一系列象征性符号，可能是声符。因此，巴蜀符号也已开始了由表形文字向表意文字的过渡。

巴蜀文字的两系显示出了其发明创制者的不同族属和文化背景。巴蜀方块字最早出现在广汉三星堆陶器、牙璋和成都十二桥陶纺轮上，这些器物的形制特点表明均为典型蜀文化产物，因而其上的方块字无疑是蜀人的发明创造成果。巴蜀符号固然最早也是出现在广汉三星堆，但青铜立人雕像与一、二号坑出土的青铜人物雕像群，则因在早期蜀文化的范围内找不到其文化渊源，因而有可能属于某种成都平原本土文化以外的文化因素与蜀文化相结合的产物（而早期蜀文化本身，其实也是复合性文化），其上的符号即与此有关。两大文字系列起源的情况表明，它们分别是由不同文化背景的族系所发明，而后来（目前所见资料为春秋战国时期）两者并行应用，则反映出民族交流以至融合的情况及其对相互间语言文字的处理方式。

无论川西平原蜀地还是川东巴地和湖南常德，目前所见的巴蜀方块字和巴蜀符号，均发源于川西平原蜀地。所谓巴蜀文字和巴蜀符号，如从其起源看，其实是蜀的方块字和符号（顺便指出，所说"蜀"，不是一个单一的族类，而是族属复杂的民族集团；不是血缘概念，而是地缘概念）。川东巴人使用蜀的文字和符号，当与西周春秋时期蜀地农耕文化向巴地的传播有关。据《华阳国志·蜀志》："后有王曰杜宇，教民务农，一号杜主……巴亦化其教而力务农，迄今（按：此指东晋）巴蜀民农时，先祀杜主君。"杜宇王蜀的年代，当从西周初年到春秋早期[1]。蜀地农耕文化向川东巴地传播，当在此期以内，文字和符号的传播则应稍晚于农耕。而巴国从汉水流域大巴山地区向川东辗转移徙，其年代也大致在春秋战国之际。巴国入川的年代与川东巴蜀文字和符号出现的年代基本吻合，说明关于巴人应用蜀人文字和符号这一推论，是有根据的，可谓信而有征。

过去学术界认为巴蜀符号是巴文，主要依据在于巴蜀符号常与虎纹同见于巴蜀青铜器上，因《后汉书·巴郡南郡蛮传》记载巴氏先祖"廪君死，魂魄世为白虎，巴氏以虎饮人血，遂以人祠焉"，故而将铜器上的虎纹与廪君化白虎联

---

① 段渝：《四川通史》第 1 册，四川大学出版社 1993 年版，第 48、60 页。

系起来，从而认为虎纹为巴人所特有，故巴蜀符号是巴文。但考古材料却说明，蜀地出土的带有虎纹的器物，不仅多于巴地，而且年代早得多[①]，分布范围也广得多。而商代中晚期广汉三星堆祭祀坑就已有纯金模压而成的金虎和青铜制作的虎，则更能说明问题。因此无论从哪一方面看，与虎纹同时出现在巴蜀器物上的巴蜀符号，并不起源于巴，而是起源于蜀，它们不是巴文，而是蜀文。至于巴蜀方块文字，则更由考古资料证明是蜀的古文字，是巴人借用蜀文，而不是相反。

综上所述，巴蜀方块表意文字和巴蜀符号象形文字都是文字，但其间存在体系上的区别。这种区别，不仅表现为两者进化程度的不同，而且从其起源看，当巴蜀方块字早已达到表意文字水平时，巴蜀符号才开始其滥觞。因此毫无疑问，两者确属两个系列的文字，其关系也绝不是草书、异体或奇字的同源异流关系。

但是，从广义上说，两系巴蜀文字又都同属于象形文字系统，均从具有形、音、义三要素的象形文字发展而来。这与世界文明初期任何一个古文字系统基本相同，殷墟甲骨文亦是如此。但巴蜀文字从其起源一直到战国时代，经上千年的发展演变，其基本形态不变，仍属象形文字系统，这一特点又明显地区别于古苏美尔、古埃及等文字，而与汉语古文字具有相当共性，"即使是形声字，也还是要借用字形来表达其音，而不必另制音符，所以汉字完全属于象形文字系统"[②]。巴蜀方块字脱胎于象形字而存其风骨，巴蜀符号Ⅰ则完全是象形字，符号Ⅱ作为声符亦是从符号Ⅰ演进而来。这都是巴蜀文字与汉字的共性所在，也是区别于其他任何文字系统的显著特征。对此，或许也可借用徐中舒先生的推断：巴蜀文字与汉字在文字构成条例上，具有一定的共同基础，但它们的分支，则应当是远在殷商以前[③]。正因如此，两者才在上千年的发展演化中，始终保持了象形文字的基本特征，而未向表音文字方向发展。也正因如此，蜀中才可能在统一于中原王朝后不久，很快涌现出如象司马相如、扬雄、犍为舍人[④]等享誉

---

① 蜀地青铜戈有许多在援本铸有虎纹或浮雕，其年代之早者，如三角形援无胡方内戈，至少可早到西周早期。参阅冯汉骥：《关于"楚公蒙"戈的真伪并略论四川"巴蜀"时期的兵器》，《文物》1961 年第 11 期。

② 徐中舒：《汉语古文字字形表·序》，四川人民出版社 1981 年版。

③ 徐中舒：《巴蜀文化初论》，《论巴蜀文化》，四川人民出版社 1982 年版，第 47 页。

④ 《文选·羽猎赋》李善注曾引用"《尔雅》犍为舍人注"，并引用"《释诂》郭舍人注"。唐儒陆德明《经典释文叙录》说："《尔雅》犍为文学注，三卷。一云犍为郡文学卒臣舍人，汉武帝时待诏。"汉犍为郡，先后治今四川筠连、宜宾、彭山。

全中国的大文学家和大语言文字学家。

巴蜀文字的研究，丰富了巴蜀文明的内容，证明古代巴蜀文明与华北商周文明和世界大多数文明一样，是拥有文字的灿烂的古文明。同时进一步证实了巴蜀地区是中国古文明的又一个起源地。而巴蜀文字与汉语古文字的关系，则是对中国古代文明"多元一体结构框架"的极好证明。

秦灭巴蜀后，巴蜀文字仍继续使用、流传。秦始皇推行文字统一制度，但直到汉初，巴蜀文字仍屡有所见，直到汉中叶后，作为一个文字体系，才归于消失，但在民间仍有流传，汉末张陵在蜀之鹤鸣山所得"符书"，即是巴蜀文字的孑遗。

商周至战国，巴蜀在使用自己的文字时，也使用中原文字，这在荥经、新都、青川以及其他地点出土的巴蜀青铜器、漆器和印章上均有明确证据，一方面反映了中原文化对巴蜀的影响，另一方面也说明了巴蜀文化具有开放性，绝不是一个封闭的系统。

（原载《成都文物》1991 年第 3 期，《考古与文物》1993 年第 1 期）

巴蜀古代城市的起源、结构和网络体系

城市是文明时代最重要的标志。"文明"（Civilization）一词，来源于拉丁文 Civis 和 Civatas，意指城市居民和社会，含有"城市化"或"城市的形成"等意义。城市一旦形成，便意味着史前生产方式和村落生活方式的基本结束，标志着新的生产方式、社会组织和城市生活方式的出现，宣告了文明时代的来临。正因为城市对文明社会具有特殊意义，V.G. 柴尔德才将社会从史前进入文明的巨大变革称为"城市革命"①。显然，研究古代文明的起源和形成，不能不着力研究古代城市的起源和形成。在当前我国学术界开始关注中国城市的起源和形成之际，对巴蜀古代城市给予具体分析，并与中外早期城市进行初步比较研究，是完全必要的。

一、早期城市的确认

本文所论述的巴蜀古代城市，既不等于中国封建时代的城市和欧洲中世纪的城市，也不等于近代以来的城市。"古代城市"这个概念，是指城乡分化初期阶段的城市，即"早期城市"或"最初城市"。

早期城市的概念很准界定。尽管如此，正如 V. G. 柴尔德所说，"有 10 个以考古学材料演绎出来的抽象标准，可以把甚至是最早的城市与任何过去的或当代的村庄区别开来"。它们是：1. 大型居住区；2. 人口构成和功能与任何村庄都不同；3. 剩余财富的集中化；4. 巨大的公共建筑；5. 从事非体力劳动的统治阶级；6. 文字；7. 历法学和数学；8. 专职艺术家；9. 对外贸易；10. 以居住区而不是以亲

---

① V. G. Childe, *Man Makes Himself*, New York, 1948.

属关系为基础的政治组织①。美国文化人类学家 R.M. 亚当斯认为，城市形成过程中最本质的转变是社会组织领域内的变化，即社会的规模加大，复杂性增多，同时在政治上和宗教上都有新的机构出现②。柴尔德的演绎抽象，正如 C. 伦福儒评论的那样，强调了各种因素之间的相互关系，是一种具有普遍性的模式③。而亚当斯又着重强调政治组织领域内的结构性变化和机制转变，他的论述也建立在对中美洲、秘鲁和美索不达米亚早期文明进行分析的基础之上，同样具有广泛的适应性。

具体从考古学文化上来界定早期城市，苏联学者 B.N. 古梁耶夫根据对古代东方和中美洲古代文明材料的研究所提出的看法是值得重视的。他认为古代城市形成的标志和特点是：1. 出现了统治者及其王室居住的宫殿群；2. 出现了宏大的寺庙和圣所；3. 宫殿、寺庙建筑群与平民的房舍隔离开；4. 圣区与住宅区明显不同；5. 具有奢华的王陵和墓葬；6. 产生了大型艺术品；7. 有了文字（碑铭石刻）；8. 数量上的标志是：大型广场、大量住宅和公用房屋、较密集的居民等等④。

西方人类学家和历史学家还普遍认为，城市革命进程中其他的一些重要特征还有：在特殊的及相互依存的地区间进行商品交换和商品再分配的机构；通常是在城市革命的核心部分形成以后，人口才有所增加⑤。这些分析，同柴尔德、亚当斯、古梁耶夫的看法基本一致，也是界定早期城市的通行准则。

上述关于早期城市的各项界定标准，多数具有普遍性，对于中国早期城市的确认以及早期城市形成过程的研究，有着重要的借鉴意义和参考价值。根据考古、文献资料并参照上述理论进行分析，可以有把握地确认，在殷商时代，以成都平原为本土的蜀王国即已产生，并形成了两座早期城市，这就是广汉三星堆古城和早期成都。

---

① V.G. 柴尔德：《城市革命》(1948)，中国历史博物馆考古部编：《当代国外考古学理论与方法》，三秦出版社 1991 年版，第 1—12 页。

② R.M. 亚当斯：《关于早期文明发展的一些假说》(1959)，《当代国外考古学理论与方法》，三秦出版社 1991 年版，第 33—42 页。

③ C. 伦福儒：《对考古学解释的反思》(1982)，《当代国外考古学理论与方法》，三秦出版社 1991 年版，第 324—343 页。

④ B.N. 古梁耶夫：《玛雅城市国家》，莫斯科 1979 年版，第 14、15、19 页。

⑤ 《简明不列颠百科全书》第 15 版(1984) 第 2 卷，中国大百科全书出版社 1985 年版，第 271 页。

在广汉三星堆遗址，考古工作者发掘清理了早商时期蜀王国建筑的巨大城墙，从而确认三星堆遗址是商代蜀王国都城的废墟①。据试掘城墙横断面为梯形，墙基宽 40 余米，顶部宽 20 余米。调查勘测表明，三星堆古城的东、西、南三面筑有城墙，墙外有壕沟。古城东西长 1600—2100 米，南北宽 1400 米，现有总面积 2.6 平方公里 ※。在古城的中轴线上，分布着蜀王国的宫殿区。城墙体的高大坚固，反映出可供支配、征发的劳动力资源相当充足，进而可知居于城内宫殿区的统治者统治着数量庞大的人口，控制着丰富的自然资源、生产资源和社会财富。城圈的广阔，意味着城内复杂社会的形成，表明其中的生活方式已绝然不同于史前乡村；社会组织、政治结构以及整个社会的控制系统和运作机制，都已远远超出史前酋邦的水平。结合对为数众多的直接生产者和从事非生产劳动的各类专业人员（如艺术师、设计师、商贾）的有效统治来看，一个具有集权性质的政府组织显然已经形成②。

在三星堆古城已发掘清理的房屋密集的生活区内，出土大量陶质酒器和食器。房屋遗迹，有平民居住的面积仅 10 平方米左右的木骨泥墙小房舍，也有显贵居住的面积超过 60 平方米的穿斗结构大房舍和抬梁式厅堂，显示出深刻的阶级分化。生活区内发现纵横交错的排水通道，出土大量工艺陶塑动物、乐器、雕花漆木器和玉石礼器，还出土双手反缚跽坐的石雕奴隶像，而又缺乏农业生产工具。这与仅出土大量生产工具和作坊遗迹的区域形成鲜明对照，揭示出建筑群依照房主的尊卑贵贱进行分区以及早期的功能性分区情景。而内涵丰富，埋藏着大批青铜器、金器、玉石礼器的"祭祀坑"，又与基本无随葬品的墓葬形成异常强烈的对比。高耸的城墙、深陷的壕沟，是阶级冲突加剧的象征。早期的文字③，是脑力劳动与体力劳动分野的标志。以古城为中心，三星堆遗址在周围 12 平方公里范围内密集地连续分布，是城乡连续体业已形成的坚强证据。各种生产资源、富于战略意义和宗教权威神秘感的自然资源、大量社会财富向着三星堆古城的单向性流动及高度汇聚，表现出高度的社会控制，而青铜兵器从三星堆古城向次级邑聚集和边缘地区的反向流动，又表现出对专职暴力机构的控制。说明在蜀王国的物资流动机制中，起决定作用的控制系统是凌驾于社会

---

① 陈德安、罗亚平：《早期蜀国都城初露端倪》，转自《中国文物报》1989 年 9 月 15 日。
　※ 现已探明，三星堆古城面积为 3.5—3.6 平方公里。
② 段渝：《商代蜀国青铜雕像文化来源和功能之再探讨》，《四川大学学报》1991 年第 2 期。
③ 段渝：《巴蜀古文字的两系及其起源》，《成都文物》1991 年第 3 期。

之上的国家政权，其核心是王权与神权①，其典型物化形式是巨型城墙建筑、青铜器、玉石器、大型礼仪中心和文字。

这些物质的和非物质的因素，无不揭示出人口集中的大规模化，非直接生产者的大批产生，剩余财富的集中化，商业关系的广泛建立和远程贸易的开通，社会分层的复杂化和阶级社会的形成，以及神权与王权的强化和统治机构的专职化，它们正是业已形成为一座早期城市的最主要标志。即令仅从经济进步的角度来认识，作为城市化机制的核心，三星堆古城也明显表现出多种产业的生长点和地区的增长中心等特征，因此毫无疑问是一座典型的古代中心城市，即都市。

与三星堆蜀国都市几乎同步发展起来的早期成都，是蜀王国又一座颇具规模的早期城市。在今成都市西部，考古工作者发掘了属于早商时代的十二桥大型木结构建筑，总面积达15000平方米以上，其中发现了大型宫殿建筑的庑廊遗迹。在主体建筑周围，发现了呈密集型排列的小型干栏式建筑遗迹，它们是大型宫殿的附属建筑群。大型主体建筑与小型附属建筑相互连接，错落有致，浑然一体，组成规模宏大的建筑群体。遗址内还发现数批商代早期至春秋战国时期的青铜器、陶器、玉石器，并在商代地层内出土刻有文字的陶轮。这些，都为证明商代成都已形成为一座文明古城提供了直接依据。

在成都十二桥以北的羊子山，考古工作者曾清理了一座始建年代约为晚商的高大土台建筑。土台形制为三级四方，每层有登台土阶，最上层31.6平方米，台底103.6平方米。土台用泥草制土砖筑墙，内以土夯实。土台用土量在7万立方米以上，面积1万多平方米，高10米，在一望无际的成都平原，显得倍加巍峨。它的三级四方形制，与广汉三星堆二号坑所出青铜大立人的三层四方形基座颇相类似，而土台方向为北偏西55°，又恰与三星堆祭祀坑的方向一致，这绝非偶然。再联系十二桥遗址及相互连接的大片密集的古遗址看，羊于山土台应当是早期成都最宏大的公共建筑，即城市的礼仪中心。

与商代十二桥遗址属于同一时期的成都各古遗址，以十二桥建筑群为中心，在沿古郫江故道分别伸向北面和西南面的弧形地带密集分布，覆盖面积约10多公里，文化特质均与十二桥遗址商代文化层各期相同②。其中任何一个遗址均未

---

① 段渝：《略论古蜀文化的物资流动机制》，《社会科学报》1990年12月6日。

② 王毅：《成都市蜀文化遗址的发现及其意义》，《成都文物》1988年第1期。

发现边缘，表明它们是同一个大型遗址的不同组成部分。各遗址出土陶片极为丰富，文化层中每一平方米范围内（厚约 20 厘米），可发现碎陶片 200—1000 片[①]，可见人口的集中化已达到相当程度，表明商代成都已具相当规模。

十二桥遗址下文化层分为早中晚三期，早期约当早商时期，中期约当殷墟 1 期，晚期为商末周初。各期分别连续发展数百年，达到了稳定的发展状态。以十二桥遗址为中心南北延伸分布的古遗址群，年代与十二桥基本一致，表明它们作为早期成都这个巨型遗址的不同组成部分，是同步发展演进的，其共存关系具有明显的空间连续性和时间稳定性。而在布局和级别上，十二桥大型建筑群体显然又是早期成都遗址群的核心组成部分，无论其建筑规模、气势、主从配置还是建筑物形式，都远远超乎其他遗址之上，因此它无疑是早期成都社会的控制系统之所在，即权力中心之所在。这个权力中心所在的宫殿式建筑，与位于其北的羊子山土台大型礼仪建筑遥遥相望，这种格局恰是作为一座早期城市最明显不过的标志。

从更深刻的意义来认识，十二桥和羊子山建筑所体现出来的技术的专业化发展，文字的应用，力学、几何学、算学等科学知识的进步，动员、组织、支配劳动力资源、生产资源、自然资源和社会财富的广泛深入，还反映出一个更加波澜壮阔的时代背景，足以证明已经形成了一个拥有相当集中化权力的政治中心在支配着大批手工业者、建筑者、运输者、掌握科学知识的专业人员、各级管理者，以及为这些脱离食物生产领域的社会各阶层提供食物的大批农业生产者及其剩余劳动。所有这些社会阶级、阶层，在一个拥有众多建筑物而其空间分布又十分有限的范围内如此地集中，发生着种种复杂的关系，这恰恰是一座古代城市（现代亦然）所必须具备的社会结构，说明一个植根于社会而又凌驾于社会之上的政权组织已经形成，雄辩地证明商代成都是一座当之无愧的早期城市。

古代巴国的城市，在考古学上至今尚未见其一隅。不过通过文献的研究，却也能初步揭示其端倪。

巴是文明古国。据殷卜辞所见"巴奠（甸）"[②] 之称，可知巴为殷商王朝的"甸服"。甸服即《尚书·酒诰》所载殷代外服制"侯、甸、男、卫"之甸。《逸周书·职

---

① 罗开玉：《成都城的形成和秦的改建》，《成都文物》1989 年第 1 期。

② 《小屯南地甲骨》，第 1059 片。

方》孔晁注："甸，田也，治田入谷也。"说明巴有比较发达的农业，这正是城市革命必要的先决条件之一。西周初年，巴国受周王室分封，位列南国诸侯之首，同时又是汉阳诸姬之一，镇抚周之南土，不可能不形成早期城市。但巴国早期城市既是分封制的产物，而分封制的目的在于"封建亲戚，以藩屏周"[①]，固然也使"诸侯有田，以处其子孙"[②]，却诚如董仲舒所说，"王者之封诸侯，非官之也，得以代为家也"[③]。因此，分封制下直接以政治统治和军事镇抚为目的形成并发展起来的早期城市，不能不具有浓厚的军事重镇色彩，严格说来，它至多只能是正在形成中的城市。

战国时代，根据《华阳国志·巴志》的记载："巴子时虽都江州（今重庆市），或治垫江（今四川合川县[④]），或治平都（今四川丰都县[⑤]），后治阆中，其先王陵墓多在枳（今四川涪陵市[⑥]）。"此五都即是巴国从陕南、川北、鄂西之间的汉水大巴山地区南下入川后，在川东地区先后建立的都城。

巴子五都是否属于早期城市呢？《左传》庄公二十八年说："凡邑，有先君宗庙之主曰都，无曰邑。"东汉刘熙《释名·释州国》："国城曰都。都者国君所居，人所都会也。"国都作为拥有广大土地人民的政治中心，一般说来应发展成为城市。按照战国时代长江流域经济的发展程度和巴国经济的发展水平，其国都当会自然地形成地区的增长中心和国内多种产业的生长点，考古发现的大批优质青铜器、精美漆器、玉器、陶器、竹木器等，均应与此紧密相关。《华阳国志·巴志》在叙述巴国五都后记载："又立市龟亭北岸，今新市里是也。"《水经·江水注》也说："江水又东，左迳新市里南。常璩曰：'巴旧立市于江上，今新市里是也。'"其地在今重庆小南海。既称巴国立市，当然是指官市。可见，此时的巴国都城，已具有组织地区商业贸易的经济功能，同时也建有与其他地区进行贸易的官方职能机构。至于控制各种生产资源的机构，也不可能不相继建立起来。而考古中巴蜀货币"桥形币"（形制如璜，铜质）的普遍出土，则反映出商品经济的触角已经伸入社会各阶层，成为川东经济增长的动力之一。由

---

① 《左传·僖公二十四年》。

② （清）孔广森著，王丰先校：《大戴礼记补注·礼运》，中华书局2013年版。

③ 《史记·吴大伯世家》索隐引。

④ 今属重庆市。

⑤ 今属重庆市。

⑥ 今属重庆市。

此可见，战国时代的巴国国都已经开始发挥中心城市的功能，初具都市规模，成为川东地区的首位城市。

二、城市起源：聚合模式

在古代城市的起源与形成研究中，城市聚合模式的寻求具有十分重要的意义。因为在城市形成的早期阶段，城市内部结构、功能体系、空间组织以及主要发展方向，基本上都是由聚合模式所决定的。城市聚合模式不同，城市起源、形成的道路就不同，城市的性质也就不同。

广汉三星堆古城的聚合模式，从一开始就表现出强烈的神权政治中心性质，以神权政体为中心的社会组织和政治机构，在城市起源进程中发挥着核心的聚合作用。三星堆巨大的城墙始建年代为早商，直接叠压在新石器末叶的文化层之上，表明在三星堆古城开始聚合成形的时代，城墙就是最早的产物。换言之，三星堆的城市文明，是与城墙的营建一同发展起来的，城墙便是三星堆早期文明的首要代表和最重要标志。

三星堆城墙的墙体异乎寻常地厚实，基部厚 40 米，顶部厚 20 米。如此牢固宽大并具永久性的城墙，其功能和用途是什么？不少学者以为其本身就是防御体系，是为拱卫蜀王之都而营建的。这种解释未必恰当。三星堆城墙固然高大坚厚，但它内外两面却都是斜坡，横断面呈梯形，与郑州商城绝然不同，这种形制根本不可能适用于战争防御[1]。况且，从城墙剖面的文化遗物面貌和碳 14 测年数据来看，似乎几道城墙的筑成年代有先后早晚之分。如此，视其为防御体系，将更加失去依据。有学者认为城墙与防御洪水有关，其功能之一便是作为堤防。可是从地形和位置看，东西两道城墙分别纵贯于鸭子河与马牧河之间，其横断面分别正对南北的两道河流，却不是以其纵断面朝向河流，丝毫起不到御水的作用。南城墙（即著名的三星堆）虽与马牧河几字形弯道的东边相平行，然而马牧河弯道却又在城圈以内，因此也难以起到堤防的作用。

解释三星堆城墙的功能和用途，最好是联系城内有关文化遗存加以综合

---

[1] 段渝：《关于长江文化研究的几点思考》，《东南文化》1992 年第 1 期。

研究。迄今为止的三星堆考古发掘中，很少见到实战所用的兵器，即或有其形制，也多属仪杖、礼仪用器，例如玉戈、玉匕、无刃的三角形援青铜戈等。而标志宗教神权及其礼仪活动的各类陶制、玉石制品、黄金制品和青铜制品，出土却极为丰富。强大的宗教神权，显然是同城墙一道与生俱来的。城墙始建年代为三星堆二期，恰恰在这一期中，遗址内开始出现一种很有特色的鸟头柄勺，鸟头长喙带钩，形似鱼鹰，与史籍所述商代蜀王鱼凫的形象惊人地相似。这种鸟头柄勺，绝非一般的普通实用器，而是鱼凫氏蜀王国在特殊的宗教礼仪场合用以舀酒的神器。这种神器与城墙同时出现的现象，暗示着两者之间具有某种不可分割的内在联系。将它们系结在一起的纽带，正是宗教神权。

可以表明三星堆城墙所具宗教性质和神权象征性的，还有若干其他证据，其中重要的是三星堆遗址文化内涵的变化。三星堆文化分为4期，第1期为新石器文化，第2期以后进入早期文明。引人注目的是，在第1、2期之间，文化面貌出现了显著变异，反映了社会结构及其运作机制的突变，这种突变是另一支文化战胜土著文化的结果。作为这种文化征服后果的直接表现形式，最引人注目的便是城墙的诞生和鸟头柄勺的出现，两者最恰当不过地表明了社会组织领域内的本质性变化，以及政治上、宗教上新的机构的出现。结合《蜀王本纪》、《华阳国志》等古文献分析，这种转变来自于鱼凫王对蚕丛、柏灌的征服，来自于以鱼凫王为核心的宗教神权政体——早期蜀王国的创立。作为这个宗教神权政体的象征性神器——以鱼凫为形象制成的鸟头勺柄，在这一时期的突然出现，绝不是偶然的。而城墙的营建，目的正在于适应这个新政体的宗教神权性质。城墙既然不能构成防御体系，又与御水无关，就只能合理地解释为宗教性建筑，神权统治者通过它那庞大的物质形式所产生的巨大威慑力量，来炫耀宗教神权政体至高无上的权威，并使王权在神权的庇护下达到充分合法化，借以实施严酷的阶级统治。联系到南城墙外瘞埋着大批青铜器群、金器、象牙、玉石器的祭祀坑来看，大型宗教礼仪活动和祭典等，便是在宽阔的城墙上举行的。这种情形，与美索不达米亚和中美洲古代文明、印加文明城墙、城堡的功能，竟毫无二致。

由此可见，尽管征服战争为三星堆成为蜀国王都奠定了基础，然而在这座古城的聚合过程中，根本性的促进因素却是宗教神权。三星堆文化第2至4期的连续发展，城墙的连续使用和续有新筑，鸟头柄勺的始终存在和精益求精，以及金杖、金面罩、青铜雕像群、玉石礼器等神权政治产物的出现，都是同这座城市从聚合成形到规模不断扩大的发展进程相一致的。

早期成都城市的聚合，走着与三星堆蜀都完全不同的道路。早期成都唯一能够体现宗教神权权威的考古遗迹是羊子山大型礼仪性土台建筑。但是这座土台的建筑年代在商代晚期[①]，远远晚于早商时期成都城市聚合过程标志的一系列考古遗迹——以十二桥下文化层早期、抚琴小区下层（距今 4010±95 年）、方池街第 7 层以及其他遗址为网络所构成的早期城址。这至少可以表明，成都城市的最初起源与形成，同宗教神权没有直接关系。

从宗教角度考察，迄今成都商周时期遗址出土的大量卜用甲骨，绝大多数出于一般性遗址，并且均为无字甲骨，钻凿形态极不规整。这与商周王朝的甲骨有着规整的形态相比，反映了占卜行为不由王室巫师集团掌握的特点。而且，从三星堆遗址未出土卜用甲骨来看，成都出土的甲骨又反映了占卜行为由民间自主的情景。此即《国语·楚语》所谓"夫人作享，家为巫史"，一般民众均可自主接神，自定位序，自作享祀。这实际上表明，早期成都还没有形成凌驾于社会之上出神权政治集团。

早期成都诸遗址中，以十二桥大型宫殿式建筑为中心，分布范围达 15000 平方米以上的建筑群遗迹的年代为最早，不仅表明它是成都城市革命的核心，而且表明正是在边个城市革命的核心部分形成以后，城市的规模才有所扩大，人口才有所增加。可见，在成都城市聚合的早期阶段，最重要的参变因素不是神权，而是王权。它同三星堆古城从一开始就直接形成为一座神权政体都城的聚合模式，是截然两样的。

早期成都基本没有防御体系，文献记载所谓"管钥成都，而犹树木栅于西州"[②]，是说构木为城，谈不上有何防御价值。即令秦灭蜀后，在成都始筑夯土城垣，也还是"上皆有屋，而置观楼射阑"[③]，木构遗风仍存。考古学也证实，秦以前成都确无夯土或泥砖城垣。过去有人认为，成都之所以无城池，在于"成都无土"[④]。此说虽影响颇大，却并无根据。假如成都无土，何以在晚商时修筑起高达 10 米、用土量超过 7 万立方米的羊子山土台？又何以秦筑成都城，能够达到

① 林向：《羊子山建筑遗址新考》，《四川文物》1988 年第 5 期。

② 李昊：《创筑羊马城记》。

③ 刘琳：《华阳国志校注》卷三《蜀志》，巴蜀书社 1984 年版。

④ 崔致远：《桂苑笔耕集·西川罗城图记》，《四部丛刊·集部》，商务印书馆 1919 年版。

"周回十二里，高七丈"[①] 的巨大规模？地质情况表明，在十二桥遗址早期的时代，成都城区主要是黏土，完全适合于营造城墙。成都所以有土而不以土设防，其实是由它的城市功能所决定的。徐中舒先生指出，成都是古代的自由都市[②]，颇具洞察力。关于此点，本文进一步简论如下。

商代成都已开始向着早期的工商业城市方向发展，拥有青铜器、陶器、玉器、石器、骨器等作坊。三星堆出土的雕花漆木器，大概也同成都的漆器生产传统有关。由成都的大量人口所决定，已形成一定规模的市场，当无疑问。商代至两周成都各考古遗址曾出土不少卜甲，其中的主要品种陆龟并不产于成都平原。《山海经·中次九经》："又东北三百里曰岷山，江水出焉，东北流注于海，其中多良龟"，良龟即形体丰硕、甲版宽大的大龟，成都商周考古所见此种大龟的甲版不少，当取之于此，可见大龟或其腹甲必在成都有销售市场。成都无铜锡，其青铜作坊的生产原料也必须仰给于商品交换。成都指挥街周代遗址孢粉组合中发现成都平原所不产的铁杉、珙桐，以及最近几十年才引进成都的雪松花粉[③]，还出土仅产于川西高原的白唇鹿犄角标本。这些观赏性很强的动植物，显然都取之于市场。

至迟到春秋时代，成都的早期城市化进程基本结束，发展成为一座比较典型的工商业城市。春秋战国时代四川荥经、青川等地墓葬中出土大量标有成都制造（"成"、"成造"、"成亭"）烙印戳记的各式精美漆器，都是在成都市场上出售的[④]。至于漆器铭刻不用巴蜀文字而用中原文字，其意图显然是为了销往巴蜀以外，是为了销售而生产，属于典型的外贸产业部门。这也意味着设有专门的官方外贸机构。如果再联系到早在商代即已初步开通的"南方丝绸之路"的起点在成都，而以成都为中心，分布及于川东和盆周山地的广阔空间内，又出土不少南亚、中亚以至西亚文化风格的制品来看，我们说成都是古代自由都市，是古代中国西南一大工商业中心，应当是恰如其分的。

至于巴国城市的聚合模式，主要与军事重镇的发展演变有关。此点上文已论及，无须赘述。

① 刘琳：《华阳国志校注》卷三《蜀志》，巴蜀书社 1984 年版。
② 徐中舒：《成都是古代自由都市说》，《成都文物》1984 年第 1 期。
③ 罗二虎等：《成都指挥街遗址孢粉分析研究》，《南方民族考古》第 2 辑，1989 年。
④ 段渝：《先秦秦汉成都的市及市府职能的演变》，《华西考古研究》（一），成都出版社 1991 年版，第 324—348 页。

三、城市结构：人口构成、功能和结构

无论商代三星堆蜀都还是商周时代的成都，规模都很庞大，聚集了大量人口。据有关专家对中国早期城邑人口户数平均占地数值的研究，户均占地约为158.7 平方米[①]，与《墨子·杂守》所记"率万家而城方三里"，即户均占地 154.2 平方米的实际情形基本吻合。按此人口密度指数估算，商代三星堆蜀都面积 3.5—3.6 平方公里，约有 22 698 户。以每户 5 口计，约有 113 490 人。东周时期成都遗址的分布范围，从西到东 5 公里，从南至北 3 公里，总面积 15 平方公里。如果用同一人口密度指数计算，约有户 94 517，有口 472 585，已超过《战国策·齐策》所记齐都"临淄之中七万户"合 35 万的人口总数，显然偏高。这就需要寻求另一个比较合理的人口密度指数。有学者根据考古发现的临淄故城总面积与文献记载的临淄人口总数来计算，得出户均占地 268 平方米的密度指数，并据以估算出楚国郢都城内人口为 30 万左右的比较合理的数字[②]。按照这个指数计算，总面积 15 平方公里的成都，应有户 55 970，有口 279 850。这个人口数据，大于商代三星堆蜀都，小于汉代成都"户七万六千二百五十六"[③]，约合 40 万人之数，应是比较接近历史实际的人口数据。

被组织或吸引到城市中的高密集人口，并非处于杂乱无章的自然状态，而是在城市控制机制的作用下，各谋其生，各操其业，并且绝大多数人口被限制在阶级、阶层和等级的结构框架当中。根据文献和考古资料，巴蜀的城市人口构成，按阶级划分，有统治阶级和被统治阶级，其中各阶级之内又划分为不同等级，还有从属于不同阶级的社会各阶层。按职业划分，有王室、官吏、幕僚、将军、武士、商贾、宗教人员、工人、农民、艺术师以及其他职业。按民族划分，有蜀族、巴族、濮族、氐羌等。五光十色的人口构成，使城市社会结构呈现出日益复杂的面貌，城市的运作机制也随之而日益复杂化。仅就经济结构而言，作为城市人口集中化和人口构成复杂化的直接后果之一，是城市功能的不断完善，并直接导致了工商业的大幅度发展。

城市经济功能的不断完善，主要是通过商业网络的扩大，从而为巨量的城

---

① 林沄：《关于中国早期国家形式的几个问题》，《吉林大学社会科学学报》1986 年第 6 期。

② 马世之：《略论楚郢都城市人口问题》，《江汉考古》1988 年第 1 期。

③ 《汉书·地理志》。

市人口提供从生活必需品到艺术品以至奢侈品等商品及其交换场所和手段等来实现的，同时也是通过地区之间、不同类型的生产性经济之间商品集散地和贸易机构的形成来实现的。

三星堆蜀都和成都聚集着数量庞大的人口，需要消费巨量的农业产品、副食品和各种手工业制品。城市各阶级、阶层中，能够依靠食贡获取消费品的，仅是王室、显宦等一小部分上层统治人物，而他们消费品的某些种类，特别是奢侈品，仍须通过交换从外获取，如大宗的象牙、海贝、玉料、黄金、铜锡原料等，均如此。中下层统治者虽可以衣租食税方式，或因拥有各类产业（主要是田产）解决其衣食的主要来源，但要获得租税所无或农田不产的各类商品，也必须加入商品交换行列。至于城市平民和工商业者，其主要衣食必须仰仗于市场，经由交换解决。所谓"公食贡，大夫食邑，士食田，庶人食力，工商食官，皂隶食职"[1]，实际是指社会各阶级、阶层的职业性质，主要针对阶级地位和阶级关系而言。这与《国语·周语》所记"庶人工商，各守其业，以共其上"，《左传》昭公七年所记"天有十日，人有十等"，《左传》襄公九年所记"其庶人力于农穑，工商皂隶不知迁业"相同，所指主要是阶级关系和职事划分。可见所谓"食某"，并不是指其生活资料的唯一来源和唯一的经济形式。而城市的经济结构，也从来没有如此单纯，即令早期城市亦非如此。所以，无论殷商西周还是春秋战国时代，三星堆蜀都和成都都必然拥有进步的工商业及其组织管理机构。

考古发掘中，广汉三星堆"祭祀坑"出土大量来源于印度洋海洋文明的穿孔环纹货贝，即齿贝，与云南出土的贝币一致，也与商周贝币的功能相同，是用于商业贸易的一种货币。这表明，作为王都和神权政治中心，三星堆古城同时也积极发挥着组织贸易的功能。这种贸易，当主要是外贸。东周时代的成都，不仅是手工业品的产地和地区间各类产品的集散地，还是商贾云集、拥有"国之诸市"的贸易中心，也是大量个体工商业者聚集或出入的场所[2]，的确是一座古代的自由都市。

《华阳国志·蜀志》记载："成都县本治赤里街，（张）若徙置少城内，营广府舍，置盐、铁、市官并长丞，修理里阓，市张列肆，与咸阳同制。"张咏《益州重修公宇记》载："案《图经》，秦惠王遣张仪、陈轸伐蜀，灭开明氏，卜筑

---

① 《国语·晋语》。

② 段渝：《四川通史》第 1 册，四川大学出版社 1993 年版。

是城（按：指成都秦城），方广十里，从周制也，分筑南北二少城，以处商贾。"左思《蜀都赋》："亚以少城，接乎其西（按：指成都大城之西），市廛所会，万商之渊。"刘逵注曰："少城，小城也，在大城西，市在其中也。"参证群书所记，少城北部为官署之所在，南部则为商贾居处和市之所在[1]。《古文苑》载扬雄《蜀都赋》说："两江珥其市，九桥带其流"，两江即原从成都城南流过的郫江和检江，足证成都诸市主要集中在少城南部，这种格局从先秦而然，秦筑成都城后，仅是因其故市加以整顿罢了。《华阳国志》记载秦大夫张若城成都少城，"修整里阓，市张列肆"。阓为市门[2]。既言"修整里阓"，并非新建，足见蜀王国时期本已如此规模。

扬雄《蜀王本纪》记载，春秋时老子为关令尹喜著《道德经》，临别时说："子行道千日后，于成都青羊肆寻吾。"崔豹《古今注》谓："肆，所以陈货鬻之物也。"即是货栈。古有"市廛列肆"之说，是商业兴盛发达的产物。成都有青羊肆，不仅表明商业发达，而且展示出早在春秋时代即已形成各种商品的专门市肆的图景，即所谓"肆以类分"，商品交换在专门的市场上分门别类进行。同时，羊是川西高原的经济产品，青羊肆当是成都平原农业手工业经济同川西高原畜牧经济相互交换产品的贸易中心之一。可见，成都早就发挥着组织地区之间和不同类型生产性经济之间的贸易功能。这与成都所处的区位关系是恰相吻合的。

不仅如此，早在商周时代，三星堆蜀都和成都就已初步成为中国西南同南亚、西亚进行经济文化交流的枢纽。商代三星堆"祭祀坑"所出大型青铜人物雕像群、神树、黄金权杖和黄金面罩，其文化因素的来源就与西亚近东文明有关，当经南亚地区引入[3]。大量海贝也是原产于印度洋的深水产品。东周时代蜀国王公乃至一般平民流行佩戴一种称为"瑟瑟"的宝石串饰或琉璃珠串饰，后世屡有出土。杜甫寓居成都时的诗作《石笋行》就说："君不见益州城西门……雨多往往得瑟瑟，此事恍惚难明论，恐是昔时卿相墓……"成都西门一带，确是东周蜀王国的墓区所在，近年不断发现大批墓葬。据杜诗，唐时瑟瑟往往出于

---

[1]　蒙文通：《成都二江考》，载《巴蜀古史论述》，四川人民出版社 1981 年版，第 216—219 页。

[2]　（汉）许慎撰，（清）段玉裁注：《说文解字注·门部》，上海古籍出版社 2010 年版。

[3]　段渝：《巴蜀文化是华夏文化又一个起源地》，《社会科学报》1989 年 10 月 19 日；《古蜀文明富于世界性特征》，《社会科学报》1990 年 3 月 15 日；《论商代长江上游川西平原青铜文化与华北和世界古文明的关系》，中国先秦史学会第 4 届年会论文，1989 年，载《东南文化》1993 年第 2 期。

成都西门地面下，足见随葬之多，蜀人佩戴此种串饰之普遍。瑟瑟（Sit-Sit）是古代波斯的宝石名称，是示格南语或阿拉伯语的汉语音译①。成都西门多出瑟瑟，既称瑟瑟，显然杜工部认为是来自西亚、中亚之物。由此可见，作为古代都市，无论三星堆古城还是成都，确已最大限度地发挥了其经济功能和对外文化交流功能。由此也可看出，汉代成都之所以发展成为中外闻名的国际贸易都市，实由先秦而然，可谓源远流长。

迄今为止，历史上任何一座城市，不论它在地球上哪个角落，从空间组织形态上看，都是一大片乡村中的一个人口密度更大、建筑规模更大和更密集的点，都存在着组织、改造和完善城乡连续体的问题。这不仅是城市结构，也是古今中外一切城市的功能体系之一。尤其在城市聚合成形的早期阶段，由于城市以乡村或城镇作为生长点并在此基础上逐渐扩大，所以它的显著特点之一，就是城乡的一体化。马克思说："亚细亚的历史，是城市和乡村无差别的统一。"② 这种城乡无差别的统一，在空间组织形态上表现得至为明显。考古发掘中，不论三星堆遗址还是成都诸遗址群，都出土不少农业生产工具，表明城市地域内有相当一部分属于农田，城市人口中有相当一部分属于农民。这些农田和农民，是在城市聚合和扩大过程中被组织在城市地域之内的，也反映了城市功能体系与结构的一个方面。《管子·大匡》说，"凡仕者近宫，不仕与耕者近门，工贾近市"，可见中原华夏的早期城市，在空间组织形态上与巴蜀城市是大同小异的。即令古代美索不达米亚的苏美尔城市，情形也完全相同③。

虽然如此，但是，"城市本身表明了人口、生产工具、资本、享乐和需求的集中，而在乡村里所看到的却是完全相反的情况：孤立和分散"④。由城市的性质所决定，它不仅在功能体系、内部结构诸方面与乡村有根本差别，就是在规划和布局上，也是乡村所无法比拟的。

商代三星堆蜀都是以中轴线为核心加以规划，开展布局的，几个重要遗址如宫殿区和作坊区都分别位于中轴线的不同区段上。中轴线东西两侧，东西城墙以内，分布着密集的文化遗存。中轴线南端，南城墙内外，也发现密集的文

① B. 劳费尔：《中国伊朗编》，商务印书馆 1964 年版，第 345—347 页。

② 《马克思恩格斯全集》第 46 卷（上），人民出版社 2002 年版，第 480 页。

③ V. G. Childe, *Man Makes Himself*, New York, 1948; Lewi Mumford, *The City in History: Its Origins, Its Transformations, and its Prospects*, New York, 1961.

④ 《马克思恩格斯选集》第 1 卷，人民出版社 1972 年版，第 56 页。

化遗存。其中有些是生活区，揭露出大片房舍遗迹，有些是生产区，发现陶窑、石壁成品半成品、大量生产工具，遗址内发现的陶坩锅和铸造所遗泥芯①，表明有大型铸铜作坊。加上广阔的城圈，具宗教功能的雄伟的城墙，南城墙外的大型"祭祀坑"，这一切都使三星堆古城在总体规划和具体布局上显示出王都气象。宫殿区、宗教圣区、生活区、生产区，便构成商代三星堆蜀国都城平面规划的四个基本要素。

早期成都则依江山之势，沿郫江古道呈新月形布局，城市聚合之初的核心部分是十二桥，商代晚期羊子山土台成为城市最高大宏伟的建筑。早期成都城市的规划布局完全不存在中轴线，它最显著的特点有二：一是无城墙；二是不呈矩形，与三星堆蜀都和华北商周城市判然有异。而这两个特点是紧密相关的，主要在于适应城市的工商业主导功能。

战国时代川东巴国五都的城市规划和布局，由于考古和文献的贫乏，难知其详。当前可以大略考见的是，巴国五都均无土筑城垣，仅在城市地域周围树以樊篱作为界限②，这种情形，与春秋时楚平王以前楚都无城垣一致③。而楚都规模之大，于南中国当推首位，表明并非只有围以高墙才能称为城市。早期楚国城市不筑土墙，仅以荆棘树木构为樊篱，主要原因与其频繁剧烈的军事扩张有关。巴族尚武，颇具强烈扩张愿望，并屡次付诸军事行动。巴与楚，地域相共，风俗略同，历史文化有许多共同之处，社会基础一致，因此春秋时代巴都不置城垣，并不奇怪。战国时代，巴国初入川东，东与楚国"数相攻伐"，西又与蜀"世（代）战争"④，政局动荡，百余年间竟五易其都。巴在穷于招架、捉襟见肘的急迫形势下，若要组织动员大批人力资源和财源以修筑城墙，实属空论。这与成都古无城墙相比，外象虽一，内容实质却绝然不同。

四、城市体系：等级与网络

商代成都平原腹地的两座城市，三星堆古城和早期成都，一南一北，形成

---

① 陈显丹：《论广汉三星堆遗址的性质》，《四川文物》1988 年第 4 期。
② 段渝：《论巴、楚联盟及其相关问题》，《江汉论坛》增刊《楚学论丛》第 1 集，1990 年。
③ 以上参见《左传》襄公十四年、昭公二十年，及杜注《汉书·地理志》。
④ 刘琳：《华阳国志校注》卷一《巴志》。

蜀国的早期城市体系。作为神权政体，三星堆蜀都无可置疑地是蜀国城市体系的首位城市，居于中心和首脑地位。成都是次级城市，无论就政治权力还是经济权力来说，都居于次要的、从属的地位。在神权政治时代，包括经济在内的一切社会功能，都要为神权的存在服务，既是神权的附庸，又是神权的种种表现形式或神权作用的结果。因此，即使像成都这样的早期工商业城市，在那一时代也绝不可能获得突飞猛进的发展。

西周到春秋时代，随着王朝的代兴，政权的易手，神权政治的破灭，以及都城本身的迁移和地区之间、不同类型生产性经济之间交流的日益扩大和加深，蜀国又陆续产生形成了一批城市，构成了城市网络体系。

西周初年，杜宇王蜀，号曰望帝。《蜀王本纪》载："望帝治岷山下邑曰郫"，地在今成都市以西的郫县境。同时，据《华阳国志·蜀志》，杜宇"移治郫邑，或治瞿上"。《路史·前纪》卷四罗苹注，"瞿上城在今双流县南十八里，县北有瞿上乡"。位于今成都市西南的双流县境。这两座新产生的城市，其空间组织形态与商代三星堆蜀都和成都的分布格局极为相似，一南一北。北面的郫城为王都，南面的瞿上则是别都。从性质上看，其体制为两都制，与商代不同，却与西周两都制大体略同。

杜宇王朝实行两都制，北面的王都紧靠岷山南麓，其都城位置的选择具有直接的政治军事意义，与防备被推翻并退走岷山的鱼凫王[1] 出山复辟直接相关。因此郫城自然成为杜宇王朝的政治军事重心。这和西周初年周王朝建立东都洛邑（成周），屯驻"成周八师"，防备殷王子武庚禄父复辟，性质相似。

东周时代，"蜀以成都、广都、新都为三都，号名城"[2]。这三都即是其时成都平原的中心城市体系。成都原是工商业城市，春秋中晚期之际，随着开明王朝徙都成都，其政治核心地位最终得以确立，工商业经济的进一步发展也得到极大推动，由成都生产并大批外销的漆器、织锦等在此期间行销于境内外，便是明证。可见成都之号名城，在这一时期获得了充分高速度的发展。

广都在今双流县境，早在商代即以富庶著称。《山海经·海内经》记载："西南黑水青水之间，有都广之野，后稷葬焉。其城方三百里，盖天下之中，素女所出也（按：此十六字原脱入郭注，今据郭注、郝疏并王逸注《楚辞·九叹》所引补），爰有膏菽、膏稻、膏黍、膏稷，百谷自生，冬夏播琴（毕沅云：'播琴，播种也。'）。"据蒙文通先生研究，此篇是古蜀人的作品，成书年代不晚于西周中叶[1]，都广为广都倒文[2]。《淮南子·地形篇》："建木在都广，众帝所自上下，日中无景，呼而无响，盖天地之中也。"所说建木，大约与商代三星堆遗址所出青铜神树有关。据此，广都的历史自可早到商代。但广都形成为城市，则始于两周时代，其号为名城，为蜀之王都之一，也是在此期间，而不是秦汉或以后。

新都的建城史，从当地发现战国时代的一代蜀王之墓，并有作为蜀文化宗教圣区的大石崇拜遗迹来看，至少应在战国早期，也不可能迟至秦汉。

在三都以外，蜀地还产生了一大批新兴城市。东周时代，杜宇故都郫城仍然是一座具有相当规模的城市。《华阳国志·蜀志》记载秦灭蜀后"城成都"的同时，还城郫，"郫城周回七里，高六丈"。如按上文所述人口密度指数估算，约有 2600 户，合 13000 口。如此规模必然是西周以来持续发展的结果。东周时期的临邛（今四川邛崃县境），是又一座新兴城市。《华阳国志·蜀志》说秦城临邛，"临邛城周回六里，高五丈"，约有 2300 户，合 11500 口，够得上一座中等级的古代城市，必然也是经长期发展形成起来的。另据《舆地纪胜》卷一四七，川西山区今芦山县有"开明王城"，《水经·江水注》载南安县（今乐山市）"即蜀王开明故治也"，而川北葭萌（今广元市昭化），《华阳国志·蜀志》载为蜀国封疆大吏苴侯的封地。这几处地方，均当形成具有一定规模的中小城市。此外，据《史记·秦本纪》、《六国年表》，陕南重镇南郑在西周和东周中叶以前属蜀，而南郑是一座有名的古代城市。另据考古资料，位于今川西南荥经的严道古城，出土大批巴蜀墓葬，其聚合成形至晚是在春秋中晚期之际。可见，东周时代蜀国的城市网络体系一直在不断扩展，成为蜀国经济不断进步的强大推动力之一。

春秋战国时代蜀国的城市网络覆盖了整个成都平原，并辐射到盆周山区，其空间组织形态日益表现出稳定性和成熟性。在这个巨大的城市网络当中，协调与均衡发展的必要条件是功能体系分区的形成和发展。成都作为首位城市，是蜀地政治经济文化的中心。成都以北的新都，起着联系川西平原北部的作用。陕南的南郑，既是北疆军事重镇，又是控扼褒斜道、出入中原、"以所多易所

---

① 蒙文通：《略论〈山海经〉的写作时代及其产生地域》，载于《中华文史论丛》第 1 辑，上海古籍出版社 1962 年版。

② 《史记·周本纪》集解引此经，文作"广都之野"。并见《海内西经》郭璞注及张衡《思玄赋》。

鲜"①的经济门户。成都西面的郫城，重在沟通成都平原工农业与川西北高原畜牧业的经济文化联系。成都以西的临邛城，重在沟通成都平原与川西高原的经济文化交流，《史记·货殖列传》载临邛城"民工于市，易贾"，正是对临邛城市经济功能的客观表述。可以说，郫城和临邛，充当着成都平原农业经济、城市手工业经济同川西北和川西高原畜牧业经济进行交流的媒介。而成都以南的南安，则不仅是蜀盐的供应基地，还是成都平原农业经济、城市手工业经济同南中半农半牧经济进行交流的媒介。位于川西南山地的严道城，也不但是控制着当地丰富铜矿资源的经济战略要地，同时还是南方国际商道贸易线路的前出点②。由此可见，蜀国城市网络的形成及其功能体系分区的不断完善，对整个四川盆地以及周边地区的经济文化发展，起到了巨大的组织、协调和推动作用。这种格局，不仅对先秦、秦汉及整个中古时代，而且对近现代四川城市网络的继续扩大和发展，都产生了明显的影响。

五、多元演进：蜀与中外古代城市的概略比较研究

在对巴蜀古代城市做了分析研究以后，有必要再将城市形态发展比较充分的蜀国城市与中外古代城市加以比较研究，以期获得某些意义更广泛的结果。

首先对城市聚合过程早期阶段的规模加以简略比较。

先看华北早期城市。河南淮阳平粮台是迄今华北发现的年代最早的古城遗址，碳 14 测定年代为距今 4355±175 年（树轮校正）。城址有夯土城垣，每边长 185 米左右。发现南、北城门及南城门道地面下的陶质排水管道。城内总面积为 3 万 4 千多平方米，不足 1 平方公里，只能算作最初的城市③。河南偃师二里头遗址是迄今已知中原最早的都城遗址，或以为是夏都斟鄩，或以为是商汤之都亳，迄无定论。该城无城墙，但有宫殿区以及分布于四周的居住区和手工业作坊。河南郑州商城，被公认是一座早商至中商的都城，或以为是商都亳，或以为是商都隞。这座商王朝都城被一夯土城垣所环绕，总面积约 3 平方公里，城内东北部有大片宫殿遗址。这几座处于城市形成早期阶段的夏商王朝国都，

---

① 《史记·货殖列传》索隐引。

② 刘弘等：《南方丝绸之路文化论》，云南民族出版社 1991 年版。

③ 俞伟超：《中国古代都城规划的发展阶段》，《文物》1985 年第 2 期。

除郑州商城外，无一可同早商时期的三星堆蜀都和古城成都的规模相比。

再看古埃及城市。位于尼罗河三角洲西部边缘低沙漠地区的梅里姆达遗址（Merimda），碳14测年数据为公元前3820±350年，覆盖面积18万平方米，估计人口约有1万6千。K.W.巴策尔断定是一座新石器时代城镇[1]，但后来的研究证实，梅里姆达遗址并非属于新石器时代，而是属于埃及文明形成时期的涅伽达文化II期（Naqada Culture II），甚至早王朝时期的城址[2]。前王朝时期的希拉康坡里遗址（Hierakonpolis），由一个中心城市和周围若干附属的乡村组成，面积约6万平方米，人口约有4千至1万[3]。在该城市发展的第二阶段，即早王朝和古王国时期，面积达到6万6千平方米[4]。与古埃及的早期城市相比，中国古代的早期城市，在进入夏代以后，规模要大得多。三星堆古城和成都古遗址群，比上述埃及古城大出几倍甚至几十倍，人口也多出几倍甚至十几倍。

最后看美索不达米亚苏美尔城市和印度河文明摩亨佐·达罗城市。苏美尔早期城市以传说中亚伯拉罕的故乡乌尔（Ur）以及乌鲁克（Uruk）最为著名。乌尔古城占地220英亩（约89万平方米），将近1平方公里，而乌鲁克城墙则包围了2平方英里（约3.2平方公里）以上的土地[5]。印度河文明时代的摩亨佐·达罗城市（Mohenjo-Daro），占地为2.5平方公里[6]。苏美尔城市的人口，V.G.柴尔德估计在7千到2万之间[7]，H.法兰克福估计不超过2万4千人[8]，L.芒福德则估计有3万4千人[9]。至于摩亨佐·达罗的人口总数，V.G.柴尔德估计接近2万，日知等中国学者则推测为3万5千人[10]。总的说来，三星堆蜀都的规模与西亚和印度河文明早期城市接近，但人口密度却大得多。

---

[1] K. W. Butzer, "Archaeology and Geology in Ancient Egypt", *Science*, Vol.132, No. 3440, 1960, P.1618; *The Cambridge Ancient History*, Vol.1, Part 2, 1971, P.7.

[2] K. W. Butzer, "Archaeology and Geology in Ancient Egypt", *Science*, Vol.132, No. 3440, pp. 1619–1620; J. E. Ouibell, *Hierakonpolis*, part 2, 1902, p.15.

[3] L.芒福德：《城市发展史》（1961），中国建筑工业出版社1989年版，第48页。

[4] 《世界上古史纲》编写组：《世界上古史纲》上册，人民出版社1979年版，第348页。

[5] L.芒福德：《城市发展史》（1961），中国建筑工业出版社1989年版，第48页。

[6] 《世界上古史纲》编写组：《世界上古史纲》上册，人民出版社1979年版，第348页。

[7] V. G.柴尔德：《城市革命》（1948），中国历史博物馆考古部编：《当代国外考古学理论与方法》，三秦出版社1991年版，第1—12页。

[8] H. Frankfort, *The Birth of Civilization in the Near East*, 1954.

[9] L.芒福德：《城市发展史》（1961），中国建筑工业出版社1989年版。

[10] 《世界上古史纲》编写组：《世界上古史纲》上册，人民出版社1979年版，第348页。

其次，我们准备就早期城市体系略做比较。

一般说来，在邦国林立的上古时代，一个邦国只有一个政治经济中心，而一个文明古国也只有其王都可以称得上城市。《左传》庄公二十八年："凡邑，有先君宗庙之主曰都，无曰邑。"《释名·释州国》释曰："国城曰都，都者国君所居，人所都会也。"王都不仅政治地位高于邑聚，而且是宗庙之所在，人口也最为集中，具有城市的规模。邑只是较大的聚落，不具备城市的规模、人口数量、功能体系和性质。如以 V. G. 柴尔德、R. M. 亚当斯和 B. N. 古梁耶夫等分别提出的早期城市的界定标准来衡量，古代相当多的小邦虽然有都，却不一定就有城市。

在商代，"大邦殷"是一个庞大邦国联盟的首邦，其邦国本土也只有一座城市，即商王都。商都"不常厥邑"①，徙都频仍，史称"前八后五"，每迁新都，故都即废。殷代的侯甸男卫外服体制，虽在空间组织形态上与城市体系有些近似，但外服君长称为"邦伯"，其邦不直属"大邦殷"版图。因此，在"大邦殷"本土内，仅有一都，而没有城市体系。正因有如此特点，日知等学者才称殷商为城邦制国家。

周初政体也是方国联盟，周王实为共主，常称各国为"友邦"，称各国君长为"友邦冢君"②。其时周为两都，形成西土和中土两个中心。宗周重在宗庙先君之主，成周重在军事。虽然成周号称"天下之中，四方入贡道里均"③，但真正具有组织区域性商业的功能，从《夨甲盘》铭文看，是在西周中晚期之际。而邑一级的聚落，是在春秋中叶以后，随着从卿大夫专权到"陪臣执国命"局面的形成和发展，才开始逐步上升形成为城市，即所谓"城市之邑"④。这时的城市，除少数具有国家政治中心或军事重镇的主导功能外，大多数已走上工商业城市的发展道路，比起殷商西周时代已有了非常显著的变化和巨大的历史性进步。

在全球最早产生城市的两河流域南部，苏美尔城市文明的典型特征是城邦制国家，一个城市连同它附近的乡村就组成一个国家实体，城邦之间只有联盟，谈不上城邦内部的城市体系。

在印度河文明，摩亨佐·达罗城市与哈拉巴城市分别位于印度河上、下游，

---

① 《尚书·盘庚》。

② 参见《尚书·周书》诸篇。

③ 《史记·周本纪》。

④ 《战国策·赵策一》。

相距 400 英里，形成两个中心，"显然是两个彼此独立的国家的都城（或许多城邦联盟的中心所在地）"①。当然，更谈不上其间具有什么城市体系的关系。

古希腊城市有所谓上城、下城之分。上城一般为城堡，是政治中心之所在，战时作为避难之所，是城市的屏障。下城一般为城市居住区，是城市的工商业和文化中心。但上城、下城是一个连续的城市整体，不能分离，一旦割裂便不能成其为完整意义上的城市。因此，在一个城市国家以内，同样不存在城市体系。

商代三星堆蜀都和成都，两座城市相距不过 40 公里，起源和形成年代也相差无几。在这两座城市的周围，都分别分布着密集的遗址，其内均有主体建筑和一般性建筑，拥有作坊区、生活区、宗教区、宫殿区。每座城市的遗址都具有空间连续性，自成一体，各自呈现出城市的完整面貌。这与黄河流域古城一般雄踞于周边各聚落之上，成为特定地域内若干聚落群中唯一的政治经济中心的情况，有着明显的区别，与西亚、埃及和印度河城邦的情况，也有重要的差异，与古希腊城市国家上城、下城的情况，更有内涵和性质上的不同②。可见，如像蜀国这类早期城市体系及其空间组织形态，在世界文明初期的城市史上几乎是罕见的。

我们知道，城市体系的形成，尤其是功能体系分区建立的城市体系，一般属于比较晚近的现象，它主要导源于工商业经济的高度持续发展。蜀国早期城市体系的形成，正反映了其工商业经济兴盛发达的情况。无怪乎秦大夫司马错力主秦惠文王伐蜀时说："得其布帛金银，足以富国强兵"，足以"利尽西海"③。而巴蜀归秦后，"秦益强，富厚轻诸侯"④。

最后，再从城市起源模式上做些扼要说明。

中原城市的起源，一般认为与统治权力有关，是为了防御和保护目的而兴建起来的⑤。张光直先生进一步论证说，中国早期城市不是经济起飞的产物，而是政治领域中的工具⑥。换言之，中原城市首先是作为区域的政治军事中心而出

---

① 《世界上古史纲》上册，人民出版社 1979 年版，第 348 页。

② 段渝：《古中国城市比较说》，《社会科学报》1990 年 1 月 25 日，又见 1990 年 2 月 8 日《人民日报》海外版。

③ 《战国策·秦策一》。

④ 《战国策·秦策一》。

⑤ 傅筑夫：《中国经济史论丛》上册，三联书店 1980 年版，第 321—323 页。

⑥ 张光直：《关于中国初期"城市"这个概念》，《文物》1985 年第 2 期。

现的，经济增长、城市起源即以此为基本条件并建立在此基础之上。巴国为姬姓封国①，乃宗姬的一脉后代②，因此其城市起源模式与中原大体一致。蜀的城市起源则有不同类型，三星堆古城和成都的聚合模式，均与中原有异。而且，东周时代蜀地的若干新兴城市，其起源主要同成都平原农业经济、城市手工业经济与盆周山区畜牧业或半农半牧业经济的交流有关，或与南丝路国际贸易有关。这种情形，与中原东周时代的城市大多从过去的封邑、采地转化而来的情况，也有重要区别。这实际上表明，中国古代城市的起源、形成和演进，也同文明起源一样，存在着多种模式和多元演进道路，而不同地区、不同类型的城市最终都确立起工商业主导功能，则是城市发展的必然方向。

（本文为作者 1992 年在"纪念三星堆考古发掘六十周年暨巴蜀文化与历史国际学术讨论会"上宣读）

（原载《历史研究》1993 年第 1 期）

---

① 《左传·昭公十三年》。

② 刘琳：《华阳国志校注》卷一《巴志》。

巴蜀青铜文化的演进

学术界对于巴蜀青铜文化并不陌生，半个多世纪以来不少学者曾对此进行过探讨。如何从整体上考察巴蜀青铜文化的演进，以明了其发展脉络和特点，还有待于新的努力。本文仅对此作一初步尝试。

一、青铜合金技术

巴蜀青铜文化至迟在商代已经发展到相当发达的阶段。以三星堆遗址"祭祀坑"[①]为代表的青铜文化，是巴蜀青铜文化走向成熟的标志。

商代晚期，蜀人已熟练地掌握了青铜二元合金和三元合金的技术，青铜制品有铜锡、铜铅、铜锡铅、铜铅锡四类(表一)[②]。与同一时期中原地区商文化相比，蜀文化的青铜合金技术有五个显著特点。

第一，蜀文化礼器的锡含量一般较低，实用器如罍、尊的锡含量则较高。如将《考工记》中"六齐"的"锡"理解为锡、铅含量的总和，则实用器的铜、锡配比恰合于或高于《考工记》"钟鼎之齐"的比例。殷墟出土的青铜器，兵器中绝大多数是铅青铜，仅少量优质兵器使用锡青铜[③]，大量的锡青铜则被用于制作礼器[④]。

---

① 四川省文物管理委员会等：《广汉三星堆遗址一号祭祀坑发掘简报》，《文物》1987 年第 10 期。四川省文物管理委员会等：《广汉三星堆遗址二号祭祀坑发掘简报》，《文物》1989 年第 5 期。

② 曾中懋：《广汉三星堆一、二号祭祀坑出土铜器成分的分析》，《四川文物》广汉三星堆遗址研究专辑，1989 年；曾中懋：《广汉三星堆二号祭祀坑出土铜器成分的分析》，《四川文物》1991 年第 1 期。

③ 闻广：《青铜与锡矿》附表一：商周青铜器合金成分表，1963 年。

④ 夏湘蓉等：《中国古代矿业开发史》，地质出版社 1980 年版。

这表明蜀、商对于合金的用途类别有不同的标准。

第二，蜀文化青铜礼器的铅含量较高，实用器的铅含量却很低，甚至完全不含铅。礼器大量含铅，除锡料来源有限外，也在于所追求的主要是器形及其铸造工艺，故大量代之以铅。殷墟兵器的含铅量较高，多数大于含锡量，可达26.789%以上。礼器的含铅量则大大低于兵器。如司母戊大方鼎，含锡11.64%，含铅仅2.79%[1]，司母辛大方鼎，含锡12.62%，含铅仅0.5%[2]，似乎表明"祀"比"戎"更为重要。

第三，蜀文化的青铜器，不论礼器还是实用器，均不含锌。商文化的青铜器则往往含有微量锌。这种差异可能是因青铜原料的产地不同所致。不过，若考虑到战国时期蜀国铜器往往含有微量锌，此点尚需进一步深入研究。

第四，蜀文化的铜锡类和铜锡铅类青铜器多数含有微量磷，其作用可以增强青铜的流动性，提高强度、硬度和弹性[3]。历年来在商文化的铜器中均未发现含磷。联系到战国时期蜀国铜器仍普遍含微量磷的情况，当可认为是有意添加。这表明蜀人在掌握青铜合金脱氧技术方面，达到了先进水平。

第五，三星堆出土的一件铜树座的中心部分，其合金成分中含有微量钙元素（K2—215），这是古代冶金史上的首例[4]。这件标本的维氏硬度值为HV = 60，强度较高。其成因如何，值得探讨。

上述五点表明，商代蜀文化在青铜合金技术上，具有鲜明的特色和显著的地域性。

表一　广汉三星堆商代一、二号坑部分铜器合金成分

坑号	试样编号	器物名称及取样部位	出土号	成分（%）								
				铜	锡	铅	锌	镍	磷	硅	铁	铝	总计
一号坑	04	铜人头下嘴唇	K1-207	94.91	4.84	0.05			0.7				100
	13	铜罍盖沿口	IC1-135	93.08	3.01	3.9l							100
	14	铜瑗残片	K1-285-5	97.77		2.23							100

[1] 杨根、丁家盈：《司母戊大鼎的合金成分及其铸造技术的初步研究》，《文物》1959年第12期。

[2] 中国社会科学院考古研究所：《殷墟妇好墓》，文物出版社1980年版。

[3] 《重有色金属材料加工手册》第1分册，冶金工业出版社1979版。

[4] 曾中懋：《广汉三星一、二号祭祀坑出土铜器成分的分析》，《四川文物》广汉三星堆遗址研究专辑，1989年。曾中懋：《广汉三星堆二号祭祀坑出土铜器成分的分析》，《四川文物》1991年第1期。

续表

坑号	试样编号	器物名称及取样部位	出土号	成分（%）									
				铜	锡	铅	锌	镍	磷	硅	铁	铝	总计
一号坑	17	龙虎尊虎头左侧腹片	K1-258	71.76	3.18	25.06							100
	10	铜戈穿前部	K1-53-1	98.4						0.7	0.9		100
二号坑	01	铜面具嘴唇下部	K2-148	96.48	3.17	0.09			0.27				100
	02	铜人腰部	K2-149	95.81	3.22	0.03		0.23	0.71				100
	03	铜人底座	K2-149	98.09	0.23	0.07		0.63	0.98				100
	05	铜面具耳部	K2-152	96.16	3.26	0.11		0.47					100
	06	铜人头颈部	K2-82	97.08	2.45	0.12		0.35					100
	07	铜罍下腹部	K2-88	63.31	8.56	16.82					1.51	7.8	100
	08	铜罍底部	K2-146	62.91	5.29	29.90			1.9				100
	15	铜尊上腹部	K2-127	77.69	4.42	15.97			1.92				100
	16	铜尊沿口	K2-129	99.05				0.95					100
	11	星状器外沿口	K2-139-1	78.08	4.65	16.31			0.96				100
	12	铜车器尖部	K2-123	73.11	0.63	24.7		0.69	0.87				100
	09	铜戈尖部	K2-261-5	87.02	7.90	1.64		1.32	2.12				100
	18	铜树座底部	K2-191	79.19	2.32	18.49							100
	19	铜树树干	K2-215	89.55	0.76	9.69							100
	20	铜树干浇铸缝	K2-24	78.68	1.19	19.95							100
	21	铜树干缠卷枝	K2-322-11-2	79.65	0.09	20.26							100
	22	铜树上的细小树枝	K2-261-5	73.86	0.43	25.72							100
	23	铜树上果实	K2-322-11-1	64.48	1.38	32.71			1.43				100
	01	铜人头耳后	K2-15	86.96	3.14	9.19					0.71		99.3
	02	铜面具下嘴唇	K2-201	78.18	8.54	12.25					1.04		100.01
	03	铜人头耳内壁	K2-121	90.99	3.15	4.99				0.14	0.62	0.12	100.01
	04	铜罍腹部	K2-159	88.41	4.76	6.27					0.56		100
	05	铜罍底部	K2-88	83.78	10.44	4.52					1.10	0.16	100
	06	铜罍底部	K2-103	85.39	4.03	9.16					0.73	0.22	100.03
	07	铜尊沿口	K2-135	80.76	15.71	2.89				0.05	0.53	0.07	100.01
	08	铜尊沿口	K2-200	66.89	10.05	19.23				0.16	3.42	0.34	100.04
	09	铜尊沿口	K2-129	79.04	3.26	16.77					0.95	0.44	100.46

坑号	试样编号	器物名称及取样部位	出土号	成分（％）									
				铜	锡	铅	锌	镍	磷	硅	铁	铝	总计
二号坑	10	铜车轮沿口	K2-67	82.92	0.03	10.34				0.07	0.53	0.12	100.01
	11	铜车轮轴辕边	K2-74	79.66	9.24	9.93				0.08	0.86	0.22	99.99
	12	神树底部中心	K2-215	96.98	0.67	1.65	0.24	（钙）			0.46		100

战国时期蜀文化青铜器的合金成分，锡含量有明显提高，有些兵器的合金成分非常接近《考工记》"六齐"的配方，与中原青铜合金系统日益接近（表二）[①]。

这一时期的蜀式剑、矛、觚等铜器，合金成分中大都含有微量磷（表三）[②]，同一时期中原铜器仍不含磷，显示出蜀文化青铜器自身的发展源流、演进特色。

迄今还没有发现巴文化早期铜器。战国时期巴国的青铜合金技术已发展到成熟阶段，对 1972 年涪陵小田溪出土巴国青铜器的化验分析表明（表四）[③]，其青铜合金配方与《考工记》"六齐"的比例基本一致。

表二　战国时期蜀文化青铜器合金成分

原编号	试样名称	出土时间	出土地点	成分（％）				
				钢	锡	铅	锌	氯
B102	钟		四川乐山	71.88	15.31			
B104	钟		四川乐山	75.56	14.12			
S2	钺	1976 年	成都郊区	82.244	10.56	6.155		1.038
S5	戈	1976 年	成都郊区	86.423	13.576			
S6	环首大刀	1976 年	成都郊区	84.322	11.293	4.383		
S8	戟矛	1961 年	四川彭县	81.948	7.528	10.523		
S9	弧形小刀	1958 年	四川彭县	81.4	16.7	0.88		
S7	矛	1961 年	四川彭县	89.162	10.837			
S10	矛	1958 年	四川彭县	78.282	10.002	11.715		
S11	矛	1958 年	四川彭县	84.628	8.126	5.763		1.508
S12	带钩	1956 年	四川遂宁	78.5	14.6	7.5		
S13	带耳铜锥	1956 年	四川遂宁	69.5	11.8	18.9	< 0.01	

① 田长浒：《从现代实验剖析中国古代青铜铸造的科学成就》，《成都科技大学学报》1980 年第 3、4 期合刊。何堂坤：《部分四川青铜器的科学分析》，《四川文物》1987 年第 4 期。

② 曾中懋：《磷——巴蜀式青铜兵器中特有的合金成分》，《四川文物》1987 年第 4 期。

③ 四川省博物馆等：《四川涪陵地区小田溪战国土坑墓清理简报》，《文物》1974 年第 5 期。

续表

原编号	试样名称	出土时间	出土地点	成分（%）				
				铜	锡	铅	锌	氯
S14	戈			75.5	6.6	17.7	< 0.01	
515	戈			88.178	11.872			
S29	矛			87.147	9.57	3.282		

表三　蜀文化铜器中的合金成分

名称	出土时间	出土地点	取样部位	成分（%）					
				铜	锡	铅	铁	锌	磷
剑	1976年	四川绵竹清道	背脊	84.5	13.9	0.76	0.091	0.26	0.27
矛	1976年	四川绵竹清道	刃	83.77	12.38	0.91	0.609		0.308
矛	1980年	四川犍为罗城	背脊	81.55	15.93	0.79	1	0.03	0.3
剑	1980年	四川犍为罗城	背脊	74.75	17.14	0.46	0.3	0.03	0.112
瓵	1985年	四川广汉城关	口沿	91.31	1.43	3.64	0.301	0.05	0.3

表四　涪陵小田溪巴国青铜兵器成分

名称	出土地点	成分（%）					
		铜	锡	铅	锌	铁	硫
矛	2号墓	82.11	15.04	1.5l	0.037	0.064	0.11
剑	1号墓	82.21	14.67	1.28	0.043	0.039	0.056

二、青铜器制作技术和装饰工艺

巴蜀青铜器的制作主要采用范铸法，并较早运用了铜焊和锻打技术。范铸技术主要有浑铸、分铸和嵌铸等[1]，各种铸法往往结合应用。加工工艺有焊、铆、热补等。

战国时期蜀文化青铜器制作除保持传统工艺外，还运用了局部塑性加工技术。对一些铜器的金相分析（表二：S5、S15、S29），发现金相组织有部分滑移线，

---

[1] 曾中懋：《广汉三星堆一、二号祭祀坑出土铜器成分的分析》，《四川文物》广汉三星堆遗址研究专辑，1989年；曾中懋：《广汉三星堆二号祭祀坑出土铜器成分的分析》，《四川文物》1991年第1期。

应是锻打加工留下的痕迹①。

蜀文化青铜器的制作技术有两点值得注意：第一，商代晚期已大量运用先铸法，而商周时期中原青铜器的分铸法是以榫铆式后铸法为主流，直到春秋时期才以先铸法为主②，由此可见蜀文化青铜范铸技术的进步程度。第二，商代晚期蜀人已熟练掌握了铜焊技术，三星堆出土铜器为此提供了可靠的证据。冶金史学界认为，华北的铸焊工艺约起源于两周之际，春秋中叶较多使用，战国达到普遍，是当时中原青铜工艺转变期的一种重要新兴金属工艺③。蜀人却比中原地区和东方的楚国早数百年。

战国时期蜀文化青铜器表面成分的最大特点是含锡量较高，含铜量较低（见表五）④。蜀式兵器常见一种圆形、椭圆形和虎纹形黑色斑纹，据表面成分分析，是在已经镀过锡的器物表面上进行第二道镀锡所产生的特殊效果，与中原兵器表面处理的方法有异。带有这类斑纹的蜀式兵器，现知年代最早的是楚公豪戈⑤，约为西周晚期之物。

巴蜀青铜器的装饰工艺，主要有镂刻、嵌错金银丝和红铜，以及浮雕等。纹饰常采用动植物、异形兽类，以及几何图形等。在许多青铜器上，常刻铸巴蜀符号。此外，在几件铜戈上，还发现似汉字的巴蜀表意文字。

三、青铜器种类

近数十年来，巴蜀青铜器出土已达数千件，从出土地点看，除在四川盆地、成都平原、川东长江沿岸密集分布外，陕南、鄂西、湘西、贵州和云南等地亦有丰富的发现，并影响到越南北部红河地区青铜时代的东山文化。其年代，上起商代，下迄汉初。按性质、用途大致可分为生产工具、兵器、礼（容）器和生活用器、雕像四大类，各自包括不同的类、型、式。

---

① 何堂坤：《部分四川青铜器的科学分析》，《四川文物》1987 年第 4 期。

② 华觉明：《中国古代金属技术》，科学技术文献出版社 1985 年版。

③ 北京钢铁学院《中国古代冶金》编写组：《中国古代冶金》，文物出版社 1978 年版。

④ 何堂坤：《部分四川青铜器的科学分析》，《四川文物》1987 年第 4 期。

⑤ 高至喜：《"楚公豪"戈》，《文物》1959 年第 12 期。冯汉骥：《关于"楚公豪"戈的真伪并略论四川"巴蜀"时期的兵器》，《文物》1961 年第 11 期。

1. 生产工具

主要有刀、锛、斧、凿、斤、锯、削、锥、雕刀等，从商代至战国均有发现。商代蜀文化墓葬即出土有青铜工具，种类较少，数量不多，仅斧、削、凿等[①]。战国时期蜀文化墓葬出土大量成套青铜工具。在新都木椁墓内，出土各类青铜器170件，其中斧、斤、曲头斤、手锯、削、凿、雕刀等工具就达12套，计60件[②]。同一时期中原和楚、秦的墓葬，则极少见到如此大批成套的青铜生产工具。这大概反映了古蜀人生产、生活与当时生态环境的关系。

相反，青铜农具在巴蜀文化中极为罕见，尚需进一步探讨。

2. 兵器

兵器在巴蜀青铜器中占有重要地位，历年出土数量最大，种类也相当多。主要有戈、矛、剑、戟、钺、镞、弩机、镦、胄等，在成都平原和川东广泛分布。商周时期呈现出向北伸展的态势，战国时期则呈现出向南发展的趋势。

巴蜀青铜兵器中以戈、矛、剑、钺最富特色，有别于中原同类兵器，具有自身的发展演变源流。

（1）戈

巴蜀戈分为无胡和有胡两类，一般将两类戈结合进行分式研究[③]。无胡戈与有胡戈虽然具有发展演变关系，但战国时期两者却长期并存，并无取代的迹象。将两类戈分别分式，将有助于对其源流进行深入研究，这里讨论无胡戈，有胡戈从略。

表五　战国蜀文化青铜器扫描电镜表面成分分析

试样名称	电子束取样情况		成分（％）							
及编号	序号	位置和状态	铜	锡	铅	铁	硅	铝	磷	其他
戈 S5	1	表面，青黑色稍亮	44.585	47.455	3.723		4.234			
	2	表面，灰黑色	50.327	46.159	1.434		2.078			
	3	同1，另一处	40.219	50.628	4.601		4.55			
	4	同2，另一处	43.414	46.513	5.709		4.363			

---

① 四川省博物馆：《四川新繁水观音遗址试掘简报》，《考古》1959年第8期。

② 四川省博物馆等：《新都战国木椁墓》，《文物》1981年第6期。

③ 张忠培：《关于"蜀戈"的命名及其年代》，《吉林大学学报》1963年第3期。童恩正：《我国西南地区青铜戈的研究》，《考古学报》1979第4期。李学勤：《论新都出土的蜀国青铜器》，《文物》1982年第1期。

试样名称及编号	电子束取样情况		成分（%）							
	序号	位置和状态	铜	锡	铅	铁	硅	铝	磷	其他
环首大刀 S6	1	表面，灰黑色	41.884	46.251		2.53	5.592	1.997	1.763	
	2	同上，另一处	36.578	43.529	9.521	2.265	4.865	1.716	1.53	
矛 S7	1	表面，灰白色	65.751	28.648	4.439		1.16			
矛 S10	1	表面，灰黑泛绿	9.571	40.915	25.332	3.68	14.149	6.35		
	2	在1之上的虎斑纹	14.867	46.097	21.327		11.807	5.899		
戈 S14	1	表面，灰黑泛绿	26.584	32.24	32.257		7.774	0.943		
	2	表面特殊保护层脱落处	53.703	5.787	19.634	3.196	9.97	8.258		
矛 S29	1	表面，灰黄色	12.222	38.168	22.928	9.503	6.512	4.142		帕 6.521
	2	同上，另一处	14.671	39.873	23.953	9.596	5.414	3.972	2.517	
	3	在普表面上的虎斑纹，黑色	17.915	43.808	21.554	3.712	13.008			
	4	同上，另一处	35.775	58.614		4.609	2.692		0.308	
带钩 S12	1	表面，灰绿色	22.492	28.351	12.657	3.018	13.921	7.572		铂 11.986
	2	同上，另一处	23.101	38.329	5.716	6.094	10.853		6.774	硫 7.154
	3	同上，另一处	14.781	50.244	5.612	9.954	5.947		7.224	硫 5.33
两试样三虎斑纹分析点平均成分			22.852	48.84	14.294	2.774	9.196			
一般试样十四表面分析点平均成分			31.89	41.236	10.373		5.537			

注："十四表面分析点"是不包括三个虎斑纹分析点（S10.2，S29.3，S29.4），以及特殊保护层脱落处（S14.2）。

表六　部分无胡蜀式戈统计表

分布情况	形制及数量						资料来源
	11	12	Ⅱ	Ⅲ	Ⅳ	Ⅴ	
新繁水观音 M1、M2							《考古》1959.8
新繁水观音遗址	1	1	1				《考古通讯》1958.8
汉源富林	2						《文物》1983.11
广汉三星堆 2 号坑				20			《文物》1989.5
陕西城固苏村				82			《考古》1980.2
彭县竹瓦街		5	9	4			《文物》1961.1；《考古》1981.6

分布情况	形制及敷量						资料来源
	11	12	II	III	IV	V	
成都百花潭中学 M10			2	5	2		《文物》1976.3
新都战国木椁墓			95	15	5		《文物》1981.6
成都交通巷			1	1	1		《考古与文物》1980.2
成都无机校			1	4	2		《文物》1982.1
成都西郊战国墓			1	4	2		《考古》1983.7
大邑五龙 M2			1				《文物》1985.5
成都枣子巷				11			《文物》1982.8
彭县船棺葬				1			《文物》1985.5
成都南郊战国墓				1	1		《考古》1959.8
犍为金井				1	1		《文物资料丛刊》7
犍为五联 M6				1			《考古》1983.9
成都羊子山 M172				1			《考古学报》1956.4
成都金牛区					1		《文物》1985.5
巴县冬笋坝 M9、M11					2		《四川船棺葬发掘报告》，1960
简阳糖厂			1		1		《文物资料丛刊》3
峨眉柏香林			1	14	6	1	《考古》1986.11
湖北荆门					1		《文物》1963.1

参考诸多意见[①]，无胡戈可分为五型。

I 型：直援，援呈瘦长三角形，上下出阑，方内。I 型 1 式援较瘦长，援本处无穿。I 型 2 式援本较宽，一侧有一穿，上、下刃略内弧（图一：1、2）。

II 型：援稍变短，援本加宽，援呈三角形，近援本处有一圆穿，援本上、下各一穿，无阑，方内，内上一穿（图一：3、4）。

III 型：援更短，援本更宽，援呈宽三角形，近援本处一圆穿，援本上、下各一穿，无阑，方内，内上一圆形或棱形穿（图一：5、6）。

IV 型：援本向上下延展，前援狭长而直，援呈束腰三角形，近援本处一穿，援本上、下各一穿，无阑，直内，内上一圆形或棱形穿（图一：7）。

V 型：三角形援，援宽而短，前援向中轴折收成三角形锋，上、下刃略内

---

① 霍巍、黄伟：《试论无胡蜀式戈的几个问题》，《考古》1989 年第 3 期。

弧，直内（图一：8）。

巴蜀无胡戈在川西平原蜀地产生最早，并具有完整序列。其年代，Ⅰ型首见于新繁水观音遗址和墓葬①，为商晚期，也有认为可早到商前期②。Ⅱ型出现于晚商③，流行到战国中期④。Ⅲ型始见于商周之际⑤，流行到战国晚期⑥，Ⅳ型为战国中期⑦，Ⅴ型为战国晚期到西汉初期⑧，其中Ⅱ型到Ⅲ型的演变历程达千年之久，且并行不悖；Ⅰ—Ⅱ型各自的形成年代相距很短，均在商代晚期。这种演变关系在其他地域的同类器物系统中是罕见的，表现出无胡戈在蜀文化中具有特殊的影响力。

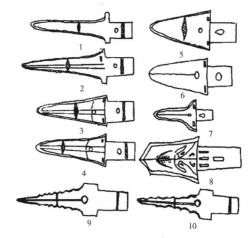

1、2. Ⅰ型（彭县竹瓦街） 3、4. Ⅱ型（彭县竹瓦街） 5、6. Ⅲ型（彭县竹瓦街，成都百花潭中学 M10） 7. Ⅳ型（新都马家） 8. Ⅴ型（成都金牛区） 9. 三角型锯齿援戈（广汉三星堆二号坑）。

图一 巴蜀无胡青铜戈

从无胡蜀戈的年代、分布及形制演变的关系看（表六），它是以成都平原为中心向周围扩展，年代越晚，形制越进化，越向其他地区扩展。很明显，其演进并非受其他文化的影响。

值得注意的是广汉三星堆2号坑出土的20件铜戈。这批铜戈的共同特征是援呈等腰三角形，两侧锯齿形，无刃，援本较宽，无胡，宽阑，阑与援本间一大圆穿，直内（图一：9、10）。根据其形制，应属无胡蜀式戈系统，具有Ⅰ—Ⅲ型的某些特征，其变化仅在于将三角形援的上、下刃做成锯齿形，明显是Ⅲ型戈的变种。

---

① 王家祐、江甸潮：《四川新繁、广汉古遗址调查记》，《考古通讯》1958 年第 8 期。

② 杜迺松：《论巴蜀青铜器》，《江汉考古》1985 年第 3 期。

③ 四川省博物馆：《四川新繁水现音遗址试掘简报》，《考古》1959 年第 8 期。

④ 四川省博物馆：《成都百花潭中学十号墓发掘记》，《文物》1976 年第 3 期。

⑤ 王家祐：《记四川彭县竹瓦街出土的铜器》，《文物》1961 年第 11 期，四川省博物馆：《四川彭县西周窖藏铜器》，《考古》1981 年第 6 期。

⑥ 四川省文管会：《成都羊子山第 172 号墓发掘报告》，《考古学报》1956 年第 4 期。

⑦ 四川省博物馆等：《新都战国木椁墓》，《文物》1981 年第 6 期。

⑧ 成都市文物管理处：《成都市金牛区发现两座战国墓葬》，《文物》1985 年第 5 期。

三星堆 2 号坑的年代，大致相当于殷墟一期[①]，所出铜戈与Ⅰ、Ⅱ型蜀戈的年代基本相同。这就意味着，Ⅰ、Ⅱ型蜀戈的发生年代还应早于殷墟一期。其实这种关系，可从川西南山地的汉源富林所发现的 2 件Ⅰ型 1 式蜀戈[②] 得到说明，因为它们明显是成都平原蜀戈向外扩展的结果，年代为晚商。那么，处于成都平原的这种形制的蜀戈，其年代应当早于晚商。

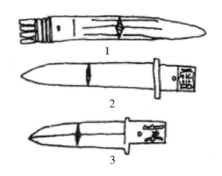

1.二里头　2.二里岗　3.殷墟

图二　商文化直内青铜戈

商文化铜戈，按内与秘的结合方式，有銎内、曲内和直内三类。銎内戈和曲内戈不见于蜀文化，可资比较的只有直内戈。二里头出土的直内戈均无上、下阑[③]（图二：1）；二里岗期的直内戈，援略呈瘦长三角形，上、下阑[④]（图二：2）；殷墟时期流行曲内戈，直内戈援一般呈不对称瘦长三角形，上侧微外弧（图二：3）。因此，从形制的演变看，商文化的直内戈与蜀戈显然不属于同一个系统。

商文化中也发现有三角形援戈（旧称戣或戳），在考古发掘中发现很少，与商文化常见的瘦长三角形援戈迥然不同，应不属于同一个文化系统[⑤]。其中援两侧对称者（图三：1），颇类于Ⅲ型蜀戈。这种形制的铜戈，在陕南城固发现不少，有 80 多件[⑥]。

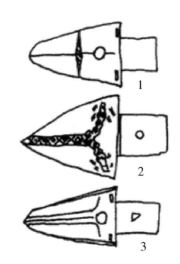

1.殷墟　2、3.城固

图三　三角形援铜戈

①　郑振青：《早期蜀文化与商文化的关系》，《中原文物》1993 年第 1 期。
②　岳润烈：《四川汉源出土商周青铜器》，《文物》1983 年第 11 期。
③　中国社会科学院考古研究所二里头工作队：《偃师二里头遗址新发现的铜器和玉器》，《考古》1976 年第 4 期。
④　河南省文物考古工作队第一队：《郑州商代遗址的发掘》，《考古学报》1957 年第 1 期。
⑤　杨锡璋：《关于商代青铜戈矛的一些问题》，《考古与文物》1986 年第 3 期。
⑥　唐金裕等：《陕西省城固县出土殷商铜器整理简报》，《考古》1980 年第 3 期。

城固出土的铜戈可分为三种形制，一种为曲内戈，一种为不对称三角形援戈；另一种为宽三角形援戈，近援本处一圆穿，援本处两穿，无阑，方内，内上一圆形、三角形或棱形穿（图三：2、3）。

不难看出，第一种为典型的商文化戈，第二种形制略类于蜀戈，第三种则与Ⅲ型蜀戈雷同。城固第三种戈的年代晚于三星堆2号坑，在当地没有自身的发生演化序列，与前两种间也不存在演变关系。因此，城固第三种戈应来源于蜀，是蜀戈向北扩散的结果。

另外，在宝鸡竹园沟、茹家庄、纸坊头等地出土的殷周时期三角形援戈[①]，形制与蜀戈相同，也应源于蜀文化。

战国时期，无胡蜀戈表现出南向发展的趋势，对川西南、云南滇文化，以至越南东山文化的铜戈形制均有一定影响。

巴文化铜戈以有胡戈为主，与蜀文化有胡戈类似，以长胡三穿为精，援后部伸出两翼，援及翼多铸虎、龙、蛇等纹饰，援及胡上多有各种巴蜀符号。也使用无胡戈，如湖北荆门出土的兵避太岁戈[②]，应屑蜀式戈的第Ⅴ型。但巴文化无胡戈出土很少，并显然与蜀文化的影响有关。

（2）矛

蜀文化的铜矛以骹两侧附弓形耳为特色，贯穿各期，与中原铜矛的环形耳有较大区别，依骹的长短，蜀式矛分为长骹和短骹两种。长骹式的叶与骹长度相当，骹一般通至近尖处。短骹式有窄叶和宽叶之分，骹一般仅占全长的三分之一。巴文化铜矛与蜀矛相近，但以短骹式为多（图四：1—4）。巴蜀铜矛在骹上多有各种纹饰或巴蜀符号。

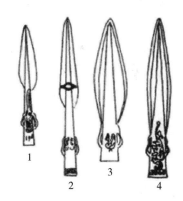

1、2.长骹式　3、4.短骹式

图四　巴蜀青铜矛

（3）剑

巴蜀铜剑的显著特征是扁茎，无格，剑身呈柳叶形，茎与身同铸。可分两

---

① 《宝鸡强国基地》，文物出版社1988年版。

② 王毓彤：《荆门出土的一件铜戈》，《文物》1963年第1期。

种，一种剑身较宽而薄，中起脊，两侧有血槽，剑基多浅刻虎纹和巴蜀符号；另一种剑身较窄而厚，不见纹饰符号。在峨眉符溪、成都罗家碾和成都三洞桥青羊小区还出土带鞘的双剑，大概是用于遥击的飞剑[①]。

巴蜀柳叶形铜短剑的起源，目前学术界看法不一，或认为源于中原，或认为源于陕南。这主要基于过去柳叶形剑在巴蜀地区发现的年代不早于春秋，而同样或类似的剑在陕西宝鸡茹家庄、竹园沟、长安张家坡、甘肃灵台白草坡，以及北京琉璃河等殷末至西周早、中期墓葬内有一定数量的发现。

1986 年春，在广汉三星堆遗址相当于殷末周初的地层中，出土 1 件柳叶形铜短剑，长 24 厘米[②]。同年夏在三星堆 I 号坑内出土一件柳叶形玉剑，扁茎，无格，茎上一圆穿，残长 28 厘米[③]（图五：3），年代相当于殷墟一期。1985—1989 年成都十二桥遗址发掘中，第 12 层出土 1 件铜短剑，剑身呈柳叶形，中起脊，扁茎，无格，茎无穿，残长 20.2 厘米（图五：1），年代为晚商。1990 年成都十二桥新一村晚商地层内又出土一件柳叶形铜短剑，残长 20.9 厘米[④]（图五：2）。这几件短剑不仅年代早，而且形制原始，尤其成都十二桥、新一村所出，茎上无穿，应是此种剑的早期型式。无论从年代还是从形制上看，它们均应早于宝鸡、长安等地所出同类剑[⑤]。由此可见，柳叶形铜短剑的发源地似

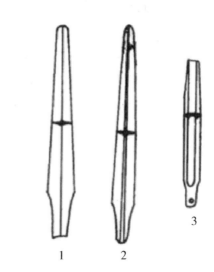

1、2.铜剑（成都十二桥、成都新一村）　3.玉剑（广汉三星堆一号坑）

图五　巴蜀柳叶形剑

① 童恩正：《我国西南地区青铜剑的研究》，《考古学报》1977 年第 2 期。

② 林向：《三星堆考古发掘琐记》，《文物天地》1987 年第 5 期。

③ 同首页注① a.

④ 江章华：《巴蜀柳叶形剑渊潭试探》，《四川文物》"三星堆古蜀文化研究专辑"，1992 年。

⑤ 宝鸡茹家庄西周墓发掘队：《陕西省宝鸡市茹家庄西周墓发掘简报》，《文物》1976 年第 4 期；宝鸡市博物馆、渭滨区文化馆：《宝鸡竹园沟等地西周墓》，《考古》1978 年第 5 期；宝鸡市博物馆：《宝鸡竹园沟西周基地发掘简报》，《文物》1983 年第 2 期；《沣西发掘报告》，文物出版社 1962 年版。

应在成都平原古蜀地区，年代为商晚期或更早。

（4）钺

巴蜀青铜钺可约略分为直内和銎内两类。直内钺出土于四川汉源富林[①]，弧刃，身长大于宽，为晚商之物（图六：1）。汉中城固出土的同一时期直内钺[②]，形制与富林所出近似，仅身长稍小于宽。

銎内钺分为六型。Ⅰ型仅有半圆形刃部[③]（图六：2）。Ⅱ型弧刃，斜肩，身近舌形[④]（图六：3）。Ⅲ型半圆形刃，中空，后部Ⅴ形槽以受楔[⑤]（图六：4）。Ⅳ型身作圆形或椭圆形，中部折收成腰，平肩，椭圆形銎口[⑥]（图六：5）。Ⅴ型直身，弧刃，平肩，椭圆形銎口（图六：6）。Ⅵ型弧刃，两侧为锐角尖锋，扁长形銎口[⑦]（图六：7）。

巴蜀青铜钺具有显著特色，直内钺刃部外突近半圆，銎内钺圆刃，身近斧形，均不见于商文化。它们在巴蜀出现均为晚商，两者间不大可能

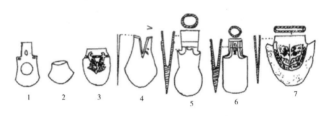

1. 自内钺　2—7. Ⅰ—Ⅵ型銎内钺

图六　巴蜀青铜钺

具有演变关系，但銎内钺的演变脉络较明显。西周以后，巴蜀青铜钺均为銎内钺，直内钺已不见使用。

3. 礼（容）器

巴蜀铜礼（容）器包括各种礼仪、祭祀用器和实用器，在全部巴蜀青铜器中占有显著位置。

铜罍是蜀文化青铜礼器中的重器，在商周时期尤其如此，明显区别于中原地区以鼎、簋相配的列鼎之制，也区别于楚文化的用鼎制度[⑧]。蜀的罍制，件数

---

① 岳润烈：《四川汉源出土商周青铜器》，《文物》1983年第11期。

② 唐金裕等：《陕西省城固县出土殷商铜器整理简报》，《考古》1980年第3期。

③ 岳润烈：《四川汉源出土商周青铜器》，《文物》1983年第11期。

④ 四川省博物馆：《四川彭县西周窖藏铜器》，《考古》1981年第6期。

⑤ 冯汉骥：《四川彭县出土的铜器》，《文物》1980年第12期。

⑥ 四川省博物馆等：《新都战国木椁墓》，《文物》1981年第6期。

⑦ 刘瑛：《巴蜀铜器图录》，《文物资料丛刊》第7辑，1983年。

⑧ 段渝：《论新都蜀墓及所出"邵之疛鼎"》，《考古与文物》1991年第3期。

不一。以五件一组的列罍，首见于彭县竹瓦街铜器窖藏（1号）①，年代为晚商（图七）。彭县竹瓦街另出有列罍4件（2号）②，原也应为5件。商周时期列罍多一大四小，战国时期列罍大小一致，且与同样五件成制的鼎、壶、盘等并行③，意味着罍制的衰落。巴文化亦屡见铜罍，从现有资料看，并未形成严格的用罍制度。

鼎在战国以前的巴蜀文化中所见绝少，现已发现的商周时期巴蜀青铜器群中，至今未见鼎，也不见其他质材的鼎。战国时期蜀墓中始出铜鼎，大型墓如新都木椁墓出五件列鼎④，中型墓如成都百花潭墓出

图七　青铜列罍（四川彭县竹瓦街）

鼎一件⑤，绵竹船棺葬出鼎四件⑥，小型墓则多不出铜鼎。这反映了蜀与中原的文化交流，主要是在统治集团的上、中层进行。

巴蜀墓葬多数出有鍪、釜、甑，器身常饰几何纹，或素面，肩部附一或二辫索纹耳。单耳鍪的出现年代可早到战国早中期，双耳鍪可晚至西汉初年。其原生地应为巴蜀，而不是秦⑦。

巴蜀铜礼（容）器常见的还有尊、盘、壶、觯、方彝、盉、鉴、敦、匜、甗、缶、豆、钫、提梁壶等，此外巴文化还常出锌于、钲、编钟等乐器，其上多有巴蜀符号。这些器物多数源于中原，也有部分与楚文化相近。

蜀文化青铜礼器具有独特的组合方式。新都战国木椁墓所出铜器，同样器

① 王家祐：《记四川彭县竹瓦街出土的铜器》，《文物》1961年第11期；四川省博物馆：《四川彭县西周窖藏铜器》，《考古》1981年第6期。
② 四川省博物馆：《四川彭县西周窖藏铜器》，《考古》1981年第6期。
③ 四川省博物馆等：《新都战国木椁墓》，《文物》1981年第6期。
④ 四川省博物馆等：《新都战国木椁墓》，《文物》1981年第6期。
⑤ 四川省博物馆：《成都百花潭中学十号墓发掘记》，《文物》1976年第3期。
⑥ 王有鹏：《四川绵竹县船棺葬》，《文物》1987年第10期。
⑦ 见李学勤：《论新都出土的蜀国青铜器》，《文物》1982年第1期。

物均以两件或五件为一组，而五件成组者居多①。两件成组的器物有9种，即敦、豆、缶、盘、鉴、甑、甗、匜、勺。五件成组的器物有20种，即列罍、壶、三足盘形器、豆形器、釜、鍪、匕、编钟、剑、刀、戈、钺、矛、斧、斤、手锯、削、凿、雕刀。五件成组体现了蜀文化特殊的礼制与葬制，应与文献所记"尚五"有关②。

4. 雕像群

1986年夏出土于广汉三星堆1、2号坑的大型青铜雕像群，展示了商代蜀青铜文化的辉煌成就。这批铜雕像群包括两大类，一类是人物雕像，一类是动植物雕像。

人物雕像有全身人物雕像、人头雕像、人面像等，约八十尊。全身人物雕像中最大的一尊立人像通高260厘米（图八：1）；最小的一尊仅高3厘米。这类雕像有站立、双膝跪坐、单腿跪坐等姿态（图八：2—4）。

立人像头戴五齿高冠，身着数重鸡心领左衽长襟衣，后摆作燕尾形，与《蜀王本纪》所记蜀人，"椎髻左衽"和《后汉书·南蛮西南夷列传》所记"衣服形制，皆有尾形"相吻合。其面部高鼻深目，方颐大耳，双手错举于胸前，作握物状，双腕各戴3只手镯，近足踝处各戴一方格纹脚镯，赤足立于方座上象首。根据立人像的形制及在全部人物雕像群中的突出地位，似可以断定为蜀王的形象。

人头雕像仅2号坑就出土41尊，均耳垂穿孔。可分为八型③：Ⅰ型头上部残，圆眼，高鼻（图八：5）；Ⅱ型戴双角盔，脑后有笄痕，三角立眼，高鼻挺直（图八：6）；Ⅲ型戴平顶冠，编发于脑后，插笄，大眼高鼻（图八：7）。Ⅳ型冠式不明，鼻高突（图八：8）；Ⅴ型戴平顶冠，脑后长辫，插笄，大眼高鼻（图八：9）；Ⅵ型戴回字形纹平顶冠，脑后短发平齐，大眼，高鼻（图八：10）；Ⅶ型脑后结一蝶形笄，大眼，高鼻（图八，11）；Ⅷ型辫发盘于头顶一周，大眼，高鼻，双耳各穿3孔（图八：12）。这些人头雕像冠式发式各异，显然不属同族，反映出古蜀文化广泛的民族构成④，它们与大立人雕像，形成了有层次、有等级、有中心的结构。

---

① 四川省博物馆等：《新都战国木椁墓》，《文物》1981年第6期。
② 刘琳：《华阳国志校注》卷三《蜀志》，巴蜀书社1984年版。
③ 陈显丹：《广汉三星堆青铜器研究》，《四川文物》1990年第6期。
④ 段渝：《商代蜀国青铜雕像文化来源和功能之再探讨》，《四川大学学报》1991年第2期。

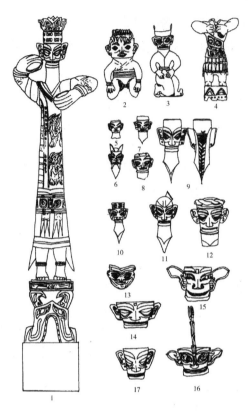

人面像可分为四型（图八：13—17），可与上述各型雕像互相比较参考。其中Ⅲ型面像最为奇特：Ⅲ型1式，眼球成圆柱体凸出眼眶，大勾鼻，嘴角至耳根，两大耳斜上，似戈援（图八：15）；Ⅲ型2式鼻上饰一高大的夔龙（图八：16）。这些人面像前额正中或耳根部有方形或圆形孔，应是装配在某种物体表面的。它们大概是古蜀人心目中的祖先形象。其中Ⅲ型人像可能与《华阳国志》所谓"蚕丛纵目"有关，是祖先崇拜的形态，在宗教史上有重要意义。

动植物雕像包括兽面具、龙、虎、怪兽、蛇、鸟、鸡、蝉、树以及贝、墨鱼等海洋生物。其中爬龙与其他地区所出龙形有异，如在犄角内侧有一对小角，下颌饰须，形态似羊。神树残高3米以上，有圆形座，座上还有两个跪状武士雕像，大概便是古籍所谓"众帝所自上下"的"建木"①。海洋生物雕像则反映了古蜀人的远距离文化交流和经济活动②。

1.大立人像　2.跪坐人像　3.单膝跪坐人像　4.小站立人像　5.Ⅰ型头像　6.Ⅱ型头像　7.Ⅲ型头像　8.Ⅳ型头像　9.Ⅴ型头像　10.Ⅵ型头像　11.Ⅶ型头像　12.Ⅷ型头像　13.Ⅰ型面像　14.Ⅱ型面像　15.Ⅲ型Ⅰ式面像　16.Ⅲ型Ⅱ式面像　17.Ⅳ型面像

图八　四川广汉三星堆祭祀坑出土的部分青铜人物雕像

值得探讨的是三星堆铜雕像群文化风格的来源。在同一时期，中国其他文化系统均没有这种风格。虽然，在北京刘家河商代中期墓葬出土过5件铜人面形衣饰③，安阳西北冈大墓出土过1件铜人面具④，北京琉璃河1193号西周墓也出

---

① 刘安：《淮南子·地形》，上海古籍出版社1989年版。

② 段渝：《古代巴蜀与南亚和近东的经济文化交流》，《社会科学研究》1993年第3期。

③ 北京市文物管理处：《北京市平谷县发现商代墓葬》，《文物》1977年第11期。

④ 陈梦家：《殷代铜器》，《考古学报》第7册，1954年。

土了铜人面形饰①，湖南宁乡出土了人面方鼎②，西安老牛坡商代墓葬出土过铜人面具③，还有江西新干商墓出土的铜双面人神器等④，但出土数量少，并且在形制风格和功能上，均与三星堆大型铜雕像群有异，不应属于同一文化，也不可能将其纳入同一个文化来源。陕西汉中城固苏村出土的 23 件铜人面具和 25 件铜兽面具(铺首)⑤，伴出大量的蜀式铜戈，以及宝鸡茹家庄西周墓出土的 2 件铜人雕像⑥，均与三星堆铜人风格近似，应是古蜀文化的孑遗。

可见，三星堆铜雕像群的文化来源，与中国其他地区均无关系。

在蜀文化自身范围内，这类大型铜雕像群也是独一无二的，它们在川西平原出现，带有显著的突发性和神秘性。可能是因与某外域文明的接触和交流，从而形成了新的文化特征⑦。

（原载《文物》1996 年第 3 期）

① 中国社会科学院考古研究所琉璃河工作队：《北京琉璃河 1193 号大墓发掘简报》，《考古》1990 年第 1 期。

② 高至喜：《商代人面方鼎》，《文物》1960 年第 10 期。

③ 刘士莪、宋新潮：《西安老牛坡商代墓地的发掘》，《文物》1988 年第 6 期。

④ 江西省文物考古研究所等：《江西新干大洋洲商墓发掘简报》，《文物》1991 年第 10 期。

⑤ 唐金裕：《陕西省城固县出土殷商铜器整理简报》，《考古》1980 年第 3 期。

⑥ 宝鸡茹家庄西周墓发掘队：《陕西省宝鸡市茹家庄西周墓发掘简报》，《文物》1976 年第 4 期；宝鸡市博物馆、渭滨区文化馆：《宝鸡竹园沟等地西周墓》，《考古》1978 年第 5 期；宝鸡市博物馆：《宝鸡竹园沟西周基地发掘简报》，《文物》1983 年第 2 期；《沣西发掘报告》，文物出版社 1962 年版。

⑦ 段渝：《商代蜀国青铜雕像文化来源和功能之再探讨》，《四川大学学报》1991 年第 2 期。

巴人来源的传说与史实

关于巴人的来源问题，学术界一直存在争论。徐中舒先生指出：巴为姬姓，是江汉诸姬之一，为周族；史籍所载巴为廪君后代，兴起于巫诞之说，并不正确；巴与濮原为两族，后因长期杂居成为一族，故称巴濮；巴人原居川鄂之间，战国时受楚逼凌，退居清江，秦汉时期沿江向西发展。蒙文通先生认为：巴国不止一个，秦所灭巴是姬姓之巴，楚所灭巴是五溪蛮，为槃瓠后代，即枳巴。缪钺先生提出：廪君之巴与板楯蛮不同族，廪君祖先化为白虎，板楯蛮则以射白虎为事，两族非一。邓少琴、童恩正等先生坚持巴人出自廪君的传统看法。邓少琴先生提出：古代数巴并存，有清江廪君白虎之巴，而巴诞是廪君族系并兼有獽人的名称；所谓太皞之巴，应源出氐羌。董其祥先生《巴史新考》支持这一看法，并认为賨、诞、僚、獽等族，曾与巴共处于江汉平原或川东，有些就是巴族的组成部分。蒙默先生认为：古代没有一个单独的巴族，先秦至少有四个巴国，即廪君之巴、宗姬之巴、巴夷賨国和枳巴，分别活动在夷水、汉水、渝水及涪陵水会，分属蜒族、华夏族、賨族和獽蜒族。李绍明先生则提出了广义巴人和狭义巴人的概念，认为广义的巴人包括"濮、賨、苴、共、奴、獽、夷、诞之蛮"，其族属未必一致；狭义的巴人则指巴国王室，即"廪君种"，其主源可追溯到濮越人，其次源可追溯到氐羌人，但一经成为一个统一的民族共同体，就与昨天那些母体民族告别了[1]。

不难看出，在巴人的来源问题上可谓歧说纷繁，难以缕析。必须经过辨正，

---

[1] 参见徐中舒：《论巴蜀文化》，四川人民出版社 1982 年版，第 91—99 页。蒙文通：《巴蜀古史论述》，四川人民出版社 1981 年版，第 62—63 页。缪钺：《〈巴蜀文化初论〉商榷》，《四川大学学报》1959 年第 4 期。邓少琴：《巴蜀史迹探索》，四川人民出版社 1983 年版，第 56—75 页。蒙默：《试论古代巴蜀民族及其与西南民族的关系》，《贵州民族研究》1983 年第 4 期。李绍明：《川东南土家与巴蜀南境问题》，《思想战线》1985 年第 6 期。

才有可能整理出大致清楚的头绪。

一、巴义诸说辨正

古今对于巴的解释，主要有蛇称、草名、因水为名、坝称、鱼称以及其他一些不同看法。

（一）巴为蛇称说

巴为蛇称说，在有关巴义解释的诸种说法中流传最广。其主要根据，来源于《山海经·海内南经》和《楚辞·天问》的有关记载。《山海经·海内南经》："巴蛇食象，三岁而出其骨，君子服之，无心腹之疾。其为蛇，青黄赤黑。一曰黑蛇青首，在犀牛西。"《楚辞·天问》："一蛇吞象，厥大何如？"虽然屈原《楚辞·天问》讲述的故事与《山海经·海内南经》相同，但并没有明说食象的蛇是"巴蛇"，而是说"一蛇"，其义相当于"有蛇"。而郭璞注《山海经·海内南经》引《楚辞·天问》此句恰好作"有蛇吞象，厥大何如？"王逸注《楚辞·天问》则又引作"灵蛇吞象"，也不称"巴蛇"，均与今本异。

对于"巴蛇食象"的解释，《说文·巴部》言："巴，虫也，或曰食象它，象形。"段玉裁《说文解字注》解释说："'巴，虫也'，谓虫名。'或曰食象它'，《山海经》曰：'巴蛇食象，三岁而出其骨'。'象形'，伯加切，古音在五部。按，不言从己者，取其形似而诎之，非从己也。"按照许慎的看法，释巴为虫是巴的本义，而释巴为食象蛇（蛇即它）乃是有关巴义的另一种看法，所以称之为"或曰"。段玉裁之说仅仅是解释许慎的说法。

郭璞在《山海经·海内南经注》中说："今南方蚺蛇（按：《藏经》本作"蟒蛇"）吞鹿，鹿已烂，自绞于树腹中，骨皆穿鳞甲间出，此其类也。《楚辞》曰：'有蛇吞象，厥大何如？'说者云长千寻。"按照郭璞的看法，所谓巴蛇，其实就是南方所见的蟒蛇，其事与其状均大致相互吻合。不过，郭璞并没有采用《海内南经》"巴蛇"的记载，而是采用了与《楚辞·天问》相似的记载。这表明，郭璞所见到的是古本《山海经·海内南经》，古本对于此句的记载是"有蛇食象"，而不是今本所记载的"巴蛇食象"。

据《淮南子·本经篇》："羿断修蛇于洞庭"，《路史·后纪十》以"修蛇"作"长蛇"，罗苹注说："修蛇即所谓巴蛇"。六朝宋人庾仲雍《江记》说："羿屠巴蛇于洞庭，其骨若陵，曰巴陵也。"[1] 由此可见，西汉《淮南子·本经篇》所记载的"修蛇"，同于西晋郭璞所说"长千寻"的长蛇，二者又均合于战国《楚辞·天问》的记载；而"巴蛇"之说则是六朝时期及以后出现的说法，所以与战国、汉、晋的记载明显不同。这表明，"巴蛇"之说其实是后起晚出即今本的说法，而不是古本的说法。

将《楚辞·天问》、古本《山海经·海内南经》郭璞注、《淮南子·本经篇》，同《江记》、《路史·后纪十》以及罗苹注等文献相互对照来看，所谓巴蛇的故事很有可能是在南北朝时期在洞庭湖东岳州地区流传开来的。据《水经·江水注》："湘水又北至巴邱山入于江。"唐李吉甫《元和郡县图志》卷27载："昔羿屠巴蛇于洞庭，其骨若陵，故曰巴陵。"宋人范致明《岳阳风土记》说："今巴蛇冢在州院厅侧，巍然而高，草木丛翳。兼有巴蛇庙，在岳阳门内。"又说："象骨山。《山海经》云'巴蛇吞象'，暴其骨于此。山旁湖谓之象骨港。"[2] 袁珂先生认为，这些均是从《山海经·海内南经》及《淮南子》附会而生出之神话，"然而既有冢有庙，有山有港，言之确凿，则知传播于民间已久矣"。[3] 从《华阳国志》关于巴人分布的记载并结合考古资料来看，两晋之际及以前巴人除其主体在今川东鄂西外，还大量分布在川西、陕南、鄂东以及湘西等地，在此期间巴人并没有移徙到湘东北洞庭湖以东地区。结合其他有关资料看，巴人流布到洞庭湖以东地带的时代应为南北朝时期，这恰与巴蛇传说在洞庭湖东岳阳一带的流传时间相吻合。可见，巴蛇传说确为后起晚出之说。

虽然如此，对于巴蛇的传说也不能轻易否定，因为它是古代巴人若干支系中移徙到洞庭湖一带的支系对于其来源的传说。古代巴人是由多支族群所构成的来源多元化的亚民族集团，其中的每一支系都是这个整体的重要组成部分，由于不同支系的来源不同，所以各个支系关于其自身来源的传说自然也就不同。类似情况常见于古代民族，不足为异。

此外，潘光旦先生认为，根据《山海经·海内南经》和《说文》，"巴蛇"的"巴"就是"巴人"，他说："大概巴人所在之地以前出过一种大头的蛇，巴

---

[1] （宋）李昉等：《太平御览》卷171《岳州》引，中华书局影印本1960年版，第834页。《江记》又称《江源记》，或称《寻江记》。

[2] 袁珂、周明：《中国神话资料粹编》，四川省社会科学院出版社1985年版，第217页。

[3] 袁珂：《山海经校注·海经新释》卷5，上海古籍出版社1980年版，第281 - 282页。

人与这种蛇既出同一地方，传说就把巴人比作蛇了"，并认为这是影射着一种不同族类的人，而绝不是真的蛇。[1] 另有学者认为，所谓巴蛇，是指巴地之蛇，并不是指人或族群。这几种看法也可自备一说。

由上可见，释巴为蛇，仅仅是有关巴的含义的若干种解释之一，而且是后起晚出之说。

（二）巴为草名说

三国蜀汉谯周认为，巴的含义是指一种草，即所谓苴。

《史记·张仪列传》记载："苴、蜀相攻击"，《集解》引徐广曰："谯周曰益州'天苴'读为'包黎'之'包'，音与'巴'相近，以为今之巴郡。"《索隐》曰："苴音巴。谓巴、蜀之夷自相攻击也。今字作'苴'者，按巴苴是草名，今论巴，遂误作'苴'也。或巴人、巴郡本因芭苴得名，所以其字遂以'苴'为'巴'也。注'益州天苴读为芭黎'，天苴即巴苴也。谯周，蜀人也，知'天苴'之音读为'芭黎'之'芭'。按：芭黎即织木苴为苇篱也，今江南亦谓苇篱曰芭篱也。"苴应是荆棘楚木一类植物，大概在古代巴地普遍生长着苴这种植物，所以把这个地区称之为苴，也就是所谓巴。

（三）因水为名说

认为巴的得名来源于河流走向，即所谓"巴字水"的说法，谯周、李吉甫等持此说。

谯周在所著《三巴记》中说："阆、白二水合流，自汉中至始宁城下入武陵，曲折三曲有如巴字，亦曰巴江，经峻峡中，谓之巴峡，即此水也。"[2] 文中所说汉中，为今汉中地区；所说始宁城，据《隋书·地理志上》》"清化郡"："始宁，梁置，并置遂宁郡。开皇初郡废。有始宁山。"据《旧唐书·地理志二》"山南道"："诺水，后汉宣汉县，梁分宣汉置始宁县，元魏分始宁置诺水县。"清末民国之间四川井研人龚煦春所著《四川郡县志》卷3《梁代疆域沿革考三》云："始宁，郡治。治今巴中县东南一百里。"《三巴记》所说武陵，为黔中地区，大江在今重庆涪

---

① 潘光旦：《湘西北的"土家"与古代的巴人》，载《中国民族问题研究集刊》第4辑，中央民族学院研究部编，1955年11月，第30页。
② 《太平御览》卷65《地部》30引，第308页。

陵接纳从黔中而来的乌江，即"庾仲雍所谓有别江出武陵者也"①。据此，谯周所说巴的得名，应当来源于嘉陵江、渠江及其支流，因从汉中到涪陵，江水蜿蜒曲折，其形状有如巴字，所以称这个地区为巴。

唐李吉甫基本沿用谯周的看法，他在《元和郡县图志》卷33《剑南道》"渝州"条下说："《禹贡》梁州之域，古之巴国也。阆、白二水东南流，曲折如'巴'字，故谓之巴，然则巴国因水为名。"但李吉甫并没有说阆、白二水自汉中流至始宁城下入武陵，这又与谯周之说相异。彭邦炯先生认为："《太平御览》引《三巴记》所说的阆、白二水，实际上则是今日渠江上游的支流南江（又称宕渠江或巴水）和它的分支，而不是嘉陵江的上游。"②可是南江在历史上从来没有称为阆水或白水。所谓阆水，是指嘉陵江的上游流经阆中之处；所谓白水是指白龙江，在今四川省广元市老昭化汇入嘉陵江。李吉甫所说"阆、白二水东南流"，应如谯周所说的"阆、白二水合流"及以后的流向，即嘉陵江的流向，而不是指在嘉陵江以东的南江。谯周说阆、白二水合流后，从汉中流至始宁城下而后入于武陵，他所说的汉中应是所谓巴汉之地，汉中东部先秦时期恰为巴地③；而始宁城所在的流域为南江、巴河，向南汇入渠江。渠江古称宕渠，即渝水，在今重庆合川市汇入嘉陵江，而后南流入于长江，又东流，在今重庆涪陵接纳发源于武陵地区的乌江。从阆、白二水曲折南流而后东流这种流向来看，恰好是谯周和李吉甫所说的曲折三曲有如巴字。由此看来，所谓巴义"因水为名"之说应是有所根据的。谯周蜀人，他的说法应是取之于在巴蜀地区流传较为广泛的一种旧说，不会是向壁虚构之言。

（四）其他诸说

徐中舒先生在《论巴蜀文化》中说道，巴的本义为坝，巴人即是居住在坝子中间的人。④张勋燎先生认为，巴的含义应当是鱼。⑤此外，还有巴的含义指虎、石、白色等说法，不一而足。

---

① 《水经·江水注》引，王国维校本，上海人民出版社1984年版，第1053页。

② 彭邦炯：《关于巴的探索》，《巴渝文化》第3辑，西南师范大学出版社1994年版，第46—64页。

③ 蒙文通：《巴蜀古史论述》，第9—12页。

④ 徐中舒：《论巴蜀文化》，第92页。

⑤ 张勋燎：《古代巴人的起源及其与蜀人、僚人的关系》，《南方民族考古》第1辑，四川大学出版社1987年版。

笔者认为，不论把巴解释为蛇、草还是解释为水流之形，都是有所据而持之有故，不宜非此即彼，将其他诸种解说斥之为非。

巴其实是一个内涵十分广泛的概念，而它内涵的广泛性来源于居于巴地的不同族群对于巴义的不同传说和解说。在古代被称为巴，即北达陕南，包有嘉陵江和汉水上游西部地区，南及黔涪，包有黔中和湘西地区在内的一大片地域之内，分布有"濮、賨、苴、共、奴、獽、夷、蜒之蛮"①，以及廪君蛮②。他们当中，既有属于濮越系的族群，又有属于华夏后裔的族群（详后）。由于他们的所属族别有异，来源地域有别，不但本源文化有所差异，而且始居于巴地的年代也各不相同。所以他们各自对于巴的含义自然会有不同的理解和传说，这并不奇怪。

从上述有关巴义的各种解说分析其各自来源，不难知道："巴为蛇称说"来源于六朝时期居于洞庭湖东岳阳一带的巴人；"巴为草名说"来源于先秦秦汉时期居于今四川广元市以西、剑门关之北，嘉陵江西岸老昭化的苴人，为巴人的一支，《华阳国志·汉中志》载："晋寿县，本葭萌城，刘氏更曰晋寿。水通于巴，又入汉川"，《华阳国志·蜀志》载蜀王封其弟为苴侯，驻葭萌，即指此巴苴之地；"因水为名"说则来源于先秦秦汉时期居于从陕南到黔中几乎整个巴地的巴人。可见，由于巴人的各个组成部分来源不同，所以各个巴人的族群对于巴义的解说也就不尽相同。而古代文献对于巴义解说的不同记载，也是由于取材的地域、年代有所差异而造成的，以致歧义纷繁，难以缕析。

从最广泛的意义上说，巴是一个地域名称。从考古学上看，板楯蛮先民的分布地域与廪君蛮先民的分布地域十分接近，前者分布在川东北嘉陵江上游和渠江流域，北至汉中，后者发源于鄂西北竹山，他们都居住在称为巴的界域内，所以他们都是巴人，尽管其族群有别，来源不同。罗泌《路史·后纪一》说巴国是"降处于巴"，就是说到了巴地建立国家，故曰巴国。西周初年周武王"以其宗姬封于巴"③，也就是把宗姬分封到称为巴的界域中，所以称为巴国。这种情况，正与《史记·五帝本纪》所谓"青阳降居江水，昌意降居若水"相似。《左传》隐公八年记载众仲说："天子建德，因生以赐姓，胙之土而命之氏"，杜预注曰："立有德以为诸侯"，封建诸侯而胙土命氏，就是分封诸侯于某地，诸侯以其地

---

① 刘琳：《华阳国志校注》卷一《巴志》，第28页。

② 《后汉书·南蛮西南夷列传》。

③ 刘琳：《华阳国志校注》卷一《巴志》第21页。

名作为氏号，此即先秦所谓"诸侯以国为氏"①。巴人的情况正是与此相同。由此可见，巴最初是地域名称而不是族称。

尽管巴地各族对巴的含义有不同的解说和传说，但巴作为一个地区名称却是众所公认的，是分歧中的一致。如果我们承认这一点，那么我们就不会固定地以某一或某些族群同巴人相联系，认为只有这一或这些族群是巴人，而把巴地其他族群排斥在巴人以外。

二、巴人先世来源之辨正

正如对巴义的解说一样，古文献对于巴人先世来源的记载，也是歧说纷纭，莫衷一是。一般说来，无论学术界认为巴国源于黄帝、太暤，还是认为源于丹山之巴、廪君之巴，抑或源于周之宗姬，事实上都是针对巴国统治者的先世而言的，即指巴国王室的来源及地域所在，而不是指巴国民众即被统治者族群先世的来源和地域。

（一）黄帝之后

《华阳国志·巴志》记载：

《洛书》曰：人皇始出，继地皇之后，兄弟九人分理九州，人皇居中州，制八辅。华阳之壤，梁岷之域，是其一囿，囿中之国则巴、蜀矣。其分野：舆鬼、东井。其君上世未闻。五帝以来，黄帝、高阳之支庶，世为侯伯。及禹治水，命州巴、蜀。禹娶于涂山，辛壬癸甲而去，生子启，呱呱啼，不及视，三过其门而不入室，务在救时，今江州涂山是也，帝禹之庙铭存焉。禹会诸侯于涂山，执玉帛者万国，巴、蜀往焉……巴国远世，则黄、炎之支。

这段文字实际上是追述巴国统治者即其王族的远世。巴与周同姓，故以巴为黄帝之后，这自然是有相当根据的。至于说禹娶涂山为江州之涂山，则与《左传》等先秦史籍所记载的当涂说等大相径庭，学者多以《左传》所记为是。郦

---

① 对于这种命氏之法，古代姓氏之书多有记载，如王符《潜夫论·志氏姓》、邓名世《古今姓氏书辨证》、郑樵《通志·氏族略》等。

道元认为："（江州）江水北岸有涂山，南有夏禹庙、涂君祠，庙铭存焉，常璩、（庾）仲雍并言禹娶于此。余按群书，咸言禹娶在寿春当涂，不当于此也。"[①]郦说无疑是正确的。根据新出土的东汉熹平二年（173年）景云碑铭文看[②]，江州的帝禹庙和涂君祠，可能与大禹后代帝杼"帷屋甲帐"、巡狩回蜀途经江州时所建有关。据此，江州帝禹庙和涂君祠的来源当是十分古远的。

（二）太皞之后

《山海经·海内经》记载："西南有巴国。太皞生咸鸟，咸鸟生乘釐，乘釐生后照，后照是始为巴国。"太皞是上古东方和中原地区传说中的人物，春秋时屡见记载。史称太皞风姓[③]，居陈[④]。《左传》昭公十七年记载："大（太）皞氏以龙纪，故为龙师而龙名。"杜预注曰："太皞，伏牺氏，风姓之祖也。有龙瑞，故以龙名官。"《吕氏春秋·孟春纪》"其帝太皞"，高诱注云："太皞，伏羲氏。"吴任臣《山海经广注》、郝懿行《山海经笺疏》亦均以太皞为伏羲氏，均本于《世

---

① 郦道元：《水经·江水注》引，王国维校本，上海人民出版社1984年版，第1053页。

② 按：2004年3月，吉林省文物考古研究所三峡考古队在重庆云阳旧县坪发掘出土东汉熹平二年（173年）"朐忍令景云碑"，碑铭凡367字，其中记述有关"禹生石纽"的极为珍贵重要的资料。碑铭全文分四部分，其中第一、二部分说到大禹史迹及与巴蜀的关系，现录之如下："汉巴郡朐忍令广汉景云叔于，以永元十五年季夏仲旬卒。君帝高阳之／苗裔，封兹熊熊，氏以国别。高祖龙兴，娄敬画计，迁诸豪侠英杰，都于咸阳，／攘竟（境）蕃（蕃）卫。大业既定，镇安海内。"先人伯沇，匪志慷慨，术禹石纽、汶川之会。帷屋／甲（帐）帐，龟车留遭，家于梓潼，九族布列，裳继相龙，名右冠盖。"碑文说景云为帝高阳之苗裔，封于楚，为楚国屈、景、昭三大姓之一的景氏。又说其先人伯沇，"术禹石纽、汶川之会"，伯沇当为伯杼，为禹后七世、夏后氏少康之子帝杼，即《左传》所载灭豷于戈的杼，《史记·夏本纪》所记载的帝予。术通述，循也。龟车，指君王出行队伍中悬龟蛇旗的车骑。留遭，谓前往。这段碑文意为：景云的先祖伯杼在少康中兴后，为遵循"禹石纽、汶川之会"的遗则，曾甲帐龟车，巡狩回蜀（参见魏启鹏：《读三峡新出东汉景云碑》，《四川文物》2006年第2期）。这段碑文从多方面提供了有关先秦史的新材料。仅就大禹与古蜀的关系而言，可进一步证实《史记》、《新语》、《盐铁论》、《蜀本纪》、《越绝书》、《三国志》等文献关于"禹兴西羌"、"禹生石纽"诸史迹流传的广泛性（参见段渝：《大禹史传的西部底层》，《四川大学学报》2004年第5期），说明大禹不但兴于西羌，家于石纽，而且曾在石纽召集盟会。今岷江上游马家窑文化因素、庙底沟文化因素与本地土著文化因素共存，而土著文化因素占有主要成分的考古现象，应与代表土著族群的酋邦首领大禹所召集的"石纽、汶川之会"的历史事实有关。"朐忍令景云碑"现藏于重庆中国三峡博物馆。

③ 《左传》僖公二十一年，十三经注疏本，中华书局影印本1980年版，第1811页。

④ 《左传》昭公十七年，十三经注疏本，中华书局影印本1980年版，第2084页。

本》之说。其实，在先秦文献中，太皞是太皞，伏羲是伏羲，二者并不混同，至汉代才将二者混为一谈。对此，前人早已有充分考证，无须再考。

潘光旦先生采取汉代以后太皞伏羲氏的说法，据以认为巴人发源于西北地区。[1]（按：《帝王世纪》记载说伏羲"生于雷泽，长于成纪"，成纪在今甘肃东南部西汉水以北的成县。）由成县沿西汉水往东，经陕西略阳入嘉陵江，经过勉县，即是汉中，这里正是巴地的所在。而在甘肃东南的成县、武都、西和、天水、秦安等地，均发现不少历史时期主要是战国秦汉时期巴蜀文化的遗存。看来，从甘肃东南到陕西汉中，其中的一些巴蜀文化遗存应与巴人当中的某一支系有关，或许与汉中地区巴人的西迁有关，所以才产生出伏羲与巴人关系的传说。不过，从太皞伏羲氏这一称谓可以看出，巴人源于伏羲的传说当为晚出之说。但伏羲氏的问题以及与巴人的关系等问题，还很复杂，尚需深入研究。

《山海经·海内经》说："太皞生咸鸟，咸鸟生乘釐，乘釐生后照，后照是始为巴国"，咸鸟，或认为即《诗经·商颂》所谓"玄鸟"。乘釐、后照，未详。或以为乘釐即廪君，后照即楚之昭氏之后，均无确切证据。《海内经》这段记载所说的太皞远裔的巴国，既然有其世系可以寻绎，当有所本。但所说巴国，却不当是巴国的统治者姬姓王族，而应如李学勤先生所分析的，是巴国的一部分民众，[2]是组成巴人的族群之一。

（三）丹山之巴

《山海经·海内南经》记载："夏后启之臣曰孟涂，是司神于巴，人请讼于孟涂之所，其衣有血者乃执，是请生。居山上，在丹山西。丹山在丹阳南，丹阳，居[巴]属也。"孟涂，或作血涂、孟徐、孟余，均形近而讹。郝懿行笺疏云："《水经注·江水》引此经作血涂，《太平御览》六百三十九卷作孟余或孟徐。"不知孰是。此段引文的最后十一字，据郝懿行笺疏云："《水经注》引郭景纯云：'丹山在丹阳，属巴。'是此经十一字乃郭注之文，郦氏节引之，写书者误作经文耳。居属又巴属字之讹。"可知乃后人将郭注窜入。依此，郭注原当作"丹阳，巴属也"，居、巴形近而讹。丹阳，郭璞注云："今建平郡丹阳城秭归县东七里，

① 潘光旦：《湘西北的"土家"与古代的巴人》，《中国民族问题研究集刊》第 4 辑，第 19 页。
② 李学勤：《巴史的几个问题》，《巴渝文化》第 3 辑，西南师范大学出版社 1994 年版，第 41 – 45 页。

即孟涂所居也。"郝懿行笺疏云:"《晋书·地理志》建平郡有秭归,无丹阳,其丹阳属丹阳郡也。"丹阳,今湖北秭归,地在西陵峡上游。《路史·后纪十三》罗苹注云:"丹山之西即孟涂之所埋也。丹山乃今巫山。"据此,丹山当在西陵峡与巫峡之间,即今渝、鄂交界的三峡峡区。

夏后启,夏代开国君主。据史籍和夏文化考古,夏的地域范围在晋南豫北,长江三峡地区不曾成为夏之统治地域,因而丹山不可能有夏启之臣。依引文意,巴为地名,孟涂为神名,"听其狱讼,为之神主"[①]。据此,孟涂当是长江三峡丹阳一带土著部落所信奉的专司诉讼之神。可见,这个巴与巴国王族的起源谈不上有丝毫联系。

(四)廪君之巴

巴王族源出廪君,此说影响较大。廪君史迹最早见于《世本》,此书早已亡佚,刘宋范晔《后汉书·巴郡南郡蛮传》引有一段文字,李贤注谓"并见《世本》",知为原文。东汉应劭《风俗通义》亦载其事,实际上也是本于《世本》之说。《后汉书·巴郡南郡蛮传》记载:

> 巴郡南郡蛮,本有五姓:巴氏、樊氏、瞫氏、相氏、郑氏,皆出于武落钟离山。其山有赤、黑二穴,巴氏子生于赤穴,四姓之子皆生黑穴。未有君长,俱事鬼神。乃共掷剑于石穴,约能中者,奉以为君。巴氏子务相乃独中之,众皆叹。又令各乘土船,约能浮者,当以为君。余姓皆沉,唯务相独浮。因共立之,是为廪君。乃乘土船,从夷水至盐阳。盐水有神女,谓廪君曰:"此地广大,鱼盐所出,愿留共居。"廪君不许。盐神暮则来取宿,旦即化为虫,与诸虫群飞,掩蔽日光,天地晦冥。积十余日,廪君伺其便,因射杀之,天乃开明。廪君于是君乎夷城。

夷水,今清江,古又称盐水。武落钟离山,《水经·夷水注》谓即很山,在今湖北长阳境。

廪君的族属,《后汉书·巴郡南郡蛮传》注引《世本》曰:"廪君之先,故出巫诞也。"巫诞,巫为地名,诞为族名,即是巫地之诞。诞,别本或作蜑、蜑、蜑。蜑人在秦汉以后屡见于史册,常与獠、夷、賨、蛮等族杂居,有自己的"邑

---

① 袁珂:《山海经校注·海内南经》引郭璞注,上海古籍出版社 1980 年版,第 277 页。

侯君长"①，属于濮越民族系统。徐中舒先生在《巴蜀文化续论》中认为，廪君出自巫蜒，这是关于濮族的传说。②廪君实出濮系(详后)，这一看法可谓信而有征。

根据《世本》的记载，廪君有"乃乘土船，从夷水至盐阳"，并在那里与被称为"盐水神女"的土著居民争长的传说。按盐阳即盐水之阳，盐水为今清江。《后汉书·巴郡南郡蛮传》李贤注曰："今施州清江县水一名盐水，源出清江县都亭山。"盐水源于今湖北省西南的利川县，中经恩施、长阳，在宜都入江。其水名盐水，是因为沿岸产盐的缘故，盐水就应当是清江最早的称谓，故居于其旁的土著母系氏族部落才有"盐水神女"之称。其水又称夷水，那是因为"廪君浮夷"③入主其地的缘故，显为晚出之说。而其水称作清江，则是蜀王开明氏东征时所命名，时代更要晚一些。

从《左传》的记载来看，夷水本在汉水中游之西，为汉水支流，即今蛮河。据《水经·沔水注》等书的记述，蛮河在东晋以前均称夷水，因"桓温父名夷"，曾官宜城太守，故桓温执政时为避父讳"改曰蛮水"，取蛮、夷义近之意。1975年在宜城县南楚皇城内出土一方汉印，文曰"汉夷邑君"④，确切证实当地至汉代仍称为夷，乃自先秦而然。宜城西山直到北魏时仍然称为"夷谿"⑤，更是明证。而在此古夷水北面，先秦史籍中均记有一条水道名为丹水，即今丹、淅之会的丹江。这一带在商周时代本为濮人群落的分布之地。《左传》昭公九年所记载的周初南土四国巴、濮、楚、邓中的濮，正是在这里活动生息。⑥

廪君先世本为百濮之一，原在濮人聚居区之一的古夷水流域活动。清江本称盐水，由于廪君先世从夷水迁徙至此，将夷水之名带至，故始称其为夷水。原来的古夷水北面有丹水，廪君先世迁于清江后，亦将丹水名称带来，故清江北面也出现了丹水之名。这种南北二夷水、二丹水互相依托的现象绝非偶然，而且也是完全符合古代地名随人迁徙之习的。这种情况，在《左传》中称为"名从主人"。《世本》说廪君"乘土船从夷水下至盐阳"，可以说恰好是正确地反映

---

① 《三国志·吴志·黄盖传》。

② 徐中舒：《巴蜀文化续论》，第95—97页。

③ 郦道元：《水经·江水注》，王国维校本，第1064页。

④ 顾铁符：《楚三邑考》，载湖北省楚史研究会、武汉师范学院学报编辑部合编《楚史研究专辑》，武汉，1982年，第26页。

⑤ 郦道元：《水经·沔水注》，王国维校本，第907页。

⑥ 《史记·楚世家》(正义引刘伯庄)，中华书局1959年版，第1684页。

了廪君先世从古夷水南下至于盐水的情况。

至于《水经·夷水注》所说，"昔廪君浮土舟于夷水，据捍关而王巴"，其实也是反映了廪君先世从古夷水向南迁徙的情形。过去人们一提捍关就以为是一专指名称，或谓在今四川奉节，或谓在今湖北长阳。其实捍关本非专指名称，捍为捍卫、防卫之意，不仅奉节、长阳有之，而且其他地方也有之。《盐铁论·险固》记载："楚自巫山起方城，属巫、黔中，设扞关以拒秦。"扞与捍，音同义通，可见楚在其西部边疆也是遍设扞关以为捍卫的。我们在排除捍关专指的成见以后再来看"廪君浮土舟于夷水，据捍关而王巴"的问题，就比较容易理解廪君先世从夷水南下节节设关之事了，这也就是《水经·江水注》中"捍关，廪君浮夷所置也"一语所从来。

既然廪君先世是从古夷水南下至盐水，那么又如何解释《世本》所记的"廪君之先故出巫诞"呢？这需要抛开巫仅仅是指长江北岸的巫山这一成见才能给以合理的解释。

巫诞所在，历代史籍记载未详，学者多有争议。今按巫诞当即《史记·楚世家》所记载的楚熊渠封其长子康的封地"句亶"。按，句亶之亶，《世本》原作袒，[1]亶、袒上古均元部字，又同在定纽，声、韵全同，故得相通。亶、袒与诞（诞亦元部定母字），双声叠韵，以声类求之，诞即亶、袒。句、巫二字，句为侯部见母，巫为鱼部明母，上古音韵侯、鱼二部恒通，顾炎武即将此两韵归于同一部（顾氏第三部）。又，句字，西周金文常作攻字，句吴即作攻吴。攻为见母，可知句亦可读见母。可见，句、巫二字亦音近相通。按上古字少，"寄音不寄形"之例，巫诞实即句亶，其地在巫山山脉的北端。《盐铁论·险固》："楚自巫山起方城，属巫、黔中，设捍关以拒秦。"方城即庸之方城，在今湖北竹山县南，可知竹山古亦称巫。《水经·江水注》载："捍关……弱关……秦兼天下，置立南郡，自巫上皆其城也。"可知捍关、弱关所在之地均称巫上。《晋书·地理志》"上庸郡"属县有"北巫"，为今竹山县。由此可证，自竹山以南至今巫山县，古代皆属巫地。竹山南称巫，《史记·楚世家》所载西周中叶楚熊渠伐庸，封其长子康为句亶王，正在其地。[2]长子康，《世本》原作"庸"，二字形近，"康"原当作"庸"，此可谓铁证。句亶在竹山以南，其东南即是蛮河，即古夷水，[3]正

---

① 《史记·楚世家》索隐引，第1693页。

② 段渝：《西周时代楚国疆域的几个问题》，《中国史研究》1997年第4期。

③ 郦道元：《水经·沔水注》"夷水"条，王国维校本，第907、908页。

是廪君先世巫诞的所在。廪君所浮夷水，原名盐水，由于廪君从古夷水南下而将夷水之名带至，故改称夷水。而古夷水（今蛮河）北至襄阳一带，正是殷周至春秋时代百濮的活动区域。由此可见，廪君之先，实为由汉至江之濮。①

《后汉书·巴郡南郡蛮传》既称廪君先世源于巫诞，又称廪君为"巴氏子"，这显然意味着廪君的先世称为巴氏。而廪君先世所在的句亶（巫诞），位于汉中东南角与大巴山之间的鄂西北巴地，那里正是先秦姬姓巴国之所在。这种情况，表明廪君一系的巴人来源于鄂西北巴地。

廪君的年代，据《太平寰宇记》卷 168 引《世本》云："廪君种不知何代。"可见由于廪君史迹的渺茫难征，其年代在战国秦汉间已经失考了。但从上文所论廪君先世从古夷水南下以及廪君一系的史迹等情况来看，其年代是十分古远的，应在青铜时代以前的新石器时代之末。这表明，廪君早在史前时期即已南迁清江流域，我们不能将其同《左传》所载周初分封在汉水上游与大巴山之间的姬姓巴国混为一谈。何况，在《华阳国志·巴志》这篇专门记载巴国及其史事的历史文献中，对于廪君却只字未提，这就充分说明了廪君并非巴国王族。

三、巴地八族的来源

先秦巴国只有一个，即姬姓巴国。除姬姓巴国外，其余所谓的巴国，都是居息在巴地上称为巴的族群。《华阳国志·巴志》说，巴国"其属有濮、賨、苴、共、奴、獽、夷、蜒之蛮"，显然这八个族群是巴国境内的属民，而不是与巴国并驾齐驱的另外八个巴国。以下对巴地八族略作分析，以明其来源。

《华阳国志·巴志》所记巴国之属的八种族类中的"濮"，与川东其他百濮系统相对举，说明此"濮"是专称，而不是泛指的濮。

濮人的历史十分悠久，因其分布甚广，群落众多，故称百濮。《逸周书·王会篇》记载商代初年成汤令伊尹为四方献令说："正南，瓯、邓、桂国、损子、产里、百濮、九菌，请令以珠玑、瑇瑁、象齿、文犀、翠羽、菌、短狗为献。"这个殷畿正南的百濮，当即孔安国所说的"西南夷"，亦即杜预所说的"建宁郡

---

① 段渝：《试论宗姬巴国与廪君蛮夷的关系》，《四川历史研究文集》，四川省社会科学院出版社 1987 年版，第 19—35 页。

南"的"濮夷"，^①即云南之濮。濮或作卜，见于殷卜辞："丁丑贞，卜又象，□旧卜。"郭沫若在《殷契粹编》考释为："卜即卜子之卜，乃国族名。"卜子，《逸周书·王会篇》记载周初成周之会，"卜人以丹砂"，王先谦补注曰："盖濮人也。"卜、濮一声之转。先秦时代生产丹砂最为有名的是今重庆彭水，^②故此以丹砂为方物进贡的濮，当指川东土著濮人。《尚书·牧誓》记载西土八国中也有濮，是殷畿西方之濮。可见，商周之际的濮，业已形成"百濮离居"之局，而不待春秋时期。这些记载说明，濮人支系众多，分布广泛，是一个既聚族而居，又与他族错居的民族集团。

西周初年，西方的濮人已东进，与巴、邓为邻^③，居楚西南^④，分布于江汉之间。西周中叶，江汉濮人力量强大，周厉王时铜器《宗周钟》铭文记载濮子曾为南夷、东夷二十六国之首，足见其势盛焰炽。西周末，楚在江汉之间迅速崛起，发展壮大，给濮人以重大打击，使其急剧衰落。"楚蚡冒于是乎始启濮"^⑤。春秋初叶，楚武王"开濮地而有之"^⑥，大片濮地为楚所占，从而造成江汉濮人的大批远徙。

春秋时期江汉之间的濮人群落，已不复具有号令南夷、东夷的声威，部众离散，"无君长总统"^⑦，各以邑落自聚，遂成"百濮离居，将各走其邑，谁暇谋人"之局。^⑧在楚的屡次打击下，江汉之濮纷纷向南迁徙。文献中战国时代楚地已无濮人的记载，除留居其地的濮人改名换号，或融合于他族外，大批濮人的远徙是其重要原因。

江汉濮人的远徙，多迁往西南今川、黔、滇三省。究其原因，当为西南地区原来就是濮人早期聚居区之一的缘故。过去多有学者认为西南之有濮人，是

① 杜预注，孔颖达疏：《春秋左传正义》文公十六年，《十三经注疏》，中华书局影印本，1980年版，第1859页。

② 按：《史记·李斯列传》载李斯《谏逐客书》："西蜀丹、青不为采"，丹指丹砂，青指空青。《史记·货殖列传》记载，"巴寡妇清，其先得丹穴，而擅其利数世……秦皇帝以为贞妇而客之，为筑女怀清台"，《集解》引徐广曰："涪陵出丹。"涪陵，今重庆彭水。

③ 《春秋左传正义》昭公九年："及武王克商，蒲姑、商奄，吾东土也；巴、濮、楚、邓，吾南土也"。《十三经注疏》，中华书局影印本1980年版，第2056页。

④ 《史记·楚世家》正义引刘伯庄。

⑤ 《国语·郑语》，上海古籍出版社1978年版。

⑥ 《史记·楚世家》。

⑦ 《春秋左传正义》文公十六年，孔颖达正义引杜预《春秋释例》，第1859页。

⑧ 《春秋左传正义》文公十六年，第1859页。

由于春秋时期江汉百濮的迁入，其实不然。前引《逸周书·王会篇》提到商代初叶云南有濮人。川西南的大石墓，即《华阳国志》所记载的"濮人冢"，即是邛都夷所遗。川南的僰人，是濮的一个支系，至少在商代即在当地定居。《华阳国志·蜀志》记载蜀郡临邛县有布濮水（《汉书·地理志》记为仆千水），广汉郡郪县也有濮地之名，均为濮人所遗。而商代晚期由滇东北至川南入蜀为王的杜宇，也是濮人。至于川东之濮，有濮、賨、苴、獽、夷、蜒诸族。其中，居于渝水两岸的賨、苴和长江干流两岸的獽、夷为土著，蜒则是从江汉之间南迁濮人的一支。《华阳国志·巴志》所载川东诸族中作为专门族称的濮，也是从江汉迁来的濮，故虽徙他所，名从主人不变。

先秦长江上游的濮人，多为商周时代即已在当地定居的族群，也有春秋时代从江汉地区迁徙而来的濮人支系。分布在川境的濮人，以川东、川南和川西南以及成都平原最多，也最为集中。他们名号虽异，但在来源上却都是古代百濮的不同分支。后来，随着各地濮人经济、文化、语言等的不同发展和演变，以及与他族的混融，又形成了不同的民族集团。秦汉时期及以后历代史籍对这些民族集团或称夷，或称蛮，或称僚，就是这样的缘故。

百濮虽分布极广，但春秋时代直接称之为濮的，仅见于江汉之濮，其他地区的濮人则各以其名号为称，"随方立名，则各从方号"。[1] 由此可见，《华阳国志·巴志》所载川东地区这支专称的濮人，既无方号，表明是从江汉百濮迁徙进入的一支。

这支濮人主要分布在今涪江下游，中心在今重庆市以北之涪江、嘉陵江和渠江相汇的合川一带。《舆地纪胜》卷159引《益部耆旧传》载："昔楚襄王灭巴子，封废子于濮江之南，号铜梁侯。"铜梁，山名，在今合川附近。濮江当即今涪江，濮、涪音近而讹。《舆地纪胜》引《图经》说合川钓鱼山双墓的来历，"巴王、濮王会盟于此，酒酣击剑相杀，并墓而葬"，说明合川一带是这支从江汉迁徙入川的濮人的分布中心。

賨人是板楯蛮的别称，为川东土著族群之一。秦昭王时，因板楯蛮射白虎有功，秦"复（免除）夷人顷田不租，十妻不算"。[2] 汉初，板楯蛮因"从高祖定秦有功，高祖因复之，专以射白虎为事，户岁出賨钱口四十，故世号'白虎

---

[1] 《春秋左传正义》文公十六年，孔颖达正义，第1859页。
[2] 刘琳：《华阳国志校注》卷一《巴志》，第35页。

复夷'，一曰'板楯蛮'"①。称其为賨人，则如谯周《巴记》所说，"夷人岁出賨钱，口四十，谓之賨民"。本由交纳賨钱得名，秦汉以后逐渐演化为族称。

板楯蛮之名，来源于木盾。东汉刘熙《释名·释兵器》："盾，遁也，跪其后辟以隐遁也。大而平者曰吴魁，本出于吴……隆者曰须盾，本出于蜀……以缝编版谓之木络，以犀皮作之曰犀盾，以木作之曰木盾，皆因所用为名也。"胡三省《通鉴释文辨误》卷二说："板楯蛮以木板为盾，故名。"本由使用木盾得名，后遂成为族称。

板楯蛮古居嘉陵江和渠江两岸。《华阳国志·巴志》载："阆中有渝水，賨民多居水左右，天性劲勇。"《史记·司马相如列传》集解引郭璞曰："巴西阆中有俞水，獠人（按指賨民，即濮人）居其上，皆刚勇好舞。"《华阳国志·巴志》"宕渠郡"下载："长老言，宕渠盖为故賨国，今有賨城。"《舆地纪胜》卷162引《元和志》载："故賨城在流江县东北七十里。"《太平寰宇记》卷138："古賨城在流江县东北七十四里，古之賨国都也。"流江县为今渠江县。板楯蛮居此，当从嘉陵江东进而来。按：盾又称为渠，《国语·吴语》："奉文犀之渠"，韦昭注曰："文犀之渠，谓楯也。"宕渠、渠江等名称，当由板楯蛮所居而得名。

据《华阳国志·巴志》，巴东朐忍（今重庆云阳）和涪陵郡也有板楯蛮错居。同书《汉中志》和《李特雄期寿势志》记载汉中亦有板楯蛮。《汉书·地理志》则说："而汉中淫失枝柱，与巴蜀同俗。"可见，板楯蛮分布甚广，包括整个川东地区，北及汉中东部之南，都是板楯蛮的活跃出没之地。诸书记载说明，板楯蛮不仅是构成川东巴地，而且也是构成川东巴国各族中分布最广的主要族群之一。

板楯蛮是百濮的一支。扬雄《蜀都赋》说："东有巴賨，绵亘百濮"，这是賨人（板楯蛮）为濮系民族的确证。《华阳国志·巴志》所载阆中渝水有賨民，郭璞注《上林赋》则记为獠人。賨、獠互代，可见两者皆一。

苴也是川东地区的一支土著族群。《华阳国志·巴志》记载："蜀王别封弟葭萌于汉中，号苴侯，命其邑曰葭萌焉。"同书《汉中志》载："晋寿县，本葭萌城，刘氏更曰晋寿。水通于巴，又入汉川。"地在今四川广元市以西、剑门关之北，嘉陵江西岸的老昭化。

苴古读为巴。《史记·张仪列传》集解引谯周《古史考》说，"益州'天苴'，读为'苞黎'之包，音与'巴'相近"，《索隐》曰："苴音巴。"又曰："今字作

---

① 刘琳：《华阳国志校注》卷一《巴志》，第35页。

'苴'者，按巴苴是草名，今论巴，遂误作'苴'也。或巴人，巴郡本因芭苴得名，所以其字遂以'苴'为'巴'也。注益州'天苴'读为'芭黎'，天苴即巴苴也。谯周，蜀人也，知'天苴'之音读为'芭黎'之'芭'。按：芭黎即织木葺为苇篱也，今江南亦谓苇篱曰芭篱也。"可见，苴不仅读为苞、芭，且意义也与巴同。《汉书·司马相如列传》载司马相如《喻蜀父老文》所说"略斯榆，举苞蒲"，"苞蒲"即"巴濮"。[1] 说明苴即巴，是百濮的一支。

苴地本为巴濮所在地，故地名苴。后为蜀取，蜀王封侯于此，故曰"苴侯"，乃以居地为氏。但此时苴地的被统治族群仍然是原居其地的苴人。1951年在四川昭化宝轮院出土的巴人船棺葬，实非入主其地的蜀人遗存，也非巴国王族的遗存，而应是秦灭巴后，为秦成边的苴人的墓葬。至于《史记·张仪列传》所载"苴、蜀相攻击"，这里的苴则不是指苴人，而是指苴侯。由于蜀王开明氏并非巴人或楚人，故其弟苴侯也不是巴人或楚人，这是应当顺便指出的。

獽人史迹不详。据《华阳国志·巴志》，涪陵郡和巴郡都分布有獽人群落。《水经·江水注》记载："江水东迳壤涂而历和滩"，地在今重庆万州境内。《水经·江水注》又说鱼复故城东傍"獽溪"，地在今重庆奉节。长江干流和峡区这两处獽地，均因古獽人所居而得名[2]，说明是獽人的主要分布地。

夷本为中原华夏对周边少数民族的通称，但川东之夷既为专称，显然就不是泛指。《华阳国志》记载巴东郡有夷人，也分布在长江干流和峡区一带。

獽、夷均为濮人。《隋书·地理志》"梁州"下记载，"又有獽、蜒、蛮、賨，其居处、风俗、衣冠、饮食，颇同于僚"。《太平御览》卷76亦载："有獽人，言语与夏人不同，嫁娶但鼓笛而已。遭丧乃立竿悬布置其门庭，殡于其所。至其体骸燥，以木函置山穴中。李膺《益州记》云：'此四郡獽也。'又有夷人，与獽类一同。又有僚人，与獽、夷一同，但名字有异而已。"明确指出獽、夷与僚一同，足见两者均属古代濮人系统。

蜒字又作蜒、诞、蛋，形近音通。川东之蜒主要分布在巴东郡、涪陵郡。《华阳国志·巴志》"涪陵郡"下记载："土地山险水滩，人多戆勇，多獽、蜒之民。""巴东郡"下记载："有奴、獽、夷、蜒之蛮民。"与涪陵郡相接的清江流域的廪君，《世本》称："廪君之先，故出巫诞。"巫为地名，诞为族称，巫诞即

---

[1] 按：邓少琴先生首倡此说，徐中舒先生深以为然。参见邓少琴：《巴蜀史迹探索》，四川人民出版社1983年版，第18页；徐中舒《论巴蜀文化》，四川人民出版社1982年版，第92、93页。

[2] 邓少琴：《巴蜀史迹探索》，四川人民出版社1983年版，第18页。

是巫地之诞，可见廪君也是蜑人。

蜑人属百濮支系，秦汉以后史籍亦屡有记载，常与獽、夷、賨等杂居。《蛮书》卷 10 引《夔府图经》："夷、蜑居山谷，巴、夏居城郊，与中土风俗礼乐不同。"《隋书·地理志》"梁州"下载："又有獽、蜓、蛮、賨，其居处、风俗、衣冠、饮食，颇同于僚，而亦与蜀人相类。"蜀人，因蜀王杜宇、开明皆濮人，故西周以后蜀人的濮系民族特征愈益突出，一般即将蜀人视为濮系。僚本即濮。可见，蜑人确是濮人的一支。由于蜑人主要分布在峡区以至清江流域，为古代巴中之地①，故左思《蜀都赋》说，"东则左绵巴中，百濮所充"，此亦蜑为百濮的确证。

奴，应即卢。②卢是巴地八族之一，是一个单独的族类，与板楯七姓中的卢（罗）毫无关系，应当区分开来。卢，最早见于《尚书·牧誓》，跟随武王伐纣，为西土八国之一。西周春秋时活动在汉水中游地区，《左传》桓公十三年楚伐罗，"罗与卢戎两军之"，大败楚师。其地，《续汉书·郡国志》"南郡"下记有："中卢，侯国"，原注引《襄阳耆旧传》云："古卢戎也。"《元和郡县志》卷 21 "义清县"载："本汉中庐县地也，西魏于此置义清县，后因之。中庐故县在今县北二十里。本春秋庐戎之国。"其地在今湖北襄阳县西。《水经·沔水注》记载："襄阳县故城，楚之北津戍也……其土，古鄀、都、卢、罗之地。"③又载："中卢县东，维水自房陵县维山东流注之，县即春秋卢戎之国也。"《括地志》亦载："房州竹山县及金州，古卢国。"④房陵为今湖北房县。这应是春秋早期楚灭卢后，卢之一部迁于鄂西山地的居所。以后，鄂西这支卢人又辗转西迁于渠江流域，居今渠县境内。《华阳国志·巴志》"宕渠郡"下记有"卢城"，实即这支卢人入川东以后的定居之地。

关于卢人的族源，据史籍可以考定，来源于今山西境内，为舜后。《国语·周语中》记载富辰谏周襄王曰："昔鄢之亡也由仲任，密须由伯姞，郐由叔妘，聃由郑姬，息由陈妫，邓由楚曼，罗由季姬，卢由荆妫"。韦昭注云："卢，妘姓之国。荆妫，卢女，为荆夫人。荆，楚也。"此处的卢，即《左传》

---

① 《后汉书·巴郡南郡蛮传》记载："及秦惠王并巴中，以巴氏（即指廪君）为蛮夷君长"，可证从川东至清江流域之地为古之巴中。

② 邓少琴：《巴蜀史迹探索》，第 17 页。

③ 石泉、王克陵：《宋元木渠考》，《农业考古》1984 年第 2 期。

④ 《史记·周本纪》正义引。

桓公十三年的卢戎。卢为妫姓，而妫姓出自帝舜。《史记·陈杞世家》记载：舜"居于妫汭，其后因为氏姓，姓妫氏"。妫姓后代，"夏后之时，或失或续"。[①] 其续国承祀者，西周初年，武王褒封妫满于陈，为陈胡公。卢为妫姓，是未能承续舜所传国者，因之居西方，故称卢戎，但按其起源，却属于华夏民族系统。

春秋早期卢国见于《左传》，很快便从历史上消失，当在鲁桓公十三年后不久被楚并灭。[②] 其后，卢人一支西迁鄂西，春秋中叶，由于庸国日强，这支卢人不得不再西迁入川。以此看来，卢人入川的年代应在春秋中叶以后。

共也是巴地族群之一，《华阳国志·巴志》记其为巴国之属，是一个有别于其他族群的族类。共人最早见于《逸周书·王会篇》："具区文蜃，共人玄贝，海阳大蟹。"孔晁注曰："共人，吴越之蛮。"据此，在殷周之际，共人原为东方滨海地区的越系民族。大概在春秋战国时代，共人沿江西上进入川东。共人的分布，据《太平寰宇记》卷120载，唐麟德二年移洪杜县于"龚湍"，即今重庆酉阳之"龚滩"。共、龚字通，当为共人所居得名。[③]

这个越系的共，与板楯七姓中的龚不同。板楯之龚，《蜀都赋》李善注引《风俗通》作"袭"，二字形近而讹，当以作龚为是。虽然板楯之龚与越系之共音同可通，但同在《华阳国志·巴志》中，却是将板楯七姓全部纳入賨人一系加以叙述，而共人则单出，不与巴地其他任何族群同系，可见两者非一。

由上可见，《华阳国志·巴志》记载的巴国之属"濮、賨、苴、共、奴、獽、夷、蜒之蛮"，尽管其各自来源不同，但均属先秦濮越集团这一包容面十分广泛的民族系统。从他们的来源不难看出，他们均非先秦巴国的统治者即巴国王族。恰恰相反，巴国王族是在西周初年由周王室分封到巴地建立诸侯国去统治巴地各族，用以藩屏周室、镇抚南土的。

四、宗姬之巴——巴国王族的来源

巴国王族，即学术界所盛称的宗姬之巴，亦即《左传》、《史记》以及《华

---

① 《史记·陈杞世家》。
② 何浩：《楚灭国研究》，武汉出版社1989年版，第152—154页。
③ 邓少琴：《巴蜀史迹探索》，第19页。

阳国志·巴志》等史籍所叙录的巴国①。

《华阳国志·巴志》记载：

> 周武王伐纣，实得巴、蜀之师，著乎《尚书》。巴师勇锐，歌舞以凌殷人，前徒倒戈，故世称之曰："武王伐纣，前歌后舞"也。武王既克殷，以其宗姬封于巴，爵之以子……巴国远世，则黄、炎之支；封在周，则宗姬之戚亲。

巴为姬姓，这在先秦史籍中可得而征引。《左传》昭公十三年记载：

> 初，（楚）共王无冢嫡，有宠子五人，无嫡立焉。乃大有事于群望而祈曰："使神择于五人者，使主社稷。"乃遍以璧见于群望曰："当璧而拜者，神所立也，谁敢违之？"既，乃与巴姬密埋璧于太室之庭，使五人齐而长入。

巴姬埋璧之事亦见于《史记·楚世家》。

《左传》所记"巴姬"，根据《周礼》所载"妇人称国及姓"之制，②巴为国名，姬为国姓，巴姬即是姬姓巴国嫁于楚的宗室女。《华阳国志·巴志》记载直到战国年间，巴、楚的通婚关系尚存，足证巴为姬姓之说不误。

巴子称为宗姬，宗姬之姬为姓，宗则是同宗之意，表示与周人为同宗之后。姓原是母系氏族社会的产物，《说文·女部》曰："姓，人所生也"，其字从女从生，表明姓所标志的是出生的血缘关系。《左传》昭公四年记载叔孙豹与其过去"所宿庚宗之妇人"对话，叔孙豹"问其姓"，妇人答曰："余子长矣。"杜预注云："问有子否？问其姓（生产），女生（女子生产）曰姓，姓谓子也。"可见，问其姓就是问她所生的孩子，姓也就是出生的血缘关系。这种出生的血缘关系最初以母系计算，故曰"女生为姓"。后来发展到以男系计算血缘关系时，就出现了宗。《说文·宀部》曰："宗，尊祖庙也。"宗即是祭祀祖先的庙主，所表示的完全是父系的血缘关系。③因此，由姓到宗的发展是同社会由母系转入父系相适应的。显然，巴有宗姬之称，说明巴人的父系先祖与周人的父系先祖源出一脉，有相同的出生血缘关系，故为同宗之后。

对于宗姬的解释，有的学者从周之宗室子弟这一角度出发，认为宗姬应是

---

① 这里所论的宗姬巴国，指其王室及其后代，不包括巴国其他族类的统治者各阶层和被统治者。

② 《史记·周本纪》索隐引，并见《史记·齐太公世家》索隐。

③ 徐中舒：《论尧舜禹禅让与父系家族私有制的产生和发展》，《四川大学学报》1958年第3、4期合刊。

周王室的直系后代。此说尚可商榷。如上文所论，宗为同宗之意，代表的是父系血缘上的同源关系，并非指宗室而言。从史实来看，根据《华阳国志·巴志》的记载，宗姬的分封是在周武王克殷之后。《左传》昭公九年也说是"及武王克商……巴、濮、楚、邓、吾南土也"，则此宗姬必与武王同时。假如宗姬果然是武王的宗室子弟，那么在有关文王、武王或成王进行分封的备物典册中就应该有史可考，但事实并非如此。从《史记·周本纪》关于王室世系的记载可见，周武王有子十人，长曰管叔鲜，最少曰冉季聃，十人及其后代中没有一个同宗姬巴国有关。对于文、武、周公的后代即宗室子弟在西周初年分封为诸侯的情况，《左传》僖公二十四年的记载颇为详细，其文曰："昔周公弔二叔之不咸，故封建亲戚以蕃屏周。管、蔡、郕、霍、鲁、卫、毛、聃、郜、雍、曹、滕、毕、原、酆、郇，文之昭也；邢、晋、应、韩，武之穆也；凡、蒋、邢、茅、胙、祭，周公之胤也。"这些诸侯国均为西周宗室子弟所建，其源流大多在史籍或金文资料中可以考见，其中同样没有一个与武王分封的宗姬巴国有关。按《左传》昭公二十八年对"武王克商，光有天下"后的分封之数有一说明，文曰："其兄弟之国者十有五人，姬姓之国者四十人，皆举亲也。"这里所说的兄弟之国，其实就是指宗室子弟所建之国；而所说姬姓之国，在此与兄弟之国对举，显然就不是指王之宗室子弟，而是指与周同源的其他姬姓所建之国，二者间的区别是一目了然的。至于《荀子·儒效篇》记载："周公兼制天下，立七十一国，姬姓独居五十三人焉。周之子孙苟不狂惑者，莫不为天下之显诸侯。"所说"姬姓独居五十三人"，与上引《左传》所记兄弟之国和姬姓之国的总数五十五人基本一致。两相对照，可知这是举全部姬姓诸侯之数合而言之，未作王室子弟和其他姬姓间的区分。既然史籍已明确指出姬姓诸侯中存在王室子弟和同宗后代的区别，而王之宗室子弟所建诸侯国中又无一称巴，与宗姬巴国全然无关，那么，认为宗姬是周王室子弟的说法无疑就是一种误解了。

宗姬与周同宗，在班辈上低于武王，在同宗关系的庞大血缘纽带中居于子辈，由于早已别为氏族，故对武王来说，属于子族之列，因其分封于巴，故称巴子。巴谓国名，子谓子族，此即宗姬称为巴子的由来。[①]

据《华阳国志·巴志》记载，殷周之际的宗姬之巴，由于迫使殷人前徒倒戈而"著乎《尚书》"，名传千古。这里所说著乎《尚书》，古今学者均一致认

① 段渝：《"古荆为巴说"考辨》，《贵州社会科学》1984 年第 5 期。

为是指《尚书·周书》中的《牧誓》。《牧誓》是武王伐纣大战之前在商郊牧野所作的誓师词，篇首记载："王曰：嗟！我友邦冢君、御事、司徒、司马、司空、亚旅、师氏、千夫长、百夫长，及庸、蜀、羌、髳、微、卢、彭、濮人：称尔戈，比尔干，立尔矛，予其誓！"（《史记·周本纪》所引与此略同）同参与伐纣之师的各族武装共同宣誓。可是在所有军队中，丝毫也未提到巴师，在整个誓词中也没有片言只语提到巴人，这同常璩之言显然矛盾。为了证实《华阳国志·巴志》关于巴师著乎《尚书》这一记述的可靠性，学者们已经作了许多阐释，或说彭即巴，或说髳即巴，或说濮即巴，或说举濮而包巴，总之都在篇中具体提到的八国中去加以论说。然而均无确据，难成所论。有学者从新的角度来考察这一问题，认为今陕西宝鸡附近的弜国墓中出土的一些器物与四川彭县竹瓦街所出颇为相似，当为巴人的弜氏所遗，并认为弜氏即是参与武王伐纣的巴师，应属《牧誓》篇首所称的"友邦冢君"之列，与西土八国不存在什么关系。[①]此说颇有新意，不过把弜氏器物看作巴人所遗，从而把二者等同起来，这一说法似可进一步研究。从弜伯、弜季所作之器特别是青铜兵器来看，其形制与早期蜀文化颇为近似，并且彭县竹瓦街无论就地域上说还是就已发现的器物来说，均无不与蜀有关，而同殷周之际的巴人谈不上直接的联系。

巴师伐纣确为史实，但既不应在庸、蜀、羌、髳、微、卢、彭、濮人中去强取其证，也不必在《牧誓》中去详加稽考，以求从中析出一支巴人。上文说过，巴与周为同宗之后，关系甚密，居地相邻，在殷末参与以周为首的反殷集团，成为"殷之叛国"，[②]并协同武王伐纣，是没有什么疑问的，所以周初也才能够被武王举亲而封于巴。如像宗姬一类非周王宗室子弟的其他姬姓之国也是如此，均由于相随伐纣而受王室分封，故其名称也未见诸《牧誓》，更未流传下来。而《牧誓》所举西土八国则与此不同，这八国中没有一个是周之同姓，他们与周的关系并不像周之同姓那样紧密，参与伐纣也有各自不同的原因，故武王在誓师词中要把他们特别举出，一方面可略示其间的区别，另一方面则可收警诫训令之效。属于姬姓集团的各个宗支，则由于有血缘纽带的牢固维系，并且在军事上易于连成一体，服从统一的号令指挥，因而用不着把各支的名称一一列出。事实上，《牧誓》对姬姓集团中的任何一支都是没有直接列举的，只是在篇

---

① 尹盛平：《西周的弜国与太伯、仲雍奔荆蛮》，载《陕西省文博考古科研成果汇报会论文选集》，西安，第134、154页。

② 《春秋左传正义》襄公四年，第1931页。

首总挈各部时举出了各自所任军职，即御事、司徒、司马、司空、亚旅、师氏、千夫长、百夫长之类，其中自然就包括了宗姬的军事称谓。因此在这篇誓词中找不到宗姬之名是极其自然而又合乎情理的。[①]

巴国虽为姬姓，与周同源，但诸姬集团早在殷代或在此以前即已别为氏族，依照上古姓氏有别，"女子称姓，男子称氏"的通例，其方国名称均不与姓发生联系，而以职司名、居邑名等作为国名，并以此作为氏号，此即古人所谓"诸侯以国为氏"，因此同一族属的不同宗支在别为氏族后即有不同的名称。仅以姬姓而论，《左传》成公十三年记载吕相绝秦之辞曰："白狄及君同州，君之仇雠，而我之婚姻也。"这里的白狄，即指《左传》中所记的晋献公夫人大戎子狐姬和骊姬的族落，与晋同姓相婚，显为姬姓，此外鲜虞也是姬姓[②]，均为与周同姓而别为氏族后另立名号者，不失为显著例证。

五、与巴有关的几个概念

巴是一个内涵和外延都十分复杂的概念。从最广泛的意义说，作为地域名称，巴的包容面相当广阔。由于古代以川东、鄂西为中心，北达陕南，南及黔中和湘西地区的一大片连续性地域通称为巴，所以古代居息繁衍在这个地域内的各个古族也被通称为巴，并由此派生出巴人、巴国、巴文化等概念。从这个意义上看，巴这个名称包有地、人、国、文化等多层次的复杂内涵，是一个复合性概念。由于巴的内涵的复杂性，导致学者们从不同的视角出发，往往各执一端，发生很大分歧，至今在若干基本问题上还远远没有取得一致意见。

巴地、巴国、巴人、巴文化，是几个既有区别又有联系的概念。

巴地，有广、狭二义。狭义上的巴地，是指姬姓巴国之地，初位于汉水上游陕东南地区与大巴山之间，是著名的"汉阳诸姬"之一，后辗转南迁到长江上游中游之间的川东鄂西地区。广义上的巴地，则随时代的变化而广狭不一。先秦至秦汉时期的巴地，是指被称为巴的一大片地域，即以川东、鄂西为中心，

---

① 段渝：《试论宗姬巴国与廪君蛮夷的关系》，《四川历史研究文集》，第19—35页。

② 《春秋公羊传》昭公十二年何注及徐疏(十三经注疏本，中华书局影印本1980年版，第2320页)皆谓鲜虞与晋同姓，是知其为姬姓。

北达陕南，包有嘉陵江和汉水上游西部地区，南及黔涪之地，包有黔中和湘西地区在内的一大片连续性地域。

巴国，是指以姬姓巴王族为主体，并包括版图内的其他族群，在先后以陕东南和川东鄂西为中心而其四至因时而异的地域范围内所建立的国家。但不同时期，由于巴疆范围的不同，巴国的范围也远非一成不变。在多数情况下，当巴疆缩小后，其故地仍可称巴。如汉中属秦后，其地仍有巴称。反之亦然。

巴人是泛指生长在巴国和巴地范围内的所有人，以及从巴迁徙至其他地方的人，而可以不论其本来族别如何。

巴文化有三个不尽相同的概念。战国以前的巴国文化与巴地文化是有区别的，巴国文化是指宗姬一系的巴国王族的文化，巴地文化则是指巴地各族的文化。春秋末战国初巴国从汉水上游南移长江干流，巴国文化与巴地文化才结合起来，形成完整意义上的巴文化。因此，巴文化含有巴国文化、巴地文化以及完整意义上的巴文化等三个不同的层次。完整意义上的巴文化是巴国文化与巴地文化复合共生的地域文化概念。春秋战国之际巴国从汉水上游南迁长江干流两岸巴（西陵）、巫、夔峡地区和川东地区，成为当地各族的统治者，于是巴国文化与巴地文化始多元共生，从复合、耦合到融合，两种不同文化的空间构架由此基本重合。到这个时候，巴国文化与巴地文化才合二而一，在考古学上表现为巴国青铜文化与巴地文化（陶、石）相融合，从生活、生产用具到武器等诸方面形成为一个具有特色的整体性系统性文化结构。这个时候的"巴文化"才是完整意义上的，可以用"巴"来涵盖并指称国、地、人、文化的一个具有独立意义的文化概念，从而形成巴文化区。[①]

巴文化区的地域范围，大致上北起汉中，南达黔中，西起川中，东至鄂西。它的基本特点，一是大量使用巴蜀符号，多刻铸在青铜器和印章上；二是巫鬼文化异常发达，以至在川东鄂西尤其三峡地区形成一个颇引人注目的巫文化圈，传奇甚多，来源甚古，与众不同；[②]三是乐舞发达，人民能歌善舞，其青铜乐器以錞于为重器；四是崇拜白虎（廪君蛮）与畏惧白虎（板楯蛮）信仰的共生和交织；五是具有丰富而源远流长的女神崇拜文化传统；六是"其民质直好义，土

---

① 段渝：《政治结构与文化模式——巴蜀古代文明研究》，学林出版社 1999 年版，第 66—70 页。《巴文化与巴楚文化简说》，《楚俗研究》第 3 集，湖北美术出版社 1999 年版，第 418—428 页。

② 段渝：《略论巴、蜀与楚的文化交流关系》，载《长江文化论集》，湖北教育出版社 1995 年版，第 230—239 页。

风敦厚"，"俗素朴，无造次辨丽之气"，[①] 等等。

春秋战国之际巴文化形成后，巴文化区的地域构架同时基本稳定下来，历秦汉魏晋南北朝基本没有大的变动，隋唐以后文化面貌始发生较多变化，但在峡区及岭谷之间其基本文化面貌则一直持续发展到近世。

考古学上的巴文化，研究对象与巴地的史前文化或全部巴人的文化有异有同。参照夏鼐先生所说历史时期的考古学文化应当用族名或朝代名（如夏文化、商文化等）来指代，[②] 则考古学上的巴文化应当是特指历史时期巴人所创造的具有独自特征的全部物质文化遗存。另一种概念是狭义的文化概念，主要指巴人的精神文化。还有一种是文化人类学上的文化概念，包括巴人的全部物质文化、精神文化和社会结构。

（原载《历史研究》2006 年第 6 期）

①　刘琳:《华阳国志校注》卷一《巴志》，第 28 页。
②　夏鼐:《关于考古文化命名的问题》，《考古》1959 年第 4 期。

酋邦与国家形成的两种机制

——古代中国西南巴蜀地区的研究实例

古代社会从史前向文明演进的道路虽然不尽一致，但却往往有着惊人的相似之处，如 E. 塞维斯（E.Service）就描述了古代社会所经历的队群、部落、酋邦、国家四个连续演进的阶段[①]。不过，在具体的某一古代社会里，却不必都遵循着这一连续演进的发展模式。从广泛而不是从某一具体区域的视角看，人类社会在从史前向文明、从部落向国家演进的过程中，连续或者不连续地发展出了两类政治组织——酋邦（chiefdom）和王国（kingdom）。酋邦在性质上属于史前时期政治组织的最高形式，而王国则属于历史时期或文明时代政治组织的最初形式。由于人类社会从史前过渡到文明、从部落过渡到国家这一历史时期的长期性和复杂性，以及各人类社会所处环境的差异性，尤其是酋邦与王国之间在性质上比较接近，于是常常使得我们难以清楚地区分在史前与文明交替这个特殊历史时期中所出现的两类政治组织的性质，常常把这两类不同性质的政治组织混为一谈。当然，从早期国家的角度认识，我们还可认为早期国家这个概念包括从史前到文明演进过程中出现的这两类不同的政治组织形式，既有酋邦这种所谓"史前国家"的政治组织形式，又有王国这种所谓"早期国家"的政治组织形式。换句话说，即是把酋邦看成是早期国家形成过程中的初级阶段，而把王国看成是早期国家演进过程中的高级阶段。

本文试以古代中国西南巴蜀地区的两种具有典型性的社会来说明这个问题。

[①]   E. R. Service, *Primitive Social Organization*: *An Evolutionary Perspective*, New York, 1971; *Origins of the State and Civilization*: *The Process of Cultural Evolution*, Toronto, 1975.

一、清江流域廪君集团酋邦的形成

通过部落内部各个血缘单位的联合，实行各个血缘单位的政治一体化，形成血缘集团的政治组织，服从政治组织最高领袖的集中领导与决策，这是古代酋邦的一般特征。在长江支流清江流域，以廪君为最高首领的古代酋邦的形成，走的就是这条道路。

我们首先备列文献，然后进行分析。

《后汉书·巴郡南郡蛮传》记载：

> 巴郡南郡蛮，本有五姓：巴氏，樊氏，瞫（李注：音审）氏，相氏，郑氏。皆出于武落钟离山（李注：《代（世）本》曰：廪君之先，故出巫诞也）。其山有赤黑二穴，巴氏之子生于赤穴，四姓之子皆生黑穴。未有君长，俱事鬼神，乃共掷剑于石穴，约能中者，奉以为君。巴氏子务相乃独中之，众皆叹。又令各乘土船，约能浮者，当以为君。余姓皆沉，唯务相独浮。因共立之，是为廪君，乃乘土船，从夷水至盐阳。盐水有神女，谓廪君曰："此地广大，鱼盐所出，愿留共居。"廪君不许，盐神暮辄来取宿，旦即化为虫，与诸虫群飞，掩蔽日光，天地晦冥。积十余日，廪君伺其便，因射杀之，天乃开明。廪君于是君乎夷城（李注：此以上并见《代（世）本》也），四姓皆臣之。廪君死，魂魄世为白虎。巴氏以虎饮人血，遂以人祠焉。

这段史料表明，武落钟离山赤黑二穴五姓的关系，是以血缘为纽带的同一部落内部不同血缘单位之间的关系。当时的时代，是没有君长的蒙昧时代，社会成员之间处于平等地位，廪君仅仅是巴氏之子而已，是氏族部落中的一名普通成员。

根据《后汉书》的这段记载进行分析，赤黑二穴五姓酋邦组织的形成，经历了三个发展阶段。

第一阶段是非暴力联合阶段。

巴氏之子与其余四姓根据部落制传统，以勇力、智慧和技艺来决定谁为最高酋长。掷剑和乘土船两次竞赛，一为"约能中者，奉以为君"，一为"约能浮者，当以为君"，均属约定，表现了充分尊重原始的部落习惯的特点，整个过程完全不带暴力性质，而是根据自愿原则进行。

在这个阶段，巴氏子务相以勇力、智慧和技艺取胜，得到五姓的共同拥戴，立以为君，自此称为廪君。不过，这个时候的所谓君，充其量不过是一个普通的部落酋长，还没有达到充分掌握并行使集中的政治、经济、宗教权力的最高领袖的地步，由五姓的联合所形成的组织，也充其量不过是一个血缘部落集团，还没有达到酋邦的发展水平。而这一切的变成现实，是通过下一阶段对外战争的途径实现的。

第二阶段是对通过外战争确立君权的阶段。

廪君部落集团形成后，迅速走上了发动对外战争的道路，其武力扩张的方向，是从夷水至清江的盐阳，以争夺那里的食盐资源。《后汉书·巴郡南郡蛮传》李贤注引《荆州图副》曰："夷陵县西有温泉。古老相传，此泉元（原）出盐，于今水有盐气。"又引盛弘之《荆州记》曰："今施州清江县水一名盐水，源出清江县西都亭山。"表明清江盐阳之地是当时有名的盐产地。其时，这一食盐资源为当地的母系部落女首领盐水神女所控制，盐水神女又有盐神之称①，表明其族在清江流域产盐区拥有相当大的势力。廪君集团来到盐阳，随即便与盐水神女展开大战，"掩蔽日光，天地晦冥，积十余日"，战争之残酷惨烈，规模之宏大，于此可见一斑。最后，廪君终于一举破敌，射杀了盐神，将盐源据为己有。

食盐是人类的基本生活资源之一。古代生活在非产盐区的族体，其获得食盐的途径不外乎两种，一种是互惠性贸易，一种是暴力性劫掠。廪君集团原先所居的夷水虽不是产盐区，但原应有获得食盐的正常方式，那就是贸易。即令是采取非正常方式，通过抢劫的途径来获取食盐，那么按照原始社会氏族部落领地的通行原则，也只是抢劫食盐，而不占领产盐区。可是廪君集团通过发动大规模战争武装占领盐阳之地，并消灭了盐神，这就突破了原始氏族部落的领地原则，把不同生态之间族体的生态互补，变成了跨生态的武力扩张，以政治行为而且是流血的政治行为代替了文化行为和经济行为，这一点非常值得注意。

通过发动对外战争占领产盐区，不光是夺取了一种十分重要的基本生活资源；更为重要的是，这种资源原先并不属于廪君集团的公有财产，一旦通过战争夺取到手以后，这额外的财富就只属于军事领导集团的上层统治集团所有，于是使廪君的经济权力得到大大增长和加强，而经济权力的增长和加强，又带来了政治权力的大大增长和加强，从而把廪君推上了掌握集中的政治经济权力的最高领袖的地位，"于是君乎夷城，四姓皆臣之"。可见，正是由于对外战争扩

---

① 《后汉书》卷八六《巴郡南郡蛮传》李贤注引盛弘之《荆州记》，文渊阁四库全书本。

大了廪君的政治、经济权力，才出现了"四姓皆臣之"的后果。两者之间的这种因果关系，也足可以反过来认识对外战争对于首领权力增长的极端重要意义。

廪君发动对外战争，武力占领清江产盐区后所发生的"于是君乎夷城，四姓皆臣之"，说明了两个事实：一是廪君成为这个集团的最高领袖，二是酋邦组织的正式形成，夷城便是它的权力中心所在地，四姓中的上层便是统治中枢的成员。这样，廪君集团的性质便从经济系统和政治系统两方面同时发生了根本的转变，从过去的单纯血缘集团转变为现在的酋邦组织，平等社会不复存在。

第三阶段是通过宗教仪式神化君权的阶段。

政治系统和经济系统的根本转变，又进一步推动了文化系统的根本转变，通过宗教仪式在意识形态领域神化君权于是成为必要。所谓"廪君死，魂魄世为白虎。巴氏以虎饮人血，遂以人祠焉"，便深刻地揭示了神化廪君的史实。

廪君集团原先并无以人祭祀的习俗，只是当廪君成为政治领袖以后，出于神化廪君的需要才产生的，表明他同时又成为了宗教领袖，集政治、经济、宗教大权于一身，俨然成为酋邦的最高领袖。同时，以人祭祀属于杀殉的性质，它与作为一些古代民族传统习俗的殉葬有着根本的区别，其实质是对被杀者人权的剥夺，而它是以对被杀者政治经济权力的剥夺为前提的。显然，这意味着廪君对于酋邦之内的族众有着生杀予夺之权，这种权力又是通过神权的形式反映出来的，表明了君权与神权合一的事实。

《世本》记载的廪君出自巫诞，从原家族中分化出来后，到达武落钟离山（今恨山）定居，然后扩张至清江流域，战败当地的"盐水神女"，"于是君乎夷城"，是为了夺取食盐资源所进行的扩张，由此而导致了廪君集团层级组织的诞生和形成。在分层的政治体系中，使巴、樊、曋、相、郑五姓的社会结构复杂化，最终形成酋邦这种政治单位。这是古代酋邦形成的一个十分典型的例子。从对廪君酋邦形成过程的详细分析，可以看出不是由于人口压力、土地限制等因素导致文明起源，而是由于对食盐资源的争夺，通过政治手段直至军事占领，而导致了文明因素的出现，导致了政治权威的兴起，导致了与平等社会不同的分层社会这样一个新型政治组织——酋邦的诞生。

由上可见，从族体的非暴力联合，到通过对外战争确立君权，再到通过宗教仪式神化君权，是廪君集团酋邦组织发展演变的三部曲，也是廪君从部落集团首领上升为战争首领再上升为酋邦领袖这一个人权力演变的三部曲。这一演变过程非常具有典型性，对于我们了解古代酋邦组织的发生途径、发展历程以及性质等，提供了一个完整的认识模式，有着极为重要的研究价值。

二、四川盆地三星堆古蜀王国的形成

夏商周三代国家的政治体制中，都还带有浓厚的血缘政治组织色彩，所建立的国家是跨血缘的地缘性政治单位。虽然三代都在黄河流域中原地区建立了国家组织，但在其疆域范围内基本上还是以血缘关系为单位聚族而居的，在其政治中心即都城的界域内，基本上是统治者族体独占的范围，而都城以外的地区才是其他族群的活动空间。《左传·定公元年》记载的"薛之皇祖奚仲居薛，以为夏车正"，就是一个显著例证。商王朝的内服外服制度，西周王朝的国野制度，也都属于这种跨血缘的地缘性政治单位的国家形态，这种国家形态是与夏商周三代村社组织与氏族组织长期并存的二重性相符合的[①]。完全以地缘来划分国民，这种情形在夏、商、周三代还不存在，历史学家大多认为这是中国古代社会之所以不同于古希腊、罗马社会的一个十分重要的特征。

亨利·梅因（H.Maine）在其名著《古代法》中说过，最早出现的国家可能是以血缘关系为基础的组织，以地缘关系为基础是在最早的国家形成以后不久出现的[②]。亨利·梅因的论断是建立在对西方社会的材料分析基础之上所进行的归纳判断，具有相当说服力。但中国夏商周三代的情况与西方社会不尽相同，血缘关系及其组织和原则不仅在先秦夏商周三代尚不成熟的国家里没有丝毫消融，而且在秦汉以后越来越成熟的国家里还继续长久地与地缘组织同时并存而且交织在一起，这就是宗族组织和农村公社的二重性表现之所在。

古蜀三星堆鱼凫王朝的建立，使古蜀的社会组织和社会组织原则同时发生了剧烈变化。由于鱼凫王朝的建立是三代蜀王酋邦战争的结果[③]，因此蜀王蚕丛和蜀王柏濩的部民就成为了鱼凫王朝的国民，古蜀也就从以血缘为基础的社会演进为以血缘和地缘二重结构为基础的社会。由于古蜀王国内部血缘关系多元化局面的形成，鱼凫王朝就不再是一个由单一血缘组织所构成的社会单位，而

[①] 参考段渝：《酋邦与国家起源：长江流域文明起源比较研究》，中华书局 2007 年版，第 33—37 页。

[②] Henry Sumner Maine, *Ancient Law*, New York, 1970, pp.124–125.

[③] 段渝：《论蜀史"三代论"及其构拟》，《社会科学研究》1987 年第 6 期。

演化为一个由不同血缘组织所构成的政治单位，即以鱼凫氏为统治者集团的政治共同体或国家。虽然鱼凫王朝时期的古蜀国还是一个早期王国，它的血缘组织形式及其某些原则仍然长久地保存着，但是倘若仅仅根据它的血缘组织形式就轻率地否认其国家与文明性质，那将是极不科学的。

在国家形态上，鱼凫王朝时期的古蜀王国是一个实行神权政治的国家。三星堆一、二号祭祀坑出土的大量青铜器、青铜礼器群、黄金面罩，无一不与宗教神权息息相关，即令是三星堆巨大的城墙，本质上也是神权政治的产物。因此很明显，出土于一号坑内的金杖，实际上就是一具标志着王权、神权和经济、社会财富垄断之权的权杖，为古蜀王国政权的最高象征物。金杖杖身上端的三组人、鱼、鸟图案说明，金杖既被赋予着人世间的王权，又被赋予着宗教的神权，它本身既是王权，又是神权，是政教合一的象征和标志。金杖上的人头图案，头戴兽面高冠，耳垂三角形耳坠，与二号祭祀坑所出蜀王形象造型——青铜大立人相同，表明杖身所刻人头代表着蜀王及其权力。鱼、鸟图案的意义在于，鱼能潜渊，鸟能登天，它们是蜀王的通神之物，具有龙的神化般功能。而能够上天入地、交通于神人之间的使者，正是蜀王自身。所以，金杖不仅仅是一具王杖，同时也代表神权，是用以沟通天地人神的工具和法器。《淮南子·地形》说，"建木在都广，众帝所自上下"。都广即是《山海经·海内经》中的"都广之野"，指成都平原；而所谓"建木"，或许就是三星堆出土的青铜神树。既然众神从这里上下于天地，那么金杖上的鱼、鸟，便能够通过金杖那无边的法力，沟通人神，挥洒自如了。自然，与鱼、鸟同在图案上的蜀王，就是指挥、支配人神之间交际的神了。

金杖的含义还不止于此。杖用纯金皮包卷，而黄金自古被视为稀世珍宝，其价值远在青铜、玉石之上，因此使用黄金制成权杖，又表现出对社会财富的占有，象征着经济上的垄断权力。所以说，三星堆金杖有着多种特权复合性的象征意义，标志着王权（政治权力）、神权（宗教权力）和财富垄断权（经济权力）。这三种特权的同时具备，集中赋于一杖，就象征着蜀王所居的最高统治地位。同时，它还意味着，商代的古蜀王国，是一个彻头彻尾的神权政体。

三星堆一、二号坑出土的数百件青铜人物雕像、人头像、人面像、兽面像，各种各样的动植物雕像以及黄金面罩、青铜神树等，五光十色，光怪陆离，构筑成一个阴森、威严、凝重、恐怖而又庄严肃穆的巨大青铜空间，处处充溢着令人望而生畏的神秘王国氛围，这正是神权政治中心的典型形式。目的之一，在于通过各种物质的复杂组合形式及其必然对人产生的巨大精神压力，来显示王权与神权那至高无上的权威和力量。

王权采取神权的形式，是政治权力的宗教化的一种表现，它意味着政教合一的政治体制的形成。王权与神权处于同等重要的位置，国家元首同时也是最高宗教领袖，正如陈梦家先生所说，"既为政治领袖，又为群巫之长"①，这是文明初兴时代盛极一时的风气和特征。三星堆一号祭祀坑出土的金杖，上有人头、鱼、鸟图案，一般认为它们是鱼凫王的合成形象。将鱼凫这一族群的传统神物与王者形象直接结合为一体，正是直接表现出了鱼凫王既为最高政治领袖，又为最高宗教领袖的至高无上地位，证明鱼凫王朝时期的古蜀王国是一个实行神权政治、政教合一的早期国家。

应当指出，神权不过是神化了的王权。所谓政治权力的宗教化，归根结底，其实质是权力的世俗化，神化了的政治权力只是世俗权力的一种实现形式罢了。因为，任何宗教化了的权力，都是建立在对民众统治的基础之上的，没有这个世俗的前提，就不会产生神权。假如鱼凫王没有征服蚕丛氏和柏濩氏，就绝不可能在宝墩文化的废墟上创建出一个无比辉煌的古代文明，也就绝不可能诞生出古蜀国这样一个高度发达的神权政体。

三、三星堆古蜀王国的权力运作系统

古代四川盆地以广汉三星堆遗址为中心的古蜀王国，是一个实行神权政治的独立王国。对这个独立王国神权政体的运作系统进行分析，将有助于增进我们对于上古国家的政治制度和权力结构的深入了解。

（一）分层社会的复杂结构

王权形成并诞生于分层社会之中。在文明社会之前的酋邦（chiefdom）时代，社会分层还是一种比较简单的等级制结构，不论在深度还是广度方面都还没有达到国家形态的复杂社会水平。只有在文明时代复杂的分层社会中所诞生的王权，才具备了对社会政治、经济、意识形态的全部垄断权，即凌驾于整个

---

① 陈梦家：《商代的神话与宗教》，《燕京学报》第 20 期，1936 年。

社会之上的至高无上的统治权力。

在三星堆文化的时代，古蜀王国已经是一个在中央集权统治之下的高度复杂的分层社会。这个复杂的分层社会由区分为阶级的各个人群所共同构成，存在着统治阶级和被统治阶级的区别，其间的界线壁垒森严，各阶级的内部又有不同的阶层和职业集团。

古蜀王国的统治阶级由国王、王室子弟、姻亲、贵族、臣僚和武士等构成，也包括分布在各地的大大小小的地方性族群之长，他们都是世袭贵族，世世代代享尽荣华富贵。三星堆一号祭祀坑和二号祭祀坑出土的各式青铜人像、人头像[①]，其间的时代相距达百余年以上，可是它们却在若干基本形制方面，比如面像、表情和衣式、冠式、发式等方面颇为一致，具有明显的继承性，意味着它们所象征的历代统治者集团完全是一脉相传、世代相袭的，在政治上所实行的是王位和贵族的世袭制度[②]。

古蜀王国统治阶级的上层和核心是一个权势倾人的神权政治集团，这种情况可以从三星堆一、二号坑内出土的大量青铜制品、黄金制品、象牙、海贝和玉石器得到确切证明。三星堆出土的青铜器的总重量达 1000 公斤以上。如此巨量的青铜器，需要 5—20 倍的铜矿石才能熔炼出来[③]，也就是说，需要 5000 公斤—20000 公斤铜矿石原料，才能炼出三星堆出土的青铜器，这还不包括制作青铜器所必需的锡和铅。成都平原本土缺乏制作青铜器的铜、锡、铅等原料，这些原料只能通过某些途径，远距离地从其他地区进口。我们曾经从四川与云南青铜器合金成分相近的角度，推论三星堆青铜器的原料很有可能来自四川盆地以南的云南地区[④]，而金正耀教授等对三星堆青铜器高放射性铅同位素的研究成果[⑤]，当可以充分证实这一假说。三星堆古蜀王国要获得铜、锡、铅等青铜原料，其获取途径主要包括贡纳、贸易以至掠夺，其交换代价无疑是十分巨大的。因为，贡纳必须以征服为前提，而征服又必须以豢养一支强大的军队为前提，

---

① 本文所引三星堆考古资料，除特别注明外，均见四川省文物考古研究所：《三星堆祭祀坑》，文物出版社 1999 年版。

② 段渝：《商代蜀国青铜雕像文化来源和功能之再探讨》，《四川大学学报》1991 年第 2 期。

③ 青铜制品与青铜原料的熔炼比例至少为 1∶5，若是贫矿，比例可高达 1∶20 以上。参考中国古代冶金编写组：《中国古代冶金》，科学出版社 1976 年版。

④ 段渝：《四川通史》第 1 册，四川大学出版社 1993 年版，第 146 页。

⑤ 金正耀等：《广汉三星堆遗物坑青铜器的铅同位素比值研究》，《文物》1995 年第 2 期。

付出包括武器装备、军事训练、组织管理、指挥系统、食物供应等在内的人力、财力、物力和组织等方面的沉重代价。至于征服而后的占领，则情形更为复杂。其实掠夺也是如此，倘若没有供养一支强大的军队，要从遥远的云南地区掠夺回如此巨量的青铜原料，是绝不可能的。即令是远程贸易，也必须付出商队组织、军事保护以及用以交换的物品等代价。能够以付出如此高昂的代价来占有并享用这些贵重物品的，除了核心统治者集团而外，没有其他任何个人和社会集团能够做到。至于其珍贵价值远远超过青铜器的黄金制品，以及数量庞大的整支象牙，和专门用于重大祭祀和礼仪场合的成批玉石制品，其获取和制作过程及其使用权力，也都同样不是除了核心统治者集团而外的其他任何个人和社会集团所能够拥有的。这就说明，居于三星堆古蜀王国最上层的核心统治者集团——神权统治集团，垄断了这个王国的所有青铜原料和其他贵重珍稀物品的获取、占有和使用等一切权力。

三星堆遗址巨大的城墙也是神权统治者集团高高在上的重要证据。三星堆遗址古城东西长 1600—2100 米，南北宽 1400 米，现有总面积 3.5—3.6 平方公里，其规模超过了早商时期商王朝统治中心的郑州商城。修建如此高大坚固的城墙，开掘如此巨量的土方，加上土方运输、工具制作、城墙设计、城垣施工、食物供给、组织调配、监督指挥以及再分配体制等一系列必需的庞大配套系统，足以表明统治者集团控制着足够支配征发的劳动力资源，控制着众多的人口，控制着丰富的自然资源和生产资源，控制着各种各样的劳动专门化分工和各种类型的生产性经济。神权统治者从把自然资源、生产性资源和劳动力资源物化为大型城墙建筑的角度，来显示国家的巨大威力，来标志神权与王权的强大和尊严，来象征统治权力的构造物和它的无限支配能力。而城圈的广阔，则表明城内的社会生活、政治结构早已超出酋邦制水平。结合对众多劳动者的统治和对丰富自然资源和社会财富的控制来看，显然已经存在一个集权的国家组织[1]。这个集权的国家组织的核心，便是政教合一的神权统治者集团，他们拥有并掌握着政治、经济、军事、宗教、意识形态等一切大权。

在核心统治者集团的外围，是由各级臣僚和分布在各地的大小权贵以及众多的地方性族群之长所组成的统治阶级中下层，他们的权力或大或小，各受其上层或王室的直接指挥和制约，整个统治阶级呈现为一种层层从属的金字塔结

---

[1]　段渝：《巴蜀古代城市的起源、结构和网络体系》，《历史研究》1993 年第 1 期。

构或品级结构。

三星堆古蜀王国的统治阶级豢养了一支常设的武装力量。在三星堆遗址两个祭祀坑内出土了大批玉石兵器，主要有戈、矛、剑等形制，毫无疑问是从实战使用的兵器演化而来。在三星堆二号祭祀坑中还发现了 20 件三角形锯齿援直内无胡戈，也是从实战兵器演化而来。三星堆祭祀坑中还发现了不少全身披挂戎装的青铜甲士雕像，既有站立甲士像，又有跪坐甲士像，充分证明古蜀王国常设武装力量的存在。而在古蜀王国腹心地区的成都新繁水观音① 和彭县竹瓦街② 发现的大量属于殷末的各式青铜兵器，以及在作为古蜀王国北部边疆重镇的陕南汉中城固发现的 80 多件商代中、晚期的三角形援蜀式青铜戈③，更加证明了古蜀王国豢养了一支强悍的职业军队的事实。

古蜀王国的被统治阶级包括各种生活资料、生产资料和精神资料的生产者。大体说来，有各种农业生产者、陶工、木工、漆工、雕刻工、纺织工、酿造工、矿工、石工、玉工、运输工、冶炼工、建筑工、艺人，以及其他各方面的劳动生产者。此外，还有专门的商人阶层，在神权统治集团的支配下，从事对内对外的各种交换和贸易活动。

统治阶级与被统治阶级之间有着壁垒森严的界线，不得逾越。三星堆遗址内多出生产工具的区域，与基本不出生产工具但却出有大批玉石礼器和雕花漆木器等奢侈品的区域之间；几乎完全没有随葬品的狭小墓葬，与瘗埋着巨量青铜器、金器、玉石器、象牙、海贝的大型祭祀坑之间，形成无比强烈的反差和对照。而三星堆遗址内出土的两具双手反缚、跪坐、无首的石雕奴隶像，则意味着统治阶级不但可以剥夺并无偿占有被统治阶级的剩余劳动，而且还握有对被统治阶级的生杀予夺大权。这些，非常深刻而活生生地刻画出了古蜀王国这个神权政体的性质。

（二）基本资源的占有模式

按照马克思主义创始人的观点，当社会由于自己的全部经济生活条件而必

---

① 王家祐、江甸潮：《四川新繁、广汉古遗址调查记》，《考古通讯》1958 年第 8 期。四川省博物馆：《四川新繁水观音遗址试掘简报》，《考古》1959 年第 8 期。

② 王家祐：《记四川彭县竹瓦街出土的铜器》，《文物》1961 年第 11 期。四川省博物馆：《四川彭县西周窖藏铜器》，《考古》1981 年第 6 期。

③ 唐金裕等：《陕西省城固县出土殷商铜器整理简报》，《考古》1980 年第 3 期。

然分裂成为两大对立阶级时，为了压制阶级之间公开的冲突而出现了第三种力量，这个第三种力量便是国家。根据恩格斯的看法，统治阶级对被统治阶级所实施的镇压和剥削手段，是通过在经济上所占有的统治地位以及由此所形成的政治组织（国家）而获得的。

恩格斯以后，由于大量新材料特别是人类学和考古学资料的发现与积累，使学术界对于国家起源的问题得以进行更加细致的研究，获得了若干新的进展。其中最重要的成果之一，是在理论上提出了分层的概念，并且提出和进一步完善了基本资源的概念。

社会各人群对于基本资源的不同关系，形成经济分层，它是一切社会分层和权力分层的基础。统治阶级之所以能够在经济上获得统治地位，首先是通过控制并占有基本资源来获得的。美国人类学家弗里德（Morton H.Fried）在其名著《政治社会的演进》（1967）中指出，只要有获取基本资源的不平等情况，就有分层存在，伴随着分层的是社会分化为根本不同的经济集团，那些获取基本资源较多或者获取基本资源不受限制的人构成一个阶级，那些获取基本资源受到限制或者很少能够获取同样资源的人构成另一个阶级。按照弗里德的解释，所谓基本资源，不单是指人们生存和再生产所必需的包括食物、工具等在内的各种消费品，还包括这些消费品的来源[1]，以及获取和制造维持人的生存和再生产的必需品的各种手段[2]。

以下，我们对古蜀王国的基本资源占有模式进行一些分析。

1. 对基本生活资源和生产者的占有与控制

基本生活资源主要是指维持生活所必需的食物。古蜀王国的各级统治者、大大小小的奴隶主，数量不少。从方圆3.5—3.6平方公里的巨大的三星堆古城看，其中必然聚集着大批权贵和显宦。作为商代古蜀王国次级中心城市的成都[3]，由近年成都市金沙遗址考古发掘的新材料再次证实[4]，商代晚期它同样是

---

① Morton H.Fried, *The evolution of political society*, New York, 1969, p.187.

② Jonahan Haas, *The evolution of the prehistoric state*, New York, 1982.

③ 笔者在1992年举行的"纪念三星堆考古发掘六十周年暨巴蜀文化与历史国际学术讨论会"上提出，作为一座早期城市，成都形成于商代晚期。见段渝：《巴蜀古代城市的起源、结构和网络体系》，《历史研究》1993年第1期。段渝：《成都通史》卷一《古蜀时期》，四川人民出版社2011年版，第122—135页。

④ 北京大学考古文博学院、成都市文物考古研究所：《金沙淘珍》，文物出版社2002年版。以下引此，恕不一一注明。

一座颇具规模的早期城市，其中照样聚集着大批权贵和显宦。这些为数众多的权贵和显宦之所以能够花天酒地，为所欲为，生活得很奢侈，最基本的前提，就在于他们占有并控制了全部土地资源、生产资源、食物资源以及大量的食物生产者。古蜀王国的贵族统治者们嗜酒如命，三星堆遗址中发现了大量式样不同、制作精美的青铜和陶质酒器[1]，为这些贵族和权贵们所专有，其腥闻在上、作长夜之饮的奢靡场面可以想见。大量的酒必然是以消耗巨量的粮食原料为前提的。这种情况十分明显地说明，古蜀的贵族统治者已经控制了食物生产，控制了食物生产者，而这些又毫无疑问是以对于土地资源的控制和占有为前提的。这种现象，不但是贵族统治者阶级占有了农业劳动者阶级剩余劳动的证据，而且也是他们控制了基本生活资源的证据。

2. 对手工业生产者及其产品的占有和控制

规模庞大的三星堆古城，巨量青铜原料的开采、加工、运输、冶炼、翻模和铸造，大批玉器和石器的生产和加工，大片宫殿、居宅的建筑，以及成都羊子山高达 10 米、总面积约 10733 平方米、使用泥砖 130 多万块、用土总量达 7 万立方米以上的三级四方形大型礼仪性土台[2]，成都十二桥商代大型木结构宫殿建筑[3]，成都金沙遗址出土的大批青铜器、金器、玉石器和重达 1 吨以上的象牙，大量的、各式各样精美的金、玉、铜、石、陶质等工艺美术品，如此等等，均无不出自于各类专门手工业劳动者之手。而所有这些物质成果并且连同蕴含在其中的全部精神成果，都统统被贵族统治者们一一攫取，全部据为己有。这就充分表明，这些手工业生产部门已经全部成为显贵们直接控制的生产领域，所有生产者及其产品，都成为他们那贪得无厌的巨大物质享受和奢侈糜烂生活的重要源泉。

3. 对生产资源包括基本资源和战略性物资的占有和控制

在古代文明之初，铜矿、锡矿、金矿、玉矿等自然资源，往往是一个文明古国各种资源中最为重要，并且是最富于战略意义的资源，同时也是一国之中最为重要的物资财富。

三星堆遗址出土的重达 1000 公斤以上的青铜制品，所消耗的铜矿砂、锡矿石等原材料达 5—20 倍以上，足见制造青铜器所需的铜、锡矿原料之多，表明

---

① 林向：《蜀酒探源》，《南方民族考古》第 1 辑，四川大学出版社 1987 年版。

② 四川省文物管理委员会：《成都羊子山土台遗址清理报告》，《考古学报》1957 年第 4 期。

③ 成都市博物馆：《成都十二桥商代木结构建筑发掘简报》，《文物》1987 年第 12 期。

神权与王权控制并占有着这些最重要的战略物资资源，或其来源，或获取它们的各种手段。

三星堆遗址出土的各种黄金器物多达 100 件以上，金沙遗址出土的黄金器物更是多达数百件，金器数量之多，形体之大，均为商代中国所仅见[1]。黄金自古被视为珍宝。人们总是将黄金世代相传，从不轻易抛置，所以亘古以来，考古中被发现的黄金器物并不多见。可是仅仅在古蜀国故都废墟的一角，便埋藏着如此丰富的纯金器物，这不能不使人感到古蜀国的神权政治领袖们是何等严密地控制着金矿的开采、黄金的加工和金器的制作，并把所有黄金据为己有。

三星堆遗址出土的玉石器，绝大多数发现于显贵们的居住区和两个祭祀坑当中，这同样表现了玉石资源为统治阶级所控制和独占的事实。

4.对生产工具以及劳动分工的占有和控制

迄今为止，有关商代末叶之前古蜀窖藏和墓葬中埋葬生产工具的最早材料，见于四川新繁水观音墓葬[2]和两次在四川彭县竹瓦街发现的青铜器窖藏[3]。从新繁水观音晚期墓葬开始，蜀墓中埋葬大量、成套的金属生产工具这种习俗成为传统，并且生产工具还往往与青铜礼器和兵器等形成组合关系问题。青铜礼器和兵器是贵族身份和地位的重要代表和象征，埋葬青铜生产工具，与埋葬青铜礼器和兵器具有同样的内涵和意义，具有同等重要的地位。在先秦时期，"国之大事，在祀与戎"[4]。这种体制和观念表现在墓葬中，就是大量埋葬各式精美的青铜礼器和兵器：礼器代表"祀"，象征着对宗教礼仪的占有和控制；兵器代表"戎"，象征着对武装力量的占有和控制。而蜀墓中与青铜礼器和兵器共生的大量青铜生产工具，其意义显然是象征着对生产工具和劳动分工的占有和控制。从整个蜀墓的发展序列来看，墓主生前地位越高，墓葬规模越大，随葬的金属生产工具的数量就越大，品种就越多。四川新都大墓可以说是一个典型代表[5]。这种情形再清楚不过地表明，随葬金属生产工具数量的大小、品种的多少，是与墓主生前的身份和地位有直接关系的。对金属生产工具的占有数量和种类，

[1]　段渝：《商代黄金制品的南北系统》，《考古与文物》2004 年第 2 期。

[2]　四川省博物馆：《四川新繁水观音遗址试掘简报》，《考古》1959 年第 8 期。

[3]　王家祐：《记四川彭县竹瓦街出土的铜器》，《文物》1961 年第 1 期。四川省博物馆：《四川彭县西周窖藏铜器》，《考古》1981 年第 6 期。

[4]　《左传·成公十七年》，文渊阁四库全书本。

[5]　四川省博物馆：《新都战国木椁墓》，《文物》1981 年第 6 期。

成为对劳动分工领域的占有深度和广度，以及以此来区分尊卑贵贱的一个十分重要的标志，从一个重要侧面反映出社会分层的情况。

蜀墓和窖藏出土的金属生产工具，大多数是刀、凿、斧、斤、削、锯、锛等，与手工业有着密切关系。这种情形意味着，古蜀的青铜手工业工具是属于统治者所有的，手工业生产和分工完全被贵族统治者所控制和垄断。

5. 对宗教礼仪用器以及宗教性建筑的占有和控制

三星堆遗址出土的全部青铜器群、玉石器群、黄金器物群以及某些陶器群，在性质上多属礼仪之器，均在礼仪和祭祀场合使用，无一不为神权政治集团所独占。兀立在成都平原一望无垠的原野川泽上的三星堆古城城墙，以及高达 10 米的成都羊子山土台①，也是古蜀神权无比强大的表征，它们以无法抗拒的物质形式的力量来威慑万民的心灵，从而达到巩固神权统治的目的。由此可见，宗教神权是古蜀王权最为重要的组成部分，是王权的核心。

以上分析表明，在古蜀王国，基本资源是由国家和统治阶级所占有的。其中，自然资源、战略性物资资源和宗教礼仪资源，由统治阶级当中的核心统治者集团代表神权国家所垄断占有，生活资源如粮食、酒类、肉类等和一些生产性资源（如生产工具）则由各级统治者所分别占有，国家则以收取贡赋的形式同各级统治者分享这些资源。

（三）再分配系统的运作机制

1. 农业产品的再分配模式

在古代社会，一切农业生产品的流动模式，总是从次级聚落流向中心城邑，供各个脱离食物生产的阶级和阶层消费，而次级聚落的食物资源，都从广大农村直接流动而来。

三星堆古城、成都金沙和十二桥遗址，都分布有不少平民的居址、作坊和工场，表明其中存在着大量的非食物生产者。他们当中，有建筑者、运输者、各门各类的手工业生产者以及艺术者等等，也有贵族统治者们的家内奴隶。这是一大批脱离食物生产的人群，他们的基本生活资料，须由周边甚至远地的农村生产，直接或间接地流向这些中心城邑。这部分农业产品，连同被中心城邑内麇集着的大批贵族显宦们所消耗、挥霍的大量粮食、酒类、肉类、瓜果、蔬

---

① 四川省博物馆：《成都羊子山第 172 号墓发掘报告》，《考古学报》1956 年第 4 期。

菜以及其他各种食品，均由各个次级聚落和低级聚落以交纳贡赋或其他形式无偿提供。

2.畜牧和渔猎产品的再分配模式

三星堆遗址出土大量各种兽类的遗骨遗骸，如鹿骨和一些大型动物的遗骸等等。这些动物和野兽，都是以狩猎或兼事狩猎、畜牧的部落为中心城邑的统治者提供的，也是一种由次级或低级聚落向高级中心流动的模式。

成都金沙遗址发现了大型卜用龟甲，十二桥遗址除出土各种兽类遗骨外，还出土不少龟甲，都是占卜所用的。据动物学家研究，成都十二桥出土的卜用龟甲是陆龟的腹甲，而陆龟并不出产在成都平原[①]。可见，十二桥出土的陆龟是从外地引进的。根据《山海经·中次九经》、《华阳国志·巴志》、左思《蜀都赋》刘逵注引谯周《异物志》等记载，岷山和川东各地出产大龟。古蜀王国在这些地方虽有若干文化传播和渗透，然而究非蜀土，蜀王政令也不能直接抵达。因而，出产在这些地方的大龟，只能是通过贸易交换方式引入古蜀中心城邑的，是一种双向性的物资流动模式。

3.手工业产品的再分配模式

一是贵重的手工业产品，如金器、青铜器、玉石器和雕花漆木器等，仅在中心城邑出现，表现出单向性的流动模式。

二是珍稀原材料，如金、玉、铜、锡、铅、象牙、海贝等资源的流向，可分为几种情况：其中出产在蜀地的，呈单向性地流往中心城邑；不产于蜀地的，则以贡纳或交换等形式，呈单向或双向性地流往中心城邑。如海贝和象牙，分别出产在印度洋和南中国海地区，这些产品就只可能通过直接或间接的贸易双向性地交换而来。

三是青铜兵器的流动。三星堆遗址以外各地发现的蜀式青铜兵器，在出土地区均未发现铸铜作坊的遗迹。而在三星堆遗址，却发现大量铸铜的坩埚和铸出铜器后取出的模具碎块，以及大量熔炼青铜器后遗留下来的炼渣，表明三星堆遗址有大型青铜器作坊和工场。这些现象可以说明，包括兵器在内的金属军事装备，在古蜀王国是由中心城邑三星堆直接流向次级城邑或各个军事据点的，属于单向性的流动模式。

四是大型礼器群的流动，仅仅出现在古蜀核心统治者集团所在的三星堆古

---

① 转引自王毅：《成都市蜀文化遗址的发现及其意义》，《成都文物》1988年第1期。

城和作为次级统治中心所在的成都金沙遗址，分布范围极为有限，其成品的制作就在这两座城市内，或部分来源于次级城邑，呈现为封闭式、单向性的流动模式。

4.富于特殊用途的自然资源的再分配模式

这类自然资源，本身其实是大自然极其普通的赐品，例如土、石、木材等。但由于这类自然资源可以充作各种各样的生产和生活材料，所以被赋予了某种权力或神秘力量的内涵。

据《华阳国志》以及其他舆地之书的记载，在成都平原古蜀王国的故土上，有数量众多的巨石建筑，这就是为学者们所盛称的"大石文化遗迹"，它来源于古蜀人对其先民及其居住环境的怀念，被作为一种国家崇拜性质的纪念性建筑，建造并矗立在成都平原古蜀王国故土各处。成都平原是一个大河冲积扇平原，本土不产任何大石。作为古蜀王国大石文化建筑材料的巨石，都是从邛崃山开采，经过千辛万苦运送到成都平原，再立于各地的[①]。这种流动，是一种单向性的流动模式。

此外，海洋生物资源的发现应当引起充分注意。三星堆一、二号坑内出土了数千枚海贝，其原产地主要是印度洋深海水域和南中国海，是古代南亚和东南亚地区的通用货币。三星堆出土的海贝，均从印度和东南亚地区交换而来，它们不仅被古蜀王国的权贵们作为财富的象征，更是作为垄断对外贸易的标志[②]。海贝的发现，表明了古蜀王国的权贵们对于外贸及其手段的独占。从对外贸易角度而言，这是一种互动性、双向性的物资流动模式。

再分配模式体现了生产、消费、交换、分配体系的全过程及其运作机制。古蜀王国的再分配模式，根据上面的分析，大致可以归结为三类结构：第一类是各次级聚落或族体间广泛的互惠性交换和贸易。第二类是各种物资从次级聚落向中心城邑的单向性流动以至高度汇聚，主要物资种类有食物、贵重手工业生产品、艺术品、奢侈品，尤其是富于王权权威和神权权威以及具有重大战略意义的自然资源和物资。第三类是从中心城邑反向流动于各次级聚落和军事据点的单向性流动，这类物资主要是青铜兵器。第二类物资流动的大规模化及其

---

① 冯汉骥：《成都平原之大石文化遗迹》，原载《华西边疆研究学会会志》第 16 期，转载《冯汉骥考古学论文集》，文物出版社 1985 年版。童恩正：《古代的巴蜀》，四川人民出版社 1979 年版，第 83 页。

② 段渝：《古代巴蜀与近东文明》，《历史月刊》1993 年第 1 期。

在中心城邑的集中化所表现出来的高度社会控制，与第三类物资的反向流动所表现出来的对专职暴力机构的控制和垄断，充分说明古蜀王国的王权行使范围和程度，都已远远超出酋邦制组织的酋长权力，达到国家政权的水平。这一方面意味着古蜀王国的城乡连续体、文明中心和原始边缘等多重结构体系的形成；另一方面则深刻地揭示出，在古蜀王国的再分配体制中起决定作用的控制系统，是凌驾于社会之上的国家政权，其核心是王权和神权，其典型物化形式是金杖、青铜雕像群、青铜礼器、青铜兵器、玉石器、城墙、宫殿建筑和大型祭坛。

（四）统治集团的分级制体系

权力系统的研究，是了解权力性质、权力行使的广度和深度的关键。三星堆出土的大型青铜雕像群，便是其中的秘密之所在。

三星堆青铜人物雕像，包括各式立人像、跪坐人像、人头像、人面像，以及金杖、金面罩等，是古蜀王国采借外来文化并加以创造性适应整合的一种对权力内涵的表现方式[1]。这些采借移入的文化因素，因其处处充满着的神秘王国气氛，因其为古代蜀人所从未曾见，为整个古代中国所从未曾见，恰好适应了古蜀王国在神权的庇护下强化王权的需要。例如，作为王权、神权和财富垄断之权三位一体的最高权力象征物的金杖，无疑适应了代表蜀王统一政权和群巫之长的标志物那样一种现实需要；而大型青铜雕像群不仅显示了蜀王对物质财富的垄断和在精神世界中的巨大威慑力量，还活生生地展现出古蜀王国的神权与王权结构，即群巫从属于大巫、诸王从属于蜀王这一现实的权力结构，足以使诸神和诸王对于大型礼仪中心的朝拜奢望得到充分满足，特别有助于王权的神化，因而被古蜀加以采借并同自己的文化进行了创造性的整合。

三星堆一、二号祭祀坑出土的青铜人物雕像有好几种形制，各式之间存在着服式、冠式和发式上的若干区别。服式上，有左衽长袍、对襟长袍、右衽长袖短衣、犊鼻裤等，各不相同。冠式上，有兽面（或花状齿形）高冠、平顶冠、双角盔形冠等区别。发式上，有椎结、辫发、光头等区别。不论从人类学还是从中国古代文献对古代民族的识别标准来看，衣、冠、发式都是区分族别的最重要标志，此外还有语言、饮食等。三星堆文化的语言和饮食今已难以详考，但就其衣、冠、发式而言，一、二号坑出土的青铜人物雕像群明显地表现了不

---

[1]　段渝：《论商代川西平原青铜文化与华北和世界古文明的关系》，《东南文化》1993年第2期。

同族类的集合。证之史籍，不难看出这些族类包括氐羌和西南夷诸族。

根据结构分析，这些雕像所代表的社会地位至少有两个层级。二号坑所出连座通高 260 厘米、与真人大小基本一样的头戴兽面（或花状五齿）高冠的青铜大立人像，衣襟前后均饰异形龙纹，双手前伸围抱，做手握象牙状，可以肯定是群像之长、一代蜀王，即古蜀王国的最高政治领袖，同时又是主持宗教礼仪活动的神权领袖，即群巫之长、一代大巫师。第二个层级是各式人头雕像，其间看不出有明显的高低贵贱之分，它们共置一处，无主次之别，意味着地位基本没有差别，当然更不可能是用作祭祀礼仪牺牲（人牲）的代用品。各坑人像与礼器共存的情况，表现出众多族类举行共同祭祀礼仪活动的情景。这个青铜雕像群结构的核心，便是青铜大立人。

青铜大立人头戴兽面高冠，其形象与金杖图案上的人头像一致，表明是最高神权政治领袖。它身着左衽长衣，脑后椎结，与《蜀王本纪》所记载的蜀人"椎结左衽"完全一致，确切表明是蜀国之王、群巫之长。其余各式人头雕像，则是各族首领、次级群巫。不论群巫之长还是群巫，在当时都被各地奉若神明，代表着各地大大小小的神。

在古代社会，各国之君、各族之长同时又是其治民所尊奉的神，这是一种普遍现象。又因为这些君长们主持各种祭祀仪式，垄断天人之际的交通，正如《国语·楚语》所记载的重、黎"绝地天通"一样，因而同时又成为了掌握神权的巫师。于是，君统与神统就这样巧妙地结合在了一起。既然三星堆古蜀王国把西南夷群巫聚集一起，共奉蜀之主神，那么，这种群巫与群巫之长、各国之君与天下共主的关系，就形成了一种多元一体，有层次、有主从的层级结构关系[①]。

三星堆青铜大立人，由于其巫师的形象特别突出，由于它高踞于群像之上，既有王者之风，又有主神之仪，因此无疑是群巫之长。其他人头像、人面像则多为西南夷形象，或氐羌人形象，它们代表着蜀王治下各地的各级统治者、各族之长或群巫。由此看来，青铜雕像群所表现的内涵，是一个以古蜀王为核心的、有众多族类拥戴的统治集团的层级权力结构。

包括出土青铜雕像群的一、二号祭祀坑时期的三星堆文化面貌，是成序列地继承和演进的，表明从三星堆遗址二期以来，古蜀的社会基本结构未变，统

---

① 段渝：《商代蜀国青铜雕像文化来源和功能之再探讨》，《四川大学学报》1991 年第 2 期。

治者族属未变。同一时期三星堆文化的空间分布，除三星堆遗址及其周边区域而外，从考古文化上显示出来的还有成都金沙和十二桥遗址商代文化层、羊子山土台、指挥街遗址、新繁水观音遗址、雅安沙溪遗址、汉源和石棉商代遗址和遗存、重庆忠县㵲井沟遗址、汉中城固青铜器群等，以及古文献如《华阳国志·蜀志》所记载的岷江上游的蜀文化等一大片连续性空间，它们不论在文化面貌还是文化内涵上都同属于三星堆文化，因此均应纳入古蜀文化区范畴①。它们与三星堆的关系，是古蜀王国权力结构中各个层面和各个支撑点同权力中心的关系。其空间构架可以从这样两个方面来认识：

第一，从平面结构看，三星堆遗址与其他遗址的关系，是一种中心遗址与边缘遗址的关系；

第二，从垂直结构看，它们之间又是一种高级中心与次级中心和一般性聚落的关系。

平面与垂直两种结构，使我们能以立体的视角，清楚地看出商代古蜀王国的统治在空间上的广延性和层级性，从而看出王权行使的广度和深度。

分布在成都平原到汉中盆地的与三星堆文化相同的遗址，由于在当地找不到其起源、演变的序列，而三星堆遗址本身有着清楚的起源、发展和演变序列，年代又早于那些遗址，因而它们必定是三星堆文化在空间上的延伸，三星堆遗址则是同一文化的传播源所在。同时，三星堆文化本身持续发展达上千年之久，又充分说明了古蜀王国的统治在时间序列上所达到的高度稳定性。空间上的连续性和时间上的稳定性，无可置疑地表明：三星堆作为蜀王之都，是最高权力中心之所在；其他位于不同层级和边缘地区的各级次中心及其支撑点，则是这个中心在各地实施统治的坚强基础和有力支柱，只是其族别各异而已。这种情况，与青铜雕像群所呈现出来的统治结构完全一致，表明古蜀王国的最高权力中心控制着分布有众多族类的广阔地域，这片广阔地域内的各个地方性族系之长，都是臣属于古蜀国王权的小国之君，既是蜀之附庸②，又是共奉蜀国主神的群巫。这一点，同商代诸方国与商王朝的关系极为类似。

通过以上分析，我们一方面揭示出商代蜀国王权的宗教神权性质，另一方面揭示出古蜀王国统治集团的分级制体系，看出它王权行使的基础在很大程度

① 屈小强、李殿元、段渝主编：《三星堆文化·绪论·古蜀文化区》，四川人民出版社1993年版，第9—12页。

② 方国瑜：《中国西南历史地理考释》上册，中华书局1987年版，第15页。

上是来源于对广阔地域上各个地方性族系之长的直接控制的。

四、结语

通过以上分析，我们可以初步获得下面几点结论。

第一，酋邦的政治制度，从清江流域廪君集团的情况分析，经过从非暴力联合阶段到通过对外战争确立君权的阶段直到最后通过宗教仪式神化君权的阶段，由这三个阶段的连续演变，最终发展成为由巴、樊、曋、相、郑五姓组成的具有层级结构的酋邦，巴氏子廪君成为酋邦的最高首领，即所谓"酋长"或"酋豪"。在这个以部落血缘关系为纽带的酋邦内部，最重要的政治制度是祭祀制度，它包括以下两个方面的内容：

一个方面是祭祀仪式本身，即"巴氏以虎饮人血，遂以人祠焉"[1]，通过杀人祭祀于庙堂（祠，祠堂，汉代及以后的祠堂，即相当于先秦的宗庙）的仪式，以达到威慑和制裁的目的。近年考古学家在清江流域和渝东长江流域发现的青铜器上往往铸刻有虎的形象，大多与此有关，它们应是廪君集团祭祀制度的物化表现形式，表明了祭祀制度的固化。

另一个方面是通过祭祀仪式，采取政治权力宗教化的方式，使"四姓皆臣之"[2]的强权政治转变成以祭祀为中心的神权政治，使强权统治转化为宗教统治，以宗教掩盖政治，以文化代替暴力，使控制合法化。通过神化廪君的方式神化酋长权力，使权力合法化，达到强化酋长权力的目的。

清江流域廪君酋邦植根于血缘组织，但它的层级结构的顶端是巴氏子，而巴氏始终占据着酋邦首领的位置，掌握着酋邦的各种权力，凌驾于血缘集团之上，从而表现出廪君酋邦所具有的初期国家的性质，可以认为它处于早期国家的初级阶段，或许这就是所谓"史前国家"。

第二，王国的政治制度，从三星堆古蜀王国分析，在经济分层、社会分化、政治经济宗教等权力的集中化以及再分配系统等方面，均与酋邦社会具有共同特点但却在更高的层面和更广阔的空间更加深刻地体现出来。它的更加深刻的

---

① 《后汉书》卷八六《巴郡南郡蛮传》，文渊阁四库全书本。

② 《后汉书》卷八六《巴郡南郡蛮传》，文渊阁四库全书本。

内涵在于，三星堆古蜀王国所统治的民众，已不光是鱼凫氏古蜀人本身，还包括早于鱼凫王朝在成都平原立足而被鱼凫氏所征服的蚕丛氏和柏濩氏（柏灌氏），此外还有西南夷诸族群。这就是说，由鱼凫氏所建立的三星堆古蜀王国已是一个突破了氏族部落血缘纽带的血缘与地缘并存的政治组织。同时，三星堆古蜀王国建立了一支武装力量，部署在它的疆界并用于对外征服战争，另外还有考古迹象表现出拥有用于对内制裁的机器。这几点，可以说比较充分地表现出了一个早期国家的政治制度内涵。

第三，比较而言，三星堆古蜀王国不论在政治组织的演进还是在政治制度的完善方面都比清江流域廪君酋邦前进了一大步，前者已经达到国家水平，后者还处于酋邦制度之中。然而，由于历史文献的缺乏，包括二者在内的有关中国西南地区酋邦和国家的历史资料必须从考古发掘中获取，必须透过考古资料进行观察和分析，因此对这些社会的政治制度的研究存在着相当难度，并且不大可能达到十分具体的程度。不过，通过上面的分析论述，我们还是可以认识到，从某些基本要素看，酋邦与国家在政治制度上没有太大的差别，例如经济分层、社会分化、政治经济宗教等权力的集中化、再分配系统等等，是酋邦组织和国家组织都共同具备而为氏族社会所没有的。但是，从另外一些因素看，酋邦与国家却又有着根本的差别。恩格斯在《家庭、私有制和国家的起源》中认为国家的特点有二，一是按照地缘而不是按血缘来划分国民，二是军队、警察、监狱等公共机关的设立，而国家的本质是暴力。就我们所分析的中国西南地区的早期国家而言，在恩格斯所总结的两个特点中，除开并不是完全按照地缘而是按照血缘与地缘并存来划分国民，以及国家除暴力而外还有组织社会正常运转和组织生产等基本职能（酋邦亦具）而外，国家的这两个特点可以看作是国家在政治制度方面不同于酋邦的两个根本区别。这在我们对清江流域廪君酋邦和四川盆地三星堆古蜀王国的分析中得到了清楚的证明。

本文为作者提交 2013 年 6 月在陕西师范大学举行的
"早期国家政治制度国际学术研讨会"的论文。

（原载《社会科学战线》2014 年第 9 期）

古蜀文明的演进特点及其在先秦史上的地位

先秦时期，由古蜀人所创造而兴起于四川盆地并波及周边广阔地域的古蜀文明，是一支灿烂的古文明。古蜀文明以新石器时代晚期的成都平原宝墩文化、夏商时期的三星堆文化、两周时期的成都十二桥文化——金沙遗址等物质文化遗存为表征，连续发展演变达 2000 余年，对中国西南地区的文明演进发挥了重要作用，在中国文明史上留下了不朽的一页。本文仅就古蜀文明演进的阶段、特点及其在先秦史上的地位略作论述，就教于海内外博学通人。

一、古蜀文明演进的阶段

作为一种历史过程，古蜀文明的盛衰兴亡不可避免，留下了一部高潮与低谷相激荡的文明演变史，于是形成阶段或时期。各个时期的相互衔接，便是古蜀文明演进的全部历程。

古蜀文明经历了文明起源、文明形成、文明演变和文明发展等四个时期，前后延续 2000 余年。

古蜀文明的起源，从历史文献方面可以追溯到蜀山氏，从考古学方面可以追溯到新石器时代晚期成都平原的宝墩文化。这个时期是古蜀历史上的传说时代，在古史记载里是蚕丛、柏濩和鱼凫等所谓"三代蜀王"角逐争雄的时期，也是古蜀酋邦社会的形成时期，同时也是古蜀国家与文明的起源时期[①]。

约从夏商之际到商周之际，是古蜀文明的形成时期。约当夏商之际，在成都平原中部形成了以广汉三星堆古城为中心的古蜀文明，显著标志是建于早商

[①] 段渝：《政治结构与文化模式——巴蜀古代文明研究》，学林出版社 1999 年版，第 16—53 页。

时期的规模宏大的古城，它是在宝墩文化的基础上发展起来的，表明最初城市的聚合过程业已达到相当水平，早期城市生活方式初步确立。在这一时期，青铜器制作已经出现，器种主要是兵器和工具①，表明已步入青铜时代。对应于历史文献，这正是"三代蜀王"角逐争雄②，而以鱼凫王统治的建立为终结的时期，意味着高于史前酋邦制的阶级国家已经诞生③，古蜀文明逐步走向兴旺发达。在这个时期的中后期阶段，出现了灿烂的三星堆青铜文化，城市生活方式也基本确立，并初步形成了以广汉三星堆古城为中心，以成都、四川雅安、陕西汉中盆地等为战略支撑点的在政治上分级、在功能上分区的广阔的空间构架④。社会结构日益复杂化，神权政治臻于极盛，经济空前繁荣，青铜文化步入高峰，表明古蜀文明日益走向成熟。

商周之际，古蜀王国的政治史上发生了第一次王朝更迭，杜宇王朝取代了鱼凫王的统治，号为蜀王，一号"杜主"⑤。在考古学上，古蜀文化也出现了若干新的变化，标志着古蜀文明进入一个新的发展时期即演变时期。

周初以后古蜀青铜器形制及所反映的文化内容已与商代鱼凫王国有重要区别，重器绝无大型雕像群，礼器中形成列罍之制，形制花纹多取诸中原同类器物，组合意趣不同，是古蜀本土所铸⑥。引人注目的是，彭县竹瓦街窖藏铜器中的2件兽面饰象纹铜罍，与辽宁喀左所出西周燕国铜罍，形制花纹基本相同，并且其纹饰又见于周武王时的天亡簋、成王时的仲偁簋⑦，显然有浓厚的周文化色彩。可见，自周初开始，蜀国统治阶级的青铜礼器群发生了重要变化，表明了享有这些礼器的统治集团发生了重要变化，反映了古蜀王国政权的易手。这种变化，也正与陶器中鸟头柄勺的消失同时，反映了鱼凫王的势力已遭到彻底扫荡。

西周时代蜀文化考古未见商代蜀国所特有的大型青铜雕像群一类标志神权至上的遗物，正是从考古学文化上反映出的杜宇王朝与鱼凫王朝在国家形态上

① 按：这是指出土于新繁水观音 M1、M2 和汉源富林的青铜器，其始铸年代为商代前期。转引自杜廼松：《论巴蜀青铜器》，《江汉考古》1985 年第 3 期。

② 《蜀王本纪》，刘琳：《华阳国志校注》卷三《蜀志》，巴蜀书社 1984 年版。

③ 段渝：《论蜀史"三代论"及其构拟》，《社会科学研究》1987 年第 6 期。

④ 段渝：《四川通史》第 1 册，四川大学出版社 1993 年版，第 41 页。

⑤ 刘琳：《华阳国志校注》卷三《蜀志》。

⑥ 冯汉骥：《四川彭县出土的铜器》，《文物》1980 年第 12 期。

⑦ 晏琬：《北京、辽宁出土铜器与周初的燕》，《考古》1975 年第 5 期。

的重要区别。这种区别的实质在于：以鱼凫王为代表的古蜀王国，对内实行彻底的神权政治，统治阶级的意志是通过神的意志来表达的，其最精美、最华贵的物品均出自用以祭祀神灵的祭祀坑，就是最为明确的证据。而金杖实为集神权、政权和财富垄断权为一体的最高象征物，各种青铜人像也是祖先崇拜的象征，或巫师的形象。种种现象表明，早期的古蜀王国还处于实行神权政治的早期国家阶段，这与世界古代文明中的各个早期国家无不以实行神权政治为特征，是为宗教国家或神权政治国家的情形[①] 大体相同，但是在杜宇王朝则否。杜宇王朝的一系列治民措施，无论是使三代蜀王的"化民"复出，还是耕战治水，都无不带有显著的务实特点，其礼乐制度也不是国家宗教的产物，而是突出表现现存的等级制度，表现现实政治和赤裸裸的阶级统治。可见，在杜宇王朝的统治秩序中，宗教神权固然必不可少，但却不占第一位，已成为统治机制中较次要的成分，现实阶级统治则是最核心的部分。这就意味着，杜宇时期的蜀王国，已走出早期国家的发展阶段，进入比较成熟的阶段。这种直接实施阶级统治的国家形态，比起早期的神权政治国家，无疑是一历史性进步，也充分表现出了文明的演进。

古蜀文明的发展时期约为春秋至战国晚期。这个时期古蜀文明的显著特点是：第一，开明氏取代杜宇为蜀王，建立起古蜀开明王朝；第二，古蜀青铜文化进入全面繁荣时期；第三，古蜀青铜器、漆器上出现大量文字和符号，巴蜀印章广泛使用，巴蜀文字制度形成；第四，与等级制度相结合的古蜀礼乐制度臻于全盛，这充分反映在考古发现的古蜀墓葬的内涵上；第五，尤其重要的是，春秋中晚期开明王朝移都成都，以成都为都城的古蜀城市文明体系得以最终确立，大大推动了古蜀文明的进一步蓬勃发展。同时，开明王朝奉行积极向外开疆拓土的国策，向北"攻秦至雍"，向南"雄张僚僰"[②]，向东"据有巴蜀之地"[③]，向西 "以灵关为前门"[④]，以至于"东接于巴，南接于越，北与秦分，西奄峨山番"[⑤]。尤其是历代开明王先后把成都平原的北方、东方和南方作为最主要的战略

[①] V.G.Childe, *Man Makes Himself*, 1948; L.White, *The Evolution of Civilization*, 1959; E. R. Service, *Origins of the State and Civilization: The Process of Cultural Evolution*, 1975.

[②] 刘琳：《华阳国志校注》卷三《蜀志》。

[③] 扬雄：《蜀王本纪》。

[④] 顾祖禹：《读史方舆纪要》卷66引《华阳国志》。

[⑤] 刘琳：《华阳国志校注》卷三《蜀志》。

发展方向，并取得一系列成功，一方面充分显示出蜀的强盛国力，另一方面则反映了蜀国试图跻身于中原大国之列，参与诸侯聘享盟会的战略意图。

公元前316年秦灭蜀，古蜀政治史随之结束，古蜀文明的相对独立发展进程也随之阻断，逐步汇入中国文明的一体化大潮之中。古蜀王国虽已灭亡，然而古蜀文明的一些基本因素并没有一同消亡，而是一方面与秦汉文化迅速融合，一方面仍在持续发展演变，开始了统一王朝下地域文化的整合与重组，成为后来巴蜀文化传统的重要根源之一。

二、古蜀经济文化的特点

《荀子》有言，"昔者江出于岷山，其始出也，其源可以滥觞"[1]。在先秦时期，以成都平原为核心的古蜀文化曾以强劲的辐射力和凝聚力，凝聚了中国西南地区尤其长江上游的各种民族，整合了四川盆地内外各个古族的政治力量，进而实现了从区域一体化到一统化的发展，从而造成了古蜀地区经济开发的良好环境和发展空间，推动了区域经济的发展和社会进步。其中最重要的历史价值在于，这样一种稳定的社会结构，不仅促进了成都平原和四川盆地古代文明的持续发展，而且对于西南地区中国文明基本空间范围的奠定产生了极其重要的历史作用。自秦汉直到明清，统一的中央政府无不以四川作为镇抚西南地区的战略基地，从唐以来又是处理中央与西部各民族关系的前哨和堡垒，具有相当重要的战略地位。在统一的多民族的中华国家历史上，成都长期发挥着这种政治上的区位优势，在历朝历代都受到格外重视。而成都这种重要的政治地位，是在先秦时期奠定并确立起来的。

古蜀地区位于黄河流域中原地区与西南各地经济文化联系的中心地带，商末周初以来，古蜀以成都为首位中心城市，一直是长江上游和西南地区最重要的经济枢纽，其辐射力在历史上一直是北越秦岭，东出三峡，南抵滇、黔，长期充当着不同区位间不同经济类型产品的贸易桥梁和枢纽。由经济区位所决定，古代成都在长江流域农业经济圈与云贵高原和青藏高原畜牧经济圈、半农半牧经济圈的互动和贸易中处于媒介和枢纽位置，在中国西部具有非常突出的、极

---

[1]　王先谦：《荀子集解·子道》，中华书局1997年版，第532页。

为优越的不同经济部类之间多向贸易的中心地位。

历史上成都经济的空间形态具有外向型（辐射型）和内聚型的双重特征，同时具有枢纽型的特征。外向，是指成都经济向西南地区和长江流域辐射；内聚，是指吸引并凝聚西南各地和长江流域经济向成都集散。在经济发展的外向型和内聚型相互交织的复杂过程中，成都向来是以外向为主，如漆器、丝绸等，除大量输往西南各地外，还远销朝鲜、蒙古和东南亚，其经济上的外向辐射力十分强劲，辐射面也十分广阔。枢纽，是指成都位于黄河流域中原地区的经济文化向西南各地传播过程的中间地带，它的经济枢纽地位之重要是十分明显的。

古蜀地区农业开发的历史相当久远，早在四千多年以前，成都平原以及周围边缘丘陵山地就已得到初步开发，至夏商时代，蜀的农业经济不断发展，西周时代已是当时全中国农业先进的富庶之区。春秋战国之际，蜀国由于水利的大规模兴建，促进了农业的长足进展，不仅"民食鱼稻，亡凶年忧，俗不愁苦"[1]。而且富于"桑、漆、麻、纻之饶"，"其山林泽渔，园囿瓜果，四节代熟，靡不有焉"[2]。由是沃野千里，"利尽西海"[3]，以富饶著称于中华。古蜀手工业也是盛极一时，蜀锦、蜀绣、蜀布、蜀漆等产品不仅名闻天下，而且输出到遥远的蒙古草原和朝鲜半岛。

由经济外向型和内聚型双重特征所造成的成都文化，同样具有明显的凝聚与辐射相交织的双重特性，使成都的精神文化表现出几个重要特点：一是海纳百川的开放和兼容气度，二是渴求开放和走向世界的意识，三是勇于创新的精神。由这几个特点所决定，吃苦耐劳、不畏艰险，便成为千百年来成都最鲜明、最突出的人文性格特征，而"追风"、"趋潮"、"赶时髦"也随之成为成都文化最显著的外在表现方式之一。

成都虽然位于内陆盆地，不靠海，不沿边，但历史上的对外贸易却十分发达。西北丝绸之路的大宗丝绸主要出自四川，而以成都为起点，经云南至南亚、中亚和东南亚的南方丝绸之路，则是古代中国最重要的国际交通线之一，它与从四川经贵州、两广至南海的贸易线路一道，构成南中国的对外贸易网络，对繁荣南中国的经济文化起到了重要的作用。历史上成都人民以大无畏的气概和惊人的毅力，突破了成都平原为丘陵和高山所重重环绕的半封闭地理状态，变

---

① 《汉书·地理志》。

② 刘琳：《华阳国志校注》卷三《蜀志》。

③ 刘向辑录：《战国策·赵策一》，上海古籍出版社 1998 年版。

地理劣势为外贸优势，取得了一个又一个的文明进步，如此历史经验后人实应总结和记取。

三、古蜀文明在先秦史上的位置

以成都平原为中心的古蜀地区是中华文明的重要起源地和组成部分之一，是长江上游的古代文明中心，不论在中国文明的缔造还是中国西部开发史上都产生了积极而重要的作用。

中国古代文明是由各大区系古文明多元整合、一体发展凝成的，古蜀是其中的一个重要区系，有其悠久的始源、独特的文化模式和文明类型，在中国古代文明的起源和形成过程中占有特殊地位，是中国早期区系文明中具有显著地域政治特征和鲜明地域文化特色的典型代表。

（一）中国古史传说的西部底层

底层这个理念，始源于韦斯登·拉巴（Weston La Barre）的一篇研究美洲印第安人巫教与幻觉剂的论文[1]，意思是说美洲印第安人的宗教一般都保存着他们的祖先在进入新大陆时从其亚洲老家所带来的旧石器时代和中石器时代底层的特征。后来，彼得·佛斯特（Peter T.Furst）进一步发展了这一理念，用以论证"亚美巫教底层"[2]。张光直先生又运用了这一理念，来继续论证"中国—玛雅连续体"，从而提出"中国古代文明的环太平洋的底层"说[3]。尽管目前对于底层这个术语及其理念还有不同认识，但借用它来分析不同区域的共同文化积淀是会有所助益的。

所谓文化底层，是指存在于不同区域中一种或数种来源相同、年代古远，并在各自文化序列中处于底层或带有底层特征的共同文化因素。从这个意义上

---

① Weston La Barre,"Hallucinogens and the Shamanic Origins of Religion", in P.T.Furst ed., *Flesh of the Gods*, New York, 1972, PP.261–278.

② Peter T.Furst,"Shamanistic survivals in Mesoamerican Religion", Actas del XII Congess, *International de Americanistas*, Mexico, Vol. III, 1976, PP. 149–157.

③ 张光直：《中国古代文明的环太平洋的底层》，载所著《中国考古学论文集》，三联书店 1999 年版，第 357—369 页。

说，文化底层应当具有三层含义：第一，来源于一个共同的文化祖源。第二，积淀为各地区文化序列的底层。所谓底层，是相对于文化序列的发展演变而言的。第三，在各地区文化的发展演变中，底层特征恒久不变地保留并贯穿于各个发展序列，长期而持续地发生着它特殊的重要作用。

从文化史研究的角度出发，我们认为文化底层还可以进一步区分出原生底层和次生底层。原生底层是指同一文化祖源在不同地区的原生分布，次生底层是指不同文化区域认同另一种分布广远、历史悠久的文化特质作为自身文化的底层或底层的一个组成部分。原生底层不是文化传播，也不是文化移植。次生底层虽然包含有文化传播，但又不等于文化传播。文化传播的特征是把开端作为终端，次生底层的特征则是把终端作为开端，它是文化底层的复杂转化，而不是文化因素的简单叠加。

仔细考察中国古史传说，我们可以发现它有极为深厚的文化底层，而且中国古史传说的深厚底层主要来源于以黄帝为首的"五帝"和夏禹，其中的西部底层特征表现得尤为明显，而西部文化底层恰恰与长江上游古蜀文化有着不可分割的血肉关系。对这个问题进行深入分析，将不仅可以使我们更加深刻地认识中国西部地区古代文明的重要性，而且还能更加清楚地看出中国古史传说的构成格局。

大量历史文献材料证明，黄帝为其子昌意娶蜀山氏之女并生子高阳是可靠的古代史传。昌意与蜀山氏之子高阳长大后，东进中原，建都帝丘（今河南濮阳）[1]，又"封其支庶于蜀"[2]，子孙中的一支仍留蜀地。从考古学上看，岷江上游地区仰韶文化彩陶与马家窑文化彩陶以及成都平原宝墩文化陶器共生的考古现象[3]，确切证实了这一古史传说的真实性。从这一基本史实出发来看，中原和古蜀均为黄帝后代，两地文献均记录从古相传黄帝与古蜀的亲缘关系，都把各自最古文化的起源追溯到黄帝与嫘祖、昌意与蜀山氏和帝颛顼，这正是表现了两地共同的文化底层。或者说，由于中原和古蜀保有深厚的黄帝文化底层，才使黄帝与古蜀的这种亲缘关系在两地众口相传，流传千古。如果没有这种深厚

---

[1] 《左传·昭公十七年》。

[2] 刘琳：《华阳国志校注》卷三《蜀志》。

[3] 蒋成、陈剑：《岷江上游考古新发现述析》，《中华文化论坛》2001 年第 3 期。成都市文物考古研究所：《四川茂县营盘山遗址试掘报告》，《成都考古发现（2000）》，科学出版社 2002 年版。王鲁茂、黄家祥：《四川姜维城遗址》，《中国文物报》2000 年 11 月 26 日。

的底层，就绝不会在不同的两个地区留下如此相同的传说。

根据《左传》、《国语》、《史记》等文献的记载，黄帝娶嫘祖后，由西东进中原，阪泉一战战胜炎帝，涿鹿一战擒杀蚩尤，成为首先初步统一中国西部、中部和东部部落的一代酋豪，在中原和东方留下了深厚的黄帝文化底层。尔后，在战争与和平的交流途径中，黄帝文化继续东进南下黄河流域和长江流域各地，深刻地浸透到这些原来的异质文化区，积淀下来，并与各地原来的文化相结合，由此便引起并促成了这些地区原先文化底层的逐步转化。这样，黄河流域和长江流域都受到了黄帝文化的浸染，因而各地文化均有一些相同或相近的特质，这些共同文化特质在各地积淀下来后，最终成为了中国东西南北中最深厚的文化底层，这种文化底层也就构成了中国文明多元一体发展的牢固基石。黄帝之后大约两千年，当司马迁"西至空桐，北过涿鹿，东渐于海，南浮江淮"时，所到之地，"长老皆各往往称黄帝、尧、舜之处，风教固殊焉，总之不离古文者近是"①，各地风俗教化虽不相同，但却往往称黄帝。这一现象，其实正是东西南北中各地黄帝文化底层的表现。过去有的史家不明白这个道理，反而说是各地强拉黄帝为祖先，自然是犯了以偏概全的错误。

除黄帝、昌意与蜀山氏的关系而外，大禹兴于西羌之说同样始于先秦，禹生石纽的传说反映着古代的历史实际②，这些都是出自古代羌人的传说。禹兴西羌和禹生石纽，实际上是同一个传说中的大概念和小概念的关系。西羌既指族系，又指西羌的分布地域，是大概念，石纽则指西羌居住地域内的一个具体地点，是小概念。《华阳国志》记载岷江上游广柔县境为大禹圣地，"夷人营其地，方百里不敢居牧。有过，逃其野中，不敢追，云畏禹神，能藏三年，为人所得，则共原之，云禹神灵佑之"③。《水经·沫水注》也说："（广柔县）有石纽乡，禹所生也。今夷人共营之，地方百里，不敢居牧。有罪逃野，捕之者不逼，能藏三年，不为人得，则共原之，言大禹神所佑之也。"文中的夷人是对少数民族的泛称，这里则指岷江上游的氐羌族群。岷江上游氐羌族群对禹顶礼膜拜，奉为神明，这种对禹崇拜敬畏达于极致的现象，除这个地区外，是中国其他地区所没有的。由此不难知道，岷江上游确乎同禹具有民族和文化上的深厚的渊源关系。而岷江上游古为羌人居域，因此显而易见，禹兴西羌是岷江上游羌人的

---

① 《史记·五帝本纪》。

② 李学勤：《禹生石纽说的历史背景》，载《大禹与夏文化研究》，巴蜀书社 1993 年版。

③ 《续汉书·郡国志》"蜀郡广柔县"下刘昭注引，今本佚此段文字。

传说。

虽然，古羌人南下从遥远的古代就已开始，比大禹时代更加久远的马家窑文化已经南下进入岷江上游，但没有任何证据能够指认禹兴西羌的传说是由甘青地区的马家窑文化南下带来的。从众多史籍关于禹生石纽的一致记载来看，只有把禹的出生地放在四川西北的岷江上游，才是符合历史实际的。唯因如此，禹生石纽的传说才可能在古蜀之地长期保留下来。及禹长大后，东进中原，手创夏王朝，随禹东进的羌人也就转化为夏王朝的主体民族。于是，禹兴西羌、禹生石纽的传说，也随东进开创夏王朝的羌人之定居中原而在中原长期保留下来。所以，蜀地和中原都保留了相同的传说。文献来源的地域不同，传说却完全一致，恰恰说明它既是"真传说"①，又是真史实，而原因就在于它们同出一源的文化底层。

从所有关于禹生石纽和禹子启生于石的文献记载来看，禹、启与石的这种出生关系，在全中国范围内只被指认为两个地区，一个是古蜀岷江上游地区，一个是中原河南嵩山地区。其他地区关于禹的传说，比如禹娶涂山、禹合诸侯等等，均与禹的出生传说无关。这就十分清楚地说明，大禹与石这种特殊的出生关系传说，乃是古蜀和中原地区同出一源的共同文化因素，是古蜀和中原文化最深厚的底层。

黄帝为其子昌意娶蜀山氏女，生子高阳，高阳东进中原建都立业，和禹生石纽，东进中原开创夏王朝，这两段远古传说的文化史意义，并不仅仅在于可以据此确定帝颛顼和大禹两位中国古史上的著名人物均出生在古蜀地区，更重要的是，通过这些古史传说，可以看出黄帝、帝颛顼文化和大禹文化西兴东渐的历史，看出中国古史传说中所蕴含的丰富而深厚的西部文化底层。从黄帝、嫘祖、昌意、帝颛顼时期中国西部、古蜀地区同中原地区的关系，到大禹时期古蜀与中原的关系，可以看出中国古史的西部底层是经过了不同的历史时期的层累地积淀起来的，它们便是中国西部文化的原生底层。这一原生底层在中国历史上自始至终发生着极为重要的作用，以至于成为中华文化和华夏文明最重要的标志和里程牌。

正因为古蜀在中国古史的原生文化底层中据有如此重要的地位，所以我们不能不说，古蜀地区是中华文明重要的起源地之一，对中华古文明的缔造作出

---

① 顾颉刚：《论巴蜀与中原的关系》，四川人民出版社 1981 年版，第 37 页。

了不可磨灭的重要贡献。

（二）古蜀文明与中国青铜时代

先秦时代的古蜀，是一支拥有灿烂青铜文化、大型城市和文字高度发展的古代文明，由古蜀文明所深刻揭示出来的独特文化模式、文明类型和悠久始源，表现出古蜀文明与中原文明平行发展的事实，使它在中国文明起源与形成的研究中占有特殊地位，不但大大丰富了"中国文明多元一体形成发展"论断的理论内涵，取得了各学科学者的普遍认同，而且在国际学术界和社会各界获得了极其高度的评价和越来越高的声誉。

中国青铜时代的要素是青铜器、文字、城市、礼制，分别标志社会生产力、组织管理、政权机制及社会分层的发展进化程度。从这几个方面加以认识，可以看出古蜀与中原文化在起源和发展途径方面的异同，从而更深刻地理解中国文明的多元一体格局。

古蜀文化的青铜合金术，据迄今为止的考古资料，在公元前2000年代中后期即相当于中原殷墟文化的时期，已达到成熟的发展阶段。与同一时期中原文化相比，古蜀不论在青铜合金技术、青铜器形制还是青铜器组合等方面都自成体系，具有十分鲜明的地域特色，有着自身青铜文化的发展演变序列和进程。虽然如此，古蜀青铜文化中不仅可以见到中原青铜文化的明显影响，而且有许多礼器本身就直接仿制于中原青铜器，表明受到了中原文化的强烈影响。同时，在中原的青铜器中也可见到古蜀青铜器的一些形制。这种情况，显示了古蜀与中原文化的交流互动关系。

在经济文化进步的基础上，古蜀人发明创制了自己的文字系统，学术界称之为"巴蜀文字"。巴蜀文字是先秦至西汉前期分布在巴蜀地区（今四川、重庆以及湖北西部、湖南西部、贵州西部和云南东北部，以今四川盆地为中心）的巴人和蜀人所通行的文字系统。公元前316年秦并巴蜀以后，推行统一文字的政策，到汉武帝时期，巴蜀文字作为一个有别于中原文字的独立的古文字系统，从此消亡不存。

巴蜀古文字是我国现存先秦古文字中除汉字外唯一可以确定为文字且尚未被释读的古文字系统[①]。巴蜀古文字分为两系，一为巴蜀表意文字，一为巴蜀表

---

① 李学勤：《论新都出土的蜀国青铜器》，《文物》1982年第1期。

形文字。巴蜀表意文字在字体上已达到简化、省略、定型、单位小的水平；巴蜀表形文字分为巴蜀符号Ⅰ和巴蜀符号Ⅱ两类，两类均包括一系列独体单符（独体字）和由独体单符组成的复合符号（合体字），字形基本定型。巴蜀文字最初起源于蜀，后来传播川东和湘西，成为巴蜀地区通行的文字①。徐中舒教授认为，巴蜀文字与汉语古文字均属象形文字，巴蜀文字与汉字在文字构成条例上具有一定的共同基础，但它们的分支，则应当是远在殷商以前②。

在城市文明方面，成都平原从距今 4500 年前就已开始了城市文明起源的历史进程，到商代，形成了三星堆蜀国王都和早期成都，构成了古蜀的早期城市体系。到两周时期，古蜀以成都为中心，形成了辐射面达到成都平原周边地区的城市网络体系，其中若干新兴城市的功能主要同成都平原农业经济、城市手工业经济与盆周山区畜牧业或半农半牧业经济的交流有关，或与南丝路国际贸易有关③。尽管成都平原城市的起源模式、网络特点以至结构功能等方面，与中原城市区别甚大，但古蜀城市起源、形成和发展的步伐却与中原城市大体一致。这显然是受到某种共同因素的制约，其中最主要的是黄河流域和长江流域政治经济形势的连锁演变，使城市在发展过程中出现若干趋同的促动因素，从而成为中国古代城市演变的共同基础。

固然，古蜀文明的诸要素，从总体上说来是独立产生发展起来的，是组成中国文明的若干个区域文明之一，并非中原文明的分支和亚型。然而由于历史的、地理的、民族的、文化的各种因素，以及源远流长而未曾间断的各种深厚关系，古蜀文明同中原文明之间却存在着深刻的相互影响和文化渗透，尤其当中原核心形成后，古蜀文明越来越多地吸收融入了中原文明的因素，越来越多地产生文化认同和文化交融，最终融入到以中原为核心的中国文明之中，这实属历史发展的必然。

（三）南方丝绸之路：以成都为起点的西南国际交通线

古蜀文明以其悠久雄厚的文化为基础，深刻地影响了其周边地区的文化，促进了其周边地区文化的发展。南方丝绸之路是古蜀文明向外传播与辐射的最重要孔道之一，南方丝绸之路上诸青铜文化中包含的众多古蜀文明因素，清晰

---

① 段渝：《巴蜀古文字的两系及其起源》，《成都文物》1991 年第 3 期。

② 徐中舒：《论巴蜀文化》，四川人民出版社 1982 年版，第 47 页。

③ 段渝：《巴蜀古代城市的起源、结构和网络体系》，《历史研究》1993 年第 1 期。

地勾勒出它们与古蜀文明的联系，也凸现出古蜀文明在中国西南地区青铜文化中的"文化高地"地位。

丝绸之路这一名称，是德国地理学家李希霍芬（F.Von.Richthofen）1877年提出来的，指以丝绸为主要贸易内容的东西方商路和交通路线。古代中国通往西方和海外的丝绸之路有四条：南方丝绸之路、北方丝绸之路、草原丝绸之路和海上丝绸之路，古蜀丝绸曾是这几条通道上的重要商品。古蜀成都丝绸传播到西方，先秦时期的主要通道是南方丝绸之路，汉代及其后从北方丝绸之路输往西方的丝绸中，也以成都丝绸为大宗，而从草原丝绸之路输往北亚的中国丝织品中，目前所见最早的似乎也是成都丝绸。由于在这些商道上流通的各类商品中丝绸最为珍贵，最为众人瞩目，所以这些交通路线都被冠以"丝绸之路"的美称，"丝绸之路"也因此成为从中国出发纵贯欧亚大陆的国际交通线的代名词。

先秦时期，从四川经云南西出中国至缅甸、印度的国际交通线已初步开通。以成都平原为中心，翻越横断山区、云贵高原的崇山峻岭，古代的商贾们将以丝绸为代表的众多商品输送到缅甸、印度、阿富汗，再继续西传至中亚、西亚。其实，商业活动只是人们在这条通道上的活动之一，古代四川、云南与南亚、中亚、西亚的文化交流和互动，都是经过这条道路进行的。由于这条古老的国际交通线位于中国的南方，所以被学术界称为"南方丝绸之路"。

南方丝绸之路以成都平原为初始点和发源地，有其客观的条件与原因。正如苏秉琦先生在《中国文明起源新探》中论述的那样："四川的古文化与汉中、关中、江汉以致南亚次大陆都有关系，就中国与南亚的关系看，四川可以说是'龙头'。"[①] 正是四川古代文化的"龙头"地位决定了古蜀地区成为南方丝绸之路的源头。

南方丝绸之路国内段的起点为古蜀文化的中心——成都，从成都向南分为东西两条主道。西道沿着川西北和川西南山地蜿蜒南下，经过今邛崃、雅安、荥经、汉源、越西、喜德、泸沽、西昌、德昌、会理、攀枝花、大姚、姚安、西折至大理，这条道被称为零关道（东汉时又称牦牛道）。东道从成都南行，经今乐山、峨眉、犍为、宜宾，再沿五尺道经今大关、昭通、曲靖，西折经昆明、楚雄，进抵大理。东西两道在大理汇合后，继续西行，称为博南道。经保山、

---

① 苏秉琦：《中国文明起源新探》，三联书店1999年版，第85页。

腾冲，出德宏抵缅甸八莫，或从保山出瑞丽而抵八莫。南方丝绸之路的这两条要道之间还有一些支线，如经宜宾、雷波、美姑、昭觉到西昌的支线和从西昌经盐源、宁蒗、丽江、剑川而抵大理的支线。南方丝绸之路还有更东的一条南下路线，即经今贵州西北，沿牂牁江（西江）水路直达"番禺"（今广州），这条线路被称为牂牁道。

南方丝绸之路是中国古代的国际通道，它的国外段有西路、中路和东路三条。西路即历史上有名的"蜀身毒道"，今称"蜀滇缅印道"，出云南经缅甸八莫、东印度、北印度、西北印度、巴基斯坦，至中亚阿富汗，从伊朗北入土耳其安纳托利亚高原，转至小亚细亚以至东地中海。这条纵贯亚洲的交通线，是古代欧亚大陆线路最长、历史最悠久的国际交通大动脉之一。中路是一条水陆相间的交通线，水陆分程的起点为云南步头，先由陆路从蜀滇之间的五尺道至昆明、晋宁，再从晋宁至步头，利用红河下航越南，这条线路是沟通蜀、滇与中南半岛的最古老的一条水路。东路，从蜀入滇，至昆明，经弥勒，渡南盘江，经文山，出云南东南隅，经河江、宣光，循盘龙江抵河内。

纵观整个南丝路，在国内形成了我国西南及南方地区的巨大交通网络，在国外则与中南半岛、南亚次大陆、中亚、西亚连成一个更大的世界性交通网络。

李学勤先生指出，丝绸之路的研究非常重要，是今天非常有影响的一门学科，这门学科就是欧亚学，把欧亚大陆作为一个整体来研究，是人文学科里最前沿的国际性学科。他还指出，应该把整个欧亚作为整体来看，而历史上连接欧亚的就是几条丝绸之路，在"这几条丝绸之路里面，最值得进一步研究的是西南丝绸之路"[①]。

南方丝绸之路是将中华文明与世界文明紧密联系起来的国际交通线，也是欧亚古代文明相互联系的纽带。通过南方丝绸之路这一巨大纽带，古蜀文明与世界古代文明联系起来，互动交流，由此奠定了古蜀文明在世界古代文明中的重要地位。

南方丝绸之路从成都出发，纵贯了川西北、川西南山地、横断山区和云贵高原，这一广袤的地区自古便是中国南北民族的迁徙通道，也是中国南北文化的重要交流孔道之一。早在新石器时代，中国南北文化的交流在这一地区就已初见端倪。到了春秋战国时期，分布在南方丝绸之路沿线的各文化都陆续进入

---

① 李学勤：《三星堆文化与西南丝绸之路》，《文明》2007 年第 7 期。

青铜时代，并发展出灿烂多姿的各类青铜文化。其中以三星堆、金沙青铜文化为代表的古蜀文化，发展水平最高，时间最早，形成了西南地区的"文化高地"，古蜀文明自然成为西南地区各青铜文化的"龙头"，对西南地区众青铜文化产生了重要的影响。与此同时，西南地区各青铜文化也保持着自身鲜明的文化特征，共同构成了丰富多彩的中国西南青铜文化。

南方丝绸之路以成都为起点，从古蜀文化区发源，穿越了西南地区的其他文化区。迄今为止的考古资料和研究成果表明，西南地区各种青铜文化大多形成于春秋战国时代，在战国末至西汉时期达到了鼎盛时期，而其文化则多与其北面的古蜀文化有着深刻的联系。

考古资料揭示，在中国西南地区的各种青铜文化中，存在着以三星堆和金沙为代表的古蜀文化因素的历时性辐射所带来的程度不同的影响。通过这些文化因素的来源和传播途径的分析，可以看到古蜀青铜文化在西南地区的辐射、凝聚、传承和创新。由此可以进一步探索先秦时期中国西南广大地区青铜文化的来源、影响、传播、互动等整合过程，探索以青铜文化为表征的西南各族的社会结构、政治制度，以及族群和族群之间的关系，探索西南各族的经济技术水平和文明演进程度。并通过战国秦汉时期蜀地对西南地区诸青铜文化的影响所引起的西南各族文化的深刻变迁，探索秦汉时期中央王朝通过蜀地将西南地区诸青铜文化整合进中国文化圈的过程，而这一过程正是中国文明多元一体历史发展格局在西南地区的具体表现。

（原载《社会科学战线》2011 年第 1 期）

第二篇

古代巴蜀与中原文化

论黄帝与巴蜀 *

关于炎黄文化，历来有广义的和狭义的两种理解。狭义的炎黄文化，是指上古时代由古史传说中的炎帝和黄帝所创造的文化；广义的炎黄文化，则是指战国秦汉以来中华民族的文化。今天我们所说的炎黄文化，除专门性的学术研究中所涉及的族源、文化起源等问题外，在绝大多数场合都是指广义上的炎黄文化，即中华文化。毫无疑问，这个意义上的炎黄文化，是中华民族所共同创造和发扬光大的，因而具有强大的生命力和巨大的凝聚力，成为中华民族世世代代永不泯灭的精神文化纽带。

地处长江上游的巴蜀地区，是中华文化的起源地之一，也是炎黄文化的发源地之一。千百年来，黄帝子孙、巴蜀儿女在这片美丽富饶的土地上辛勤开发，创造了光辉灿烂的巴蜀文明，在中华文化史上写下了辉煌篇章。黄帝与巴蜀的关系，事实上是狭义和广义两种概念或两种关系的复合，无论从文献材料还是考古资料来看，都是如此。这里，我们拟就前一种关系略抒管见。

一、中原文献所传黄帝与巴蜀

黄帝与巴蜀的关系，主要见于两大系统所传古史材料，其一为中原文化系统，其二为巴蜀文化系统。深入了解这两个系统所传古史的基本情况，对于明辨黄帝与巴蜀关系史传的真伪，进一步探索其源流，具有重要意义。

中原诸多古史文献里涉及黄帝与巴蜀关系的材料并不多，主要见于《山海经》、《竹书纪年》、《世本》、《大戴礼记》、《史记》，以及后来的《帝王世纪》、《水

---

* 本文系与谭洛非合作。

经注》、《路史》等，相关材料则主要见于《吕氏春秋》等文献。《史记·三代世表》褚少孙补曰："蜀王，黄帝后世也，至今在汉西南五千里，常来朝降，输献于汉。"司马贞《索隐》说："按《系（世）本》，蜀无姓，相承云黄帝后世子孙也。"在汉西南五千里的蜀王子孙，是指夏商之际由于蜀国王政的变动而南迁至今云南大姚和四川凉山地区的蜀王蚕丛后代。《史记·三代世表》正义引《谱记》："蜀之先……历虞、夏、商、周。衰，先称王者蚕丛国破，子孙居姚、嶲等处。"褚少孙所说蜀王为黄帝后世子孙，即指此而言。黄帝后世子孙说，当是从这些邑君朝降时自己称述得来①。蜀王子孙自述为黄帝后代，在中原文献里也是颇有根据的，可以说两相吻合。

《世本》记载："蜀之先，肇于人皇之际，无姓，相承云黄帝后。"《世本》中关于世系的材料来源，多出于《吕氏春秋》②。翻检此书，没有黄帝本身与巴蜀关系的记载，倒记载了帝颛顼与蜀的关系，此书《古乐篇》记载："帝颛顼生自若水。"帝颛顼，在古文献里多被记成是黄帝之孙、昌意之子。《史记·五帝本纪》记载："黄帝居轩辕之丘，而娶于西陵之女，是为嫘祖。嫘祖为黄帝正妃，生二子，其后皆有天下……其二曰昌意，降居若水。昌意娶蜀山氏女，曰昌仆，生高阳……黄帝崩，葬桥山。其孙昌意之子高阳立，是为颛顼也。"《史记》这一说法本于《大戴礼记·帝系》："黄帝……娶于西陵氏之子，谓之嫘祖氏，产青阳及昌意。青阳降居泜水（《史记》作"江水"），昌意降居若水。昌意娶于蜀山氏，蜀山氏之子谓之昌濮氏，产颛顼。"这段史料的来源，据《尚书序正义》："《大戴礼记·帝系》出于《世本》"，两书是同出一源的。而《史记·五帝本纪》主要取材于这两部书③，均出自同一系统。

司马迁在《史记·五帝本纪序》中说："予观《春秋》、《国语》，其发明《五帝德》、《帝系姓》章矣，顾弟弗深考，其所表见皆不虚。"司马迁认为《帝系》等篇章不为虚妄之说，而无须深考④。所以，徐中舒先生指出，《五帝本纪》所据的"古文"，来源于战国时代流传下来的资料，"不离古文"，此篇整理的五帝系统是有相当根据的⑤。我们认为，《史记·五帝本纪》出自《大戴礼记·帝系》，《大

① 蒙文通：《巴蜀古史论述》，四川人民出版社 1981 年版。
② 顾颉刚：《中国上古史研究讲义》，中华书局 1988 年版。
③ 《史记·五帝本纪序》。《汉书·司马迁传赞》。
④ 《史记·五帝本纪序》。
⑤ 徐中舒：《先秦史论稿》，巴蜀书社 1982 年版，第 16 页。

戴礼记·帝系》又出自《世本》，而《世本》为战国古文所传，这一流传系统更足以说明取材古远，所传主要来源于先秦世代相传的旧说，并非臆造。

上述史籍，均为先秦北方系统即黄河流域所传古史材料。现在，我们再以先秦南方系统即长江流域所传古史材料交互考论比较，便可见其究理。

先秦南方所传古史系统，主要集中在《山海经》这部古书里面。《山海经》内容博大宏富，非一人一时一地之作，虽最终成帙于汉，但绝大多数篇章是先秦作品，且内容多与巴、蜀、楚有关[1]，是南方古史系统不可多得的最重要的文献材料。《山海经·海内经》成书于西周中叶以前，此篇记载了黄帝一系与古蜀的关系，兹录如下："黄帝妻雷祖，生昌意。昌意降居若水，生韩流。韩流……取淖子，曰阿女，生帝颛顼。"同《世本》相较，这条材料多出了韩流一代。郭璞注引《纪年》说："昌意降居若水，产帝乾荒。"雷学淇《竹书纪年义证》卷一认为："郭注引此经证之，谓乾荒即韩流也。"极是。上引《山海经·海内经》郭注又引《世本》说："颛顼母，濁山氏之子，名昌僕。"郝懿行《笺疏》："濁蜀古字通。又通淖，是淖子即蜀山氏子也。"

两相对照，可见南、北古史系统关于黄帝与蜀关系的记载是基本一致的。虽然北方系统的代表作《世本》脱漏了"乾荒"一代，但同属北方系统并且可信程度很高的《古本竹书纪年》却有记载，除字形上的讹变外，与南方系统的代表作《山海经》完全相同。并且不论北方系统的《竹书纪年》、《世本》还是南方系统的《山海经》，都记载颛顼为黄帝之后，而颛顼生于蜀山氏。南、北两系对于同样一个问题完全一致的记载，表明黄帝、颛顼与蜀的关系确为先秦旧史所传，绝非虚语。

诸书并谓黄帝子昌意"降居若水"，帝颛顼亦"生自若水"。若水何在呢？《汉书·地理志》蜀郡旄牛下记载："鲜水出徼外，南入若水，若水亦出徼外，南至大莋入绳。"大莋在今四川汉源县南，绳水即今金沙江。由此可知，古若水即今雅砻江。嘉庆重修《清一统志》卷三八三《四川统部》"泸水"下注："即古若水，俗名打冲河，上流曰雅砻江，源出西番，东南流经宁远府、西昌县、盐源县、会理州，与金沙江合。"由此可见，昌意降居的若水，帝颛顼出生的若水，就是纵贯四川西部的雅砻江。

至于黄帝为其子昌意娶妻的蜀山何在，先秦绝大多数史籍中未见有所述及，

---

① 蒙文通：《略论〈山海经〉的写作时代及其产生地域》，《中华文史论丛》，中华书局 1962 年版。

仅《山海经·海内东经》说："白水出蜀，而东南流注江。"郭注："从临洮之西西倾山来，往沓中东流。"白水所出的蜀，即西倾山。但西倾山距离若水太远，要将两者拉在一起，似乎不可能，并且这个"蜀"仅此一见，无其他证据可资验证，因而不能使人遽信。谭其骧先生主编的《中国历史地图集》第 2 册将此"蜀山"定为汉代名称，看来也是考虑到蜀山名称与先秦无涉，而是因受蜀文化影响故名。

宋人对于蜀山所在，考证颇多。《太平寰宇记》卷七八"茂州石泉县"下记载："蜀山，《史记》黄帝子昌意娶蜀山氏女，盖此山也。"《路史·前纪四》说，"蜀之为国，肇自人皇，其始蚕丛、柏濩、鱼凫，各数百岁，号蜀山氏，盖作于蜀"。又引《益州记》说："岷山禹庙西有姜维城，又有蜀山氏女居，昌意妃也。"《路史·国名记》又说："蜀山（今本无"山"字，蒙文通先生据《全蜀艺文志》引补），今成都，见扬子云《蜀记》等书，然蜀山氏女乃在茂。"又说："蜀山，昌意娶蜀山氏，益土也。"这些记载虽有分歧，但共同指认蜀山在岷江流域的岷山地区。并且，据上引《路史·国名记》，蜀山处于岷山南麓、岷江中游的成都，此说出自汉代扬雄《蜀记》，看来是有充分依据的。

据研究，古蜀人中的蚕丛、鱼凫两代，均来源于岷江上游地区，其年代之早者，可上溯到五帝时期[①]。而岷江上游地区的岷山，历来被蜀人认为是蜀之西山，即蜀山，乃蜀王蚕丛氏兴起之地，蜀王鱼凫亦来之于此。近年四川广汉三星堆遗址发掘的商代蜀国"祭祀坑"，以及 1954 年清理成都羊子山商周大型礼仪建筑基址，方向都指向岷山，必与蜀王先祖的来源有关，与蜀山有关，证实蜀山即岷山。我们知道，若水历来被视为"徼外之地"，蜀人一向被视为"西戎"、"南夷"。倘若黄帝一系与若水、蜀山氏的关系是子虚乌有，那么作为中原正统史学的上述史册是绝不可能也不会将华夏祖源之一的昌意、颛顼同身为"徼外之民"的蜀人拉扯到一块儿的。从这里不难看出，中原先秦古籍所记载的黄帝与蜀的关系，必有其史实依据。

巴与黄帝的关系，史籍上的反映则较明确，这里仅扼要论述。

巴为姬姓，与周同姓。《左传》昭公十三年记载楚共王之妻、楚康王之母为"巴姬"。根据《周礼》所载的"妇人称国及姓"之制[②]，巴为国名，姬为族姓，

---

① 段渝：《论蜀史"三代论"及其构拟》，《社会科学研究》1987 年第 6 期。

② 《史记·周本纪》索隐引，并见《史记·齐太公世家》索隐。

巴姬即是姬姓巴国嫁于楚国的宗室女。所以，《华阳国志·巴志》既称"（周）武王既克殷，以其宗姬封于巴"，又称"巴国……封在周，则宗姬之戚亲"。

巴为姬姓，与周同源，而周人先祖弃，其母姜原为帝喾原妃[1]。帝喾，据《世本》、《大戴礼记·帝系》、《竹书纪年》等古文献，为黄帝子玄嚣一系子孙。黄帝亦为姬姓，《国语·晋语四》说："少典娶于有蟜氏，生黄帝、炎帝。黄帝以姬水成，炎帝以姜水成，成而异德，故黄帝为姬，炎帝为姜。"按古代姓氏之法，"天子建德，因生以赐姓，胙之土而命之氏。"[2] 氏可以变，姓则不可以变，诚如顾炎武《原姓篇》所说，"姓千万年不变"。因此，巴出姬姓，确系黄帝后代，无可置疑。徐中舒、童书业先生认为，巴为《左传》中所记载的"汉阳诸姬"之一[3]，是不无道理的。虽然应该指出，这个姬姓巴国虽与周同源，却并非起源于周武王所封宗姬，即不是源于周之宗室子弟[4]。

据上所论，可将黄帝与巴蜀的关系排为下表，以资比较：

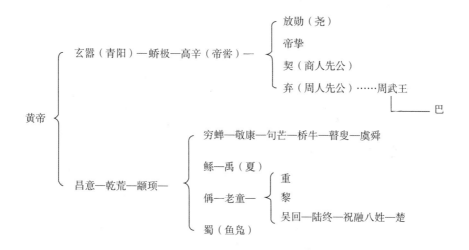

表中，横线表示一系相传，为直系；纵线表示族系分化，为支系。这里，我们是将古史传说中的人物，作为族系或古国来处理的。只有这样，才能解决

---

① 《史记·周本纪》索隐引。

② 《左传·隐公八年》。

③ 徐中舒：《论巴蜀文化》，四川人民出版社 1982 年版。童书业：《春秋左传研究》，上海人民出版社 1990 年版。

④ 段渝：《试论宗姬巴国与廪君蛮夷的关系》，载贾大泉主编《四川历史研究文集》，四川省社会科学院出版社 1987 年版，第 19—35 页。

从同一个系统中分化出来的"兄弟"何以在年代上差距悬远的问题。正如司马贞《史记·五帝本纪》索隐所说："少典者，诸侯国号，非人名也……若以少典是其父名，岂黄帝经五百余年而代炎帝后为天子乎？何其年之长也？"同样，古蜀史上所谓蚕丛、柏濩、鱼凫，"此三代各数百岁，皆神化不死"①也是这样，三代即三族或三国，三代之名均为族系或国共名，而非私名。从表中可见，黄帝后代分为两大系统，帝颛顼（高阳）系统和帝喾（高辛）系统。巴与蜀分别属于其中一个系统，巴为帝喾之后，与商、周同系；蜀为帝颛顼之后，与夏、楚同系。应该指出，这里所说的巴和蜀，都只指其统治者即王族的族系而言，而古巴蜀境内的被统治者则族系非一②，不能将王族与被统治者的族系混为一谈。

二、巴蜀文献所传黄帝与巴蜀

先秦时期的巴、蜀古国并无文献流传下来，但古代巴蜀必定有不少资料通过种种形式传世，最常见的形式是口耳相传，或为他国所记录。除此之外，由于近年巴蜀文字研究的进展，已知古代巴蜀并非"无文字，无礼乐"，而是具有两个系统的文字，李学勤先生称其为巴蜀文字甲、乙③，我们暂称为巴蜀文字Ⅰ、Ⅱ。将来是否能够发现巴蜀文献或其孑遗，现在对于这种可能性，还不能完全断定。

迄今所见传世巴蜀文献，出于汉晋之际，据称原有多部，但大多数已失传而不存。现存的两部巴蜀史，一是《蜀王本纪》，一是《华阳国志》。《蜀王本纪》旧题汉扬雄，学术界或认为并非扬雄著，而是三国谯周④。此书原佚，后有多种辑本，残缺甚多，斯难成章。《华阳国志》作者为东晋常璩，流传之中也有不少缺失和错简，现有任乃强《校补图注》和刘琳《校注》两种勘核较精。

今传《蜀王本纪》各家辑本，一个共通的特点是，均不载黄帝、颛顼、蜀山氏等及其事件，而却有"禹生石纽"的记载。蜀史开端不在黄帝子昌意，不

---

① 《蜀王本纪》。
② 刘琳：《华阳国志校注》卷三《蜀志》，巴蜀书社 1984 年版。
③ 李学勤：《论新都出土的蜀国青铜器》，《文物》1982 年第 1 期。
④ 徐中舒：《论巴蜀文化》，四川人民出版社 1982 年版。童书业：《春秋左传研究》，上海人民出版社 1990 年版。

在乾荒和颛顼，也不在蜀山氏，而在蚕丛、柏濩、鱼凫等令人颇感"开国何茫然"的三代蜀王。与此相反的是，在《蜀王本纪》中盛传的三代蜀王，又不见于先秦中原所传古史。这是否意味着两者之中必有一谬呢？

首先应该认识到，《蜀王本纪》所记，当是出于古蜀人累代相传的旧说，或是古蜀中流传广远的旧史。它的材料来源，大多与中原文献所记巴蜀史并非同源。因此，对于其间的异同之处，不必指为必有一谬。可是《蜀王本纪》各家辑本确无黄帝、蜀山氏等方面的内容。按照史家常识，对于如此重大的历史事件，必定会记录下来。倘若《蜀王本纪》是因不信此说而付阙，那么世人怀疑黄帝与巴蜀的关系也是有其道理的。究竟如何呢？蒙文通先生认为，蜀王自当有其家史和家谱，也就是《本纪》。既然《路史·国名记》引扬雄《蜀记》，其中有"蜀山"云云，那么蜀王为黄帝后世之说应当已见于《蜀王本纪》，今传辑本之所以无此记载，原因在于清代洪、严诸家辑本遗漏了这一条。而"昌意娶蜀山氏女"之说，既见于中原文献如《史记》、《帝系》等，又见于《蜀王本纪》，说明中原与蜀的相同说法是同出一源的[①]。对于此说，李学勤先生表示赞同[②]。

从《路史》辑有《蜀王本纪》关于"蜀山"的情况看，《蜀王本纪》原本应当记有黄帝与蜀的关系。这不仅在于蒙文通先生所说蜀王应有其家传材料，自会将此记入其中，而且早在《蜀王本纪》成书以前数百年，在西周中叶以前，就有《山海经·海内经》所记载的黄帝与蜀关系的内容传世。此篇出于蜀人之手，那么这条材料的来源应当是蜀王世代相传的家史，或在蜀中广为流传的旧说。而此说形成之古远，非《蜀王本纪》和中原所传蜀史材料所能及。这就是说，《蜀王本纪》的相关记载，不是取材于蜀王家传旧史，就是取材于《山海经·海内经》，总之是来源于古蜀地，而不是取材于中原文献。关于此点，只要看看《蜀王本纪》所记内容绝大多数为中原文献所无，便会一目了然。

《山海经》中另外有一条材料，也可以证实黄帝一系与古蜀的关系。《山海经·大荒西经》记载，"有鱼偏枯，名曰鱼妇。颛顼死即复苏。风道北来，天乃大水泉，蛇乃化为鱼，是为鱼妇，颛顼死即复苏。"鱼妇为颛顼所化，死而复苏，即言鱼妇为颛顼后代，鱼妇之族从颛顼之族中分化而出。此类情况屡见于古籍，基本上讲的都是族系分化关系。郭注引《淮南子》说："后稷龙在建木西，其人

---

① 蒙文通：《巴蜀古史论述》，四川人民出版社1981年版。
② 李学勤：《〈帝系〉传说与蜀文化》，《四川文物》1992年"三星堆古蜀文化研究专辑"。

死复苏，其中为鱼。"今本《淮南子·地形篇》说："后稷垅在建木西，其人死复苏，其半鱼在其间。"这条材料，其事、其地均与《海内南经》所载人面鱼身的氐人国如出一辙，应是蜀王鱼凫氏来源的又一传说。妇、凫一声之转。三星堆出土金杖图案上的人、鱼、鸟刻纹，也正表现出"颛顼死即复苏"、"是为鱼妇（凫）"这样一种上古人们关于人类与动物相互转化的观念和族系分化的概念。

《山海经》中的《大荒经》，据蒙文通先生考证，当作于周室东迁以前，其产生地域为巴蜀[①]。袁珂先生也认为："成书当不在《山经》及《海外、内》各经之后。"[②]这条材料讲鱼凫为颛顼所化，即从颛顼一系中分化出来，而后"风道北来"，即从西北高原迁移到成都平原，其中几经分合，最终仍以颛顼支系名世。很明显，这条材料，正好是与前文所引《山海经·海内经》关于黄帝、昌意、蜀山氏、乾荒和帝颛顼的世系相衔接的。《海内经》叙蜀山氏，至帝颛顼而止；《大荒西经》这条材料则从颛顼起，至鱼凫立国而止，两条材料恰是相互应接的，并且其产生地域相同，成书年代一致，绝非偶然。由此可见，《山海经》中这两条早在西周即已流传于蜀的材料，一致叙述了黄帝、颛顼与蜀的关系，颇有根据，它们应当就是蜀王旧史中的一部分，所以才能够被成书于蜀的《海内经》和《大荒西经》所摭取。

这说明了两方面的情况：一方面，《山海经》本身证实了黄帝与蜀的关系；另一方面，同样成书于蜀的《蜀王本纪》，也理应采摭这一早在蜀中流传的旧史材料，并参以相关史实和事件，以更多的材料叙述蜀王历史，才与《本纪》相合。从这个角度看，关于黄帝、颛顼已见于蜀王家传史料的看法，是能够成立的，中原文献所记与此基本相符。

《华阳国志》虽成书更晚，但其材料来源却颇为古远。常璩叙说此书的材料来源说："乃考诸旧纪先宿所传并南裔志，验以《汉书》，取其近是，及自所闻，以著斯篇"[③]，即取材于前代故老所传蜀史、南裔志、《汉书》（《地理志》）和作者自身的见闻。其中，除南裔志与三代蜀王来源关系不大以外，其余材料都应有所关联。尽管此书的材料取舍以《汉书》为尺度，即以中原王朝的正统史学为标准，抹杀了许多珍贵的然而叙述不那么"雅驯"的蜀王传闻，但最基本的史料还是保存了下来。

① 蒙文通：《略论〈山海经〉的写作时代及其产生地域》，《中华文史论丛》，中华书局 1962 年版。
② 袁珂：《山海经校注》，上海古籍出版社 1980 年版。
③ 刘琳：《华阳国志校注·序志》。

《华阳国志》中的《巴志》，叙述巴、蜀先祖始自人皇，这是后起的谶纬之说，不可信。但又将巴、蜀先祖分别追溯到黄帝："五帝以来，黄帝、高阳之支庶，世为侯伯。"①"巴国远世，则黄炎之支封；在周，则宗姬之戚亲。"②"蜀之为国……至黄帝，为其子昌意娶蜀山氏之女，生子高阳，是为帝喾（当为帝颛顼），封其支庶于蜀，世为侯伯，历夏、商、周。"③据上所述，《华阳国志》的编撰，其材料来源既有蜀之旧史，又有其亲耳听闻，当包括《蜀王本纪》（据常璩在《序志》中说，曾见八家《蜀王本纪》）等文献和蜀人相传的旧说在内。尽管他以《汉书》为取舍尺度，但中原史学却并不回避黄帝、昌意、颛顼之事，所以这类取之于《蜀王本纪》和古老传闻的史事，在《华阳国志》中能够被再次记录下来。

能够说明常璩所述依据的蜀中旧史，而又"验以《汉书》，取其近是"的事实是，蜀中旧史所传黄帝与蜀的关系，传诸世上的材料最古老且最著名的是《山海经》中的材料。《山海经·海内经》所述世次，在昌意与颛顼之间有乾荒一代，但《华阳国志》则无，明显地被删掉了。按理，素有"蜀史"之誉的常璩应取作于蜀中的《山海经》和《蜀王本纪》以入史，但由于中原文献《史》、《汉》无乾荒一代，故参验的结果是删掉了乾荒一代。常璩如此处理史料，完全出于其正统史家的立场。由此可见，常璩作《华阳国志》时，关于黄帝与巴蜀关系的材料，是来源于"诸旧纪先宿所传"和"及自所闻"，即蜀中世代相传的旧说。再者，既然宋代罗泌作《路史》时，尚且能见到《蜀王本纪》中有类似材料，何况成汉史官常璩乎！

由此可见，巴蜀文献所传黄帝与巴蜀的关系，是由巴蜀王室旧史、《山海经》、《蜀王本纪》、《华阳国志》这种流布方式传世的，并有在巴蜀民间广为流传的口碑材料世代相承，因此应是一部信史。巴蜀文献，包括蜀王后世子孙在姚、嶲等处所传，世间口耳相传，《山海经》中的《大荒西经》和《海内经》、《蜀王本纪》、《华阳国志》等，对于黄帝与巴蜀的关系，都持肯定之说。这一系列巴蜀材料，与中原所传黄帝与巴蜀的关系是基本一致的。因此，对于这一古史传说，我们有理由给予肯定。

据上所论，可把蜀王旧史的流传情况排为下表：

---

① 刘琳：《华阳国志校注》卷一《巴志》。

② 刘琳：《华阳国志校注》卷一《巴志》。

③ 刘琳：《华阳国志校注》卷三《蜀志》。

三、中原文献所传黄帝与巴蜀关系的材料来源

早年疑古派学者之所以对中国古史传说力加否定，一个主要原因在于他们认为这种说法不过是战国秦汉年间流传的神话，不过是"层累地造成"的古史，完全不符合古史真面目，因此根本不可置信。可是，他们在分析史籍时，并未对其材料来源做出区域文化方面的判断。比如，对于中原文献所传黄帝与巴蜀，仅以中原文献加以比较，而未意识到是否有来源于巴蜀所传古史的可能；而对于《山海经》，则仅断为战国秦汉之间成书，却不考虑它成书以前的流传情况，更不考虑它所产生的地域；对于巴蜀文献所传古史，也不分析其源流和传播情况，仅一律斥之为据中原文献加以编造；如此等等。这种研究方法，从当时中国史学所达到的水平而言，是可以理解的，其研究成果也对中国古史研究起到了推动作用。然而，在考古发现日益增多、区域文化研究日益深入的今天，再来看这种方法，却是大有疑问的。

大家知道，近年中国考古研究已充分表明，中国文明起源并非出于一个中心，而是多元的。苏秉琦先生将这种情形形象地比喻为"满天星斗"[1]，并创立了考古学区系文化理论，概括出中国史前文化的六大区系，巴蜀为其中之一[2]。其中有的地区，史前文化的昌盛和文明的起源，要早于中原地区；有的地区在文明进步的历程上，与中原同步发展；有的地区则晚于中原。同时，中原文化与各地文化不是孤立发展的，而是互有交流、相互影响。这些，都是考古学向我们展示出来的不可否认的事实。

在中原与各区域文化的交流中，各地的古史传说必然会有交流，并在各地留下这种交流和影响的痕迹。同样，中原所传古史的材料来源，也不可能是尽取于中原一地，必然还吸收了其他区域文化的一些古史材料，从而形成东西南北中交织的情形。中原古史传说之所以常有抵牾，就是因为来源非一，汇集了

[1] 童明康：《进一步探讨中国文明的起源——苏秉琦关于辽西考古新发现的谈话》，《史学情报》1987 年第 1 期。

[2] 苏秉琦：《关于重建中国史前史的思考》，《考古》1991 年第 12 期。

各区域古史材料的缘故。在此情形下，巴蜀古史以某种形式北传中原，为中原古史所取，就不是不可能的。

中原文献所传黄帝与巴蜀关系的材料，上文已经指出，《史记·五帝本纪》来源于《大戴礼记·帝系》，《大戴礼记·帝系》来源于《世本》，《世本》来源于《吕氏春秋》。再上溯，《吕氏春秋》的有关材料，应来源于《山海经》和《大荒西经》，而《山海经》中的有关材料，则直接取之于蜀王旧史。

《山海经》的《海内经》作于西周中叶以前，《大荒西经》作于周室东迁以前，足见这些材料本身的形成年代还要早得多，即应在西周以前。这些材料在如此之早的年代里被《山海经》所摭取，而《山海经》并非官修之书，则它的信息来源必定是蜀人所传的蜀王旧史，其流传年代应与黄帝、颛顼和蜀山氏、蜀王发生关系的年代一致，或稍晚。在《山海经》采摭这些材料时，这些旧说已在蜀人中世代相承了若干年，正如居于姚、嶲等处的蜀王后世，累代"相承云黄帝后世子孙"[1] 的情形一样。可见，这些从上古蜀人世代相承下来的旧说，基本上是可靠的。

《山海经》在流传过程中，较早北传中原，《海内经》至少在战国中叶魏襄王时（公元前 318—前 296 年）已传至三晋。晋武帝太康二年出土于汲郡魏襄王墓内的《竹书纪年》，记事止于魏襄王二十年（公元前 299 年），记有"昌意降居若水，产帝乾荒"[2]，除"乾荒"二字与《山海经·海内经》"韩流"二字形近而讹外，其他与《海内经》大同小异，而同样内容的记载却不见于中原其他史书。显然，《竹书纪年》的这段记载来源于《山海经·海内经》。

《竹书纪年》"梁惠成王十年"（公元前 360 年）记载："瑕阳人自秦道岷山青衣水来归。"[3] 瑕阳为魏地，今山西临猗。青衣水即今青衣江，为蜀之西境。由青衣水至岷江上游地区，出岷山峡谷北至秦地，然后东转中原至魏，是古代蜀、秦、中原的交通要道之一，故称"秦道岷山青衣水"。而岷江上游地区为蜀王蚕丛的兴起之地[4]，蜀王鱼凫亦从西北高原沿岷江南下成都平原[5]，他们的先世即与兴起于中国西部的黄帝文化有关，因而这些地区必然留下蜀王旧史的传说。记

---

[1] 《史记·三代世表》索隐引。

[2] 《山海经·海内经》郭璞注引。

[3] 《水经·青衣水注》引，王国维校本，上海人民出版社 1984 年版。

[4] 《古文苑》注引《先蜀记》

[5] 袁珂：《山海经校注》，上海古籍出版社 1980 年版。

有蜀王先世与黄帝关系的《山海经·海内经》，经由这条通道北传中原，是有可能的。由于《竹书纪年》接触《海内经》较早，较直接，因此除字讹外，所记昌意、乾荒的世系与《海内经》完全相同。这是中原文献吸收古蜀材料的一个显著例子，同时也证明了疑古派学者早年所说黄帝与巴蜀关系的材料为战国秦汉之际人士伪造的说法并不可信。

前面说到，《世本》的有关材料出自《吕氏春秋》，那么，《吕氏春秋》的有关材料又来源于何处呢？《吕氏春秋》中讲到黄帝系统与蜀关系的材料仅有一条，即《古乐篇》："帝颛顼生自若水。"这条材料由来甚古，且与古蜀有关。据《史记·货殖列传》："及秦文、德、缪居雍，隙陇蜀之货物而多贾。"秦文、德、穆（缪）诸公之际，年代为公元前765年至公元前621年，相当于春秋初年到春秋中叶之际。此期间，秦、蜀之间就已发生了双向的贸易往来。按照一般规律，文化交流要早于贸易往来，所以秦、蜀之间的文化往来一直是长期开展的。秦、蜀毗邻，双方接壤，相互之间的古史传说必定随着经济文化的往来也在交流着，关于黄帝子昌意降居若水，帝颛顼生于若水这种在蜀长期广泛流传的古史旧说，也必然为秦人所知。《吕氏春秋》中有关记载，应与此相关。

值得注意的是，《吕氏春秋》的"十二纪"，对于五帝次序的排列，黄帝之后不是紧接颛顼，而是少暤，少暤之后才是颛顼，既与中原所传五帝有异，也与古蜀所传黄帝、昌意、乾荒、颛顼的次第不同，显然是把中间的两代换成了少暤。为什么如此呢？秦人源于东方，少暤传说也源于东方。秦人西迁岐陇后，仍然奉祀少暤之神。《史记·封禅书》说："秦襄公居西陲，自以为主少暤之神，作西畤白帝。"黄帝传说源出西北，后成为中华文化之祖，秦人不敢妄改。但黄帝与颛顼之间的昌意、乾荒，虽为帝子、帝父，但本身不是帝，故尽可以改换。于是，雄心勃勃的秦人便硬将东方的少暤挤入西方的帝系之中，排挤掉了两位非帝的西方帝子、帝父。这样，由蜀流传入秦的帝系便面目全非了。虽然如此，《吕氏春秋·古乐篇》却仍然保存了蜀人关于帝颛顼生于若水的旧说，从而透露了取材于蜀的事实。

中原文献所传黄帝与巴蜀关系的材料来源，可以排为下表：

《山海经·海内经》 ┐ ┌ —《吕氏春秋》—《世本》—《帝系》—《五帝本纪》
《大荒西经》 ┘ — └ —《竹书纪年》

四、考古学的比较研究

从古史传说看，黄帝、昌意、乾荒、颛顼是发源于西北地区的一支文化，后来黄帝和颛顼先后入主中原，成为黄河中游地区的主宰者，其文化也成为构成早期中原文化的渊源之一。由黄帝和帝颛顼的东迁可以知道，两位古史上的帝与后来成都平原的蜀文化，其间关系可以经由两条途径相联系：其一是由西北至岷江上游以达于成都平原，即由颛顼的母系蜀山氏所在之地南出岷江河谷至蜀文化的腹心之地；其二是从中原经长江中游溯江西上达于成都平原，即由颛顼入主中原后所建之都帝丘①（今河南濮阳），南下长江与蜀文化相沟通。这两条途径，在考古学上均有若干证据，足以证明黄帝、帝颛顼与巴蜀文化关系的存在。

考古学已证实，四川广汉三星堆遗址是夏商之际至商末蜀王国的都城，而三星堆文化的年代则可上溯到距今 4700 年前。三星堆文化在考古分期上分为四个大的时期，第一期属于新石器文化，第二期以后进入文明时代。第一期文化为四川盆地土著文化，第二期则有若干外来文化因素，与第一期显然不同，从考古学上证实了有外来文化的进入并成为三星堆文化的主人和当地的统治者。这种显著的文化变易，不仅表现在陶质陶色上，在陶器形制上的变化也引人注目。在出土的属于这一时期的陶器中发现了中原二里头文化（夏文化）的陶器，如陶盉、高柄豆以及玉璋等②。这些文化因素出现在取代三星堆一期文化的三星堆二期文化中，充分表明它们是同新文化的主人一道入居三星堆的。换言之，这些夏文化的因素，是三星堆二期文化的主人带进的，它们便是三星堆二期文化主人的文化特征之一。

据邹衡先生研究，陶盉是夏文化的礼器之一，《礼记·明堂位》所谓"夏后氏以鸡彝"，鸡彝即是形态仿自于鸡的一种陶盉，所以二里头文化的陶盉往往捏出眼睛③。三星堆遗址出土的陶盉，也恰在封口处捏出眼睛，并在其上刻划横斜相向的纹路。两者细部的相似，以及二里头陶盉在形态上早于三星堆陶盉等情

---

① 《左传·昭公十七年》。
② 沈仲常、黄家祥：《从新繁水观音遗址谈早期蜀文化的有关问题》，《四川文物》1984 年第 2 期。
③ 邹衡：《夏商周考古学论文集》，科学出版社 2001 年版。

况，说明三星堆二期文化与中原二里头夏文化存在某种内在的联系①。三星堆陶盉从二期到四期一直存在和发展演变，说明了这种联系的必然性和深刻内容。李学勤先生最近指出，在商代及其以前，蜀与中原便有文化上的沟通，从考古上看，蜀、夏同出于颛顼的传说绝不是偶然的②。这一论述确有根据。

我们认为，三星堆二期至四期文化的主人是古史传说中的鱼凫氏③，鱼凫氏的来源，正好与《山海经·大荒西经》所载颛顼所化的鱼妇（即鱼凫）有关④。此篇所说"风道北来……是为鱼妇"，即是从神话学的角度反映出来的鱼凫氏的来源。而"颛顼死即复苏"，更从这一古人特有思维方式的角度反映出来的鱼凫在成都平原建立蜀王国的史迹，表明鱼凫氏与颛顼有着千丝万缕的联系。

前面指出，颛顼是夏文化早期因素的来源之一，禹为其后，夏启又为禹后。因此，三星堆二期文化出现的若干夏文化因素，正是对鱼凫氏蜀文化与颛顼关系的一个极好说明。鱼凫氏来源于岷江上游，岷江上游正是蜀山氏之所在，为颛顼母家的居所。其新石器文化也受到西北甘青地区古文化的若干影响，这种现象应与古史传说所谓"昌意娶蜀山氏女，曰昌仆，生高阳"⑤有关。可见，三星堆文化所反映的蜀山氏与昌意（乾荒）和颛顼的关系，两者是相一致的，而年代则有早晚之别，从而证明黄帝和颛顼与蜀的关系是千真万确的史实，不能轻易否定。

二里头夏文化与三星堆文化相联系的另一途径是长江。徐中舒先生早就指出，四川新繁水观音遗址出土的陶鬶、陶豆（本文作者按：据考证，水观音遗址出土的这些器物，与三星堆属于同一文化系统，在年代上晚于三星堆），与湖北、河南、安徽、江苏出土的后期黑陶，可以说是一系的宗支。从这些陶器的分布，可以清楚地看出古代四川与中原地区的联系，其主要道路是沿江西上的⑥。长江三峡地区的考古发掘和研究也一再证实，在三峡地区长江沿岸，三星堆蜀文化遗存同二里头夏文化遗存是交互分布的。这种现象无疑是对两者关系的重要说明。

---

① 孙华：《巴蜀文物杂识》，《文物》1989 年第 5 期。

② 李学勤：《〈帝系〉传说与蜀文化》，《四川文物》"三星堆古蜀文化研究专辑"，1992 年。

③ 段渝：《商代蜀国青铜雕像文化来源和功能之再探讨》，《四川大学学报》1991 年第 2 期。

④ 段渝：《四川通史》第 1 册，四川大学出版社 1993 年版。

⑤ 《史记·五帝本纪》。

⑥ 徐中舒：《论巴蜀文化》，四川人民出版社 1982 年版。

综上所述，无论从中原文献还是巴蜀文献所传黄帝与巴蜀关系进行的追根溯源的研究，还是从对考古学与文献进行的比较研究，都证明中国西南的巴蜀文化绝非孤立发展的文化，而是与黄帝文化有着千丝万缕联系的复合型文化。无论中原文献还是巴蜀文献所传黄帝与巴蜀的关系，均绝非战国秦汉期间人们的伪造，相反，它们所记载的基本关系是无可置疑的。

（原载《社会科学研究》1994 年第 1 期）

再论黄帝与巴蜀 *

在《论黄帝与巴蜀》①中，我们提出：地处西南的巴蜀文化，是一支与黄帝文化有着千丝万缕联系的复合型文化；无论中原文献还是巴蜀文献所传黄帝与巴蜀的关系，其基本成分均无可怀疑，并非战国秦汉间人士伪造；近年考古新发现也越来越多地证明了这种基本关系。我们认为，黄帝与巴蜀的关系事关重大，它不仅仅是一种区域性文化研究，更为重要的是将为中国文明多元一体发展格局理论提供新的历史依据，并且证明中原华夏文化实在有着多元的文化来源，因此，这个主题还有待于进一步展开与深化。

一

从历史上看，关于黄帝与巴蜀的关系应以如下三个方面作为认识的出发点。

第一，对于黄帝的认识，从古至今经历了几个不同的发展阶段。

其一，信古阶段：从秦汉时期中国各地"长老各往往称黄帝"②，文献大量记载黄帝及其传说史迹，直到清末，主要是相信黄帝确有其人。其间虽有宋刘恕《通鉴外纪》、欧阳修《帝王世次图序》、清崔述《考信录》等力反此说，却并未形成学术上的主流。其二，疑古阶段：从 20 世纪第二个十年"古史辨派"逐步形成、顾颉刚先生倡导"古史层累地构成说"以来，学者多从之，认为"'三皇'、'五帝'的名称系统和史迹，大部分是后人有意或无意假造或伪传的"③，而黄帝

---

* 本文系与谭洛非合作。

① 谭洛非、段渝：《论黄帝与巴蜀》，《社会科学研究》1994 年第 1 期。

② 《史记·五帝本纪》。

③ 参见《古史辨》第 7 册（上）童书业"自序"对古史辨学说的归纳。

其人其史实均为子虚乌有。这一时期，由古史辨学者所倡导的"疑古"、"辨伪"风气在学术界影响很大，日益成为中国上古史和古文化研究领域中的主流。其三，近年以来，随着中国考古学及其研究的不断发展和深入，学者们发现，古史传说中的黄帝及其史迹，有许多能够与考古新发现相互印证，因而逐步认识到古史传说中其实含有不少信史的成分，不能一概斥之为妄，一概斥之为伪。这样，就使中国古史研究逐步出现了一个新局面，预示着解释古文化结构这一新阶段的到来。

第二，对于巴蜀文化及其历史的认识，从古至今也同样经历了几个不同的发展阶段。

其一，先秦巴、蜀的历史，文献记载语焉未详，后人多以其为小国寡民，以至唐李白《蜀道难》嗟叹："蚕丛及鱼凫，开国何茫然，尔来四万八千岁，不与秦塞通人烟"，大多以为巴、蜀僻处西南一隅，与中原文化长期隔绝。其二，20世纪三四十年代之交，学术界初步从古器物学的角度认识到巴、蜀文化的一些特色，提出"巴蜀文化"命题①，将其赋予考古学文化的新内涵。同时，古史辨大师顾颉刚先生坚持"巴蜀独立于中原发展说"，认为除了蚕丛等为蜀王、巴与楚有国际关系的两点外，均非真实历史事实②。其后，徐中舒、蒙文通等学者详细研究了巴蜀历史与文化，提出了巴蜀文化具有丰富的内涵等诸多重要观点③。其三，近年以来，在巴蜀考古取得重大突破的条件下，学术界加深了对巴蜀史与巴蜀文化的认识，取得前所未有的新成果，确认巴蜀文化为长江流域三大古代文化之一④，是中华文明起源地之一，是长江上游一大古代文明中心⑤。

第三，对于黄帝与巴蜀的关系的认识，从古至今也经历了几个不同的发展阶段。

其一，战国秦汉时期诸多古文献指认巴蜀为黄帝后世子孙，不论巴还是蜀，其文化均为中原文化的分支。此论历经二千余年未衰，长期占据学术统治地位。

---

① 参见卫聚贤：《巴蜀文化》，《说文月刊》第3卷第4期、第7期。

② 参见顾颉刚：《论巴蜀与中原的关系》（1941年），四川人民出版社1981年版，第69页。

③ 参见徐中舒：《论巴蜀文化》，四川人民出版社1982年版。蒙文通：《巴蜀古史论述》，四川人民出版社1981年版。

④ 参见段渝：《巴蜀文化是华夏文化又一个起源地》，《社会科学报》1989年10月19日。

⑤ 参见林向：《论巴蜀文化》，《三星堆与巴蜀文化》，巴蜀书社1993年版。

其二，20 世纪 40 年代，顾颉刚先生彻底否定巴蜀为黄帝后代子孙之说，认为巴蜀融合中原文化是战国以来的事①。20 世纪五六十年代，徐中舒先生也认为黄帝与巴蜀的关系是子虚乌有，除牵合几个人名、地名外，全无根据②。蒙文通先生则认为蜀为黄帝后代的说法，绝非无稽之谈③。其三，近年以来，随着对黄帝认识的深化和巴蜀古史与文化研究的突破性进展，学术界从考古资料与文献资料进行综合研究的角度出发，认识到古史传说所载黄帝与巴蜀的关系不能一概否定，其中有不少合理成分，蜀国君主与中原有更多的联系，蜀、夏同出于黄帝孙颛顼的传说不是偶然的④。

从上述三个方面不难看出，无论是对黄帝、对巴蜀还是对黄帝与巴蜀的关系的认识，都经历了一个"否定之否定"的再认识过程。今日所达到的认识，也并非古史认识的回归，而是在对考古资料进行了大量研究的条件下所达到的认识日益深化，既有肯定，亦有否定，并且有新的发展。我们对此主题的研究，便基于这样的背景并建立在这样的基础之上。

二

长期以来，一些学者认为黄帝为子虚乌有，而黄帝世系绝不可信。其基本论据之一，是因为《史记·五帝本纪》有这样一段文字描述：

> 学者多称五帝，尚矣。然《尚书》独载尧以来，而百家言黄帝，其文不雅驯，荐绅先生难言之，孔子所传《宰予问五帝德》及《帝系姓》，儒者或不传。

这段材料中有两个问题常为学者所津津乐道：其一，既然《尚书》只能将古史传说上溯到尧，那么尧以前自当俱属渺茫洪荒，不足凭信；其二，既然记载黄帝世系的《五帝德》和《帝系姓》两篇文字，自来为儒者所不讲习传诵，那么黄帝及其世系之属妄属伪，自为理所固然。

我们认为，这两个问题都有重新审视的必要。

---

① 参见顾颉刚：《论巴蜀与中原的关系》，四川人民出版社 1981 年版，第 70 页。

② 参见徐中舒：《论巴蜀文化》，四川人民出版社 1982 年版，第 3 页。

③ 蒙文通：《巴蜀古史论述》，四川人民出版社 1981 年版，第 40 页。

④ 参见李学勤：《〈帝系〉传说与蜀文化》，《四川文物》1992 年"三星堆研究专辑"。

我们首先讨论《尚书》的问题。《尚书》各篇的年代，学术界至今无定论，所可知者，先秦时已有定本，大概没有问题。经秦始皇焚书，汉初伏生所传今文《尚书》实已难窥其全貌，而古文《尚书》其实也并非孔安国所献，晋代梅颐所献古文《尚书》则俱为伪书。今文《尚书》中的《尧典》一篇，当然就是司马迁所说《尚书》独载尧以来的根据，但是《尧典》开篇即云"曰若稽古"，表明其成书年代较晚，绝非尧时的作品，而是后人的追记，其时代或在周代①，或在战国②，或晚至秦汉时期③。若此，则仅凭此篇便断言尧为中国古史传说所记最古的英雄人物，证据并不充分。而且，"曰若稽古，帝尧曰放勋"一句，是说"考查古史，帝尧叫放勋"，并没有任何"帝尧为最古"之义，怎么可以说帝尧以前皆不足凭信呢？

至于为什么《尚书》"独载尧以来"，其实司马迁已经作了回答，这就是"百家言黄帝，其文不雅驯，荐绅先生难言之"，主要原因在于古史所传黄帝，多被视为"不雅驯"之言，自来为崇尚仁义礼智信的儒雅君子所不齿。可是，为儒者所不传，却绝不意味着实无其史。先秦法家、道家、墨家、名家、阴阳家、纵横家、兵家、杂家、农家等九流十家所传人物和事件，不见于儒家所传者为数不少，岂能仅凭儒家的独门材料，便将其统统否定？何况，司马迁既然说"百家言黄帝"，显然是除儒者而外，各家都讲述传习黄帝其人其事，足见黄帝史迹乃是先秦时代累世相传的旧说，为时人所深信不疑，绝非无稽之谈。"百家"之中当也包括儒家，其所以不传，并不在于其不知，仅仅在于其难以将那些"不雅驯"之言纳入儒者道德规范之中予以传习罢了，无怪乎司马迁喟叹"荐绅先生难言之"。

其实先秦儒家所传史籍中并非完全没有关于黄帝的记述。例如《易》、《礼》，均为传习黄帝之作，《春秋》虽然不言黄帝（为其体例所限，当为原因之一），但经由孔门弟子子夏之徒所传的《左氏春秋》（即《左传》）却明确提到黄帝④，并且同为左丘明所传诵而为孔门弟子所传的《国语》，也照样讲到黄帝。我们知

---

① 参见范文澜：《中国通史简编》（修订本），人民出版社 1964 年版，第 93 页。

② 参见郭沫若：《十批判书》，东方出版社 1996 年版，第 2 页。

③ 参见顾颉刚：《中国上古史研究讲义》，中华书局 1988 年版，第 9 页。

④ 徐中舒认为《左传》为子夏之徒所传，见所著《〈左传〉的作者及其成书年代》，载《左传选·后序》，中华书局 1963 年版。童书业：《〈春秋左传〉作者推测》亦以为《左传》作者与"受业于子夏之伦"的吴起有关，见所著《春秋左传研究》，上海人民出版社 1980 年版，第 352 页。

道，儒家盛称孔子删《诗》、《书》，正《礼》、《乐》，赞《易》，作《春秋》。此说虽不能完全令人相信，但至少所谓"六经"皆经孔门弟子整理、传习，却可以肯定。既然如此，那么先秦儒者所不传习黄帝的就只是其中的某部分人，或某些派别。《韩非子·显学篇》说道："故孔、墨之后，儒分为八，墨离为三。"孔子死后，儒家支派林立，虽均"宗师仲尼"，却学术传承不同。在此情况下，或传黄帝，或不传黄帝，乃是理所固然，不足为异。假如仅凭其中的某部分人或某些支派不传黄帝的情况，来判定古史上实无黄帝其人其事，显然是片面的，不科学的。

我们接着讨论《五帝德》和《帝系姓》的问题。此两篇原为单行本，后来采入《礼记》，公认属于儒家代表作。《五帝德》记述宰我问学于孔子关于黄帝"人邪，抑非人邪"的对话，以及《帝系姓》（《史记》记其篇名有"姓"字，《大戴礼记》所记则无"姓"字）记载黄帝世系和列国谱系，在古史研究上尤具价值。这两篇对于黄帝其人其事，均持肯定其有的态度，表明儒家亦传黄帝。

在《五帝德》中，孔子肯定黄帝为"少典之子"，其说与儒者所传的《国语》大同（见《国语·晋语四》），足见孔子本人是知道黄帝及其史迹的。但是孔子却并不侈谈黄帝，亦不崇尚黄帝，甚至在绝大多数场合根本不讲黄帝。《论语》无一处提及黄帝，表明孔子对于黄帝是知而不传的。这种态度，表面上看似乎与孔子所传《宰予问五帝德》对于黄帝的看法相矛盾，其实不然。

《五帝德》记载：

> 宰我问于孔子曰："昔者予闻诸荣伊，言黄帝三百年。请问黄帝者人邪，抑非人邪？何以至于三百年乎？"
>
> 孔子曰："予，禹、汤、文、武、成王、周公可胜观邪！夫黄帝尚矣，女何以为？先生难言之！"
>
> 宰我曰："上世之传，隐微之说，卒业之辨，闇忽之意，非君子之道也，则予之问焉固矣！"
>
> 孔子曰："黄帝，少典之子也，曰轩辕……"
>
> ……
>
> 他日，宰我以语人。有为道诸夫子之所。孔子曰："吾欲以颜色取人，于灭明邪改之。吾欲以语言取人，于予邪改之。吾欲以容貌取人，于师邪改之。"宰我闻之，惧不敢见。

这段引文很清楚地证明了两点：

第一，孔子原本十分熟知黄帝等五帝事迹，但从不愿意讲习，只是在其弟子宰我的一再要求下，才略述其所知。

第二，孔子并不愿意其所讲五帝之事流传于外，所以当宰我将其所述转告他人后，孔子极不高兴，以致师生断绝了关系。

毫无疑问，孔子对于黄帝的确是知而不传的。由此便可证明，所谓至孔子时代黄帝传说的神话还未诞生之说，并不正确。

孔子不言黄帝，基本原因在于"子不语怪、力、乱、神"的一贯立场和态度，而黄帝传说往往与怪、力、乱、神杂糅一体，故为以孔子为宗师的早期儒家所不齿。所以《五帝德》记述孔子说"黄帝尚矣"、"先生难言之"。孔子殁后，儒家传人"祖述尧舜，宪章文武，宗师仲尼"，亦往往不言黄帝。作为孔门"私淑"弟子的孟子，在其《孟子》书中通篇不置黄帝一词，其原因同样在乎此。可见，孔子不言黄帝，并非其时尚无黄帝传说流传，亦非儒家不知有黄帝其人其事，仅仅在于以孔子为代表的早期儒家不奉黄帝为正统罢了。

司马迁作《史记》，除利用"载籍极博"的各种文献资料和实地调查所得民间流传材料外，仍然"犹考信于六艺[1]，即以儒家所传《诗》、《书》、《易》、《礼》、《乐》、《春秋》为取舍材料的标准，"择其言尤雅者"以著《五帝本纪》，首叙黄帝，不但说明黄帝传说渊源古远，而且反映了儒家所知黄帝的本来面目，证实古义所言黄帝，确乎是"其所表见皆不虚"[2]，乃信而有征。

三

司马迁虽为儒者，然而敢于毅然"截断众流"[3]，剔去神话的附会，还黄帝以本来面目，比起早期儒者知而不传的遗教，确实前进了一大步。不仅如此，在关于黄帝与巴蜀关系的认识上，司马迁亦是抛开成见，据史立言，从而拨开历史的迷雾，更比早期儒者前进了一大步。

《史记》固然没有将巴、蜀列入《世家》，将巴、蜀人物列入《列传》，但却是把黄帝子昌意、黄帝孙颛顼直接与古蜀史联系在一起的。《五帝本纪》所记黄

---

① 《史记·五帝本纪》。

② 《史记·五帝本纪》。

③ 顾颉刚：《史林杂识》初编，"三代世表"条，中华书局 1963 年版，第 234 页。

帝娶于西陵之女嫘祖，其子昌意降居若水，昌意娶蜀山氏女，生子高阳，是为颛顼，其地、其人均在古蜀，足见黄帝一系与古蜀有着不可分割的关系。

《史记·五帝本纪》这段材料，直接取之于"孔子所传"的《帝系姓》，表明早期儒家并非不了解这段历史。然而，记有黄帝与古蜀关系的《帝系姓》何以却为"儒者或不传"呢？究其原因，根本之点在于以孔子为代表的早期儒家恪守"严华夷之防"，只能"用夏变夷"，决不能"用夷变夏"的立场和态度。

在儒家经典《尚书·尧典》中，首先出现"蛮夷猾夏，寇贼奸宄"这类词句。所谓蛮夷，是指居于中原华夏周边的少数民族。猾，据《广雅·释诂》："猾，乱也。"夏，《说文》曰："夏，中国之人也。"郑康成解释"寇贼奸宄"说："强取为寇，杀人为贼，由内为奸，起外为轨（同宄）。"诸夏与蛮夷（再加上戎狄）的冲突，在儒者看来，均出于周边蛮夷戎狄内侵的后果。春秋时代，诸夏"尊王攘夷"也在于"南夷与北狄交，中国不绝如线"[①]，罪在蛮夷。所以，儒者普遍主张"内华夏而外夷狄"，要"严华夷之防"。《左传》定公十年记载齐、鲁夹谷之会，孔子以卿大夫出为鲁君傧相，齐侯试图以莱夷兵劫鲁侯，孔子大声疾呼："裔不谋夏，夷不乱华"，逼使齐侯撤走莱人。孔子所说的裔，即是《左传》昭公九年所记"先王居梼杌于四裔，以御螭魅"之裔，裔者远也，此指周边蛮夷戎狄。可见，孔子是"严华夷之防"的坚决捍卫者。而儒家之所以有"华夷之辨"，毫无疑问也是其"宗师仲尼"的必然结果。

由于有这样的历史背景和民族文化主张，所以，尽管传自孔子的《帝系姓》明知黄帝与巴蜀的关系，也为"儒者或不传"，就是极为自然的了。

巴、蜀本出西戎，先秦儒家对此十分明白，了然于胸。孔、孟之后集儒家之大成者荀子在其所著《强国篇》中，就直称巴国为"巴戎"，而"戎"为战国时代居于诸夏西方的少数民族的通称。为孔子所序、为儒家所传的《尚书·牧誓》，将跟随武王伐纣的"庸、蜀、羌、髳、微、卢、彭、濮人"称为"西土之人"，即是载籍所谓"西方之戎"。战国纵横家所著《战国策·秦策一》，则直称蜀为"西辟之国而戎狄之长也"。直至东汉，班固在其《汉书·地理志》中，仍直言"巴、蜀、广汉本南夷"，"南"为方位词，是由于巴郡、蜀郡位于汉西南部的缘故，称"夷"则与称"戎"相类，表示其本非华夏之人。

黄帝传说源出西方。齐威王时田齐铜器《陈侯因咨敦》铭文称："绍緟高

---

① 《公羊传·僖公四年》。

祖黄帝"，田齐祖虞帝，虞帝出自黄帝，来自诸夏之西，可为明证。秦灵公时，"作吴阳上畤，祭黄帝"①，这是史籍所见首次黄帝祭典，发生在西方。在《山海经》中，黄帝多与西方相联系，如昆仑之丘、昆仑之东、昆仑之西等皆是。《国语·晋语四》记载黄、炎二帝同出少典，"黄帝以姬水成，炎帝以姜水成"，两地并在诸夏之西。如以早期儒家的观点来看，黄帝亦与诸夏有别，所以儒者或不传习黄帝史迹，绝非事出无因。

事实上，在先秦文献中，黄帝孙颛顼亦源出西方。不仅《世本》称引"颛顼母蜀山氏之子名昌僕"②，为孔子所传的《帝系姓》也称"昌意娶于蜀山氏之子，谓之昌僕氏，产颛顼"。而且儒家以外的著作如《吕氏春秋》同样也记载"帝颛顼生自若水（今雅砻江）"，战国时魏国实录《竹书纪年》亦载此说。诸家所言相同，这个事实表明，出于西方的黄帝、昌意、颛顼，的确与古蜀有着血肉相联的关系。

司马迁作《史记》，"尝西至空桐，北过涿鹿，东渐于海，南浮江淮"③，又曾"奉使西征巴、蜀以南，南略邛、筰、昆明"④。虽所到之处，"长老皆各往往称黄帝、尧、舜之处，风教固殊焉"⑤，然而经过大量比较研究，又经"考信于六艺"，最终还是论定黄帝与古蜀的关系确为信史，并将其载入《史记》首卷，把为早期儒者所知而不传的远古史实直书并保存下来，确乎难能可贵。

综上所论，儒家不言黄帝与巴蜀，并不在于史无黄帝，史无巴蜀，也不在于黄帝与巴蜀无关，而在于早期儒家对黄帝与巴蜀历史所持的一贯基本立场，表现在两个方面：其一，出于儒家的道德伦理规范，认为"百家言黄帝，其文不雅驯，荐绅先生难言之"，所以黄帝及其史迹为其所不取不传。其二，出于儒家"严夷夏之防"的民族文化观念，认为"非我族类，其心必异"⑥，所以巴蜀古史以及黄帝与巴蜀的关系均为其知而不取，知而不传。

（原载《中华文化论坛》1994 年第 1 期）

---

① 《史记·封禅书》。

② 《山海经》郭璞注引。

③ 《史记·五帝本纪》。

④ 《史记·太史公自序》。

⑤ 《史记·五帝本纪》。

⑥ 《左传·成公四年》。

禹的传说与史实

一、问题的提出

20 世纪二三十年代，顾颉刚先生连续发表了一系列论文，建立起由他首创的"古史层累地构成说"体系，其中一个很有影响的观点，是提出并论证禹"是上帝派下来的神，不是人"，指出"禹有天神性"，实为"社神"，而"禹为社神之说，起于西周后期"[①]。其后，童书业、杨宽等先生均宗其说，并对顾氏之说加以进一步申论[②]。根据顾颉刚、童书业二先生合著的《鲧禹的传说》，疑古派学者关于"禹是神不是人"的看法有以下五条基本结论[③]：

1.鲧、禹颇有从天神变成伟人的可能；

2.禹的神职是主领名山川的社神；

3.鲧、禹治水传说的本相是填塞洪水，布放土地，造成山川，后来因战国时势的激荡，变成了筑堤、疏导和随山刊木等等；

4.鲧、禹传说的来源地是西方九州之戎的区域；

5.鲧、禹本都是独立的人物，因墨家的尚贤说和禅让说的媒介，才与尧、舜等人发生关系。

本文作者认为，倘若仅从古史传说的表象来看这个问题，或者仅依疑古派

---

① 顾颉刚：《〈古史辨〉第 1 册自序》；《讨论古史答刘胡二先生》，载《顾颉刚编著古史辨》第 1 册，上海古籍出版社 1982 年版。顾颉刚：《九州之戎与戎禹》，载《古史辨》第 7 册（下），上海古籍出版社 1982 年版。

② 参见童书业：《〈九州之戎与戎禹〉跋》，载《古史辨》第 7 册（下）。参见杨宽：《中国上古史导论》，载《古史辨》第 7 册（上）。

③ 参见顾颉刚、童书业：《鲧禹的传说》，载《古史辨》第 7 册（下）。

学者的逻辑思路及其表述来理解这个问题，那么上述分析结论似乎确有道理。然而，关于禹究竟是神还是人的命题，既然来源于（或主要来源于）对古史传说的不同分析和理解，那么结论就应当下在对有关传说在历代的流传情况进行梳理分析之后，而不是之前。换句话说，如果不对古史传说的流传情况做分期研究，而只是笼统地加以运用，就极易导致把后起的神话当作早出的传说，把早存的史实当作晚出的伪作，从而得出不符合历史事实的结论。从方法论的角度看，这样的结论是否具有可靠性，自然值得怀疑，大有可商之处。

有关禹的传说是极为复杂的，涉及多方面的问题，不是几篇论文就可以解决的，也不是一两代学者就能够研究清楚的。本文无意对禹的问题做全面研究，仅从古史传说在三代流传情况的角度入手，对禹是神还是人的问题略加论析，以期在这个问题上做些新的探索，俾有助于进一步的深入研究。

二、夏商时代关于禹的传述

从夏代流传下来的一些材料表明，禹是一个活生生的人王，而不是一个具有神性的天神。《墨子·兼爱下》引有《禹誓》，是禹征有苗所作誓词。毕沅云："《大禹谟》文云《禹誓》者，禹之所誓也。"孙诒让《墨子间诂》说："今《大禹谟》出伪古文，即采此书（引者按："此书"指《墨子·兼爱下》所引《禹誓》）为之。惠栋云《皋陶谟》言'苗顽勿即功'，则舜陟后，禹当复有征苗誓师之事。"《大禹谟》乃汉人伪作，此篇既采《墨子》所引《禹誓》，表明《禹誓》在先秦已有定本。《皋陶谟》虽经后人整理，但至少在周初即有写本[①]，表明《禹誓》的材料来源古远，是经夏商时代的口耳相传而至迟在周初写成文本的。

《墨子·明鬼下》也引有一篇《禹誓》，说是"姑尝上观乎《夏书·禹誓》"，此篇全文记载禹伐有扈氏、大战于甘的誓词。《吕氏春秋·先己》和《书序》以夏启伐有扈氏战于甘，《庄子·人间世》、《吕氏春秋·召类》、《说苑·政理》等则以禹伐有扈氏战于甘，孙诒让则认为："戎禹、启皆有伐扈之事"，应为确说。为儒家所传习的《尚书·夏书》里，也有一篇《甘誓》，内容与《墨子》所引《禹誓》大同而微有出入，应是《禹誓》的另一传本。儒、墨两家均载有《禹誓》，且文

---

① 参见王国维：《古史新证》，清华大学出版社 1994 年版。

字大体相同，表明历史上确有《禹誓》之文，并非后人伪作。据刘起釪先生研究，《甘誓》（引者按：即《禹誓》）的写成文字年代当在殷代至周初①。这是指文字写本而言，不是指写本所依据的口传材料，正如上面分析的《墨子·兼爱下》所引禹伐有苗所作《禹誓》一样。事实上，从口传材料到写成文字定本，其间年代是相当漫长的。迄今我们尚未发现夏代遗留下来的文字材料，有关夏代历史的材料都是通过口耳相传的形式代代传承下来的，到了殷周文字运用于书写文献时，才据此写成文字定本。从禹伐有扈氏的《禹誓》在殷代即写成文本的情况看，它的原来底本必然是从夏代流传下来的口传本，绝不可能出自殷人伪作。正是因为口传材料在其累代相传的长期流传过程中难免有所损益，而不同的文字写本又是采取于不同的口传本，所以各种写本之间往往在文字上甚至内容上有所出入，但基本内容却是大同小异的。墨、儒两家所传《禹誓》略有出入，原因即在于此。

　　《墨子》书中提到《夏书》和禹不只一二处，《非命下》还引有《禹之总德》，《七患》也引有"故《夏书》曰禹七年水，《殷书》曰汤五年旱"，《史记·河渠书》、《汉书·沟洫志》并记"《夏书》曰禹抑洪水，十三年过家门不入"，可见此《夏书》是先秦流传下来的。《孟子·滕文公下》引《书》曰："洚水警予"，此句不见于《尚书》孔传本《尧典》和《皋陶谟》，应为别篇的逸文②，而其流传年代之在先秦，也可以由此而知。

　　虽然上述文本的内容大多数只有数句见引于战国诸子文中，但据此已足可论定夏代所传述的禹是人而不是神。至于《史记·大宛列传·赞》所提到的《禹本纪》是否是从夏代流传下来的口传材料演化而来，则因文献阙如而不敢臆断。

　　殷商时代，"有册有典"，文字已运用于书写文献，一些古史传说材料赖此而保存下来，流传后世。从殷代流传下来的文献中，可以见到一些有关禹的记载。《史记·殷本纪》载《汤诰》，文中说道："古禹、皋陶久劳于外，其有功乎民，民乃有……后稷降播，农殖百谷。三公咸有功于民，故后有立。"陈梦家先生认为，《汤诰》此段与伏生所传《吕刑》相似，而伏生所传《吕刑》又与《墨子》所引"先王之世《吕刑》"相同，因此《殷本纪》所述《汤诰》可能是《吕刑》的另一种本子③。但是，《汤诰》恰恰在最重要之处与《吕刑》不同。《汤诰》述

---

① 参见刘起釪：《释〈尚书·甘誓〉的"五行"与"三正"》，《文史》第7辑，中华书局1979年版。
② 参见陈梦家：《〈尚书〉通论》，中华书局1985年版，第346页。
③ 参见陈梦家：《〈尚书〉通论》，中华书局1985年版，第299页。

禹的业绩是"久劳于外，其有功乎民"，没有丝毫神化禹的痕迹，此点正与殷人尚质的特点相符。而《吕刑》述禹之功是"禹平水土，主名山川"，禹是主领名山大川的神化人物，这显然出于后世的附会，已不是禹的原型。可见，《汤诰》对禹的记述与《吕刑》有着本质差别，不可同年而语，不能根据《吕刑》来论说《汤诰》是西周作品（据《史记·周本纪》，《吕（甫）刑》作于周穆王时）。司马迁熟知《尚书》，所述《汤诰》即《汤诰》，《吕刑》即《吕刑》，二书绝不混同，表明在他看来，《汤诰》为殷人遗文，《吕刑》为周人遗文，其间时代的区分是清清楚楚的，一点也不存在疑义。

殷王朝灭亡后，微子封于宋，以续殷嗣，因而为殷人所传述的禹的材料又在宋人中继续流传。作于西周宋人的《商颂》诸篇里①，有两条关于禹的记述，从一个侧面反映了禹迹在殷人中流传的情况。《诗·商颂·长发》说："洪水芒芒，禹敷下土方"，《诗·商颂·殷武》说："设都于禹之绩"。这两条材料，曾被顾颉刚等先生引作禹为天神之证。其实，所谓"禹敷下土方"一句，"敷"，历代注家训为治，"下"则为高下之下，即《国语·周语下》所记"堕高堙庳"之庳，并非从天而下之下，敷为动词，下为名词，"禹敷下土方"实为"禹敷下以土方"，意为当茫茫洪水来临之际，禹用堙塞之法以治洪水，正合于《史记》、《汉书》所引《夏书》言"禹堙洪水"，《庄子·天下》言"昔者禹之湮洪水"，和《山海经·大荒北经》言"禹湮洪水"等记载，所以不能以"禹敷下土方"作为禹是从天而降的天神之证。另一句"设都于禹之绩"，绩，释为迹，此句指在禹迹所在之地设立都城。《秦公簋》铭文记有"鼏宅禹赍"，王国维认为，"禹赍"言"宅"，则"赍"当是"迹"之借字②，释为范围、场所，与《商颂·殷武》之诗大同。《齐侯钟》铭文也说："隙隙成汤……处禹之堵"，《博古图》释"堵"为"都"，亦当解为范围和场所，"处禹之堵"即谓立国于禹迹所在之地。此二器铭文足可与《商颂》所述禹迹互证，表明宋人所述的禹的确是先殷而王中原的王者，是人而不是神。

史称殷人恭恪天命，崇敬鬼神。《礼记·表记》记载说："殷人尊神，率民以事神，先鬼而后礼，先罚而后赏。"《史记·殷本纪》记载殷纣王曰："我生不有命在天乎！"殷卜辞更有大量奉事鬼神的记载。宋为殷嗣，《商颂》又是宋人

---

① 《商颂》作于宗周时，参见王国维：《古史新证》。

② 王国维：《古史新证》。

在其先王宗庙里吟诵的祭祀之诗，所述先王之迹均为先王遗训，虽难免有所夸张，但其人其事均真实可信，无可怀疑。假如为殷人所了解和传述的禹确是天神，那么极端"尊神"的殷人就绝不会把禹从天神降为人王，而宋人也就绝不敢违背先王遗训，把天神当作人王在其庄严肃穆的庙堂里进行祭祀并加以吟诵。反过来看，既然殷人及其后裔并没有对禹作神化处理，并不把禹称引为天神，而是始终把他作为人王加以看待，那么就有力地证明了历史上的禹确有其人，是人王而不是天神。

夏人属于西方民族集团，殷人属于东方民族集团，上古东西两大民族集团之间曾发生过长期斗争，史称夷夏之争。夷夏之争既是东西文化的斗争，同时也是东西文化交流与传播的一个重要途径。在夷夏之争中，夏人先王禹的有关史迹必然会流布到东方地区，为殷人所了解、知悉和传述。因此，殷人所述禹的史迹应是相当可靠的，没有理由加以怀疑，更没有理由予以否定。

三、西周春秋时代关于禹的传述

西周时代，周人对禹的传述稍多，常见于《诗》、《书》。在可以确定为作于西周的文献中，对禹有如下一些记载：

《诗·小雅·信南山》："信彼南山，维禹甸之。"

《诗·大雅·文王有声》："丰水东注，维禹之绩。"

《诗·大雅·韩奕》："奕奕梁山，维禹甸之。"

《书·立政》："其克诘尔戎兵，以陟禹之迹。"

《书·吕刑》："禹平水土，主名山川。"

《逸周书·商誓》："在昔后稷，惟上帝之言，克播百谷，登禹之绩。"

这六条材料虽均属西周作品，但制作年代有先后之别。《逸周书·商誓》虽出于战国魏襄王墓，但文句古奥，佶屈聱牙，用词如"百姓里居（君）"一类，雷同于《尚书·酒诰》，宜为西周初年之作。此篇所谓"登禹之绩"云云，是说后稷（周人先祖）按照上帝的教导，播种百谷，取得了禹那样的丰功伟绩。显然，这里所说"上帝之言"，是指后稷所怀抱的一种精神或信念，而不是指上帝同禹之间有什么必然联系，自然不可用为禹是天神的证据。《尚书·立政》，据

《史记·鲁周公世家》，乃周初时周公所作。此篇所谓"陟禹之迹"，意为整饬甲兵，循着禹的足迹前进。《书·吕刑》，据《史记·周本纪》，作于西周中叶周穆王时。此篇所谓"禹平水土，主名山川"，"名"非动词，为名词，应如顾先生所释，解为禹平治水土，主管名山大川。至于《大雅》、《小雅》诸篇，则作于周宣王前后。其中，《信南山》和《韩奕》中的"维禹甸之"，甸训为治，意为终南山和梁山为禹所平治；《文王有声》中的"维禹之绩"，是说由于禹的丰功伟绩，四方得以攸同。

上引六条西周文献，属于周初的有两条，即《逸周书·商誓》和《书·立政》。此两条中未见神化禹的痕迹，可知西周早期对禹的传述，仍然与夏商一样，是把禹作为人王来看待的，保持了传说中的基本史实。周人兴起于"西土"，自西徂东而克殷，是继夏商之间夷夏之争后的又一次夷夏之争，以"用夏变夷"而告终，所以西周初年周公常自称"有夏"①、"区夏"②，意在表白其继承夏人之志。显然，周人是完全知悉夏人所述先王禹的史迹的。另外四条材料属于西周中叶到晚期，明显地带有神化禹的气息。而开其风气之先者，当属周穆王时的《吕刑》一篇。周穆王时，"王道衰微"，"文武之道缺"③，为了征伐犬戎，"远绩以成名"④，于是采用夸大以至神化禹功的办法，借助于禹的声望，来为"我有夏"即周人控制四方诸侯张本，由此开始掀起了神化禹的浪潮。西周晚期《大雅》、《小雅》对禹的神化般称颂，正是接其踵者，而又继长增高。这一事实说明，禹从人到神的演变，是从西周中叶始揭其序幕的，完全是人为的结果。关于这一点，顾颉刚先生等对于禹的天神性起于西周后期的分析，确乎是颇有根据的。不过，我们说西周中叶以后对禹的神化，是指从那时开始周人为禹披上了一件神化的外衣，却并不等于说历史上的禹原本是神不是人，更不等于说历史上没有禹这位夏之先王。

春秋时代对禹的神化传述，除了难以确定成书地域、年代和作者的《山海经》以外，主要保存在《诗经》、《左传》和《国语》等史籍中，而且大多数神化禹的言论出自周人，也从一个侧面证实了由周人首开神化禹的风气之先这个事实。如《诗经·鲁颂·閟宫》所说"奄有下土，缵禹之绪"，这里的"下土"

---

① 《尚书·君奭》，《尚书·立政》。

② 《尚书·康诰》。

③ 《史记·周本纪》。

④ 《国语·周语》。

即相对于上天而言，"奄有下土"而"缵禹之绪"（继禹绪业），自然是把禹当作了上天派下来的神。鲁为周公之后，《鲁颂》是春秋时周人（鲁人）的庙堂祭祀之诗，在庙堂诗里公然宣称禹为天神，足可以见到当时受此神化观念浸染的程度已经相当深刻。《左传》昭公二十九年记载蔡墨答魏献子问时说："土正曰后土……共工氏有子曰句龙，为后土……后土为社。稷，田正也，有烈山氏之子曰柱，为稷，自夏以上祀之，周弃亦为稷，自商以来祀之。"后土即是句龙，句龙即是禹，《国语·鲁语上》说"后土能平九土"，正可以证实这一点。这显然是在共工与鲧的有关神化的分合过程中产生的一种神话，在这个神话中，禹的原型早已面目全非，神话更加复杂化了。蔡墨为周人，"凡、蒋、邢、茅、胙、蔡，周公之胤也"①。由此可见，春秋时代的周人，仍然是神化禹的浪潮的推波助澜者。

尽管从西周中叶开始掀起了神化禹的浪潮，波及广泛，影响长久，然而禹确曾是夏代先王这一基本史实却并没有被神化浪潮所淘洗殆尽，它不但顽强地保存下来，而且还流传广泛，在《左传》、《国语》以及诸子书中均常见征引。当然，由于神化浪潮的长期冲击，此时关于禹的各种传述，往往已是人神杂糅，神话与史实纠缠一体，以致难以缕析。如果我们不加梳理分辨，把史实从神话中剥离出来，就很容易把史实当成神话，从而抹杀那些上古时代曾经真实发生过的基本历史事实。

为疑古派学者所津津乐道，引为"禹为天神"结论的一个重要证据，是《国语·鲁语下》记载的孔子的一段话，其文曰：

> 仲尼曰："丘闻之，昔禹致群神于会稽之山，防风氏后至，而禹戮之，其骨节专车。"

又曰：

> 仲尼曰："山川之灵，足以纪纲天下者，其守为神，社稷之守者为公侯，皆属于王者。"

这段材料所讲的基本史实，是"禹致群神于会稽之山"。据群书及注家所释，"会稽之山"即是"涂山"。"禹致群神于会稽之山"，即是禹致群神于涂山。对此事件，《左传》哀公七年记载：

> 禹合诸侯于涂山，执玉帛者万国。

---

① 《左传·僖公二十四年》。

显然，两书所记，实为一事，《国语》所说的"群神"，就是《左传》所说的"诸侯"。对此，《韩非子·饰邪》也有明确记载，其文曰：

禹朝诸侯之君（禹使诸侯之君来朝）会稽之上，防风之君后至，乃而禹斩之。

可见，《国语》所说"群神"，实为"诸侯"或"诸侯之君"，并不是指天神。称诸侯之君为群神，乃是出于当时的王者"既是政治领袖，又是群巫之长"[①]的政治制度，犹如《山海经·大荒北经》称诸侯之君为"群帝"，《尚书·吕刑》则称之为"群后"，而《墨子·兼爱下》又称之为"群封君"一样，所指均为人王，而绝不是天神。

在疑古派学者看来，既然《国语·鲁语》说"禹致群神"，又说"山川之灵足以纪纲天下者，其守为神"，那么禹的天神性便由此一望而知。但是，这种看法却完全忽略了古代社会的特点，而仅仅注意到了文献记载的表象。在古代社会，由于各国之君、各族之长在其生前主持所在国、族的各种祭祀礼仪，把持天地人神之间的交往，就像《国语·楚语》所记重、黎"绝地天通"一样，"既为政治领袖，又是群巫之长"，俨然成为上天在人世间的代言人，因而其身后被传为神，传为国、族的神一般的守护者，此即所谓"山川之守"。诸侯之君之所以被后人传为"群神"、"群帝"，原因即在乎此。由此可见，"禹致群神"之说，其实是"禹合诸侯"、"禹朝诸侯"史实的神话化；禹"主名山川"之说，其实是禹为诸侯之长史实的神话化。所以《国语·周语》、屈原《天问》均称禹为"伯禹"，伯即诸侯之长的意思，而《史记·夏本纪》称禹为"帝禹"，也是强调禹为万国共主。不言而喻，这些材料所揭示出来的基本史实，是群巫与群巫之长、各国之君（诸侯）与诸侯之长之间多元一体的分层次、有主从的结构关系，这是史实的实质所在。假如只看到裹在史实以外的外衣，却没有洞悉内在于其中的实质，自然就大错特错了。

孔子"不语怪力乱神"[②]，"敬鬼神而远之"[③]，充满了人文主义的精神和智慧。上引《国语·鲁语下》记载的孔子这段话，既不见于《论语》，也不见《孟子》、《荀子》以及其他先秦诸子引用，难以证明是否属实。即令真是孔子之言，也如《鲁语》所记孔子所说"丘闻之"，即孔子听说过有这件事，乃是孔子转述传闻

---

① 陈梦家：《商代的神话与巫术》，《燕京学报》，1930 年。

② 《论语·乡党》。

③ 《论语·雍也》。

之语，并不是他自己的认识。不过由此却可以看出，春秋时代流传的关于禹迹的传说，比起夏、商、西周时代，的确已增饰不少，裹在禹身上的神化外衣愈益厚重，以致连多闻阙疑的孔子也加以引用，正表现出一时之风气。

《论语》中谈到禹的地方不多，约有三处，其中《泰伯》谈到禹两处，《尧曰》谈到禹一处。《泰伯》谈论禹，其一为：

　　子曰："巍巍乎！舜、禹之有天下也而不与焉！"

这是称颂舜、禹的"无为而治"，如《论语·卫灵公》："子曰：'无为而治者，其舜也与！'"正可与此互证。《论衡·语增》："舜承安继治，任贤使能，恭己无为而天下治。故孔子曰：巍巍乎舜、禹之有天下也而不与焉。"可谓正解。

《泰伯》中谈到禹的另一处稍详，其文曰：

　　子曰："禹，吾无间然矣。菲饮食而致孝乎鬼神，恶衣服而致美乎黻冕，卑宫室而尽力乎沟洫。禹，吾无间然矣。"

这里的"无间然"，意为没有隔阂。这里的"鬼神"，是指先祖的神主，即《礼记·祭法》所载"庶人庶士无庙，死曰鬼"，也即《论语·为政》所说"非其鬼而祭之，谄也"中的"鬼"，它是古代祖先崇拜的产物，古代社会普遍存在这种信仰，一直延及近世而不衰，不属于天神一类神话范畴。孔子说禹"致孝乎鬼神"，孝指子对父应取的态度、言行，即所谓孝顺，按照孔子自己的话来说，就是"无违"，也就是"生事之以礼，死葬之以礼，祭之以礼"[1]，"三年无改于父之道，可谓孝矣"[2]。可见禹"致孝乎鬼神"，是指禹致孝其祖考，而非致孝乎天神。《说苑·反质》据此言之曰："古有无文（朴实无华）者，得之矣，夏禹是也。卑小宫室，损薄饮食，土阶三等，衣裳细布"，所说的禹完全不带神话色彩，可以说是对孔子这段话的正解。

《尧曰》谈到禹，是在谈论尧命舜、舜命禹时提到的。尧命舜的内容主要是"天之历数在尔躬，允执其中"，这是指"古者圣王既临天下，必变四时，定律历，考天文，揆时变，登灵台以望气氛"[3]而言，又说"舜亦以命禹"，命词当与尧命舜之词同样内容。

从《论语》记载的上述内容看，孔子是把禹作为夏之先王和人伦楷模加以颂扬的。以孔子之博学，"夏礼吾能言之，杞不足征也；殷礼吾能言之，宋不足

---

① 《论语·为政》。
② 《论语·里仁》。
③ 《说苑·辨物》。

征也"①，所传述的禹必然是从先代流传下来的，属于他"能言之"之列，因而是相当可信的。

四、战国诸子关于禹的传述

战国诸子书中颇有言及禹者。一方面，由于战国时代人文主义精神大弘扬，人们纷纷从神的羁绊中挣脱出来，本着人文精神重新审视古史，因此诸子书中对禹的传述，大多洋溢着人文主义气息，从人世间的社会关系或人与自然的关系等角度加以论说。另一方面，战国踵接春秋而来，文化是连续发展演变的，因此有关禹的神话仍然在继续流传。在这种多元文化并存的情形下，从哪一个角度来选取引述有关禹的传说，这在诸子之间并不是完全一样的。大体说来，儒家的引述最少神性，墨家的引述带有较为浓厚的神话气息，道家的引述亦少神性，法家的引述也是少于神性，杂家的引述则人神杂糅。

此外，屈原《天问》记载上古神话传说极多，不过都是作者以提问方式对传统的神话进行质疑，既不表示作者本人相信这些神话，也不表示当世人们相信这些神话，相反却正是对这些神话大表怀疑的标志。《山海经》记载上古神话传说更是丰富，不过其作者非一，取材地域非一，成书年代非一，被认为是"古之巫书"②，堪称集上古各个地域神话传说之大成的书，好比一座神话传说资料库，所存入的资料未必就是存入者的看法。这两部书中所记载的禹的神话，基本上是可以找到历史原型的，表明所谓禹的天神性，其实不过是后人在史实基础上的附会和添加。从这个意义上看，神话的确是"层累地构成的"，后起的神话叠加在早存的史实之上。

下面，我们通过简略引录诸子书中有关禹的记载，来分析战国时代禹迹的流传情况。

1. 儒家

《孟子·滕文公下》：

> 当尧之时，水逆行，泛滥于中国，蛇龙居之。民无所定，下者为

---

① 《论语·八佾》。

② 鲁迅：《中国小说史略》，上海古籍出版社1998年版。

巢，上者为营窟。《书》曰："洚水警予"。洚水者洪水也。使禹治之。
禹掘地而注之海，驱蛇龙而放之菹，水由地中行，江、淮、河、汉是
也。险阻既远，鸟兽之害人者消，然后人得平土而居之。

文中，除受大一统观念影响将禹治水的业绩扩大到全中国而外，对禹并未
加以任何神化。值得特别注意的是，文中仅说禹治水，而将"平土而居之"之
绩归诸其他的人们，这不啻是对西周中叶形成的"禹平水土，主名山川"神化
的否定。《孟子》书中谈及禹的地方约有十处，其中有五处谈论禹治水，一处谈
论禹启之事，另四处谈论其他方面，没有一处涉及神事。

《荀子·成相》：

> 禹有功，抑下鸿，辟民除害逐共工。北决九河，通十二渚，疏三
> 江。禹傅土，平天下，躬亲为民行劳苦，得益、皋陶、横革、直成
> 为辅。

"抑"，释为堙[1]，或释为遏[2]。"鸿"，同洪。"抑下鸿"是指堙卑增高，使洪水
归下。"逐共工"，属于神话传说，"共工"二字为"鲧"字的缓读，急读即为"鲧"[3]。
鲧为禹父，何以伐之？这个传说不见于较早时期的文献，最早见于《山海经·大
荒西经》"禹攻共工之山"，《海外北经》和《大荒北经》又说"禹杀共工之臣相
柳（鲧）"，后来演化为禹伐共工。除《荀子·成相》外，《荀子·议兵》以及《战
国策·秦策》也载有这个传说，反映了战国时战争规模空前扩大形势下人们的一
种心理状态，应属晚出之说。至于决河疏江等说法，则与《孟子》大同。

2. 墨家

《墨子·尚贤中》：

> 虽天亦不辨贫富、贵贱、远迩、亲疏，贤者举而尚之，不肖者抑
> 而废之……然则亲而不善以得其罚者谁也？曰若昔者伯鲧，帝之元子，
> 废帝之德庸，既乃刑之于羽之郊，乃热照无有及也，帝亦不爱……然
> 则天之所使能者谁也？曰若昔者禹、稷、皋陶是也。

墨子崇尚天志、明鬼，建有宗教组织，因此在《墨子》书中有较浓的神话
气息是不足为怪的。《墨子·明鬼下》说："察看山川鬼神之所以莫敢不宁者，
以佐谋禹也"，禹同样扮演的是天神角色。《墨子·非攻下》说禹伐三苗是"天

---

① 闻一多：《天问疏证》，上海古籍出版社 1986 年版。
② 王先谦：《荀子集解》，中华书局 1988 年版。
③ 顾颉刚、童书业：《鲧禹的传说》，载《古史辨》第 7 册（下）。

命殛之",也属神话。可见墨子较多地采取了西周春秋以来禹的神话。不过,《墨子》书中却也并不是一味渲染禹的神性,有的记述也从人的角度释禹,如《兼爱中》述禹治水就与儒家基本相同。墨子出身工匠,他的思想比较接近下层民众,尤其崇尚禹的劳动者形象,他说:"禹亲自操橐耜而九(引者按:"九"同"鸠")杂天下之川,腓无胈,胫无毛,沐甚雨,栉疾风,置万国。禹,大圣也,而形劳天下也如此",故而"使后世之墨者,多以裘褐为衣,以枝桥为服,日夜不休,以自苦为极。曰:'不能如此,非禹之道,不足谓墨'"[①]。在这种心态和行为方式的支配下,墨子把禹的形象推向极致,使禹人性神性兼具,当可理解。

3. 道家

《庄子·天运》载老聃曰:

> 黄帝之治天下,使民心一……尧之治天下,使民心亲……舜之治天下,使民心竞……禹之治天下,使民心变,人有心而兵有顺,杀盗非盗,人自为种而天下耳。

道家主张"清虚以自守,卑弱以自持","以虚无为本,以因循为用"[②],不主张社会变革,政治上反对阶级斗争,主张"愿天下之安宁以污民命,人我之养毕足而止"[③]。反对战争,不主张改变传统农村公社的现状及其道德观。老子说:"小国寡民,使民有什佰之器而不用,使民重死而不远徙,虽有舟舆无所乘之,虽有甲兵无所陈之,使民复结绳而用之,甘其食,美其服,安其居,乐其俗,邻国相望,鸡犬之声相闻,民至老死不相往来。"[④]因而对"使民心变"、"兵有顺"的禹颇有微词,不以为然。《庄子·人间世》记载,"禹攻有扈,国为虚厉,身为刑戮,其用兵不止,其求实无已",对禹的攻伐征战持反对和批判的态度。对于禹的治水业绩,《庄子·秋水》说:"禹之时,十年九潦而水弗为加益",基本上给予肯定。不论道家对禹是持肯定还是批判态度,总之把禹作为人王加以看待并传述则是肯定的。

4. 法家

《韩非子·五蠹》:

> 禹之王天下也,身执耒锸以为民先。股无胈,胫无毛,虽臣虏之

---

① 《庄子·天下》引墨子语。

② 《史记·太史公自序》引司马谈《论六家要旨》。

③ 《庄子·天下》。

④ 《老子》八十章。

劳不若于此也。

法家主张耕战，重农抑商，以此富国强兵，因此对禹治洪水、有利耕稼的业绩自然会加以充分肯定。此篇还说："中古之世，天下大水而鲧、禹决渎。近古之世，桀、纣暴乱而汤、武征伐。今有构木钻燧于夏后之世者，必为鲧、禹笑矣；有决渎于殷周之世者，必为汤、武笑矣。然则今有美尧、舜、禹、汤、武之道于当今之世者，必为新圣笑矣。"法家"不期修古，不法常可"①，主张"世异则事异"，"事异则备变"②，借用禹决渎治水的典故来与当世主张"守先王之道"的儒家相比较，嘲笑和批判那些食古不化的儒者。从韩非的论述中，可以清楚地感觉到他强烈的历史进化观，清楚地看到他是把禹作为中古之世确曾存在过的历史人物予以论说的。《韩非子》书中还有数处谈及舜禹禅让（《十过》、《说疑》）、禹传子启（《外储说》），以及"禹朝诸侯之君会稽之上"（《饰邪》）等，其中均无神化之迹，与法家所一贯倡导的务实精神相符合。

5. 杂家

《吕氏春秋·慎人》：

> 夫禹遇舜，天也。禹周行天下，以求贤者，事利黔首，水潦川泽之湛滞壅塞可通者，禹尽为之，人也。

从学术流派来说，杂家驳杂不纯，《吕氏春秋》就是杂采古今各种传说、神话、故事、学说等集而成书的。此篇赞扬禹"人也"，仁者人也，显然体现了儒家礼贤下士的思想。关于禹治洪水，《吕氏春秋·乐成》说："禹之决江水也，民聚瓦砾。事已成，功已立，为万世利，禹之所见者远也，而民莫之知，故民不可与虑化举始，而可以乐成功。"对禹极力称赞，而将禹与民对立起来，这又体现了法家所倡"圣人之治民，度其本，不从其欲，期于民利"③的治民观念。《吕氏春秋·爱类》又说："禹于是疏江决河，为彭蠡之障，乾东土，所活者千八百国，此禹之功也。勤劳为民，无若乎禹者矣！"这种观念则与墨家相类。在这些论说中，虽有夸张渲染，但可以清楚地看到禹是人不是神。但在《知分》中，则又对禹加以神化处理："禹南省，方济乎江，黄龙负舟，舟中之人五色无主。禹仰视天而叹曰：'吾受命于天，竭力以养人。生，性也；死，命也，余何忧于

---

① 《韩非子·五蠹》。
② 《韩非子·五蠹》。
③ 《韩非子·心度》。

龙焉？'龙俯首低尾而逝。"在《吕氏春秋》其他篇章里，还可以见到诸如此类神化禹的传述，因文繁，不再引述。

除以上所析诸子书外，《考工记》、《管子》等书中也涉有一些关于禹的材料，但差不多同于上述材料，这里不再论列。

以上略举并分析了儒、墨、道、法、杂五家关于禹的传述，从所引五家之言可见，战国时代关于禹的传述主要包括四个方面的内容：1.禹堙洪水，或疏江决河；2.攻伐征战，治理天下；3.舜禹禅让，禹传子启；4.鲧禹故事，山川鬼神。在四个方面的内容里，除了第四个方面为墨、杂两家所传天神外，其他三个方面均极少甚至根本没有神化禹的痕迹。这表明，在弘扬人文精神的战国时代，诸子多抛弃了西周中叶到春秋时期神化禹的传统，大体上恢复了禹作为人王的本来面目。

与上文所论夏商时代和西周早期传述禹的材料相比，战国诸子对禹的传述不但事类更多，叙述更详，还多出了一些内容，如舜禹禅让、禹传子启等；也改变了一些说法，如禹堙塞洪水变成了疏江决河等。这种情况表明，在上千年的历史发展中，有关禹的各种传述是随着时代和风气的变化而不断演变的，尽管其中最基本的材料是前后一贯的。

不过，我们对古史传说材料的分析不能仅仅停留在时序方面，只从时代先后来考虑，还应当从空间关系入手，考虑材料的地域性来源问题，只有将两方面的分析结合起来，才能更深刻地揭示问题的实质。如果我们只是简单地以时序作为标准，以为凡是晚出材料必然出于伪作，那就很有可能把保存在民间或周边地区的丰富材料一概抹杀。历史事实表明，由于历次王朝代兴而引起过中原民族的大迁徙，夏商之际、商周之际都有不少原来活跃于中原黄河流域的民族退出中原地区，迁徙到周边，致使大量古史传说材料随之转移，从中原消失而不传。这种情况，就是孔子所说"天子失官，学在四夷"①，亦即刘歆所说"礼失而求诸野"②。从这种认识出发，只要我们对战国时代新出现的一些有关禹的传述材料的来源地域稍稍留意，立即就会发现，它们多是来源于不同地域的。例如：孟子成长的鲁地古为东夷所居，至周初才成为鲁公伯禽的封地；荀子、韩非、吕不韦所从来的三晋之地原为戎狄所居，又是故"夏墟"的所在③，周初唐

① 《左传·昭公十七年》。

② 刘歆：《移让太常博士书》。

③ 《左传·定公四年》。

叔分封其地后，长期与戎狄相邻①；宋为商裔；老、庄思想则产自南方江淮地区，那里古为南蛮的所在。在夏商周的历次改朝换代之际，都有大量前朝遗民及其与国之民四向迁徙，于是使他们关于禹的各种传述材料得以在周边地区保存下来，到战国时代，随着战争的加剧，文化交流也不断加强，这些材料才被各地诸子引述于所著书中，才得以在交流中相互引用。这样看来，一些看起来似乎是晚出新增的古史材料，其实早就在各地流传，只是形成文本较晚罢了。当然，对待这类材料必须十分审慎，不能一概而论。

至于有关禹的传述随时代风气的变化而演变，这确实是历史事实，不过万变不离其宗，当中的基本历史事实并没有质的变化，变化的部分主要是一些具体细节和评论阐释。试想，在诸子间互相批判、激烈争辩的情况下，假如有人毫无根据地伪造古史，怎么可能不遭到其他众多学派的指责和批驳呢？诸子书中引证上古传说极为丰富，大多并未被诸家指为伪作，这种情况本身就说明那些材料的真实性乃是为诸家所公认的。不可能设想，相互对立的诸子百家竟会携起手来共同作伪。而且，尽管诸子间所引证的一部分材料有所出入，但多是为强调传说的某一侧面而从不同角度加以取用的，为的是从传说中找到有利于证成自家学说的材料和根据。《韩非子·显学》说："孔子、墨子俱道尧、舜，而取舍不同，皆自谓真尧、舜"，可是却并不指斥对方为伪。这说明，诸子间引述的出入，在于对原始材料的取舍不一和阐释不一，而不是伪作所致。此外，诸子引述的材料取自不同的传本，又有地域间的差异，出现互有出入的情况也是在所难免的。这表明，战国诸子所引述的有关禹的事迹，大多有着真实的历史依据，而禹曾是历史上真实存在过的一位人王，也由此得到了再次证实。

（原载《夏禹文化研究》，巴蜀书社 2000 年版）

---

① 《国语·晋语》。

大禹史传的西部底层

有关中国古史传说的真伪问题，历代都有学者提出讨论[①]，尤其从20世纪二三十年代以来，学术界更是开展了将近七八十年的热烈争辩，成果不可谓不丰。1992年，李学勤先生明确提出"走出疑古时代"[②]，可以说代表了当代先秦史学界在理论、方法和学术思想等方面对早年疑古派的主张加以扬弃的最新成果，因而得到学术界普遍的赞同和支持。我们也曾指出，古史传说尽管有不少衍生增饰之处，但它的形成实际上经历了一个从多元（地域性、族群性）起源到一体（全国性、民族性）发展的综合化过程，所以其中有不少矛盾抵牾之处；但是，一旦我们从古史传说中剥离开那些衍生增饰的成分，从综合而成的古史传说中分辩出它们各自的原生地域和族群，并证之以相关的考古材料，就能够找出古史传说的原内核，还古史以真面目[③]。本文试从文化底层的视角，讨论大禹史传与中国西部古文化的关系，就教于海内外博学君子。

一、文化底层的含义

底层这个理念，始源于韦斯登·拉巴（Weston La Barre）的一篇研究美洲

---

① 按，例如：三国时谯周，宋代欧阳修，清代崔述等人，可以称得上疑古派的先驱。

② 李学勤：《走出疑古时代》，《中国文化》第7期，北京大学出版社。

③ 段渝：《古史传说的构拟》，《三星堆文化》，成都：四川人民出版社1993年版，第640—644页；谭洛非、段渝：《论黄帝与巴蜀》，《社会科学研究》1994年1期；谭洛非、段渝：《再论黄帝与巴蜀》，《中华文化论坛》1994年第1期；段渝：《禹的传说与史实》，《夏禹文化研究》，巴蜀书社2000年版，第257—276页。

印第安人巫教与幻觉剂的论文①，意思是说美洲印第安人的宗教一般都保存着他们的祖先在进入新大陆时从其亚洲老家所带来的旧石器时代和中石器时代底层的特征。后来，彼得·佛斯特（Peter T.Furst）进一步发展了这一理念，用以论证"亚美巫教底层"②。张光直先生又运用了这一理念，来继续论证"中国—玛雅连续体"，从而提出"中国古代文明的环太平洋的底层"③。尽管目前对于底层这个术语及其理念还有不同认识，但借用它来分析不同区域的共同文化积淀是会有所助益的。

按照我们的认识，所谓文化底层，是指存在于不同区域中一种或数种来源相同、年代古远，并在各自文化序列中处于底层或带有底层特征的共同文化因素。从这个意义上说，文化底层应当具有三层含义：第一，来源于一个共同的文化祖源。第二，积淀为各地区文化序列的底层。所谓底层，是相对于文化序列的发展演变而言。第三，在各地区文化的发展演变中，底层特征恒久不变地保留并贯穿于各个发展序列，长期而持续地发生着它特殊的重要作用。

从文化史研究的角度出发，我们认为文化底层还可以进一步区分出原生底层和次生底层。原生底层是指同一文化祖源在不同地区的原生分布，次生底层是指不同文化区域认同另一种分布广远、历史悠久的文化特质作为自身文化的底层或底层的一个组成部分。原生底层不是文化传播，也不是文化移植。次生底层虽然包含有文化传播，但又不等于文化传播。文化传播的特征是把开端作为终端，次生底层的特征则是把终端作为开端，它是文化底层的复杂转化，而不是文化因素的简单叠加。

仔细考察中国古史传说，我们可以发现它有极为深厚的文化底层，而且中国古史传说的深厚底层主要来源于以黄帝为首的"五帝"和夏禹，其中的西部底层特征表现得至为明显，而西部文化底层恰恰与长江上游古蜀文化有着不可分割的血肉关系。对这个问题进行分析，将不仅可以使我们更加深刻地认识中国西部文化的重要性，而且还能更加清楚地看出中国古史传说的构成格局。

---

① Weston La Barre,"Hallucinogens and the shamanic origins of religion", in P.T. Furst ed., *Flesh of the Gods*, New York, 1972, PP.261–278.

② Peter T. Furst,"Shamanistic survivals in Mesoamerican Religion", Actas del XII Congess, *International de Americanistas*, Mexico, Vol. III, 1976, PP.149–157.

③ 张光直：《中国古代文明的环太平洋的底层》，《中国考古学论文集》，三联书店 1999 年版，第357—369 页。

二、禹出西羌

在中国古史传说里，黄帝后裔分为两大系统：一个系统是黄帝之子青阳的系统，直传蛟极、高辛（帝喾），高辛之后分为放勋（尧）、帝挚、契、弃等几大支系；另一个系统是黄帝之子昌意的系统，直传乾荒（有些载籍中没有乾荒一代）、高阳（帝颛顼），高阳之后分为穷蝉、鲧、偁、蜀等几大支系（表一）①

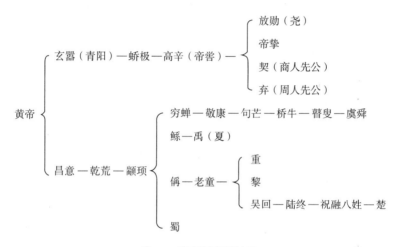

表一　黄帝后裔系统表

从表中不难看出，禹与蜀同属帝颛顼系统。禹为夏代开国之君②，所以，夏禹与中国西部长江上游地区的古蜀具有很深的历史关系。

根据中国古史传说，禹生于西羌之地的石纽。

"禹生石纽"是先秦汉晋累世相传的旧说。在现存历史文献中，较早传述这一史实的是战国时代的孟子。皇甫谧《帝王世纪》引《孟子》说：

"禹生石纽，西夷人也。"

所谓"西夷"，是指西羌而言。"夷"是泛称，战国时代用以指称非华夏的中原周边族类。《孟子》这里所说，意指石纽为西夷之地，是说禹的出生地在西

---

① 谭洛非、段渝：《论黄帝与巴蜀》，《社会科学研究》1994 年第 1 期。

② 《史记·夏本纪》。

夷石纽，是指其原籍而言，并不带有任何鄙夷贬抑之义。

孟子的这一说法，与司马迁不谋而合，完全一致。《史记·六国年表》明确记载道：

"禹兴于西羌。"

汉初重臣陆贾在所著《新语·术事篇》中也明确说道：

"大禹出于西羌。"

汉昭帝时桓宽所著《盐铁论·国疾篇》亦明确指出：

"禹出西羌。"

上述载籍表明，禹是西羌之地石纽地方的人。

西羌何在呢？

一般认为，黄河上游湟水析（赐）支一带是上古时代西羌的分布中心，此即《后汉书·西羌传》所记载的"滨于赐支，至乎河首，绵地千里"的"羌地"。但西羌分布极其广阔，除黄河上游甘青地区而外，还南及岷山之域，这也就是《后汉书·西羌传》所说："赐支者，《禹贡》所谓析支者也，南接蜀汉徼外蛮夷"。所谓"蜀汉徼外蛮夷"，乃是指"在蜀之西"①的岷山山区，"其山有六夷、七羌、九氐，各有部落"②，不论在地理上还是文化上都是与河湟赐支地区连为一体的。

从考古上看，20世纪40年代曾在岷江上游今四川省阿坝藏族羌族自治州的汶川、理县、茂县等地发现新石器时代的彩陶和石器，1964年进行勘察，加上2000年的考古新发现，新石器出土地点计有一百余处③。石器多为扁长形，刃部富于变化，有长条石刀、石刮刀、斧、锛、凿等，以通体磨光、狭长平薄的斧为特征。陶器以泥质灰陶为主，也有红陶和彩陶。器形多为平底，纹饰有绳纹、圆窝纹等。彩陶为红胎黑彩或黄胎黑彩，与西北甘青地区的马家窑文化相近，石兴邦先生认为是马家窑文化南下的一支④。

新石器时代晚期至青铜时代，中国西部今甘肃、青海和四川西北高原地

---

① 《史记·西南夷列传》。
② 《后汉书·南蛮西南夷列传·冉駹传》。
③ 林名均：《四川威州彩陶发现记》，《说文月刊》第4卷，1944年。郑德坤：《四川古代文化史》，华西大学博物馆1947年版。四川大学历史系：《四川理县汶川考古调查简报》，《考古》1965年第12期。
④ 石兴邦：《有关马家窑文化的一些问题》，《考古》1962年第2期。

区有众多族群活动居息。考古学上，甘肃地区的古文化遗存，如马家窑文化、半山文化、马厂文化等，在广义上都同古羌人有一定关系①。分布在河西地区山丹、民乐至酒泉、玉门一带的火烧沟类型文化，年代与夏代相当，可能是古羌族文化的一支，相当于殷商时代的辛店文化，也与古羌人有关。在陇山之东西，分布有相当于商周时期的寺洼文化，分成两个类型②。寺洼类型分布在洮河流域和陇山以西的渭水流域，年代早于西周③。安国类型分布在甘肃的泾水、渭水、白龙江、西汉水诸流域，年代大致与西周同时④。寺洼文化这两种类型，或认为属羌⑤，或认为属氐⑥的文化遗存，不一而足。但若从寺洼文化和辛店文化均出土陶双耳罐来看，毋宁说它们是同源的文化，广义上应是古代氐羌的文化遗存，这也同古文献关于氐羌同源的记载是一致的。

陶双耳罐这种文化因素，从西北甘青地区逶迤而南，连续分布到川西高原，在岷江上游地区分布相当广泛。这种情形，不能不说是同《后汉书·西羌传》等史籍所说西羌的分布范围恰相吻合的。

再从中国西部石棺葬的分布来看，我们可以得出同样结论。

20世纪30年代以来，在川西高原发现大批属于氐羌系统的石棺葬，广泛分布于岷江上游、雅砻江流域和金沙江流域，在大渡河流域也有发现。川西高原石棺葬发生甚早，延续时间也很长。据研究，川西地区石棺葬可以分为八期，先秦至汉初可以分为五期⑦。第Ⅰ期属于中原夏商纪年范围内，如茂县撮箕山早期墓⑧、汉源大窑Ⅰ墓⑨。第Ⅱ期相当于商周时期，如茂县别立卡花⑩、撮箕山、炉

① 俞伟超：《古代"西戎"和"羌"、"胡"文化归宿问题的探讨》，《青海考古学会年刊》1980年第1期。

② 甘肃省博物馆：《甘肃古文化遗存》，《考古学报》1960年第2期。

③ 甘肃省博物馆：《甘肃省文物考古工作三十年》，《文物考古工作三十年1949—1979》，文物出版社1979年版，第143页。

④ 山西省考古研究所：《宝鸡竹园沟等地西周墓》，《考古》1978年第5期。

⑤ 夏鼐：《临洮寺洼山发掘记》，《考古学论文集》，科学出版社1961年版。

⑥ 甘肃省博物馆：《甘肃省文物考古工作三十年》，《文物考古工作三十年1949—1979》，文物出版社1979年版，第144页。

⑦ 罗开玉：《古代西南民族墓葬研究提要》，《华西考古研究》，成都出版社1991年版。

⑧ 徐学书：《试论蚕丛氏文化的源流》，《成都文物》1989年第3期。

⑨ 沈仲常、黄家祥：《四川汉源县大窑石棺墓清理简报》，《考古与文物》1983年第4期。

⑩ 蒋宝忠：《四川茂汶别立勒石村的石棺葬》，《文物资料丛刊》第9辑，文物出版社1985年版。

霍甲洛甲妥[①]、巴塘扎金顶[②]等地区的部分墓葬。第Ⅲ期约当春秋至战国中、晚期，如茂县城关Ⅰ类墓[③]、营盘山10号墓[④]、雅江呷拉8号墓[⑤]。第Ⅳ期为战国至汉初，第Ⅴ期为西汉早期，主要分布在岷江上游理县、汶川县和汶县一带。

在中国西部，石棺葬这种墓葬形式和埋葬习俗是由北往南发展的，最早出现在甘肃景泰张家台墓地的半山类型墓葬中[⑥]，尔后向川西高原岷江上游地区和雅砻江、金沙江发展，呈连续发展的分布态势，而以岷江上游最为集中。墓葬形式和葬俗最能反映民族文化特色。在考古学上，尽管对中国西部的石棺葬分有不同类型，但类型的差异乃是由于年代早晚、地理环境和支系各别等差异所造成的，这并不影响到它们作为同一个民族集团的族属关系。石棺葬这种分布格局，表明从西北甘青地区到川西高原确属古代西羌的分布范围。

禹出西羌，史籍中对于禹又称为"戎禹"。《太平御览》卷83引《尚书纬·帝命验》说：

"修己……生姒戎，文命禹。"

注曰：

"姒，禹氏，禹生戎地，一名文命。"

王符《潜夫论·五帝德》也载道：

"修己……生白帝文命戎禹。"

所谓"戎"，古籍上一般是对中国西部民族的通称，其中既包括西北地区的民族，又包括西南地区川西高原的民族。称西北地区的民族为西戎，这屡见于《左传》、《史记》、《竹书纪年》等史册，也为治史者所熟知。而称西南地区川西高原的民族为西戎，则为治史者所较少谈论，但却是古代的史实。如《战国策·秦策一》就记载秦大夫司马错说，"夫蜀，西辟之国也，而戎狄之长也"，《荀子·强国篇》也说巴是"巴戎"，而《华阳国志·蜀志》则载秦灭蜀后，"戎伯尚强，乃移秦民万家实之"。这里所说"西辟戎狄"、"戎伯"，均指川西高原地区臣属

---

① 陈显双：《炉霍县发现"石棺葬"墓碑》，《四川文物》1984年第4期。

② 童恩正、曾文琼：《四川巴塘、雅江的石板墓》，《考古》1981年第3期。

③ 四川省博物馆：《四川茂汶羌族自治县石棺葬发掘报告》，《文物资料丛刊》第7辑，文物出版社1983年版。

④ 蒋宣仲：《四川茂汶营盘山的石棺葬》，《考古》1981年第5期。

⑤ 四川省博物馆：《四川雅江呷拉石棺葬清理简报》，《考古与文物》1983年第4期。

⑥ 韩集寿：《甘肃景泰张家台新石器时代的墓葬》，《考古》1976年第3期。

于古代蜀国的氐羌系民族。

中国古史有"迁三苗于三危，以变西戎"之说[1]，表明三危是西戎之地的一个处所。三危何在呢？《尚书·禹贡》正义引郑玄说："《地记》云，三危之山，在鸟鼠山之西，南当岷山。"《汉书·司马相如列传》颜师古注引张楫曰："三危山在鸟鼠山之西，与岷山相近，黑水出其南陂。"毕沅《山海经注》则说："（三危）山当在今四川省。"这些史料表明，川西高原岷山地区确实是古代西戎的一个重要聚居区。

由上可见，"禹出西羌"，禹名"戎禹"，其地域范围总的说来当在中国西部甘青地区和川西高原岷山地区。

三、禹生石纽

既然禹出西羌，地当中国西部，那么，禹生石纽，石纽之地就应当在这一大片地域范围内。

关于石纽所在，历代史籍多有记载。

《太平御览》卷82《皇王部》引扬雄《蜀本纪》记载：

"禹本汶山郡广柔县人，生于石纽，其地名剑（原引作"痢"，不通，今据《元和郡县志》卷32改）儿畔。禹母吞珠孕禹，坼剖（原作副）而生于县。"

赵晔《吴越春秋》卷6《越王无余外传》记载：

"女嬉于岷山，得薏苡而生禹，地曰石纽，在蜀西川也。"

又载：

"禹家于西川，地曰石纽，石纽在蜀西川也。"

《三国志·蜀书·秦宓传》记载秦宓曰：

"禹生石纽，今之汶山郡是也。"

谯周《蜀本纪》记载[2]：

"禹本汶山广柔县人也，生于石纽，其地名剑儿坪。"

---

[1]　见《尚书·舜典》，《史记·五帝本纪》。

[2]　《三国志·蜀志·秦宓传》。

《括地志》载①：

> "茂州汶川县石纽山在县西七十三里。《华阳国志》云：今夷人共营其地，方百里不敢居牧，至今犹不敢放六畜。"

这些记载表明，石纽之地在西羌所及的岷江上游地区，在汉代的汶山郡广柔县地界内。

汉代广柔县的地域范围，大致相当于今四川阿坝州的汶川县、茂县和绵阳市的北川县。广柔县的县治，按传统说法在今汶川县西，"故城在汶川县西七十二里"②，那么石纽之地就应当在其附近。不过，除四川汶川县外，石纽还有位于今四川茂县绵虒③、四川北川县④以及四川都江堰市等的记载。几种说法虽然略有差异，但总的说来，均属岷江上游地区，其大体方位还是颇为一致的。除此而外，并无其他异说。

有关禹生长地的传说，除四川西北部岷江上游的石纽而外，还有安徽寿春和当涂的涂山，以及浙江绍兴的会稽等说法。不过，综观史籍的流传情况和衍生增饰情况，安徽和浙江的禹迹，或由"禹娶涂山"而来，或为"禹合诸侯"之处，却均非禹出生地的记载，因此不能作为禹出生于那里的证据。只有禹生石纽的说法，既是有关出生地的记载，又是见之于先秦两汉载籍的旧说，同时也符合考古资料所显示出来的遗迹，因而才是值得凭信的。

禹生石纽之说，是一种典型的出生传说，它与卵生说一样，是上古民族关于自身族群来源的一种说法，反映了某一族群同它所置身的自然环境的某种特殊的关系。历史文献屡见禹生于石的记载，如《淮南子·修务篇》："禹生于石"，高诱注曰："禹母修己，感石而生禹，坼胸而出"。而禹之子夏启的出生也与石有关。《随巢子》说："启生于石"⑤，《汉书·武帝纪》记载武帝"见夏后启母石"，应劭注云："启生而母化为石"。所载都是禹、启一系与石的密切关系。《随巢子》还说"禹产于砥石"，孙诒让证之以《淮南子·修务篇》和《帝王世纪》，认为砥石"疑即石纽"⑥，有一定道理，但不全面。从古羌语称万年积雪的山峰为昆来

---

① 《史记·夏本纪》。
② 龚熙春：《四川郡县志》卷1，成都古籍书店1983年版。
③ 见《旧唐书·地理志》。
④ 见《新唐书·地理志》。
⑤ 《艺文类聚》卷6引，上海古籍出版社1965年版。
⑥ 孙诒让：《墨子间诂》下册，中华书局1986年版，第702页。

看，所谓"砥石"应指高山之石，而这种景观同岷江上游高山峡谷的自然环境是完全吻合的。正是这种高山峡谷、怪石嶙峋的特殊环境，才产生出了禹生于石的起源传说，从而表明文化的确是人类适应环境的产物。

禹生于石的传说，同西方羌民崇拜白石的传统有着极为密切的关系[1]。这种关系，在民族学和民俗学上，可以从岷江上游羌族流传至今的石崇拜上得到清楚的反映和说明，从岷江上游的考古发现上也有若干确切的实物证据足资说明[2]。由此可见，禹生于西羌之地的石纽，石纽在四川西北岷江上游地区，这是为历史文献、民族学、民俗学和考古学资料所共同证实了的，可谓信而有征。

四、导江为沱

大禹因为治水而成为中国历史上千古相传的英雄。大禹治水，决江疏河，他治理长江洪水，是从江水上源岷江（古人认为岷江是长江正源）开始的。《尚书·禹贡》说："冀州既载，壶口治梁及岐"。《伪孔传》说："壶口在冀州，梁、岐在雍州"。梁即梁山，岐即岐山。岐山在雍州，古今无异词。唯梁山，除有雍州说而外，另有主张梁州说者。顾祖禹《读史方舆纪要》即主张汉水南岸南郑东南的梁州山为古梁山，劳干先生也主张大禹治水故事与梁州系连而不切于冀州[3]。从《诗经·大雅·韩奕》所说"奕奕梁山，维禹甸之"，和《禹贡》所说"壶口治梁及岐"来看，大禹导江，确实是从岷江开始的。王象之《舆地广记》卷30说："《禹贡》岷山在西北，俗谓之铁豹岭。禹之导江，发迹于此。"十分正确。

大禹导江，治理岷江上游洪水，主要功绩是从岷江开挖出一条人工河道，用来分引岷江洪水，这条人工河道称"沱"。《尚书·禹贡》记载："岷山导江，东别为沱"，说的就是这件事情。为什么称为"沱"呢？按照《尔雅》的解释，出于江又还入于江叫沱，《说文解字》则解释为"江别流也"，就是从大江分别出一条水道，这条水道又还流入大江。大禹开挖的这条人工河道，根据《汉书·地理志》和历代注疏家的意见，是指"江沱"。按照清人胡渭《禹贡锥指》

---

① 徐中舒：《先秦史论稿》，巴蜀书社1992年版，第23页。
② 李绍明：《从石崇拜看大禹与羌族的关系》，《徐中舒先生百年诞辰纪念文集》，巴蜀书社1998年版。
③ 劳干：《论禹治水故事的出发点及其他》，《禹贡》第1卷第6期，1934年。

以及其他诸书的看法，江沱的进水口在今都江堰南马尔墩。江沱在这里首受岷江后，东行经徐埝河故道，东注于毗河，向东直入金堂峡，汇入沱江后南行，在今泸州市还入大江。

大禹"岷山导江，东别为沱"的目的，在于解决成都平原常年遭受的岷江水患问题。四川盆地的地势，是西北高，东南低，整个盆地由西北向东南倾斜，天然水系的分布由此也多为西北东南向，加上成都平原东南边缘有龙泉山脉一道门槛，造成排水困难，所以每当岷江上游山洪暴发，倾泻于成都平原时，平原就会遭受水灾。大禹治理岷江洪水，就是根据地势和水系分布，尽量把分洪水道安排在平原中部偏北，方向与天然水流交叉，采取自西往东的方向，以顺应地势和水情。这样，就便于沿程拦截暴雨径流，向东集中到沱江金堂峡这个口门泄走[1]。这种根据地势和水情而设计实施的分洪工程，即令在现代水利科学家看来，也是十分合理的。

按照古代累世相承的说法，"芒芒禹迹，画为九州"[2]，大禹制服洪水以后，"更制九州"[3]，今四川全境都在禹划分的"梁州"以内。《尚书·禹贡》说："华阳黑水惟梁州。岷、嶓既艺，沱、潜既导，蔡、蒙旅平，和夷底绩。其土青黎。"由于大禹治理了岷江洪水，从川西北到川西南都得到了开发，农业发展，水利兴旺，道路开辟，推动了社会的发展。所以，四川历代建有禹庙，铭记大禹治理洪水之功，而大禹治水的精神，也为四川人民世代景仰、继承和发扬。

五、中国古史传说的西部底层

关于古史传说的西部底层问题，我们不妨首先简略地考察一下黄帝与西部关系的有关史传，然后再讨论大禹史传的西部底层。

（一）黄帝文化的西部底层

大量历史文献材料证明，黄帝为其子昌意娶蜀山氏之女、生子高阳是可靠

---

① 冯广宏：《夏禹文化与古蜀史》，《夏禹文化研究》，巴蜀书社 2000 年版。
② 《左传·襄公四年》引"虞人之箴"。
③ 《汉书·地理志》。

的古代史传①。高阳长后，东进中原，建都帝丘（今河南濮阳），又"封其支庶于蜀"②，子孙中的一支仍留蜀地。从考古学上看，岷江上游地区仰韶文化彩陶与马家窑文化彩陶以及成都平原宝墩文化（三星堆一期文化）陶器共生的考古现象③，确切证实了这一古史传说的真实性。从这一基本史实出发来看，中原和古蜀均为黄帝后代，两地文献均从古相传黄帝与古蜀的亲缘关系，都把各自最古文化的起源追溯到黄帝与嫘祖、昌意与蜀山氏和帝颛顼，这正是表现了两地共同的文化底层。或者说，由于中原和古蜀有深厚的黄帝文化底层，才使黄帝与古蜀的这种亲缘关系在两地众口相传，流传千古。如果没有这种深厚的底层，就绝不会在不同的两个地区留下如此相同的传说。

根据《左传》、《国语》、《史记》等文献的记载，黄帝娶嫘祖后，由西东进中原，阪泉一战战胜炎帝，涿鹿一战擒杀蚩尤，成为首先初步统一中国西部、中部和东部部落的一代酋豪，在中原和东方留下了深厚的黄帝文化底层。尔后，在战争与和平的交流途径中，黄帝文化继续东进南下黄河流域和长江流域各地，深刻地浸透到这些原来的异质文化区，积淀下来，并与各地原来的文化相结合，由此便引起并促成了这些地区原先文化底层的逐步转化。这样，黄河流域和长江流域都受到了黄帝文化的浸染，因而各地文化均有一些相同或相近的特质。这些共同文化特质在各地积淀下来后，最终成为了中国东西南北中最深厚的文化底层，这种文化底层也就构成了中国文明多元一体发展的牢固基石。黄帝之后大约两千年，当司马迁"西至空桐，北过涿鹿，东渐于海，南浮江淮"时，所到之地，"长老皆各往往称黄帝、尧、舜之处，风教固殊焉，总之不离古文者近是"④，各地风俗教化虽不相同，但却往往称黄帝。这一历史现象，其实正是东西南北中各地黄帝文化底层的表现。过去有的史家不明白这个道理，反而说是各地强拉黄帝为祖先，自然是犯了以偏概全的错误。

（二）大禹文化的西部底层

禹兴西羌之说始于先秦，禹生石纽的传说反映着古代的历史实际⑤，这些都

---

① 段渝：《嫘祖考》，《炎黄文化研究》1997年第4期。
② 刘琳：《华阳国志校注》卷三《蜀志》，巴蜀书社1984年版。
③ 蒋成、陈剑：《岷江上游考古新发现述析》，《中华文化论坛》2001年第3期。
④ 《史记·五帝本纪》。
⑤ 李学勤：《禹生石纽说的历史背景》，《大禹与夏文化研究》，巴蜀书社1993年版。

是出自古代羌人的传说。禹兴西羌和禹生石纽，实际上是同一个传说中的大概念和小概念的关系。西羌既指族系，又指西羌的分布地域，是大概念，石纽则指西羌居住地域内的一个具体地点，是小概念。《华阳国志》记载岷江上游广柔县境为大禹圣地，"夷人营其地，方百里不敢居牧。有过，逃其野中，不敢追，云畏禹神，能藏三年，为人所得，则共原之，云禹神灵佑之"①。《水经·沫水注》也说："（广柔县）有石纽乡，禹所生也。今夷人共营之，地方百里，不敢居牧。有罪逃野，捕之者不逼，能藏三年，不为人得，则共原之，言大禹神所佑之也。"文中的夷人是对少数民族的泛称，这里则指岷江上游的氐羌族群。岷江上游氐羌族群对禹顶礼膜拜，奉为神明，这种对禹崇拜敬畏达于极致的现象，除这个地区外，是中国其他地区所没有的。由此不难知道，岷江上游确乎同禹具有民族和文化上的深厚的渊源关系。而岷江上游古为羌人居域，因此显而易见，禹兴西羌是岷江上游羌人的传说。

虽然，古羌人南下从遥远的古代就已开始，比大禹时代更加久远的马家窑文化已经南下进入岷江上游，但没有任何证据能够指认禹兴西羌的传说是由甘青地区的马家窑文化南下带来的。从众多史籍关于禹生石纽的一致记载来看，只有把禹的出生地放在四川西北的岷江上游，才是符合历史实际的。唯因如此，禹生石纽的传说才可能在古蜀之地长期保留下来。及禹长后，东进中原，手创夏王朝，随禹东进的羌人也就转化为夏王朝的主体民族。于是，禹兴西羌、禹生石纽的传说，也随东进开创夏王朝的羌人之定居中原而在中原长期保留下来。所以，蜀地和中原都保留了相同的传说。文献来源的地域不同，传说却完全一致，恰恰说明它既是"真传说"②，又是真史实，而原因就在于它们同出一源的文化底层。

从所有关于禹生石纽和禹之子启生于石的文献记载来看，禹、启与石的这种出生关系，在全中国范围内只被指认为两个地区，一个是古蜀岷江上游地区，一个是中原河南嵩山地区。其他地区关于禹的传说，比如禹娶涂山、禹合诸侯等等，均与禹的出生传说无关。这就十分清楚地说明，大禹与石这种特殊的出生关系传说，乃是古蜀和中原地区同出一源的共同文化因素，是古蜀和中原文化最深厚的底层。

---

① 《续汉书·郡国志》"蜀郡广柔县"下刘昭注引，今本佚此段文字。

② 顾颉刚：《论巴蜀与中原的关系》，四川人民出版社 1981 年版，第 37 页。

（三）西部底层的文化史意义

从禹生岷江上游的石纽，到禹东进中原，"崇禹生开（按：开即启，夏启之谓）"①，反映了禹从古蜀东进中原的史迹，所以才可能仅在古蜀和河南流传这些传说。

另一方面，古蜀和中原流传禹、启生于石的同样性质传说，除禹东进中原而外，还有更加深刻的文化史背景，那就是古蜀和中原夏王朝的主体民族均为帝颛顼后代。作为夏王朝开创者的禹，同样也是帝颛顼的后代，他从古蜀岷江上游东进中原嵩山，均在帝颛顼后代各分支之间活动，而这些地域又同属上古时代的"西戎"之地，具有共同的文化底层，所以相同的传说得以在中国西部这一大片地域间长期保存和流传。

黄帝为其子昌意娶蜀山氏女，生子高阳，高阳东进中原建都立业，和禹生石纽，东进中原开创夏王朝，这两段远古传说的文化史意义，并不仅仅在于可以据此确定帝颛顼和大禹两位中国古史上的著名人物均出生在古蜀地区，更重要的是，通过这些古史传说，可以看出黄帝、帝颛顼文化和大禹文化西兴东渐的历史，看出中国古史传说中所蕴含的丰富而深厚的西部文化底层。从黄帝、嫘祖、昌意、帝颛顼时期中国西部、古蜀地区同中原地区的关系，到大禹时期古蜀与中原的关系，可以看出中国古史的西部底层是经过了不同的历史时期，层累地积淀起来的，它们便是中国西部文化的原生底层。这一原生底层在中国历史上自始至终发生着极为重要的作用，以至成为中华文化和华夏文明最重要的标志和里程碑。

正因为古蜀在中国古史的原生文化底层中占有如此重要的地位，所以我们不能不说，古蜀地区是中华文明重要的起源地之一，对中华古文明的缔造做出了不可磨灭的重要贡献。

（原载《四川大学学报》2004 年第 5 期）

---

① 《逸周书·世俘》，四部丛刊本。

三星堆文化与夏文化

蜀、夏同源,是帝颛顼之后的不同分支,由此而使蜀、夏在文化上有不少内在联系,这在考古资料上可以得到比较充分的证明。

一、蜀与夏:帝颛顼之后的两支亲缘文化

从古史传说看,黄帝、昌意、乾荒、颛顼是发源于西北地区的一支文化,后来黄帝和颛顼先后入主中原,成为黄河中游地区的主宰者,其文化也成为构成早期中原文化的渊源之一。由黄帝和帝颛顼的东迁可以知道,两位古史上的帝与后来成都平原的蜀文化,其间关系可以经由两条途径相联系。其一是由西北至岷江上游以达于成都平原,即由颛顼的母系蜀山氏所在之地南出岷江河谷至蜀文化的腹心之地。其二是从中原经长江中游溯江西上达于成都平原,即由颛顼入主中原后所建之都帝丘[①](今河南濮阳),南下长江与蜀文化相沟通。这两条途径,在考古学上均有若干证据,足以证明黄帝、帝颛顼与巴蜀文化关系的存在。

考古学已证实,四川广汉三星堆文化古城遗址是夏商之际至商末蜀王国的都城。三星堆遗址的年代则可上溯到距今4700年前。三星堆遗址在考古分期上分为四个大的时期,第一期属于新石器文化,第二期以后进入文明时代。第一期属于宝墩文化范畴,第二期则有一组新文化因素,与第一期显然不同,从考古学上证实了有新文化的进入并成为三星堆文化的主人和当地的统治者。这种显著的文化变易,不仅表现在陶质陶色上,在陶器形制上的变化也引人注目。在出土的属于这一时期的新型陶器组合中包含有二里头文化(夏文化)的因素,

---

① 《左传·昭公十七年》。

226

如陶盉、高柄豆。这些文化因素出现在取代三星堆一期的三星堆二期，充分表明它们是作为这支新文化的一部分入居三星堆的。换言之，这些夏文化的因素，是三星堆二期主人带进的，是三星堆二期新型文化的组成部分之一。

据邹衡先生研究，陶盉是夏文化的礼器之一，《礼记·明堂位》所谓"夏后氏以鸡彝"，鸡彝即是形态仿自于鸡的一种陶，所以二里头文化的陶盉往往捏出眼睛[1]。三星堆遗址出土的陶盉，也恰在封口处捏出眼睛，并在扳金上刻划横斜相同的纹路。两者细部的相似，以及二里头陶盉在形态上早于三星堆陶盉等情况，说明三星堆二期与中原二里头夏文化存在某种内在的联系[2]。三星堆陶盉从二期到四期一直存在和发展演变，说明了这种联系的必然性和深刻内容。李学勤先生最近指出，在商代及其以前，蜀与中原便有文化上的沟通，从考古上看，蜀、夏同出于颛顼的传说绝不是偶然的[3]。这一论述确有根据。可以说，蜀与夏是帝颛顼之后的两支亲缘文化。

我们认为，三星堆二期至四期文化的主人是古史传说中的鱼凫氏。鱼凫氏的来源，正好与《山海经·大荒西经》所载颛顼所化的鱼妇（即鱼凫）有关。此篇所说"风道北来，……是为鱼妇"，即是从神话学的角度反映出来的鱼凫氏的来源。而"颛顼死即复苏"，更从这一古人特有思维方式的角度，反映出鱼凫在成都平原建立蜀王国的史迹，表明鱼凫氏与颛顼有着千丝万缕的联系。

颛顼是夏文化早期因素的来源之一，禹为其后，夏启又为禹后。因此，三星堆二期出现的若干夏文化因素，正是对鱼凫氏蜀文化与颛顼关系的一个极好说明。鱼凫氏来源于岷江上游，岷江上游正是蜀山氏之所在，为颛顼母家的居所。其地新石器文化也受到西北甘青地区古文化的若干影响，这种现象应与古史传说所谓"昌意娶蜀山氏女，曰昌仆，生高阳"[4]有关。可见，三星堆文化所反映的蜀山氏与昌意（乾荒）和颛顼的关系，两者是恰相一致，而年代则有早晚之别，从而证明黄帝和颛顼与蜀的关系是千真万确的史实，不能轻易否定。

二里头夏文化与三星堆文化相联系的另一途径是长江。徐中舒先生早就指出，四川新繁水观音遗址出土的陶鬶、陶豆，与湖北、河南、安徽、江苏出土

---

① 邹衡：《夏商周考古学论文集》，文物出版社 1980 年版。

② 孙华：《巴蜀文物杂识》，《文物》1989 年第 5 期。

③ 李学勤：《〈帝系〉传说与蜀文化》，《四川文物》"三星堆古蜀文化研究专辑"，1992 年。

④ 《史记·五帝本纪》。

的后期黑陶，可以说是一系的宗支。从这些陶器的分布，可以清楚地看出古代四川与中原地区的联系，其主要道路是沿江西上的①。长江三峡地区的考古发掘和研究也一再证实，在三峡地区长江沿岸，三星堆蜀文化遗存同二里头夏文化遗存是交互分布的。这种现象无疑是对两者关系的重要说明。

二、三星堆文化中二里头因素的来源

三星堆文化，是指三星堆遗址第二期到第四期的文化。从三星堆第二期开始，形成了具有自身鲜明特征的文化特质集结。其文化形态，表现在考古遗存上，是一组典型器物群，即由小平底罐、盘、瓶、器盖、高柄豆以及个别鸟头形柄勺、瘦袋足，并且纹饰丰富，盛行粗绳纹等特征的器物组合群。据碳-14 测年数据并经树轮校正，年代在距今 4070—3600 年，略相当于中原的夏代和商代前期。继后的一期即三星堆第三期，大量涌现出来的典型的物质文化形态，是宽沿三袋足炊器以及个别尖底器为特征的器物组合群，出现云雷纹、乳钉纹、米粒纹等纹饰图样。这一期的年代，碳-14 测定为距今 3600—3200 年，约略相当商代前期到中晚期。三星堆第四期，其典型器物群开始发生蜕变，薄胎陶器增多，尖底器盛行，素面增多，纹饰简化。其年代，据碳-14 测定约在距今 3100—2875±80 年，略相当于中原的商代末期到西周初期②。也有学者认为，有关三星堆的碳-14 数据不可尽信，必须根据地层结构研究其分期年代，认为三星堆二期的年代上限为距今 3700 年左右③。

二里头文化，是以河南偃师二里头遗址为代表，以豫西晋南为主，分布范围及于豫东、冀南的一支考古学文化，绝对年代为距今 3900—3500 年④。多数学者认为，二里头文化就是夏文化。

上文说到，在三星堆遗址二期即三星堆文化的形成期，出现了一组新的文化因素，其中与二里头文化相关的有陶盉、陶高柄豆等等。那么，是否可以如

---

① 徐中舒：《论巴蜀文化》，四川人民出版社 1981 年版，第 4—6 页。

② 赵殿增：《三星堆考古发现与巴蜀古文明研究》，《四川文物》"三星堆古蜀文化研究专辑"，1992 年。

③ 按：此据成都市文物考古研究所江章华先生见示。

④ 夏鼐：《碳十四测定年代与中国史前考古学》，《考古》1979 年第 4 期。

有些学者所说的那样，三星堆文化中那些二里头文化因素，是单独地从二里头文化直接传入的呢？对此，有必要作些分析。

我们知道，二里头文化的面貌有其独特的特征，最典型的有一组区别于其他考古学文化的陶器组合。在这组陶器中，作炊器的是鼎、折沿深腹罐、侈口圆腹罐等，作食器和容器的是深腹盆、三足盘、平底盆、豆、小口高领罐、瓮、缸等，另外还有澄滤器、器盖以及盉、爵等酒器。侈口圆腹罐口沿部位的花边形装饰的深腹盆、甑、侈口罐等口沿下附加对称的鸡冠形扳金，是这组陶器中很有特色的风格①。

青铜器方面，二里头遗址历年来出土不少青铜器，有工具、武器和礼器。工具主要是小刀、钻、锥、凿、锛、鱼钩等，造型简单；武器有镞、戈和钺，戈分为直内和曲内两种，钺有上下阑；礼器有爵和铃②，还发现背面有纽的铜牌形器③。

根据二里头文化的陶器组合的特点，我们再来看它在三星堆文化中所占的比重，就很容易看出，二里头文化的典型陶器组合并没有在三星堆文化中出现。换句话说，三星堆文化中的一些二里头文化的陶器形制，只是零星地、不成组合地出现，二里头陶器组合中多数最典型的器物如鼎、爵等并没有出现在三星堆文化当中。相反，三星堆文化的陶器组合是按自身的发展序列有序演进的。这表明，尽管三星堆文化中出现了二里头文化的某些陶器形制，但二里头陶器却并没有在三星堆陶系中占据重要地位，更谈不上占据主导地位。

三星堆文化中出现的2件铜牌饰，图案形制与二里头出土的极为相似，应与二里头文化有关。但二里头青铜爵、曲内戈以及青铜工具等，则不见于三星堆。而三星堆青铜文化的代表是后来产生的大型雕像群，这在二里头文化中是绝对没有的。这也可以表明，尽管三星堆文化中发现了二里头文化的某些青铜器形制，但二里头青铜器却并没有在三星堆文化中占据重要地位，更谈不上占据主导地位。

至于玉器中的牙璋，如据林向先生所论，三星堆是中华牙璋的最早发源地④，那就更谈不上二里头文化的影响了。

---

① 中国社科院考古所：《新中国的考古发现和研究》，文物出版社1984年版，第212、213页。

② 中国科学院考古所二里头工作队：《偃师二里头遗址新发现的铜器和玉器》，《考古》1976年第4期。

③ 《近十年河南文物考古工作的新进展》，载文物编辑委员会：《文物考古工作十年（1979—1989）》，文物出版社1991年版，第179页。

④ 林向：《古蜀牙璋新论》，见所著《巴蜀文化新论》，成都出版社1995年版，又见所著《蜀与夏——从考古新发现看蜀与夏的关系》，《中华文化论坛》1998年第4期。

三星堆遗址出土的陶器种类较多，据资料，复原的器形有罐、高柄豆、圈足豆、鸟头把勺、圈足盘、平底盘、瓮、器盖、喇叭形器、碟、瓶、杯、碗、壶、纺轮、网坠等20多种，每种又有不同的类、型①。其中可见到的与二里头文化有关的只有盉、高柄豆、斝，而且并不是所有高柄豆都与二里头文化有关。可见，在三星堆陶器种类上，二里头因素所占比例很小，不到7%，不占主导地位。

从陶器功能上认识，三星堆文化自身的陶器组合是全方位的，炊器、食器、饮器、日常用器、器盖、器座等，形成完整的功能体系。但其中的二里头文化陶器则没有形成完整的功能体系，只是零散的、个别的，高柄豆只能盛装少量食品，盉则只能盛水或酒，或作加温水、酒之用，斝仅能作饮酒之器，这三种功能不但根本构不成一个人们共同体所需陶器的功能体系，而且就每一种来说，也完全没有它的组合配套器物，更可见其功能之片面。就陶盉而论，它只是盛酒之器，应有一群相应的酒器组合与之配套，才能形成一支文化的酒器组合。我们看三星堆文化的酒器，从酿酒之器高领大罐，到盛酒之器瓮、缸、壶，到酋酒之器鸟头把勺，再到饮酒之器平底束颈瓶形杯等②，应有尽有，形成完整的酒器组合及功能体系，这与其中二里头文化因素仅见陶盉、陶斝的情形，是绝然不同的。可见，三星堆文化中的二里头文化因素，从功能体系中看是极度缺乏、极不全面的。

从以上分析来看，二里头文化因素不但没有在三星堆文化中占据主要地位，相反却居于很次要的地位，同时它自身也并没有形成组、群的集合关系，没有形成文化特质集结（文化丛）和功能体系。这几种文化因素，只有把它们与三星堆文化充分结合时，才能形成完整的组、群关系和功能体系。

显而易见，试图从陶器的角度来论证三星堆文化中的二里头因素是由夏商之际迁入成都地区的夏遗民所带来，这种观点没有得到考古材料的有力支持。况且，三星堆文化的形成期（三星堆遗址二期）相当于二里头二期，而这个时代比夏商之际（相当于二里头四期）早了足有200年，怎么可能说较早的事物是由较晚的事物造成的呢？

要从陶器方面分析一支新型文化的形成，应该而且必须看这支文化形成时期新出现的全部陶器组合，即是把新出现的陶器看成一组完整的文化特质集结，

---

① 四川省博物馆等：《广汉三星堆遗址》，《考古学报》1987年第2期。
② 林向：《蜀酒探原》，《南方民族考古》第1辑，四川大学出版社1987年版。

而不仅仅是看其中的一种文化因素。对于三星堆文化来说，也必须如此，就是要看在它的形成时期（即三星堆遗址二期）同时新出现了哪些陶器。从公布的资料看，三星堆遗址二期同时新出现的器物，有喇叭形大口罐、陶盉、高柄豆、平底束颈瓶、圈足盘、器盖、瓠、杯、碗、盘等①。这些陶器形成一个比较完整的组合及功能体系，不能把其中的某几件从中剥离出来指认为属于另一支文化。由于这组陶器是同时新出现的，功能体系也是完整的，所以，这一组完整的陶器组合才是三星堆文化形成时期的特色要素。换言之，只有把这一组陶器作为一个完整的组合，才能证明从三星堆遗址一期到三星堆遗址二期发生变化的原因，才能说明一支新型文化进入三星堆地区，改变了当地原先的文化面貌。显然，作为一组完整的陶器组合，三星堆文化形成期的这组富于特色的陶器，绝不是直接来源于二里头文化的。

根据前文所述，三星堆文化的开创者是鱼凫，那么，在三星堆文化形成期所出现的这一组陶器组合就应当是鱼凫带入的。而鱼凫为帝颛顼所化，与夏同源，所以在鱼凫文化中有夏文化的某些色彩是完全可以理解的，是不足为异的。我们有什么充分的理由一定要去把这支完整的文化支解开来呢？

蜀与夏既然是帝颛顼之后的两支亲缘文化，就不能不有某些内在的文化联系。三星堆文化中所包含的二里头文化因素，正是这种关系的生动体现。

不过，尽管蜀、夏同源，文化上源具有相关性，但既已别为支系，发展地域有异，政治单位不同，蜀在西南立国称雄，夏在中原建立王朝，因而文化上必然又具有相当差异。三星堆文化与二里头文化在主体文化面貌上的差异，正是二者别为支系、独立发展、自成体系的生动体现。夏王朝作为中原之主，以九鼎象征至高无上的国家政权；蜀为西南雄长，则以金杖象征王权，表明已别为一方之主，政体不与夏同。但是，即令如此，帝颛顼文化的传统特征仍顽强地在蜀地持续不断地传承下来，终鱼凫王朝之世，即从三星堆文化的形成期直到它的衰亡，始终未曾间断。这种现象，也正是对古蜀在政治上与夏别为王国，而在文化上又与夏同源异流的生动体现。

（原载《中国文物报》2000年8月2日学术版）

---

① 四川省博物馆：《广汉三星堆遗址》，《考古学报》1987年第3期。陈显丹：《广汉三星堆遗址发掘概况、初步分期》，《南方民族考古》第2辑，四川科技出版社1990年版。

略论古蜀与商文明的关系

商文明是一个高度发达而开放性十分强烈的文明。有商一代，商王朝在政治上与黄河流域和长江流域各个方国发生并保持着程度不等的广泛的联系，文化上则在吸收各地优秀文化的同时，向各地作强劲辐射，因而不但大大扩展了商王朝的版图范围，还极大地拓宽了商文明的分布空间，使它盛极一时，成为世界古代文明史上最辉煌、最有影响力的文明之一。

在商王朝政治扩张和文明辐射的强烈冲击下，深居西南腹地的古蜀王国不能不对它发生深刻的联系，不能不对它作出强烈的回应。

然而，要深入研究商王朝与古蜀王国的关系，长期以来却存在着相当大的困难。由于文献不足征，商蜀关系的研究从来就是先秦史和考古学研究的一个难点。虽然早在殷卜辞里，就有商王朝与古蜀关系某些方面的记载，但由于卜辞过于简略，加上历史文献的阙载，所以学者们对殷卜辞中关于商蜀关系内涵的解释有着不同的理解和说法，而其解读也主要集中在对古蜀地理方位的考释方面，对商蜀之间的政治关系、经济往来和文化交流等具体内容则颇少论及。20 世纪 60 年代，学者们曾根据四川新繁水观音和彭县竹瓦街出土的青铜器资料，论说商末周初蜀文化所受商文化的影响，[①] 不过亦仅限于对青铜器形制花纹等方面的认识。近年由于三星堆青铜文明的重大考古新发现，才使人们从根本上改变了从前对古蜀所谓蛮荒无礼乐的陈旧看法。学术界充分认识到，商代的古蜀王国，原来是一个拥有大型城市、灿烂青铜文化和文字（符号）的高度发展的文明古国。最近一个时期以来，学术界根据三星堆文化的考古新材料重新

---

① 王家祐、江甸潮：《四川新繁、广汉古遗址调查记》，《考古通讯》1958 年第 8 期。四川省博物馆：《四川新繁水观音遗址试掘简报》，《考古》1959 年第 8 期。王家祐：《记四川彭县竹瓦街出土的铜器》，《文物》1961 年第 11 期。四川省博物馆等：《四川彭县西周铜器窖藏》，《考古》1981 年第 6 期。冯汉骥：《四川彭县出土的铜器》，《文物》1980 年第 12 期。

认识古蜀与商文明的关系，在青铜文化的研究方面取得了若干成果，多认为三星堆青铜礼器与商文明有着密切的关系。然而在两者的政治与经济关系的研究方面，仍然是多付阙如，至多亦仅具体而微，这不能不说是一大缺憾。本文从甲骨文、考古资料和文献资料相结合的角度，试对古蜀与商文明的政治经济关系进行初步探讨，以此求教于海内外博学君子。

一、殷墟甲骨文中的蜀

殷商时代，在秦岭以南、横断山纵谷以东的长江上游地区，以今成都平原广汉三星堆为中心，分布范围北达陕南汉中，东至长江三峡，南临古代南中，西及横断山东麓的古蜀王国，是一个神权与王权高度结合，实行神权政治的古代王国①。古蜀王国虽然僻处西南腹地，在地理上同黄河流域中原地区相距遥远，具有悠久的始源、独特的文明模式和文化类型，但并非与黄河流域中原地区相互隔绝，恰恰相反，古蜀文明不论同夏文明还是商文明都有着千丝万缕的联系。历史文献表明，在从史前向文明演进的时期，黄帝、颛顼、大禹等中国古史传说中的英雄人物都同古蜀有着深刻的关系②。在夏代，古文献记载"后桀伐岷山"③，考古资料也显示出三星堆古蜀文化与二里头文化具有某些关系，应与蜀、夏均

---

① 段渝：《商代蜀国青铜雕像文化来源和功能之再探讨》，《四川大学学报》1991 年第 2 期。

② 参见《史记·五帝本纪》、《华阳国志·蜀志》等史籍，并见"东汉熹平二年胸忍令景云碑"有关"术禹石纽、汶川之会"的记载。东汉熹平二年胸忍令景云碑现藏重庆中国三峡博物馆。参见段渝：《酋邦与国家起源：长江流域文明起源比较研究》附录"大禹传说的西部底层"，中华书局 2007 年版，第 446—463 页。

③ 古本《竹书纪年》记载："后桀代岷山，岷山女于桀二人，曰琬、曰琰。桀受二女，无子，刻其名于苕华之玉，苕是琬，华是琰。"屈原《天问》："桀伐蒙山，何所得焉？"蒙、岷一声之转。《韩非子·难四》："是以桀索崏山之女"，崏与岷通。《左传》昭公四年："夏桀为仍之会，有缗叛之"，昭公十一年："桀克有缗以丧其国"，缗、岷音通。顾颉刚先生认为，夏桀所伐岷山当为有缗氏，地在汉山阳郡东缗（今山东金乡县），与蜀无关。但年湮代远，事属渺茫，以此盖棺定论，似嫌仓促。《管子·山权数》："汤以庄山之铜铸币"，庄山即汉严道（今四川荥经）铜山，《史记·佞幸列传》记载汉文帝"赐邓通严道铜山得自铸钱"，即指此。夏末商初成汤在严道采铜铸币固不足信，但与夏桀伐岷山之说一样，总是事出有因，有文献为据，且均将年代上推至夏末，也不能毫无根据，而成向壁虚构之言。参见段渝：《四川通史》第 1 册，四川大学出版社 1993 年版，第 43 页。

为帝颛顼后世的历史渊源关系有关①。在殷商时代，古蜀与商王朝的关系虽然罕见于历史文献，但却较多见于殷墟甲骨文，考古资料也有不少根据可资佐证。

关于殷卜辞中蜀的地理位置，向有争议。唐兰考释甲骨文中的"巴方"和"蜀"，认为均在四川境（引者注：今四川和重庆境）②。董作宾认为"约当今之陕南或四川境"③，岛邦男认为约在陕西东南商县、洛南附近④。郭沫若认为"乃殷西北之敌"⑤。胡厚宣认为在山东泰安南至汶上⑥。陈梦家先是认为约在殷之西北、西南，后又释蜀为旬，以旬在山西新绛西⑦。童书业则认为巴、蜀原本都是汉水上游之国，春秋战国时才南迁入川⑧。徐中舒在其享有盛誉的论文《殷周之际史迹之检讨》中，认为巴、蜀均南土之国，殷末周文王经营南国，巴蜀从此归附⑨。

确定殷卜辞中蜀的地望，关键在于确定卜辞中与蜀相关的一系列方国的地望。与蜀同在一辞的，有羌、缶等方国，羌为西羌，古今无异词。缶，卜辞中屡与"我方"发生关系。我方，据卜辞"乙木〔卜〕贞：立事丁南，右比我，中比舆，左比▇（曾）"（《掇》2.62），地在舆、曾之西，均为南国。曾在汉水中上游，见于周成王时铜器《中甗》铭文。位于曾国之西的"我方"，其地当在汉水上游附近。因此缶地亦当在汉水上游。缶，应即文献中的褒。古无轻唇音，读褒为缶。褒即夏代褒姒之国，地在汉中盆地故褒城。殷卜辞记"伐缶与蜀"（《粹》1175），又记"缶眔蜀受年"（《乙》6423），显然两国地相毗邻。缶既在陕南，则蜀亦当在此，殆无疑义。

但陕南之蜀并非独立方国，它是成都平原蜀国的北疆重镇，是蜀地的一部分，故亦称蜀。蜀在早商时期就已日渐强大，三星堆巨大的古城即建筑于早商，足见当时蜀国实力之强。到商代中叶，古蜀王国已形成强盛国家，其时蜀国疆

---

① 段渝：《三星堆文化与夏文化》，《中国文物报》2000 年 8 月 2 日学术版。

② 唐兰：《天壤阁甲骨文存考释》，北平辅仁大学，第 54 页。

③ 董作宾：《殷代的羌与蜀》，《说文月刊》第 3 卷第 7 期，1942 年。

④ 岛邦男：《殷墟卜辞研究》，台北鼎文书局 1975 年版，第 378—383 页。

⑤ 郭沫若：《卜辞通纂》，科学出版社 1958 年版，第 119 页。

⑥ 胡厚宣：《殷代之农业》，《甲骨学商史论丛》二集，上海书店 1990 年版。

⑦ 陈梦家：《陈代地理小记》，《禹贡》第 7 卷第 6、7 期合刊；《殷墟卜辞综述》，中华书局 1988 年版，第 295 页。

⑧ 童书业：《古巴国辨》，《文史杂志》1943 年第 2 期。

⑨ 徐中舒：《殷周之际史迹之检讨》，《"中央"研究院历史语言研究所集刊》7 本 2 分，1936 年。

域甚广，北及汉中。汉中盆地近年所出商代晚期的青铜器群中①，蜀式三角形援无胡直内戈占全部兵器的84%以上，另有青铜人面具、兽面具、陶尖底罐等也是古蜀文化的产物，都是古蜀文化向北连续分布的结果，说明汉中曾是蜀境。当地出土的蜀戈之多，说明是蜀的北方军事重镇。可见，殷卜辞中的商蜀关系，实际上记载的就是双方在各自边境接壤地带所发生的一系列和战事件。

殷卜辞中所见商、蜀关系，有如下数辞：

（1）囗寅卜，㱿贞，王𠬝人正蜀　　　　　　　　　　（《后》上 9.7）

（2）丁卯卜，㱿贞，王重缶于（与）蜀　　　　　　　　（《粹》1175）

（3）贞，𡀃弗其戋羌、蜀　　　　　　　　　　　　　　（《铁》105.3）

（4）丁卯卜，共贞，至蜀，我又（有）事　　　　　　　（《纂》547）

（5）癸酉卜，我贞，至蜀无祸　　　　　　　　　　　　（《乙》811）

（6）癸巳卜，贞，旬在蜀　　　　　　　　　　　　　　（《库》1110）

（7）贞，蜀不其受年

　　　王占曰，蜀其受年　　　　　　　　　　　　　　（《乙》6422）

（8）缶罘蜀受年　　　　　　　　　　　　　　　　　　（《乙》6423）

（9）……老蜀……　　　　　　　　　　　　　　　　　（《乙》7194）

（10）囗蜀御囗　　　　　　　　　　　　　　　　　　　（《铁》1.30.6）

（11）……蜀射三百　　　　　　　　　　　　　　　　　（《铁》2.3.8）

（12）庚申卜，母庚示蜀不用　　　　　　　　　　　　　（《南明》613）

以上十二辞可分五类。（1）至（3）辞是商王征蜀；（4）至（6）辞是商王（?）至蜀、在蜀；（7）至（10）辞是殷王卜蜀年，卜蜀祸；（11）辞是蜀向商王朝提供服役（?）；（12）辞是商人用蜀人为祭祀牺牲。

从卜辞看，蜀与商王朝和战不定，是国际关系，而不是方国与共主的关系。第一类战争卜辞意义明确，无须深述。后四类则需要分析。

据陈梦家《殷虚卜辞综述》，凡卜辞中所见"才（在）某"、"至某"之例者，即作为殷商方国，对商王室有五种义务：卜其年则当有入贡其谷物的义务；参加商王室征伐多方的战役；入龟于王室；来其牛马等；载王事。② 通观上列卜辞，很难认为古蜀对商王朝有这些义务。

---

① 唐金裕等：《陕西省城固县出土殷商铜器整理简报》，《考古》1980 年第 3 期。

② 陈梦家：《殷虚卜辞综述》，中华书局 1988 年版，第 316 页。

卜辞中虽有商王卜蜀年，但绝无蜀入谷于商的记载，应为商觊觎蜀年之辞。虽蜀有龟，且多良龟，[1]却绝无蜀入龟于商的记载。第（4）辞"至蜀"，应为"我方"至蜀，不是商王至蜀，故第（5）辞"我贞（"我方"提供的贞人）"，卜问是否至蜀无祸。第（9）辞"壱蜀"蜀，是诅咒蜀人之辞。第（10）辞"蜀御"，也并非如有的学者所说是蜀向商提供御手。御者祀也，为攘灾除祸之祭。[2]此辞残，全辞不明。第（11）辞亦残，无法确定是否为蜀向殷王室提供射手。第（12）辞是卜问是否用蜀人作为祭祀母庚的牺牲，证明了商王室捕捉蜀人为人牲的事实。除这些之外，卜辞中完全没有蜀入卫、来牛马、参加征伐多方的战役以及载王事等记载。

据《尚书·酒诰》，商王朝将其征服的方国均纳入"外服"体制，"越在外服：侯、甸、男、卫邦伯"，邦伯即方伯，方国之长。"侯，为王斥侯也。""甸，治田入谷也。""男，任也，任王事。""卫，为王捍卫也。"[3]按生产区域和地理方位[4]，如果蜀国被商王朝征服，纳入商王朝的外服体制，那么蜀的班次和职贡应当为男服，治田入谷，贡献于商王朝。但卜辞的记载却不能支持这种推测。并且，卜辞对蜀绝不称方。而卜辞所见之蜀，均在蜀之北疆重镇陕南地区，不是蜀的中央王朝所在地。可见蜀王不是殷代外服方伯，蜀国并没有成为商王朝的外服方国。

从对考古资料的分析中，我们可以得出同样结论。三星堆早期蜀国都城，总面积3.5—3.6平方公里，大于作为早商都城的偃师商城（总面积1.9平方公里）[5]，而与商代前期都城郑州商城的面积相比亦稍大（郑州商城总面积2平方公里以上）。[6]按照商王朝的内、外服制度和匠人营国之制[7]，王都必定大于方国之都，故卜辞屡称商都为"大邑商"。夏商西周时代方国都城遗址的面积，均远远小于夏商周王都。湖北黄陂盘龙城是方国都城，总面积仅7万平方米[8]。山西

① 参见《山海经·中次九经》。成都平原考古亦可充分证实。
② 杨树达：《积微居甲文说》，上海古籍出版社1986年版，第30、31页。
③ 孔晁注《逸周书·职方》，四部丛刊初编本。
④ 关于商代外服制的生产区域和地理方位等问题，载于徐中舒：《论西周是封建社会》，《历史研究》1957年第5期。
⑤ 黄石林、赵芝荃：《偃师商城的发现及其意义》，《光明日报》1984年4月4日。
⑥ 《郑州商代城址发掘报告》，《文物资料丛刊》第1辑，文物出版社1977年版。
⑦ 《尚书·酒诰》、《周礼·考工记》，《十三经注疏》本，中华书局1980年版。
⑧ 《盘龙城一九七四年度田野考古记要》，《文物》1976年第2期。

夏县东下冯方国城址，南垣约长 400 米，余三垣不清①，总面积甚小。可见，方国都城无不小于王都，这是三代定制，不能逾越②。但蜀都却不仅大于早商都城，也大于中商都城。如将蜀国纳入商代外服体制，显然是严重逾制，在当时根本无法想象。这种情形清楚地表明，蜀国都制与商王朝都制分属于两个不同的政权体系，二者在政治上平行发展，相互之间不存在权力大小的区别。由此不难看出，蜀国没有成为商王朝的外服方国，这与殷卜辞中绝不称蜀为方是恰相吻合的。

虽然如此，古蜀文明还是明显地受到了商文明的深刻影响。古蜀文化青铜礼器中的尊、罍等形制，玉石器的圭、戈等形制，大都来源于商文化，反映了其间经济文化的交往。

二、商、蜀和战与资源贸易

商代中叶，古蜀三星堆文明走向极盛，与商文明平行发展，比肩而立。这种形势，从当时全中国范围内各大地域文化与商文明的力量对比来看，都是十分特殊的，在整个商代历史上也是极为罕见的。

商王朝经过数代苦心经营，到武丁在位时，"朝诸侯，有天下，犹运之掌也"③，对黄流域中下游地区的统治，近乎取得绝对权力。但对长江流域则不然。在长江中游今湖北黄陂盘龙城，有商王朝的城邑，在遗址中出土 159 件殷商青铜器（二里岗期），器形分作 29 种，其中有大量钺、戈、矛等兵器④。在湖南宁乡曾出土数以百计的商代晚期青铜器，其中一些青铜器铸造极为精美，较之中原同时代器物，有过之而无不及，以致有学者认为是湖南就地铸造的，其青铜铸造技术已超过中原地区⑤。在江西新干大洋洲出土了四百多件青铜⑥，虽然其中一些器物颇受商文明影响，但主要是地方风格，不能说是

---

① 《山西夏县东下冯遗址东区、中区发掘简报》，《考古》1980 年第 2 期。

② 参见《左传·隐公元年》，《十三经注疏》本，中华书局 1980 年版。

③ 《孟子·公孙丑上》，《十三经注疏》本，中华书局 1980 年版。

④ 《盘龙城商代二里岗期的青铜器》，《文物》1976 年第 2 期。

⑤ 夏湘蓉、李仲均、王根元：《中国古代矿业开发史》，地质出版社 1980 年版，第 203 页。

⑥ 彭适凡等：《江西新干大洋洲商墓发掘简报》，《文物》1991 年第 10 期。

商文明的亚型，表明那里存在一支较强的地域文明。这种形势说明，商王朝在长江中游的政治扩张并不十分顺利，颇有阻力。至于长江上游和西南地区，情况则更为复杂。

长江上游、西南地区以蜀为泱泱大国，殷卜辞中已见有蜀的记载，是一个有实力、有影响的地域性政治实体和文明。陕南汉中地区的考古发现还证实，古蜀又是一支富于实战能力的强大军事力量。尤其广汉三星堆青铜文明的发现，更显示出古蜀王国具有鲜明个性的青铜文明特点，而它的青铜文明，在主体方面并不是商文明所能涵盖的。由三星堆极宏富、极辉煌的青铜文明，可知当时的蜀必然是一个拥有相当广阔地域的大国，也是一个握有相当丰富资源的大国。商中叶时，蜀的北境在汉中，这已由汉中城固出土铜器群[①] 所证实。[②] 蜀的东境在长江三峡之东，这也由大量考古材料所证实。[③] 而蜀的南方是广袤的南中之地，三星堆祭祀坑出土的数十尊西南夷青铜人头像，已表明南中是蜀的附庸。[④] 因此，如果从地域广运的视角看，蜀拥有长江上游和上、中游之交，北至陕南、南至南中的广阔地域。虽然它的腹心之地只有成都平原一块，但由于根基深厚，基础广博宏阔，触角伸出很长，支撑点密集、深广而牢固，所以能够强大到极致，以致敢于起而与商王朝相抗衡。

就资源而论，农业资源方面，黄河中、下游主要是旱作农业区，商代是温暖气候，农产量应当不错。但商都殷墟积聚了巨量人口，需要消费巨量粮食，并且，商王室上下和朝内外大小官员又大量饮酒，"作长夜之饮"，"腥闻在上"[⑤]，也需消耗大量粮食原料，而商王朝都城殷墟所地区是有名的沁阳田猎区，不可能提供巨量粮食满足其需要。所以商王经常为农业收成担忧，卜辞中常见"卜年"之辞，就意味着商王朝时感面临人口压力与粮食短缺矛盾所造成的严重威胁。

古蜀王国的中心成都平原是一个不算很大的冲积平原，现在面积充其量不

---

① 唐金裕等：《陕西省城固县出土殷商铜器整理简报》，《考古》1980 年第 3 期。

② 段渝：《论商代长江上游川西平原青铜文化与华北和世界古文明的关系》，《东南文化》1993 年第 2 期。

③ 段渝：《论早期巴文化——长江三峡的古蜀文化因素与"早期巴文化"》，载《巴渝文化》第 3 辑，西南师范大学出版社 1994 年版。

④ 段渝：《商代蜀国青铜雕像文化来源和功能之再探讨》，《四川大学学报》1991 年第 2 期。

⑤ 《尚书·酒诰》，《十三经注疏》本，中华书局 1980 年版。

超过9500平方公里，古代开发有限，并没有达到这个水平。假如仅凭成都平原的农业资源，是绝不可能造就出也不可能支撑起一个敢于同商王朝相抗衡的强大政治实体的。但是，蜀自三星堆二期即夏代以来，长期奉行沿江东进的政策，大力向东方扩张，占有川中、四川盆地东部之地，又东出三峡，据有夔、巫之地，其扩张冲击波一直推进到西陵峡以东的江陵荆南寺，前锋几乎快触及江汉平原。这些地区不是商王朝的统治区，甚至不是商王朝的争夺区，加之文明程度浅演，不能抗衡古蜀三星堆文明的强劲扩张之势，因而成为蜀国北疆汉中盆地和汉沔嘉陵江经济区的战略大后方。古蜀王国西南的南中广大地区也是蜀的战略大后方，那里稻作农业相当发达，资源极其丰富，是商王朝的政治势力和军事力量不能触及之地，但却长期为蜀所控临。上述三个农业发展区域——成都平原经济区、汉沔嘉陵江经济区、南中经济区，共同支撑起了古蜀文明的基础。三星堆古蜀王国都城之所以有巨大的城圈、庞大的人口和复杂的政治宗教机构和辉煌的文明，就在于它植根于它所统治的广阔地域的富足农业资源之上。商代长江流域气候较之现代更为温暖，是稻作农业较理想的经营地区，收成相当丰厚，汉代寒冷期这里尚且能够"无冻饿之人"，"无凶年忧"[1]，商代更应如此，所以才会引起商王朝的觊觎。由此可见，长江上游、西南地区农业资源的富足，使蜀能够供养大量非食物生产者，培育一个复杂的政治组织及其庞大的分级制体系，从而创造出灿烂的古代文明。

战略资源方面，尤其青铜原料方面，中原无锡，可开采的铜矿也少。商王朝的青铜原料究竟来自何方，学术界还没有取得一致意见。翦伯赞认为来自长江上游西南地区[2]，石璋如认为就在河南商王朝本土[3]，但均苦于没有确据而不能论定。近年以来安徽、江西发现了古铜矿，有证据表明商代已在那里进行开采。如此看来，商王朝的青铜原料，可能大多来源于长江流域。作为商王朝南土据点的湖北黄陂盘龙城[4]曾出土孔雀石[5]，或许可以表明盘龙城的功能之一，就是扮演维护长江流域"金锡之道"的兵站的角色。殷墟5号墓的部分青铜原料，

---

① 《汉书·地理志》。
② 翦伯赞：《中国史纲》第1卷，三联书店1950年版，第207页。
③ 石璋如：《殷代的铸铜工艺》，《"中央"研究院历史语言研究所集刊》第26本，1955年。
④ 江鸿：《盘龙城与商朝的南土》，《文物》1976年第2期。
⑤ 中国古代冶金编写组：《中国古代冶金》，文物出版社1978年版，第5页。

已经科学测试证实来源于云南。① 这表明，除长江中游而外，商王朝青铜原料的另一个重要来源地是长江上游。

商王朝要获取长江上游云南地区的铜、锡、铅矿料，就非得首先跨越蜀国不可，或者通过蜀国，让蜀起中介作用。不管采取哪种形式，总之在商王朝从云南获取青铜原料的过程中，不可避免地会与蜀发生各种关系。

古蜀国青铜原料的来源，同样并不在成都平原蜀的腹心地区。川西高原汉之严道（今四川荥经）地区，那里古有铜山，汉文帝"赐邓通严道铜山，得自铸钱，邓氏钱布天下"②，铜矿资源相当丰富，《管子·山权数》所称"汤以庄山之铜铸币"，庄严同义，庄山之铜即指严道铜山。这意味着严道铜山是蜀国青铜原料的产地之一。除此而外，川西高原的灵关（今四川芦山）、徙（今四川天全）、青衣（今四川雅安），以及南中北部川西南山地的邛都（今四川西昌）、朱提（今四川宜宾、云南昭通）等地，也是蜀国铜矿资源的来源地。③ 但是，以上产铜地区却并无产锡的记载，因此，蜀的大部分青铜原料必然来于其他地区。据科学测试，蜀国青铜器的铅料来自云南④，而蜀国青铜器同云南青铜器的合金成分又十分接近。由此看来，云南是蜀国青铜原料的主要来源地之一。

商王朝和蜀国都要在云南取得青铜原料，必然就会因此而发生关系。但对于这些关系，历史文献完全没有记载，只有上引《管子·山权数》记有"汤以庄山之铜铸币"一语，透露出商王朝在蜀地取铜的一丝信息。这条材料并非完全不可靠。商代有铜贝是考古学上的事实，不但中原发现过，山西发现过，而且三星堆祭祀坑也曾出土 3 枚。虽然说早商成汤时期商在蜀取铜不大可能，但如果说商中叶商王朝在蜀取铜却并非不可能。既然商中叶武丁时可以在蜀国以南的云南取铜，那又为什么不可能在蜀地取铜呢？问题其实不在这里，而在商王朝以什么方式，通过什么途径在蜀、滇取铜。这个问题的实质，是要回答商、蜀关系的问题。

显然，蜀国因控制了南中而拥有富足的铜、锡、铅资源，三星堆祭祀坑出土西南夷形象的青铜人头像已充分证实南中广大地区为蜀所服，而三星堆青铜

---

① 金正耀等：《广汉三星堆遗物坑青铜器的铅同位素比值研究》，《文物》1995 年第 2 期。中国科技大学科研处：《科研简报》第 6 期，1983 年 5 月 14 日。

② 《史记·佞幸列传》。

③ 《汉书·地理志》，《续汉书·郡国志》。

④ 金正耀等：《广汉三星堆遗物坑青铜器的铅同位素比值研究》，《文物》1995 年第 2 期。

原料多来于云南，这是不成问题的。而在历年的云南考古中，都几乎没有发现商文化的影响之迹，这就表明商王朝对云南的关系不是直接而是间接的。商王朝要获取云南的青铜原料，只能通过蜀国。从殷墟卜辞和汉中考古可以知道，商王朝并没有征服蜀国，蜀也不是商的臣属方国。在这种情况下，为了获取蜀国以南云南地区的青铜原料，商王朝必须而且只能采用贸易方式，通过蜀为贸易中介的途径来取得，甚至有可能直接与蜀进行贸易，从蜀人手中获取青铜原料。这应当就是《管子》所说"汤以庄山之铜铸币"的本来面目。可见，商、蜀之间的铜矿资源贸易，是形势使然。

从可能性上看，不论商还是蜀都有比较发达的贸易系统，而共同的贸易中介物是海贝即贝币，这种贝币在商、蜀地域内都有大量发现，背部磨平穿孔，以便串系，进行交易。贝币为商、蜀之间的铜矿资源贸易提供了双方通用的等价商品，使双边贸易成为可能。殷卜辞中有"至蜀"、"在蜀"的卜辞，也许就和铜矿贸易有关。

从商文化对蜀文化的影响来看，它主要体现在礼器上而不是兵器上，这意味着商王朝的军事力量并没有能够深入蜀地，而是它的礼制深入到了蜀地，这是和平的文化交流的结果。如果联系到商、蜀双方的青铜原料贸易来看，商王朝礼制对蜀文化的影响应是随着贸易而来的，这正是文化交流的重要途径之一。

以上分析表明，有商一代，商王朝始终未能征服蜀国，也没有能够控制蜀国以南南中地区的铜矿资源。由于商王朝缺乏青铜原料资源，而对于富产青铜原料资源的南中地区又鞭长莫及，所以只能仰给于控制了南中资源的蜀。因而，为了保证青铜原料来源渠道的畅通，商王朝必须容忍一个强大的蜀国在它南边恣意发展——既然不能摧毁它，那就只能利用它。这也是三星堆文明得以雄踞西南的重要政治经济原因之一。

三、蜀与商的文化交流

固然，古蜀文明的诸要素，从总体上说来是独立产生的，是组成中国文明的若干个区域文明之一，并非中原文明的分支和亚型。然而由于历史的、地理的、民族的、文化的各种因素，也由于未曾间断的和战关系，古蜀文明同中原文明之间却存在着相互影响和文化渗透，直至出现文化趋同以至文化交融，实属历史发展的必然。

就青铜器而论，虽然古蜀青铜文化自成一系，具有鲜明的个性和特征，但其中不仅可以见到中原青铜文化的明显影响，而且有许多礼器本身就直接仿制于中原青铜器。比如，三星堆青铜人头像双耳所饰云纹，青铜神人大面像鼻、额之间上伸的夔龙纹饰，青铜神树上的夔龙等等，都是中原青铜器常见的纹饰，而为巴蜀所采借。又如，三星堆出土的青铜尊、罍和玉戈等青铜礼（容）器和玉锋刃器，也完全仿制于中原文化。再如，三星堆出土的陶高柄豆、陶盉，其形制同样渊源于中原文化。

三星堆出土的青铜爬龙柱形器上的龙，是以古蜀文化采借中原文化龙的形象制作而成的。这尊青铜龙，与华夏龙似是而非。它头顶有一对长而弯的犄角，又有一对小犄角，下颌长有胡须。其特征，除具龙的造型特征外，又明显地像一只张口怒目的神羊，与红山龙、华夏龙迥然异趣。这些同中有异、异中有同的特点，表明三星堆是以山羊为原型之一，综合采纳了华夏龙的形态特征，整体结合而成的龙，可谓之"蜀龙"。它反映了飞龙入蜀的初始情况，同时也说明古蜀也是"龙的传人"之一，并对文化交流、融合和传播起了不可忽视的作用。

文化交流一般是在互动的状态下进行的，两种或两种以上文化的交流总是表现为交互感应的关系。中原文化与周边各种文化的关系，就是这种交互感应、交互作用的关系，因此才逐渐形成中华文化的整体面貌和传统。中原文化与巴蜀文化的关系也是如此，不能例外。

反映在考古学文化上，青铜无胡式三角形援蜀式戈和柳叶形剑，便是蜀文化赠与中原文化的礼品。蜀戈首先发源于蜀，年代在商代前期[①]。到了商代中后期，作为古蜀文化连续性分布空间和蜀国北方屏障与商文化西南政治势力范围交接地带的陕南汉中，出现了这种无胡蜀戈。其后，到商代晚期，这种戈型又继续向北流布，以至今天在中原和殷墟续见出土。柳叶形剑的发源和流传也是这样，最早的柳叶形青铜剑，出土于成都十二桥（2件）、广汉三星堆（1件）。到殷末周初，陕南、甘肃等地才有这种剑型出现。它们反映了古蜀文化与中原

---

① 杜迺松：《论巴蜀青铜器》，《江汉考古》1985 年第 3 期。林春：《巴蜀的青铜器与历史》，载李绍明、林向、徐南洲主编《巴蜀历史·民族·考古·文化》，巴蜀书社 1993 年版，第 164—173 页。

文化之间互动的、交互感应的关系。

在古文字方面，固然古蜀地区与中原"言语异声，文字异形"①，"蜀左言"②，古文字自有源流，自成体系，字体、结构、音读均与汉语古文字不同③。但是从广义上看，古蜀文字不论是方块表意字还是表形字，都确定无疑地属于象形文字系统，都肯定从具有形、音、义三要素的象形文字发展而来。这尽管和世界古文明初期任何一个古文字系统相同，然而由于古蜀文字从其起源孳乳时代直到战国秦汉时代，虽经历了上千年的发展演变，其基本结构却依然未变，保持着象形文字系统的鲜明特征——这又明显区别于苏美尔、埃及等文字系统，而与汉语古文字具有相当的共性。中原文字尽管也有分合重组的发展演变史，但是，"即便是形声字，也还是要借用字形来表达其音，而不必另制音符，所以汉字完全属于象形文字系统"④。古蜀方块表意字脱胎于象形字而存其风骨；古蜀符号中的声符也是从意符演变而来的，未另制音符。这正是古蜀文字与中原文字的共同基础所在。

李学勤先生指出，我国先秦古文字中，除汉字外唯一可以确定的，只有巴蜀文字。⑤徐中舒先生很早就曾指出，巴蜀文字与汉字在构成条例上具有一定的共同基础；而它们的分支，则当在殷商以前。⑥李复华、王家祐先生认为，巴蜀方块字可能就是夏代文字。⑦这些分析判断，不能说没有一定道理。正因为巴蜀文字同中原文字有一定的共同基础，而古蜀人与中原炎黄文化有着某种历史上的不可分割的关系，所以文化交流能够畅达，文化融合能够进行。也正因为如此，所以蜀中才有可能仅在统一于中原后不久，便很快涌现出一大批像司马相如、扬雄、王褒、严君平、犍为舍人等饮誉中华的大文学家、大哲学家和大语言文字学家。

在早期城市方面，成都平原城市的起源模式、网络特点以至结构功能等方面，与中原城市区别甚大。尽管如此，古蜀城市起源、形成和发展的步伐却与

---

① 许慎：《说文解字·叙》，上海古籍出版社 1981 年版。
② 扬雄：《蜀王本纪》，《全上古三代秦汉三国六朝文》本，中华书局 1958 年版。
③ 段渝：《巴蜀古文字的两系及其起源》，《考古与文物》1993 年第 1 期。
④ 徐中舒：《汉语古文字字形表·序》，四川人民出版社 1981 年版。
⑤ 李学勤：《论新都出土的蜀国青铜器》，《文物》1982 年第 1 期。
⑥ 徐中舒：《论巴蜀文化》，四川人民出版社 1992 年版，第 47 页。
⑦ 李复华、王家祐：《关于"巴蜀图语"的几点看法》，《贵州民族研究》1984 年第 4 期。

中原城市是大体一致的。[1] 这显然是受到某种共同因素的制约，但其中最主要的是黄河流域和长江流域政治经济形势的连锁演变，使城市在发展过程中出现若干趋同的促动因素，从而成为中国城市演变的共同基础。

除此而外，人群往来、民族迁徙、战争和平、信息交往等，都对古蜀文明与中原文明的交流、传播以至趋同发展，起了重要作用。在多种因素的交互作用下，古蜀文明与中原文明才最终合流，成为积淀在中华文化传统中的若干基本成分之一。

（原载《史学月刊》2008 年第 5 期）

---

[1] 　段渝：《巴蜀古代城市的起源、结构和网络体系》，《历史研究》1993 年第 1 期。

论秦汉王朝对巴蜀的改造

统一政治经济和整合多元文化，是秦汉史上的两大时代主题。大致说来，秦、汉王朝对于新归并的异质文化区域，着重针对其原先的独立王国政体，从政治上进行大刀阔斧的彻底的变革，铲平割据势力，消除分裂基础，维护统一局面；在经济上，根据异质文化区域的实际经济结构和生产力水平，实行程度不等的变革；在文化上，秦王朝对于异质文化区域并没有实行文化专制主义[1]，而是采取比较温和、宽容的策略，主要通过政治经济变革对文化的自然反馈作用，和通过各种形式的文化交流与感应，来达到整合多元文化的目的；汉王朝与此基本相同，但更注重文化教育和引导。秦、汉王朝对西南泱泱大国巴国、蜀国的改造，就是照此模式运作的成功范例。

从公元前316年秦并巴、蜀，中经秦王朝的兴灭，直到西汉中叶，经过约及二百余年长期不懈的努力，终于从根本上改变了先秦巴、蜀文化的性质，转变了它的发展方向，使它从作为独立王国形态和民族性质的文化，转化为秦、汉统一王朝内的地域形态和汉民族组成部分之一的中华文化亚文化[2]，巴蜀文化史从此揭开了新的一页。

一、秦王朝对巴蜀的政治经济改造

公元前316年秦灭巴、蜀后，随即于公元前314年在巴、蜀置郡，着手对

---

[1] 战国时期，秦经商鞅变法，"移风易俗"，同时积极参与"中国诸侯"之政，文化上则采取开放政策，吸纳并延请三晋纵横家和法家知名人物入秦主持变法，加强了同中原诸夏的文化交流和融会，逐步取得了中原诸夏的文化认同。

[2] 刘茂才、隗瀛涛、段渝：《从文化转形谈中介论——关于巴蜀文化转形的研究实例》，《中华文化论坛》1998年第3期。

巴、蜀进行政治经济改造。

由于秦骤灭巴、蜀，国土剧增一倍以上，若要在东方六国正加紧合纵攻秦的形势下，立即派驻大军常驻巴、蜀，推进全面深刻的政治变革，是绝不可能的。加之，巴、蜀虽然归秦，但其内外的反秦势力仍然强大，巴地"劲卒"犹在，蜀地"戎伯尚强"[1]，而秦又急于利用巴蜀的布帛金银、粮草船只和强兵劲卒以东向伐楚，也不可能立即展开对巴蜀政治结构的根本变革。在这种形势下，秦对巴、蜀采取了郡县制与羁縻制或分封制相结合的政策，分步骤对巴、蜀实施改造，并根据两地的实际情况，分别采取了不同的治理策略。

在巴地，秦消灭了宗姬巴国的政权，俘虏了巴王，在原巴都江州（今重庆市渝中区）筑城，置巴郡[2]。但是，一方面，由于江州以东还有巴王子残部据守枳（今重庆市涪陵区），负隅顽抗，涪陵以东长江两岸并北至汉中，更有楚国大军压境，准备与秦决战，而秦军精锐此时也集结在巴地以北的汉中，全力部署丹阳之战，使秦不能分派重兵入巴，推动全面改造。另一方面，由于巴地以大姓为核心的酋长集团依然完整存在，其势并没有因为巴国的灭亡受到丝毫损失，而大姓统治根深蒂固，各族团之间的关系又错综复杂，也使秦不敢轻易对他们进行根本改造，以免激化矛盾，引起新的强烈反抗。因此，秦对巴地采取了郡县制与羁縻制相结合的治理策略[3]。秦在将巴地纳入郡县体制的同时，"以巴氏为蛮夷君长"[4]，不改变其血缘集团的社会组织结构，保留其大姓统治，并利用大姓首领作为其基层统治代理人，通过他们来实施秦的各项政策、制度和法令。《后汉书·巴郡南郡蛮传》对此记载说：

> 及秦惠王并巴中，以巴氏为蛮夷君长，世尚秦女，其民爵比不更，有罪得以复除。其君长岁出赋二千一十六钱，三岁出义赋千八百钱，其民户出幏布八丈二尺，鸡羽三十鍭。

从这里可以看出，政治上，秦仍以巴地大姓首领为君长，继续其血缘集团统治，并通过世代通婚的形式和缴纳赋税的形式，从文化和政治两个方面来维系与巴地大姓首领的政治统属关系。对巴地大姓统治下的部民，则通过普遍授

---

[1] 刘琳：《华阳国志校注》卷三《蜀志》，巴蜀书社 1984 年版。

[2] 参见《华阳国志》卷一《巴志》，《水经·江水注》。

[3] 段渝：《涪陵小田溪巴王墓新证》，《巴蜀历史、民族、考古、文化》，巴蜀书社 1991 年版，第269—283 页。

[4] 《后汉书·巴郡南郡蛮传》。

予"不更"爵级（不更为秦二十级军功爵制中的第四级）这种形式，来广揽民心。经济上，秦在巴地迅速推行自商鞅变法以来确立的"舍地税人"征赋办法，按户按口征收赋税。同时，为了优容安抚巴地民众，又规定血缘大姓集团的部民免服更卒之役①。这些措施，既把巴地各族纳入秦国统一的郡县制体制之内，使其政治经济制度的主要方面按照秦制、秦律来运转，又稳定了巴地的社会秩序，因而收到良好成效。

秦昭王时，为了进一步巩固川东巴地这一战略基地，以支持秦对东方六国愈演愈烈的统一战争，又借板楯蛮射杀白虎有功于民之机与之订立盟约，"乃刻石盟要，复夷人顷田不租，十妻不算，伤人者论，杀人得以倓钱赎死。盟曰：'秦犯夷，输黄龙一双；夷犯秦，输清酒一钟。'夷人安之"②。这在实际上等于免除了板楯蛮的田租和大部分算赋负担，大大有利于巴地政治秩序的稳定。所以，终秦之世，川东巴地一直未乱，成为秦在其关中以南地区的战略大后方。

比较而言，秦对蜀的改造则要复杂得多，不但屡有反复，而且治蜀的措施也与治巴不尽相同。

公元前314年，秦置蜀郡，同时又以蜀为侯国，"贬蜀王更号曰侯"③，实行郡县制与分封制并行的过渡政策。秦惠王封蜀王子通国（又作公子通、公子繇通）为蜀侯，以陈壮（或作陈庄）为相，并以秦大夫张若为蜀国守。但是，蜀地的反秦势力并没有停止反抗。在蜀郡以南的西南夷地区，有蜀王子安阳王率领旧部三万人伺机反扑④。在青衣江地区，又有"丹、犁臣蜀"，拥戴蜀王为君长，内外接应反秦。于是，"相壮杀蜀侯来降"⑤，此为秦惠王更元十四年（公元前311年）。秦武王元年（公元前310年），秦派名将甘茂定蜀，并诛杀参预谋反的陈壮。公元前308年，秦复封蜀公子辉（或作恽、晖）为蜀侯。公元前301年，"蜀侯辉反，司马错定蜀"⑥，令蜀侯辉夫妇自裁，并"诛其郎中令婴等二十七人"⑦。次年，秦又封蜀公子绾为第三任蜀侯。公元前285年，秦"疑蜀侯

---

① 秦惠王赐巴氏蛮夷之民爵比不更。不更，据《汉书·百官公卿表》颜师古注："言不豫（参预）更卒之事也。"可知巴氏蛮夷是免服更卒之役的。

② 《后汉书·巴郡南郡蛮传》，并见《华阳国志·巴志》。

③ 《史记·张仪列传》。

④ 参见《水经·叶榆水注》引《交州外域记》。

⑤ 《史记·秦本纪》。

⑥ 刘琳：《华阳国志校注》卷三《蜀志》。

⑦ 刘琳：《华阳国志校注》卷三《蜀志》。

缩反，王复诛之，但置蜀守"。从公元前 316 年灭蜀，直到公元前 285 年诛蜀侯缩，经过 30 余年的时间，秦才最终在蜀地确立起完全的郡县体制，将蜀地真正纳入秦的统治体系当中。

秦对蜀的政治改造，是有步骤、分阶段进行的。秦惠王更元十一年（公元前 314 年）虽置蜀国守，但同时又分封蜀侯，使其有国、有相，并基本保留了原蜀王国的政府机构①，实行郡县制与分封制并用的政策，而不急于立即着手对蜀的政治体制予以根本改造。其原因不外乎二：一是蜀地反秦势力强大，一时难以扑灭，只能渐变，不能激变；二是秦正倾其兵力对付东六国，也难以抽调重兵入蜀控临，因而对蜀的改造只能逐步进行。到秦昭王时，由于秦在蜀地成功地进行了土地制度变革，改变了蜀地原来的经济结构，造就了大批拥护秦国政权的个体小农，从而争取到广大蜀人的支持；同时，秦对蜀地的大量移民也造成了蜀文化对秦文化一定程度的感应，使废除分封制、确立郡县制的时机臻于成熟，因而借口"蜀侯缩反"，诛之而国除。可见，秦对蜀的政治改造，的确是颇费心机，将其作为整个统一战略的重要组成部分来规划实施。

经济方面，秦初并蜀时，一仍蜀国旧制，没有颁行新措施。到诛蜀侯通国后，秦派甘茂入蜀，于武王二年（公元前 309 年）在蜀颁布由甘茂奉命修订的《为田律》②，并在蜀地推行。《为田律》曰：

（秦武王）二年十一月巳酉朔日，王命丞相戊（同茂，即甘茂），
内史匽取誓更修为田律：田广一步，袤八，则为畛，亩二畛，一百（同陌）道。百亩为顷，一千（同阡）道。道广三步。封高四尺，大称其高。捋（同埒）高尺，下厚二尺。以秋八月修封捋（埒），正疆畔，乃癸（同发）千（阡）百（陌）之大草。九月，大除道及阪险。十月，为桥，修波（同坡）堤，利津隘，鲜草。虽非除道之时，而有陷败不可行，辄为之。

从内容上看，《为田律》主要是关于农田面积和封、畛、阡、陌以及除草、除道、修桥、修坡堤等的规定，其中最主要的是关于田界的规定。从当时秦尚未在蜀变革以土地制度为主要内容的生产关系来看，武王二年颁布《为田律》，对蜀地的田界加以严格规定，实际上是重新确定经政局变动后原蜀国民户的田

---

① 蜀侯通国时，置相，蜀侯辉时，有"其臣郎中令婴等二十七人"，意味着当时原蜀王国的政府机构基本上还保留着。

② 李昭和等：《青川县出土秦更修田律木牍》，《文物》1982 年第 1 期。

界和田亩面积，以便日后进一步变革蜀的生产关系①。

秦昭王四年（公元前 303 年），秦在蜀地大规模地变革土地制度和生产关系。《汉书·地理志》记载，"秦昭王开巴蜀"，《史记·秦始皇本纪》记载："昭王四年初为田，开阡陌"，两条史料记载的是同一事，即把商鞅变法以来秦国实行的辕田制在巴蜀广大地区推行②。其中包括几个方面的内容：

第一，"初为田"，即首次在蜀改变田制，把过去农村公社公有制下"换土易居"的授田制，改变为私有制下"自爱其田"的辕田制，使农夫成为其田地的主人，也就是成为个体小农。这样，就促使蜀地原来介于公有制与私有制之间的二重性的农村公社组织及其制度走向崩溃，对于蜀地新的经济结构和社会组织的形成和发展产生了重要作用。

第二，"开阡陌"，即决裂过去的阡陌，在武王二年颁布的《为田律》基础上，按照秦制的二百四十步为亩，一夫一妇给予一百亩。这就不仅使农夫人尽其力，使地尽其利，并且扩大了私有制。

第三，全面发展私有制，允许土地买卖。秦自公元前 350 年商鞅第二次变法，即已"除（废除）井田，民得买卖"③，允许土地买卖，把私有制的发展引向深入。秦昭王变革巴蜀的生产关系，必然包括允许土地买卖这一重要措施，因为它是同"为田开阡陌封疆而赋税平"④ 联为一体的，是秦变革生产关系、全面实行土地私有制的重要内容。秦昭王既已在巴蜀"为田开阡陌"，则必然同时允许土地买卖。正因如此，才引起土地兼并，出现"富者田连阡陌，而贫者无立锥之地"⑤ 的后果，使两极分化加速发展。据《史记·货殖列传》记载，秦之迁民赵人卓氏和山东程郑在蜀之临邛即山冶铸，卓氏"倾滇、蜀之民，富至僮千人，田池射猎之乐，拟于人君"，程郑"富埒卓氏"，《华阳国志·蜀志》也说"程郑亦 [有家僮] 八百人"。这表明，由于秦在蜀推行了土地买卖，引起了剧烈的两极分化，所以才使卓氏和程郑拥有巨量田产，占有大批僮仆，也才有大批因失去土地而"无立锥之地"的蜀人为其即山鼓铸，从而使其"田池射猎之乐，

---

① 蜀开明氏王朝的土地制度是国有制，参考段渝《四川通史》第 1 册，四川大学出版社 1993 年版，第 70—71 页。

② 蒙文通：《巴蜀古史论述》，四川人民出版社 1981 年版，第 65—66 页。

③ 《汉书·食货志》。

④ 《史记·商君列传》。

⑤ 《汉书·食货志》。

拟于人君"。

秦昭王在蜀"初为田，开阡陌"具有两方面的重要意义。一方面，用法令形式正式废除了原蜀王国的土地国有制，从经济上剥夺了原蜀王国的贵族，使过去的广大农奴变成了个体小农，调动了生产积极性，有利于生产力的发展。另一方面，又以法令形式重建封疆，保护封建的土地所有制。这样，由于经济结构的改变，造就了大批新兴个体小农和地主，他们既是新制度的合法受益者，当然又是新制度的坚决拥护者，因而造就了秦在蜀地实施统治的最广泛和最坚强的社会基础。

秦昭王在蜀地全面深刻地推进私有化，土地私有制从此在蜀便成为神圣不可侵犯的了。按照通行于秦国全境的《秦律》有关规定，严禁对私有土地的侵犯。云梦秦简《法律答问》解释"盗徙封，赎耐"这条律文说："何如为封？封即田阡陌，顷畔封也，是非是而盗徙之，赎耐。何重也？是不重。"私自移动田界，就是"盗徙封"，须处以"耐（耏）刑"。轻罪用重刑，表明私有制不可侵犯，法律保护土地的私有权。

秦始皇二十六年（公元前 221 年），秦统一全国，建立起幅员辽阔的统一的多民族的封建国家。三十一年（公元前 216 年），秦王朝发布"使黔首自实田"[1]的法令，使占有土地的地主和自耕农按照实际占有的田亩数量向政府申报，不论占有田数多少，均可取得国家法律认可。这样，秦王朝的封建土地制度和法令就在巴蜀全境全面贯彻实施，使巴蜀的自耕农和地主同时取得了新的合法地位。

在工商业方面，公元前 311 年，秦惠王令张仪、张若修筑成都城池，"营广府舍，置盐、铁、市官并长丞，修整里阓，市张列肆，与咸阳同制"[2]。将商业市肆集中到少城南部加以统一管理，形成规模很大的"成都市"，以致与秦都咸阳同制。同时，秦允许巴蜀的盐、铁业和其他手工业继续开业，置盐、铁、市官分别征收盐、铁和贸易税。四川青川郝家坪和荥经古城坪出土漆器上的烙印戳记、文字和刻划符号表明，秦灭蜀后仍然给蜀的工商业以允许其积极发展的政策[3]。由于这些政策推动了蜀地工商业的进一步发展，因而使蜀地的工商业者

---

① 《史记·秦始皇本纪》。

② 刘琳：《华阳国志》卷三《蜀志》。

③ 段渝：《先秦秦汉成都的市及市府职能的演变》，《华西考古研究（一）》，成都出版社 1991 年版，第 324—348 页。

也成为秦制的积极拥护者。《华阳国志·蜀志》说秦时蜀地"工商致结驷连骑，豪族服王侯美衣"，表明工商业者成为秦制的很大受益者，成为秦王朝在蜀地进行统治的重要社会基础之一。

秦对巴蜀政治制度和经济结构的改造，从根本上使巴蜀从原来的独立王国转变为统一王朝之内的郡县，"法令由一统"，成为以秦王朝为代表的中华民族大家庭光荣之一员。与此同时，由于大批拥护秦王朝统治的巴蜀自耕农、地主和工商业者的兴起，他们分布在巴蜀各地，多数成为秦统治思想的坚决拥护者，因而造成了巴蜀文化对秦文化的直接感应，从而推动了巴蜀文化的转型，逐步与秦文化相整合，成为中华文化圈内的一个地域亚文化区。

二、汉王朝对巴蜀的政治经济改造

公元前207年十月，秦王朝在农民起义的急风暴雨中全面崩溃。公元前206年，自立为西楚霸王的项羽封刘邦为汉王，"王巴、蜀、汉中四十一县，都南郑"[1]。萧何献计于刘邦说："愿大王王汉中，抚其民，以致贤人，收用巴、蜀，还定三秦，天下可图也。"[2] 刘邦用萧何之谋，据巴、蜀、汉中(汉中在先秦时为巴、蜀之地)，以为汉军粮饷、兵员的供应基地；又采韩信之策，率军东伐，"留萧何收巴、蜀租，给军粮食"[3]。据《华阳国志·蜀志》记载："汉祖自汉中出三秦伐楚，萧何发蜀、汉米万船而给助军粮，收其精锐以补伤疾。"《华阳国志·汉中志》也载："高帝东伐，萧何常居守汉中，足食足兵。"巴地阆中人范目为汉王募发川东板楯蛮还发三秦，板楯蛮"天性劲勇，初为汉前锋，数陷阵"[4]，"帝(高祖)嘉其功"[5]。这些史实表明，楚汉之争时，巴蜀不但已为汉王所收用，而且对汉王朝的建立做出了重要贡献。

由于巴蜀地区是汉王朝的"帝业所兴"[6]，又是汉王朝重要的粮仓和材官来

---

① 《汉书·高帝纪上》。
② 刘琳：《华阳国志校注》卷二《汉中志》。
③ 《汉书·高帝纪上》。
④ 《后汉书·巴郡南郡蛮传》。
⑤ 刘琳：《华阳国志校注》卷一《巴志》。
⑥ 刘琳：《华阳国志校注》卷二《汉中志》。

源地①，所以汉王朝建立伊始，就把巴蜀划为"天子自有"之地②，"不封藩王"③。这样，就使巴蜀地区从楚汉战争以来长期置于中央王朝的直接控制之下，长期处于汉家天下的稳定状态之中，有利于增强汉王朝对巴蜀的凝聚力，增强汉文化对巴蜀文化的吸引力。

楚汉之争中，为支持汉王北征关中，巴蜀民众从汉军伐三秦者为数不少。汉高祖二年下诏："蜀、汉民给军事劳苦，复勿租税二岁。"④ 对川东板楯蛮，"复其渠帅罗、朴、督（昝）、鄂、度、夕、龚七姓，不输租赋，余口乃岁入賨钱，口四十"⑤。巴蜀广大民众在经济上受益，必然使他们在政治上成为汉王朝的坚决拥护者。《后汉书·巴郡南郡蛮传》记载汉高祖对板楯蛮优礼有加，使板楯蛮"遂世世服从"，就是明显的例证。

汉高祖五年（公元前 202 年）五月，发布著名的"罢兵赐复诏"⑥，促使一大批士兵因为建有军功而成为新兴的军功地主，获得爵位和田宅，造成了西汉王朝最坚强的社会基础和有力支柱。巴蜀地区在楚汉战争中是汉军的兵员基地，从军随刘邦出关中定三秦者不在少数。《汉书·高帝纪》多处提到巴蜀民"给军事劳苦"，"士卒从入蜀、汉、关中者"，《华阳国志·蜀志》也说萧何收巴蜀"精锐以补伤疾（按：补充兵员）"，证明有大批巴蜀民参加汉军。其中当有不少人因军功获得爵位和田宅，成为新兴的军功地主（《华阳国志》记载的蜀中"大姓"，其中很大一部分当与此有关），他们在罢兵归家后，自然也就成为新兴的汉王朝在巴蜀各地进行统治的坚强支柱。西汉前期巴蜀文化加速向汉文化转型，这是其中一个十分重要的原因。

汉武帝时，实行盐、铁官营制度，在全国 40 郡国设置铁官 49 处，其中在巴蜀地区设置三处：蜀郡临邛，犍为郡武阳，犍为郡南安⑦。铁官的设置，强制性地使人们把在其物质文化生产中使用最普遍的铁制农具和工具采用同

---

① 《汉书·食货志》记载：汉初，民大饥馑，高祖"乃令民得卖子就食蜀、汉"，可见巴蜀（汉中原为巴蜀之地）是汉王朝的重要粮仓。又，《汉书·高帝纪下》记载高帝从巴蜀选取材官，可见巴蜀是汉王朝材官的来源地之一。

② 《汉书·诸侯王表序》。

③ 刘琳：《华阳国志校注》卷二《汉中志》。

④ 《汉书·高帝纪下》。

⑤ 《后汉书·巴郡南郡蛮传》，并见《华阳国志·巴志》。

⑥ 《汉书·高帝纪下》。

⑦ 《汉书·地理志》。

一的官样形式，从而迅速取代了残存的巴蜀文化器物形制，对于巴蜀特有的青铜文化造成了根本性冲击。这样，从物质形态上保留下来的巴蜀文化残余，就最终被汉文化所取代了。从考古学上所发现的巴蜀物质文化上看，正是汉武帝时期，传统的巴蜀器物基本上化于无形，表明其主体部分已转型为汉文化。

在汉王朝政治经济政策的直接作用下，巴蜀文化加深了对汉文化的感应和融合，朝着汉文化迅速转化，最终成为汉文化不可分割的重要组成部分。

三、秦汉王朝对巴蜀的社会组织改造

先秦时期巴、蜀的社会组织是不一样的。在巴地，宗姬巴国王族的社会组织形式大约颇与周人相同，具有宗法制及其组织形式。巴国境内所属的"濮、賨、苴、共、奴、獽、夷、蜑之蛮"① 八族，奴（卢）原出华夏，当亦有宗法组织，其余七姓则处在大姓即以血缘关系为纽带的家长制家族公社发展阶段。在蜀国，历代古蜀王朝是否存在宗法制度及其组织形式，因书阙有间，不可具考，但开明氏王朝的王族和分封在外的公族则见于史乘，统治阶级的家族组织确实是存在的。广大被统治阶级被编制在称为"五丁"的社会组织当中，属于古代农村公社的一种地缘性结构②，尽管其中不免会有家族公社的残余。

秦灭巴蜀后，旋即对巴蜀境内的各种社会组织进行改造。

巴国王室由于已经绝祀，原王族的成员大概下降为一般富户，纳入秦的编户之中。巴王后裔中有所谓"巴废子"，曾于巴灭后逃于枳，盘踞枳地约及 40 年，于公元前 200 年左右为楚襄王所灭③，楚襄王又"封废子于濮江之南，号铜梁侯"④。楚灭于秦后，巴废子之族大概也降为一般富户，成为秦王朝的编户。

---

① 刘琳：《华阳国志校注》卷一《巴志》。

② 段渝：《四川通史》第 1 册，四川大学出版社 1993 年版，第 69 页。

③ 《战国策·燕策二》苏代说燕王曰："楚得枳而国亡"，《史记·苏秦列传》同。据《史记·楚世家》，秦将白起拔郢，楚襄王退保陈城，其事在公元前 278 年，楚得枳，当在此年之前，又，陈寿《益部耆旧传》云："昔楚襄王灭巴子"，此事件与"楚得枳而国亡"不论在时间还是地点上均正相吻合，可知楚所灭巴子是枳地的巴子，为巴王后裔。

④ 参见《舆地纪胜》秦 159 引《益部耆旧传》。

巴王后裔中，另有巴子五兄弟的传说，梁载言《十道志》记载："故老云：楚子灭巴，巴子兄弟五人流入黔中。汉有天下，名曰酉、辰、巫、武、沅等五溪，为一溪之长，故号五溪。"这巴子五兄弟是楚所灭巴废子的后裔，逃往五溪之地，应是"变服从其俗而长之"①，由夏变夷，其社会组织形式亦当与五溪蛮无异。

巴地的各个大姓，虽然血缘家族组织仍然保存下来，但包括大姓首领和部众也都被同时纳入秦的统一编户体制当中。关于此点，可以从《后汉书·巴郡南郡蛮传》中得到确切证明。此篇记载，秦惠王时，"以巴氏为蛮夷君长……其君长岁出赋二千一十六钱，三岁出义赋千八百钱，其民户出幏布八丈二尺，鸡羽三十鍭"，表明秦对巴氏征收赋税是按户为单位，而不是以族为单位，君长及其民均如此。《华阳国志·巴志》记载秦昭王与板楯蛮订立盟约，也是"复夷人顷田不租，十妻不算"。所谓"顷田不租"，是指在秦的"一夫百亩（一顷）"田制下本应按户征税，现予不征；所谓"十妻不算"，是指本应按户按口征收人头税（算赋），现予不征。这表明，从秦惠王到秦昭王时，就已对巴地各族的社会组织进行了一定程度的改造，按户按口征收赋税事实上是对血缘大家庭的一种冲击，尽管这种冲击力量还是很有限的。

据《华阳国志·巴志》记载，秦昭王时，巴地胸忍（今重庆市云阳县）板楯蛮中有射杀白虎者，叫做廖仲药、何射虎、秦精（或读作廖仲、药何、射虎秦精），廖、何、秦应当是当地板楯蛮民户的姓氏。另据洪适《隶续》所著录的《汉繁长张禅等题名》，板楯蛮中又有"白虎夷王谢节"、"白虎夷王资伟"，谢、资也是板楯蛮民户的姓氏。又据《三国志·魏志·张鲁传》、《后汉书·刘焉传》等，川东巴夷首领有叫袁约（《通鉴》作"任约"）的，袁亦为板楯蛮姓氏之一。这些姓氏，无疑是秦汉王朝对板楯蛮的社会组织进行改造，将其纳入秦汉的编户以后才新产生出来的。板楯蛮原来只有七姓，《风俗通》（《文选·蜀都赋》李善注引）、《华阳国志》、《后汉书》并载为"罗（《风俗通》作卢）、朴、昝（《风俗通》作沓，《后汉书》作督）、鄂、度、夕、龚（《风俗通》讹作袭）七姓"。七姓即七个血缘集团，姓即部落名称，各部内部只称名，姓则表示其血缘关系。上述廖、何、秦、谢、资、袁（或任）数姓均非板楯蛮原来所有，他们之在秦、汉时期出现，表明是在这个时期中新产生出来的，说明他们已成为初步从大姓

---

① 《史记·西南夷列传》。

血缘组织中分化出来的地缘性的乡、里组织结构中的编户，虽然其族属并没有改变。从这里可以看出，在秦、汉时期，川东板楯蛮的大姓血缘组织被纳入乡、里地缘性结构当中，促使板楯蛮内部发生了一定程度的分化。

秦对蜀地社会组织的改造，与对巴地有所不同，包括几个不同的方面。

公元前 316 年，末代开明氏蜀王及其太子在秦伐蜀之役中先后败死，蜀亡，但是开明氏并没有就此绝祀。从公元前 314 年至前 300 年，秦先后分封了三代开明氏为蜀侯，直到公元前 285 年诛蜀侯绾，开明氏王室才最终灭亡，开明氏作为王族的历史也才最终结束。从秦汉时期蜀中的"大姓"（秦汉及以后蜀中的"大姓"，是时人对豪族的宗族组织的称谓，它与川东的血缘大姓有本质区别）和富户当中没有开明氏的情况看，秦昭王诛蜀侯绾以后，开明氏的家族组织必定是解体了，其族人不是由株连遭难，就是被贬为庶民，其族氏则分解成一个个普通的个体小家庭，变成秦王治下的编户齐民。

蜀开明王曾分封王弟葭萌于汉中，号苴侯，驻节葭萌（今四川广元市老昭化）。苴侯为"别封"[1]，形成蜀王族的支族。公元前 316 年秦取蜀后，移师东进，"司马错等因取苴与巴"[2]，苴侯这支公族也就由此灭亡了。不过，这一支族所失去的仅是其公族地位、身份等，其族系并没有被彻底消灭。从司马错灭巴，"执（巴）王以归"[3]的情况看，苴侯及其家族亦应被秦迁往秦国关中本土，以便就近监控。《汉书·货殖传》载有平陵苴氏，望出平陵（今咸阳西北），看来就是苴侯的家族北迁咸阳以后的苗裔[4]。

开明氏当中，唯一较长保有其姓氏的是蜀王子安阳王一族。据《水经·叶榆水注》引《交州外域记》以及其他一些中、越史籍，蜀亡后，蜀王子安阳王将兵 3 万远征交趾，在今北越红河地区建立"蜀朝"，延续数代，于公元前 180 年为南越王赵佗所灭。安阳王是开明氏蜀王的群公子之一。"开明"与"安阳"，是一词的同音异写，仅音读稍异[5]。这样看来，安阳王原是蜀王的统兵将领，蜀亡后即率所部 3 万人南迁交趾，并保留了蜀的国号及王族姓氏。自安阳王灭后，

① 刘琳:《华阳国志》卷三《蜀志》。

② 刘琳:《华阳国志》卷三《蜀志》。

③ 刘琳:《华阳国志》卷三《蜀志》。

④ 蜀之苴侯为蜀王之别封，"胙之土而命之氏"，以邑为氏，故称苴氏，这与川东巴国之属中的"苴人"是不同的，不能混为一谈。

⑤ 蒙文通:《赵史丛考·安阳王杂考》，人民出版社 1983 年版，第 66 页。

就再没有开明这一个姓氏了。

秦时蜀王开明氏的一灭一迁，使蜀地的开明氏后世子孙变成了普通民户，开明氏的姓氏亦被改换，开明氏的家族组织从此便不复存在了。这对于顺利地实现秦在蜀的统治，对于安定蜀地的政治秩序和社会秩序，无疑具有重要意义。

对于蜀地的普通民众，秦将其全部纳入编户体制，取消了原来蜀国的"五丁"这种社会组织，代之以乡、里等秦国的社会组织形式。按照秦制，"国境之内，大夫女子，皆有名于上，(生)者著，死者削"①。这里的"名"，即是国家的户籍，汉代又称"名数"。从云梦秦简《编年记》看，秦昭王时期的户籍，著有姓名、年龄等内容，民年十七必须"傅(附)籍"，即登记户口。在蜀地，将五丁组织改造为乡、里组织结构后，也必然将蜀民按户登记入籍，使其成为国家编户，一方面以应赋役，另一方面"使民不得擅徙"②，同时也起到了使蜀民习于遵守秦法并改变过去的有关价值观念等作用。

秦始皇三十一年，"使黔首自实田"，目的之一，在于把民众实有的土地悉数载入户籍，作为国家征收赋税的依据。这样，巴蜀与全国一样，民户的户籍中不仅具有姓名、年龄，又增加了土地等项内容。在川东巴地，巴氏蛮夷"其民爵比不更"，按照秦制，爵级须填写在户籍上，于是巴氏蛮夷之民的户籍中又增加了爵级一项内容，户籍又同时成为表明人们身份地位的法律凭证。

汉王朝建立后，由于汉初巴蜀有许多人成为军功地主，均以功进爵为大夫(第五级爵)③，所以这批人在罢兵归家后，势力膨胀，逐步形成庞大的家族组织，于是成为汉代巴蜀地区的大姓，形成新的豪族，"三蜀之豪，时来时往"④，对于巴蜀的经济和社会发展有着举足轻重的影响。从《华阳国志》看，蜀中豪族多为汉姓，当是其先世在汉初就已改从汉姓的缘故，这一类情况在内附的少数民族中并不鲜见。

秦、汉王朝在改造巴蜀社会组织的同时，还大规模地进行了社区改造。据

---

① 参见《商君书·境内》。

② 《商君书·垦令》。

③ 《汉书·高帝纪下》载汉高祖五年诏曰："军吏卒会赦，其亡罪而亡爵及不满大夫者，皆赐爵为大夫……非七大夫以下皆复其身及户，勿事。"据《汉书·百官公卿表》，大夫为第五爵级。可知，巴蜀从汉军的军吏卒至少为大夫。

④ 左思：《蜀都赋》。

《华阳国志·巴志》和《汉中志》的记载，秦在巴蜀故地分置3郡31县①，西汉在巴蜀故地分置6郡79县②，形成数十个新的大社区，各县县治所在地便成为新的社区中心。新社区抑制、削弱以至割断了原先巴蜀地区错综复杂的政治关系和社会关系，又"使民不得擅徙"，由中央王朝委派官吏治理，提高了各个社区对于中央王朝的政治整合程度。同时，由于新的社区中心往往就是社区的经济中心和商业中心，发挥着社区内部和社区之间对于劳动力资源、生产资源、社会财富，以及社会生产、商品流通等的调节、吸引、控制等功能，因而不但对新的经济秩序的形成，而且对新的社会秩序的形成都产生了重要作用，也提高了各个社区对于中央王朝的经济整合程度。随着政治经济整合程度的提高，意识形态上的、法律上的以及观念上的文化整合，自然也就随之而至了。

四、秦汉王朝对巴蜀的移民

通过移民来控临巴蜀并推动巴蜀文化的转型，是秦、汉王朝治理和改造巴蜀所采取的又一个重要战略措施。

秦对巴蜀地区的移民，分为几种不同的情况，也有不尽相同的历史背景。秦统一中国以前，移民巴蜀的首要目的在于控临当地，防止反抗。秦始皇统一中国前后的移民巴蜀，则有三种情况：一种是控临巴蜀边地，以防生变；一种是迁六国强宗、豪右，使其脱离故土，以便控制；还有一种是流徙刑徒、罪人，主要是原秦政府中犯罪的官员。尽管这几类移民的最初目的同改造巴蜀并无直接关系，但其结果却在这方面发挥了十分重要的作用。

秦对巴蜀的首次移民发生在公元前314年。据《华阳国志·蜀志》记载，秦惠王灭蜀后，鉴于当时"戎伯尚强，乃移秦民万家实之"。这表明，这次移民

---

① 秦在巴蜀故地分置3郡，为巴郡、蜀郡、汉中郡，其中巴、蜀二郡置于周赧王元年（公元前314年），周赧王三年（前312年），"分巴、蜀置汉中郡"，见《华阳国志·巴志、汉中志、蜀志》，据此书《巴志、汉中志》，此三郡共置31县，《汉书·高帝纪上》则说共置41县，当以《华阳国志》所记为确。参考刘琳《华阳国志校注》，巴蜀书社1984年版，第33、34页。

② 汉高帝和武帝时，在原巴蜀地区共分置6郡，为巴、蜀、汉中、广汉、犍为、越巂郡。武帝时曾一度分置汶山郡和沈黎郡，后罢置。六郡共置78县，加上原属巴国、后属南郡的巫县，共79县，其中属今四川省和重庆市的有58县，余则分属今陕西、甘肃、云南、贵州等省。

的主要目的在于防备"戎伯"即臣属于蜀王的"西僻戎狄"① 的反抗。当时的形势是，虽然开明氏王朝已经灭亡，但蜀王在西南地区数百年的苦心经营所形成的蜀为"西僻戎狄之长"的局面，却不能骤然改变；加上开明王的群公子仍在，侯国仍存，蜀侯公子通国犹有政权，可与戎狄诸部内外接应而叛秦（果然，三年后，"丹、犁臣蜀"② 企图谋反。丹、犁即是位于青衣江流域汉初所置沈黎郡内外的两个羌部）；在边地的蜀王子安阳王仍有精兵 3 万，不排除其反扑的可能。为了加强防卫，秦在一时难以再调重兵入蜀的情况下，秦惠王采取移民之策以实之。所谓实之，即是充实守备之意。

这批移民数量庞大，以万家计。按当时"一夫挟五口"的通常情况，一万家的人口总数已达五万人之数。他们入蜀后，分别移驻不同地点，多数集中分布在成都及周围地区。公元前 311 年秦蜀国守张若"城成都"，这批实蜀的秦民成为成都城垣的首批建设者。一部分秦民屯驻在从成都通往西南夷地区的交通要冲上，四川荥经古城坪发掘的第一期秦墓③，当是这一部分秦民所遗。还有一部分秦民集中屯驻于秦、蜀之间的交通要道附近，四川青川郝家坪发掘的早期秦墓④，当是这一部分秦民所遗。可见，除主要重点防卫蜀郡而外，利用移民保卫交通要道也是当时秦国的一个重要战略方针。

史籍所见秦对巴蜀的另一次大移民发生在秦始皇时期。《华阳国志·蜀志》记载："临邛县，（蜀）郡西南二百里，本有邛民，秦始皇徙上郡实之"。这次移民，直接目的在于充实当地守备，保卫临邛城自先秦以来所形成的成都平原城市手工业和农业经济与南中半农半牧经济进行区域间交流的贸易中心地位。

临邛（今四川邛崃市）位于四川盆地西南边缘，其西为邛崃山，南为大相岭，属于纵贯南北的横断山系。由其区位所决定，临邛自古即是良好的农业区，而其西、南则是高原畜牧区和山地半农半牧区，属于百濮或羌人诸部的活动领域。所谓临邛，即取义于临近邛人，邛人即属南中濮人或羌人等彪悍族群。自东周以来，临邛作为蜀国城市网络体系中的一座新兴城市，一直充当着成都平原农业经济、城市手工业经济同川西高原畜牧业经济和南中地区半农半牧经济进行交流的媒介，《史记·货殖列传》记载临邛"民工于市，易贾"，正是对临

---

① 《战国策·秦策一》："夫蜀，西僻之国而戎狄之长也。"

② 《史记·秦本纪》。

③ 《四川荥经古城坪秦汉墓葬》，《文物资料丛刊》第 4 辑，1981 年。

④ 《青川县出土秦更修田律木牍——四川青川县战国墓发掘简报》，《文物》1982 年第 1 期。

邛城市功能的客观记述。秦惠王灭蜀后不久，就于公元前 311 年在临邛筑城垣，"周回六里，高五丈"①，约有户 2300，口 11500，够得上一座中等级的古代城市。当时在临邛筑秦城，是为了防备西南夷的反秦斗争，但没有移民当地。秦始皇时，尽管西南夷靠近蜀境的一些地方置有郡县，如"邛、笮、冉駹者近蜀，道亦易通，秦时尝通为郡县"②，但稍远的南中广大地区，却为秦王朝所未曾染指，政令不达，贸易不通，文化不至③；加上南中邛人"豪帅放纵，难得制抑"④，容易使"本有邛民"的临邛城遭受威胁，所以秦始皇徙上郡之民充实临邛，加强守备，保卫这座具有边地经济政治中心双重意义的战略要地。

据《史记·货殖列传》，上郡之地"与关中同俗"，"地亦穷险，唯京师要其道"。《汉书·地理志》更谓上郡"迫近戎狄，修习战备，高上气力，以射猎为先。故《秦诗》曰'在其板屋'，又曰'王于兴师，修我甲兵，与子偕行'。及《车辚》、《四载》、《小戎》之篇，皆言车马田狩之事。汉兴，六郡良家子选给羽林、期门，以材力为官，名将多出焉"。这些记载，清楚地表明了上郡之民修习战备、高上气力的勇武之风，以及自古以来代相传承的"修我甲兵，与子偕行"那样一种壮烈气质。很明显，秦始皇之所以令上郡之民充实临邛，正在于充分利用他们这种习于征战的风气和勇敢顽强的品质。由此看来，秦始皇的这次移民，显然就与加强临邛守备直接相关，说明了秦王朝对于临邛地位的高度重视，而这又是由临邛所在区位尤其是它的重要经济战略位置所决定的。

因罪而被秦王朝夺爵免官、流徙于蜀的移民也为数不少。据《史记·秦始皇本纪》记载，秦始皇镇压了嫪毒之乱之后，清洗其余党，将其舍人轻者罚为鬼薪，"及夺爵迁蜀四千余家，家房陵"，以一家五口计，此次迁蜀共有 2 万余人⑤。另据《史记·吕不韦列传》，吕不韦因嫪毒事发而免相后，秦始皇先令其就封河南，继而又赐书令"其与家属徙处蜀"。不过，这几批人徙居蜀地时间并不长，在吕不韦饮鸩身亡以后，秦王朝"乃皆复归士母舍人迁蜀者"⑥，所以在巴

---

① 刘琳：《华阳国志》卷三《蜀志》。

② 《史记·司马相如列传》。

③ 段渝：《支那名称起源之再研究——论支那名称本源于蜀之成都》，《中国西南的古代交通与文化》，四川大学出版社 1994 年版，第 126—152 页。

④ 《后汉书·邛都夷传》。

⑤ 房陵古为巴蜀之境，秦时属汉中郡，后改隶新城郡，汉末以为房陵郡，今属湖北省。

⑥ 《史记·吕不韦列传》。

蜀地区几乎没有留下多少影响。

除此而外，秦国王族中也有封于蜀者，如秦惠王异母兄弟樗里子，因战功于公元前312年封于蜀之严道，"号为严君"①。但从樗里子卒后葬于渭南章台之东的情况看，似乎他并没有前往严道就封。如此说来，樗里子虽有封蜀之名，却无就封之实，自然也就谈不上在当地留下什么影响。

秦始皇统一东六国后，把大量富豪、强宗迁往巴蜀地区，目的在于使这些六国旧贵族脱离乡党，断绝其作乱根基，从政治上对他们进行打击，从经济上削弱其势力。秦王朝强迫迁往巴蜀地区的这类强宗豪右究竟有多少，史籍没有记载，不过从《史记·项羽本纪》所说"秦之迁民皆居蜀"，以及《华阳国志·蜀志》所说"秦惠文、始皇克定六国，辄徙其豪侠于蜀，资我丰土"等材料来看，其数量必定是不小的，如赵王迁被"流于房陵"②，楚庄王后裔被迁于严道③等等。迁徙方式，既有大规模迁徙，又有个别迁徙。大规模迁徙的情况，今多已不可考，个别迁徙的情况也大多失考，仅中原赵人卓氏和山东迁虏郑程徙蜀的情况，历史上有比较典型的记载。

《史记·货殖列传》记载：

> 蜀卓氏之先，赵人也，用铁冶富。秦破赵，迁卓氏。卓氏见房略，独夫妻推辇，行诸迁处。诸迁房少有余财，争与吏，求近处，处葭萌。唯卓氏曰："此地狭薄。吾闻汶山之下沃野，下有蹲鸱，至死不饥。民工于市，易贾。"乃求远迁。致之临邛，大喜，即铁山鼓铸，运筹策，倾滇、蜀之民，富致僮千人，田池射猎之乐，拟于人君。

此篇还记载：

> 程郑，山东迁虏也，亦冶铸，贾椎髻之民，富埒卓氏，俱居临邛。

卓氏、程郑以及其他未见诸记载的六国富豪迁往蜀地（上引《货殖列传》说大多数赵国富豪迁往葭萌。葭萌，蜀地，今属四川广元市），原是秦王朝对他们的一种惩罚性措施。但其中一些迁虏原为工商之家，如卓氏、程郑等，既有专门的技术知识，又有善贾的商业才能，所以他们迁蜀后，反倒如鱼得水，尽其能事，以至暴富。

蜀地原来就有悠久的工商业传统，成都早在春秋时就已发展成为一座典型

---

① 参见《史记·樗里子列传》，并见本传索隐。

② 按：参见《史记·赵世家》集解引《淮南子》。

③ 参见《太平御览》卷166引《蜀记》。

的工商业城市，是为古代的自由都市①；而卓氏之所以要舍近求远，致之临邛，也正是因为他早闻其地"民工于市，易贾"，容易在共同的工商业基础上与之一拍即合，从而克服异质文化所造成的隔阂，取得文化认同。事实证明，正是在工商业这个共同基础上，卓氏、程郑等才成功地在西蜀之地取得了人们的文化认同，不但发展了自己的事业，也推动了蜀地冶铁业和商业的进一步发展。

西汉王朝建立后，对于秦王朝移民巴蜀的政策循而不改。不过，汉王朝的移民巴蜀，并不完全与秦相同。除政府强行迁徙内地豪强、吏民和罪犯于巴蜀外，其他民众也可移居巴蜀。前者如东汉顺帝时的《王孝渊碑》记载："□孝之先，元□关东，□秦□益，功烁纵横。汉徙豪杰，迁□□梁，建宅处业，汶山之阳。"②其先原为关东豪右，汉初被朝廷强徙于蜀。后者如《金石录》所著录的东汉建安十年的《樊敏碑》记载："肇祖虑戏，遗苗后稷，为尧种树，舍漆从岐……周室衰徽，霸伯匡弼，晋为韩魏，鲁分为杨，充曜封邑，厥土河东。肆汉之际，或居于楚，或集于梁。君赞其绪，华南西疆，滨近圣禹，饮汶茹沔。"其先世出自周人，后其分族辗转入蜀定居。又如扬雄，据《汉书·扬雄传》，"其先出自有周，伯侨者，以支庶初食采于扬，因氏焉……，扬在河、汾之间……会晋六卿争权，逼扬侯，扬侯逃于楚巫山，因家焉"，楚汉之争中，其先世徙居江州，汉武帝时迁居蜀郡郫县，"有田一廛，有宅一区，世世以农桑为业"。这两类移民，见诸史乘虽然不多，但从汉代巴蜀大量的汉人姓氏可以看出，外来移民的数量必定为数众多。这些移民来到巴蜀地区后，"建宅处业"，购置田产，大多在巴蜀世代居住下来。

由于秦、汉王朝相继多次大批移民巴蜀，秦、汉的华夏语言、行为方式、价值观念、精神风貌、风俗习惯等逐步对巴蜀产生了影响，经过较长时期的交流、融会，遂引起巴蜀文化的转型。蜀人首先从语言上学会了秦言，从"蜀左言"③变为"民始能秦言"④，至西汉时，古蜀语基本消失，"言语颇与华同"⑤。所以作为蜀郡成都人的扬雄，在所著《方言》中历记全国各个地方的语言，却很少记有蜀语，显然意味着蜀中已成为汉语言区的一个亚区。在语言变化的同时，

---

① 徐中舒：《成都是古代自由都市说》，《成都文物》1984 年第 1 期。

② 谢雁翔：《四川郫县犀浦出土的东汉残碑》，《文物》1974 年第 4 期。

③ 左思：《蜀都赋》，刘逵注引扬雄《蜀王本纪》。

④ 卢求：《成都记序》。

⑤ 左思：《蜀都赋》，刘逵注引《地理志》。

蜀人的一些风俗时尚尤其在车服器用、丧葬嫁娶、社会交际等方面也与时俱变了。对此，《华阳国志·蜀志》有一段十分精彩的论说，录之于下：

> 然秦惠文、始皇克定六国，辄徙其豪侠于蜀，资我丰土。家有盐铜之利，户专山川之材，居给人足，以富相尚。故工商致结驷连骑，豪族服王侯美衣，娶嫁设太牢之厨膳，归女有百两之从车，送葬必高坟瓦椁，祭奠而羊豕夕牲，赠襚兼加，赗赙过礼，此其所失。原其由来，染秦化故也……萧鼓歌吹，击钟肆悬，富侔公室，豪过田文，汉家食货，以为称首。盖亦地沃土丰，奢侈不期而至也。

文中所举，都是秦汉移民入蜀后所引起的文化变迁，其中多数还可以从巴蜀的考古发现中征引到确切的实物证据。而诸此种种文化变迁，归根结底，其原因在于"染秦化故也"，即以秦为符号的华夏文化（后来是汉文化）在巴蜀地区的大传播，使得巴蜀文化的一些层面迅速"秦化"，同秦文化相整合了，其后又成为了汉文化的一个地域亚文化。至于"盖亦地沃土丰，奢侈不期而至也"这一句评论，虽有一定道理，但不足以用来解释历经政治大变动后文化变迁的主要原因。

五、秦汉王朝对巴蜀的文化变革与引导

如果说，秦、汉王朝对巴蜀的政治经济改造是暴力的、强制性的，那么对巴蜀的文化变革则是温和的、诱导性的，尤其是秦王朝对巴蜀的政策别具一格，同它对东方六国所采取的文化专制主义绝然不同。

秦统一中国以前，除了在政治经济、社会组织等方面对巴蜀进行了急风暴雨般的根本性改造外，在文化方面几乎没有采取什么变革措施。从考古发掘看，这一时期巴蜀的各个考古遗迹和基本物质文化特征，仍与秦灭巴蜀以前一致，只是在一些墓葬内新出现某些秦器，但不占主要地位，巴蜀的钱币、印章、铜器、陶器等仍在大量地充分地流行，表明巴蜀的文化内核还在继续发展。不仅如此，巴蜀文化的精神力量还十分强大，仍然发挥着它极为广大的社会功能。据《华阳国志·蜀志》记载，秦蜀守李冰为了稳定秦在蜀地的统治秩序，在修筑都江堰时，曾充分利用了蜀人自古形成的尚五宗教观念，"以五石牛以压水精"。由于李冰准确地抓住了蜀文化的精神实质，因而就牢牢把握住了治蜀的精神武器，终于成功地修造了都江堰，创造出历史的奇迹，而受到蜀人世代崇敬。

秦始皇统一中国后，采丞相李斯之议，"史官非秦记皆烧之；非博士官所职，天下敢有藏《诗》、《书》、百家语者，悉诣守、尉杂烧之；有敢偶语《诗》、《书》者弃市；以古非今者族；吏见知不举者与同罪。令下三十日不烧，黥为城旦。所不去者，医、药、卜、筮、种、树之书。若欲学法令，以吏为师"①。这个焚书令对于关东六国地区的文化产生了直接的法律效力，导致了严酷的文化摧残，但对巴蜀却几乎没有发生什么制约和影响。巴蜀地区原来就不传《诗》、《书》，百家语中仅道、杂两家在巴蜀极少数人中传习，在当时完全不占重要地位。相反，巴蜀文化的精神动力来自从古相传不衰的各种宗教崇拜和观念，卜筮、方术、神仙术之类十分发达，它们非但不在秦王朝的文化专制主义所高压钳制的思想文化之列，反而在秦法予以保留的范围以内，因而，当巴蜀的政治经济、社会组织俱已根本变革时，其文化却能够继续保存下来，发扬光大，并一再受到秦王朝的支持和利用。秦始皇推终始五德之传，"数以六为纪"，"而舆六尺"②，但在蜀地所开官道却不是六尺，而是"五尺道"③，这在秦王朝的皇权主义和文化专制下极为罕见。而蜀中长盛不衰的方术和神仙之术，更是在秦始皇求仙人、事鬼神行迹的激励下蓬勃发展。这样，巴蜀文化的精髓以及精英几乎全面保存下来。

正因为秦王朝的文化专制主义几乎没有对巴蜀的文化造成什么影响，而齐、鲁、中原的文化精英却遭到了空前浩劫，不是被秦王朝的文化专制主义所消灭，就是被秦王朝作为迁虏而强迫迁徙，因而急剧衰落了，即使到了汉初，惠帝"除挟书律"④，准许《诗》、《书》、百家语行世，也难以在短期内恢复过来，更谈不上蓬勃发展，重现昔日的辉煌。所以，到汉景、武之际，一旦蜀人学习了汉文化的精髓，颇改其"蛮夷风"⑤，就立即飞跃前进，"蜀学比于齐鲁焉"⑥，迅速攀上汉文化的高峰，在词赋、道家等方面行进在全国最前列。其中的关键，在于蜀文化的精英全部保存下来，在楚汉战争中也由于经济昌盛，未遇战火，所以能

---

① 《史记·秦始皇本纪》。

② 《史记·秦始皇本纪》。

③ 《史记·西南夷列传》。

④ 《汉书·惠帝纪》。

⑤ 《汉书·循吏传·文翁传》。

⑥ 《华阳国志·蜀志》。

够积数代之功，内涵更加丰富，从而促成了其文赋纷华。此外，一部分中原精英在秦汉之际入蜀，给蜀文化注入了新活力，也是蜀文化兴盛发达的一个重要原因。

汉景帝、武帝之间，文翁为蜀守，"遣张宽诣博士东受七经，还以教授，于是蜀学比于齐鲁。巴、汉亦化之……天下郡国皆立文学，由文翁唱其教，蜀为之始也"①。经文翁治蜀，引导蜀人走向全面汉文化的道路，"教民读书法令"，蜀中父老以其子弟能够接受汉文化教育为自豪，"及司马相如宦游京师诸侯，以文辞显于世，乡党慕循其迹，后有王褒、严遵（君平）、扬雄之徒，文章冠天下"②，标志着汉王朝转化巴蜀文化努力的成功。从考古学上看，正是在武帝前后，即文翁为蜀守时期，巴蜀文化的物质特征化于无形，为汉文化所全面取代，这一现象无疑是汉文化教育在巴蜀地区取得极大成功的有力物证。

在巴蜀文化的变迁中，汉文化的引导具有决定性意义。汉代巴蜀的儒家学者绝大多数治今文经学，"益部多贵今文，而不崇章句"③。原因在于，今文经学是孔子正名分（诛乱臣贼子）的思想体现，是封建专制主义具体应用在政治上的典型，为朝廷所提倡，代表和反映着统治阶级当权部分的政治利益④，是士子入仕的正途，朝廷以此大开"禄利之路"⑤，吸引包括巴蜀地区在内的全国精英人才一代又一代地走上这条道路，无休止地走下去，皓首穷经，为统治者当权集团所用。巴蜀儒者正是在这条道路的指引下，追随封建王朝的当权集团，"贵慕权势"⑥，以求荣华富贵的。这表现出全面接受了汉文化教育的巴蜀儒者迫切要求参与国家政治生活的普遍心态。同时也说明，当时多数学者的思想就是统治阶级的思想。

由此可见，秦、汉王朝对于巴蜀的文化战略是成功的，既增强了中央王朝对巴蜀的吸引力、凝聚力，又增强了巴蜀对中央王朝的向心力、整合力，经过长期发展，这种凝聚和整合达到极深水平，即使中央王朝代兴，政权易手，这

---

① 《华阳国志·先贤士女总赞》。

② 《汉书·地理志》。

③ 《三国志·蜀志·尹默传》。

④ 范文澜：《中国通史简编》修订本第二编，人民出版社 1964 年版，第 111、117 页。

⑤ 《汉书·儒林传·赞》。

⑥ 《汉书·地理志》记载："巴、蜀、广汉本南夷，秦并以为郡……（汉）景、武间，文翁为蜀守，教民读书法令，未能笃信道德，反以好文刺讥，贵慕权势。"

种稳定性都难以再度发生根本变化。秦末楚汉之际以及两汉时期的历次农民战争和少数民族起义，固然其中不乏巴蜀地区的民众或少数民族参与，然而他们所反对的并不是中央王朝的文化战略及其政策，而在急政暴虐、土地兼并或民族压迫等政治经济方面。从这里不难看出，秦、汉王朝在整合多元文化方面所做出的努力，已经成功地达到了目的。进一步看，正因文化战略的成功，形成了无比坚强的中华民族凝聚力，所以汉代及以后，尽管割据与统一的斗争一再上演，但每次斗争的结局，都是国家统一的力量赢得了最终胜利，而国家的统一和民族的团结，也自始至终是时代的最强音，自始至终是历史的主潮流，充分显示了秦、汉王朝对于中国历史的重大贡献。

（原载《中国史研究》1999 年第 1 期）

巴蜀文化与汉晋学术和宗教

　　中国上古文化由各个区系文化多元整合而成。秦王朝时，从政治、经济、疆域上统一了中国，"海内为郡县，法令由一统"①，同时也积极开展了整合多元文化的事业。但各区系文化的基本特征是在上千年历史、独特的地理等多种因素作用下形成的，不能也不可能骤然消亡，所以秦王朝的文化专制主义并没有从根本上改变各区系的文化特色。汉兴，汉王朝充分吸取秦灭的历史教训，以广阔的胸怀，博采中华各大区系文化的精华于王廷，为立祠，为乐舞②。这样，一方面，至西汉中叶前后，各大区系文化纷纷转型，同汉文化相充分整合，由此促成了汉代文化和学术的兴旺发达；另一方面，汉代文化又不能不带有多元来源色彩和区系文化特征。

　　汉中叶各大区系文化转型以后，其精神动力主要来自两个方面：一是汉代中央王朝为适应其统治需要，开通经学之途，以此作为"禄利之路"③，吸引全国精英人才为入仕而皓首穷经，为朝廷所用；一是汉代中央王朝对各区系的文化、宗教等采取宽容政策，保存了各地的基本文化内核，对于维系地方的典型人格、行为方式、价值观念以至风俗习惯、艺术形式、风格等的整体性形态及其稳定和传承，起到了重要的凝聚和延续作用④。汉代的巴蜀文化，就是在这种历史背景之下，由于汉王朝的引导而迅速攀上了汉文化的高峰，又积数代之功，在汉晋之间的文化史舞台上扮演了重要角色。基于这些认识，本文试从学术和宗教的几个方面，对巴蜀文化与汉晋文明的诸种关系做一初步探讨，以就正于海内外博学君子。

---

① 《史记·秦始皇本纪》。

② 《汉书·郊祀志》，《汉书·礼乐志》。

③ 《汉书·儒林传·赞》。

④ 段渝：《政治结构与文化模式：巴蜀古代文明研究》，学林出版社 1999 年版，第 489—500 页。

一、巴蜀文化与儒家

儒家学说及其思想在巴蜀地区传播甚晚，至汉景帝末年文翁治蜀时，始开风气之先。先秦时期，巴蜀的宗教信仰和鬼神崇拜盛行，并贯穿在巴蜀文化的诸方面，以至成为巴蜀文化的精髓，而这种根深蒂固的文化精神同儒家所倡导的"不语怪、力、乱、神"[①]、"未能事人，焉能事鬼"[②]、"天道远，人道迩"[③]等完全不能相容。儒家的伦理道德等学说，很难自发地渗透进巴蜀文化区，更谈不上占有什么地位。

汉景帝末年，文翁受命治蜀，"见蜀地僻陋有蛮夷风"[④]，于是兴办教育，终于使蜀地风气为之大变，史称"巴蜀好文雅，文翁之化也"[⑤]。其实，这种看法实在是一种以我为中心的文化偏见。倘若从礼乐制度上来解说文化，理解文化的教化含义（这种含义是中国文化史上对文化一词内涵的最古老也是最权威的解说），那么巴蜀文化无疑早在商代就已达到了"有文化"（文明）的水平，即有文字、礼制、乐制、职官制度等[⑥]，这在观念上完全符合华夏关于文化概念的理解。然而究因传统不同，巴蜀与诸夏之间存在文明类型的差别与冲突（这导因于不同的民族、地理、环境和历史、文化等），所以尽管巴蜀有文化，并且拥有灿烂的文明，但仍被中原诸夏视为"西僻戎狄"[⑦]、"巴戎"[⑧]、"南夷"[⑨]，表现出早期中原文化的唯我独尊意识，和"非我族类，其心必异"[⑩]的民族主义观念。所以，秦汉之际，当秦汉文化不断改造着巴蜀文化之时，巴蜀的强烈自我意识也在不断地产生着抗拒心理，青铜器、钱币、印章、文字符号等一直延续至汉中叶，人们仍以族相聚，很大程度上保持着巴蜀文化的古老传统。文化差异、文

---

① 《论语·述而》。

② 《论语·先进》。

③ 《左传·昭公十八年》子产语。

④ 《汉书·循吏传·文翁传》。

⑤ 《汉书·循吏传·文翁传》。

⑥ 段渝：《四川通史》第1册，四川大学出版社1993年版。

⑦ 《战国策·秦策一》。

⑧ 《荀子·强国篇》。

⑨ 《汉书·地理志》。

⑩ 《左传·成公四年》季文子引史佚之志。

明类型的冲突，自然使"质文刻野"即宗教鬼神信仰极为浓郁的巴蜀文化表现出完全不同于以儒雅之风著称的中原文化的特点，这也就导致文翁以为蜀人"颇有蛮夷风"。显然，文翁是以中原为中心来看待文化差异和文明冲突的，自然会把异类文明视若蛮夷。

经过景、武之间文翁治蜀，选派蜀中子弟到京师太学受业博士经学、律令，"东受七经，还以教授"[①]，又在成都"立文学精舍讲堂"，创立郡学，于是蜀风焕然一新，"蜀学比于齐鲁焉"[②]。所谓蜀学比于齐鲁，是指蜀人在文学和学术上取得的成就足以同先秦的稷下学派相比，而蜀文化在精神风貌上也转型为汉文化。《汉书·地理志》说："景、武间，文翁为蜀守，教民读书法令……及司马相如宦游京师诸侯，以文辞显于世，乡党慕循其迹。后有王褒、严遵、扬雄之徒，文章冠天下。由文翁倡其教，相如为之师。故孔子曰：'有教无类'。"所指即是蜀文化转型的情况。此后，"巴、汉亦化之"[③]，相继转型为汉文化。从考古学上看，正是在文翁治蜀期间，巴蜀先秦古文化的特征基本上化于无形，作为一支独立的考古学文化，此后不复见于历史，不是偶然的。这一现象与蜀学比于齐鲁有着深刻的内在联系，表明两支文化间的冲突以汉文化的统一而告终。这一结局，一方面说明儒学本身具有强大的播化能力，另一方面也说明巴蜀文化原本就具有优秀的基础，所以接受新事物既迅速又彻底，以至"文章冠天下"，攀上汉文化的高峰。

汉代巴蜀文化转型后，文人辈出。据《华阳国志·先贤士女总赞》，两汉巴蜀地区有名的文人约计四五十人，当中约及半数是儒家学者，儒家学者中绝大多数以治今文经学为主，仅2人治古文经学。三国时儒士尹默说："益部多贵今文，而不崇章句。"[④]这里所说章句，即指古文经学。汉代经学的实质，是汉王朝开放一条"禄利之路"[⑤]，以吸引全国精英人才一代又一代地走上皓首穷经这条无限艰深的道路。而今文经学是孔子正名分（诛乱臣贼子）的思想体现，是封建专制主义具体应用在政治上的典型，乃朝廷所提倡，代表和反映了统治阶级当权部分的政治利益[⑥]。巴蜀儒者注重今文经学，充分表明巴蜀精英分子所受汉文

---

① 刘琳：《华阳国志校注》卷十《先贤士女总赞》，巴蜀书社1984年版。

② 刘琳：《华阳国志校注》卷三《蜀志》。《汉书·文翁传》则说："蜀地学于京师者比齐鲁焉。"

③ 刘琳：《华阳国志校注》卷十《先贤士女总赞》。

④ 《三国志·蜀志·尹默传》。

⑤ 《汉书·儒林传·赞》。

⑥ 范文澜：《中国通史简编》修订本第二编，人民出版社1964年版，第111—117页。

化的影响完全是来自官方的，恰与汉文化对巴蜀所施的影响主要来自朝廷一致，也可以说是文翁化蜀成果的扩大和进一步延伸。巴蜀儒者正是在"禄利之路"的引导下，热切追随封建王朝当权集团，"贵慕权势"①，以求仕进，追求荣华富贵的。汉代巴蜀今文经学的兴盛，说明巴蜀儒士对于学术怀抱一种经世致用的观念，表现出全面接受了汉文化儒家思想教育的巴蜀精英迫切要求参与国家政治生活的普遍心态和强烈愿望。这是当时政治环境的产物，也是转型以后巴蜀学术文化的一大特点，并对有汉一代及魏晋之际的巴蜀儒士产生了极为深刻的影响。

另一方面，今文经学之所以成为两汉巴蜀儒家的主流，还在于它是以儒家经典融会阴阳五行学说作为哲学基础的，其中的灾异成分占有相当重要的地位；而巴蜀文化从先秦至汉代，巫风盛行，神仙家经久不衰，在很大程度上与今文经学所鼓吹的灾异学说意气相投，所以较易接受今文经学，一拍即合。事实上，汉晋巴蜀的儒家多兼习图谶，如何英、杨由，均通经纬；杜琼通经纬术艺；严象、赵翘为著名灾异方术家杨宣门生，并为当世"大儒"；景鸾亦明经术②。至于其他精灾异、明经术、习内谶、通方术的巴蜀学者，汉代尤为众多。在这种文化传统背景下，又受朝廷"禄利之路"的巨大吸引，巴蜀儒家以研治今文经学为其主流，是不奇怪的。如此看来，东汉时朝中激烈的今古文经学之争，其巨大波澜竟然没有在巴蜀地区激起涟漪，就是容易理解的了。

三国之时，蜀汉以巴蜀为根本，北敌曹魏，东却孙吴，号称皇朝正统，以期北图中原，恢复汉室。这一客观现实，一方面激发起巴蜀儒家参与蜀汉政治的极大热情，另一方面又点燃了巴蜀儒士传统的区域意识和抗衡中原意识③。自先秦以来，巴蜀就存在强烈的区域意识和抗衡中原意识，这两种意识根深蒂固，尤在一些文人中代相传承，积为心态，虽经秦汉大一统的改造和抑制，也没有完全扑灭，依然"未能笃信道德，反以好文刺讥"，"淫失枝柱"④，"意相节却，不顺从也"⑤，又在群雄纷起、三国鼎立的政治动乱局面中日渐复活，不少巴蜀儒士为蜀汉政权所用，就是明显的史例。在这种政治和文化背景之下，蜀

---

① 《汉书·地理志》。

② 刘琳：《华阳国志校注》卷十《先贤士女总赞》。

③ 段渝：《论蜀史三代论及其构拟》，《社会科学研究》1987 年第 6 期。

④ 《汉书·地理志》。

⑤ 《汉书·地理志》。

汉儒家一改昔日重今文经学之风，学者多以治古文经学为主，显然就是投蜀汉朝廷之所好[①]，从学术上与中原曹魏朝廷以何晏、王弼为代表的玄学相抗衡，当中所寄寓的其实就是早已化为传统心态的抗衡中原意识，这是区域意识极端化发展的结果。其典型代表人物，就是蜀汉最著名的两位通儒和大学问家秦宓与谯周。

史称秦宓"少（年）有才学"，博古通今，被诸葛亮称引为"益州学士"[②]。他以巴蜀方术、图谶来表达其为蜀汉争正统的政治思想，是将文化与政治相结合的一个典型人物。在《三国志·蜀书·秦宓传》中，有两个事例明显地表露了他的这种意识形迹。一个事例是秦宓与吴使张温的对答，温曰："天有姓乎?"宓曰："有。"温曰："何姓?"宓曰："姓刘。"温曰："何以知之?"答曰："天子姓刘，故以此知之。"温曰："日生于东乎?"宓曰："虽生于东而没于西。"这一事例十分明显地表现了秦宓利用图谶之说为拥刘反曹张本的政治意图。另一个事例是秦宓与蜀汉广汉太守夏侯纂谈论益州与"余州"（指中国其他地区）的优劣。秦宓"陈其本纪"，从蜀文化掌故入手，谈了三件事："蜀有汶阜之山，江出其腹，帝以会昌，神以建福，故能沃野千里。淮、济四渎，江为其首，此其一也。禹生石纽，今之汶山郡是也。昔尧遭洪水，鲧所不治，禹疏江决河，东注于海，为民除害，生民以来功莫先者，此其二也。天帝布房心，决政参伐，参伐则益州分野，三皇乘祇车出谷口，今之斜谷是也。"最后他又反问夏侯纂："明府以雅意论之，（益州）若何于天下乎?"于是夏侯纂"逡巡无以复答"。秦宓所谈三事，第一事语出纬书《河图括地象》[③]，徐中舒先生认为乃指望帝、鳖灵之事[④]，实为巴蜀自古相传的旧说，秦宓以此引出"江为其首"的结论，显然意指巴蜀为天下之首，这是从地理形胜方面立言；所谈第二事，语出扬雄《蜀王本纪》[⑤]，又以《尚书》为证，引出巴蜀"生民以来功莫先者"的结论，显然意指巴蜀功冠华夏，这是从人事功业方面立言；所谈第三事，语出《蜀记》[⑥]，顾颉刚先生以

---

① 据《三国志·蜀书·尹默传》载，尹默从荆州受业司马徽、宋衷研习古文经学归蜀后，以《春秋左氏传》授后主刘禅。刘禅继位，拜默为谏议大夫，后迁太中大夫。说明蜀汉朝廷倡导古文经学。这是蜀汉承东汉余绪而来，盖与蜀汉号称汉室正统有关。

② 《三国志·蜀书·秦宓传》。

③ 《三国志·蜀书·秦宓传》。

④ 徐中舒：《论巴蜀文化》，四川人民出版社 1982 年版，第 143 页。

⑤ 扬雄《蜀王本纪》原书已佚，后有诸家辑本，此据《太平御览》卷82《皇王部》7引。

⑥ 刘琳：《华阳国志校注》卷十二《序志》。

为乃据《春秋命历序》①，实亦巴蜀世代相传的旧说，秦宓以此引出三皇所出谷口即"今之斜谷"（按：斜谷位于川陕之交，古为巴蜀之境）的结论，显然意指巴蜀文明教化早于天下，这是从历史文化方面立言。这三个方面的论说，集中表达了秦宓以巴蜀文化区域意识为核心的抗衡中原意识，不论其政治立场还是学术思想②，都是以此为基本出发点的。

谯周"治《尚书》，兼通诸经及图、纬"，"研精《六经》"，"耽古好学"③，"好古述儒"④，是古文经学家，他的政治立场和学术思想均师承秦宓，"具传其业"⑤，无不承其余绪。《三国志·蜀志·秦宓传》记载："初宓见《帝系》（按：《大戴礼记·帝系》）之文，五帝皆同一族，宓辨其不然之本。又论皇帝王霸豢龙之说，甚有通理。谯允南少时数往咨访，纪录其言于《春秋然否论》。"谯周的《春秋然否论》今已不传，但其所作《古史考》则是根据秦宓之言阐述五帝不同一族之书⑥。谯周《古史考》之作，"皆凭旧典"，驳斥司马迁"采俗语百家之言"作《史记》的作法⑦，但谯周本人所作的《蜀本纪》却力陈"禹生石纽"这一巴蜀自古相传的旧说⑧，其用意不也是与秦宓完全相同，盖指巴蜀为"生民以来功莫先"、文明教化早于天下吗？可见他完全与秦宓一脉相承，站在巴蜀文化的基点上与中原相抗衡。如果再联系到蜀汉亡后，魏、晋累诏谯周用事，他却每以婉词相拒，"自陈无功而封，求还爵土"⑨，甚至临终前还嘱其子勿以晋室所赐朝服加身，告以"当归旧墓"、"豫作轻棺"⑩，这一点就更加清楚了。

尽管古文经学家崇尚训诂，反对谶纬，标榜考据，鄙视义理，然而一旦涉及根本的政治立场、文化传统和学术思想，便立即站到了自己的反面。由此可见蜀汉儒家面目之一斑，清楚地表明了他们治学的终极目的也是为当世政治服务的，这同今文经学家又有什么两样呢？

---

① 顾颉刚：《论巴蜀与中原的关系》，四川人民出版社 1981 年版，第 3 页。

② 秦宓为谯周之师，谯周治古文经，可知秦宓亦然。

③ 《三国志·蜀书·谯周传》。

④ 《三国志·蜀书·谯周传》裴注引《益部耆旧传》。

⑤ 刘琳：《华阳国志校注》卷十《先贤士女总赞》。

⑥ 徐中舒：《论巴蜀文化》，四川人民出版社 1982 年版，第 149 页。

⑦ 《晋书·李特载记》。

⑧ 《三国志·蜀书·谯周传》裴注引。

⑨ 《三国志·蜀书·谯周传》裴注引。

⑩ 《三国志·蜀书·谯周传》裴注引《晋阳秋》。

二、巴蜀文化与方术神仙家

巴蜀地区自古巫术流行，巫风弥漫。早在商代三星堆古蜀文明时代，以萨满为特征的巫术就已笼罩在古蜀大地之上[①]。三星堆"祭祀坑"出土的大型青铜雕像群，包括各种大小立人跪坐人物、奉璋人物、顶尊人物、人头像、人面像、祭坛、黄金面罩、金杖，和各种青铜动物、植物、怪兽群像，以及大量象牙、海贝、玉器等，均与降神、通神、祈神降祸福于人间的巫术仪式和巫歌、巫舞有关。几株大型青铜神树，上有立鸟、悬龙、蝉、贝、铃、花蒂等铜制海陆空神物，树座之旁又有铜人护卫，竟与弗雷泽（James George Frazer）在其名著《金枝》（*The Golden Bough*）中所描写的情景相类似，不是偶然的。当与《山海经》和《淮南子》所记载的"众帝所自上下"之"建木"有关，而"建木在都广"，即今成都平原，建木就是古蜀诸神的"上天还下"之梯[②]，也就是所谓天梯。三星堆文明如此盛大的通神、降神场面，在当时全中国范围内绝无仅有，足以显示出巫风之盛。延及周代，巴蜀乃至整个西南夷地区的"巫鬼"（或作"鬼巫"）崇拜盛而不衰，不仅影响到江汉地区"信巫鬼，重淫祀"[③]传统的形成，还在西南各族中造成了深刻久远的影响，对于汉季道教的起源、形成和传播奠定了广泛的思想和社会基础，其遗风故俗直到隋唐之世仍然斑斑可见，以至在中国文化史上形成了一个颇引人注目的巫鬼文化圈，传奇甚多，由来甚古，与众不同[④]，使巴蜀文化分外扑朔迷离，令世人颇感茫然，无从缕述。

流传至今的两部蜀史，西汉扬雄的《蜀王本纪》和东晋常璩的《华阳国志》，对于古蜀历史文化的记载，通篇充满了神仙家的浓重气息。在《蜀王本纪》中，蜀之先王蚕丛、柏濩、鱼凫，"此三代各数百岁，皆神化不死，其民亦颇随王化去"，"（鱼凫）王猎至湔山，便仙去"，当杜宇开国后，"化民往往复出"，而"望帝积百余岁，荆有一人名鳖灵，其尸亡去，荆人求之不得，鳖灵尸随江水上至郫，遂活，与望帝相见，望帝以鳖灵为相"，此类神化不死、死而复生的故事，都是极其典型的神仙家之言。《华阳国志·蜀志》的记载也是如此，如"鱼凫王

---

① 林向：《蜀酒探原》，《南方民族考古》第一辑，四川大学出版社 1987 年版。

② 见《山海经·海内经》、《淮南子·地形》及高诱注。

③ 《汉书·地理志》。

④ 段渝：《略论巴、蜀与楚的文化交流关系》，载《长江文化论集》，湖北教育出版社 1995 年版。

田于湔山，忽得仙道"，又如"杜宇化鹃"、"帝升西山隐焉"、"石牛便金"、"丈夫化女"、"五担石折"等等，均为神仙家言。此类神仙家言流传到楚地，影响至深，故《楚辞》记载说："鳖令尸亡，泝江而上，到崏（岷）山下苏起，蜀人神之，尊立为王。"[1]可以说，整部古蜀史，就是由方术和神仙家言交织而成的宗教体系。

早于常璩的古蜀史著，据《华阳国志·序志》记载，在汉晋之间原有八家，但仅有题名扬雄的《蜀王本纪》因有清代辑本而流传下来，但已属断简残篇，其余七家则均已散佚（仅《三国志·蜀书·秦宓传》裴松之注引谯周《蜀本纪》一条传世），难考其详。但八家《本纪》均为常璩所亲见，并"略举其隅"。从《华阳国志·序志》所举来看，八家《本纪》均充满了方术和神仙家言一类描写，如"三皇乘祇车出谷口"，"蜀王蚕丛之间周回三千岁"，"荆人鳖灵死，尸化西上，后为蜀帝，周苌弘之血变成碧珠，杜宇之魄化为子鹃"等，常璩斥之为"世俗间横有为蜀传者"。但这些事类均为古蜀历史和文化上的重要环节和关键之点，而八家《本纪》的作者又都是汉晋之间巴蜀的成名之士。这就意味着，在两汉和魏晋之际，蜀中学人对于古代蜀史及文化的理解，本质上仍然是宗教性的，即是若干由方术和神仙家言汇聚而成的事类的叠加，亦即宗教史的延伸。

除常璩提到的八家《蜀本纪》外，汉末三国时言及古蜀史的尚有其人，有名的如汉末的来敏，魏晋之间的秦宓、陈寿等。来敏为刘焉宾客，著有《本蜀论》，记述蜀王本始，其书早佚，《水经·江水注》和《沔水注》分别引用一条，其中一条叙录望帝、鳖灵事，另一条叙录石牛便金事，与扬雄《蜀王本纪》大同小异，出自一辙。秦宓所叙，已见上文。陈寿所述，见于《水经·江水注》引其《益部耆旧传》，讲的是蜀中普通百姓夫妻死而复生的故事。这些都是为常璩所驳斥的不雅驯之言。然而在有汉一代、魏晋之世，以神仙家言为脉络的古蜀历史一再在巴蜀文人学士中翻版传习，却恰恰表明古蜀文化史体系不论在先秦还是汉魏都是由宗教这个粘合剂所聚合起来的。

尽管常璩激烈批评这些"世俗间横有为蜀传者"，但他既是蜀郡江原人，就不可能不受到蜀中世代相承的神仙家言的深刻影响，所以在他编撰《华阳国志》时，虽经他以《汉书》作为取舍标准，多方删正，但书中受神仙家的影响之迹仍然斑斑可见。这种情况说明，直至两晋之际，蜀文化中依然弥散着相当浓厚的方仙气息，而这种气息深深浸透了蜀人的心灵，以致连标榜正统、人称"蜀

---

[1] 《风俗通·神怪》引。

史"的常璩也难以摆脱其窠臼，足见蜀文化内蕴的宗教化程度之深。

汉世广泛流传着关于方术的种种传说，其中颇有名气的是苌弘及其形迹。苌弘，春秋末周大夫，以星象、术数著称于世[1]，《史记·天官书》称他为"昔之传天数者"，《淮南子·泛论篇》还说："昔者苌弘，周之执术数者也，天地之气，日月之行，风雨之变，律历之数，无所不通。"据《史记·封禅书》，苌弘身怀"设射狸首"之术，"以方事周灵王。诸侯莫朝周，周力少，苌弘乃明鬼神事，设射狸首。狸首者，诸侯之不来者。依物怪欲以致诸侯，诸侯不从，而晋人执杀苌弘。周人之言方怪者自苌弘"。所谓"设射狸首"，渊源于古代的"射侯"，属于上古的一种方术。《封禅书》所说"方"、"方隆"，均指方术，可见苌弘是古代的大方术家。

大方术家苌弘与蜀大有关系。《庄子·外物》说："苌弘死于蜀，藏其血，三年化为碧。"《吕氏春秋·必己》说："苌弘死，藏其血，三年而为碧"，虽未言蜀，但义近《庄子》。《华阳国志·序志》说："世俗间横有为蜀传者，言……周苌弘之血，变成碧珠"，可见汉代人所著《蜀王本纪》原有苌弘化碧于蜀之说[2]。晋人干宝《搜神记》亦说："周灵王时苌弘见杀，蜀人因藏其血，三年乃化而为碧。"这些记载说明，苌弘死于蜀是战国秦汉魏晋约及七百年间流传广远的一种传说，这种传说的起源和流布必定有其深刻的历史文化背景，那就是蜀中历来为方术神仙家的渊薮。虽有人指认苌弘葬于洛阳[3]，但这并不重要。不论苌弘是否死于蜀，道家以《庄子》为首的诸书[4]，以及专门记载古代神怪事迹的《搜神记》，和深受神仙家观念浸染的诸种《蜀王本纪》，均一致指认苌弘死于蜀，绝非偶然。这种现象至少提供了一条非常清晰的线索，一头伸向上古，一头伸向近古，把千年之间蜀中连续发展的方术神仙家文化串联起来，对于我们理解蜀中为方术神仙家的一大策源地是大有帮助的，并且特别有助于我们理解巴蜀之成为道教发源地的历史文化渊源及其背景。

除苌弘而外，从战国至汉晋时期还风行关于仙人王乔和彭祖的传说。王乔之为神仙，见于屈原《远游》，其术显然属于行气一派仙术，屈原称其术为"道"，

---

① 参见《左传·昭公十一年》，《左传·哀公三年》。

② 蒙文通：《巴蜀史的问题》，见所著《古族甄微》，巴蜀书社1993年版，第267页。

③ 《史记·封禅书》集解引《皇览》。

④ 除《庄子·外物》而外，唐初著名道教学者成玄英的《庄子疏》、宋林虡的《庄子口义》等，均述苌弘死于蜀、其血化为碧之说。

汉时亦称为"道",即所谓"方仙道"①。《淮南子·齐俗》说:"今夫王乔、赤诵子,吹呴呼吸,吐故纳新,遗形去智,抱素反真,以游玄眇,上通云天。今欲学其道,不得其养气处神,而放其一吐一吸,时诎时伸,其不能乘云升假亦明矣。"《淮南子·泰族》也讲到王乔之道术,与《齐俗篇》所述大体相同,兹不具引。关于彭祖仙术之迹,较早的记载盖为孔子所说"窃比于我老彭"②,老彭即彭祖,因寿长,故称之为"老"。《庄子·刻意》明确讲到彭祖之术,此篇记载:"吹呴呼吸,吐故纳新,熊经鸟申,为寿而已矣。此导引之士,养形之人,彭祖寿考者之所好也。"与庄子同时代的屈原也说:"彭铿斟雉帝何飨,受寿永多,夫何久长?"③相传彭祖为殷守藏史、周柱下史,寿八百余岁④,汉晋间人对此颇多习知⑤。从《庄子》所述来看,彭祖和王乔的仙术,均以行气吐纳为特点,应属同一仙道派别。

王乔、彭祖都是蜀人,并且同出汉之犍为郡武阳县(今四川彭山县)。《淮南子·齐俗》高诱注:"王乔,蜀武阳人也,为柏人令,得道而仙"。许慎《间诂》也说:"王乔,蜀人"。南朝萧梁李膺《益州记》(亦作《蜀记》)亦载,武阳"县有王乔仙处,王乔祠今在县"。⑥周、汉时还另有两个仙人王乔,一是周灵王太子王子乔⑦,一是东汉叶县令河东人王乔⑧,与蜀中仙人王乔不同,这一点汉晋间人是区分得很清楚的。但对彭祖之为蜀人,则略有分歧。据《国语·郑语》、《史记·楚世家》,彭祖为祝融陆终氏之子,又称"大彭"⑨。"自尧时举用,历夏殷,封于大彭"。《汉书·地理志》以为:"彭城,古彭祖国",地在今江苏省徐州市。但蜀中也有彭祖遗迹,《华阳国志·蜀志》于犍为郡武阳县下载:"郡治,有王乔、彭祖祠",又载:"王桥(乔)升其北山,彭祖家其彭蒙。"彭蒙之蒙,与望音近相通,《续汉书·郡国志五》犍为郡武阳县下载有"彭望山",刘昭注引《南中志》

---

① 方仙道之称,始见于《史记·封禅书》。但"依于鬼神之事"的方仙道,自不始于汉初,先秦即有之。屈原既称王乔之术为"道",则方仙道至少在战国时即已有所流传。

② 《论语·述而》。

③ 《楚辞·天问》。

④ 宋衷注,秦嘉谟等辑:《世本八种》,中华书局 2008 年版。并见刘向:《列仙传》卷上。

⑤ 如刘向《列仙传》、应劭《风俗通》(逸文)、常璩《华阳国志》、干宝《搜神记》、葛洪《神仙传》、《抱朴子》等,均极而言之。

⑥ 《续汉书·郡国志五》"犍为郡武阳县"下刘昭注引。

⑦ 见刘向:《列女传》,应劭:《风俗通·正失》。

⑧ 见《风俗通·正失》,《后汉书·方术列传》。

⑨ 《史记·五帝本纪》。

云："县南二十里彭望山"，又引李膺《益州记》："县……下有彭祖冢，上有彭祖祠。"《元和郡县志》卷三二亦载："彭亡城亦曰平无城，彭祖家于此而死，故曰彭亡。"蜀地这个彭祖渊源有自，应与《尚书·牧誓》所载西土八国"庸、蜀、羌、髳、微、卢、彭、濮人"中的彭人有关，不必勉强去同陆终氏之后的大彭相比附。从三国时张鲁之子叫彭祖的情况看[1]，西蜀有为子取名彭祖之习。再从仙人彭祖行迹看，他以"吹呴呼吸，吐故纳新"为特征，恰与其同乡王乔相同，所以《庄子》所说的仙人彭祖，应为西蜀犍为郡武阳县的彭祖，而非东方彭城的彭祖。此彭祖与王乔并为一派，蒙文通先生考证其为南方之仙道，与燕、齐有殊，而吴、越的行气一派也是源于西蜀王乔、彭祖的[2]。至于《华阳国志·序志》所说"彭祖本生蜀，为殷太史"，则混淆了东方的彭祖和西方的彭祖，而两个彭祖又是各有渊源的，正如三个王乔各不相同一样。

从商代三星堆蜀都发达的巫术，到整个古蜀历史体系中无处不在的方术神仙家言，再到饮誉于世的方士神仙家苌弘、王乔、彭祖，可以清楚地看到蜀地巫术、方术、神仙之术从先秦到汉晋连续发展的历史陈迹，它们构成了古蜀文化最突出的特色要素，即是巴蜀文化的底蕴，所以当秦汉时代巴蜀文化的其他子系统纷纷转型，与汉文化合流以后，这个子系统却依然保持着自己的内蕴，几乎完整地继承下来。巴地的巫风同样源远流长，尤其巫鬼崇拜风行不衰，与蜀地连为一体，因而，"汉末张鲁居汉中"（汉中原为巴蜀之地，至东汉仍"与巴蜀同俗"[3]），"以鬼道教百姓，賨人敬信巫觋，多往奉之"[4]。正是因为巴蜀文化有着方术神仙家传统和巫鬼信仰传统，才使巴蜀成为道教思想及其组织的重要发源地，这是历史的必然。

三、巴蜀文化与道家

巴蜀是深受道家思想重要影响的一个地区，早在战国时就受道家哲学影响

---

① 《三国志·魏书·张鲁传》裴注引《典略》。

② 蒙文通：《晚周仙道分三派考》，见所著《古学甄微》，巴蜀书社 1987 年版，第 338 页。

③ 《汉书·地理志》。

④ 《晋书·李特载记》、《华阳国志·巴志》。按，賨人即是板楯蛮，是构成古代巴人的最主要的一种民族成分。

甚大。扬雄《蜀王本纪》记载："老子为关令尹喜著《道德经》，临行曰：'子行道千日后，于成都青羊肆寻吾'，今为青羊观是也。"① 青羊观即今成都青羊宫。关于这段材料的真伪问题，过去曾有争论，但无论如何，它反映了蜀中道家传统渊源古远，透露出战国时代道家学说曾有西上入蜀历史的蛛丝马迹。《汉书·艺文志》"道家者流"下著录有"《臣君子》二篇"，班固原注曰："蜀人。"其时代远在战国末叶的韩非子之前，传于汉代，书在道家，很有可能是严君平学术的来源②。以此联系战国时道家学说西上入蜀的史迹看，确有源流可考。《汉书·艺文志》"道家者流"还著录有"《鹖冠子》一篇"，原注曰："楚人，居深山，以鹖鸟为冠。"但应劭《风俗通》则认为："賨人以褐为冠，褐冠子著书"③，以鹖冠子为賨人两说的矛盾其实不难解决。賨人又称板楯蛮，世居渝水（嘉陵江）左右④，地与楚近。渝水上源古称西汉水，流经汉中边缘，汉中之东原属巴境，后于战国末属楚⑤，直至东汉，仍"与巴蜀同俗"⑥。所以居其深山之中的賨人鹖冠子又被称为楚人，是由后例前，不足为异，但如考镜源流，原为巴人。

至汉代，道家思想在巴蜀继续发展，成为巴蜀文化最重要的思想文化基础之一，也使得巴蜀成为道家思想的重要传播和弘扬地区；而将道家学说同巴蜀地区风行不衰的方术传统相结合，从而首开道家学者与方士两位一体先河的，则是西汉成帝时的大学者严君平。

严君平，名遵，蜀郡成都人。成帝时，"君平卜筮于成都市，以为'卜筮者贱业，而可以惠众人。有邪恶非正之问，则依蓍龟为言利害。与人子言依于孝，与人弟言依于顺，与人臣言依于忠，各因势导之以善，从吾言者，已过半矣，'裁（同才）日阅沥数人，得百钱足自养，则闭肆下帘而授《老子》。博览亡不通，依《老子》。《严（庄）周》之指著书十余万言。扬雄少时从游学……君平年九十余，遂以其业终，蜀人爱敬，至今称焉"⑦。据《华阳国志·先贤士女总赞》，严君平"雅性澹泊，学业加妙，专精大《易》，耽于《老》、《庄》"，"著《指归》，为道

---

① 严可均辑：《全汉文》卷53。
② 蒙文通：《巴蜀史的问题》，见所著《古族甄微》，巴蜀书社1993年版，第251页。
③ 郑樵：《通志·氏族略》引，中华书局1995年版。
④ 见《华阳国志·巴志》及《史记·司马相如列传》集解引郭璞之说。
⑤ 《史记·秦本纪》曰："（秦）孝公元年，河山以东强国六……楚自汉中，南有巴黔中。"
⑥ 《汉书·地理志》。
⑦ 《汉书·王贡两龚鲍传》。

书之宗"：翻检史籍可以看到，严君平确是把道家之学同方术结合起来的典型人物，他卜筮于成都市上，虽说是"假蓍龟以教"①，但却是以前来卜筮者的社会或家庭角色而定蓍龟之言的，即是占卜结果依其对象而转移，这显然是十足的方术。正因严君平开道家与方术相结合的先河，在道教起源、形成的早期历史上占有十分重要的地位，具有深远影响，故其所著《老子指归》②被尊为"道书之宗"，而唐代著名道士兼学者杜光庭也才把其《指归》列为道教之书，并认为其旨是"明理国之道"，"以虚玄为宗"③，可见一斑。

严君平对于巴蜀的学术思想影响十分深刻，巴蜀为之"风移俗易"④。其后，两汉之际踵其后者代不乏人，多以学术同方术相结合，竟成两汉巴蜀学术的一大风气。合《华阳国志·先贤士女总赞》与《后汉书·方术列传》统计，两汉时期巴、蜀、汉中地区修黄老、通经纬、明经术、习图谶的有名人物计三四十人，其中有的在当世就具有极大影响。如巴郡阆中人任文公，为《后汉书·方术列传》所首叙，而"益部为之语曰：'任文公，智无双'"。又如广汉郡新都人杨厚，"三司及公车连征辟，拜侍中。上言西方及荆、扬、交州当兵起，人民疫蝗，洛阳大水，宫殿当灾，三府当免，近戚谋变，皆效验。大将军梁冀秉权，自退去，归家遂修黄老，授门徒三千人"⑤，是将方术与道家相结合的重要人物，"朝廷若待神明"⑥，年八十三卒，"天子痛惜，诏谥曰文父"⑦，其"神道"传于后世⑧。此类学者，不但在数量上、声望上超过同一时期巴蜀的儒家学者，而且门徒众多，如杨厚授《老子》，门徒三千人，杨宣"教授弟子以百数"，董扶"弟子自远而至"⑨等，均为儒家学者所不及，足见风气之盛。

汉晋之际巴蜀地区的道家，在学术思想上直接承之于老子之术，而与黄老刑名之学即所谓黄学（黄老学派）无关。西汉严君平"专精大《易》，耽于《老》、《庄》"，"著《老子指归》"，不为黄学，其学术思想当是上承《臣君子》而来，

---

① 刘琳：《华阳国志校注》卷十《先贤士女总赞》，巴蜀书社 1984 年版。

② 《隋书·经籍志》："《老子指归》十一卷，严遵注。"

③ 杜光庭：《道德真经广圣义·释疏题明道德义》。

④ 刘琳：《华阳国志校注》卷十《先贤士女总赞》。

⑤ 刘琳：《华阳国志校注》卷十《先贤士女总赞》。

⑥ 《后汉书·方术列传·上》。

⑦ 刘琳：《华阳国志校注》卷十《先贤士女总赞》。

⑧ 《隶续·侍中杨文父神道》："汉杨侍中文父之神道。"

⑨ 《后汉书·方术列传·董扶传》。

而《臣君子》又当是承袭了入蜀的老子之术而来，其间关系可以显示道家思想在巴蜀地区传播和连续发展的历史源流。汉初七十年，虽然汉王朝奉行黄老刑名之学，直到武帝即位以后，"及窦太后崩，武安侯田蚡为丞相，绌黄老刑名、百家之言，延文学儒者数百人"①，才开始独尊儒术；但汉初巴蜀地区"质文刻野"②，不存在接受并研治黄老刑名之学的社会基础。至文翁治蜀，"教民读书法令"，选派蜀人子弟东诣京师受业博士，所学也是儒家经典和律令③，并无黄老刑名之学。所以，有汉一代，巴蜀学林并无黄老刑名之学的学术传统。倘以汉初重黄老来推论巴蜀学术亦重黄老，那是没有什么根据的。关于这一点，从严君平"耽于《老》、《庄》"，"闭肆下帘而授《老子》"，在巴蜀学林中承先启后的情况看，也是十分清楚的。

西汉末大学问家扬雄"少贫好道"，曾师事严君平，"称其德"，受到严君平很深的影响。扬雄"以经莫大于《易》，故则而作《太玄》"④，《太玄》即《太玄经》。扬雄的《太玄经》在汉魏之际有着重要影响，一些大儒先后为之作注。东汉大儒张衡常耽好于《太玄经》，称引扬雄"妙极道数"⑤，并为之作《太玄注》。著名学者崔瑗、宋衷、王肃、陆绩等，均作有《太玄注》⑥。固然《太玄经》并不专属道家，《汉书·艺文志》"儒家者流"所列"扬雄所序三十八篇"，中有"《太玄》十九"，但其思想又确与道家相通，所以《道教义枢》卷二认为太玄与老子有关，而道教经典《道藏》"四辅"有"太玄部"，所收道书为巴蜀三张一派经典，即直通老子而不言黄学的巴蜀一派道教，与吸收了相当黄老学说思想成分的"太玄部"判然有别，这可以说明扬雄《太玄经》同老子之道的关系。

东汉时，固然史籍所见巴、蜀、汉中不乏"修黄老"者，如杨厚从朝廷隐退后，"归家遂修黄老"，冯颢"修黄老，恬然终日"⑦，折像"好黄老言"⑧，但这里所说的黄老并不是指黄老刑名之学，不是上承黄老学派的黄学而来，而是指

---

① 《史记·儒林列传》。

② 刘琳：《华阳国志校注》卷十《先贤士女总赞》。

③ 《汉书·循吏传·文翁传》。

④ 刘琳：《华阳国志校注》卷十《先贤士女总赞》。

⑤ 《后汉书·张衡传》。

⑥ 参见《华阳国志·先贤士女总赞》、《隋书·经籍志》、《唐书·经籍志》、《三国志·魏志·王朗传》附《王肃传》。

⑦ 刘琳：《华阳国志校注》卷十《先贤士女总赞》。

⑧ 《后汉书·方术列传·折像传》。

将道家思想与方术结合起来的巴蜀一派道家，是上承西汉严君平所开创的巴蜀道家风气而来。杨厚明方术，为朝廷侍中，上言灾异，"皆效验"；冯颢于顺、桓之间为越嶲太守，"政化尤多异迹"[1]；折像也是有名的方术家，《后汉书·方术列传》列有专传。显然，巴蜀的"修黄老"和"好黄老言"者，与兴起于战国、极盛于汉初的以《经法》为代表的所谓黄老学派（实即黄学）绝然不同，不能混为一谈。

黄老学派的思想学说，其精要为《黄帝四经》，其书虽然列于《汉书·艺文志》"道家者流"，但从 1973 年长沙马王堆汉墓出土帛书《老子》乙本卷前古佚书即《黄帝四经》[2] 来看，黄老学派主张"是非有分，以法断之；虚静以听，以法为符"[3]，通过改造老子道家的"清虚以自守"来达到其法治目的，与老子道家有重要区别。事实上，黄、老本来有别，这在先秦时原是清楚的，只是到了汉代才把二者混同起来，并称黄老[4]，其旨仍是"君人南面之术"[5]，与"以虚无为本，以因循为用"[6] 的老子之术迥然有别。由此不难看出，东汉巴蜀学者所"修黄老"，绝不是以黄学为主要内容的黄老之学，而是以老子之术同方术神仙家相结合的巴蜀一派道家。至于将这种学术称为黄老，则是东汉一代尤其桓、灵之际盛极一时的社会风气。

应当指出的是，东汉所称的黄老，虽然名分相同，然而在不同的地区却有不同的内容、不同的表现形式和不同的渊源，应该分析源流，不可一概而论。

较早见于史籍记载的是楚王英，其特点是将黄老与佛教相结合。《后汉书·楚王英传》记载："英少时好游侠，交通宾客，晚节更喜黄老，学为浮屠斋戒祭礼。"又载，永平八年，诏报曰："楚王诵黄老之微言，尚浮屠之仁祠，洁斋三月，与神为誓，何嫌何疑，当有悔吝？其还赎，以助伊蒲塞桑门之盛馔。""伊蒲塞"为汉语"近住"之意，"桑门"即"沙门"[7]。将黄老与佛教相结合的做法，由楚王英肇其端，终于发展成为东汉宫廷的传统，其时称这种特点的黄老为"黄

---

① 《后汉书·邛都夷传》。

② 唐兰：《马王堆出土〈老子〉乙本卷前古佚书的研究》，《考古学报》1975 年第 1 期。

③ 按：《经法·名理篇》。

④ 余明光：《黄帝四经与黄老思想》，黑龙江人民出版社 1989 年版，第 158—168 页。

⑤ 《汉书·艺文志》。

⑥ 司马谈：《论六家要旨》，见《史记·太史公自序》。

⑦ 《后汉书·楚王英传》李贤注。

老道"。《后汉书·襄楷传》记载："闻宫中立黄老、浮屠之祠，此道清虚，贵尚无为，好生恶杀，省欲去贪。"《后汉书·桓帝纪》亦载："前史（按指《东观汉纪》）称桓帝好音乐，善鼓笙，饰芳林而考濯龙之害，设华盖以祠浮屠、老子，斯将所谓听于神乎！"《后汉书·王涣传》载："延熹中，桓帝事黄老道，悉毁诸房祀。"当时还盛传"老子入夷狄为浮屠"之事，桓帝以为"皆天文恒象之数"①。由此可见，在桓帝时，东汉宫廷中将黄老与佛教相结合的传统发展成为黄老道。这就意味着，所谓黄老道，是包含了佛教内容在内的，它与单纯的"黄老"显有区别。

灵帝时，钜鹿人张角自称大贤良师，"奉事黄老道，畜养弟子"②，又"为符祝，教病人叩头思过，因以符水饮之"③，收揽徒众，而以顺帝时宫崇所上于吉"所得神书"《太平清领书》（又称《太平经》）为思想指导，发动黄巾起义，"十余年间，众徒数十万"④。可见张角之术是吸收了宫中黄老道、民间方术和以"澄清大乱，功高德正，故号太平"为宗旨的《太平经》等诸方面内容而成的。

东汉时，另有逸民亦好黄老，如矫慎"少好黄老"，仰慕赤松、王乔的导引之术等⑤。这一类黄老，其行迹纯属神仙家，并不称为"黄老道"，可见其渊源与宫廷黄老道不同，而与巴蜀神仙家有关。

由此不难知道，东汉所谓黄老，在顺、桓灵之际大致可以区分为巴蜀以老子道家同方术和神仙家相结合而不掺杂佛教的一派⑥，宫廷中以黄老同佛教相结合的黄老道一派，以及东方张角以黄老道、方术同治国平天下即神学与政治相结合的太平道一派等三大派，其来源不同，内容有异，表现形式也不尽一致。因此，在谈论东汉所谓黄老时，不能笼而统之，必须缕析派别，才不致步入历史的误区。这同时也表明，东汉巴蜀地区学者所修黄老，渊源有别，自成传统，不能把它与宫廷的黄老道和张角太平道中的黄老思想混为一谈。

道家思想在巴蜀地区原本是一种次生文化，但道家思想尤其庄子书中多见巫术和方术熏染之处，也流溢出宗教仪式的种种痕迹，而这些都是同巴蜀地区

---

① 《后汉书·襄楷传》。

② 《后汉书·皇甫嵩传》。

③ 《三国志·魏书·张鲁传》裴注引《典略》。

④ 《后汉书》·《襄楷传、皇甫嵩传》。

⑤ 《后汉书·逸民列传·矫慎传》。

⑥ 其代表人物是张陵，著有《老子想尔注》；又有张修，在汉中传播《老子》五千文，均既不讲黄学，也不言浮屠。

原生文化中的巫术、巫鬼、方术、神仙之术合拍的。因此，巴蜀成为道家土壤，道家能够在巴蜀地区立足、传播和弘扬；而巴蜀地区的原生文化虽然发达，却缺乏自身可以凝成体系的学说，又需要与其有着相当共同基础的道家学说作为理论指导。因此，道家学说一经西上入蜀，便迅速同巴蜀的原生文化结合起来，交融发展，聚为特征，积为传统，于是在两汉之际便形成了道教思想，使巴蜀文化区成为道教思想的主要策源地，经逐步发展，直至汉末天师道的正式创立，于是巴蜀文化区又成为道教的摇篮。这就是东汉顺帝时张陵在西蜀创立五斗米道的历史文化背景。

四、巴蜀文化与道教

巴蜀地区以老子道家思想同方术神仙家相结合的学术和宗教传统，对东汉顺帝时入蜀、学道于鹤鸣山的张陵产生了十分明显的深刻影响。张陵在鹤鸣山创立道教，主要就是基于巴蜀文化传统，直通老子之术，推崇老子，既不讲中土的黄老刑名之学，也不讲西来的浮屠之术。张陵从宗教学角度出发解释老子思想，所著《老子想尔注》[①]中，以老子为教主，奉老子为"太上老君"，曰："一者，道也"，"一散为气，聚形为太上老君"，这里的"道"即指老子。张陵把老子尊为太上老君，固然是对于东汉一代神化老子之风愈演愈烈的进一步发展，更是上承巴蜀地区将老子与方术神仙家结合一体而推向极致的必然结果。由张陵在巴蜀开其端，老子被神化为太上老君、尊为道教始祖之说，便日益为道教所普遍信奉，终成不易之论。

张陵为沛国丰（今江苏丰县）人，据说曾入巴郡江州为官，后挂印而去，入江西龙虎山，结茅山中，炼丹筑坛。汉顺帝时，张陵"闻蜀人多纯厚，易可教化，且多名山，乃与弟子入蜀，住鹄鸣山（即鹤鸣山，在今成都市大邑县西北三十里，故址犹存），著作道书二十四篇"[②]。张陵客居蜀之鹤鸣山，最初是为了"学道"，而不是布道，《三国志·魏志·张鲁传》"（鲁）祖父陵，客蜀，学

---

① 《老子想尔注》的作者，唐宋间多认为是张陵，也有认为是张鲁。有学者以为此书吸收了《河上公章句》的内容，但《河上公章句》晚出，为晋人所著。如此，则张陵之书早于河上公书，而不是相反。

② 葛洪：《神仙传·张道陵传》。

道鹤鸣山中"，《华阳国志·汉中志》："汉末，沛国张陵学道于蜀鹤鸣山"，《后汉书·刘焉传》："（鲁）祖父陵，顺帝时客于蜀，学道鹤鸣山中"，均说明了这个事实。其后，据李膺《蜀记》：张陵"避病疟于丘社之中，得咒鬼之术书，为之，遂解使鬼法"。所谓丘社，即是农村乡野的泛称。所谓咒鬼之术书，即是巴蜀长期流传的巫鬼、巫术、方术之书，当以从先秦以来长期在民间保存流传的巴蜀古文字（或称巴蜀符号、巴蜀图语）写成，故须"解而使之"。所谓鬼法，即是巴蜀巫鬼、巫术、方术的行使方法，汉魏六朝时多称其为鬼法，又与五斗米道合称为鬼道，张鲁即"以鬼道见信于益州牧刘焉"①，又在汉中"以鬼道教民"，"其来学道者，初皆名鬼卒"②，可见其名实均来源于巴蜀文化。正因张陵在蜀之鹤鸣山学到了巴蜀方术，并使用巴蜀方术为民众治病，由此才获得了巴蜀人的信任，"于是百姓翕然奉事以为师，弟子户至数万"③，由此才创立了道教。而张陵所创道教之所以称为五斗米道，"从受道者出五斗米"④，也正是来源于巴蜀文化自古以来相承不衰的尚五宗教传统⑤。这些事实表明，五斗米道的道名、道术以至道学思想，均承袭了古代巴蜀文化的主要传统，而予以了新的发展。

从文化渊源上分析，张道陵所创五斗米道，其道术中的符、行气、导引之术，以及三官手书等形式，均直接采于巴蜀文化的相关内容，或从巴蜀文化中衍生而来。

上引李膺《蜀记》说张陵在蜀"得咒鬼之术书，为之，遂解使鬼法"，这种所谓咒鬼之术书，当即五斗米道符的来源，因用巴蜀古文字写成，与汉字不同，故须破解才能行使《后汉书·刘焉传》载，张陵"学道鹤鸣山中，造作符书，以惑百姓"，"符书"即符之书，乃是张陵学道得来，应当就是扬雄《蜀记》所说的"咒鬼之术书"。从考古发掘的情况看，东汉墓中出土的道教符，有许多是似汉字而又非汉字的文字，且多有日月星辰等图像。这种文字不论在形体还是行款上，都同巴蜀古文字十分类似，而且日月星辰等图像也是巴蜀文字、符号中最常见的几种，它们应当就是先秦至西汉中叶巴蜀文字（又称巴蜀符号、巴蜀图语）的遗留。虽然道教符可能有着多元性来源，但作为以三张（陵、衡、

---

① 刘琳：《华阳国志校注》卷二《汉中志》。

② 《三国志·魏书·张鲁传》裴注引《典略》。

③ 葛洪：《神仙传·张道陵传》。

④ 《三国志·魏书·张鲁传》裴注引《典略》。

⑤ 段渝：《政治结构与文化模式——巴蜀古代文明研究》，学林出版社 1999 年版，第 489—500 页。

鲁，又称三师）为首的道教符派，既然在蜀之鹤鸣山"得咒鬼之术书"，"造作符书"，那么就与其他地区的符有不同的来源。考古发现的东汉时的早期道符①，分为不同的几种类型，恰能证明这一点。而东汉时早期道符中的"符篆式"和"符书式"两种，当即从巴蜀文字演化而来，即三张一派的道符。

张陵还吸收了蜀地长期流传的神仙家文化传统，以行气、导引为主，来源于王乔、彭祖一派蜀中仙术。《华阳国志·汉中志》记载："汉末，沛国张陵学道于蜀鹤鸣山，造作道书，自称'太清玄元'，以惑百姓。"所谓太清玄元，据陶弘景《登真隐诀》等书记载，五斗米道徒上章时称其道为"太清玄元无上三天无极大道"。《淮南子·道应》说："太清，元气之清者也。"同书《本经》说："玄元至砀而运照。"高诱注："玄，天也。元，气也。砀，大也。"此为五斗米道所本②。据葛洪《神仙传》，张陵并修行气、导引之术，这恰与其自称"太清玄元"相吻合。"陵死，子衡传其业，衡死，子鲁传其业"③，累世相承，成为五斗米道的主要道术之一。张陵死于鹤鸣山，被道教尊为"登天"，鹤鸣山也被称引为"张道陵登仙之所"④，这与古蜀王鱼凫"忽得仙道"、蜀中神仙家王乔"得道而仙"、"王乔仙处"等完全出自一辙，意味着五斗米道的仙术主要源于巴蜀文化。

五斗米道崇奉"天、地、水三官"，有"三官手书"请祷之法作为其宗教仪式。三国时人鱼豢《典略》记载：五斗米道"请祷之法，书病人姓名，说服罪之意。作三通，其一上之天，著山上，其一埋之地，其一沉之水，谓之三官手书"⑤。如果分开来看，天地水三官中的任何一种宗教仪式都可以在不同的文化区见到，其间并无一般意义上的区别。如《礼记·觐礼》载，"祭天燔柴，登山丘陵升，祭川沉，祭地瘗"，几种宗教仪式在不同文化的各个区系都可以见到。但是道教的三官不能分开来看，因为它并非三种不同的仪式，不是用三种不同的物质载体来分别举行三种不同的仪式，而是用同一载体来举行三次仪式，是同一种仪式的三道程序，它与《礼记》所记载的中原祭仪显有区别，也与秦、楚、吴、越的祭祀仪式迥然不同，所以不能如有些学者那样在《礼记》中去寻找三

① 王育成：《略论考古发现的早期道符》，《考古》1998 年第 1 期。
② 刘琳：《华阳国志校注》卷二《汉中志》。
③ 刘琳：《华阳国志校注》卷二《汉中志》。
④ 李膺：《益州记》，曹学佺《蜀中名胜记》卷 7 "崇庆州"引。
⑤ 《三国志·魏书·张鲁传》裴注引《典略》。

官的来源。道教三官的来源，实应在它的发源地去探寻，那就是古代的巴蜀。

仔细分析巴蜀文化的各种材料不难发现，将天、地、水汇为一体的材料至少在三星堆古蜀文明时就有所体现。三星堆1号"祭祀坑"出土的金杖，中端线刻2个戴高冠的人头像，上端刻有2组鱼、鸟纹饰，每组一鱼二鸟，一支羽箭将其串连在一起。金杖图案的文化内蕴在于，鸟能登天，鱼能潜渊，它们是图案中人物肖像蜀王的通神之物；而能够上天入地，交通于人神之间的，是蜀王自身[1]，这恰是天地水融为一体的表现。三星堆2号"祭祀坑"出土的青铜神树，是"众帝（按：众神）所自上下"[2]的"建木"[3]，亦即天梯，神树上有铜制立鸟、悬龙、贝、铃等，既具登天的功能，又具潜渊的功能，它与金杖图案具有相同的含义，均可谓天地水一以贯之。2号坑出土的一件"祭山图"牙璋上的图案，也表现了天地水一以贯之的宗教仪式及观念。发掘者认为，2号坑是一次祭天、祭地、祭山等重大综合祭祀活动的遗存[4]，颇有道理。从三星堆"祭祀坑"出土物来看，其宗教仪式的物质载体主要有金、铜、玉、石、海贝、象牙等物，分别取自山上、地下和水中，所举行的仪式也是连续性的。以天地水为主的祭祀对象，不仅与其仪式所用物质材料相符合，而且也与仪式所体现出来的宗教观念相符合。巴蜀文化对于天地水一以贯之的这种宗教崇拜及其仪式，在春秋战国延及西汉的巴蜀青铜器上的文字（符号）以及巴蜀印章上也能见到。这表明，作为同一种宗教仪式的三道程序，对于天地水一以贯之的崇拜，在巴蜀文化中是自成传统而源远流长的。汉末张陵在蜀创五斗米道，对于天地水三官一以贯之的崇拜，以及由此而来的"三官手书"这种形式，显然就采用并进一步发挥了巴蜀文化的类似观念和形式，至少可以认为是从巴蜀文化的类似形式中衍生发展而来的。

汉晋时，巴、蜀、汉中承先秦之遗风，普遍信奉巫鬼[5]，同时又崇尚老子，既是五斗米道得以勃然兴起的必要前提，又是五斗道能够广为传播的先决条件，是五斗米道在巴蜀地区发源、成长的广泛而坚实的社会基础。

---

① 段渝：《论商代长江上游川西平原青铜文化与华北和世界古文明的关系》，《东南文化》1993年第2期。

② 《淮南子·地形》。

③ 袁珂：《山海经校注·海内经》，上海古籍出版社1980年版。

④ 四川省文物管理委员会等：《广汉三星堆遗址二号祭祀坑发掘简报》，《文物》1989年第5期。

⑤ 段渝：《略论巴、蜀与楚的文化交流关系》，载《长江文化论集》，湖北教育出版社1995年版。

《后汉书·灵帝纪》记载：中平元年秋七月，"巴郡妖巫张修反，寇郡县"。李贤注引刘艾《纪》曰："时巴郡巫人张修疗病，愈者雇以米五斗，号为'五斗米师'。"据鱼豢《典略》，灵帝光和中，"东方有张角，汉中有张修"，"角为太平道，修为五斗米道"①。张修在汉中和巴郡传播五斗米道②，即教以老子之术，"又使人为奸令祭酒，祭酒主以《老子》五千文，使都习，号为奸令"③。其后张鲁据汉中，"因其民信行修业，遂增饰之"④，授以《老子》（当为《老子想尔注》）。因其道建立在巴蜀世代崇奉的巫鬼（又作鬼巫）基础之上，故又被称为"鬼道"。上引《后汉书·灵帝纪》称张修为"巫人"，巫人即崇奉巫鬼之人。东汉建安十年的《樊敏碑》⑤，又称其道为"米巫"，米即五斗米道，巫即巫鬼。《晋书·李特载记》说："汉末，张鲁居汉中，以鬼道教百姓，賨人敬信巫觋，多往奉之。"《华阳国志·李特雄期寿势志》也说：李特"祖世本巴西宕渠賨民，种党劲勇，俗好鬼巫。汉末，张鲁居汉中，以鬼道教百姓，賨人敬信"。所谓鬼道，鬼即鬼巫（巫鬼），道即五斗米道，鬼道即是鬼巫与五斗米道的合称，正如米巫是五斗米道与巫鬼的合称一样，只是巴地和蜀地对这种合称的叫法稍异而已。张鲁之母即"兼挟鬼道"，而张鲁"部曲多在巴土"⑥，所以史籍中所见巴地"鬼道"的记载多于"米巫"，而蜀地"米巫"的记载又多于"鬼道"，实不足异。这表明，三张所创道教，是以巴蜀文化为其立足点，主要建立在巴蜀文化基础之上的，无论在其道名、道术还是思想渊源上，均与巴蜀文化一脉相通。所以天师道一经创立，就在巴、蜀、汉中取得极为迅速的发展。

蒙文通先生认为，"天师道盖原为西南少数民族之宗教"⑦。向达先生也以为，天师道是"氐羌民族宗教信仰，而缘饰以《老子》之五千文"⑧。如果缕析源流，应当说，天师道的来源是多元性的，但其主源是巴蜀文化，当中又包括四个方面的来源：第一，来源于以巴蜀文化为重心的西南地区的巫鬼崇拜；第二，来源于巴蜀文化自先秦以来风行不衰的方术和神仙家传统；第三，来源于巴蜀文化

---

① 《三国志·魏书·张鲁传》裴注引《典略》。
② 裴松之注认为："张修应是张衡。"张衡是张陵之子，张鲁之父。疑其说误。
③ 《三国志·魏书·张鲁传》裴注引《典略》。
④ 《三国志·魏书·张鲁传》裴注引《典略》。
⑤ 碑文见《隶释》，原碑现在四川省芦山县博物馆。
⑥ 《后汉书·刘焉传》。
⑦ 蒙文通：《道教史琐谈》，见所著《古学甄微》，巴蜀书社1987年版。
⑧ 向达：《南诏史论略》，《历史研究》1954年第2期。

自先秦以来长期流传的尚五宗教观念；第四，来源于严君平开创的将老子道家思想与方术相结合的学术和宗教传统，故《北史·泉企传》称，"巴俗事道，尤重老子之术"，足可见其一斑。至于晋时南中地区有"五斗叟"，实指南中夷人当中的叟人（叟人为氐羌系民族，是唐代东爨乌蛮和今凉山彝族的先民[1]），因其"俗好鬼巫"[2]，与巴蜀文化相通，故崇奉五斗米道，因而被称为"五斗叟"，却没有足够的证据来论证五斗米道是其原生宗教。

关于从道家到道教的演变历史，从来就是一个颇有争论的问题。马端临《文献通考·经籍考》说，"道家之术，杂而多端"，是主张道教经籍形成过程中的多元来源。《四库全书总目提要》也主张多元说："后世神怪之迹，多附于道家，原其本始，则至于清静自持，其后长生之说与神仙家合为一，而服饵、导引入之，房中一家近于神仙者亦入之，《鸿宝》有书，烧炼入之，张鲁之教，符入之，北魏寇谦之等又以斋醮章咒入之，大抵多后附之文，非其本旨。"所析亦为道教经籍的来源，也大体上概述了道教形成、演变的概略，虽然没有缕析从道家到道教演变过程中的各种源流关系。从这篇评述中所列举的"后附之文"即发展演变中的参合变化来看，当中的差不多半数出自巴蜀，如：长生术与神仙家合一，指彭祖、王乔之术；导引术也是巴蜀神仙家的特点，与西秦房中术和燕齐服食术鼎足而三[3]；三张的符派道教出自巴蜀；北魏寇谦之的天师道改革，宣扬《新科》，"清整道教，除去三张伪法、租米钱税，及男女合气之术"[4]，主要就是清整巴蜀一派，使道教变成适合封建统治者口味的宗教。从这里不难知道，在从道家到道教的发展演变过程中，巴蜀文化起着特别重要的作用，既是道教的核心组成部分，又是道教形成过程中多元来源当中的主源。

五、巴蜀文化与魏晋风气

从文化史的演进来看，魏晋时期的中国文化较之先秦两汉已经发生了明显变化。由于国家分裂、体制破坏，造成了社会动荡、民无宁日，统治阶级内部

---

① 李绍明：《关于东爨乌蛮诸部的族源问题》，见所著《李绍明文选》，成都出版社 1995 年版。
② 刘琳：《华阳国志校注》卷四《南中志》。
③ 蒙文通：《晚周仙道分三派考》，见所著《古学甄微》，巴蜀书社 1987 年版。
④ 《魏书·释老志》。

各个政治集团间的斗争也愈演愈烈，于是经学衰变，而清谈之风日显。当时文化的基本特征，表现出由于深刻的精神危机而对传统学说主要是两汉经学的否定和扬弃，转而发展出以玄学为形式的思辨哲学，本体论思辨突出发展，学者多以老、庄为基础，注释经典，但在方法论上却又与汉代大不相同，个人主义意识也开始在文化上占据上风；同时文风绮靡，尤其骈文独领风骚；而佛教东传，佛法在中土弘扬，日益深刻地渗透进中国本土文化之中，与儒道并世，相争而相切。这几大特点，都是魏晋文化对于汉代文化的演变，或者可以说出现了文化史上的发展新气象，深刻地体现了魏晋之际风行一时的反传统精神和社会文化风气。

然而，巴蜀地区的文化演进却与这个时代大潮不尽相符。巴蜀文化在魏晋时代基本上没有受到精神危机的影响，基本上看不到反传统的文化极端主义倾向，相反却表现出文化史上明显的发展连续性，其中起着核心凝聚作用的是自古以来累世相承的强烈的区域意识。这主要体现在经学、史学和道教传统等三个方面。

两汉经学，在魏晋时已然衰落，东汉以来的今古文经学之争也一并消弭，而让位于以玄学解经或综合各家注本说经的魏晋经学，马（融）郑（玄）、王（肃）也为王（弼）、郭（象）、杜（预）所取代。但在巴蜀地区，儒生却逆流而动，反而继承了东汉末叶朝中的经学传统，古文经学异军突起，盛极一时，格外引人注目。三国蜀汉涪县（今四川绵阳市）人尹默、李譔，即是其中代表性人物。尹默见蜀中先贤"多贵今文而不崇章句（按：此指古文经学），默知其不博，乃远游荆州"，师从古文经师司马徽、宋衷研习古文经学，"皆通诸经史，又专精于《左氏春秋》"[1]。尹默学成归蜀后，以《春秋左氏传》教授后主刘禅。李譔之父李仁曾与尹默一同游学于荆州，研习古文经学，李譔具传其业，又随尹默研习义理，"《五经》、诸子，无不该览，加博好技艺、算术、卜数、医药、弓弩、机械之巧，皆致思焉"，累官至右中郎将，"著古文《易》、《尚书》、《毛诗》、《三礼》、《左氏传》、《太玄指归》，皆依准贾（逵）、马（融），异于郑玄。与王氏（肃）殊隔，初不见其所述，而意归多同"[2]。其余治经学者有：文立治《毛诗》、《三礼》，司马胜之治《毛诗》、《三礼》，常勖治《毛诗》、《尚书》，王化治《毛诗》、《三礼》、

---

[1] 《三国志·蜀书·尹默传》。

[2] 《三国志·蜀书·李譔传》。

《春秋公羊传》，陈寿治《尚书》、《三传》，李宓治《春秋左传》，任熙治《毛诗》、《京氏易传》，寿良治《春秋》三传，常骞治《毛诗》、《三礼》，绝大多数为古文经学，而专治今文经学者，见于记载的仅何随一人而已，治《韩诗》和《欧阳尚书》。①

魏晋时巴蜀学林没有受到精神危机的影响，主要原因不应从地理条件方面去探寻，而应着重从文化和政治方面去寻求。巴蜀地区自古宗教兴盛，风行不衰，对各方面学者都有深刻影响，早已化为共同的心理素质，形成为典型人格，是巴蜀学者克服并抵制精神危机的强大精神力量之所在。另一方面，巴蜀学者代相传承的区域意识又在政治割据条件下走向极端，发展成为抗衡中原意识，这种意识与蜀汉政治充分结合，以兴复汉室、光大巴蜀文化为己任，也不会盲目附和中原玄学，相反却加以自觉抵制。秦宓、谯周、李譔等人，不过是其中的典型代表而已。

魏晋时，史学趋盛，当时最著名的第一流史家和史著均出巴蜀，那就是谯周及其《古史考》二十五卷，陈寿及其《三国志》六十五卷，以及常璩及其《华阳国志》十二卷。他们的其他史著亦宏富可观，尤以地域史流传当世、享誉后代。谯周著有《蜀本纪》、《三巴记》、《益州志》、《巴蜀异物志》等地域历史和文化著作；陈寿撰有《益部耆旧传》十篇，将巴、蜀、汉中从汉代至三国的众多人物合为一书，写出详备的传记；常璩号为"蜀史"，著有《汉之书》十卷，入晋后易名为《蜀李书》，专记成汉国史事。这些史著，历来为史家所重，多所引用。除此而外，巴蜀还产生了一大批史家，著有多种巴蜀文化的史著。如蜀汉时来敏的《本蜀论》，陈术的《益部耆旧传》，杨戏的《季汉辅臣赞》，王崇的《蜀书》，晋时常宽的《续耆旧传》和《蜀后志》，赵宁的《乡俗记》，黄容的《梁益巴记》，杜龚的《蜀后志》等等②，足见魏晋时巴蜀史学蓬勃兴盛，独秀于当时的中国史坛。

其时巴蜀史学显然是以地域史为主，其特点，除一般性地记述山川、物产、道里、族类、风俗、人物、史事、文化等而外，尤其注重将作者对于养育他们成长的巴蜀文化的纯真感情寄寓于所撰史著，这一点可以从传世的常璩《华阳国志》当中窥其梗概③。巴蜀史家多从其源远流长的文化史入手，尤以其人文教

---

① 刘琳：《华阳国志校注》卷十一《后贤志》。

② 刘琳：《华阳国志校注》卷十《先贤士女总赞》，卷十一《后贤志》。

③ 段渝：《论蜀史三代论及其构拟》，《社会科学研究》1987年第6期。

化之早而骄傲自豪，上溯"人皇之际"，极言"黄帝之后"，富于强烈的历史文化优越感和深厚的区域意识。由此不难看出，巴蜀士人的文化意识是多么地富于历史连续性。巴蜀士人不参与清谈，不练谈功，不涉本体论思辨，而以史学独盛见诸魏晋史端，其基本原因在此。

魏晋时期道教的内容丰富多彩，表现出它发展中的多元性特点，并非巴蜀地区所独有。然而应当承认的是，这一时期巴蜀道教的发展与其他区域有所不同。在巴、蜀、汉中地区，道教的主要特点是组织化、社会化，强调道教组织在民众当中的大发展，更加突出了道教作为宗教组织所应具备的社会功能和政治功能，带有明显的政治色彩，在广大民众中具有极大的号召力和凝聚力，因而发展成为中国道教的主干，不论北魏寇谦之的北天师道还是刘宋陆修静的南天师道，事实上都不过是东汉魏晋巴蜀天师道的演变。汉末张角创太平道，以宗教为旗帜，发动黄巾大起义，"十余年间，众徒数十万"[1]，黄巾失败后，太平道随之解体，道众大多融入了五斗米道，进一步壮大了巴蜀一派道教的力量。成汉国之时，更是奉道教为国教，奉著名巴蜀道士范长生为"李雄国师"[2]，尊为"四时八节天地太师"[3]，而"蜀人奉之如神"[4]，遂使巴蜀道教在政治上达到登峰造极的地步。而汉末魏晋以至南朝道教中的"丹鼎派"则主要是致力于发展并系统总结炼丹学说，实践炼丹学说，在政治上无所作为，完全不能同巴蜀一派道教的组织化和社会化功能相比较。魏晋时巴蜀一派道教（三张符派道教）的这一特点是东汉三国之际五斗米道的继续发展，有着深厚的文化根基和广泛坚实的民众基础；而丹鼎派则主要是上承东汉宫中黄老道的余绪而来，因而主要在统治阶级和上层社会发展，没有像巴蜀道教那样形成坚固的宗教组织及其结构，更没有达到足以号召广大民众、具有广泛号召力和强大凝聚力的社会化程度，两者不可同日而语。

佛教传入巴蜀地区较早，迄今在四川境内发现的多件东汉时期的早期佛教造像和考古遗迹，表明至少在东汉时佛教便已经传入巴蜀，并在民间取得初步发展。但是，从东汉至魏晋，佛教却从来没有在巴蜀文化中占据过主流地位。尽管巴蜀地区是汉晋之间南传佛教和北传佛教的交汇之地，也是长江流域早期

---

① 《后汉书·皇甫嵩传》。

② 《晋书·周抚传》。

③ 刘琳：《华阳国志校注》卷九《李特雄期寿势志》。

④ 《资治通鉴》卷 90 "晋元帝大兴元年四月"。

佛教造像南传线路的起点，但魏晋以至南北朝时巴蜀地区的佛教却主要来自不论传播还是发展都比它晚得多的长江中下游佛教的影响。这就是说，长江中下游地区的佛教，最初有许多是经由长江上游的巴蜀地区传播而去的，很快便在当地生根、成长、壮大，可是佛教在作为其南传起点的巴蜀地区却并没有牢牢立稳足跟、发展壮大。这种情况，也有助于说明土生土长的道教在其发源地巴蜀所具有的深厚根基和牢固地位。正因如此，才使魏晋时代的巴蜀文化表现出明显的历史继承性和发展连续性，说明巴蜀文化具有根深蒂固的历史传统和生生不息的内在活力。

汉魏之世，巴蜀"文学笺启，往往可观，冠带风流，亦为不少"[1]，然而入晋以后，巴蜀长期战乱，"兵连战接，三州（梁、益、宁州）倾坠，生民歼尽"[2]，而"郊甸未实，都邑空虚"[3]。在严重的政治动乱环境中，巴蜀学术惨遭践踏，顿形衰落。宋人吕大防评论道："自先汉至晋初逾四百岁，（巴蜀）士女可书者四百人，亦可谓众矣。复自晋初至于周显德，仅七百岁，而史所纪者无几人。忠魂义骨与尘埃野马同没于丘原者盖亦多矣，岂不重可叹息哉！"[4] 此说固然有失实之处，但其分析也确属有理。政治动乱给学术造成的严重摧残和巨大灾难，于此可见一斑。

（原载《中华文化论坛》1999 年第 1 期）

---

① 《魏书·邢峦传》。

② 刘琳：《华阳国志校注》卷十二《序志》。

③ 李膺：《益州记》，郭允蹈《蜀鉴》卷 4 引。

④ 吕大防：《华阳国志序》，见刘琳：《华阳国志校注》。

从巴蜀的巴蜀到中国的巴蜀

　　雅斯贝斯（Karl Jaspers）创立的枢轴时代论（Axial Age），认为公元前 6 世纪是世界历史上的枢轴时代。因为在这一时期前后，出现了中国的孔子、印度的佛陀、波斯的琐罗亚斯德、犹太的以赛亚、希腊的毕达哥拉斯，在他们的促动下，从东亚、南亚、西亚、中东到希腊，人类文化取得了第一次大突破，人类进入文明（雅斯贝斯显然是把系统化了的理性知识作为文明的标志），成为世界历史发展的转机，所以把这个时代称之为枢轴时代。至于为什么世界历史上几乎同时出现如此重大的变局，雅斯贝斯并没有给予更多说明。

　　这里之所以提到雅斯贝斯的枢轴时代论，并不是想以此作为线索去探讨世界历史，目的在于进一步说明：枢轴时代应当是一系列具有划时代意义的新因素在某一时期连续出现，并且在某一地域连续发生、连续分布，从而导致这个时代这个地域内文化上知识上大变动的出现。这一现象，如同有一个定位的枢轴一样，在某一时代，处于枢轴转动范围内的所有地域都受其影响而协同联动，发展变化。因而，枢轴时代这个概念，不光可以使用于公元前 6 世纪的世界历史，也可以应用到不同的时代和地域。

　　从枢轴论来考察古代巴蜀，可以看出，先秦巴蜀还没有被包容在中原枢轴之内。中原枢轴的性质定位，雅斯贝斯是以孔子为坐标的。许倬云先生进一步论证说，枢轴时代必须突破的先决条件有三个：第一，要有相当程度的国家组织；第二，要有文字和专业知识分子；第三，要有剧烈的社会变革，兴亡起伏的剧变导致知识分子失去权贵地位，失去专业，转化为游离的知识分子，才可能对神圣传统提出疑问，由疑问而反省，而瞿然提出新见解，终于突破并超越习俗的神秘，把古代文化提升到枢轴时代的新境界[①]。

---

① 许倬云：《枢轴时代在中国的发生》，载所著《历史分光镜》，上海文艺出版社 1998 年版，第275—277 页。

中原枢轴时代以孔子为轴心，带动了儒、墨、道、法等九流十家的协同振动和运转，尽管各家时有矛盾冲突，但毕竟围绕同一个轴心作同向、反向或交叉的运动，没有一家外于以孔子为轴心的枢轴。于是，中原的枢轴时代从学术上使华夏文化加深了各个地域间的亲和力、凝聚力和整合力①，因而战国时代的大变局也就预示了后来的大统一。

从学术文化体系上看，在先秦时代，巴蜀仍在中原枢轴之外，除战国末叶有臣君子、褐冠子研习道家学术而外，几乎没有其他九流十家的学术影响痕迹②。这种情形，实有其深刻的政治和文化背景。

巴蜀地区在地理上距离中原遥远，"尔来四万八千岁，不与秦塞通人烟"③。由于秦岭、大巴山、米仓山系的阻隔，使它自成一个相对独立的地理单元。在政治上，先秦巴蜀也主要是自成政治单位的。虽然在夏、商时代，巴蜀与中原有这样那样的和战关系；西周时代巴、蜀也是周王室册封的诸侯，但古蜀王国在"有周之世，限以秦、巴，虽奉王职，不得与春秋盟会，君长莫同书轨"④，巴国则因"楚主夏盟，秦擅西土，巴国分远，故于盟会希"⑤，均与中原缺乏经常的政治联系，不能在政治上与中原同步演进，事实上是在中原枢轴之外。战国前期，当中原列国纷纷掀起轰轰烈烈的变法运动之时，西方的秦国起而响应，虽加入变法较晚，但却后来居上，变法彻底，又积极参与"中国诸侯"之政⑥，文化上则采取开放政策，吸纳并延请三晋纵横家和法家知名人物入秦主持变法，"移风易俗"⑦，以此与中原诸夏所奉行的儒家学说相抗衡，作为进一步发动统一战争的理论基础。结果是政治上与中原诸夏充分融为一体，文化上更加强了同中原诸夏的交流和融会。南方的楚国，东方的吴国和越国，也在政治上积极参与诸侯争霸，文化上以老、庄为代表的道家则应运而生，与齐鲁儒家、秦晋法家和纵横家等分庭抗礼，遂成百家争鸣之局，并在这一动态局面下与中原融为

---

① 学术争论的范围越广，文化认同的范围就越广。这里所说的亲和力、凝聚力和整合力，都是指文化而言，而不是指学术观点。

② 刘向《别录》和《汉书·艺文志》有"尸佼入蜀"之说。尸佼为杂家，入蜀后对蜀可能有一定影响，但未见影响之迹。

③ 李白：《蜀道难》。

④ 刘琳：《华阳国志校注》卷三《蜀志》，巴蜀书社，1984 年。

⑤ 刘琳：《华阳国志校注》卷一《巴志》。

⑥ 《史记·秦本纪》。

⑦ 《史记·商君列传》。

一体，汇入到中原枢轴之中。唯有巴蜀，僻在西南，为"戎狄之长"①，既不预中原之政，不参与中原列国轰轰烈烈的变法潮流，又不预中原学术，不参与百家争鸣。这两大特点，说明了先秦巴蜀外于中原枢轴的事实。

巴、蜀自古有其国家组织，控制资源，掌握军队，维护王权，其政治势力主要是向西南边徼大力伸张；又有自己的知识体系和知识分子，创造了独具特色的文字系统，物质文明也曾取得极大进步。但由于政治上与中原之政脱节，不在中原政治经济大变革的连锁反应圈以内，所以墨守成规，神圣传统一脉相承，一传再传，缺乏精英起而反省的内部条件，因而不能在文化上取得突破，更不能对传统习俗提出质疑，又遑论超越。巴蜀自身既不能引发并创建枢轴时代，又不能与中原枢轴连为一体，所以先秦巴蜀没有产生出思想家，是不足为奇的。

秦灭巴蜀，设置郡县，是巴蜀进入中原枢轴的转机。但是，秦灭巴蜀的时代，正是秦的法家在理论上和实践上走向野蛮化的时代。如果说，商鞅时代秦还允许一点学术和思想自由，允许儒法之争存在的话，那么，到秦惠王、秦昭王尤其秦始皇时代，这一点点自由的学术和思想空间已被完全窒息。秦任刑罚，民以吏为师②，不允许自由的学术环境存在。在这种残酷的政治和文化条件下，巴蜀不但没有产生出思想家，反而发扬了神圣的宗教传统，政治上经济上虽然被纳入以秦为符号的中华枢轴之内，然而文化上却仍然在枢轴之外，两者出现了明显的脱节。

真正使巴蜀融入中华枢轴的是汉代。汉兴，实行轻徭薄赋缓刑的政策，文化上允许百家共存，惠帝四年"除挟书律"③，此后才有思想家的逐渐出现。不过，巴蜀地区由于神权思想对人们精神世界的长期禁锢，加上自古以来重形象艺术而不重逻辑思辨的传统思维方式，所以汉代巴蜀最早产生的大学问家不是思想家而是文学家，司马相如就是"以文辞显于世"的大文学家④。经文翁在蜀兴学，巴、汉亦化之⑤，其后，"王褒、严遵、扬雄之徒，文章冠天下"⑥，已是西汉后期

---

① 《战国策·秦策一》。

② 《史记·秦本纪》。

③ 《汉书·惠帝纪》。

④ 《汉书·地理志》。

⑤ 《汉书·文翁传》。刘琳注：《华阳国志》卷十《先贤士女总赞》。

⑥ 《汉书·地理志》。

之事。直到这时，巴蜀才产生真正的思想家。严遵（严君平）和扬雄是名闻全国的大思想家，严遵的《老子指归》"为道书之宗"①，扬雄的《太玄》为学者所推崇②，均表明了这个事实。

汉代巴蜀学者著书立说，均为私家著述，这是巴蜀文化已然汉化的最重要标志。这一现象足可说明，汉代巴蜀文化的转型，不但已经超越了文化认同的阶段，还进一步发展到了文化自觉的阶段，从意识深处已认为自身是汉文化圈中当然的一员。

汉代巴蜀思想家的产生，意味着巴蜀成为中华枢轴中成熟的一员。其政治与文化背景有四：首先是巴蜀在政治上为汉高祖"帝业所兴"之地③，高祖五年，汉军中的大批巴蜀士卒罢兵回家，均获五级以上爵位，成为巴蜀各地的大姓望族，加深了巴蜀对汉王朝的政治向心力；第二是汉王朝放宽思想禁锢，允许百家存在，武帝时虽独尊儒术，但百家之术仍在天下郡国不同程度地发展，巴蜀则突出发展了道家学术和易学；第三是汉王朝吸收天下精英入为朝官，既加强了汉王朝的中央集权，提高了汉王朝认识处理天下郡国各类事务的能力和水平，又加强了中央王朝同全国各地的文化和感情联系，巴蜀地区的精英人物如司马相如、洛下闳、王褒、扬雄等均在京师任为朝官，在文化上思想上感情上保持并维护着巴蜀与京师的各种联系；最后，最为重要的是，汉景、武之间，蜀郡守文翁在成都兴办学堂，改造了巴蜀的"蛮夷之风"④，使巴蜀逐步从文化认同转变为文化自觉，最终超越了神圣传统，在思想上文化上与汉文化融为一体。

作为独立王国的先秦巴蜀，与作为大一统帝国郡县的秦汉巴蜀，在思想上文化上的调控机制和原动力是大不一样的。先秦巴蜀文化的调控机制和原动力是宗教神权，它们不预中原之政，不图变法革新，没有加入中原枢轴，思想上文化上也主要是没有突破神圣传统所致。汉代则不同。汉代巴蜀文化发展的原动力有二：一是中央王朝开通经学之途，以"禄利之路"吸引人才⑤；二是汉王朝允许地方文化和宗教基本内核的保存和传承，使其与汉文化充分地融会整合

---

① 刘琳：《华阳国志校注》卷十《先贤士女总赞》。

② 参见《汉书·艺文志》，《三国志·魏志·王朗传》，《华阳国志·先贤士女总赞》，《后汉书·张衡传》，《隋书·经籍志》，《唐书·经籍志》。

③ 刘琳：《华阳国志校注》卷二《汉中志》。

④ 《汉书·文翁传》。

⑤ 《汉书·儒林传·赞》。

为一体。所以，汉代巴蜀文化一方面表现出明显的传统特征，另一方面又表现出浓厚的汉文化特色。其中的突出事例有二：一是文翁兴学，蜀人县邑吏民"争欲为学官弟子，富人至出钱以求之，由是大化"[①]；二是巴蜀学者数量日益增多，东汉又超过西汉[②]。说明巴蜀文化已完全转化为汉文化，原有的神圣传统仅作为地方文化因素，化为地方习俗保存下来。可见，巴蜀融入中华枢轴，完全改变了它的文化性质和发展方向，由此获得了重要的文明进步。

如果从突破和超越上说，那么汉代才是中国文化真正的枢轴时代，因为它是统一中国的枢轴时代，而不仅仅是中原诸夏的枢轴时代。

借用梁任公《中国史叙论》关于"中国之中国"和"世界之中国"这一概念，可以说，先秦的巴蜀是巴蜀的巴蜀，而秦汉的巴蜀则是中国的巴蜀。

（原载《光明日报》2000 年 5 月 17 日）

---

① 《汉书·文翁传》。

② 参见《华阳国志》卷十《先贤士女总赞》，《华阳国志》卷十二《梁益宁三州先汉以来士女目录》。

第三篇

古代巴蜀与南方丝绸之路

嫘祖与中国丝绸的早期起源

中国是世界上蚕桑、缫丝、丝绸的原产地，素有丝国之称。从公元前第一个千年或更早开始，中国丝绸就已横穿欧亚大陆，远播至于西方。西方世界对中国的认识，也是伴随着中国丝绸的西传逐步形成的。从某种意义上看，丝绸或许是中国对于世界物质文化最大的一项贡献①。由于丝绸对包括东西方在内的世界文明的发展和繁荣作出了重要贡献，在世界文明史上占有特殊地位，因此，长期以来对于中国丝绸的研究一直是中外学术界所共同关心的重大课题。

四川是中国丝绸的原产地之一，不仅以"嫘祖"、"蚕女"等古史传说饮誉海内，而且以蜀锦、蜀绣等丝织品驰名中外，在中国丝绸文化的起源和发展史上占有显著地位。文献和考古研究表明，嫘祖、蚕女等中国丝绸史上的里程碑式人物，均与古代巴蜀有关。毫无疑问，研究中国丝绸的起源和发展，不能不研究巴蜀丝绸的起源和发展，而研究巴蜀丝绸的起源和发展，不能不研究嫘祖文化的起源和发展。可以毫不夸张地说，对于嫘祖文化的深入系统研究，将是解决中国丝绸文化起源的关键性课题之一。

一、中国丝绸的起源时代

（一）古史所见中国丝绸的起源时代

传世文献对中国丝绸的最早记载，见于《尚书·禹贡》。此篇记载的丝绸种

---

① 夏鼐：《中国文明的起源》，文物出版社 1985 年版，第 49 页。

类有丝、织文（有花纹的丝织品，应即绮①）、玄纤缟（纤细的黑缯和白缯）、玄丝熏丝几组（黑色和浅红的丝织品）等。至于此篇提到的"织贝"，郑玄注以为"锦名"，即所谓"贝锦"，实误，应当是细纻和贝壳两种物品②，即把贝壳磨成小粒扁圆珠并缝缀于麻质（纻）衣物上，这是海洋文化的产物，在殷墟考古中曾有出土③。不管怎样，《禹贡》的记载表明，早在中国文明兴起的初期，中国丝织品就已经形成了多种类多样化的发展格局。显然，中国丝绸的起源时代，还远在《禹贡》的成书年代之前。

那么，《禹贡》成书于什么时代呢？这是一个颇有争论的问题。近世以来对此问题主要有五种意见：（1）西周前期说，以辛树帜为代表④；（2）战国说，以顾颉刚为代表⑤；（3）春秋说，以王成组为代表⑥；（4）汉代说，以日本学者内藤虎次郎和德国赫尔曼教授等为代表⑦；（5）不同时代说，其中的"九州"篇所记生态环境反映的是公元前2000年间的情况，其蓝本当出自商朝史官对夏代的追记，此说最近由考古学界所提出⑧。从《禹贡》所记贡丝织品的地域同古史的参验比较来分析，"九州"篇本出公元前第二个千年即夏商之际的看法，是最为接近历史实际的。基于这种认识反观先秦文献，可以看出，夏商时代中国丝绸已经发展到了相当水平。

《礼记·礼运》记载：

> 昔者先王未有宫室，……未有丝麻，衣其羽皮。后圣有作，……治其丝麻，以为布帛，以养生送死，以事上帝鬼神，皆从其朔（按：朔，初也）。

此篇所说"后圣有作"，"治其丝麻"，所指即是丝绸起源时代的情形。

---

① 按：郑玄以为"织文"是"锦绣之属"，但从锦产生于商代以后的史实看，所谓"织文"，其实应当是绮，即《说文》所说，"绮，文缯也"，并不是锦。

② 《尚书正义·禹贡》。

③ 林惠祥、凌纯声持此说，见凌纯声：《中国古代海洋文化与亚洲地中海》，《海外杂志》3卷10期，1954年。

④ 辛树帜：《禹贡新解》，农业出版社1964年版。

⑤ 《禹贡注释》，载《中国古代地理名著选读》第1辑，科学出版社1959年版。

⑥ 辛树帜：《禹贡新解》，农业出版社1964年版。

⑦ 内藤虎次郎之说，见江侠庵《先秦经籍考》；赫尔曼之说，见《禹贡》2卷5期引。

⑧ 邵望平：《禹贡"九州"的考古学研究》，载《考古学文化论集》2，文物出版社1989年版，第11—30页。

《易·系辞下》记载：

> 黄帝、尧、舜垂衣裳而天下治。

孔颖达《疏》云："垂衣裳者，以前衣皮，其制短小，今衣丝麻布帛，所作衣裳，其制长大，故云垂衣裳也。"这表明，中国丝绸的起源是在黄帝时代。

关于《礼记》和《易·系辞》的成书年代，论者或有争议，以为是汉代人的作品。但是关于《礼记》源出先秦，早在汉代就有清楚明确的记录，《汉书·景十三王传》载：汉景帝时，河间献王"所得书皆古文先秦旧籍书《周官》、《尚书》、《礼》、《礼记》、《孟子》、《老子》之属"。《汉书·艺文志》和《说文·叙》亦并谓孔壁中有《礼记》，可见大小戴《礼记》本出古文[①]，原为先秦旧籍，并非西汉作品。至于《易·系辞》，《史记·孔子世家》记载，"孔子晚而喜《易》、《序》、《彖》、《系》、《象》、《说卦》、《文言》"，虽不一定完全可信，但《系辞》为先秦旧籍是可以肯定的。王充《论衡·正说》："孝宣皇帝之时，河内女子发老屋，得逸《易》、《礼》、《尚书》各一篇奏之。宣帝下示博士，然后《易》、《礼》、《尚书》各益一篇。"所得逸《易》，应指《说卦》。《随书·经籍志》："及秦焚书，《周易》独以卜筮得存，唯失《说卦》三篇。后河内女子得之。"这里所说三篇，即《说卦》、《序卦》、《杂卜》三篇，并不包括《系辞》，可见《系辞》并非汉代人伪作，而是传自先秦的文本。据此，《礼记·礼运》和《易·系辞》所记丝绸源自黄帝时代，这一说法应当就是先秦时代累世相传的旧说。

传出《淮南子》所引的《蚕经》[②]，对蚕桑丝织起源于黄帝时代也有明确的记载，其文曰：

> 《蚕经》云："黄帝元妃西陵氏始蚕。"

对于这条《蚕经》的年代，论者有所争议，或以为出自宋元时期的伪作。但是，至少有两个证据可以表明，此条《蚕经》原为先秦旧史所传，决非宋元人伪作。

其一，《世本》（见《大戴礼记·帝系》引[③]）记载："黄帝居轩辕之丘，娶于西陵氏，西陵氏之子谓之嫘祖氏，产青阳及昌意。青阳降居泜水（按：《史记·五帝本纪》引作"江水"），昌意降居若水。昌意娶于蜀山氏，蜀山氏之子谓之昌濮氏，产颛顼。"这条材料本是先秦时代中原旧籍所传，并见于成书于西

---

① 王国维：《汉时古文本诸经传考》，《观堂集林》卷7，中华书局1959年版。

② 马宗申校注、姜義安参校：《授时通考》卷72引，农业出版社1991年版。

③ 据《尚书序正义》："《大戴记·帝系》出于《世本》"，故知此篇为先秦《世本》原文。

周中叶以前南方古史所传的《山海经·海内经》，表明有着真实的历史内容。而黄帝、嫘祖之子昌意娶于蜀山氏，恰恰显示了古代从利用桑蚕之丝到驯养家蚕并抽丝织帛这一重大历史性变革（详后），意味着中国丝绸起源于黄帝时代。这与上引《礼记·礼运》和《易·系辞》是恰相一致的。因此，不论从材料本身还是所反映的历史背景来看，这条《蚕经》都出自先秦，当可肯定。

其二，根据《荀子·赋篇·蚕》的记载，战国时已发展了关于蚕的义理，称为"蚕理"，而蚕理的形成年代足可追溯到"五帝"时代[①]。《荀子》既称蚕理，则当时已有总结和阐述关于蚕理的书籍传世，当可肯定。《荀子》此篇还提到一种流布广远的传说，即蚕与马的关系，说："五帝占之曰：此夫身女好而头马首者"，并说这是蚕理之一，可知此说是一种来源久远的传说。《周礼·夏官·马质》"禁原蚕者"句下郑玄注云："原，再也，天文辰为马。《蚕书》：'蚕为龙精，月直大火，则浴其种'。是蚕与马同气也。"郑注引证的这部《蚕书》，虽然并未注明为何时之书，不过从它的内容与《荀子》所述蚕、马关系有所关联来看，应当就是战国时代关于蚕理一类的书，出自先秦旧本，当无疑义。秦始皇时，尽烧天下《诗》、《书》、百家语，"所不去者，医药、卜筮、种树之书"[②]，有关蚕理一类先秦文献，即属"所不去者"之流，因而得以保存并流传下来，至汉初为淮南王刘安《淮南子》所取用。由于汉初并称先秦义理之书为经，所以淮南王刘安在引用此书时称其为《蚕经》，这是符合汉初风气的。至汉武帝时，设五经博士，只有经学称经，其他诸书则不再称经，所以东汉郑玄引用此书时称其为《蚕经》。由此可见，《淮南子》引用的《蚕经》，原为先秦旧本所传，并非后人伪作。这种情况，与汉初许多古籍抄自先秦旧本一样，不足为异。当然，除这部《蚕经》而外，刘安本人是否写过一部《淮南王养蚕经》[③]，因文献阙如，难以考察，只能存而不论。

至于今本《淮南子》不见这条《蚕经》，也并不足怪，这是由于此书在传抄过程中有所脱漏而出现的现象，正如许多书籍在传抄中有所脱漏一样。问题的关键并不在于佚文辑自哪个时代的哪一部书，而在于佚文是否合乎它自身所反映的史实和背景，是否有可靠依据。以此来看这条《蚕经》，不难知道它出自先秦旧本，绝非宋元间人士的伪作。

---

① 此篇"五帝"二字，为宋本原文，元刻本则作"五泰"。见王先谦《荀子集解》引卢文弨之说。
② 《史记·秦始皇本纪》。
③ 王毓瑚：《中国农学书录》，中华书局 2006 年版。

总而言之，通过对上引各条先秦文献的考证和分析，可以确认这样一个事实，即，中国蚕桑、缫丝和丝绸的起源是在黄帝时代，"西陵氏始蚕"、"治丝茧以供衣服"等古史传说有着充分的历史根据，并非后人向壁虚构之说。

（二）考古所见中国丝绸的起源时代

迄今为止，在中国考古中发现的最早一件与蚕相关的实物资料，是1977年在浙江余姚河姆渡遗址第二次发掘中所出土的牙雕小盅①。在这件牙雕小盅的外壁，雕刻着一圈编织纹和蚕纹图案。从蚕纹图像观察，首尾上翘，腹背向上弯起，整个体态呈明显的弓形，表现了活泼激烈的动态形象。从生物学知识可以知道，河姆渡蚕纹具有野蚕的诸种特征，还不是家蚕。野蚕的主要特征，除具有暗色斑等形体特征外，还具有行进活泼、动作激烈、腹背弓起幅度大等运动特征。河姆渡蚕纹与野蚕的这些特征恰相符合，表明是野蚕形象的刻画。值得注意的是，发掘中还同出土一批纺织工具，有木卷布棍、骨机刀和木经轴，均为织机的部件，表明已有织机。将野蚕纹与编织纹和织机等因素联系起来看，7000年以前的河姆渡文化，可能已经开始利用野生蚕茧作为纺织原料。不过，即令如此，由于还不懂得将野蚕驯化为家蚕，所以它还停留在利用家蚕缫丝织绸这种真正意义上的丝绸起源时代之前，正如在中国家蚕种传入西方以前，西方曾利用野蚕茧得到丝一样。

另外几件与野蚕有关的考古实物资料分别发现于山西夏县西阴村②和河北正定杨庄③，两个出土点的层位均属仰韶文化地层，距今五六千年。1928年，李济在西阴村遗址内发现了一个半割的茧壳，切割的部分"极平直"，有着整齐的切割边缘。曾有学者据此以为仰韶文化时期中国已有了养蚕业，但夏鼐认为这个发现本身是靠不住的，更不能根据这个靠不住的"孤证"来断定仰韶文化已有养蚕业④，当然也就谈不上与丝绸的起源有关。即使这件半割的蚕茧的出土地层可靠，也不是为了用蚕茧缫丝，因为一经割开，它即成为废品⑤，所以有学者认为是取蛹供食用。至于河北正定杨庄仰韶文化地层内出土的两件陶蚕蛹，只能

---

① 《浙江河姆渡遗址第二期主要收获》，《文物》1980年第5期。

② 李济：《西阴村史前遗存》，清华大学研究院第3种，1927年，第22—23页。

③ 唐云明：《我国育蚕织绸起源初探》，《农业考古》1985年第2期。

④ 夏鼐：《我国古代蚕、桑、丝、绸的历史》，《考古》1972年第2期。

⑤ 牟永抗、吴汝祚：《水稻、蚕丝和玉器》，《考古》1993年第6期。

说明人们对蚕蛹本身所具有的一种崇拜观念，而与利用蚕茧缫丝织绸谈不上有什么关系，自然也与丝绸的起源无关。可见，仰韶文化时期还没有进入丝绸的起源时代。

考古学上能够取得充分证据并加以确切断定的中国丝绸的起源时代，是龙山时代。1958 年在浙江吴兴钱山漾遗址的第二次发掘中，出土了一批盛在竹筐中的丝织品，有绢片、丝带和丝线等①。经鉴定，原料是家蚕丝，绢片为平纹组织，经纬密度为每厘米 48 根，丝带为带子组合，观察为 10 股，每股单丝 3 根，共计单纱 30 根编织而成。据研究，绢片的经纬密度显示出，必然已有了比较完备的织机，从丝线绞捻组合、单丝纤维平整光洁以及条纹等方面观察，绢织物无疑是先缫后织的②。钱山漾遗址属于长江下游的良渚文化，其年代与龙山文化大致相当，属于中国考古学上的龙山时代。根据对钱山漾遗址中与丝织品同一层位同探坑内的稻谷标本所做的碳 -14 测定结果，绝对年代距今 4715±100 年，为公元前 2750±100 年③。这表明，考古学上的龙山时代，就是中国丝绸的起源时代。

所谓龙山时代，是考古学上关于史前文化分期的概念，大约相当于公元前 2600 年到公元前 2000 年的一段时期。在这个时期，黄河流域和长江流域各地的考古学文化都有明显的进步，具有相似的发展水平，并且相互之间有着不同程度的联系，因而被统称为龙山时代④。

那么，考古学上的龙山时代与古史上的黄帝时代是什么关系呢？以下分析表明，所谓黄帝时代，其实相当于龙山时代的较早时期。对此，可以从三个方面加以论证。

首先，从考古学上看，在石器时代与青铜时代之间，有一个铜石并用时代，它的早期相当于仰韶文化的晚期，而它的晚期大体上与龙山时代相当。从古史上看，"轩辕神农赫胥之时，以石为兵"，"至黄帝之时，以玉为兵"，"禹穴之时，以铜为兵"⑤，所说以石、玉、铜为兵的三个时期，分别与考古学上的石器、铜石并用和青铜三个时代相吻合，表明"以玉为兵"的黄帝时代，大约就相当于

① 《吴兴县钱山漾遗址第二次发掘报告》，《考古学报》1960 年第 2 期。
② 周匡明：《养蚕起源问题的研究》，《农业考古》1987 年第 1 期。
③ 夏鼐：《碳 -14 年代测定和中国史前考古学》，《考古》1977 年第 4 期。
④ 严文明：《龙山文化和龙山时代》，《文物》1981 年第 6 期。
⑤ 袁康、吴平著，乐祖谋点校：《越绝书》卷 11，上海古籍出版社 1985 年版。

铜石并用时代。不过，这个"以玉为兵"的时代，只是指铜石并用时代的晚期，却并不包括其早期。因为，所谓"以玉为兵"，反映的是一个特殊的"玉器时代"，它在中国考古学上并不具有普遍性，仅仅是长江下游良渚文化和长城以北西辽河流域红山文化的时代特点。"黄帝之时，以玉为兵"出自《越绝书》，而《越绝书》所记载的正是长江下游吴越之地的历史及其古史传说，可见这个记载表现的是东南地区的古史，它与良渚文化不论在时间还是空间上都是完全吻合的。作为东南地区史前考古上的这个玉器时代，如前所述，恰恰与龙山时代即铜石并用时代的晚期相当，而与仰韶时代的晚期并不同时。由此可见，古史上的黄帝时代，就是考古学上的龙山时代。

其次，龙山时代上下数百年，是一个相当长的时期，黄帝时代究竟处于这个时代的哪一阶段呢？我们知道，在古史传说中，黄帝、昌意、乾荒、颛顼之后分化为几大支系，其中的鲧、禹一系便是夏王朝的先公。对应于考古学，二里头文化（夏文化）之前的是中原龙山文化，则鲧的时代应为龙山时代的晚期。据《世本》记载："鲧作城。"恰恰在龙山时代的晚期，黄河流域、长江流域以及辽河流域出现了中国历史上第一批城堡，与《世本》的记载正相吻合，这不是偶然的，它表明了古史传说包含真实可信的历史内容，不容轻易否定，同时也表明了鲧的时代确实是龙山时代晚期这一事实。既然如此，那么早于鲧在世数百年的黄帝，其所处时代必然就是龙山时代的早期。

最后，从古史上看，黄帝时代是中国史前历史发生重大变化的时代，不但社会分化加剧，战争加剧，各地区之间的文化交流和文化重组加剧，日益出现文明与国家起源的诸因素，而且在物质文化和科学技术上还产生了许多新的发明创造，如《世本·作篇》记载的"作市"、"作兵器"、"作煮盐"、"始穿井"、"作旃"、"作冕旒"、"作占日"、"作占月"、"作占星气"、"造律吕"、"作甲子"、"作算数"、"作调历"、"作书"、"作图"、"作衣裳"，以及其他诸多发明创造，丝绸亦是其中的重大发明创造之一。考古学上，恰恰是在龙山时代的较早时期，各地文化出现了若干明显的变化，这些变化与古史传说中黄帝时代的若干特征基本能够相互对应，如丝绸的起源就在这个时期，冶铜以作兵器乐器也始于这个时期，这个时期铜器的较多发现以及制铜技术的进步，与古史所载"黄帝采首山铜铸鼎于荆山下"的传说有着内在联系[1]，而战争的加剧和各地文化的普遍进

---

[1] 《史记·封禅书》。

步以及相互之间交流的扩大等，也可以从这一时期各考古区系文化之间的深刻联系和相互影响中得到确切证明，社会分化的加剧则是这一时期考古学上常见的确定不移的事实。由此可见，黄帝时代便是龙山时代的较早时期，这是没有什么疑问的。

（三）文化进化与丝绸起源

中国丝绸起源于龙山时代，这当然不是偶然的，它既与龙山时代中国各地的气候、生态等自然条件有关，更与当时中国文化的普遍进化有关，以至可以说是文化进化的直接产物。

根据竺可桢对西安半坡和安阳殷墟动物群所作的气候变迁研究[1]，我们知道，仰韶文化时期和殷墟时期是中国的温暖气候时代。又据贾兰坡和张振标的研究[2]，我们更清楚地知道，仰韶文化时期的气温最为温暖，屈家岭文化中期和晚期，气温比仰韶文化时期呈下降趋势，而龙山文化时期气温又比屈家岭文化中期和晚期有所回升。这两份研究成果的结论是一致的，表明龙山时代的气温虽然比仰韶文化时期所处的温暖期有所差异，但总的看来仍然属于温暖时代。

至于稍早于仰韶文化（约公元前第五个千年前叶后段至公元前第四个千年中期）的河姆渡文化（公元前 5000 年前后）时期的气候情况，根据王开发、张玉兰对孢粉组合变化的研究[3]，沪杭地区的史前气温，公元前 5500 年到公元前 3050 年是第一暖期，气候湿热，基本上相当于现在珠江流域的气候条件。河姆渡遗址的动植物群[4]，也显示了同样的气候结论。

以上关于黄河流域和长江下游史前气候的研究成果表明，河姆渡文化所处的气温最高，犹如今日的珠江流域；仰韶文化和龙山时代黄河流域的气温低于河姆渡文化时期长江下游的气温，但远比今日为高，其气温条件约与今日的长江流域大体相当。

根据上述史前的气候条件，我们再来看当时各地与蚕相关的事物，就会发现，在相似的气候条件和生态环境下，蚕桑、丝绸的起源与演进完全取决于文

---

[1] 竺可桢：《中国近五千年来气候变迁的初步研究》，《考古学报》1972 年第 1 期。

[2] 贾兰坡、张振标：《河南淅川县下王岗遗址中的动物群》，《文物》1977 年第 6 期。

[3] 王开发、张玉兰：《根据孢粉分析推论沪杭地区一万多年来的气候变迁》，《历史地理》创刊号。

[4] 浙江省博物馆自然组：《河姆渡遗址动植物遗存的鉴定研究》，《考古学报》1978 年第 1 期。

化的进化。

如前所述，河姆渡文化时人们可能已开始利用野蚕丝作为纺织原料，表明人们已发现了蚕丝的秘密。虽说当时的温暖气候条件较宜于蚕桑，但发现了野蚕的秘密并不等于可以驯养野蚕为家蚕，当时人们的知识和经验还没有演进到这样的程度。而河姆渡文化所经历的年代不长，使其对于野蚕的观察和野蚕丝的利用历程中断，因而无法从中直接发展到驯养家蚕的阶段，自然也就谈不上丝绸的起源。

仰韶文化时期的气候条件同样适宜于桑树的生长和野蚕的驯化、发育，山西夏县西阴村发现的"半割的茧壳"和河北正定杨庄发现的陶蚕蛹，都表明了当时人们对于野蚕的不同方面的利用，但并没有在这种有利环境下进一步发展出蚕桑和丝绸，这同样也是因为知识和经验的积累还没有达到足以导致丝绸起源的水平。

但是在气温条件基本相同的龙山时代，西南的巴蜀和东南的良渚却几乎同时进入了丝绸起源时代。这种情况表明，龙山时代所取得的各项文化成就，推动着丝绸起源的进程，是促使丝绸起源的诸种原因当中最重要的原因。

从家蚕起源的角度看，中国的桑蚕驯养并不起源于一个地区和一个时期，它既是多中心的，又是不同期的。但是，从目前的考古材料和古史传说来看，迄今为止可以确认的中国早期驯养桑蚕为家蚕的中心，似乎只有西南的巴蜀和东南的良渚，这两个中心均分布在长江流域，一在长江上游，一在长江下游。此外，中外一些蚕桑学者还认为，华北也是桑蚕驯化中心之一，甚至有的日本学者还提出中国北方是家蚕起源的唯一中心的看法[1]，但是这些意见却并没有取得考古材料和历史文献的充分支持，目前只能存疑不论。

关于巴蜀驯养桑蚕为家蚕的诸问题，我们将在后面详细论证，这里仅对良渚文化家蚕的起源稍作分析。

考古学和纺织学已经确认，良渚文化丝织物的原料是家蚕丝。从良渚文化时期另一个遗址吴江梅堰出土的一件黑陶器上，还发现了家蚕的浅刻图案[2]，确凿无疑也表明良渚文化是中国最早的家蚕饲养中心之一。良渚文化之所以能够取得从驯养桑蚕到家蚕这一重大进步，当然是同它明显的文化进化直接相关的。

---

① 蒋猷龙：《就家蚕的起源和分化答日本学者并海内诸公》，《农业考古》1984 年第 1 期。

② 《江苏吴江梅堰新石器时代遗址》，《考古》1963 年第 5 期。

关于此点，只要了解到良渚文化时期被称为"玉器时代"就足够说明问题了，而它的物质基础是稻作农业和植物栽培业的极大发展和进步。此外，文化交流也是一个相当重要的原因。考古学界认为，长江下游的河姆渡文化与马家浜文化是两支并列发展的原始文化①，而马家浜文化和良渚文化有着十分密切的内在联系，良渚文化应是马家浜文化的发展和继续②。这一文化发展序列及其演变传承关系，当可说明良渚文化继承当地更早时期的文化传统，在长期观察的基础上进入驯养桑蚕并进一步发展到家蚕的饲养，从而进入家蚕的起源时代这一文化交流与演进的历史。虽然这一历史进程的具体细节我们已无法确知，但是它却大体说明了长江下游家蚕起源的情况。

　　既然巴蜀地区和东南地区是中国早期蚕桑丝绸起源的两大中心，那么为什么在《禹贡》"九州"所记产丝的地区中却偏偏没有这两个地区，而均为中原和北方系统的兖州、青州、徐州、豫州以及长江流域中部的荆州呢③？这个问题涉及中国古史的两大系统，比较复杂。简单说来，《禹贡》出自于商朝史官对夏代的追述，对夏代以前的历史不可能有全面系统的了解和掌握。尤其是夏与商在古史中分别属于帝颛顼和帝喾两大系统，西蜀与夏同系，它的丝绸起源史只见载于黄帝、颛顼系统所传古史，而不见载于帝喾系统所传古史，因此在帝喾系统的商朝史官那里无法知道西蜀丝绸起源的历史。至于东南地区，根据《史记·越王勾践世家》的记载，"其先禹之苗裔，而夏后帝少康之庶子也"，在夏代时属于颛顼、禹的系统，而在此之前则略无史载，属于一个独立的文化系统。其地与中原和其他文化区不同的玉器时代，便说明了它独立的文化性质，表明它既不属于颛顼系统，又不属于帝喾系统，因此商朝的史官同样无从知道良渚文化丝绸起源的历史。其他诸州由于丝绸起源较晚，距商不远，并且这些地区在商代时又多为商文化深刻影响的地区，与商王朝的关系比较密切，或本身就是商文化区（如豫州），或商文化亚区，所以这些地区的丝绸情况能被商朝史官熟知并掌握，而将其载入所作《禹贡》之中，乃是势有必致，理所固然，这种情况，自然不能与巴蜀和良渚相提并论，所以《禹贡》所记产丝的地区中，脱漏了作为早期丝绸起源地的巴蜀和良渚，是不奇怪的。

---

① 《浙江省新近十年的考古工作》，《文物考古工作十年（1979—1989）》，文物出版社 1990 年版，第 117 页。
② 牟永抗、魏正谨：《马家浜文化和良渚文化》，《文物》1978 年第 4 期。
③ 《禹贡》扬州所贡"织贝"并非丝织品，见前文。

二、嫘祖与丝绸起源

中国丝绸起源于黄帝时代。按照古代的性别分工，即古代文献屡次述及的"男耕女织"来看，黄帝正妃西陵氏之女嫘祖"教民育蚕"，"治丝茧以供衣服"，不仅与古文献所传和考古材料所示中国蚕桑、缫丝、丝绸的起源时代正相符合，而且也同古代社会以性别为基础的传统分工恰相一致，显示出嫘祖为中国蚕桑丝绸之祖的合理内涵。

（一）嫘祖时代考

中国丝绸起源于黄帝时代。嫘祖与黄帝同时，为黄帝正妃，此说出自先秦两汉文献，绝无异词，乃是古人的共识。关于此点，《世本》、《大戴礼记·帝系》、《史记·五帝本纪》等中原所传古史，与《山海经·海内经》所载巴蜀所传古史，以及蜀王后代子孙所传古史，南北两系三方的记载完全一致，足可证明其事属实，绝非伪造。《大戴礼记·帝系》记载：

> 黄帝……娶于西陵之子，谓之嫘祖氏，产青阳及昌意，青阳降居泯水，昌意降居若水。昌意娶于蜀山氏，蜀山氏之子谓之昌濮氏，产颛顼。

这段史料出于《世本》[①]。《史记·五帝本纪》所记，与此大同，其文云：

> 黄帝居轩辕之丘，而娶于西陵之女，是为嫘祖。嫘祖为黄帝正妃，生二子，其后皆有天下。……其二曰昌意，降居若水。昌意娶于蜀山氏女，曰昌濮，生高阳，……是为帝颛顼也。

> 帝颛顼高阳者，黄帝之孙而昌意之子也。

《五帝本纪》的这段资料的来源，司马迁说是"谱牒旧闻"[②]，即《世本》一类专记世系来源与分化之书，又有《大戴礼记》的《帝系》和《五帝德》两篇，以及《尚书》、《春秋》、《国语》等先秦时代流传下来的"古文"[③]，均出中原系统。

同属中原系统的《吕氏春秋》，也有类似的记载，《古乐篇》云：

> 帝颛顼生自若水。

---

① 《尚书序正义》。

② 《史记·太史公自序》，《汉书·司马迁传赞》。

③ 《史记·五帝本纪》。

这里虽未提及黄帝、嫘祖，但对照上引诸书，可以知道其基本点是毫无二致的。

按照司马迁在《五帝本纪》中所说，他所根据的这些资料，都是源自先秦中原诸夏世代相传的旧说，"总之不离古文者近是"，证明确有其事，并非臆造。而且，上引诸书虽同属中原系统，但其取材之处却并不同源，其间有地域和国度的区别，如《世本》形成于赵，《吕氏春秋》形成于秦，其他诸书又有不同的来源。这些来源非一、流传次第非一的文献，对于嫘祖为黄帝正妃一事有着完全一致的记载，也证明事属真实，断非虚构。

先秦南方所传古史《山海经》，对于黄帝、嫘祖同时亦有确切记载，《海内经》云：

> 黄帝妻雷祖（嫘祖，嫘雷二字音近相通），生昌意，昌意降居若水，生韩流。韩流……取淖子（郝懿行疏："濁古字通，又通淖，是淖子即蜀山氏子也。"），曰阿女，生帝颛顼。

此篇成书于西周中叶以前①，它与《大荒西经》所载帝颛顼和蜀王鱼凫的关系等内容，均出自古蜀人之手，同源于西周时已在蜀地流传的蜀王世系谱牒一类家史，或在蜀中世代相传的旧说，颇为信而有征。

《史记·三代世表》褚少孙补曰：

> 蜀王，黄帝后世也，至今在汉西南五千里，常来朝降，输献于汉。

这里所说在汉西南五千里的蜀王子孙，是指夏商之际南迁于今云南大姚和四川凉山州地区的蜀王蚕丛后代。《史记·三代世表》正义引《谱记》："蜀之先……历虞、夏、商、周。衰，先称王者蚕丛国破，子孙居姚、巂等处。"褚少孙所说蜀王为黄帝后世子孙，即指此而言。而黄帝子孙之说，当从这些蜀王后代朝降时自己称述得来②。这种称述，即是在蜀王后代中累世相承的家史，亦即《史记·五帝本纪》所说"谱牒旧闻"，它与《山海经·海内经》和《大荒西经》关于蜀王家史谱系的记载如出一辙，表明同源于蜀王旧史，故才得以在蜀王子孙中世代相传，至西汉时仍承而不改。

中原系统所传古史、巴蜀系统所传古史以及蜀王子孙所传古史，三者对于黄帝、嫘祖同时均有一致记载，证明其事不诬，可谓信史。

---

① 蒙文通：《略论〈山海经〉的写作时代及其产生地域》，《中华文史论丛》第1辑，1962年。

② 蒙文通：《巴蜀古史论述》，四川人民出版社1981年版，第36页。

（二）嫘祖地理考

《世本》、《大戴礼记·帝系》和《史记·五帝本纪》并谓"西陵氏之女为嫘祖"，但是西陵究竟在何处，诸书并未指明，于是造成千古疑案，聚讼难平。

翻检史籍及诸地志书，汉魏六朝时期称为西陵的地方不下四五处，其中为学术界所称引的与嫘祖西陵氏之国有关的约有五处。这五处西陵当中，哪一处可以确定为嫘祖西陵氏之国呢？

西陵氏之国为黄帝时代古国，确定其地望，必须要有共同的准则作为衡量标尺。我们以为，必须同时满足以下六个条件，才可论定西陵氏之国的地理位置。这六个条件是：

第一，时代。西陵地名必须出现在夏商之前。

第二，地理。西陵之地必须为丘陵地区。《说文》："陵，大阜。"《释名》："陵，隆也，体隆高也。"又曰："土山曰。象形者，象土山高大而上平，可层累而上。"陵为丘陵，既非大山（山，《说文》："有石而高。"），亦非平原江河湖泽之区，于此可明。

第三，方位。既称西陵，乃相对于东陵而言，因此必须在东陵之西。

第四，流域。夏商以前的东陵，史籍仅一见，即是《尚书·禹贡》"导江"部分所载："岷山导江，东别为沱，又东至于澧，过九江，至于东陵"。文中，"澧"即今澧水；"九江"不是指实之词，"九"乃言其多，依其文意，观其地理，所谓"九江"，应指今洞庭湖一带诸水汇流之地，其东即东陵。宋蔡沈《尚书集传》："东陵，巴陵也，今岳州巴陵县也。"地在今湖南岳阳。巴陵又称巴丘，相传后羿"断修蛇于洞庭"[1]，"其骨若陵，故谓之巴陵"[2]，其后夏禹导江命之曰东陵。既然东陵在长江流域，则西陵也必然在长江流域。但是，西陵却并不在长江干流，而在长江支流地区。这是因为，《禹贡》对于长江干流其导江所过之地，均有记载，假如西陵在长江干流，《禹贡》自当记入；《禹贡》"导江"既不载西陵，显然意味着西陵必不在长江干流，而在支流地区。

第五，近邻。西陵必须与蜀山氏相近。《世本》、《大戴礼记·帝系》、《史记·五帝本纪》、《山海经·海内经》诸书并载黄帝、嫘祖之子昌意"娶于蜀山

---

① 《淮南子·本经篇》。

② 《太平御览》卷171"岳州"条引《寻江记》。

氏"，则西陵氏之国必然与蜀山氏为近邻。

第六，民俗。西陵之地必须有蚕桑丝织传统，并有大量相关的民俗和地缘文化，方能同嫘祖"始蚕"、"治丝茧以供衣服"相对应。

根据以上六条，我们对有关的几个西陵进行扼要考察，便可明确何处是嫘祖西陵氏之国。

1. 湖北宜昌

宜昌之为西陵，其名晚出，三国吴时始有此称，其前为夷陵，秦置，汉因，《汉书·地理志》隶之于南郡。宜昌古为夷陵，先秦时已是如此。《史记·楚世家》记其地为楚邑，楚顷襄王二十一年（公元前278年），秦将白起拔郢都，"烧先王墓夷陵"，即此地。夷陵为楚陵墓之名，张守节《正义》曰："夷陵，陵名，后为县，属南郡"，即其证。而夷陵之名，源自夷山，《水经·江水注》"夷陵县"下引应劭曰："夷山在西北，盖因山以名县也"，王莽时改称居利，吴黄武元年更名西陵，晋太康元年又恢复夷陵旧名。至于西陵峡之名，其名亦同样晚出，先秦时原称为夷山，至三国时改夷陵县为西陵县后，方始称西陵峡，而后世沿之不改。由此可见，宜昌之西陵，不可确定为嫘祖西陵氏之国。

2. 湖北黄冈西北

黄冈之为西陵，战国已见记载，为楚邑。《史记·楚世家》记载：楚顷襄王二十年（公元前279年），"秦将白起拔我西陵"。《集解》引徐广曰："属江夏。"《正义》引《括地志》云："西陵故城在黄州黄山西二里。"秦于其地置西陵县，汉因而未改，属江夏郡。《汉书·地理志》"江夏郡西陵县"下班固原注："有云梦官"，可见其地临古之云梦泽。再以方位揆之，黄冈西陵已在《禹贡》东陵之东。很明显，既然黄冈西陵不论在地理、方位、流域还是在近邻诸方面均与六条标准不符，自然也就谈不上与嫘祖西陵氏之国有什么关系了。

3. 湖北浠水

在黄冈以东的浠水流域，三国时吴于此地置有西陵郡，甘宁"拜西陵太守"[①]，即指此地，治所为今湖北浠水县。这个西陵郡，郡名既晚出，又显然因袭了黄冈西陵之名，就更谈不上与嫘祖西陵有关了。

4. 四川茂县叠溪

今四川西北岷江上游茂县叠溪，《汉书·地理志》记为"蚕陵"，乃蜀之先

---

① 《三国志·吴志·甘宁传》。

王蚕丛氏发祥兴起之地，此即岷江"南过蚕陵山，古蚕丛氏之国也"①。《水经·江水注》引《益州记》称引其地为"西陵县"，沈炳巽谓西陵为蚕陵之误，但王国维及其他校本并不以为有误，当实有其名。《益州记》原有两种，一为刘宋任豫《益州记》，一为梁李膺《益州记》，这两种《益州记》，并为《水经注》所引用。此处《水经·江水注》所引《益州记》，乃李膺所著。据此，称汉之蚕陵县为西陵县，当属南北朝时易名。

有学者认为：黄帝所娶西陵氏女当为蚕陵氏女，蚕陵所在叠溪之叠，应出于嫘祖二字合文之省②。此说对于字形的解释虽颇有道理，但以此认定蚕陵为嫘祖西陵氏之国则失允当。蚕陵其先为蜀山氏之所居，蚕丛氏乃是蜀山氏之后。黄帝时代，蜀山既为黄帝、嫘祖之子昌意娶女之国，如何可能同时又是嫘祖之国？显然，这是自相矛盾的，难以成立。虽然如此，还是应当看到，蚕陵之称又确与嫘祖有关，而蜀山也确曾称为"西山"③，但不是嫘祖发祥的西陵氏之国，而是嫘祖子昌意娶于蜀山氏时，按古代地名随人迁徙的"名从主人"之例，将西陵之名带至，而命名蜀山为西山，表现了蜀山氏文化同嫘祖文化千丝万缕的联系。关于此点，后面将要详细论及。

总之，叠溪之为西陵，其名不但晚出，而且在其他一些方面也与六条标准不符，因此同样不能确定为嫘祖西陵氏之国。

以上四处西陵，共同点是都具有西陵名义，但是在时代、地理、方位（叠溪、宜昌除外）、流域、近邻、民俗诸方面，却多与六条标准不符，因而难以将其与西陵氏之国联系起来。

5. 四川盐亭

盐亭之为西陵，经四川省盐亭县嫘祖文化研究会多年的调查、考证，从史籍、民间传说、地缘文化、出土文物、唐开元年间《嫘祖圣地》石碑遗文等多方面论证盐亭为嫘祖故里西陵氏之国，颇有根据，足资凭信。这里根据上述六条标准，试为之进一步论证。

盐亭位于四川盆地北缘的低丘地区，年均温度 17.3℃，无霜期长，年平均降水量 825.8 毫米，年均相对湿度 73%，年均日照时数 1353.9 小时，气候温和，降水集中，四季分明，春早、夏热、秋短、冬温，光热资源丰富，霜期历时短

---

① 陈登龙撰，陈一津分疏：《蜀水考》卷一，巴蜀书社 1985 年影印版。

② 邓少琴：《巴蜀史迹探索》，四川人民出版社 1983 年版，第 136 页。

③ 刘琳：《华阳国志校注》卷三《蜀志》，巴蜀书社 1984 年版。

促、针、阔混生，乔、灌、草并存，属亚热带湿润气候，和亚热带常绿阔叶林区，生态环境优越①，极适合于蚕桑。这里出土了古桑树化石和石斧，表明史前时代已是宜于农桑之地。盐亭境内，自古遗有西陵山、西陵寺等古地名，其北有绵阳边堆山和广元张家坡、邓家坪等一系列相当于龙山时代的考古遗址②，表明其农桑文化属于黄帝时代，殆无疑义。

按照六条标准，《禹贡》东陵既在岳阳，则西陵必在岳阳以西的丘陵地带，并且必在长江支流地区。从长江流域的地势分析，岳阳以西直至宜昌，均为平原江河湖泽之地，不存在确定西陵位置所在的地理条件。自巫山山脉以西，续有大巴山、米仓山、龙门山等四川盆地以北山系，在此山系之间，也不存在确定西陵位置所在的地理条件。以东陵位于此数山系之东的低丘地区而言，西陵的地理位置自应确定在此数山系之西的低丘地区，东西二陵才能上下呼应，隔山相望，构成一张巨形弯弓之两端，这样才与东西二陵的内涵相符合。从这个弓形坐标出发来看，盐亭位于川北山系以南、四川盆地北部边缘的低丘地区，北临龙门山，长江支流梓江（古称梓木童水）穿县而过，东隔米仓山、大巴山、巫山与岳阳遥遥相望，恰恰位于弓形坐标的西端。不论其地理、方位还是流域，均与确定西陵位置所必须具备的几个条件相符合，且当地自古遗留有西陵山、西陵寺以及西陵绸等古地名和古丝绸名，因此确定盐亭为嫘祖西陵之国的所在是有着充分根据的。

盐亭与古蜀山相近，盐亭以北的龙门山与古蜀山（今岷山山脉的南段，即茶坪山）几乎是连为一体的，汉代即以龙门山等川北山系为蜀山③。考古发掘表明，新石器时代盐亭北面的绵阳边堆山遗址（距今4500年上下，相当于龙山时代，即黄帝时代），文化面貌同广汉三星堆文化第1期有若干近似之处④，其间存在某种渊源关系，有可能是构成四川盆地早期蜀文化的因素之一⑤。而且直至商代，盐亭地区仍与古蜀文明保持着密切的关系，盐亭境内发现的数件三星堆古蜀文

---

① 盐亭县志编委会：《盐亭县志》，四川人民出版社1991年版，第67—73、91—93页。

② 王仁湘、叶茂林：《四川盆地北缘新石器时代考古新收获》，载《三星堆与巴蜀文化》，巴蜀书社1993年版，第257—265页。

③ 李充：《蜀记》，"蜀山自绵谷葭萌道径险窄北来"，见曹学佺《蜀中广记》卷58引。

④ 中国社会科学院考古研究所等：《四川绵阳边堆山新石器时代遗址发掘简报》，《考古》1990年第4期。

⑤ 段渝：《四川通史》第1册，四川大学出版社1993年版，第23、24页。

明独有的石璧①，就说明了二者文化上的交流和共通之处。倘若不是新石器晚期（龙山时代）以来二者之间的文化交流关系，倘若不是盐亭之地对于古蜀文明有着特殊意义，那么古蜀王室在其地以石璧举行盛大的祭天典礼是绝不可能的②。

盐亭自古以来重蚕桑之业，留下了大量相关的文化遗迹和民俗、民间文化。据盐亭县嫘祖文化研究会初步统计，反映蚕桑丝绸史迹的遗迹有桑林坝、古树（桑）坡、茧子山、蚕丝山、丝源山、丝姑垭、丝织坪、织机台、水丝山、丝姥山、丝姑山、丝姑庙、蚕姑庙、西陵绸等等；反映嫘祖史迹的遗迹还有嫘祖山、嫘祖坪、嫘祖穴、嫘祖井、轩辕坡、嫘轩宫、嫘轩殿、嫘祖墓、嫘宫山、西陵寺等等，而祭祀嫘祖的庙宇达上百处之多。《四川通志》卷十八《舆地志十七》"潼川府盐亭县"下记载："蚕丝山在县东北六十里。"原注引《舆地纪胜》："山在永泰县西二十里。"又引《九域志》："梓木童有蚕丝山，每上春七日，远近士女多游于此，以祈蚕丝。"③足证这种文化传统源远流长。

综上诸证，盐亭作为嫘祖故里西陵氏之国的所在，不仅在时代、地理、方位、流域、近邻、民俗等诸方面均有着可靠的证据，而且在文献、考古和古地名等方面也有明确的内证，因此是肯定的、可信的。

其实，唐人对于嫘祖故里在盐亭已有清楚的认识，唐开元年间赵蕤所题《嫘祖圣地》碑文对此即有明确记载。引起争论者，主要在于历代史地之书对于西陵国之地略而不载，而见诸文献者又多与西陵氏之国无关，于是附会者有之，曲解者有之，其真相反而被各种曲说所湮没了。

（三）嫘祖史迹考

1. 从姓氏看嫘祖

嫘祖之名，《世本》、《大戴礼记·帝系》、《史记·五帝本纪》均作"嫘祖"，《集韵》引徐广曰："嫘，力追反。"《汉书·古今人表》作"絫祖"，颜师古曰："絫音力追反"。可证嫘、絫音同义通。《史记索隐》："一曰雷祖，言力堆反"，《史记正义》："一作傫"，《史记索隐》引皇甫谧又作"累祖"，雷、嫘音同相通；傫、累、嫘形近相通，《集韵》"嫘"字下："力伪切，音累，义同。"可见，嫘、絫、雷、傫、累均音近相通；除雷字外，其余四字又在形、音、义三方面均通。

---

① 石璧现藏四川省盐亭县文化馆。

② 《周礼·春官》："以苍璧礼天"。

③ 王象之：《舆地纪胜》卷154，中华书局1992年版。

嫘字又写作㿝，《集韵》："㿝，伦追切，并音㿝，姓也"。《汉书·古今人表》嫘祖作累祖，累字即㿝字之省，先秦时，㿝氏已见诸文献所载中国姓氏，《左传》僖公十年记载晋国七舆大夫"㿝虎"即是嫘祖后代之一，以㿝为氏。

东汉应劭《风俗通》记载，"㿝氏，嫘祖之后或为㿝氏。谨按《左传》，晋七舆大夫有㿝虎"①。郑樵《通志·氏族略四》亦云："㿝氏，《风俗通》㿝祖之后，《左传》晋七舆大夫㿝虎"。《通志·氏族略二》又云："西陵氏，古侯国也，黄帝妻西陵氏女为妃，名嫘祖。"从姓氏学的角度看，既然㿝氏的祖源可以直接追溯到嫘祖，符合古代"以名为氏"的命氏之法②，乃是确定无疑的事实，那么毫无疑问，历史上嫘祖一系的存在，同样也就是确定无疑的事实。

事实上，嫘祖之名早已见于先秦古文。《愙斋集古录》卷十六第25页著录有先秦青铜器"鲂甫人用媊妃妃媵匜"，《攈古录金文》卷一之三第33页著录有先秦青铜器"媊妊作安壶"。孙诒让《古籀余论》认为："媊字疑为嫘祖二字合文。"从字形结构分析，嫘、㿝由畾得声③，"且"为古文"祖"字，从"女"则表示性别，因此媊字读为㿝、累，为嫘祖二字合文之省（省去所从之糸），是极为正确的。陈直《史记新证·五帝本纪》认为："传说之黄帝妃嫘祖，事或有征。"④由此可见，嫘祖名载先秦金文，由来甚古，绝非某些学者所说虚构人物，或起于晋以后的神话人物。

按照先秦姓氏之法，"女子称国及姓"⑤。由此分析，《攈古录金文》所载的"媊妊"，是一女子的姓名，媊为国姓，妊为国名，表示出于嫘祖之后。换言之，嫘祖是其先世，嫘祖便是媊姓的来源之所在。《左传》隐公八年记载，"天子建德，因生以赐姓"，姓所表示的是与祖宗的血统关系，所谓"女生曰姓"⑥，便是指此而言，也就是《通鉴外纪》所说，"姓者，统其祖考之所自出"，而"姓千万年不变"⑦。所以，从姓的起源传承关系入手，按照古代女子称姓的原则往上追溯，进而追寻到始祖之名，是完全符合古代"同姓，同祖也"⑧这一追根溯源之法的。

---

① 邓名世：《古今姓氏书辨证》引。
② 郑樵：《通志·氏族略一》，中华书局1995年版。
③ 《说文解字》。
④ 陈直：《史记新证》，天津人民出版社1979年版，第1页。
⑤ 《史记·周本纪》索隐引《周礼》，亦见《史记·齐太公世家》索隐。
⑥ 《说文解字·女部》"姓"字下段注引《释文》。
⑦ 顾炎武：《原姓篇》，载《日知录集释》卷23。
⑧ 《诗经毛传》。

而且，所谓"因生以为姓"①，是说"姓谓子也"②，这就是《潜夫论·志氏姓》、《风俗通佚文》、《通志·氏族略》、《古今姓氏书辨证》等姓氏之书所说的"以名为姓"。因此，我们说嬛姓的始祖是嫘祖，而嫘祖是黄帝所娶西陵氏女之名，这在方法上是可靠的，因而在结论上必然也是可信的。由此也可看出，历史上必有嫘祖其人，既非后人虚构，亦非晋以后的神话。

2. 从名义看嫘祖

嫘祖之名，先秦金文作嬛（见前引书），畾为声符，女、且为女、糸、示、且之省，嬛乃嫘（纍）祖二字合文之省。《左传）所记先秦嫘氏，作纍氏。《汉书》推崇古文，多用古字，《古今人表》所记嫘祖，正作纍祖，即纍之异体。应劭《风俗通》和郑樵《通志·氏族略》追寻姓氏之源，嫘祖并作纍祖。可见，对嫘祖名义进行分析，必须以纍字作为基准，才能探寻原义，免生异端。

纍，《说文》隶之于"糸部"："纍，缀得理也，一曰大索也。从糸，畾声。"糸，《说文·糸部》释曰："糸，细丝也，象束丝之形。凡系之属皆从糸。读若斥见，古文糸。"糸为束丝之形，即是一束丝，既细又少，乃是早期以家蚕丝为原料，抽茧缫丝合成细束的情景的真实写照。糸为象形字，它所象的即是治丝起源之形，这是没有疑问的。大徐本《说文》卷十三上《系部》"糸"字下引小徐本之说曰："徐锴曰：一蚕所吐为忽，十忽为丝。糸，五忽也。"字所从之糸，是纍字的义符，即其义所在。根据古文糸字的形体和小徐本的解释，其原义是指用五蚕所吐之丝缫治成细束，这是利用家蚕丝作为原料治丝之始，反映了丝绸起源时代蚕少丝少的早期情形。在当时，由于技术等原因，缫丝过细，所以说是"细丝也"，正如钱山漾所出蚕丝过细一样③，都是缫丝织绸起源时的必然情况。也正因为如此，它的早期性和原始性才得以充分体现出来，表明它是治丝之始。

《说文》解释纍字，"缀得理也"，段玉裁注云："缀者，合著也，合著得其理，则有条不紊，是曰纍。"段注仅得其义之半，却并未探得其原义。所谓"缀得理也"，乃是建立在用五蚕所吐之细丝合成束丝的基础之上，这分明是指织帛而后缀合成衣的情形，即用细丝合并成线，织成丝绸，缀合成衣，因而有条不紊，缀得其理。这才是《说文》纍字"缀得理也"的正解。而这正是"治丝茧以供衣服"的真实写照，表明缫丝织绸以缀合成衣是从嫘祖开始的。由此可见，

---

① 《说文解字·女部》"姓"下。

② 陆德明：《经典释文·左传昭公四年》。

③ 周匡明：《钱山漾残绢片出土的启示》，《文物》1980 年第 1 期。

先秦时代人们之所以称西陵氏之女为嫘祖，正在于西陵氏女是蚕桑、缫丝、织绸、缀合成衣的始祖。

当然，由于嫘祖为蚕桑丝绸的始祖，其时还处于中国丝绸的早期起源时代，所以不但丝细、丝少，而且用这种细丝织成的帛也是粗疏简陋的，不能与后来的丝绸同日而语。钱玄《三礼名物通释》说："帛之精粗，可以紽、緎、緫计之。"[1] 此说源自先秦。《诗经·召南·羔羊》记载有"素丝五紽"、"素丝五緎"、"素丝五緫"，王引之《经义述闻》卷五解释道："紽、緎、緫，皆数也。五丝为紽，四紽为緎，四緎为緫。五紽二十五丝，五緎一百丝，五緫四百丝。故《诗》先言五紽，次言五緎，次言五緫也。"《说文》未载紽、緎二字。緫，《说文·糸部》释曰："緫，聚束也"，即将若干合成细束的"糸"汇聚起来，成为緫，这是后世蚕多、丝多时的情形。与小徐本所释"糸五忽也"即五根丝相对照，糸仅为一紽之数。而古以八十丝为一缕（同緫），一缕为一成，一成四十齿，一齿两丝[2]，作为衡量布帛精粗的标准。五丝（缕）仅得两齿半，其粗疏简陋是可以想见的。嫘祖时代织绸仅以糸计数，自然不能与春秋时《诗经·召南·羔羊》所述已经相当进步的丝绸相比。然而正因如此，才体现出"嫘祖始蚕"，"治丝茧以供衣服"的初始时代的情景，真实地反映了丝绸起源时代的情况，从而表明嫘祖的确是"治丝茧以供衣服"的始祖。

由上可见，嫘字的本义，包含着始蚕、治丝、织绸等内涵，而祖的名称则体现了起源和始祖的意义。因此所谓嫘祖，事实上就是蚕桑丝绸之祖，这是嫘祖名义本身所揭示出来的事实。

（四）嫘祖先蚕考

根据以上的考证结论，我们知道，先秦时嫘祖已被普遍承认为蚕桑丝绸的始祖，并不存在一个所谓在汉代和汉代以前的文献中找不到嫘祖始蚕、治丝茧以供衣服的痕迹的问题，更不存在一个所谓在宋代以前嫘祖形象尚未塑造定型的问题。事实上，上文对于嫘祖始蚕、治丝茧以供衣服问题的正确解决，已经同时解决了嫘祖被古人奉为先蚕的问题。因为"始蚕"和"先蚕"在意义上完全等同，所不同的仅在于"始蚕"偏重于史实而言，而"先蚕"则偏重于礼仪而言，

---

① 钱玄：《三礼名物通释》，江苏古籍出版社 1987 年版。
② 黄以周：《礼书通故·衣服一》，中华书局 2007 年版。

其实质是完全一样的。

为了进一步说明嫘祖与先蚕的关系，还有必要就此再加分析阐释，揭示问题的根本实质。

1. 文献所见先蚕的流传次第

传世文献中，"先蚕"最早见于《月令》，其文曰："（季春之月）是月也，命有司无伐桑柘，乃修蚕器，后妃斋戒，享先蚕，而躬桑以劝蚕事。"[①] 今本《礼记·月令》（十三经注疏本）无"享先蚕"三字，但马端临《文献通考》卷八十七《亲蚕祭先蚕》所引有此三字，而今本（十三经注疏本）《礼记·月令》（唐孔颖达疏）亦有"先蚕"之语，证实《月令》所载"享先蚕"乃原文所有。

《月令》的成书年代，郑玄《三礼目录》说道："《月令》。名曰'月令'者，以其记十二月政之所行也。本《吕氏春秋》十二月纪之首章也。以礼家好事抄合之，后人因题之名曰《礼记》。"[②] 按郑玄之说，《月令》为《吕氏春秋·十二纪》的首章，成书于战国末秦初之际。但是，蔡邕的看法并不如此。蔡邕《月令篇名》在详细考证《月令》内容后说道："宜周公之所著也。"又说："（《月令》）官号职司，与周官合。《周书》七十二篇，而《月令》第五十三。……秦相吕不韦著书，取《月令》为纪号，淮南王安亦取以为第四篇，改名《时则》。故偏见之徒，或云'《月令》，吕不韦作'，或云'淮南'，皆非也。"[③] 蔡中郎所驳，显然是郑玄等注经之人。通观《月令篇名》和蔡邕的另一著作《月令问答》，其说《月令》成书于西周，"诸侯朝正于天子，受《月令》以归，而藏诸庙中；天子藏之于明堂，每月告朔朝庙，出而行之"，颇有根据。这表明，享祀先蚕之礼，早在西周时即已见诸记载。

春秋战国时代，礼崩乐坏，礼乐征伐自诸侯出，自大夫出，天子颁《月令》之礼也不复存在，而先蚕之祭也不再见于当时文献。秦统一后，尽废周代礼乐制度，所以祭祀先蚕之礼也被废弃而不用。汉兴，虽然对于秦代的根本制度"循而不改"，但在礼乐方面，却由孙叔通等儒士多方搜寻模仿，而纷纷恢复西周旧制，其中也包括祭祀先蚕的礼仪制度。《续汉书·礼仪志上》记载："是月（按：据刘昭补注，此指汉四月），皇后帅公卿诸侯夫人蚕，祠先蚕，礼以少牢。"此制为两汉通制，三国亦沿之不改。魏文帝黄初七年，皇后蚕于北郊，"依周典

---

① 《太平御览》卷825《资产部五》。

② 《礼记·月令》孔颖达疏引，十三经注疏本。

③ 严可均辑：《全后汉文》卷80。又见《蔡中郎集》。

也"①。晋代，"晋后(按：指皇后) 祠先蚕"②，并依汉魏故事行事。及南北朝之世，宋孝武大明四年祭先蚕。北齐时以一太牢祠先蚕、黄帝于蚕坛，并仿西周故事行祭祀之礼。北周制度，以一少牢亲祭进奠先蚕西陵氏。及隋代建立，也制先蚕坛，以一太牢制币祭先蚕于坛上。唐代，自初唐时太宗贞观九年始祭先蚕，历朝皇帝、皇后颇多"有事于先蚕"，"亲祠先蚕"③。此制，宋以后亦然。

以上表明，祭享先蚕的礼仪制度，自西周以迄近世，除春秋战国秦代之际一度中断外，是代代相承、循而未改的。以先秦时代人们既知嫘祖始蚕而言，西周所祭先蚕，必然就是嫘祖。再以西周王室出自黄帝之后而论，其祭先蚕必然也是祭祀嫘祖。南北朝时，北周图谋统一中国，仿效西周制度，其祭先蚕西陵④，乃依西周故事。由此而论，西周祭祀的先蚕，必为嫘祖无疑。北周以后，历代所祭先蚕，也都纷纷依据周制，祭祀西陵氏嫘祖之神位。不难看出，嫘祖之为先蚕，自古而然，何谈出于宋元文人之手，又遑论出于维护华族正统论和神权至上论之需呢？假若如此，那将如何解释并非华族而出自鲜卑的北周对于先蚕西陵氏的盛大祭典呢？可见，在嫘祖即是先蚕这个事实上，根本不存在什么伪作问题。

2. 区域文化与先蚕

所谓"享先蚕"，其实是一种祭祀礼仪，本质上属于一种纪念性活动，带有浓厚的古代文化遗风，并具劝民蚕桑的鞭策激励作用。中国上古文化由各区系文化多元整合而成，因此表现在祭祀蚕神的礼仪方面、对象方面，也不能不带有多元文化的性质和区系文化的特征，从而出现不尽一致的情况，这并不奇怪。假如忽视了中国古代文化的多元性和区系性这一重要事实前提来谈论嫘祖与先蚕的关系，自然就会因为某朝某代所祀先蚕之名不是嫘祖而全面否定嫘祖之为先蚕，从而推导出错误的结论。

汉代祭祀的先蚕，就不是嫘祖，据《续汉书·礼仪志上》刘昭补注引《汉旧仪》："今蚕神曰菀窳妇人、寓氏公主，凡二神。"由于汉制如此，所以一些论者便据以否定嫘祖之为先蚕。其实，这种看法是肤浅的，仅仅注意到了表面现象，却没有透过现象看本质，没有把它同中国古代文化的多元性和区系性联系

---

① 郑樵：《通志·礼略一·先蚕》。

② 《续汉书·礼仪志上》刘昭补注。

③ 并见诸史《礼仪志》。参阅《通志·礼略一》，《文献通考》卷87。

④ 《隋书·礼仪志二》。

起来，同时也是由于误读了文献之故。

我们知道，汉王室起于楚地，汉高祖刘邦是"沛（县）丰邑中阳里人"①，沛县"本秦泗水郡之属县"②，为今江苏沛县地，古属"西楚"之地③，长期保有浓郁的西楚文化之风。秦王朝时，虽然在政治上、经济上、疆域上统一了中国，"海内为郡县，法令由一统"④，但在文化上和民风民俗上却不可能使天下尽归为一，各区系文化的特征在上千年历史、地理等多方面因素的作用下，仍然顽强地、鲜明地保持着。因此在秦末楚汉之际，世上流行"楚虽三户，亡秦必楚"之说⑤，而这种说法不仅体现了政治方面的斗争，而且也体现了文化方面的斗争。我们只须翻检一下《史记·货殖列传》和《汉书·地理志》，对于这个事实就会了然于胸。

基于区系文化的差异，汉王朝建立后，固然在诸多礼仪制度方面恢复了周代旧制，其中也包括"祭先蚕"的制度，可是在所祭祀先蚕的对象上却与先秦并不一样，不是祭祀嫘祖，而是祭祀"菀窳妇人、寓氏公主，凡二神"。此二神于史无征，不可稽考，不过联系到楚地"重淫祀"来看⑥，大概是古代西楚地区所信奉的蚕神，体现了西楚风俗。

从史册可见，汉高祖刘邦一贯轻视儒生，轻视儒家之学，贱称儒士为"竖儒"⑦。对于祭祀礼仪等制度，刘邦也往往不按周礼行事，而是依其兴致所至，随心所欲地颁行郊祀、礼仪等制度。例如《汉书·郊祀志上》记载：汉高帝二年，东击项羽而还入关，问："故秦时上帝祠何帝也？"对曰："四帝，有白、青、黄、赤帝之祠。"高祖曰："吾闻天有五帝，而四，何也？"莫知其说。于是高祖曰："吾知之矣，乃待我而具五也。"乃立黑帝祠，名曰北。这段史料表明，汉高祖所立之祠，其祭祀对象并不是按先秦以来的传统设置的。

《汉书·郊祀志上》还记载，汉高祖所立祭祀之处相当多。所祠对象大多来自当时各大文化区系，其中多数是先秦时代各大区系文化的神灵，如梁、晋、

---

① 《汉书·高帝纪上》。

② 《汉书·高帝纪上》颜师古注。

③ 《史记·货殖列传》。

④ 《史记·秦始皇本纪》。

⑤ 《续汉书·礼仪志上》。

⑥ 《汉书·地理志》。

⑦ 《史记·郦生陆贾列传》。

秦、荆（楚）等，而所有这些神祠，均非周代所曾立。这一事实充分表明，在汉王朝的祭祀礼仪制度中，体现了"溥天之下莫非王土"的观念，和汇集天下文化以成大一统文化的风度，其各个祭祀对象之所以能够博采于各大区系文化，就是基于这种观念和风度而来。因此，在祭祀先蚕的对象方面，采自西楚文化而不是故周文化，是理所当然的，一点也不奇怪。

其实，汉代所祭祀的先蚕与周代不同，文献本身就有着清楚而明确的内证。《续汉书·礼仪志上》刘昭补注引《汉旧仪》载："今蚕神曰菀窳妇人、寓氏公主，凡二神"，已经指出了汉代所祭蚕神与先秦有所区别。"今蚕神"，自然是与"故蚕神"相对而言，既有"今蚕神"，必有"故蚕神"。"今蚕神"既然是指汉代新立的菀窳妇人、寓氏公主，则"故蚕神"必然是指周代所祀的西陵氏女嫘祖（因为春秋战国和秦代无此礼仪，所以"故蚕神"只可能是指西周的先蚕，参考前文所论）。由此亦可看出，西周祭祀的先蚕，必为嫘祖无疑。

魏文帝时，"依周典"祭祀先蚕。既"依周典"，当然是以嫘祖为先蚕。晋代祭先蚕，依汉魏故事[①]，是指在祀典上依魏，即依周典，而在场景方面则依汉，可见晋代先蚕亦为嫘祖。北齐祠先蚕、黄帝，而黄帝正妃为嫘祖，因而所祠先蚕必然是嫘祖。北周明确祭奠先蚕嫘祖，以后历代无不以嫘祖为先蚕，并见史文，无可怀疑。

三、嫘祖与巴蜀蚕桑丝绸的起源

巴蜀是中国蚕桑、丝绸的早期起源地之一。传世古文献表明，早在黄帝时代（即考古学上的龙山时代），通过嫘祖氏族与岷江上游蜀山氏的结合，促成了蜀山氏从饲养桑蚕到饲养家蚕的重大历史性转变，从而引发了巴蜀丝绸的起源和演进，在中国蚕桑、丝绸史上具有重要意义。

（一）释蜀

在相当多的论著里，都把蜀解释为野蚕。这种解释其实是含混模糊的，并不准确。事实上，蜀指桑蚕，是家蚕的近祖，或前身，它同一般的野蚕是不一样的。

---

① 郑樵：《通志·礼略一》。

古文献对于蜀的解释，较早见到的是《韩非子·说林上》，其文曰：

> 鳝似蛇，蚕似蠋。人见蛇则惊骇，见蠋则毛起。渔者持鳝，妇人拾蚕，利之所在，皆为贲诸。

《淮南子·说林》的说法与此大同，其文曰：

> 今鳝之与蛇，蚕之与蜀，状相类而爱憎异。

高诱注曰：

> 人爱鳝与蚕，畏蛇与蠋，故曰异也。

应当说明的是，以上引文蠋、蜀二字并见，其实是正字与俗体字之别，实为一字。刘文典《淮南鸿烈集解》于高诱注下说："蠋本作蜀。作蠋者，后人依《韩非子·内储说上篇》改之也。"又说："《广韵·蠋韵》'蜀'字下引此文，正作'蚕与蜀相类而爱憎异也'，蜀正字，蠋俗字耳"。段玉裁亦持此看法[1]。可见，蜀、蠋二字原无区别。

但是，与蚕形状相似而令人爱憎异的蜀究为何物，《韩非子》和《淮南子》并没有明确指出，所以引致一些不同的猜测，吴其昌就以为蜀是一种螫人的毒虫，与蚕无关[2]。究竟如何呢？

《说文·虫部》"蜀"："蜀，葵中蚕也，从虫，上目象蜀头形，中象其身蜎蜎。《诗》曰：'蜎蜎者蜀'。"此处所说"葵中蚕"，应作"桑中蚕"，《尔雅》释文即引此作"桑中蚕"，可为其证，段玉裁注云："《诗》曰：'蜎蜎者蠋，蒸在桑野'，似作桑为长。"又云："《毛传》曰：'蜎蜎，蠋貌；蠋，桑虫也。'《传》言虫，许（慎）言蚕者，蜀似蚕也。"朱熹《诗集传》也说："蠋，桑虫似蚕者也。"古代以蚕为虫类，所以蜀为"桑中蚕"、"桑虫"。既然蜀是桑中蚕，当然就可以肯定它是桑蚕，而不是所谓螫人的毒虫。至于蚕与蜀"状相类而爱憎异"，乃因蜀是家蚕的前身，自然不像家蚕那样驯服可爱，体态也不一样，岂能仅以此点就指其为毒虫！

我们再看其他文献的解释。郑樵《通志·昆虫草木略二》说："蚕之类多。《尔雅》曰：'虫象，桑茧。仇由，樗茧、棘茧、栾茧。虫亢，萧茧。'此皆蚕类吐丝成茧者，食桑叶为茧者曰虫象，盖蚕也，或云野蚕。食樗叶、棘叶、栾叶为茧者曰仇由。食萧叶为茧者曰虫亢；萧，蒿也。原蚕者，再熟之蚕也。"明确指

---

① 段玉裁：《说文解字注·虫部》"蜀"字下。

② 吴其昌：《王会篇国名补证》，《中国史学》第 1 期。

出食桑叶之蚕为蚕[①]。这告诉我们两点：第一，桑中之蚕并不是螫人的毒虫，而是蚕；所谓"或云野蚕"，即是桑蚕，而这就是指蜀了。第二，桑蚕不但所食之物与其他"蚕"（真正的野蚕）不同，而且所为之茧也与其他"蚕"茧不一样，二者之间是有区别的。对此，我们还可以进一步解释。

现代生物遗传学知识表明，家蚕是从桑蚕而不是其他野蚕驯化而来的，只有桑蚕能够经过人工驯养演变为家蚕，其他野蚕则不能驯化为家蚕。家蚕和桑蚕的这种亲缘关系，从其性状、杂交可育性、染色体数等方面，已得到充分证实。铃木义昭对家蚕和桑蚕的 DNA 作了对比研究，提出了家蚕由桑蚕驯化而来的生物化学论证材料，认为"丝素是一种极端的蚕白质，它在进化过程中动人地分歧着"（Lucas and Rudall，1968），家蚕和桑蚕的二种丝素 DNA 用现代的标准来鉴定是不可辨别的，这就对两种蚕类是祖先和后裔的关系，提供了有力的证明。就现在所用的各种方法来说，没有一种方法能够告诉我们在它们的分子大小和核苷顺序方面，能非常精确地看到细微的差别[②]。而其他的野蚕丝，例如樗蚕丝和霍顿野蚕丝等，迄今仍不能从茧中抽出丝来[③]。

这就说明，作为桑蚕，蜀与其他野蚕有着很大区别，不能混为一谈。这一结论不仅与古代文献的记载相符合，也同现代科学研究的成果相一致，证据确凿，无可争议。

蜀为桑蚕而非一般野蚕，家蚕由桑蚕驯化而来，以及桑蚕丝与家蚕丝基本无别，这三点对于我们探索巴蜀蚕桑、丝绸的起源从而也是进一步探索中国蚕桑、丝绸的起源，有着特别重要的意义。因为从蜀山氏到蚕丛氏名号的转变，事实上已向我们展示出从驯养桑蚕、利用桑蚕丝到饲养家蚕、利用家蚕丝的巨大转变及其历史进程。而这一转变，则是由嫘祖入蜀山所激励、推动和促成的。

（二）嫘祖与蜀山氏、蚕丛氏

所谓蜀山氏，顾名思义，是指驯养桑蚕并利用桑蚕丝作为纺织原料的族群。蜀山氏的名称来源于古代"以事为氏"的传统命氏之法，它显然意味着，这支氏族已经站在了家蚕和丝绸起源的门槛之上。

先秦史籍记载黄帝、嫘祖为其子昌意娶蜀山氏女，便是在岷山，其地理位

---

① 《尔雅·释虫》郭璞注。

② W. Beermann, *Biochemical Differenitiation in Insect Glands,* spring verlag, 1977.

③ 蒋猷龙：《就家蚕的起源和分化答日本学者并海内诸公》，《农业考古》1984 年第 1 期。

置在今四川茂县叠溪。《太平寰宇记》卷七八"茂州石泉县"下载:"蜀山,《史记》黄帝子昌意娶蜀山氏女,盖此山也。"南朝成书的《益州记》[①]记载:"岷山禹庙西有姜维城,又有蜀山氏女居,昌意妃也。"《路史·前纪四》说:"蜀之为国,肇于人皇,其始蚕丛、柏濩、鱼凫,各数百岁,号蜀山氏,盖作于蜀。"其《国名纪》说:"蜀山(今本无"山"字,蒙文通先生据《全蜀艺文志》引补),今成都,见杨子云《蜀记》等书,然蜀山氏女乃在茂。"又说:"蜀山,昌意娶蜀山氏,益土也。"蜀山氏所居之地,又名叠溪。据邓少琴先生研究,叠字应出于先秦金文嬭之所省;因嫘祖而名之[②],此论极有见地(参考上文关于嬭字的考证)。这表明,当黄帝为其子昌意娶于蜀山氏之时,嫘祖亦曾亲临蜀山之地。而嫘祖之临蜀山,也就促使蜀山氏从驯养桑蚕向饲养家蚕转变。

嫘祖本为西陵氏之女,古代蜀人亦称蜀山为"西山",乃历代蜀王的"归隐"之地[③]。按古代的归葬习俗,归隐其实是指归葬于所从来之地,即是其所发祥兴起的地区。历代蜀王既归隐于西山,显然就意味着蜀之西山(蜀山)是其发祥之地,其兴于此,来于此,而又归于此。商代的广汉三星堆祭祀坑和成都羊子山土台(大型礼仪中心),方向都朝向蜀山,决非偶然,它们其实都表现了魂归蜀山或祭祀其先王所从来之地的观念,这就从考古学文化上证明蜀之西山乃蜀山氏兴起之地这一事实。蜀之西山与嫘祖之西陵,这两个名称具有深刻的内在联系。陵,《论文》释为"大阜",即丘陵地区。山与陵,广义上可以互通。嫘祖为其子昌意娶于蜀山氏,依古代地名随人迁徙的"名从主人"传统,将西陵之名带至,而命名蜀山为西山,同时在那里留下了以嫘祖名称命名的地名(叠溪)。可见,蜀山氏文化的确与黄帝、嫘祖文化有着千丝万缕的联系,不容否定。

能够说明嫘祖至蜀山并促成蜀山氏驯化桑蚕为家蚕这一重要转变的另一证据是,自从黄帝、嫘祖为其子昌意娶于蜀山氏以后,蜀山氏的名称就不再见称于世,而为蚕丛氏这个名称所取代,在蜀山氏原来所居的区域,也成为蚕丛氏的发祥兴起之地。这个历史变化不是偶然的,其内涵恰与从蜀(桑蚕)到蚕(家蚕)的驯化演进历程相一致,真切地反映了蜀山氏在嫘祖蚕桑、丝绸文化影响和促进下,由驯养桑蚕转化为饲养家蚕,并以家蚕丝为原料缫丝织帛的历史转

---

① 《益州记》有刘宋任豫和梁李膺两种,均佚,此为《路史》所引,未指出为任书还是李书。

② 邓少琴:《巴蜀史迹探索》,第 136 页。

③ 刘琳:《华阳国志校注》卷三《蜀志》。

变及其进程。从蜀山氏到蚕丛氏名称的变化表明，两者关系是前后相续、次第相接的发展演变关系，是历史与逻辑相统一的关系，也是生物学上的遗传变异关系，和家蚕起源上的驯化桑蚕为家蚕的关系，包含并体现了深刻的历史内容，而不仅仅是一个名称的交替。正因为蚕丛氏上承蜀山氏，并在蜀山建国称王，所以其氏族名称和国号均称为蜀，即使是在蚕丛从蜀山南迁成都平原立国称雄后，虽保持了蚕丛氏的名号，但仍然以蜀命名国号，而以后历代蜀王也因袭蜀名而不改。中原文献称历代蜀王均为蜀，原因也在乎此。

至于从"蜀山"到"蜀"的变化，则是与蚕丛氏从蜀山南迁成都平原相适应的。成都平原一望无垠，方圆 9 千多平方千米内无山，地理环境与蜀山大不相同，因而去其"山"而仅保留"蜀"，而对于山的怀念，则体现在蚕丛氏的大石崇拜之中[1]。

从蜀山氏到蚕丛氏的转变，初步完成了蚕桑、丝绸的早期起源阶段，进入发展、传播的新阶段。其后，随着蚕丛氏从蜀山南迁成都平原，蚕桑、丝绸文化也一同传布开来，推动了蜀中蚕桑和丝绸业的兴起，并进一步演进成为中国蚕桑、丝绸业的主要基地和一大中心。

蚕丛氏南迁的史迹，斑斑可见，而蚕丛氏在所过之地"教民养蚕"，也史不绝书。在蜀山以南岷江南入成都平原的地方，自古遗有"蚕崖关"、"蚕崖石"、"蚕崖市"等古地名[2]，在成都有"蚕市"[3]，又有"蜀王蚕丛氏祠，今呼为青衣神"[4]。都反映了成都平原蚕桑、丝绸的兴起，是随蚕丛氏而来的。正因蚕丛氏"教人养蚕，时家给一金(头) 蚕"[5]，"民所养之蚕必繁孳"[6]，所以才博得了广大蜀人的尊敬和爱戴，而为之立祠，每岁祭祀，表示缅怀之情。

虽然应当看到，蚕丛事迹有后人神之之处，如以为"金蚕"为黄金所制之蚕，或以"人皆神之"而以"青衣"名县[7]。但是，却不能因为羼有神话成分便全盘否定这些史实，其主要内容是有着相当事实依据的。比如所谓"金蚕"，按

① 段渝：《四川通史》第 1 册，四川大学出版社 1993 年版，第 182 页。

② 曹学佺：《蜀中名胜记》卷 6，上海古籍出版社 1993 年版。

③ 《说郛》卷 10《续事始》引《传仙拾遗》。

④ 曹学佺：《蜀中名胜记》卷 2 引《方舆胜览》。

⑤ 曹学佺：《蜀中广记》卷 60 引《寰宇记》。

⑥ 陶宗仪：《说郛》卷 10《续事始》引《传仙拾遗》，中国书店 1986 年版。

⑦ 《蜀中名胜记》卷 15。

早出文献，实为"金头蚕"①，并非黄金制成的假蚕；又如蜀之"蚕市"，来源于蚕丛氏教民养蚕，"所止之处，民则成市，蜀人因其遗事，年年春置蚕市也"②，并非神话。再如"蚕丛衣青衣"，教民养蚕，乃来源于先秦养蚕场景中的服饰，而蚕丛氏为蜀山氏之后，同嫘祖有亲缘关系，故其衣青衣，可见并非神话。因此，蚕丛氏在蜀中教民养蚕的传说，是建立在大量事实基础之上的，不能斥之为伪。再者，在古代，"神不歆非类，民不祀非族"③，"非其所祭而祭之，名曰淫祀，淫祀无福"④，"非其鬼而祭之，谄也"⑤，倘若蚕丛氏没有教民养蚕，从而引致蜀中丝绸业的兴起，那么就绝不可能有蚕丛祠的兴建，也绝不可能有青衣神传说的流传。这种情况，正如李冰之与二郎神庙的兴建和有关神话传奇的流传一样，都是以真实的历史事实为其内核的。

出土于成都交通巷的一件西周早期的蜀式青铜戈，内部纹饰图案以一身作屈曲蠕动状的家蚕为中心，四周分布一圈小圆点，象征蚕沙或桑叶，左侧横一桑树，蚕上部有表示伐桑所用的斧形工具符号⑥，充分表现出古蜀蚕桑业的成熟性和兴旺发达。联系到蚕丛氏在虞夏之际从蜀山南迁成都平原，"教民养蚕"的史实看，蜀人对于先王蚕丛氏的崇祀和纪念，完全是有其充分理由的。

我们曾经论证，广汉三星堆文化第1期的若干因素与岷江上游汶川增坡出土的石器窖藏有着深刻的内在联系，表明岷江上游古文化是三星堆1期文化的来源之一，意味着蚕丛氏从岷江上游蜀山南迁成都平原建立蜀王国的史实⑦。我们又曾论证，四川盆地北缘的绵阳边堆山遗址，文化面貌与广汉三星堆早期文化有若干共性，而年代较三星堆为早，因此也暗示着边堆山文化是早期蜀文化的渊源之一⑧。考古学上显示出来的早期蜀文化的这两支渊源，恰与文献所载嫘祖之于蜀山氏和蚕丛氏之于古蜀国的关系相吻合，确定无疑地显示出从嫘祖到蜀山氏，从蜀山氏到蚕丛氏，再从蚕丛氏到三星堆早期蜀王国这一文化发展序列⑨，

---

① 陶宗仪：《说郛》卷 10《续事始》引《传仙拾遗》。

② 陶宗仪：《说郛》卷 10《续事始》引《传仙拾遗》。

③ 《左传·僖公十年》。

④ 《礼记·曲礼》。

⑤ 《论语·为政》。

⑥ 石湍：《记成都交通巷出土的一件"蚕纹"铜戈》，《考古与文物》1980 年第 2 期。

⑦ 段渝：《论蜀史"三代论"及其构拟》，《社会科学研究》1987 年第 6 期。

⑧ 段渝：《四川通史》第 1 册，四川大学出版社 1993 年版，第 17、23、24 页。

⑨ 这仅是指早蜀文化的发展序列之一，尚有其他文化来源所构成的发展序列，此不论。

证实成都平原早期蜀文化的上源之一的确与黄帝、嫘祖和蜀山氏、蚕丛氏有着不可分割的渊源关系，同时也表明成都平原的蚕桑、丝绸事业的确与蚕丛氏的南迁和"教民养蚕"有关，而蚕丛氏之蚕桑、丝绸，则是从嫘祖之于蜀山氏转化而来，这一发展演变的脉络是十分清楚的。

（三）嫘祖、蚕丛氏与蚕女马头娘的传说

在古代蜀地，还长期流传着蚕女马头娘这一动人的传说[①]。这个传说从古代"人兽同体"的观念出发，解释并构拟了蜀地蚕、桑起源的历史，极富人类与动物之间浓厚纯真的情感和轮回转形色彩，在蜀中产生了广泛深刻的历史影响。不过细审这个传说，它的来源却与嫘祖、蚕丛氏等有密切关系，是以嫘祖为原型，从蚕丛氏"教民养蚕"演化而来的。

从蚕女马头娘传说的产生地域上说，《太平广记》卷479引《原化传拾遗》记载，"蚕女旧迹，今在广汉"，又载"今家在什邡、绵竹、德阳三县界"，《蜀中广记》卷71引《仙传拾遗》记载为"广汉之墟"，《四川通志》卷44记载为"在什邡、绵竹、德阳三县界，石亭江北岸"，均属汉代广汉郡地范围以内。汉代广汉郡属县十三，什邡、绵竹、德阳以及今之广汉、盐亭均在其内[②]，而广汉县的辖境则有今之盐亭、射洪等诸县地[③]。石亭江发源于今绵竹县南，流经什邡、广汉，注入绵远河。这些县地的地名及县境虽历代有一定变化，但石亭江的位置是固定的，可以作为长时段的地理坐标。这样看来，蚕女马头娘的传说兴起于今广汉、什邡、绵竹一带，其地之西即是岷山之南段，即蜀山；其地之东即是古之西陵，即今盐亭；其地之南即是蚕丛氏之都，即广汉三星堆遗址早期文化遗存，这一分布格局难道可以说是偶然的吗？显然，蚕女传说是在嫘祖、蜀山氏、蚕丛氏东、南、西三方面的影响下兴起的，因其为女性，故明显地是以嫘祖作为其原型，因其形成于成都平原蚕丛氏之都附近，故明显地是由蚕丛氏"教民养蚕"演化而来。

在蚕女传奇中，尽管内容荒诞虚渺，属于典型的上古神话主题，但有两点可以断定它比较晚出，从而可以反映其形成时代。首先，这个传说构拟的蚕桑

---

① 见于《太平广记》卷479引《原化传拾遗》，《墉城集仙录》卷6，《蜀中广记》卷71引《仙传拾遗》，《乘异记》，《四川通志》诸书，可参看。

② 《汉书·地理志》。

③ 《水经·江水注》。参阅刘琳：《华阳国志校注》卷三《蜀志》。

起源历程，是从"女化为蚕，食桑叶，吐丝成茧，用织罗绮衾被，以衣被于人间"开始的①，桑蚕直接起源于家蚕，而缺乏对于从驯化桑蚕到家蚕这一漫长时期的任何描述或暗示，表明这个传说的产生时代必定是在家蚕饲养已经兴起并普及的发展阶段，而不是家蚕起源阶段。其次，这个传说虽然在不同的古书中有不同的情节描述，但有一点是诸书共同的，那就是乘骑。可是，中国古代的乘骑兴起于战国时期，大约在公元前 4 世纪中叶，由赵武灵王倡导其军队"胡服骑射"首开其端②，此后才逐渐普及的。因此，蚕女传说的形成年代，其上限不应早于公元前 4 世纪中晚期，当可肯定。

不过，蚕女传说的形成时代也不会太晚，当不晚于战国晚期。首先我们知道，成都平原的蚕桑事业从蚕丛氏开始即已得到推广和普及，其年代是在虞夏之际，此后即进入持续发展阶段。其次，虽蚕女传说本身将故事的时代置于帝颛顼之时③，并以原始时代为故事背景，但又有仙话的痕迹，而蜀中仙话兴起于战国晚期。从这两点，可以初步判定其产生下限为战国晚期。最后，蚕女传说以蚕女转化为马头娘为终结，而蚕女马头娘仅在蜀中流传，他地则无，加之诸书并谓蚕女为蜀人，可以论定是兴于蜀的传说。而这个传说至少在战国末叶北传中原，并为《荀子·赋篇》所吸收征引，表明其形成年代早于战国末叶。综此诸证，我们基本上可以判定，蚕女马头娘传说形成于战国晚期，大致在公元前 300 年前后。

上述分析表明，不论在地域上还是年代上，也不论在原型上还是事迹上，蚕女传说均有来源于嫘祖、蚕丛氏旧事的痕迹，只不过把它们扭曲成为神话，而又在情节上做了大量修改、补充，从而独树一帜，令人难以洞察其源流罢了。

蚕与马，本来是两类不同的动物，但在古人眼中，蚕、马却是相生相克，以为"蚕与马同类"。不过这种观念并非全属迷信，它的确来源于古人的经验，乃是古代的经验之谈。郑樵《通志·昆虫草木略二》说道："今以蚕为末涂马齿，即不能食草，以桑叶拭去乃还食。明蚕马类也。"蚕女转化为马头娘，大概就同此类经验有关。至于将蚕女称引为"房星之精"，而"马为天驷"，故蚕、马同类的说法，则纯属晚出的神话之说，自不足凭信。

蚕女传说于战国晚期兴于蜀，播于蜀，而又很快北传中原，为中原士大夫所

---

① 《墉城集仙录》卷三。

② 《史记·赵世家》。

③ 今本原作帝喾，误。与蜀有关的是帝颛顼，据此校改。

知悉，《荀子·赋篇·蚕》"此夫身女好而头马首者与"一句，便是据此写成的。我们知道，中原关于"蚕与马同气"的观念，是建立在"天文辰为马"，而《蚕书》有"蚕为龙精"之说的基础之上的①，可见中原文化是以蚕为龙精，并无蚕女马头娘的传统说法，此其一。其二，《荀子》这句话是疑问句，其口气带有质疑的性质。假如蚕女马头娘之说出于中原的传统文化，荀子是不会对它表示怀疑的。荀子文中也明确说是"臣愚而不识，请占之五泰（帝）"，表明它对于荀子来说还是一种新事物，因为荀子所识者，仅是流行于中原的"蚕为龙精"的传统说法。其三，蚕女马头娘传说不但在蜀中广为流传，影响深刻，而且历代"宫观诸化，塑女子之像，披马皮"②，各县均有。中原则除《荀子》此篇稍有提及外，余皆不及，而《荀子》的描写也仅限于其大概，未得全貌，表明他取材于蜀中所传，而不是中原所固有。最后，战国末荀子之时，蜀已纳为秦地，与中原关系日益密切，蜀中事物必随之北传中原。在《荀子·王制篇》中，就提到蜀之名产曾青和丹砂，荀子弟子李斯在《谏逐客书》中，也说到"西蜀丹、青不为采"③，足见对蜀中事物确有所知。既如此，那么蚕女马头娘传说的北染中原，就是完全可能的。

蚕女马头娘传说在嫘祖故里也广为传播，各处寺庙均塑有其雕像，有的至今仍存。但与其他地方所不同的是，盐亭县凡供有蚕女马头娘像的寺庙，均无不同时供有嫘祖像，并且嫘祖在上，马头娘在下；嫘祖为主，马头娘为次；嫘祖为正，马头娘为副。这一文化传统之所以得以在盐亭形成并代代相承，应当说，是与盐亭之为嫘祖故里这个特殊文化环境相适应、相吻合的，由此也可以看出蚕女马头娘由嫘祖形象演化而来的历史陈迹。

嫘祖、蜀山氏、蚕丛氏以及蚕女马头娘传说，前后贯通，一系相传，是传世先秦文献中关于蚕桑丝绸起源历史进程的唯一系统记载，这个历史进程发生在巴蜀，完成于巴蜀，它充分证明，巴蜀是中国蚕桑、丝绸的最早起源地之一。

四、巴蜀丝绸对中国和世界文明的贡献

黄帝、嫘祖为其子昌意娶于蜀山氏，生子高阳，是为帝颛顼，为五帝之一。

---

① 《周礼·马质》郑玄注。
② 李昉等：《太平广记》卷479引《原化传拾遗》，中华书局1963年版。
③ 《史记·李斯列传》。

黄帝、帝颛顼均有东进中原，为中原雄主的历史，而嫘祖作为黄帝正妃、帝颛顼祖母，自周代以来被中原王朝列入祀典，祭享先蚕，成为中华蚕桑、丝绸之祖。从这个意义上说，以嫘祖为代表的巴蜀蚕桑、丝绸曾给中原以重要影响，为中华蚕桑、丝绸事业做出了伟大而不朽的贡献，是应当加以充分肯定的。而巴蜀丝绸对世界古代文明的贡献，则体现在以丝绸之路为形式的中西经济文化交流上。这两点，是巴蜀丝绸对中国文明和世界文明的重要贡献。

（一）嫘祖东迁与蚕桑丝绸的东传

据东汉崔寔《四民月令》记载："（嫘）祖，道神也。黄帝之子曰累祖，好远游，死道路，故祀以为道神，以求道路之福。"[①] 文中，黄帝之子为黄帝之妃之误。以嫘祖为"道神"，在于她"好远游"，实际上表示的是嫘祖东迁的史迹，即随黄帝东迁中原。

黄帝原居西北，是西北高原的族类。《国语·晋语》记载："少典娶于有虫乔氏，生黄帝、炎帝。黄帝以姬水成，炎帝以姜水成，成而异德，故黄帝为姬，炎帝为姜。二帝用师以相济也，异德之故也。"黄、炎二帝本是从一族中分化出来，炎帝姜姓，与羌同，出西北，所以黄帝亦出西北，前人已有定论。黄、炎二帝均有东迁的历史。据《史记·五帝本纪》，炎帝率先东伐中原，"欲侵陵诸侯，诸侯咸归轩辕"，轩辕即黄帝之号，来源于黄帝所居"轩辕之丘"。而黄帝居轩辕之丘时，"娶于西陵之女，是为嫘祖，……生二子，……其二曰昌意，降居若水，昌意娶蜀山氏女，曰昌仆，生高阳"，其后才以轩辕之号东进中原，"与炎帝战于阪泉之野，三战，然后得其志"，又擒杀蚩尤，"而诸侯咸尊轩辕为天子，代神农氏，是为黄帝"，可见，黄帝在轩辕之丘，与嫘祖之西陵氏通婚后，才修德振兵以东伐炎帝，否则便无从谈起"诸侯咸归轩辕"。黄帝东征，自然是聚族前往，嫘祖随之东迁亦势所必然。随着嫘祖东迁，始将蚕桑、丝绸传入中原，引起黄河流域蚕桑的兴起，中原王朝尊嫘祖为先蚕，实由此而来。

黄河流域中原地区蚕桑、丝绸的起源，目前还没有确切材料予以证实，不过从古史记载看，均推嫘祖，这种情况并非偶然，很有可能反映了历史的实际，而不仅仅是传说。

我们首先看黄帝族系的分化情况。黄帝名称，见于战国时齐威王铜器《陈

---

① 《宋书·礼志》注引。嫘祖远游，死于道的传说，还见其他载籍。

侯因次月敦》铭文，称"绍统高祖黄帝"。其时田（陈）氏已代齐，陈祖出于虞帝[1]，虞帝出自帝颛顼，为黄帝后代。《国语·鲁语》："有虞氏禘帝黄帝而祖颛顼"，"幕，能帅颛顼者也，有虞氏报焉"，为其确证。《史记·五帝本纪》引录《国语·晋语》，"黄帝二十五子，其得姓者十四人"，分化出十四个支系，多分布在黄河流域中原地区。黄帝后世子孙这些支系，均同时与嫘祖有关，实际上也是嫘祖的后世子孙。

从文献上看，在黄帝、嫘祖东迁中原以前，黄河流域地区未见蚕桑、丝绸的任何记载，目前的考古记录上还没有发现这一时代的蚕桑、丝绸材料。此后，在有夏一代，中原和相邻地区已经有了蚕桑、丝绸，见于《禹贡》[2]，这就意味着是随着嫘祖东迁而将蚕桑、丝绸传播到这些地区的。把黄帝族系的分布地区，同《禹贡》所载产丝绸的地区加以对照，就很容易看出，大凡黄帝族系没有涉足分布之地，多处在丝绸时代之前，或处于利用野蚕丝为纺织原料的阶段，而黄帝族系分布之地，则往往出产家蚕丝。山东半岛原为莱夷的居息之地，《禹贡》记载其地有"厥篚檿丝"，据宋蔡沈《尚书集传》，檿丝是"山蚕之丝"，也就是柞蚕丝。但兖州则是"桑土既蚕"，又有家蚕丝，"厥篚织文"，徐州"厥篚玄纤缟"，荆州"厥篚玄纁玑组"，豫州"厥篚纤纩"，而这些地区多是黄帝后世子孙的分布之区。可见，黄河流域中原地区蚕桑、丝绸的有无，同是否是黄帝、嫘祖后世子孙大有关系的。

这一现象可以说明，黄河流域中原地区蚕桑、丝绸的兴起，是黄帝、嫘祖东迁中原的结果，中原历代王朝之所以祭嫘祖为先蚕，原因正乎此。

至于长江下游良渚文化蚕桑、丝绸的起源，已由考古证实是在黄帝时代（龙山时代早期），而它的起源与黄帝无关，是上承更早时期河姆渡文化的驯养野蚕的文化传统，并在文化进步的历程中进而驯化桑蚕为家蚕而来，表现为一个独立的桑蚕、丝绸起源系统。

（二）巴蜀丝绸与南、北丝绸之路

丝绸之路这一名称，是德国地理学家李希霍芬（F.Von. Richthofen）1877 年

---

① 《史记·孟子荀卿列传》，《汉书·王莽传》和王莽《新量》铭文，可以参证。

② 《禹贡》"九州篇"反映的是公元前 2000 年的生态环境，出于商朝史官对夏代的追记，见邵望平：《〈禹贡〉"九州"的考古学研究》，载《考古学文化论集》(2)，文物出版社 1989 年版，第11—30 页。

提出来的，指以丝绸为主要贸易内容的东西方商路和交通路线。中国通往西方和海外的丝绸之路有四条：南方丝绸之路，北方丝绸之路，草原丝绸之路和海上丝绸之路。巴蜀丝绸播到西方，先秦时代的主要通道是南方丝绸之路，汉代及以后从北方丝绸之路输往西方的丝绸当中，也以巴蜀丝绸为大宗，而从草原丝绸之路输往北亚的中国丝织品中，目前所见年代最早的似乎也是巴蜀丝绸。大量事实表明，巴蜀丝绸以其质量优良闻名中外，的确不愧为丝绸的故乡。

巴蜀丝绸素称发达，从它的蚕桑起源之早这个角度便足可见其一斑。蚕丛氏在虞夏之际南迁成都平原，"教民养蚕"，引起了巴蜀丝绸的兴起。到商周时代，蜀地的丝绸业已达到相当的水平。

广汉三星堆 2 号祭祀坑内出土的一尊青铜大立人像，身着内外三重衣衫，外衣长及小腿，胸襟和后背有异形龙纹和各种花纹。学术界认为：青铜大立人像头戴的花冠，身着的长襟衣服上所饰的有起有伏的各种花纹，表明其冠、服为蜀锦和蜀绣[1]，这是有道理的。西周前期，渭水上游宝鸡附近分布着一支强氏族类，其大量遗物已被发现出来[2]。从各种文化现象分析，强氏文化是古蜀人沿嘉陵江向北发展的一支，是古蜀国在渭水上游的一个拓殖点[3]。在强氏墓葬内，发现丝织品辫痕和大量丝织品实物，丝织品有斜纹显花的菱形图案的绮，有用辫绣针法织成的刺绣，这些丝织品其实就是巴蜀丝绸和蜀绣，它们出土于以丝织著称的蜀人墓中，不是偶然的。

春秋战国时代，蜀地的丝绸业持续发展，达到很高的水平。湖南长沙和湖北江陵出土的战国织锦和刺绣，据专家研究，均属古代蜀国的产品[4]，并与四川炉霍卡莎石棺葬内发现的织品相似[5]，均为 1：2 经二重夹纬（含心纬）1/1 平纹，或 1：1 经重夹纬 1/1 平纹，经密 36×3 根／厘米，或 56×2 根／厘米。蜀锦色彩丰富，图案纹饰优美绮丽，多数可见于元人费著《蜀锦谱》，足见源远流长。蜀绣品种较多，图案多以神话为主题，花纹单位较大，呈二方或四方连续，绣法以辫绣为主，这些也都是后来蜀绣的特点，亦足见其源远流长。西汉扬雄《蜀都赋》所谓"尔乃其人，自造奇锦"，对蜀锦极尽赞誉之词，是有充分根据的，

---

① 陈显丹：《论蜀绣蜀锦的起源》，《四川文物》1992 年第 3 期。

② 卢连成、胡智生：《宝鸡强国墓地》，文物出版社 1988 年版。

③ 参见屈小强、李殿元、段渝主编：《三星堆文化》，四川人民出版社 1993 年版，第 601、602 页。

④ 武敏：《吐鲁番出土蜀锦的研究》，《文物》1984 年第 6 期。

⑤ 四川省文物考古研究所等：《四川炉霍卡莎湖石棺墓》，《考古学报》1991 年第 2 期。

一点也不过分。

由于巴蜀丝绸质量优良，产量亦大，所以从很早起就充当了中国人民的友好使者，沿丝绸之路输送到印度和西方，对印度和西方文明的繁荣起到了推波助澜、锦上添花的作用，为世界文明的发展做出了重要贡献。

南方丝绸之路，是巴蜀丝绸输往南亚、中亚并进一步输往西方的最早线路。早在商代中晚期，南方丝绸之路已初步开通[1]，产于印度洋北部地区的齿贝即在这个时期见于广汉三星堆蜀文化。三星堆出土的大量仿海洋生物青铜雕像也由此而来[2]。印度所最早知道的中国，梵语名称作Cina，中译为支那，或脂那、至那等，就是古代成都的对音或转生语，其出现年代至迟在公元前4世纪，或更早[3]。印度古书里提到"支那产丝和纽带"，又提到"出产在支那的成捆的丝"[4]，即是指成都出产的丝和丝织品，Cina这个名称从印度转播中亚、西亚和欧洲大陆后，又形成其转生语，如今西文里对中国名称的称呼，其来源即与此直接相关。而Cina名称的西传，是随丝绸的西传进行的，说明了巴蜀丝绸对西方的巨大影响，和巴蜀丝绸在中西交流中的积极作用。

西方地中海文明区的古代希腊、罗马，最早知道并使用的中国丝绸，就是巴蜀丝绸。公元前4世纪脱烈美《地志》书中，提到一个产丝之国叫Seres，中译赛力斯，据研究，Seres便是古代蜀国的音译，在西语里叫作丝国[5]。这表明，至少在公元前4世纪，巴蜀丝绸已经远销至西方。阿富汗境内，喀布尔以北60千米处发掘的亚历山大城的一座城堡内，发现许多中国丝绸，据研究，这些丝绸可能就是经南方丝绸之路，由蜀身毒道转运到中亚的巴蜀丝绸[6]。从Cina名称转生为Seres来看，西方文明区中国丝绸的最早来源，必定是古代蜀地，这也和Cina名称西传的年代若合符节。

汉代和以后出西域西行中亚、西亚并抵东罗马安都奥克（Antioch，当即《魏略·西戎传》中的安谷城）的北方丝绸之路，其国际贸易中的物品相当多数是

---

① 段渝：《浅谈南方丝绸之路》，《光明日报》1993年5月24日。

② 段渝：《古代巴蜀与南亚和近东的经济文化交流》，《社会科学研究》1993年第3期。

③ 段渝：《支那名称起源之再研究》，载《中国西南的古代交通与文化》，四川大学出版社1994年版，第126—162页。

④ 《国事论》，或译《政事论》第11章，81节。

⑤ 杨宪益：《译余偶拾·释支那》，三联书店1983年版，第19页。

⑥ 童恩正：《略谈秦汉时代成都地区的对外贸易》，《成都文物》1989年第2期。

丝绸，而丝绸中的主要品种，便是巴蜀丝绸，其中大量的是蜀锦。在新疆吐鲁番阿斯塔那——哈拉和卓古墓群中，先后出土大批织锦[1]，均为蜀锦[2]，其年代从南北朝到唐代均有，确切表明蜀锦是西域丝绸贸易中的重要商品，也是经由北方丝绸之路输往西方的主要中国丝绸。因此，唐代吐鲁番文书中有"益州半臂"、"梓州小练"等蜀锦名目，并标有上、中、下三等价格[3]，就不是偶然的，充分表明了蜀锦在中西经济文化交流中所占有的重要地位和发挥的重要作用。

蜀锦、蜀绣不但分别沿南、北丝绸之路传播到南亚、中亚、西亚和欧洲地中海文明区，而且还在战国时代向北通过北方草原地区传播到北亚，这条线路便是草原丝绸之路。考古学上，在俄罗斯阿尔泰山乌拉干河畔的巴泽雷克（Pazyryk）古墓群内（约公元前5—前3世纪）[4]，出土不少西伯利亚斯基泰文化的织物和中国的丝织品，丝织品中有用大量的捻股细线织成的普通的平纹织物，还有以红绿两种纬线斜纹显花的织锦，和一块绣着凤凰连蜷图案的刺绣。刺绣图案与长沙楚墓出土的刺绣图案极为相似，有学者据此认为是楚国刺绣。其实，楚地织锦和刺绣素不发达，战国和汉代楚地的丝织品均仰给于蜀，而长沙楚墓出土的织锦和刺绣均为蜀地所产，并非楚地所产。因此，巴泽雷克墓内出土的织锦和刺绣，必定就是蜀锦和蜀绣。由此可见，最早经由草原丝绸之路输送到北亚地区的中国丝绸，是蜀地所产丝绸，而草原丝绸之路也是由此命名的，表明巴蜀丝绸在中国北方草原地区与北亚地区文化交流中所居的重要地位和所发挥的积极作用。

古代巴蜀丝绸在世界各地的传播，丰富了南亚、中亚、西亚、北亚和欧洲文明的内容，并由丝绸的传播而引起了丝绸之路的开通，从而沟通了中国与世界各个文明区的经济文化交流，不仅对于中国认识世界和世界认识中国，而且对于世界文明的繁荣和西方古典文明的发展，都做出了积极的卓越的贡献，应当永载史册，万古流芳。

（本文第二节《嫘祖与丝绸起源》，另题名《嫘祖考》，
发表于《炎黄文化研究》1997年第4期）

---

[1]　新疆维吾尔自治区博物馆编：《新疆出土文物图录》，文物出版社1975年版。

[2]　武敏：《吐鲁番出土蜀锦的研究》，《文物》1984年第6期。

[3]　日本龙谷大学图书馆藏《大谷文书》第3097、3066号。

[4]　〔俄〕鲁金科：《论中国与阿尔泰部落的古代关系》，《考古学报》1957年第2期。

浅谈南方丝绸之路

至迟从公元前二千年代中叶开始，在从近东、中亚、南亚到中国西南四川盆地之间广阔的空间内，存在着相同或相似文化因素集结的连续分布现象。这个广阔的连续空间，就是古代亚洲最大、最长的文化交流纽带。这条纽带的南段和南段转折向东伸入四川盆地，以及由四川盆地出云南至东南亚的一段远距离国际文化交流线路，便是"南方丝绸之路"。

南方丝绸之路，在中国古籍里称为"蜀身毒（印度）道"，又称为"滇缅道"。最近几十年来，中外不少学者对这条国际交通古道进行过大量探索，包括文化交流、交通开辟、民族迁徙等诸方面内容，其成果及进展情况日益为中外学者所注目。

关于南方丝绸之路的概念，是近些年来才正式提出来的。这里所说"丝绸"，主要是一种文化的代称。因为古代中国文化曾以无比精美的丝绸引起西方世界的轰动和神往，所以"丝绸之路"便成为古代中西文化交流通道的代称。

丝绸之路，原指以西汉京师长安为起点，西行出西域，经中亚、西亚，直抵西方地中海东岸安都奥克（Antioch），全长达 7000 公里以上的中西交通线路。近些年来，由于考古学的发展、研究的深入和认识的深化，学术界大大扩展了丝绸之路的内涵，草原丝绸之路、海上丝绸之路均已获得中外学者的肯定。而中国西南尤其是四川广汉近年来的若干重大考古发现（如象牙、环纹货贝、金杖、青铜雕像等）以及云南出土的大量来自于印度洋北部地区的海贝等物质文化因素的集结，更将中西文化交流史和中西交通史上推到公元前 14—15 世纪。运用国内国际对中西交通称谓的惯例，学术界称中国西南这条远东出东南亚、南亚，进而抵至西亚和地中海的国际交通线为"南方丝绸之路"，也有学者称之为"西南丝绸之路"。

对于中国西南这条国际交通线，是否应冠之以"丝绸"二字，有人有不同意见。其实，古蜀国的丝绸，自古誉为"奇锦"，品种既繁，产量亦丰，早已驰名中外。不仅在战国时代湖南长沙、湖北江陵楚墓中发现大量织造精美、花纹绮丽的蜀锦，而且汉魏隋唐时期由长安经西域西行的北方丝绸之路上，大宗贸易的丝绸织锦，也是蜀锦，这在考古学上已得到证实。在西方文献里，公元前4世纪脱烈美的《地志》中，记有一产丝之国，名为"赛力斯"（Seres），其南有北印度和Sinae。据考证，Seres即是古蜀国，Sinae即是古滇国。既然古蜀织锦起源很早，生产兴盛，并且早于西域和南海中西交通的开辟，那么，由蜀南行，经云南出缅、印，进而经中亚、西亚抵达地中海沿岸的这条国际交通线，自然能够当之无愧地被称为"南方丝绸之路"。

这条国际丝路究竟称为"南方丝绸之路"，还是称为"西南丝绸之路"更准确，笔者以为称"南方丝绸之路"更好。所谓"南方"，不应仅仅理解为"中国南方"，而应从国际文化交流这个更加广阔的视野出发去认识。所谓"南方"，是指从中国西南出发，经缅甸、印度、巴基斯坦至中亚、西亚，进而抵至地中海的这条古代亚洲文化纽带的南段，即是相对于整个丝绸之路而言的南方。在概念上，它又可以同北方丝绸之路联系在一起，从而共同形成古代中西交通和中西文化交流丝路总体系。因此，这个名称更能准确地表达这条国际交通线的完整内涵。

（原载《光明日报》1993 年 5 月 24 日）

南方丝绸之路研究的几个问题

——《南方丝绸之路上的民族与文化》序

古代从四川经云南出域外，分别至东南亚、缅甸、印度、阿富汗、中亚、西亚及欧洲地中海地区的的国际交通线，学术界称为"南方丝绸之路"或"西南丝绸之路"，简称"南丝路"。南方丝绸之路的起点为中国西南古代文明的重心——成都，由此向南分为东、中、西三线南行：西线为从四川经云南、缅甸到印度的"蜀身毒道"，东汉时又称"灵关道"或"旄牛道"，后称为川滇缅印道，这条线路通往中亚、西亚和欧洲地中海区域；中线为从四川经云南到越南的"步头道"和"进桑道"，或又统称为"安南道"，后来称为中越道；东线为从四川经贵州、广西、广东至南海的"牂牁道"，或称为"夜郎道"。三条线路中，西线和中线在古代中国西南地区的对外经济文化交流中发挥了积极而重要的作用。

古代中国在西南方向对外部世界的联系和交流，是经由南方丝绸之路进行的，它是古代中国西南地区同东南亚、南亚、中亚、西亚及欧洲地中海地区文明交流互动的载体。

一

中国古代文献关于从西南地区通往缅、印、阿富汗的最早记载，出自《史记·西南夷列传》和《史记·大宛列传》，称此线路为"蜀身毒道"，便是后来学术界通称的"南方丝绸之路"。《三国志》裴松之注引三国时人鱼豢的《魏略·西戎传》里，提到罗马帝国"有水通益州（四川）"。此后，《新唐书·地理志》、《蛮书》等也对这一交通线路有较详记述。古代中国与中南半岛的关系，则略见于《水经注》引《交州外域记》以及诸史所引《南越志》等。但是，诸书所载史事大多语焉不详，或相互抵牾，颇难缕析。在西方古文献尤其古希腊、罗马的各种文献里，也有一些关于古代中国西南与印度、中亚和东南亚关系的记载，但大多简略而模糊，足以据信者并不多。

近世以来，中外学者对中国西南的早期国际交通问题颇为关注，不少名家曾对这个问题进行过探讨。梁启超在 20 世纪 20 年代发表《中国印度之交通》一文，根据唐贞元间宰相贾耽的记述，论述中印之间有六条交通线，其中第六条是滇缅路。夏光南于 1940 年出版《中印缅道交通史》，亦据此对早期中印缅交通有所考证。方国瑜在 1941 年发表的《云南与印度缅甸之古代交通》中认为，"中印文化之最初交通，当由滇蜀道"。张星烺、冯承钧、丁山、岑仲勉、季羡林、饶宗颐、桑秀云、严耕望、杨宪益、陈炎、徐中舒、蒙文通、任乃强等先生分别从某一或某些方面对古代中缅印和中越交通或文化交流进行过研究。但诸家所引证的资料未必尽确，且有任意比附之嫌，尤其没有引入考古资料所提供的证据，因而许多结论未获学术界认同。

国外学者对古代中缅印交通问题向来十分关注。法国汉学家伯希和（P. Pelliot）的《交广印度两道考》是这一领域的名作，但详于交广道而略于中印道。美国东方学者劳费尔（B. Laufer），法国汉学家玉尔（Henry Yule）、沙畹（Chavannes），日本学者藤田丰八等，先后对此有过专门研究。英国学者哈威的《缅甸史》、缅甸学者波巴信的《缅甸史》，亦对中缅印早期交通进行过阐述，英国学者霍尔的《东南亚史》对此也有涉及，但多据伯希和之说，缺乏创新研究。越南陶维英《越南古代史》（科学出版社 1959 年中译本）、黎文兰等《越南青铜时代的第一批遗迹》（河内科学出版社 1963 年出版），则从越南历史和考古的角度对先秦两汉时期越南与中国西南的文化和族群等关系问题发表了不尽相同的意见，其中明显存在与历史事实不相符合以至歪曲之处。

以上各项成果，主要是从交通路线的角度对古代中国西南与南亚、中亚、西亚和东南亚的关系所进行的考证和论述，对于日后南方丝绸之路研究的广泛开展，有着重要的引导作用。

二

20 世纪 80 年代以来，学术界兴起南方丝绸之路的研究热潮，不但更加深入，而且涉及时空领域都更加广泛，主要集中在以下六个方面：

（一）南方丝绸之路的走向

自 1980 年代以来，学术界对南方丝绸之路的研究逐步深化，一致认为南方丝绸之路国内段的起点为蜀文化的中心——成都，从成都向南分为东、中、西三条主线：西线经今四川双流、新津、邛崃、雅安、荥经、汉源、越西、喜德、泸沽、西昌、德昌、会理、攀枝花，越金沙江至云南大姚、姚安，西折至大理，这条线路被称为"零关道"（或作"灵关道"，东汉时又称"牦牛道"）。中线从成都南行，经今四川乐山、峨眉、犍为、宜宾，再沿五尺道经今云南大关、昭通、曲靖，西折经昆明、楚雄，进抵大理。中、西两线在大理会合后，继续西行至今永平，称为"永昌道"。从永平翻博南山、渡澜沧江，经保山渡怒江，出腾冲至缅甸密支那，或从保山出瑞丽抵缅甸八莫。东线从四川经贵州西北，经广西、广东至南海，这条线路称为"牂牁道"，或称为"夜郎道"。

南方丝绸之路是中国古代的国际通道，它的国外段有西路、中路和东路三条。西路即历史上有名的"蜀身毒道"，也有学者称"川滇缅印道"，从四川出云南经缅甸八莫或密支那至印度、巴基斯坦、阿富汗伊朗、土耳其、叙利亚、埃及、希腊。这条纵贯亚洲并延伸到欧洲和北非的交通线，是古代欧亚大陆线路最漫长、历史最悠久的国际交通大动脉之一。中路是一条水陆相间的交通线，水陆分程的起点为云南步头，先由陆路从蜀、滇之间的五尺道至昆明、晋宁，再从晋宁至通海，利用红河下航越南，这条线路是沟通云南与中南半岛的最古老的一条水路。徐中舒教授和蒙文通教授认为，秦灭蜀后，蜀王子安阳王即从此道南迁至越南北部立国。东路，据《水经·叶榆水注》和严耕望教授考证，应是出昆明经弥明，渡南盘江，经文山出云南东南，入越南河江、宣光，抵达河内。

（二）南方丝绸之路的开通时代

一种观点认为南方丝绸之路的开凿起于秦并巴蜀之后，通于西汉时期，五尺道为秦灭巴蜀后初创，秦始皇时期基本建成，汉武帝时期完成。最新的研究成果认为，五尺道在秦王朝正式开凿之前就已存在，要比常頞开凿（公元前221 年）早得多。

1986 年四川广汉三星堆遗址发掘后，学者们注意到其中明显的印度和近东文明的文化因素集结，于是提出南方丝绸之路在商代即已初步开通的新看法，认为其年代可上溯到公元前 14、15 世纪，早于曾由季羡林教授所提中、印交通起于公元前 4 世纪，向达教授所提公元前 5 世纪，丁山教授所提公元前 6 世纪，日本藤田丰八所提公元前 11 世纪等说法。有的学者提出，从考古资料看，南方丝绸之路至迟可以追溯到遥远的旧石器时代晚期。但此说还缺乏科学证据。

（三）南方丝绸之路的性质

学术界认为，南方丝绸之路至少发挥了三种功能：文化交流、对外贸易、民族迁徙。

南方丝绸之路的文化交流功能已为学术界所公认，没有异议。

对外贸易是南方丝绸之路的主要功能之一，这一点也没有人提出异议。学者们指出，先秦时期成都工商业之繁荣，并与中亚、东南亚、东北亚等地发生了直接或间接的经济和文化交往。

古蜀对外贸易中最著名的货物是丝绸。古史传说西陵氏之女嫘祖发明蚕桑丝绸并非虚言，青铜器铭文和《左传》等记载均可证实。而四川是中国丝绸的原产地和早期起源地之一，至迟在战国时代已具有相当规模。1936 年在阿富汗喀布尔以北考古发掘出许多中国丝绸，学术界认为这些丝绸有可能是从成都经"西南丝道"运到印巴次大陆，然后转手到达中亚的。《史记》多次提到"蜀布"等"蜀物"，是张骞在中亚看到的唯一的中国商品。张骞在中亚大夏（今阿富汗）所看见的"蜀布"，其实就是蜀地生产的丝绸，由蜀人商贾长途贩运到印度出售，而由大夏商人从在印度经商的蜀人商贾手中买回。

为什么张骞把四川生产的丝绸称为"蜀布"呢？印度学者 Haraprasad Ray 教授指出，在印度阿萨姆语里，"布"可以用来表示"丝"的意义，因为当时印度没有丝，当然就不会有丝的语词，而用印度语言来替代。大夏商人沿用印度语言也把四川丝绸称为"蜀布"，张骞自然也就沿用了大夏商人的称呼。扬雄《蜀都赋》说蜀地"黄润细布，一筒数金"，意思是蜀地的丝绸以黄色的品质尤佳。印度前任考古所所长乔希（M. C. Joshi）曾指出，古梵文文献中印度教大神都喜欢穿中国丝绸，湿婆神尤其喜欢黄色蚕茧的丝织品。这种黄色的丝织品，应该就是扬雄所说的"黄润细布"。印度教里湿婆神的出现年代相当早，早在印度河文明时期即有了湿婆神的原型，后来印度教文明中的湿婆神就是从印度河文明居民那里学来的。从印度古文献来看，湿婆神的出现时间至少相当于中国的商代，那时中原尚不知九州以外有印度的存在，而古蜀成都已经同印度发生了丝绸贸易关系，最早开通了丝绸之路。

多数研究者认为，南方丝绸之路国际贸易使用的货币是一种产于印度洋的白色海贝。古代文献对印度洋地区使用贝币有相当多的记载，方国瑜教授认为这种海贝就是货币，彭信威先生认为云南用贝币的历史悠久，是受印度的影响所致。在古蜀腹地三星堆以及云南地区都出土了大量海贝，应是从印度地区交换而来。也有学者认为西南地区出土的海贝是装饰品，或认为海贝来源于南海。

学术界普遍认为，自秦汉以后，南方丝绸之路是由中央王朝掌控的贸易线，而对先秦时期经由南方丝绸之路进行的对外贸易的性质则有不同认识。一种观点认为主要是民间自由贸易，另一种观点认为主要是官方贸易，这可以三星堆遗址为代表的考古发现为证，象牙、海贝等外来文化因素等，更多地集结在像三星堆这样的大型都城和区域统治中心内，应属明证。古蜀经由南方丝绸之路进行的对外贸易，主要有直接贩运和转口贸易两种形式。在转口贸易中，古蜀产品要抵达南亚等地，需由古蜀——滇——外国商人经过多次转口交易来完成。

古代文献记载表明，先秦时期中国西部存在一条由北而南的民族迁徙通道。费孝通先生提出了民族走廊和藏彝走廊概念。李绍明教授指出，从民族学的角度来看是一条民族走廊，而从历史地理学的角度来看，则是一条古代交通线，南方丝绸之路即是藏彝走廊中的一条通道。另有学者认为，藏彝走廊是连接南、北丝路的枢纽，而南、北丝路是古代中国最早的世界窗口。

（四）南方丝绸之路与东南亚文明

1983 年童恩正教授发表《试谈古代四川与东南亚文明的关系》，除了提到巴蜀向越南等东南亚大陆地区传播中原文化外，还简略讨论了巴蜀文化本身在北越地区的传播，这主要是指青铜文化。同年蒙文通教授遗著《越史丛考》由人民出版社出版，其中的《安阳王杂考》一章提出，战国末秦代之际，蜀人向越南的大规模南迁，对越南民族的形成产生了很大的影响。蒙文通教授的观点，在越南学术界有不同认识。

学术界比较认同的观点是，从远古时代起，中国与东南亚就发生了若干文化联系。在相互间的各种交往中，中国常常处于主导的地位，而东南亚古文化中明显受到中国影响的某些重要因素，其发源地或表现得相当集中的地区，就是古代巴蜀，云南则是传播的重要通道。

（五）南方丝绸之路与南亚文明

季羡林教授《中国蚕丝输入印度问题的初步研究》及德国雅各比（H. Jacobi）在普鲁士科学研究会议报告引公元前 320 年至 315 年印度旃陀罗笈多王朝考第亚（Kautilya）所著书，说到"支那（Cina）产丝与纽带，贾人常贩至印度"。公元前四世纪成书的梵文经典《摩诃婆罗多》（*Mahabharata*）和公元前 2 世纪成书的《摩奴法典》（*Manou*）等书中有"丝"的记载及支那名称，陈茜先生认为这些丝织品来自中国四川。法国汉学家伯希和考证，"支那"（Cina）一名，乃是"秦"的对音。有学者指出，Cina 中译为支那，或脂那、至那等，是古代成都的对音或转生语，其出现年代至迟在公元前 4 世纪，或更早。印度古书里提到"支那产丝和纽带"，又提到"出产在支那的成捆的丝"，即是指成都出产的丝和丝织品，Cina 这个名称从印度转播中亚、西亚和欧洲大陆后，又形成其转生语，如今西文里对中国名称的称呼，其来源即与此直接相关。而 Cina 名称的西传，是随丝绸的西传进行的，说明了古蜀丝绸对西方的影响。南方丝绸之路上使用的通用货币为海贝，反映了南亚文明对中国西南文化的影响。三星堆遗址出土的海贝、海洋生物雕像、城市文明、人体装饰艺术、神树崇拜，以及象征南亚热带丛林文化的大量象牙，都从各个不同的方面证实了中国文明与南亚文明的交流关系。何峙教授从文字源流的角度分析了印度河文明的文字与中国商代文字的异同，认为三星堆刻符与印度河文字有紧密联系，在中国原始文字符号传播到印度河地带时起了桥梁作用。日本成家彻郎教授认为，巴蜀古文字与中亚阿拉米文字有关，古代中国的印章发源于四川，而巴蜀印章是从古印度和中亚引入的文化因素。这几个问题都至关重要，必须寻找更多的证据加以进一步实证，从而深化对古代中国对外开放与交流的认识。

（六）南方丝绸之路与近东和欧洲古代文明

考古学证据表明，中国经由西南地区与近东文明之间的接触和交流，在公元前第二个千年的中期就已存在了，其间文化因素的交流往还，就是经由南方丝绸之路进行的。三星堆出土的金杖、金面罩、青铜人物全身雕像、人头像、人面像、兽面像等，在文化形式和风格上完全不同于中国本土的文化，在殷商时代的全中国范围内完全找不到这类文化因素的渊源，而青铜人物雕像、金杖、金面罩的传统见于美索不达米亚、埃及和印度，权杖起源于美索不达米亚，古埃及也有使用权杖的传统，黄金面罩也是最早见于美索不达米亚，商代三星堆遗址出土的青铜雕像群和金杖、金面罩，由于其上源既不在巴蜀本土，也不在中国其他地区，但却同上述世界古代文明类似文化形式的发展方向符合，风格一致，功能相同，在年代序列上也处于比较晚的位置，因而就有可能是吸收了上述文明区域的有关文化因素进行再创作而制成。张增祺研究员注意到了西亚文化对中国西南地区古文化的影响，巴蜀和滇文化区西亚石髓珠和琉璃珠的发现，都证明中国西南与西亚地区的经济贸易和文化关系早已发生的事实。张正明教授亦认为，从人类学的角度看，西南夷青铜文化确有西亚文明的因素。

西方地中海的古希腊、罗马，最早知道的中国丝绸，便是古代蜀国的产品。早在公元前 4 世纪，古希腊人的书中便出现了"赛力丝"（Seres）这个国名，意为"丝国"。据段渝考证，中国丝绸早在公元前 11 世纪就已西传到了埃及，在西方历史文献中，欧洲人公元前 4 世纪也已知道 Cina 这个名称，并把梵语 Cina（成都）一词，按照欧洲人的语言，音转成了西语的 Seres，而 Seres 名称和 Sindhu（印度）名称同传中亚，是从今印度经由巴基斯坦西传的。张骞所说蜀人商贾在身毒进行贸易活动，身毒即是 Sindhu 的汉语音译，指印度西北部印度河流域地区。由此可知，从中国西南到印度，再从印度经巴基斯坦至中亚阿富汗，由此再西去伊朗和西亚、欧洲地中海地区和北非埃及，这条路线正是南方丝绸之路西线所途经的对外交通线。欧洲地中海地区和埃及考古中均发现中国丝绸，这些丝绸在织法上多与四川丝绸相同，表明四川是古代丝绸之路的重要发源地，是丝绸之路的动力源。

三

凉山州在南方丝绸之路上具有显要的战略地位，是南方丝绸之路的重要枢纽，它北连成都，直通中原；东接宜宾，连通五尺道；西达丽江，深入中甸；南跨金沙江，直下博南道、永昌道，不论在中国古代史还是在中外文化交流史上都发挥了积极作用。

四川省凉山彝族自治州博物馆和凉山州彝族奴隶制度博物馆长期以来关注南方丝绸之路研究，是南丝路考古、历史、民族和文化研究的一支重要力量，并在这一领域取得了大量重要成果，获得学术界的广泛称赞。这本由凉山彝族自治州奴隶制度博物馆编辑的《南方丝绸之路上的文化与民族》，搜集了四川和云南学术界对于南丝路研究的40多篇论文，分为丝路研究、文化交流、政治军事、文物研究、民族文化以及译文等六个方面予以结集出版，内容丰富，涉及广泛，观点新颖，是近年来学术界关于南丝路研究的重要论文集之一。相信这本论文集的出版，对于南方丝绸之路研究的进一步深入开展，将会起到积极的推动作用。

论商代长江上游川西平原青铜文化与
华北和世界古文明的关系

中国文明的起源是历史学、考古学、文化人类学以及各相关学科所共同关心的重大理论课题。多年来中国学术界内外所存在的一个传统看法是，只有黄河流域或位于黄河中下游的华北地区，才是中国文明的摇篮。本世纪 70 年代长江流域下游地区宁绍平原的河姆渡遗址发掘后，学术界开始逐渐改变这一认识。在今天，黄河与长江流域同是中国文明两大发祥地的观点，已为广大人民所熟知，然而，正如本世纪前半叶关于世界文明起源的"一元论"和"多中心论"的争辩所曾经历的考验一样，中国文明的起源究竟是一元的还是多元的，是一个中心还是多个中心，至今在学术界仍然是一个有相当争议的问题[1]，各种观点也正在经受着理论和考古学新资料的严峻考验。

本文作者大体赞同苏秉琦教授的意见："中国之大，并不只有中原和北方两个古文明中心。中国古文化起源很难说什么地方有，什么地方没有。"[2]"中国文明的起源，恰似满天星斗。虽然各地、各民族跨入文明门槛的步伐有先有后，同步或不同步，但都以自己特有的文明组成，丰富了中华文明，都是中华文明的缔造者。"[3]在探讨古代巴蜀文明的论文中，作者曾提到，"川西平原文明决不是中原文明的亚型，作为其文明起源标志的古文字系统和青铜器形制组合等具有

① 夏鼐：《中国文明的起源》，文物出版社 1985 年版，第 96 页。安志敏：《试论文明的起源》，《考古》1987 年第 5 期。邹衡：《中国文明的诞生》，《文物》1987 年第 12 期。童恩正：《有关文明起源的几个问题》，《考古》1989 年第 1 期。

② 魏亚南：《中华文明史的新曙光——就辽西考古新发现访考古学界苏秉琦》，《人民日报》海外版 1986 年 8 月 4 日。

③ 童明康：《进一步探讨中国文明的起源——苏秉琦关于辽西考古新发现的谈话》，《史学情报》1987 年第 1 期。

自身独特的若干特点"①。基于这些认识，本文拟通过对川西青铜文化及其相关问题的分析研究，力求进一步阐明以川西平原为中心的文明区域内青铜文化的起源、发展及其与中国华北和世界各古文明中心在文化传统方面的关系。由于文明起源内容的丰富多彩和复杂纷繁，本文不可能进行全面分析论述，对于文字、城市、大型礼仪中心、政治组织结构以及其他各项文明要素，暂时不予讨论。

一、川西平原冶金术与中原的比较

如果从科学技术史从而从展示人类文明进程的角度去衡量古代青铜文化的发展水平，一项至关重要的工作就是必须对这个文化系统中青铜合金术的发展水平进行科学分析。当前世界上一般的做法，是将青铜合金术的历史划分成若干逐渐进化的阶段。在国内，北京钢铁学院的冶金史专家曾经提出一个发展阶段模式："开始时是用铜矿石加锡矿石或铅矿石，或者由多种元素的铜矿石冶炼出青铜，而后发展到先炼出铜，再加锡、铅矿一起冶炼出青铜。最后发展到先分别炼出铜、锡、铅或铅锡合金，然后再按一定配比混合熔炼，这样得到的青铜成分比较稳定，可根据不同器物的要求而改变成分配比，熔炼起来，容易控制。"②这实际上是将青铜合金术划分为三个发展阶段。美国冶金史专家 L. 艾奇逊（Lesite Aitcheson）则把从最初的青铜合金到成熟的青铜合金术具体划为四个发展阶段：铜矿砂加锡矿砂、铜锭加锡矿砂、铜矿砂加锡锭、铜锭加锡锭③。以上两种划分法，没有实质性区别，都是学术界最普遍通行的做法。

关于华北商文明的冶金术情况，从商代考古可以知道，在属于早商时期的河南偃师二里头文化遗址中，20 世纪 60 年代初出土刀、锥、镞、鱼钩、铃等小件铜器④。1973 年在二里头遗址八区属于第三期的地层中发现一件青铜器，"是我国迄今发掘出土的最早的一件青铜容器"⑤。对这件青轴爵用电子探针法定量

---

① 段渝：《论巴蜀地理对文明起源的影响》，《四川大学学报》（哲社版）1988 年第 2 期。

② 北京钢铁学院中国冶金简史编写小组：《中国冶金简史》，科学出版社 1978 年版，第 23 页。

③ L. Aitcheson, *A History of Metals*, 1960.

④ 中国科学院考古研究所二里头工作队：《河南偃师二里头发掘简报》，《考古》1965 年第 5 期。

⑤ 中国科学院考古研究所二里头工作队：《河南偃师二里头遗址地三—八区发掘简报》，《考古》1975 年第 5 期。

分析，含铜 92%，锡 7%。对遗址三区发现的一件铜锛用同样方法分析，含铜 98%，锡 1%，几乎接近纯铜。这些青铜器，无论从铜、锡、铅含量、铸造技术还是形制等方面来看，都具有早期铜器的显著特点①。二里头遗址发现的铸铜作坊遗迹中，虽未发现任何铜、锡、铅金属矿石或金属块，难以判断这个时期的青铜合金冶炼术属于哪个发展阶段②，但从其铜、锡含量分析，显然不是有意识地按照一定的铜、锡配比冶炼出合金，然后再铸造成器物的。这似乎表明，二里头时期早商合金术还处在青铜冶炼史上的初级阶段。

属于中商时期的郑州二里岗遗址，在 1954 年发掘的铸铜遗址和 1956 年发掘的紫荆山以北铸铜遗址中，都发现了铜矿石③。与二里岗同一时期的湖北盘龙城遗址内发现的铸铜遗址中④，出土了一些孔雀石和木炭，据称附近 200 里以内有丰富的铜矿资源，具有冶铜的条件⑤。铜矿石、孔雀石（氧化矿物）是冶炼青铜的最重要原材料，必须与锡、铅等矿石或金属同炉而冶，才能炼出青铜。二里岗时期的遗址内未发现锡矿或金属锡，似乎可认为当时的青铜冶炼史处于铜矿砂加金属锡（锡锭）的发展阶段，即 L. 艾奇逊所划分的第三阶段。

晚商时期，解放以前在安阳殷墟的发掘中，常常发现孔雀石，其中最重的一块达 18.8 公斤⑥。殷墟铸铜遗址内发现过重约 3 公斤的长方形锡锭⑦。而在年代相当于中商二里岗时期直到晚商的湖南石门皂市遗址内，发现过不少的铜块⑧。根据 1959 年至 1960 年在小屯东南苗圃北地发掘的大型铸铜遗址中未发现任何铜矿石的情况，学者们推测，当时是先在铜矿附近冶炼成铜块再运到这里加工⑨。这种现象似乎表明，晚商时期已达到青铜冶炼术的高级阶段，即铜锭加锡锭的阶段⑩。但在殷墟时常发现的显然作为冶铜原料的孔雀石，似乎还说明这一合金技术的发展在当时仍然带有相当的不平衡性，尚未达到高

① 中国科学院考古研究所：《新中国的考古发现和研究》，文物出版社 1984 年版，第 323、324 页。
② 夏湘蓉等：《中国古代矿业开发史》，地质出版社 1980 年版，第 200 页。
③ 廖新民：《郑州发现的一处商代居住与铸造铜器遗址简介》，《文物》1957 年第 6 期。
④ 湖北省博物馆：《盘龙城商代二里岗期的青铜器》，《文物》1976 年第 2 期。
⑤ 北京钢铁学院中国古代冶金编写组：《中国古代冶金》，文物出版社 1978 年版，第 5 页。
⑥ 刘屿霞：《殷代冶铜术之研究》，《安阳发掘报告》第 4 期，1933 年。
⑦ 万家保：《殷商的青铜工业及其发展》，《大陆杂志》第 41 卷第 4 期，1970 年。
⑧ 高至喜、熊传新：《湖南周吉考古的新发现》，《光明日报》1979 年 1 月 24 日。
⑨ 中国科学院考古研究所安阳发掘队：《1958－1959 年殷墟发掘简报》，《考古》1961 年第 2 期。
⑩ 童恩正、魏启鹏、范勇：《〈中原找锡论〉质疑》，《四川大学学报》（哲社版）1984 年第 4 期。

低成熟的稳定状态。

如果说殷商晚期可能已出现成熟的冶金术，但还表现出不平衡、不稳定的性质，那么到了周代，情况就已大大改观，根据对开采年代上限可达西周的湖北大冶铜绿山古铜矿的勘察和采集到铜锭的情况，考古学推定，"铜绿山生产的红铜一般并不在当地铸造青铜器，而是分运各地的"①。由此也有理由推测，周代首先在铜、锡矿产地分别冶炼出金属铜、金属锡，把它们分运至各铸铜作坊，按一定配比熔炼成青铜。这在今天已大体为考古、历史和冶炼史专家所公认。

那么，作为古代文明一个中心区域的川西平原，它的冶金术在商代达到哪一发展阶段了呢？与华北文明中心的商王朝之间，是否具有直接的技术赠予和承受关系呢？

地处川西平原中部的广汉县南兴镇三星乡，1986 年发掘的两个"祭祀坑"中出土大量青铜器②。这批青铜器群的最大特点，是器体雄浑、蔚为壮观的大型青铜雕像群。这类大型青铜雕像群在华北地区商周考古中是从来没有见到过的。从其气势宏大的造型工艺上看，可以说已经超过商代中晚期华北青铜器的制作技术水平。在这两个"祭祀坑"中，"出土了大量翻模铸造用的泥芯（内范）及青铜熔渣结核和成块的金料"，"遗址内出土大量的厚胎夹砂坩埚"③。证明这里曾经是一个大型青铜器铸造中心，两个"祭祀坑"内的大型青铜雕像群均为当地制作。从迄今为止的发掘情况看，无论在遗址还是"祭祀坑"内，均未发现任何铜矿石、锡矿石，也未发现金属铜和金属锡。这种情况，再加上高水平的造型技术工艺，似乎就意味着，当时川西平原文明中心的青铜合金术，已经达到了青铜冶炼史的高级阶段。

这一认识，我们还可以从以下几个方面的分析中取得更加深刻的印象。

首先，三星堆两个"祭祀坑"出土的青铜器，初步预测总重量接近 1 吨④。如此大量的青铜器，假如没有较高的熔炼青铜能力，没有熟练的合金技术，是不可能被制造出来的。因此，大型青铜器群本身就是青铜冶炼术达到成熟阶段的内证。

第二，根据在坑内烧骨和填土中发现铜渣、泥芯，以及遗址内发现大量厚

---

① 夏鼐、殷玮璋：《湖北铜绿山古铜矿》，《考古学报》1982 年第 1 期。

② 《光明日报》1986 年 12 月 10 日。

③ 陈显丹：《论广汉三星堆遗址的性质》，《四川文物》1988 年第 4 期。

④ 载《光明日报》1986 年 12 月 10 日。

胎夹砂坩埚等情况分析，青铜器的制作地点在遗址以内。铜渣的发现，当然不能说明这是一个炼铜遗址。如果是炼铜遗址，必应有数倍于已经铸造成型的青铜器的铜、锡矿石的冶炼废渣。在古代，即使选用最富的矿石，每炼 100 斤铜需要 300 至 400 斤或更多的矿石[①]。如果不是最富的矿石，至少亦需 5 倍以上。照此推算，冶炼出总重量约 1 吨的青铜，需要 5 吨甚至更多的矿石，同时留下超过青铜同样倍数的大量炼渣，估计超过 40 万吨[②]。三星堆遗址内发现的炼渣，其数量却无法与青铜器相比。这就证明了三星堆遗址内有铸铜作坊而无炼铜作坊的事实。同时也证明，川西平原文明中心的青铜熔铸与矿石冶炼，是异地而为的。与晚商华北相比，情形大体相同。这正是川西平原冶金术的发展早已脱离初级阶段，进入了高级阶段的标志。三星堆发现的青铜炼渣是当地熔铸青铜的实物根据，泥芯和坩埚是当地浇铸青铜器的有形见证，而大量青铜器群则是二者相加的必然结果，由此可见，青铜雕像群等器物是在当地将金属铜、锡同炉而冶，熔炼成青铜，然后就地翻模加工铸造成型的。

　　第三，川西平原是大河冲积扇平原，本土比较缺乏铜、锡等自然资源。但靠近盆地边缘的荥经富于铜矿，从古至今开采不息。《史记·佞幸列传》记载汉文帝"赐邓通严道铜山，得自铸钱，邓氏钱布天下"。汉严道即今荥经。荥经铜矿汉初大量开采，必有其悠久的历史渊源。《管子·山权数》记载："汤以庄山之铜铸币。"庄与严同义，战国秦汉史籍多混用，如将楚庄王又称作楚严王。汉代称严，则是因避明帝刘庄讳的缘故。虽然成汤时期不大可能至川西平原开采铜矿，并且《管子》之书晚出不尽可信，但由此仍可看到商代川西采、冶铜矿历史的蛛丝马迹。因此，商代中晚期蜀人能够开采荥经一带地表上的铜矿并加以冶炼，就不是不可能的。根据古代利用自然资源由近及远的通行原则，可以推断，蜀人最早开采的铜矿，可能就在荥经。由此进一步推论，如果三星堆青铜器群是使用荥经的铜矿石进行冶炼，而不是使用从荥经或其他地方炼铜作坊运来的金属锭，就必然会在遗址内留下大量炼渣，决不会是今天见到的远远低于青铜器本身重量的那些炼渣。因此，符合逻辑的推论就应当是，三星堆青铜器群的铸造必然使用的是金属铜，而不是矿石原料。这就证明，川西平原的冶金术，确已远远超出直接从矿石冶炼中获取青铜的发展阶段。

---

① 北京钢铁学院《中国古代冶金》编写组：《中国古代冶金》，文物出版社 1978 年版，第 28 页。
② 夏鼐、殷玮璋：《湖北铜绿山古铜矿》，《考古学报》1982 年第 1 期。

第四，川西平原古代未闻有锡矿，熔炼青铜的锡料极有可能通过远程贸易从其他地区进口。三星堆二号坑内发现的巨大的车轮[①]，就是蜀人拥有远程贸易能力的有力证据。从遗址和"祭祀坑"内均未发现锡矿石或金属锡的情况分析，当时蜀人通过贸易换来的锡是金属锡锭而不是锡矿石。由于锡的交换代价极为昂贵，来之不易，不会轻易浪费抛弃，同时也由于纯锡容易生成"灰锡"而消失，所以在遗址内未发现纯锡当可理解。

以上几点，足以证明川西平原的青铜冶金术已达到相当高的发展水平，即将金属铜与金属锡熔炼为青铜的成熟阶段。与大体同时的华北二里岗上层的殷墟一期的冶金术相比，川西平原是丝毫不逊色的。

如果再进一步分析，商代二里岗期仍处在青铜冶炼的第三阶段，到殷墟时期发展到第四阶段，其间历年并不长久。而二里岗上层与殷墟一期，在商代分期上又可以说是同一时期的文化层[②]。正如前面所论，二里岗期的冶金术处于铜矿砂加金属锡的第三阶段，殷墟时期则达到成熟而不稳定的第四阶段，说明殷墟时期铜锭加锡的合金术还刚刚诞生不久。三星堆"祭祀坑"的年代，发掘者根据一号坑所出华北器物分析比较，认为与殷墟一期相当[③]，即与二里岗上层约略同时。虽然这一年代数据可能偏早，但却也能告诉我们，川西平原高度成熟的青铜冶炼术，绝不是从华北商文明中直接传播而来的。理由很简单，两个几乎同时出现于世并且发展水平难分轩轾的冶金术之间，不可能存在直接的赠予和承受关系。一方面由于两者相距千山万水，即令有所传播，亦需一个漫长的过程，不可能大体同时发生。另一方面，在相对于殷墟一期的年代和稍后，商蜀关系相当紧张，殷王武丁屡次伐蜀，甚至"登人征蜀"[④]。在这种剧烈对立的情形下，难以设想殷人会把自己在科学技术上最重要的新成果毫无保留地一下子赠予远在西南边疆的蜀人。

再从青铜器铸造技术的进步历程加以比较，我们对上述观点还可取得更深一层的认识。

我们知道，最初铜器的出现，在形制上几乎无不模仿陶、石、竹、木、角

① 陈显丹、陈德安：《记广汉三星堆遗址的发现及其发掘》，《文物天地》1988 每第 1 期。

② 北京大学历史系考古教研室：《商周考古》，文物出版社 1977 年版，第 31 页。

③ 四川省文物管理委员会等：《广汉三星堆遗址一号祭祀坑发掘简报》，《文物》1987 年第 10 期；《广汉三星堆遗址二号祭祀坑发掘简报》，《文物》1989 年第 5 期。

④ 《后》上 9、7，《粹》11、75，《铁》105、3，等等。

等实用器物的形状①。早期青铜时代的情况与此大致相仿。到了青铜时代高级阶段，青铜器铸造在技术方面才最终脱离模仿石器时代和铜石并用时代实用器物的模式，真正成体系地发展出种类繁多而华丽的各种器物。在早商时期的二里头文化中，各种小件铜制工具几乎完全模仿石、骨、蚌器而作，兵器中的直内、曲内戈以及有上下阑的铜钺，也都脱胎于当时的生产工具石镰和石斧，铜爵的形制也直接模仿自陶爵。这表明早商时代的铸铜工艺还保留着相当的原始性，距离开始掌握这种新技术还不是太久②。在中商二里岗期（其上层相对于殷墟一期）和殷墟二期，铜器纹饰结构简单，饮食器中大多数器种的形制，也还是直接仿自陶器③。从殷墟二期以后，青铜器这种技术才开始展现出明显的进步。

从这一角度观察三星堆出土的大型青铜雕像群，不难发现，无论在同一时期还是年代更早的川西平原陶、石等器物中，都找不到这批青铜雕像群所可以模仿的器物形制。就其制作技术而言，尽管也有纹饰较简单或素面无纹饰等现象，但如青铜神树、爬龙柱形器、大型青铜立人以及各种人像、人头像、面具和动物像等极为复杂的造型工艺水平，其技术要求也严格得多。相反，三星堆出土其他质料器物中，却屡见仿青铜器形制者。例如出土的锯齿形三角援玉戈，显然是模仿同出的青铜戈。这一现象，正是青铜时代高级阶段的标志。因此可以肯定，青铜雕像群不是从其他质料器物形状中脱胎而出的，它们是已经进入全盛时期的青铜铸造技术的创造性产物。

以上证明，川西平原这种高度成熟的青铜冶金术，其上源与中原商文明的冶金术之间，不存在源与流的关系，它们是渊源不同而水平相当的平行发展的古文明。

二、青铜雕像史开端的疑点与冶金术基础

三星堆"祭祀坑"内发现的大型青铜雕像群，是目前已知的古代蜀人年代最早、最为卓越的青铜器群。从雕像本身可以推断，如果这一高度成熟的青铜文化是蜀人自己发明的，那么就其如此发达的冶金术而言，当然应该经历了若

---

① 容庚、张维持：《殷周青铜器通论》，文物出版社 1984 年版，第 1 页。

② 北京大学历史系考古教研室：《商周考古》，文物出版社 1977 年版，第 17—19 页。

③ 北京大学历史系考古教研室：《商周考古》，文物出版社 1977 年版，第 33—36 页。

干世代的探索前进，由低级向高级逐渐发展进化的阶段，绝不是突然之间发明的。但迄今川西平原考古发掘中，尚无迹象表明曾经有过这种青铜雕像文化的独立发生、发展过程。早于三星堆的青铜器，即或有之，亦为数太少，零星资料不足为据。而与之同时或稍晚的青铜器，主要器种是兵器，不是雕像，所以不能证明川西平原青铜雕像文化的发生、发展序列。

另一方面，三星堆青铜雕像文化给人的印象似乎是，它好像是猛然一下子突现在川西平原之上的。从"祭祀坑"本身情况可见，一号坑开口于遗址第五、六层以下，从地层叠压打破关系分析，此坑年代的下限不晚于遗址第三期后段[①]。而整个三星堆遗址第三期前段的地层中，迄今尚未发现青铜器[②]。这似乎可作为这种青铜器群迄今无渊源可寻的直接内证。

尽管在相对于三星堆遗址三期后段开始至四期的地层中，不仅三星堆"祭祀坑"，而且成都平原其他一些地方，也都突然出现大量青铜器，例如新繁水观音一、二号墓[③]、彭县竹瓦街铜器窖藏[④]等，但反映的都绝非青铜雕像文化。而与"祭祀坑"年代大体相同的成都十二桥遗址第十二、十三层中，亦未发现与其有关的任何青铜器[⑤]。这也可作为三星堆大型青铜雕像所体现的青铜雕像文化渊源，至今在整个川西平原尚无先例可寻的又一个证据。

上述疑点，是否意味着川西平原青铜雕像群是一种外来文化，而它们所体现的高度成熟的冶金术也是一种随之而来的技术和文化呢？对于前一个问题，将在后面详细讨论，这里首先讨论后一个问题。

我们认为，尽管没有发现青铜雕像文化的渊

三星堆出土的青铜大立人雕像

---

① 四川省文管会等：《广汉三星堆遗址一号祭祀坑发掘简报》，《文物》1987 年第 10 期。

② 四川省文管会等：《广汉三星堆遗址》，《考古学报》1987 年第 2 期。

③ 四川省博物馆：《四川新繁水观音遗址试掘简报》，《考古》1959 年第 6 期。

④ 王家祐：《论四川彭县竹瓦街出土的铜器》，《文物》1961 年第 11 期。四川省博物馆等：《四川彭县西周窖藏铜器》，《考古》1981 年第 6 期。

⑤ 四川省文管会等：《成都十二桥商代建筑遗址第一期发掘简报》，《文物》1987 年第 12 期。

源，但却不能由此否定三星堆后期冶金术已独立发生的事实。我们根据三星堆遗址后期制陶技术剧烈变化的情形，有可能说明川西平原当时所拥有的冶金术规模。

冶金术的起源与制陶术的进步有着不可分割的关系。矿石冶炼所必备的高温，一般是在制陶术发展到已经可以提供足够的加热温度后才可能获得。而大多数青铜器铸造所需的陶范，也是在制陶术进步的基础上才可能获得。中国古代文献对于由制陶术进一步发展到冶金术的关系，曾有很好的说明。《墨子·耕柱篇》说："昔者夏后开（夏启）使蜚廉折金（开采铜矿）于山川，而陶铸之于昆吾。""陶铸"一词，即是由制陶术到金属冶铸的极好说明。古文献以及现代汉语中屡见不鲜的"陶铸"、"陶冶"等词汇，其词源所反映的正是在制陶术基础上诞生冶金术这一历史的实际进程。根据陶冶、陶铸的关系，我们对三星堆第三期前后制陶术的进步情况作一分析，或许对探究川西平原冶金术开端的问题会有所帮助。

从公布的资料看，三星堆遗址第三期后段以前，制陶术的进步呈现为阶段性的渐进状态，陶质陶色上，除第二期开始以夹砂褐陶取代第一期以泥质灰陶为主的情况外，以后各期都与第二期大致相同[1]，器物形制方面，第一期出现的平底罐在以后各期都

三星堆出土的戴金面罩青铜人头雕像

继续流行，成为贯穿各期的主要器形。第三期后段以前各期新增的器形，也都同样可以从其前一期找到变化发展的根据。制陶方法上，从第一期到第三期后段前，多为手制，只有少数是轮制[2]。这些说明，在这一大的阶段中，制陶术的进步是平缓的、渐进的，没有表现出剧变和突然高涨。

但是到了第三期后段，情况明显有了变化。陶质陶色上无大区别，器形和

---

① 四川省文管会等：《成都十二桥商代建筑遗址第一期发掘简报》，《文物》1987 年第 12 期。

② 四川省文管会等：《广汉三星堆遗址》，《考古学报》1987 年第 2 期。

制作方法上却有重要进步。在此期内出现的尖底器，具有相当特点。尽管尖底器从器形上看可能由过去的小平底演化而来，但它一经出现就立即取得独树一帜的地位，以至于很快发展成为第四期全部陶器中占极大优势的器形，并且与大体同时的成都十二桥木结构建筑遗址[①]、商周之际的新繁水观音遗址[②]、成都羊子山周代土台遗址[③]、成都指挥街周代遗址[④]、成都方池街东周遗址[⑤]、成都南郊战国墓[⑥]、成都百花潭中学十号战国墓[⑦]、成都青羊宫遗址战国文化层[⑧]一脉相传，有着清晰的演变脉络，确已形成一种完整而富有特色的文化传统。第三、四期之间制陶术上另一重要进步是，在制陶方法上大多数已运用轮制，手制仅限于少数清晰如盂、高柄豆、勺等，已有大量证据表明轮制法有慢轮和快轮两种[⑨]。更重要的是，遗址内出土大量厚胎夹砂坩埚和泥芯。这些均说明已能掌握相当的高温加热技术，以至于能够为冶金术的发生提供温度上的条件。所以，在这一时期出现冶金术并不是偶然的。

如果说，制陶术的进步所导致的对于高温加热技术的准确掌握，为冶金术的发生提供了不可缺少的陶冶条件，那么这种技术进步带来的重要后果，就完全有可能导致冶金术的真正诞生，从而带来超出技术本身意义的革命性变革。从三星堆遗址陶器所反映的技术进步，到坩埚和泥芯的出现，再到青铜器群的铸造，其发展演变程

三星堆出土的青铜凸目面具雕像

---

① 四川省文管会等：《成都十二桥商代建筑遗址第一期发掘简报》，《文物》1987 年第 12 期。

② 四川省博物馆：《四川新繁水观音遗址试掘简报》，《考古》1959 年第 6 期。

③ 四川省文管会：《成都羊子山土台遗址清理报告》，《考古学报》1957 年第 4 期。

④ 四川大学博物馆、成都市博物馆：《成都指挥街周代遗址发掘报告》，《南方民族考古》第 1 辑，四川大学出版社 1987 年版。

⑤ 王毅：《成都市蜀文化遗址的发现及其意义》，《成都文物》1988 年第 1 期。

⑥ 赖有德：《成都南郊出土的铜器》，《考古》1959 年第 8 期。

⑦ 四川省博物馆：《成都百花潭中学十号墓发掘记》，《文物》1976 年第 3 期。

⑧ 四川省博物馆：《成都青羊宫遗址试掘简报》，《考古》1959 年第 8 期。

⑨ 陈显丹、陈德安：《从三星堆遗址看早蜀文化的特征及其发展》，四川省文管会印，1986 年10 月。

序是合乎逻辑的，也是对陶冶、陶铸这一必然关系的再一次证明。

以上分析说明，在三星堆第三、四期之间，冶金术必已发生并得到一定程度发展，并且达到一定规模，以至于拥有铸造"蜀戈"的能力。在冶金术基础达到如此水平时，铸造大型青铜雕像群所需的技术条件可以说已经具备了。

但这些分析仅仅能够说明冶金术基础的情况，说明它与大型青铜雕像群在制作技术条件上前后因袭和发展关系，却并不等于阐明了青铜雕像的文化渊源。鉴于青铜雕像文化在川西平原前所未见等情况，看来它与川西平原本身已经发展起来的冶金术之间，就有可能分属于两个或更多的文化渊源了。

三星堆出土的青铜鸟身人面雕像

三、川西平原文明的区域性

三星堆"祭祀坑"出土青铜器的最大特点是浓厚的礼仪性色彩，即大型青铜雕像群、青铜瑗、青铜戈、尊、罍等器物。尊和罍为殷商风格，当归于文化移入的结果。三角形锯齿援戈，与冯汉骥教授所命名的"蜀戈"[①] 相比，形制上的变化仅限于将三角形援上下刃的直线变为锯齿形，可以认为是三角援直内戈的变种。这种三角形锯齿援戈不限于青铜制品，还出土玉质的种类戈，显然它们都是礼器。从发表的资料看，尽管尚无各种器物具体数量、比例等确切的统计数据，但礼器居多是可肯定的。这批青铜礼器中，戈是从实用器物演化而来的；而为数众多的各种雕像却均非从实用器物演化而来。因此，三星堆礼仪性青铜器按其演化程序可以分作两大类，一类是由实用性器物演化而成的，其代表性器物是戈；一类则纯粹是非实用器，其代表性器物是雕像群。以下对这两类器物的意义进行讨论。

---

① 冯汉骥：《关于"楚公豪"的真伪并略论四川"本身"时期的兵器》，《文物》1961 年第 11 期。

首先看青铜戈。考古资料说明，陕南汉中盆地东部的城固县，历年来出土不少三角形援直内戈①。它们均非礼器，而是实战所用的兵器。在年代上，城固发现的三角形援直内戈，如1964年五廊庙村发现的一件（原《简报》称为戮），根据同出的曲内戈、弧形直内钺的年代分析，大致属于二里岗上层或殷墟一期之物，至晚亦不会晚于殷墟二期②。而广汉三星堆"祭祀坑"的年代，从一号坑出土商代铜器分析，亦属殷墟一期③。但城固发现的其他三角援直内戈，其年代未必与五廊庙村同时，可能要晚一些；而三星堆出土的礼器戈，其年代还应提前。

我们知道，戈本来是作为武器（或工具）被创造出来的，它最基本的功能在于应用于实战。从实用的戈发展演化成礼仪性用器，其间必有一逐渐演变的漫长过程。三星堆出土的显然是作为礼器的三角形锯齿援戈，既然从三角形援直内戈演化而来，那么它的前身必然已有相当长久的历史，这就是说，从实战武器演化而成的三角形锯齿援戈既与城固出土的实战用戈相当，那么这种礼器戈所由以演变的前身，其在川西平原出现的年代就当早于殷墟一期，也早于城固出土的戈。如城固出土的戈的年代可晚至殷墟二期，则更加证明它大大晚于川西平原。这一点，也就同时证明，以城固铜器群为代表的文化，并不是早于川西平原的更早的蜀文化。相反，从商代一直到春秋战国时期蜀戈在川西平原自成一系的演变序列却可以说明，城固的三角形援直内戈是川西平原"蜀戈"连续性分布的结果。同样，城固出土的铜人面具和铜兽面，也是三星堆大型青铜雕像群的派生物，是从川西平原传播而去的（详后）。

从川西平原青铜文化到陕南汉中盆地连续性分布的情形，可以说明汉中在商代曾是蜀文明的北方屏障这一湮没的史实，大量蜀戈在城固的出土正是有力的证据；而大批礼仪性青铜器、金器及玉器在广汉被发现，正是蜀文明中心实在地的有力证据。由此也可以使我们对殷墟武丁期卜群中关于"征蜀"、"伐缶（按：当指褒。古无轻唇音，用字寄音不寄形，读缶为褒。褒即褒城，在今汉中市西）与蜀"④在地理和史实上取得更加深刻的认识。同时，还可使我们更加透彻地理解为什么东汉以前人们通常将蜀（川西平原）、汉（汉中盆地）并列，划

---

① 唐金裕、王寿芝、郭长江：《陕西省城固县出土殷商铜器整理简报》，《考古》1980年第3期。

② 李伯谦：《城固铜器群与早期蜀文化》，《考古与文物》1983年第2期。

③ 四川省文管会等：《广汉三星堆遗址一号祭祀坑发掘简报》，《文物》1987年第10期。

④ 郭沫若：《殷契粹编》第1175片。

为同一个自然及人文地理区域①的原因。更为重要的是，通过川西平原青铜文化在陕南汉中盆地这一连续性空间分布的史迹，有可能使我们对商代川西平原蜀文明的地域范围加以重新认识，并使我们建立起商代晚期蜀（川西平原）、汉（汉中盆地）历史文化区这样一个历史的、地理的和文化的新概念。关于这个问题，将另文详细讨论。

世界考古资料说明，青铜时代铜制品产生的一般程序，首先是武器、工具，然后是日常生活用器，最后是繁缛的礼仪性非实用器，在公元前五千年代以后，当早期但富于成效的冶金术发展起来时，人们首先冶铸和锻造出来的铜制品，如像在西亚安纳托利亚锡亚尔克 I（Sialk I，Anatolia，约公元前 4500 年）发现的第一件铜针头，第二件铜镞②，在克尔曼以南的特佩叶海亚（Tepe Yahya）所发现的公元前 3800—前 3500 年地层中大量砷青铜制成的锥和凿③，在北非所发现的六千至五千年代的最早的铜锥和铜针④等，都毫无例外地是武器和工具。而在死海西岸巴勒斯坦的恩格迪（Engedi）以及以色列的比尔谢巴（Beersheba）所发现的某些据测是供宗教仪式使用的铜器⑤，年代则比上述武器和工具晚得多，在公元前 3200 年左右。而西亚冶金术的起源可早到公元前八千年代。可见非实用器的出现的确晚于实用器物。日本学者梅原末治在对青铜时代器物发展的一般趋势作出比较研究后得出结论说，北欧瑞典、欧洲中部和古代希腊，都只是到了青铜时代的全盛期或铁兵器出现的年代，铜才开始用于制作兵器以外的各种器物的原料⑥。事实上，古代埃及也是如此。中王国时代开始出现青铜器，主要器物是武器和工具⑦，青铜时代以前的红铜或铜石并用时代，铜一般也都是制作器物和工具的原料。在西方冶金术来源之地的西亚地区，青铜制品的发展程序也是如此。可见，铜制品从实用器物发展到礼仪性制品，是世界冶金史的一般特点。

中国华北的情况也不例外，在青铜时代的早期以至铜石并用时期，铜制器

---

① 《史记·货殖列传》。

② R. Chirshmann, *Fouiles de sialk*, vol.2, 1938, p. 205.

③ C. C. Lamberg-Rarlovsky, *Excavations at Tepe Yahya*, 1976.

④ R. F. Tyiecote, *A History of Metalluegy*, ch.2, 1976.

⑤ R. F. Tyiecote, *A History of Metalluegy*, ch.2, 1976.

⑥ 梅原末治：《中国青铜时代考》，胡厚泽译，商务印书馆 1936 年版，第 7、8 页。

⑦ G. Mokh Tar ed., *General History of Africa*, vol. Ⅱ, 1981, p.158.

物绝大多数是武器和工具，也有少量装饰用品，绝无大型礼器，甚至中小型礼仪性器物也难以见到①。中国最早的一件青铜器，是1975年出土于甘肃东乡林马家窑遗址的用单范铸成的铜刀②，碳-14测定年代为公元前3000年③。而年代最早的一件青铜容器，是1973年在河南偃师二里头遗址第三期地层中所发现的青铜爵④。无论青铜刀还是青铜爵，都是实用器物。早商时代的二里头遗址出土的铜器，也绝大多数是实用器物⑤。而商代礼器，就其祖型而言，大多数是实用器。正如容庚教授指出的那样，商代礼器如青铜容器中的尊，本来是饮酒之器，食器中的簋本是盛黍稷之器，鼎和鬲则是作为烹饪之用的，"可见铜器的制造原为实用。可是后来因用于祭祀燕享，这种铜器便称为礼器"⑥。商代青铜器由实用器发展到礼器，是青铜器功能体系演变的典型例证。而达到这种发展水平，则说明青铜文化已进入高度成熟的全盛期。

商代川西平原的青铜文化，从晚商殷墟一期开始较多出现，如三角形援直内戈，从三星堆三期后段到稍晚的新繁水观音遗址、彭县竹瓦街，都有发现，再加上城固出土的蜀文化产物蜀式戈，为数已不算少。将大型青铜雕像群和商文化因素的尊、罍等加在一起，已经相当可观。在所有这些青铜器中，正如前面所论，三角形援直内戈的年代最早（川西平原本土早于青铜礼器戈的实战用戈尚未发现实物，但作为礼器戈的前身，它的存在必然是事实，不过至今尚深埋于川西平原大地之下，相信今后会重见天日），早于其他礼仪性器物如青铜雕像群（它与其他礼器戈同时）。因此很清楚，川西平原青铜文化的发展程序，也是与世界各古文明中心和华北商文明相一致的，先有实用器物，在此基础上进一步发展出礼仪性器物。这一过程的意义，也与各古文明中心一样，标志着川西平原蜀的青铜文化进入了全盛时期，完全有理由称之为一个灿烂的古代文明。

如果说，三角形援直内戈从实用到礼器的程序已经明确，并由此找到了蜀、

---

① 甘肃省博物馆：《甘肃省文物考古工作三十年》，文物出版社1979年版，第141页。

② 北京钢铁学院冶金史组：《中国早期铜器的初步研究》，《考古学报》1981年第3期。

③ 夏鼐：《碳-14测定年代和中国史前考古》，《考古》1977年第4期。

④ 中国科学院考古研究所二里头工作队：《河南偃师二里头遗址三—八区发掘简报》，《考古》1975年第5期。

⑤ 中国科学院考古研究所洛阳发掘队：《河南偃师二里头遗址发掘简报》，《考古》1965年第5期。

⑥ 容庚、张维持：《殷周青铜器通论》，文物出版社1984年版，第3页。

汉连续性空间内它的中心位置所在，那么相比之下，青铜雕像群这一纯粹的礼仪性用器的情况却大不一样。青铜雕像文化的内涵，至今在川西平原考古中找不到其发展演化程序的任何痕迹。从其他非金属制品来看，三星堆遗址内曾发现两件双手反缚跪坐的石雕人像①，但它们显然不是青铜雕像的祖型。在其他器物中，也没有证据能够提供丝毫线索。这就意味着，这批青铜雕像的文化内涵不是川西平原所固有。换句话说，用青铜材料铸造大型人像、人头像和人面具群，不是川西平原蜀人固有的文化传统，而是通过某种途径从其他文明区移入而来。

首先看华北商文明，有商一代并无以青铜铸造大型青铜雕像群的文化传统，而是鼎、簋等器物组合，这是考古学界所熟知的，尽管在商代考古中也偶尔发现过铜人面具，如1935年秋在安阳西北冈东区大墓1400东墓道西口台阶上出土的一件铜人面具②，1977年在北京平谷县刘家河一座商代中期墓葬中发现的五件铜人面形饰③等，但不仅数量少，谈不上构成一种特定的文化传统，而其制作工艺也显然不及三星堆大型雕像群。

从形制分析，西北冈铜人面具（是否为青铜制品，未见说明）与刘家河铜人面形饰（锡青铜制品），明显属于同一文化类型，其口、眼、鼻以至头形都极为相似。西北冈铜人面具头顶上方有一供悬系之用的"提手"，刘家河铜人面形饰则在头形顶部穿有二穿，亦为悬系所用。同三星堆雕像比，二者在头形、面貌、冠饰等头部特征方面，以及功能方面，均无相同之处。三星堆青铜雕像群展示出一个大型礼仪中心内宗教或祭祀用器的主要内容④，它们是成组、成体系的。而西北冈和刘家河的铜人面具及铜人面形饰，后者只是衣饰，前者也绝不是成体系的宗教或祭祀用器。二者功能迥异。就雕像细部所反映的文化传统来看，三星堆出土人物像，不论立人像、人头像还是面具，双耳垂均各有穿孔，是某种文化传统的流风故俗，而不是为装配或悬系于其他器物之上所留下。根据一号坑出土金杖图案上人头像双耳垂穿孔并各饰一三角形耳坠的情况看，这些雕像双耳垂的穿孔都应是悬系耳坠等物的。而华北人面具双耳无穿孔，与三星堆有重要区别。由此可见，川西平原青铜雕像与华北铜人面具之间，没有共

①　陈显丹：《论广汉三星堆遗址的性质》。

②　陈梦家：《殷代铜器》，《考古学报》第7期，1954年，图版7。

③　北京市文管处：《北京市平谷县发现商代墓葬》，《文物》1977年第11期。图一五。

④　段渝：《商代蜀国青铜雕像文化来源及功能之再探讨》，《四川大学学报》1991年第2期。

通之处，是两个不同文化系统中的不同产物。因此毫无疑问，川西平原青铜雕像文化不可能来自华北商文明。

作为商代蜀文化连续性空间内的陕南汉中城固铜器群中，有23件铜人面具（铜脸壳）和25件铜兽面（铜辅首）[①]，其年代大体相对于武丁时期，即殷墟二期。因此不能排除从川西平原发展而来的可能。从形制上观察，这批铜人面具与三星堆雕像有不少共同之处。比如，城固铜人面具和铜兽面的双耳有穿孔；其铜人面具张口露牙之形，亦与三星堆跪坐铜人像大同。这就暗示着二者间所存在的某种源与流的关系。如果考虑到城固铜器群的年代较三星堆晚，而城固铜人面和铜兽面没有来自华北商文化的可能，也不是城固本地的产品，并且在城固铜器群中占全部青铜戈总数高达84%的三角形援直内戈是来自于蜀文化，那么我们有较充分的理由认为城固铜人面具和铜兽面，与三角形援直内戈一样，都是蜀文化的产物。这就是说，在川西平原以北，找不到青铜雕像群的文化来源。

值得注意的是，在年代晚于三星堆北方草原夏家店文化上层，1958年在宁城县南山根东区石椁墓中出土一种铜制优良的短剑，剑柄由一对相背的男女全身裸体立雕像构成[②]，人物面部扁平，颧骨较突出，双眼前突，鼻较长。有学者认为夏家店文化上层属于古代的东胡文化。在夏家店文化上层的墓葬中，还时常发现以麻布和巨蚌壳作覆面及以人面形铜片随葬的葬俗，据称与辽代贵族"以金银为面具"的丧葬之礼有直接的关系[③]。南山根剑柄立雕像和察右前旗豪欠营六号辽墓女尸头上的鎏金铜面具[④]，虽与三星堆雕像、青铜及黄金面具有一定相似，属于一类文化现象，但男女立雕像本身不是独立器种，仅仅是作为青铜短剑剑柄的艺术化附加，它的基本功能不在于宗教仪式而重在实用。并且夏家店文化上层年代的上限，至多只能早到商周之际，一般是在西周早期[⑤]。至于"以金银为面具"则是晚在辽代的事，不能直接上溯到商代。因此，北方草原青铜文化即使在某些现象上与川西平原有相似之处，也难以将它们之间的文化传统

---

① 唐金裕等：《陕西省城固县出土殷商铜器整理简报》图版五，1、4，《考古》1980年第3期。

② 中国科学院考古研究所内蒙古工作队：《宁城南山根遗址发掘报告》，《考古学报》1975年第1期。

③ 靳枫毅：《夏家店上层文化及其族属问题》，《考古学报》1987年第2期。

④ 乌兰察布盟文物工作站：《察右前旗豪欠营第六号辽墓清理简报》，《文物》1983年第9期。

⑤ 《中国大百科全书》之《考古卷》，中国大百科全书出版社1986年版，第569、570页。

联系起来，视为源与流的关系。

再看川西平原以西、以东和以南的地区。西边是绵亘的横断山脉，那里的青铜文化发生年代较晚，文化面貌也不一样。东方是后来的巴地，其青铜文化只能上推到春秋时代，是随巴国文明的移入发展起来的[1]。巴地以东的江汉平原，有一个博大精深、高度成熟的楚文化体系[2]，但它那无与伦比的辉煌时代是在春秋战国时期。商代尚无楚文化，那时江汉地区的盘龙城青铜器群是作为商文化向其直辖南土传播的结果[3]。南面的滇池区域，虽在滇西剑川海门口[4]发现14件公元前12世纪的铜器[5]，但它在云南青铜文化分期中尚属滇西青铜文化的早期[6]，远远低于川西平原青铜文化的发展水平。由此可以充分确认，无论在川西平原本土，还是在华北、长城以北草原、川东鄂西、云南和成都平原以西山区，在商代均无大型青铜雕像群的文化传统。

需要特别指出，东周时代云南滇池区域青铜文化中，有较为浓厚的川西平原早、中期青铜文化的色彩。晋宁石寨山大量青铜器上铸人物和动物立雕像[7]，与三星堆雕像群的文化习俗有惊人的相似之处，造型艺术也较接近。石寨山雕像人物中有穿耳者，有辫发者，亦与三星堆雕像人物有某些共同点。石寨山出土一件长方形铜片（M13∶67）上所刻符号中，有一图像为一柄短杖，杖身有 4 个人首纹。此杖虽无实物发现，但这类杖首铜饰物在石寨山墓葬中却发现不少，有一种作铜鼓形，与此符号所绘杖首全同。林声先生认为，此杖可能为某种宗教用物或代表权力的节杖[8]。此杖形制虽与三星堆出土的金杖有些区别（长短不同），但杖上绘人首之形以及用杖来代表宗教上的神权和世俗间的王权，却与川西平原颇为相同（详后）。在云南青铜文化中还可见到，滇池地区如晋宁石寨山、江川李家山[9]均发现无格式青铜剑。据童恩正教授研究，这种无格式剑与巴蜀扁

① 段渝：《试论宗姬巴国与廪君蛮夷的关系》，《四川历史研究文集》，四川省社会科学院出版社 1987 年版，第 17—33 页。

② 张正明：《楚文化史》，上海人民出版社 1987 年版。

③ 李学勤：《盘龙城与商朝的南土》，《文物》1976 年第 2 期。

④ 云南省博物馆：《剑川海门口古代文化遗址清理简报》，《考古通讯》1958 年第 6 期。

⑤ 中国科学院考古研究所实验室：《放射性碳素测定年代报告》，《考古》1972 年第 1 期。

⑥ 张增祺：《滇西青铜文化初探》，《云南青铜器论丛》，文物出版社 1981 年版，第 95、96 页。

⑦ 云南省博物馆：《云南晋宁石寨山古墓群发掘报告》，文物出版社 1959 年版。

⑧ 林声：《试释云南晋宁石寨山出土铜片上的图画文字》，《云南青铜器论丛》，第 72 页。

⑨ 云南省博物馆：《云南江川李家山古墓群发掘报告》，《考古学报》1975 年第 2 期。

茎无格柳叶形剑相比，主要区别仅在于一茎扁而一茎圆，二者显然属于同一风格，因此滇池地区的无格式剑与巴蜀的文化交流有一定的关系①。张增祺先生也认为，滇文化中的这种铜剑与川西的联系，从出土文物中是得到了证实的②。此外，石寨山出土的一件铜鼓（M13∶3）上所刻伎乐图中，刻画了人、鱼、鸟的图像，似乎也与三星堆金杖图案有某些内在的联系。

总而言之，滇文化与蜀文化的联系是多方面的。虽然需要指出，滇池地区青铜文化的发生年代较迟，其上限据碳-14测定年代，江川李家山第一期M12木柄残片为距今2500±105年，即大约公元前550年，一般断在春秋晚期③，与早期川西平原文明不同时。西汉元、成间博士褚少孙补《史记·三代世表》云："蜀王，黄帝后世也，至今在汉西南五千里，常来朝降输献于汉。"正义引《谱记》曰："蜀之先肇于人皇之际，……历夏、商，周衰，先称王者蚕丛国破，子孙居姚、嶲等处。"唐姚、嶲二州分别治云南姚安和四川凉山，均属古代南中范围。据《华阳国志·蜀志》："七国称王，（蜀王）杜宇称帝，……以汶山为畜牧，南中为园苑。"似乎当时南中为川西平原文化所濡染。而到战国之末，蜀王后代选择南中为其避难生息之地，看来也同其先王与南中的文化联系有关。《水经·叶榆水注》所引《交州外域记》关于蜀王子安阳王（开明王）南迁的史迹④，与此亦不失为一很好的说明。而滇文化中上述文化传统，不论文化面貌还是年代，均与川西平原文化以及有关蜀史的记载基本相合，也证明了云南青铜文化的若干要素来源于川西平原青铜文化这一推测。当然也应指出，滇文化对于蜀文化的吸收重在若干要素，它的主体部分仍表现了强烈的云南地方文化色彩，亦有华北、广西以至西亚地区的某些文化因素，而绝不是全盘吸收。

就川西平原文明的地域范围而言，如果从文化的共时性角度出发，我们认为，商代的川西平原与汉中盆地可划为一个历史文化区。如果从文化的历时性角度出发，我们认为，两周时代的川西平原与滇池区域有着相当密切的关系，

---

① 童恩正：《我国西南地区青铜剑的研究》，《云南青铜器论丛》第168页。

② 张增祺：《滇西青铜文化初探》，《云南青铜器论丛》第94页。

③ 王大道：《滇池区域的青铜文化》，《云南青铜器论丛》第81、82页。

④ 徐中舒：《〈交州外域记〉蜀王子安阳王史迹笺证》，《论巴蜀文化》，四川人民出版社1982年版，第150—165页。蒙文通：《安阳王杂考》，《越史丛考》，人民出版社1983年版，第63—81页。《巴蜀古史论述》，四川人民出版社1981年版，第36、37页。

在民族构成上也有许多传统的共同点①，可以称为西南历史文化区。毋庸讳言，这两大历史文化区的中心，是早在商代就已经形成了的川西平原文明，而它在物质文明成就上最卓越的代表，正是大型青铜雕像群。

以上我们以青铜雕像文化为主要线索，分析了它在以川西平原为中心的连续性空间内连续性分布的情况，由此说明了蜀文明的地域范围。同时，以上全部论述还说明，川西平原青铜雕像文化的渊源，在整个古代中国范围内都无法寻找。鉴于这些情形，要追寻这一特殊文化传统的来历，看来必须放开视野，将其置于整个世界古文明的大范围内去进行比较分析。

四、川西平原文明的世界性

众所周知，上古时代的西亚、埃及、爱琴海区域以及印度，都是文明先进地区或国度，都产生过高度繁荣的青铜文明。从冶金史角度看，一般认为古代西亚安纳托利亚（Anatolia）是冶金术的发源地②，由此向埃及、希腊、巴尔干、东南欧、印度等方向传播③。到公元前五千年代，上述地区很快就有了铜制品，不久各地都先后进入早期青铜时代，使人们第一次有可能铸造像矛头和斧头之类的器物。这一新技术的最初产品是武器，也有一些用以表示重要身份的标志物和祭祀用器④，后来逐渐出现供宗教和祭祀仪式所用的大型礼仪性器物。

关于这一时期的青铜雕像，在西亚、北非、爱琴海，东南欧文明以及南亚文明中均有发现，并显然成为一种文化传统。在埃及，1896 年发现了古王国第六朝第二位法老佩比一世（Pepi，公元前 2200 年）及其子的大小两件一组的青铜雕像群⑤。在古代埃及文献里，这种类型的大型青铜雕像群的铸造年代还可早到公元前 2900 年⑥。埃及在进入中王国后不久，青铜更加广泛地用于铸造雕像，

---

① 《史记·西南夷列传》，《汉书·西南夷传》。

② J. Mllaart, *Catal Huyuk*; 1967; G. Barraclough ed., *The Times Atlas of World History*, 1978, p. 40.

③ R. F. Tyiecote, *A History of Metallurgy*, 1976, ch.2, ch.3.

④ G. Barraclough ed., *The Times of World History*, 1978, p. 40.

⑤ Quibell, *Hierakonplis II*, pl. 1; Mosso, *Dawn of Mediterrane an Civilization*, p. 56, See H. R. Hall, *The Ancient History of the Near East,* 1947, p. 136.

⑥ G. Mokh Tar ed., *General History of Africa*, vol. II , 1981, p. 158.

在卡纳克遗址（Karnak）就发现过大量青铜雕像残片①。西亚用青铜造像也有悠远的历史，尤其是阿卡德·萨尔贡一世（Sargon I of Akkad，公元前 2800 年）宏大的青铜人头像和工人小铜像、阿卡德王朝（Akkad，公元前三千年代后半叶）统治者青铜雕像②，都是光彩照人的精品，古代爱琴海文明中也有大量雕像，不过它最引人注目的倒不是青铜雕像，而是用纯黄金制成的戴在逝去的国王们脸上的金面罩。至于在印度河文明中最早出现青铜器的摩亨佐达罗城址（Citysite of Mohenjo-daro，公元前 2500—2000 年），出土青铜雕像虽然不多，但却以一件青铜舞女雕像展示了其高超的青铜工艺水平。从这些青铜雕像的先后年代看，古代各文明中心制作青铜雕像这一文化传统上，似乎有着传播学上的意义。从西亚到埃及、印度河流域这一年代发展顺序，也许能够告诉我们这种青铜雕像文化的传播年代、方向序列。从这一大背景分析，川西平原大型青铜雕像群的文化内涵，由于它与世界古文明青铜雕像文化的发展方向相符合，风格一致，并且在年代序列中处于很晚的位置，因而就有从西亚、埃及通过南亚文明传播而来的可能。

从形制分析，三星堆青铜雕像群中除开那些为人们所熟知的西南夷形象外，还有一种高鼻深目人的形象。这一类形象与西南夷形象的区别是一目了然的。它们所代表的族类，显然既不是古代川西平原土著居民，也不是中原古代民族。如将其与成都指挥街周代遗址中发现的人头骨鉴定结果相对照，可知成都指挥街发现的普遍为长颅型，上面低矮，鼻型偏宽，齿槽突颌较明显，与华南地区古代居民的体质特征接近③。而上述青铜雕像则是棱型挺直的鼻梁，高鼻尖，显然与成都指挥街古代居民不同。当然，其具体族属尚待进一步研究。

根据冯汉骥教授关于利用考古发掘所得人物图像来探索其族属关系，准确性不亚于文字的研究方法④，以及 C.A. 迪奥普教授（Cheikh. Ante Diop）从雕刻人物图像研究古代埃及人种肤色的方法⑤，我们上面关于雕像人物族属的比较分析及其推论，从方法上看应当说是可以成立的。如果能从人种学上进一步证明这一点，那么就有更充分的理由可以认为，川西平原青铜雕像文化来源，与古

---

① R. Wills, *Western Civilization: An Urban Prospective*, 1981, vol.1, p. 18.

② H. Frankfort, *The Birth of Civilization in the Near East*, 1954, plate XⅡ, 22.

③ 四川大学博物馆、成都市博物馆：《成都指挥街周代遗址发掘报告》。

④ 冯汉骥：《云南晋宁石寨山出土文物的族属问题试探》，《考古》1961 年第 9 期。

⑤ G. Mokh Tar ed., *General History of Africa*, vol. Ⅱ, 1981, p.74–75.

代埃及、北非文明区有着千丝万缕的联系。

从其他文化要素分析，三星堆出土的青铜神树、黄金面具等，都不是商代川西平原以至华北文化的产物。而在西亚著名的乌尔王陵殉葬品中，曾发现黄金制成的"神树"[1]。埃及古王国时代的一幅浮雕上也刻着满是飞禽走兽的大树[2]。在古代爱琴海克里特人的宗教仪式中，女神的标志是神圣的树、树枝和鸟，一幅克诺索斯壁画的宗教舞蹈场面上，就醒目地画着几棵这样的神树[3]。至于黄金面具，除了前面提到的迈锡尼文明金面罩外，举世闻名的还有埃及新王国时期法老图坦哈蒙（Tutankhamen，约公元前 1361－前 1352 年在位）的用纯金打制而成的栩栩如生的葬殓面具和木乃伊金棺等等[4]。从宗教或祭祀仪式角度看，它们与三星堆青铜神树和黄金面具的意义是何其相似，这种文化现象如出一辙。

上述所有文化因素，如果仅就个别的复合而言，完全可以说是巧合，但是这里绝非个别文化因素的复合，而构成了文化集结的复合，这就很难再用偶然的巧合来解释了。有一种文化传播论观点认为（Fritz Graebner），由多种文化因素的并存关系所构成的文化集结（文化丛）的复合，如果是分布地域被切断或隔开很远，则某些文化因素的发源地和现在分布地之间就必然会有传播痕迹[5]。尽管这一理论由于带有明显的欧洲中心论而受到批评，并且以某种文化集结的复合去确定文化谱系这一论点确为一元传播说，并不正确，但它关于空间连续性分布的文化集结必定具有某种联系的观点，却无疑是精彩的，并非没有根据。从冶金术的传播方向分析中，我们已经知道，某种文化因素确有可能穿越浩瀚的连续性空间。（当然也应指出文化传播并不等于文化取代，它常常是双边以至多边的文化移入的结果，并且承受的一方通常会后来居上，以自己的方式发展创新了这些文化因素，如埃及对于冶金术的吸收、改进和推广就是一显著例证。因此，文化传播是一种世界性现象，没有理由加以指责。）同样，青铜雕像这种文化因素也并非不能穿越浩瀚的连续甚至不连续的空间进行传播，何况它不是单一的文化因素的复合。因此，如果我们把以上关于青铜雕像文化的分布地域

---

[1]　C. L. Woolley, *The Regal Cemetery*, 1934.

[2]　R. Willis, *Western Civilization*, vol.1, 1981, p. 42.

[3]　兹拉特科夫斯卡娅：《欧洲文化的起源》，陈筠等译，三联书店 1984 年版，第 107、108 页，图 28。

[4]　G. Mokh Tar, *General History of Africa*, vol.Ⅱ, 1981, p. 109.

[5]　庄锡昌等编：《文化人类学的理论构架》，许金生译自日本绫部恒雄编《文化人类学的十五种理论》，浙江人民出版社 1988 年版，第 21、22 页。

按其年代先后顺序排列成表，那么显然可见：第一，它们是分布在大范围的连续性空间的；第二，它们在这一大范围连续性空间的分布年代恰好是先后连接的。即是，由西亚或埃及到爱琴海、东南欧，由西亚或埃及到印度河流域和中国西南。根据这一文化因素分布的连续性空间及其年代来看，我们没有理由否认川西平原青铜雕像文化的源头可能出自西亚或埃及的推断。

为了进一步阐明川西平原文明的世界性，还有必要对三星堆一号坑出土的一件金杖及其文化源流进行分析。

三星堆一号坑内出土的用纯金皮包卷而成的金杖，上端有46厘米长的一段平雕纹饰图案。出土时，金皮内侧存碳化木痕。在距杖头约20厘米处，发现一穿孔的铜龙头饰件。推测此杖原为一柄金皮木芯铜龙头杖，全长142厘米，直径2.3厘米[①]。金杖的性质，据称是一柄表示权力的王权杖。

川西平原考古证明，这根金杖不仅年代最早而且是第一次发现，在川西平原还找不到它发展演变的序列关系。这表明权杖不是川西平原文化的固有产物。进一步扩大视野来看，还可以说它同样不是华北商文明以至夏代的产物。

根据古文献记载，中国夏、商、周三代政治和经济特权的最高象征物是所谓"九鼎"。用九鼎代表国家权力，在三代已构成一脉相承的文化传统。关于这一点，《左传》宣公三年有清楚的说明，其辞曰：

> 昔夏之方有德也，远方图物，贡金九牧，铸鼎象物，百物而为之备，……用能协于上下，以承天休。桀有昏德，鼎迁于商，载祀六百。商纣暴虐，鼎迁于周。德之休明，虽小，重也。其奸回昏乱，虽大，轻也。天祚民德，有所厎止。成王定鼎于郏鄏，卜世三十，卜年六百，天所命也。周德虽衰，天命未改。鼎之轻重，未可问也。

在先秦两汉为数众多的古文献里，涉及九鼎的材料相当丰富。所有史料都表明，整个先秦时代帝王们都把鼎当作权力的最高象征，称之为"神鼎"[②]、"宝鼎"[③]。九鼎的来历，古史传说记为"禹收九牧之金，铸九鼎"[④]，"禹贡金九牧，铸鼎于荆山下，各象九州之物"[⑤]。原是为控制天下九州的自然资源和财富，而将各

---

① 四川省文管会等：《广汉三星堆遗址一号坑发掘简报》，图版一：1、2。

② 《汉书·郊祀志》。

③ 《史记·封禅书》。

④ 《史记·封禅书》。

⑤ 《汉书·郊祀志》。

地重要自然资源和各种财富制成图像，铸于鼎上，以征收贡赋，故曰"远方图物，贡金九牧，铸鼎象物，百物而为之备"。由于垄断了天下自然资源财富，垄断者自然就是最高统治者，而铸有图像的九鼎自然也就成为权力与财富的最高象征。上引《左传》说明，三代间的每一次王朝代兴，九鼎均随之转移，这就是权力与财富再分配所带来的政权转移。《墨子·耕柱篇》所记九鼎转移情况与此大同，《史记·周本纪》还记载克殷后，周武王"封诸侯，班赐宗彝，作《分殷之器物》"，对殷周之际权力与财富再分配的情况作了直接的描述。春秋时楚庄王称霸，"观兵周疆"，"问鼎之大小轻重"①，也正是明确表示欲取周室而代之的政治意图。由此可见，九鼎在中原各王朝的象征意义，是与国家政权相等的。从考古资料看，商周确有形制众多的铜鼎，并已形成鼎、簋相配合的整套用鼎制度②。诚如郑德坤教授所说："是王朝正统性的象征，它们表示着实际的政治权力。"③可见，中原王朝从不以杖代表实际的统治权力。

可是，在关于古代蜀人的文献材料中，丝毫也见不到用鼎的记载。相反，考古资料却说明，商代川西平原的器物形制，例如陶器，是以小平底罐、尖底罐、高柄豆、鸟头把勺等为基本组合的，明显地区别于以鼎、鬲、甗等三足器为基本特征的中原商文化。在三星堆"祭祀坑"中，我们虽然看到一些中原商文化因素，如尊、罍等器物，但绝无鼎出土。这充分说明，在蜀人的观念中，鼎处于无足轻重的地位，绝未把它看作权力与财富的象征。

通观三星堆出土器物，能够全面代表王权（政治权力）、神权（宗教权力）以及财富的是金杖。金杖杖首为青铜龙头，这十分重要。龙是古代中国自新石器时代以来神话的主体内容之一。龙有"能幽能明，能细能巨，能短能长，春分而登天，秋分而潜渊"的神功④，足以充当传递天地之间信息的神圣使者⑤。在被鲁迅称作"古之巫书"的《山海经》中，多次提到一龙或二龙充当天地人神间信息传递者的情况。《左传》、《国语·周语》、《史记·夏本纪》和《淮南子》等古文献中，对龙的神功妙力亦多有尽力渲染。因此，青铜龙头杖首无疑是蜀

---

① 《左传·宣公三年》。

② 俞伟超、高明：《周代用鼎制度研究》，《北京大学学报》1978 年第 1、2 期，1979 年第 1 期。

③ 郑德坤：《中国青铜器的起源》，原载《香港中文大学中国文化研究所学报》第 16 卷，1985 年。此据《文博》1987 年第 2 期，白先勇译。

④ 《说文·龙部》。

⑤ 张光直著，郭净译：《美术、神话与祭祀》，辽宁教育出版社 1988 年版，第 51 页。

人巫师用的沟通天地人神的工具。三星堆 2 号坑出土的大型青铜立人，其衣饰上主要是阴刻龙纹，这也很能说明问题。《淮南子·坠地篇》记载："建木在都广，众帝所自上下。"都广之所在，《山海经·海内经》讲到"都广之野"，对照其他文献，可知都广实为广都的倒文。广都为今四川双流，与广汉极近，既然广都是"众帝所自上下"之处，而青铜龙头金杖出自广汉的大型礼仪中心，这一内在联系就足以证明龙头杖首被赋予的神圣意义。另一不可忽视的现象是金杖杖身上面的三组人首、鸟、鱼平雕图案，按照我们的看法，杖身图案与龙头杖首在意义上是紧密扣合的，其功能是同一的。鱼能潜渊，鸟能登天，二者所具备的恰恰是龙的神化般功能。至于为什么用不同的动物形象来表现同一的功能，则在于龙的神话来自北方，鸟、鱼则是本地通神之物，是不同文化的复合。而杖身图案人首戴冠双耳垂环，与二号坑所出青铜大立人极似，当是巫师形象的刻画，足见杖身所说明的事实，正是由鸟、鱼充当蜀巫交通天地人神的工具。再联系到两个"祭祀坑"所出器物均属于同一个大型礼仪中心的宗教或祭祀用器的性质，这一点就更加明白无误了。此外，两坑同出的大型青铜器群、金器和大量玉器，又都是极为宝贵的财富，其所有权非王者莫属，因此它们无疑同时也是权力的象征。所以，金杖的意义就不只是作为巫师借以沟通天地的神杖，同时也是作为王者权力与财富象征的王杖，可以说，商代川西平原的蜀人，就是用金杖来表示神权、政权和财富的。这三者的同时具备，也象征着蜀人首领所居的最高的统治地位。由此可见，川西平原的权杖与华北的九鼎在文化系统上是根本两样的。

中国北方用杖的记载似乎始于商代。《礼记》和《吕氏春秋》中曾提到用杖之事，称为"几杖"，是供老人专用的。至于《续汉书·礼仪志》中提到的"王杖"，实为"玉杖"，它同样也是授予年七十以上的老人的。这些杖的杖首，多为鸠形[1]，据说是由于"鸠者，不噎之鸟也，欲老人不噎（故授鸠杖）"[2]。尽管考据家们对鸠形杖首的来历各说不一，但从其功用来看，认为从传统中医观点出发，以鸠作食疗，可保养老人咽喉[3]这一说法，还是比较合理的。不管怎样，中国北方杖的出现年代比川西平原晚很多，直到汉代才真正盛行起来，现在能看到的最早的实物资料是一枚战国年间的青铜鸠形杖首。而在中国西部考古中，除川西

---

[1]　林剑鸣：《简牍概述》，陕西人民出版社 1984 年版。

[2]　《续汉书·礼仪志》。

[3]　陈世桂：《"鸠杖"考古话敬老》，《历史知识》1988 年第 1 期。

平原发现的可早到殷墟一期或更早一些的金杖外，据称在昌都卡约文化中还发现一枚青铜鸠形杖首[1]，其年代如据卡约文化至迟在西周早期，其来历至今不明。

以上说明，权杖在川西平原的出现，一方面与川西平原固有文化无关，另一方面也绝不是华北商文明的产物。我们认为，从世界文明中权杖的起源和传播这一视角进行分析，就有可能解决川西平原权杖来源的问题，同时阐明青铜雕像文化的来源，并再次揭示出川西平原文明所包含的广泛的世界意义。

世界上出现的第一具杖，是西亚欧贝德文化第四期（Ubaid IV，约公元前4000年代前期）埃利都神庙第7—6层的墓中所发现的一件男子雕像手中所握的杖。这根杖的杖式为短杖，无杖首，约当雕像一肘之长。学者们推论："这种男性氏族长或部落长，手里的小杖，显然是后世王杖或权标的起源。"[2]在此后不久，西亚地区从这种小杖发展而来的真正的王权杖逐渐增多，实物遗留下来不少。在今以色列境内的比尔谢巴（Beersheba）出土了公元前3300年的砷青铜杖首，在死海西岸恩格迪（Engedi）南部的洞穴中发现一个窖藏，内有砷青铜权杖首240枚[3]。青铜时代的西亚，用权杖表示王权和神权的传统，在当时的石刻、雕塑等艺术品中比比皆见，如著名的汉谟拉比法典石碑上半部浮雕上的太阳神像，左手中就握着一柄无杖首的短杖，这种传统一直保持到后来很久。

埃及出现权杖的年代明显晚于西亚，并且有可能是受西亚文明的影响才开始使用的。在古代埃及格尔塞文化（Gerzean Culture，约公元前3500—前3100年）末期，开始出现圆盘形、梨头形等形式的权标头（Macehead）。在举世闻名的希拉康坡里遗址（Site of Hierakonplis）神庙地面下发现埋有大量远古文物的所谓"大宝藏"中，出土了数十件标志王权的权标头，其中最为著名并为埃及学者们引以为豪的，有美尼斯的蝎王权标头（Macehead of King"Scorpion"）、那尔迈权标头（Macehead of King Narmer）。希拉康坡里第100号墓（画墓）西墙所绘色彩壁画上，最引人注目的是一位高举权标头的大人物[4]。这一时期埃及的权标，从那尔迈调色板（Obverse of King Narmer's Palette）和登王时期一个象牙图刻上的形状来看，在形制上几乎与西亚欧贝德文化晚期发现的完全一样，

① 《民族画报》1985年第6期。

② 世界上古史纲编写组：《世界上古史纲》上册，人民出版社1979年版，第121页。

③ R. F. Tyiecote, *A History of Metallurgy*, 1976.

④ 参阅H. Frankfort, *The Birth of Civilization in the Near East*, 1954; H. R. Hall, *The Ancient History of the Near East*, 1947；《世界上古史纲》上册；《中国大百科全书》"考古学卷"，1986年。

不过杖首是梨头形。但西亚苏美尔早王朝中期也有类似的"基什之王麦西里姆"双狮权标头[①]。从这一时期的历史来看,西亚对埃及文化有许多重要影响,包括希拉康坡里第100号墓的壁画,相当多的衣冠服饰都无可非议地来自西亚。同时,冶金术也是在此期间或其前不久由西亚穿越西奈半岛进入埃及的,埃及铸铜业需要的大量铜料也仰仗于西亚地区特别是叙利亚的铜矿。因此,我们说埃及权标的文化传统渊源于西亚,是有根据的。这也是在连续性空间文化移入的显著例证。

然而,至少从第四王朝第三位法老凯夫伦(Chefren)开始,法老手握的权杖在形制上出现重要变化,不再是那种短小而带有梨头形杖首的式样,而变得细长且无杖首[②]。第六王朝法老佩比一世宏大的青铜雕像手中所握的权杖,同样也是细长,高度比肩而无杖首[③]。新王国第十八王朝法老图坦哈蒙(Tutankhamen)位于"王谷"的陵墓中,则发现了众多不同形制的权杖[④]。从形制上分类,王朝时代埃及法老的权杖,有曲柄杖(长、短两种)、短杖(有杖首、无杖首两种)、长杖。从那一时期遗留下来的实物、雕像、壁画等所表现的内容分析,最显赫的无疑是那种高度齐肩的细长权杖。比较而言,这种细长的权杖很有可能是埃及法老们由于环境和地位的变化而对政权最高象征物在技术上所作的改进。因为王朝时代以前的各种带有权标头的短小王杖,除了象征统治权外,另一个重要功能是作为打击敌人的武器。那尔迈调色板和登王象牙图刻上,都明确无误地表现了那尔迈和登王亲临前线,血战沙场,或者由于政权的巩固,权威的树立,从而对权杖进行了改制。权杖形制从短变长并取消了权标头,其含义正在于最高统治者对战场的脱离,并意味着统治权力的提高。而后来的短杖以及其他形式的权杖,都不过是为适应不同的仪式和宴会场面设计的。与其最初功能相比,意义已经与时俱变了。

至于古代爱琴海文明中,希腊、罗马的贵族统治者们手握带有权标头的短小权杖的情形,已早为人们所熟知,这无疑也与西亚文明特别是冶金术通过小亚细亚、安纳托利亚跨海向东南欧的传播有关,这里就不再多作论述。

以上说明,用权杖这种本来是普通的器物去象征特殊的政治、军事、经济、

---

① G. A. Barton, *The Royal Inscriptions of Sumer and Akkd*, 1929, pp. 2–3.

② G. Mokkh Tar, *General History of Africa*, 1981, p.108, plate 2.la.

③ J. Ki-Zerbo ed., *General History of Africa*, 1981, p.729, Plate 28.3.

④ A. T. White, *Lost Worlds*, 1956.

宗教等权力以及对于财富的独占权力，原是西亚的一种地方性文化传统。随着西亚文明之风的四向吹拂，主要是冶金术向北非和欧洲大陆的传播，这种权杖文化因素也被带至世界其他文明地区。古代埃及、爱琴海诸文明无不深受此风影响。后来的历史还证明，世界上许多地区、许多国度，都先后使用权杖代表至高无上的统治权。可见其文化传播是多么广泛、多么深刻，足足影响到全世界多数地区和国家，包括奴隶制和封建制社会在内的整整两个历史时代。仅此而论，西亚文明对全世界文明进步的贡献，也是极为重大的。

前面已经证明，中国华北和川西平原本无使用权杖象征统治权的传统。川西平原公元前 2000 年代晚期所出现的金杖，其意义和功能与西亚和北非文明毫无二致，而在年代上则远远晚于西亚和埃及。根据西亚权杖的起源和传播情形推断，川西平原权杖极有可能是由西亚或埃及，通过南亚文明区辗转传播而来的。其途径，有可能是沿后来被称为"南方丝绸之路"的"滇缅道"①，先由西亚到中亚，再由中亚经巴基斯坦、印度、缅甸、云南转入川西平原。川西平原金杖用金皮包卷杖身，用青铜铸成杖首，亦与西亚和埃及大量使用黄金和青铜的特点相符合。由于三星堆金杖的形制呈细长形，有杖首，看来有可能是融合了西亚和埃及两大文明的特色制作而成的。但川西平原金杖又显示出一些中国北方草原及逶迤而南的华北地区的文化色彩，这就是龙头形杖首。最新的考古新发现告诉我们，中国最早的龙是发现于内蒙古大草原敖汉旗兴隆洼出土的一件陶器上的龙纹②，而到夏商时代，龙的神话和龙的形象已在华北地区得到广泛传播，以至成为王朝兴衰的一种象征③。而三星堆遗址出土的以大量通体磨光、加工精整的小型磨制石器为特色的主要生产工具，恰恰暗示着它与长城以北的以细石器文化为特色的北方草原新石器文化之间所存在的某种关系。三星堆大量夏商风格的玉质礼器又无可争辩地展现了它与华北地区的较为直接的文化交流。这两者，对于我们认识龙头形杖首的文化内涵无疑具有重要意义。因此可以说，川西平原金杖反映的文化因素是多方面的，其杖式反映了西亚和埃及文明因素，其杖首形制却反映了中国北方草原和华北商文明因素。由此可见，三星堆文化的内涵绝非单一的，而有着多元文化来源的性质，它是一种来源广泛的复合型

---

① 滕泽毅美：《古代东南亚的文化交流——以滇缅路为中心》，《南亚与东南亚资料》第 5 辑，1984 年。

② 《龙起源于七八千年前的内蒙古》，《光明日报》1987 年 2 月 14 日。

③ 《史记·夏本纪》，《国语·周语》。

文明，似乎是应有的结论。

综上所述，我们无论从川西平原青铜雕像文化本身，还是从与之密切相关的权杖出发，着眼于同包括中国华北商文明在内的世界各主要古文明中心进行文化因素以至文化集结源流的比较研究，都证明了川西平原文明中某些重要因素发源于西亚文明和埃及文明的设想，它可以说是多元、多方位文化移入并加以整合的结果。另一方面，有必要特别指出的是，川西平原文明虽然包含了古代西亚、埃及等文明中心的某些要素，但更多的却是川西平原本身的传统文化，并且有不少的华北夏商文明因素。因此总括而论，商代川西平原文明，是在其自身高度发达的新石器文化基础上，在文明诸要素不断产生的基础上，主要吸收了华北商文明的因素，例如陶器形制、玉器形制、青铜"句兵"特征乃至于金属铸造成形技术等，同时兼收并蓄了一些古代近东文明[①]以至地中海文明的因素，例如青铜雕像文化、权杖及其象征系统以及本文未加论述的如像大量使用黄金等其他文化现象，从而最终形成的高度发展并富于世界性特征的早期蜀文明。川西平原之所以会在商代中晚期产生如此辉煌的文明成就，也正是因为它本身拥有冶金术、城市、大型礼仪中心以及远程贸易能力等物质的、技术的和观念形态方面坚实而雄厚的基础，通过与中国华北、北方草原和世界各主要文明中心长期、持续的接触、交流，并将其有利于自身发展的方面加以吸收、消化以至改进、发展而产生的结果。它体现了一个善于开放、容纳、改造和多元、多方位地对待世界文化的文明民族由以进步、成功所走过的光辉道路。在这个意义上，以至于我们不能不说，川西平原文明是一个高度成熟的世界文明。

五、结语：关于古代川西平原文化移入环境的几点讨论

以上全部论述在于说明，商代川西平原青铜文化是一个具有世界文明特征的复合型文化，它既不是华北文化的亚型，也不是近东文明的分支。为什么如此呢？要回答这个问题，就不能不涉及对文化移入环境的探讨。

川西平原为什么会形成与华北不同的文化内涵，一般地说，首先在于地域

[①]　这里所指近东文明，其地域范围包括古代西亚、埃及，也部分地包括爱琴海诸岛。参阅 H. R. Hall, *The Ancient History of the Near East*。

差异、民族差异以及政权差异。从地域来看，川西平原深陷于四川盆地西部盆底，同它周围的边缘山地构成一个独立或半独立的自然地理区划，这影响到它向心形文化结构的形成①。在古代交通极不发达的条件下，与华北的经济文化往来受到秦巴山地的阻碍，交流极为有限。从民族上看，川西平原蜀人与中原华夏族不属于同一个人们共同体，自有其固有的文化传统。在政权方面，蜀王国历来是作为一个与中原夏、商、周三代不同的独立的政体而存在的。这个政体在"内诸夏而外夷狄"的时代，也历来受到中原华夏国家的歧视，被称为"西僻之国"、"戎狄之长"②、"南夷"③等等。商王武丁曾对它大加征伐，留下不少"征蜀"的甲骨卜辞④。西周对蜀的征伐也不仅见于古文献⑤，亦见于周原甲骨⑥。从上古产生直至春秋仍存的"非我族类，其心必异"⑦的华夏族传统心理素质，也人为地限制了蜀与中原诸夏间的经济文化交流。在这种情况下，早已自成体系的蜀人国家政权必然会对华夏政权产生越来越大的离心力，也必然会产生越来越强烈的所谓地方主义运动倾向。与之相比，蜀与云南自古有文化接触，在政治上或如《华阳国志·蜀志》所述，曾有过征服史。而川西至云南自古在民族构成上属于一个范围广泛的西南夷系统，较易实现文化移入，所以两地文化的相互影响远较它们与华北为多。显然可见，商代川西平原与华北间的文化移入环境较差，因此这一时期川西平原较少华北文化色彩，是可以理解的。

川西平原文化向北延伸、发展以至与华北文化更多的接触、交流受到各种限制，也不可能继续向南无限深入。对于一个已经步入青铜文明的王权中心来说，千方百计扩大王权范围并控制尽可能多的资源和财富，是不可避免的发展趋势。与此相随的不仅是对后进地区文化传播的加速，而且由于其自身的需要，对与先进地区间的文化移入也会日益频繁，但必须不受太苛刻的条件制约。显然，华北商王朝对其与蜀的各种关系是不可能持平等态度的，因而对双边性的文化移入环境起着事实上的隔离作用。

---

① 段渝：《论巴蜀地理对文明起源的影响》，《四川大学学报》1988 年第 2 期。

② 《战国策·赵策一》。

③ 《汉书·地理志》。

④ 《后》上 9、7，《粹》1175，《铁》105、3。

⑤ 《逸周书·世俘篇》。

⑥ 周甲 H11:60、H11:97，见陈全方：《陕西岐山凤雏村西周甲骨文概论》，《四川大学学报》丛刊第 10 辑，《古文字研究论文集》，1982 年。

⑦ 《左传·成公四年》。

　　而在蜀文明产生以前，近东文明早已发展起来并走向繁荣，同时四向传播。在早期文明时代的文化传播中，近东文明的一些因素必然会通过中亚、南亚，辗转到达川西平原。这些新鲜文化因素中的某些成分，恰好适应了正处于上升时期的蜀王国的某些需要。例如，作为神权、王权和财富统一体的最高象征物权杖的出现，无疑就适应了蜀王建立高度集中统一的政权并强化王权机制的需要，而大型青铜雕像群则不仅在物质方面而且在精神世界中，也足以使这个王国的国王们对于大型礼仪中心的奢望得到充分满足。三星堆遗址内发现的与上述器物同一时期或稍早的城墙，正是对此期间蜀王的王权机制得到大大加强的极好说明。与此相关的是，近东文明的因素几乎只出现在川西平原文明中最重要并且最能代表崇高权威的那一部分，而普通的日常用品乃至以金属制造的军事装备却丝毫未受影响。这一现象应当引起充分注意。它可能意味着，川西平原与流传过来的近东文明间的文化接触以至移入，只是在最高层中实现的。也就是说，近东文明在川西平原的出现，不是大量涌入，而仅仅流进它那最精华的部分。同时也意味着，蜀人对近东文明的吸收，是没有强制性、被迫性条件相伴随的。这一推断同样也可以说明，蜀人对于近东文明因素的吸收，有着充分自由的选择性，目的在于满足其关系到权力与财富的各种文化需要。

　　相比较而言，川西平原北方自然条件的限制尤其是商王朝对蜀的不平等态度，阻碍着双方更多更深入的文化接触和交流，而来自近东地区的新鲜文化，则由于没有军事征服作为必要条件，同时在某种意义上有助于蜀的地方主义运动，有助于与中原王朝相抗衡，也特别有助于王权和神权的强化，所以比较容易为蜀人所吸收。这些都说明文化移入环境的有利与否对于双边以至多边交流有着多么重要的意义。

　　最后有必要指出，正如美国人类学家摩尔根（L. H. Morgan）在其名著《古代社会》中说过的一段享有盛誉的名言那样："人类出于同源，因此具有同一的智力原理，同一的物质形式，所以，在相同文化状况中的人类经验的成果，在一切时代与地域中都是基本相同的。人类的智力原理，虽然由于能力不同而有细微的差别，但对理想标准的追求则始终是一致的。因此，它的活动在人类进步的一切阶段都是同一的。人类智力原理的一致性，实在是说明人类同源的最好的证据。我们在蒙昧人、野蛮人和文明人身上所看到的是一种共同的智力原理，正因如此，人类才能够在类似的条件下创造出相同的工具和器具，由相同的原始思想萌芽中发展出类似的制度。"①由于人类同一的智力原理，世界各文明区的各种文明要素，主要是在本区内历史地产生出来的。这完全正确，如本文所分析的川西平原冶金术，就是如此。然而，人类同一的智力原理虽然证明了相似条件下创造出相同的工具和器具，却并没有证明在同一条件下所有工具和器具在具体形态上的完全相同。事实上，为一切人类学家和考古学家所熟知的是，人类工具和器具尽管在宏观上趋于相似，如石器、青铜器、铁器等等，但这只是就器种、技术或功能体系的总体概念而言的。而各种工具和器具在各个不同的文化区域甚至在同一个文化区域内部都可以有形制等方面的重要区别，每一技术在各个不同的文化区域甚至同一个文化区域内也都可以有工艺上的显著差异。正因如此，人类学家和考古学家才能够根据不同的器物外貌区分其文化内涵，划分文化系统。也正因如此，才可能产生范围极为广泛的文化传播，和多边的、互动的文化移入，否则，文化交流就会成为不必要。何况，如果我们承认世界各地区的文化发展自古以来处于不平衡状态，以致有必要从历史分期的角度对它们进行观察和比较研究，那么同一时期（年代）内进步与落后、进步与进步、落后与落后等诸种文化之间的传播或移入（自然也少不了排斥），就不仅是可能的，而且是不可避免的。毫无疑问，这同样也是人类同一的智力原理所起的作用。

由此可见，我们对于古代川西平原文明世界意义的论述，与历史上曾经煊赫一时的所谓"文明起源一元传播论"和"中国文化西来说"，在本质上是根本不同的。但是应当指出，包括川西平原文明在内的中国古代各区域文明，对于中国以外的各种文化因素并非采取一律斥之于门外的态度，而是有选择地加以吸收。蜀人吸收了世界文明的优秀成果，把它融进自身的土著文明之中，从而光大了中国西南的古代文明，使它在那一时代大放异彩，这又有什么不好呢？它说明蜀人从很早的古代起，就是一个善于吸收各种文化并使之为自己服务的开放的民族，一个具有世界性的民族。也说明古代蜀人根本不知封闭为何物，根本不知"盆地意识"为何物。它是一个勇于接受世界文化浪潮冲击的民族。后来所谓落后的"内陆文化"与先进的"海洋文化"的上下之分，所谓落后的"农耕民族"与先进的"游牧民族"的高低之别，在这里丝毫也见不到。那种以中国大陆为内陆文化，而农耕民族必然封闭、落后之说，在古代川西内陆盆地

---

① 摩尔根：《古代社会》下册，杨东莼等译，商务印书馆 1977 年版，第 556—557 页。

的蜀人那里，是根本站不住脚的。因此，本文的必然结论是：只有那些善于文化开放从而不断更新其社会适应机制的民族，才能在世界走向一体化的必然历史进程中，充满生机，走向世界。而世界文明那高高照耀的太阳，永远也不会照射到那些孤立闭塞、故步自封的小国寡民们头上。

（本文为作者 1989 年 11 月在开封举行的"中国先秦史学会第四届年会暨中国文明起源研讨会"提交的论文，载《东南文化》1993 年第 2 期）

商代蜀国青铜雕像文化来源和功能之再探讨

在《论商代川西平原青铜文化与华北和世界古文明的关系》一文中，我们曾从文化史的比较研究角度出发，指出商代川西平原蜀国的青铜文化，是在其自身文明诸要素的基础上，主要吸收了华北商文明的因素，同时吸收了一些古代近东文明的因素，例如青铜雕像文化，权杖及其象征系统等，最终形成的高度发展并富于世界性特征的复合型文明[①]。本文拟从文化的进化及其功能性分析的角度入手，对此加以再探讨，就正于海内外方家。

一、青铜雕像史开端的疑点与冶金术基础

四川省广汉市三星堆遗址一、二号祭祀坑内出土的大型青铜雕像群[②]，是目前已知的古代蜀国年代最早、最为卓越的青铜器群。从雕像本身可以推断，如果这一高度成熟的青铜文化是蜀人自己发明的，那么就如此发达的冶金术而言，当然应该经历了若干世代的探索，由低级向高级逐渐发展进化的阶段，绝不是突然之间发明的。但迄今为止的蜀文化遗存中，尚无迹象表明曾经有过青铜雕像文化的独立发生发展过程。早于三星堆的青铜器即或有之，亦为数颇少。而与之同时或稍晚的青铜器，主要器类是兵器、容器等，不是雕像，不能证明蜀国青铜雕像文化的发生发展序列。

---

① 四川省文管会、四川省文物考古研究所、广汉市文管会、文管所：《广汉三星堆遗址一号祭祀坑发掘简报》，《文物》1987 年第 10 期；《广汉三星堆遗址二号祭祀坑发掘简报》，《文物》1989 年第 5 期。

② 段渝：《论商代川西平原青铜文化与华北和世界古文明的关系》，中国先秦史学会第四届年会论文，1989 年，待刊稿。论文提要见《先秦史研究动态》1990 年 1—2 期合刊。

另一方面，三星堆雕像文化给人的强烈印象是，它似乎是突然间出现于川西平原大地之上的。从祭祀坑本身情况可见，一号坑开口于遗址第五、六层以下，从地层叠压打破关系分析，此坑年代的下限不晚于遗址第三期后段。而整个三星堆遗址第三期前段的地层内，迄今尚未发现青铜器[1]。尽管在相当于三星堆遗址第三期后段至第四期的年代中，包括三星堆祭祀坑在内的成都平原中部，都突然涌现大量青铜器，但反映的都决非青铜雕像文化。这又为蜀国青铜雕像文化在其本土无先例可寻提供了有力的旁证。

这些疑点，是否意味着蜀国青铜雕像群是一种外来文化，而它们所体现的高度成熟的冶金术也是一种随之而来的技术文化呢？对于前一个问题，我们已经有过详细讨论，得出了肯定的答案[2]，但只是回答了问题的一半。问题的另一半，则是这里讨论的主题之一。

众所周知，冶金术的起源与制陶术的进步有着不可分割的关系。矿石冶炼所必备的高温，一般是在制陶术发展到已经可以提供足够的加热温度后才可能获得。而大多数青铜器铸造所需的陶范，也是在制陶术进步的基础上才可能制作。中国古文献对于由制陶术进一步发展到冶金术的关系，曾有很好的说明。《墨子·耕柱篇》说："昔者夏后开使蜚廉折金于山川，而陶铸之于昆吾。"折金，乃开采铜矿之谓。所谓陶铸，即用陶范以铸铜器。陶铸一词，就是由制陶术到金属冶铸的极好说明。古文献以至现代汉语中屡见不鲜的"陶铸"、"陶冶"等词汇，其词根所自，正是在制陶术基础上诞生冶金术这一实际的历史进程。根据陶冶、陶铸的关系，对三星堆遗址制陶术进行分析，将有助于探讨商代晚期蜀国冶金术的情况。

从公布的资料看，三星堆遗址后段以前，制陶术的进步呈现为阶段性的渐进状态。就陶质陶色而言，除第二期开始以夹砂褐陶取代第一期以泥质灰陶为主的情况外，以后各期都与第二期大致相同。就器形而言，第一期出现的平底罐在以后各期都继续流行，成为贯穿各期的主要器形。第三期后段以前各划新增的器形，也都同样可以从其上一期找到变化发展的依据。制陶方法上，从第一期到第二期后段前，多为手制，只有少数是轮削[3]。但是到第三期后段，情况有了明显变化。陶质陶色虽与以前无区别，器形和制法上却出现

---

[1]　四川省文管会等：《广汉三星堆遗址》，《考古学报》1987 年第 2 期。

[2]　段渝：《论商代川西平原青铜文化与华北和世界古文明的关系》。

[3]　四川省文管会等：《广汉三星堆遗址》，《考古学报》1987 年第 2 期。

重要进步，在此期内出现的尖底器，颇具特点。尽管从器形上看尖底器可能由过去的小平底器演化而来，但它一旦出现就立即取得独树一帜的地位，以至于很快发展成为在第四期陶器中占很大比例的器形，并且大体与同时的成都十二桥商代木结构建筑遗址①、新繁水观音商周之际遗址②、成都羊子山周代土台遗址③、成都指挥街周代遗址④、成都方池街东周遗址⑤、成都南郊战国墓⑥、成都百花潭中学十号战国墓⑦、成都青羊宫遗址战国文化层⑧等一脉相承，有着清晰的发展脉络，确已形成一种完整而富于特色的共同地域传统。第三、四期之间制陶术的另一重要进步是，在制陶方法上大多数已运用轮制，手制仅限于少量器形。有大量证据表明轮制法有慢轮和快轮两种⑨。同一时期一个十分重要的情况是，遗址内出现大量厚胎夹砂坩锅和泥芯⑩，而这毫无疑问是在制陶术进步的基础上，高温加热技术的一个重要成果，从而为冶金术的产生提供了条件。

这种技术进步完全有可能导致冶金术的真正诞生，从而带来超出技术本身意义的革命性变革。从三星堆遗址陶器所反映的技术进步，到遗址中坩锅和泥芯的出现，再到青铜器群的铸造，其发展演变进程是合乎逻辑的，也是对陶冶、陶铸这一历史关系的再次证明。

由此可见，在三星堆三、四期之间，冶金术必已发生并得到一定程度发展，制作大型青铜雕像群所需的技术条件已基本具备。因此，从三星堆遗址制陶术的进步到大型青铜雕像群的出现，无可置疑地表明这样一个事实：商代晚期蜀

---

① 四川川省文管会等：《成都十二桥商代建筑遗址第一期发掘简报》，《文物》1987 年第 12 期。

② 四川省博物馆：《四川新繁水观音遗址试掘简报》，《考古》1959 年第 8 期。王家祐、江甸潮：《四川新繁、广汉古遗址调查记》，《考古通讯》1958 年第 8 期。

③ 四川省文管会：《成都羊子山土台遗址清理报告》，《考古学报》1957 年第 4 期。

④ 四川大学博物馆、成都市博物馆：《成都指挥街周代遗址发掘报告》，《南方民族考古》第 1 辑，四川大学出版社，1987 年。罗二虎、陈放、刘智慧：《成都指挥街遗址孢粉分析研究》，《南方民族考古》第 2 辑，四川科技出版社，1989 年。

⑤ 王毅：《成都市蜀文化遗址的发现及其意义》，《成都文物》1988 年第 1 期。

⑥ 赖有德：《成都南郊出土的铜器》，《考古》1959 年第 8 期。

⑦ 四川省博物馆：《成都百花潭中学十号战国墓发掘记》，《文物》1976 年第 3 期。

⑧ 四川省博物馆：《成都青羊宫遗址试掘简报》，《考古》1959 年第 8 期。

⑨ 陈显丹、陈德安：《从三星堆遗址看早期蜀文化的特征及其发展》，四川省文管会 1986 年 10 月印。

⑩ 陈显丹：《论广汉三星堆遗址的性质》，《四川文物》1988 年第 4 期。

人已经掌握了较为先进的青铜冶炼术和青铜器制作技术①，大型青铜雕像群就是在这种冶金术基础上吸收近东文明的雕像因素制作而成的。

二、青铜雕像群与文化的进化

作为连续性发展的青铜文化，商周之际蜀国的青铜合金术、青铜器制作技术的成果表现为一系列现已发现的器物。例如，1959 年冬和 1980 年春分别在彭县竹瓦街所发现的两处相距仅 25 米的青铜器窖藏②，共出青铜器 40 件，有罍、尊等鐕容器和戈、矛、钺、戟、锛等兵器和工具，年代为商末周初；1957 年和 1958 年在新繁水观音遗址和墓葬中发现的青铜兵器、工具共 39 件③，有戈、戳（三角形援无胡戈）、矛、钺、刀、削、斧、镞等，还出有铜器残片，年代为晚商或商末周初，1990 年春在成都十二桥新一村工地商代文化层内所发现的青铜器，有柳叶形短剑等④，1985 年底在成都十二桥商代建筑遗址第 12 层内发现的青铜器⑤，计 6 件，有凿和镞，年代约相当于殷墟文化晚期。

以上所举商周之际蜀国青铜器，在制作技术和器物形制方面可明显地区分为两种。一种是商周式器物，如彭县竹瓦街窖藏中铸有"牧正父己"、"罩父癸"等铭文⑥的青铜器，显然不是蜀器，而是殷器。一种是蜀人自己制作的器物，如无胡式青铜戈以及各种青铜罍等。不少学者早已指出过这种区别。可见，当商代后期华北青铜文化进入鼎盛时期之时，蜀国的青铜文化也已达到全盛阶段，三星堆祭祀坑所出大型青铜雕像群不过是它最辉煌的顶点，而这一时期蜀国青铜文化的普遍进化，也由此得到了充分证明。

三星堆大型青铜雕像群是如何发生的？至今是一个引起争论而饶有兴味的问题。将这个问题放在当时的社会背景和文化环境中去分析，视野将会更加开

---

① 段渝：《论商代川西平原青铜文化与华北和世界古文明的关系》。

② 王家祐：《记四川彭县竹瓦街出土的铜器》，《文物》1961 年第 11 期。四川省博物馆等：《四川彭县西周窖藏铜器》，《考古》1981 年第 6 期。

③ 四川省博物馆：《四川新繁水观音遗址试掘简报》，《考古》1959 年第 8 期。王家祐、江甸潮：《四川新繁、广汉古遗址调查记》，《考古通讯》1958 年第 8 期。

④ 周尔泰：《十二桥商代建筑遗址有新发现》，《成都晚报》1990 年 4 月 9 日。

⑤ 四川省文管会等：《成都十二桥商代建筑遗址第一期发掘简报》，《文物》1987 年第 12 期。

⑥ 徐中舒：《四川彭县蒙阳镇出土的殷代二觯》，《文物》1962 年第 6 期。

阔，将会有助于对问题的深入理解。

早商时期，三星堆已出现高大厚实的城墙。据试掘，城墙横断面为梯形，墙基宽 40 余米，顶部宽 20 余米。调查和勘测结果表明，三星堆遗址古城东西长 1600 至 2100 米，南北宽 1400 米，现有总面积 2.6 平方公里[①]。古城圈面积大体同于郑州商城，筑墙方法与华北区别甚大，因此不是中原文化的派生或传播。城墙体的高大坚厚，意味着可供支配征发的劳动力资源相当充足；进而可知统治者必已统治着众多的人口，控制着丰富的自然资源，这是无可怀疑的。城圈的广阔，表明城圈内的社会生活、政治结构早已超出原始的部落联盟制水平。结合对众多劳动者的统治和对丰富自然资源与社会财富的控制来看，已是一个集权的政府组织，应是无可怀疑的[②]。迄今考古发掘尚未发现与城墙始建年代同期即相当于早商时期的能够充分体现权力结构的其他物质文化遗存，但有充分的理由可以相信，随着工作的深入开展，必定将有重大的惊人发现。

一、二号祭祀坑的年代，大致上就处在以上历史年代序列的后面。因此从文化的发展进化上看，大型青铜雕像群的出观，就有其必然性。但必然性仅能指出这一文化的总体发展方向，并不能指出为什么青铜雕像偏偏会在这里而不是在其他地区产生，这显然就属于特殊性问题。

在城墙产生与青铜雕像群问世之间，有一大段历史年代，大约可达数百年之久[③]。目前三星堆尚无这一段时间的青铜器出土。但整个勘查发掘工作尚在进行中，因此不能认为只此二坑，别无可能。就更大范围而言，新繁水观音、彭县竹瓦街等地所出蜀式三角形援无胡青铜戈，Ⅰ、Ⅱ、Ⅲ式并存。虽然这种年代结构似乎不尽合理，但却暗示着蜀国青铜文化发生年代应予提前的可能。因为Ⅰ式更为原始，其出现年代自然会早于Ⅱ式、Ⅲ式。三星堆二号祭祀坑内出土 20 件三角形锯齿援无胡戈，实为蜀戈的第Ⅲ式，而其年代又早于新繁水观音和彭县竹瓦街所出蜀戈的第Ⅰ式，即Ⅲ式戈的年代反而比Ⅰ式、Ⅱ式还早，这就更不合理了。考虑到蜀戈在蜀地有自成一系的演变脉络[④]，这种Ⅲ式戈早于Ⅰ式、Ⅱ式戈的现象就只能意味着，Ⅰ式、Ⅱ式戈的实际出现年代应当大大提前，即早于晚商时期三星堆二号坑的年代。当然，这还有待于今后考古发现的进一

---

① 陈德安、罗亚平：《蜀国早期都城初露端倪》，《中国文物报》1989 年 9 月 15 日。
② 段渝：《略论蜀古文化的物资流动机制》，《社会科学报》1990 年 12 月 6 日。
③ 段渝：《略论蜀古文化的物资流动机制》，《社会科学报》1990 年 12 月 6 日。
④ 李学勤：《论新都出土的蜀国青铜器》，《文物》1982 年第 1 期。

步证实①。同时，根据中外冶金史，实用器的出现早于礼仪用器②。所以，目前所见与雕像群同一时期的蜀式青铜戈，其产生年代也应提前，早于晚商，即早于青铜雕像群的年代。这几点，可以证明蜀国青铜文化的产生年代较早，不会晚到已知的商代晚期。因此，就不能把晚商时期以青铜雕像群为代表的蜀国青铜文化的出现看成是一个突发事件，从整体上视为一种外来文化。换言之，我们认为，尽管青铜雕像群这一特殊的文化形式源于近东文明，但早在这种文化形式传入之前，即在早商至晚商之间，蜀人就已经有了自身的青铜文化。

青铜雕像群的出现，必须具备一定的社会背景和文化环境，不可能凭空产生，也不可能是古人随心所欲的创制。在目前情况下，我们认为要判断这一文化形式是文化交流和移入的结果，还是蜀人自己的发明创造，可以从以下两个方面进行分析讨论。

第一个方面，假如是蜀人自己的发明创造，而此前绝无此类雕像及其生产能力，那么就无疑意味着在蜀文化内部突发出一种新的文化形式。从对雕像群的功能性分析中，可以知道这是为了加强神权与王权的统治（详后）。这就进一步说明，当时有了加强神权与王权的统治的迫切需要，以至于有必要创制出青铜雕像这一特殊的文化形式。但是，我们首先要提出的问题是，为什么未在早商至中商时期产生这种用于加强神权和王权统治的文化形式，却突然发生在晚商？既然蜀在早商时期就已建筑起规模宏大的三星堆城墙，产生并形成了以神权和王权为中心的政治统一体，当时也就特别需要宗教神权的护佑，新的文化形式在这一时期也就特别容易形成。其次，从早商到晚商的数百年间，三星堆遗址未发现任何同样类型的雕像，这又是为什么？再次，新发生的文化形式，对于旧有文化来说，无疑是一重大进步。青铜雕像群这类重器，技术复杂程度远远超出青铜戈、剑等兵器类的制作，更超出石、陶、木、角等器。如果这种文化形式完全独立地从蜀文化内部产生，那么，无疑就等于说蜀人社会经济飞跃到一个新的发展高峰。不仅如此，它所体现出来的细密的分工与协作、复杂而完整的生产过程、严格的组织与管理等，必然还会造成其他手工业的进步和整个文化的飞跃，带来全面深刻的变革，在考古学上必然有相应的结构性反映。也就是说，蜀文化内部既然突然形成大型青铜雕像群的生产能力，那么在社会

---

① 段渝：《论商代川西平原青铜文化与华北和世界古文明的关系》。

② 容庚、张维持：《殷周青铜器通论》，文物出版社 1984 年版，第 1 页。

组织和与之相适应的观念形态等方面都应同时有巨大变化，从而表现出文化的整体进化。

第二个方面，如果蜀人本身具备铸造青铜雕像群的技术能力，而仅仅借用外来文化形式，发展了青铜雕像这一特殊的文化形式，那么此时它的其他手工业就不必有重大变化，但是在其他某些方面则有变化。这些变化的方面与借用这种文化形式的目的性有关，与雕像文化所发生的功能有关。前面已指出，雕像文化在于加强神权与王权，即发挥维护、巩固和加强蜀王统治的功能，与一般社会民众的生活没有直接关系。因此，引进这种文化形式并加以整合，其后果必然是神权与王权得到进一步加强，与此无直接关系的经济部门和人民生活不受太多的影响；反映在考古学文化上，表现一般社会生活的器物就不会发生重大变化，也不会出现社会全面进步这样的后果。按照文化进化的稳定性原则[1]，受外力影响的程度，也不会达到改变基本结构和特征那样两种后果，除非被外来文化所全面取代。

以上两个方面都是青铜雕像文化产生的可能性解释，并且只可能有这两条途径，或者是自发产生，或者是文化移入。哪一种解释更符合历史实际，文献无征，只有以考古资料予以验证。

三星堆文化共分四期，第一期与后三期有明显区别，主要表现在陶系上，这已为许多学者所指出。但这种变化，并不反映文化的全面进化，只是文化内涵的变化，即文化发展的不连续性或间断性，意味着有新的文化传入。后三期中，每期之间虽有较小的变异性，更有明显的连续性，上一期中新出现的器物在下一期盛行，而上一期盛行的器物在下一期又大体消失。可以看出，后三期文化是成序列演进的，即所谓循序渐进、发展演变。青铜器方面，蜀戈形制的Ⅰ、Ⅱ、Ⅲ式，也应是循序渐进、发展演变的，没有出现突变。可见，陶器和青铜器的演变，表现出结构性的整体演进特点。

但是青铜雕像群的突现，却打破了这种结构性的整体演进。与此相适应的是，在青铜雕像群出现的同一时期，三星堆遗址也出现引人注目的变化。在城圈以内房屋密集的生活区内，出土大量陶质酒器和食器。不仅有面积一平方米左右的木骨泥墙小房舍，而且有面积超过六十平方米的穿斗结构大房子和抬梁

---

① 托马斯·哈定著，韩建军等译：《文化与进化》第3章"适应与稳定性"，浙江人民出版社1987年版。

结构的厅堂。在房舍所形成的聚邑内，出土大量工艺陶塑动物、乐器、雕花漆木器、玉石礼器，还出土双手反缚跪坐的石雕人像，而又缺少农业生产工具①，与仅出土大量生产工具和作坊遗迹的区域②形成鲜明对照。而内涵丰富的三星堆一、二号祭祀坑，也与遗址内基本无随葬品的墓葬③形成强烈对比。这一方面确切表明了阶级分化的加剧，另一方面则无可置疑地说明，王权在这一时期得到了强化。

尽管如此，蜀文化的基本结构和特征却并无显著变化。除祭祀坑及其所反映的统治集团权力的强化外，富于显著连续性的陶、石器物序列的物质文化结构并未改变。社会组织中也没有新的机制出现。总之，除青铜雕像群及随之而来的统治权力的强化外，蜀文化的其他诸方面基本上都处于其自身符合逻辑的发展演化进程当中，既看不出显著的突发性变化，也看不出文化的普遍进化的任何迹象。

因此，从考古发掘中显示出来的文化进化情况看，只能认为青铜雕像群这一文化形式不是自发地产生于蜀文化内部，而是文化移入的结果。这是从以上分析得出的必然结论。

三、文化飞地还是文化移入

既然三星堆遗址祭祀坑所出青铜雕像文化来源于近东文明，那么这一现象有没有可能属于文化人类学上所谓"文化飞地"一类情况呢？

文化飞地，一般是指生活在某一文化中的某一部分人类群体，从某一文化环境中迁移到另一文化环境，随之将其原先文化整个地带至后来的居地。在这种情况下，迁移过程中也许不会留下明显的文化遗物，因此不大可能从其原先居地到后来居地之间的迁移路途中发现文化传播痕迹。文化人类学界一般认为，如果在某一地点突然出现与当地完全不同的文化类型的遗物，而无法发现其来源，同时又在不相毗邻的某一地区存在过这种文化传统，那么可以断定此类现

---

① 林向：《蜀酒探原》，《南方民族考古》第 1 辑，四川大学出版社 1987 年版。
② 陈显丹：《广汉三星堆遗址发掘概况、初步分期》，《南方民族考古》第 2 辑，四川科技出版社 1989 年版。
③ 四川省文管会等：《广汉三星堆遗址》，《考古学报》1987 年第 2 期。

象属于文化飞地。例如美洲新大陆早期文化，欧美人类学家多认为属于文化飞地，其来源应为东亚大陆，有的学者甚至认为来源于古代中国。

从三星堆大型青铜雕像群以及金杖、金面具等文化形式分析，它们的确反映了同近东文明的千丝万缕的联系。根据青铜雕像二青铜车以及人体装饰艺术风格上的鼻饰、额饰、面部涂红和手腕、足踝同时戴方格纹镯等文化现象的起源、年代与空间连续性分布等大量情况来看，从近东经南亚再东至川西平原古代蜀国之地，已经形成了同一文化因素在大范围内的空间连续性分布，并且在年代上也是基本前后相接的。如果认为是文化飞地，对这种明显的传播痕迹当然无法加以解释。因此可以肯定不是文化飞地。

上面提到，文化飞地的必要前提，是整个文化系统的迁移，即一种文化的移植，而不是某些或某小文化因素的传播。三星堆祭祀坑所出器物，虽已构成近东文化因素的某种集结，但完全限于祭祀礼仪用器，并且还不是所有祭祀礼仪用器。如尊、罍等器属于华北商文化因素，三角形锯齿援戈属于蜀文化自身的传统，海贝则当从近海地区交换而来。就青铜雕像本身而言，例如二号坑所出青铜大立人，其衣长袍左衽，与史籍所记蜀人衣式完全一致[1]；其衣襟前胸后背上的龙纹，也是新石器时代以来中国各地古文化的明显标志，均与近东文化无关。至于生活用器，如陶、石、木器等，更是在古代蜀文化中土生土长起来的。而各式玉器及其象征系统，则完全是中国文明的特有因素，与近东文化丝毫不相关。如果是文化飞地，那么必须从生活用器、居住建筑、武器、工具、宗教用器等，直到宗教观念、艺术风格的一切方面，都应处处体现近东文明的特征，处处表现出一种文化的全面移植。但在这些方面，三星堆文化绝大多数与近东文明毫无共同之处。大量比较研究材料证明，三星堆遗址的青铜雕像文化，是文化移入而不是文化飞地。所谓文化移入，是指不同社会的文化共同体由于广泛而直接的接触和联系所产生的文化变迁。文化移入由于不同的条件、基础和联系方式而出现不同的结果：或者是原先处于支配地位的文化传统被所联系的对象全面取代，或者是完全排斥外来文化并避免与其发生任何接触，或者是有选择性、有条件地吸收其他文化的某些新鲜因素但并不全面丧失自己的文化传统，如此等等。显然，古代蜀国的青铜雕像、金杖、金面具等属于文化移入而不是文化飞地的产物。

---

[1]　扬雄：《蜀王本纪》，载严可均辑《全汉文》卷五三。

作为文化移入的另一重要证据是，三星堆青铜雕像群仅仅是在雕像这种造型艺术即通常所说器物风格上与近东文明相同，但青铜雕像群的制作方法却完全是蜀人习用已久的铸铜法，即范铸法，包括浑铸法和多范台铸法等[1]，而不是近东文明中通常所见的失蜡法或锻铸法[2]。器形的相似与器物制作术的相异，无可非议地表明蜀人仅仅吸收了近东文明的雕像艺术形式，而运用本地世代相传的铸铜法制作。这正是一切以外来文化为表、以本土传统文化为里的文化移入方式的最普遍情况。如果是文化飞地，那么毫无疑问，铸钢法也应理所当然地运用随之而来的失蜡法或锻铸法，而绝不是罕见于近东文明的范铸法。

由此必然引出另一个问题：为什么蜀王国会与近东文明间实现这种文化移入，却不就近吸收华北商文明以九鼎和斧钺等作为王权、神权象征系统来加强统治呢？这种避近就远的行为应当如何解释呢？要回答这个问题，就不能不涉及文化移入环境的问题。

我们知道，商代川西平原的蜀文化与华北商文化是两个不同的文化区系，有其自身的"生长点"园。我们曾经指出，夏商周三代均用九鼎象征国家权力、宗教权力和对财富的垄断权力[3]。《左传》宣公三年、《墨子·耕柱篇》等先秦古籍对九鼎在三代间作为王权象征并随王朝代兴而转移的情况都有相同的记载。考古资料也提供了若干例证，证实商周王朝确已形成以鼎为核心的完整的用鼎制度[4]。但是，在川西平原蜀王国，无论文献还是考古资料，都绝无使用鼎的任何证据。陶器方面，蜀人亦以小平底罐、尖底罐、高柄豆、鸟头把勺等为基本器物组合，而明显地区别于以鼎、鬲、盉等三足器为基本器物组合的华北商文化。商、蜀之间这种文化区系差别的形成，除可上溯至史前时代文化渊源的不同外，也与商代的特定文化环境息息相关，不是随心所欲所致。

这种特殊的文化环境，一般地说，首先在于地域差异、民族差异和政权差异。从地域方面看，川西平原深陷于四川盆地西部盆底，同它周围的边缘山地

① 曾中懋：《广汉三星堆一、二号祭祀坑出土铜器成分的分析》，《四川文物》"广汉三星堆遗址研究专辑"，1989年。

② R. F. Tyiecote, *A History of Metallurgy*, 1976.

③ 四川省文管会——四川省文物考古研究所、广汉市文管会、文管所：《广汉三星堆遗址一号祭祀坑发掘简报》，《文物》1987年第10期；《广汉三星堆遗址二号祭祀坑发掘简报》，《文物》1989年第5期。

④ 俞伟超、高明：《周代用鼎制度研究》，《北京大学学报》1978年第1、2期，1979年第1期。

共同形成一个独立或半独立的自然地理区划，深刻地影响到它向心形文化结构的形成①。在古代交通极不发达的条件下，与华北的经济文化往来不能不受到高峻的秦巴山地的限制。从民族上看，川西平原蜀人与华北诸夏民族不属于同一个人们共同体，其间不存在共同址域传统这一极为重要的文化和社会纽带。而最为重要的是，在政权方面，蜀王国历来是作为一个与商王朝毫不相关的独立的政治实体而存在的。这个政治实体，在"内诸夏而外夷狄"的时代，也历来受到中原华夏国家的歧视，被称为"西辟之国"、"戎狄之长"②、"南夷"③ 等类。至于殷墟甲骨文中的"蜀"字，虽极可能为译音，然其字形，从日从虫，则鲜明地表现出殷人对蜀的敌意。这与中国封建社会的统治者对周边少数民族的称谓名词中通通加上"犭"偏旁的行为，竟一脉相传，丝毫不差。从殷卜辞可见，商王武丁对蜀人曾加征伐，甚至"登人征蜀"④。而西周早期对蜀的征伐也不仅见于古文献⑤，亦见于周朝甲骨⑥。从产生于上古直至春秋时代仍未泯灭的所谓叫"非我族类，其心必异"⑦ 的华夏传统心理素质，也人为地限制了蜀与中原诸夏间的经济文化交流。在此情形下，早已自成体系的蜀人国家政权必然会对商王朝产生越来越大的离心力，也必然会产生越来越强烈的所谓地方主义运动倾向。殷卜辞所记录的商王朝与蜀的和战不定关系，正是对考古资料中所见蜀王国较少华北文化色彩尤其是缺乏商王朝关于权力象征系统等重要现象的合理解释。而在作为商、蜀文化和政治势力范围相交界的汉中城固所发观的大量蜀戈与蜀文化青铜面具共存的现象⑧，则是对殷卜辞中关于商、蜀关系记载的极好证明。

蜀文化向北延伸受到限制，也不可能向南方无限深入。对于一个已经进入青铜文明的王权中心来说，扩大王权统治范围，最大限度控制各种资源和财富，乃是不可阻挡的发展趋势。与此相适应，不仅会加速对后进地区的文化传播，而且由于其自身的种种需要，对与先进地区间的文化移入也会日益频繁地发生。

---

① 段渝：《论巴蜀地理对文明起源的影响》，《四川大学学报》1988 年第 2 期。

② 《战国策·秦策》。

③ 《汉书·地理志》。

④ 郭沫若：《殷契粹编》第 1175 片。刘鹗：《铁云藏龟》105.3。罗振玉：《殷虚书契后编》上 9.7。

⑤ 《逸周书·世俘篇》。

⑥ 周甲 H11：68，H11：97。见陈全方：《陕西岐山凤雏村西周甲骨文概论》，《四川大学学报》丛刊第 10 辑，《古文字研究论文集》，1982 年。

⑦ 《左传·成公四年》。

⑧ 唐金裕、王寿芝、郭长江：《陕西省城固县出土殷商铜器整理简报》，《考古》1980 年第 3 期。

但这种性质的文化移入是有条件的，取决于双方的政治军事实力的对比，取决于双边关系。显然，拥有"邦几千里，维民所止"①的商王朝，其与蜀的文化交往关系，不可能建立在平等互惠的基础之上。这种关系对双边互惠性的文化移入起着事实上的阻隔作用，正如其间森严的军事壁垒一样。在这种情形下，为加强蜀王的统治，蜀人就有可能借用其他文化的新鲜因素，达到在观念形态上强化神权并借以加强王权统治的目的。三星堆一、二号祭祀坑内大量礼器与兵器的共存，正是对此的绝好证明。

我们知道，还在蜀文明形成之前，近东文明早已发展并繁荣起来，并向东南欧、巴尔干、爱琴海诸岛和南亚等地迅速传播。在近东文明之风的四向吹拂中，冶金术及有关的一些文化因素传至南亚地区，印度河文明由此而出现青铜雕像。从对川西平原蜀文化与近东和印度河文明的相同文化因素的分析中，亦知近东文明的某些因素已经南亚地区达于川西平原，例如前面提到的青铜雕像文化、金面具、金杖以及一些人体装饰艺术等等。由此可见，这些新移入的某些文化成分，因其充满着的神秘王国气氛，因其为古代蜀人所从未见，为整个古代中国所从未见，而恰好适应了蜀王国在神权的庇护下大大强化王权机制的需要。例如，作为神权、王权和经济特权统一体的最高象征物金杖的出现，无疑适应了作为蜀王统一政权并作为群巫之长标志的现实需要。而大型青铜雕像则不仅显示出在物质财富上的垄断和在精神世界中的巨大威慑作用，同时还活生生地展现出蜀王国的神权与政权结构，即群巫从属于大巫、诸王从属于蜀王这一现实的权力结构，也足以使诸神或诸王对于大型礼仪中心的奢望得到充分满足。

特别应当指出的是，近东文明的因素几乎只出现在川西平原蜀文化中最为显赫并且最能代表崇高权威的那一部分，绝大多数日常用品乃至以金属制造的军事装备却丝毫未受影响。这一现象必须引起充分注意。它意味着这样一个事实：蜀文化同近东文明间的文化移入，只是在最高层中实观的，是直接为蜀王国的最高统治集团的利益服务的。近东文明因素在川西平原的出现，不是大量涌入，而仅仅流进它那最精华、最能象征神权与主权统治的部分，这一事实也意味着，蜀人对于近东文明的吸收，是绝对没有强制性、被迫性作为必要条件的。这一推论同样也可说明，蜀与近东文明间的文化移入，有着充分的选择性，

---

① 《诗经·商颂·玄鸟》。

目的在于满足统治集团对于权力与财富的各种需要。

比较而言，蜀与商王朝之间和战不定的紧张关系，阻碍着双方更多更深入的文化接触和交流，而从近东经南亚辗转而来的文化因素，则因没有以军事征服为必要条件，同时在某种程度上有助于蜀王国的地方主义运动，有助于与中原王朝相抗衡，也特别有助于神权和王权的强化，因而较易于为蜀所吸收。这些无可置疑地说明，文化移入环境的有利与否对于双边以至多边的交流有着多么重要的意义。

四、青铜雕像群的结构和功能

三星堆一、二号祭祀坑所出土众多雕像、面具、人头像究竟在蜀文化中发挥什么功能？前面指出，青铜雕像文化是一种外来文化，目的在于加强神权和王权的统治。但是，为什么要运用这种形式而不采取其他形式呢？这就涉及对雕像群的结构和功能性分析。

从文化人类学角度分析，环境（包括自然环境和社会文化环境）的适应可能引起文化的变异，但以不影响基本结构为限[①]。青铜雕像群的突然出现，对于蜀的土著文化来说，毫无疑问是一种变异。发生变异的根本原因，不在于社会基本结构的变化，因为统治集团依然是巫师和王者（见前），而在于适应一种新的统治机制。这种新的统治机制，根据考古资料，古代文献和文化人类学理论来看，应是以蜀族为统治核心的一个空间范围更广、族类更多的政治实体的最终形成，即以蜀为中心的多元一体的统治的形成。

一号坑、二号坑共出各式全身雕像、人头像、面具数十尊[②]。每坑所出，都是服式、冠式、发式各异。服式中，有左衽长袍、对襟长袍、右衽长袖短衣、犊鼻裤等，各不相同。发式中，有椎髻、辫发、光头等区别。冠式中，有花状高冠、平顶冠、双角形"头盔"等区别。从人类学和我国史籍对古代民族的划分标准来看，衣冠服式和发式都是区分族别的最重要标准，此外还有语言、饮

[①] 托马斯·哈定著，韩建军等译：《文化与进化》第3章"适应与稳定性"，浙江人民出版社1987年版。

[②] 四川省文管会等：《广汉三星堆遗址一号祭祀坑发掘简报》，《文物》1987年第10期；《广汉三星堆遗址二号祭祀坑发掘简报》，《文物》1989年第5期。

食等。后两者今已不可考，仅就衣冠服式和发式而论，显然可见，一、二号坑各坑都显示出不同族类的集合。这些族类，证之史籍，当包括氐羌和西南夷各族在内，也有不见于古代中国的某外来族类①。

根据结构分析，这些雕像的社会地位似可粗略分作两种，即至少有两个层次或等级。二号坑所出连座通高 260 厘米，与真人大小基本一致的戴花状高冠的青铜大立人，衣襟前后饰龙纹，显然为群巫之长，同时又是最高政治领袖，即蜀王②。第二层次是各式人头雕像，看不出高低等级之分，何况都共存于同一祭祀坑的同二层位，无主次区别，表明地位基本没有差别，也决不可能是用于祭祀的牺牲（人牲）。因此，各坑人像、人头像与礼器共存的情况，明白无疑地展现出众多族类的共同祭祀礼仪活动。这一结构的核心即是青铜大立人，即大巫师，亦即蜀国之王。余皆次级群巫，即各族之长。而无论大巫师还是群巫，其实也都是当时的神。《国语·鲁语下》记孔子曰："丘闻之，昔禹致群神于会稽之山，防风氏后至，禹杀而戮之，其骨节专车。"又曰："山川之灵，足以纪纲天下者，其守为神，社稷之守者，为公侯。皆属于王者。"此事又见于《左传》。哀公七年《传》曰："禹合诸侯于涂山，执玉帛者万国。"可见，群神其实就是诸国之君，而禹则是主神，也就是万国共主，故《史记·夏本纪》称之为"帝禹"。在古代社会，各族之长、各国之君同时又是其治民所尊奉的神，这是一种普遍现象，又因其主持与上天的沟通仪式，正如《国语·楚语》所载"绝地天通"一样，这一行为即是所谓巫术，故同时又是巫师。群巫与群巫之长，各国之君与天下共主，这种关系其实就是多元一体，有层次、有主从的结构关系。三星堆祭祀坑由于大巫师形象的特别突出，既有王者之风，又有主神之仪，因此是群巫之长；大巫师椎髻左衽，恰与《蜀王本纪》所记蜀人衣式、发式相符，因此当为蜀人，即是蜀王。其他人头像、人像则多为西南夷形象，或氐羌人形象，代表着蜀王治下各级统治者，各族之长或群巫。可见，青铜雕像群所表现出来的，是一个以蜀为核心的、拥有众多族类的统治集团结构。

正如许多学者所共同指出的，与一、二号坑同时的三星堆遗址的文化面貌，基本上承袭了三星堆二期和三期前段的各特征。三星堆文化成序列的继承和演进，正是对社会基本结构未变、统治者族属未变的极好证明。而同一时期

---

① 段渝：《论商代川西平原青铜文化与华北和世界古文明的关系》。

② 沈仲常：《三星堆二号祭祀坑青铜立人像初记》，《文物》1987 年第 10 期。

的成都十二桥遗址①、羊子山土台遗址②、指挥街遗址③、新繁水观音遗址④、雅安沙溪⑤、忠县甘井沟遗址⑥、汉中城圃铜器群⑦等，以及史籍所记载的岷江上游蜀文化⑧，与三星堆遗址属于同一区系文化，均应纳入蜀文化范畴。它们与三星堆遗址的关系，应是蜀文化结构框架中的各个层面和各支撑点与文化中心的关系。它们的空间构架可从两个方面加以认识。一是从平面结构看，三星堆遗址与其他各遗址的关系，是一种中心遗址与边缘遗址的关系；二是从垂直结构看，是一种高级中心与次级中心的关系，后者当中也包括低级中心和一般性居址或地点。平面与垂直两种结构，清楚地说明了蜀王国的统治在空间上的广延性和分级性。再从年代关系上看，根据从考古学层位理论发展而来的人类学理论的"年代—区域原则"（age-area principle）⑨，广为分布的文化因素比其分布受到限制的文化因素的历史更为悠久。一种文化因素的空间分布越广，其年代就越悠久。由此判断，分布于川西平原至汉中盆地的与三星堆遗址相同的文化因素，由于在当地找不到其起源和发生演变序列，只能认为是三星堆遗址文化在空间上的延伸，或者说是传播。而三星堆文化本身持续了数百年时间，又充分说明了蜀王国统治在时间序列上所达到的高度稳定性发展。空间上的连续性和时间上的稳定性，无可非议地说明，三星堆遗址作为蜀王之都，是高级权力中心之所在，其他处于边缘地区和不同层次的各次级中心及其支撑点，则是这个高级权力中心在各地进行统治的坚强基础和有力支柱，而它们的族属各不相同。这种情况，与青铜雕像所呈现出来的统治结构完全一致，表明蜀的最高政府控制着分布有

---

① 四川省文管会等：《成都十二桥商代建筑遗址第一期发掘简报》，《文物》1987年第12期。

② 四川省文管会：《成都羊子山土台遗址清理报告》，《考古学报》1957年第4期。

③ 四川大学博物馆、成都市博物馆：《成都指挥街周代遗址发掘报告》，《南方民族考古》第1辑，四川大学出版社1989年版。罗二虎、陈放、刘智慧：《成都指挥街遗址孢粉分析研究》，《南方民族考古》第2辑，四川科技出版社1989年版。

④ 四川省博物馆：《四川新繁水观音遗址试掘简报》，《考古》1959年第8期。王家祐、江甸潮：《四川新繁、广汉古遗址调查记》，《考古通讯》1958年第8期。

⑤ 陈显丹：《广汉三星堆遗址发掘概况，初步分期》，《南方民族考古》第2辑，四川科技出版社1989年版。

⑥ 四川长江流域文物保护委员会文物工作队：《四川忠县甘井沟遗址的试掘》，《考古》1962年第8期。

⑦ 唐金裕、王寿芝、郭长江：《陕西省城固县出土殷商铜器整理简报》，《考古》1980年第3期。

⑧ 刘琳：《华阳国志校注》卷三《蜀志》，巴蜀书社1984年版。

⑨ P. K. Bock, *Modern Cultural Anthropology*, 1979.

众多族类的广阔地域，这一地域内各个地方性的族系之长，都是臣属于蜀王的小国之君，也是共奉蜀国之神的群巫。这一点，与商代诸方国对商王室的关系颇为类似。

三星堆一、二号祭祀坑不同时，一号坑雕像数量较少，型式较少，二号坑不仅个体数量多，而且型式类别亦多。这一现象似乎说明后者在前者的基础上又有新的发展，所包括的族类有所增加，所统治的地域有所扩大。

早于一、二号坑年代的时期，据史籍记载是"三代蜀王"时期[1]，从三星堆遗址所发现的高大的城墙看，早商时期当地已形成蜀的中心邑聚址，即是都城。从三星堆文化第二期起，各期文化一系相承，无本质变化，表明王者族属也没有变化。这就进一步说明三代蜀王的角逐争雄年代，还在商代以前，三代蜀王的战争性质，实际上也是史前军事民主制时期的部落征服战争[2]，其时尚处于文明时代的前夜。三星堆文化第一期与第二期之间的显著变化，可以合理地解释为这种部落征服战争的结果。其最终结局是川西平原的一体化和早期蜀族的形成，并且直接导致王权的极大发展和本质性转变，导致国家产生，进入文明。

考古资料与这一推论恰相吻合。这一时期不仅器物群较前有显著变化，而且标志王权稳固有力的城墙也建立起来，其高大坚实超出同一时期中原商王朝的王都。而此期文化在后来数百年间的持续稳定发展和继续扩张，也正表明三代蜀王争雄角逐的时代业已结束，新的统治业已建立。据史籍记载，三代蜀王的最后一代为鱼凫。恰恰从三星堆文化第二期开始，出现大量鸟头柄勺，不仅与城墙的修建时期相当，也与三星堆文化的巨大变异契合。这明确反映了鱼凫王统治的建立，标志着蜀王国一体化历史的开端。

由此可见，三星堆一、二号祭祀坑所出青铜雕像群，是以鱼凫王为首的蜀国统治集团的群像。它一方面揭示出这个政权的宗教神权性质，另一方面则显示出蜀国统治集团的分级制结构，表现出它在民族关系上的多元一体结构框架。

（原载《四川大学学报》1991 年第 2 期）

---

① 扬雄：《蜀王本纪》。刘琳：《华阳国志校注》卷三《蜀志》，巴蜀书社 1984 年版。

② 段渝：《论蜀史三代论及其构拟》，《社会科学研究》1987 年第 6 期。

商代中国西南青铜剑的来源

一

剑是古代中国最常用也是最普通的兵器之一，中国古代从青铜剑制作到铁剑制作的发展历程，是在先秦时期完成的，而钢剑制作也是从先秦时期开始的。迄今为止，中国考古学上还没有发现新石器时代有剑的形制，先秦秦汉文献对于剑的记载也是周代及以后，而以春秋战国秦汉为盛。这一事实表明，在中国古代史上，剑这种近距离短兵器的出现，是从制作青铜剑开始的。关于这一点，学术界基本没有异议。关于中国古代青铜剑的起源，学术界长期以来认为是在西周时期[1]，通常把1956—1957年陕西长安张家坡西周墓中出土的一把剑身为柳叶形的青铜短剑作为中国古代最早出现的剑[2]。后来，由于北京昌平白浮西周墓出土的青铜剑的形制来源于山西保德县林遮峪[3]，而这种剑型与长安张家坡西周墓出土的柳叶形青铜剑有所不同，于是学术界又认为这两种短剑都是殷周时期一些少数民族的兵器[4]，前一种具有西南地区文化的特征[5]，后一种则具有北方草原文化的特征[6]。至今，关于柳叶形青铜剑在中国出现的最初年代是在商代这一点，学术界的看法已基本趋于一致，但关于柳叶形青铜剑在中国的最初出现地

---

① 杨泓：《古代兵器通论》，紫禁城出版社2005年版，第75、76页。

② 中国科学院考古研究所：《沣西发掘报告》，文物出版社1962年版。该《报告》称这件青铜兵器为匕首，其实应该是青铜短剑。

③ 北京市文物管理处：《北京地区的又一重要考古收获——昌平白浮西周木椁墓的新启示》，《考古》1976年第4期；吴振禄：《保德县发现的殷代青铜器》，《文物》1972年第4期。

④ 杨泓：《中国古兵器论丛年增订本期》，中国社会科学出版社2007年版，第162页。

⑤ 童恩正：《我国西南地区青铜剑的研究》，《考古学报》1977年第2期。

⑥ 乌恩：《关于我国北方的青铜剑》，《考古》1978年第5期。

域或发源地，却存有相当争议，有的学者认为起源于陕西，有的学者认为起源于中原，有的学者认为起源于四川，迄无定说，不过多数学者认为柳叶形青铜剑的发生地是在中国，却是分歧当中的一致。

不久以前，有学者对于中国商周时代柳叶形青铜剑的来源问题提出了新的看法。卢连成先生在《草原丝绸之路——中国同域外青铜文化的交流》一文中，指出青铜剑在西亚杰姆代特文化出现的年代为公元前 3100 年—公元前 2900 年，是当时普遍使用的短兵器，认为中国的柳叶形剑可能受西亚杰姆代特·奈斯文化（Jemdet Nasr Culture）及后来的苏美尔－阿卡德（Sumer-Akkad）青铜文化的影响，经伊朗高原传至中亚、南西伯利亚和蒙古高原[①]。林梅村先生赞成这一意见，并且在《商周青铜剑渊源考》一文中，进一步认为柳叶形青铜剑是由印欧人于公元前 2000 年迁徙到罗布泊和哈密盆地时随同带至，并认为"剑"是吐火罗语月氏方言，在陕西岐山张家坡、贺村，甘肃灵台白草坡，以及北京琉璃河等地西周早期墓中出土柳叶形青铜剑，应是周人所接受的北方草原文化的影响[②]。这一新观点的提出，显然使原来没有解决的问题变得更加复杂。本文从中国西南与中原和北方系青铜剑以及与印度和近东青铜剑进行概略比较的角度，对中国西南地区青铜剑的来源问题进行初步讨论，以就教于海内外专家学者、博学通人。

二

迄今为止考古学提供的一个基本事实是，陕西岐山张家坡、贺村，甘肃灵台白草坡，以及北京琉璃河等地西周早、中期墓中出土的柳叶形青铜剑，在中国境内既不是时代最早的，也不是发现最多、最集中的。早于上述出土西周早、中期的柳叶形青铜剑的地点，是在中国西南的古蜀文化区，这里早在商代中晚期就有了这种剑型。

典型的蜀式青铜剑是柳叶形短剑，其特征是扁茎、无格、剑身呈柳叶形、剑茎与剑身同时铸成（图一）。这种剑可分两类，一类剑身较宽而薄，中起脊，

①　卢连成：《草原丝绸之路——中国同域外青铜文化的交流》，见载于上官鸿南、朱士光编：《史念海先生八十寿辰学术文集》，陕西师范大学出版社 1996 年版，第 719 页。

②　林梅村：《商周青铜剑渊源考》，《汉唐西域与中国文明》，文物出版社 1998 年版，第 39—63 页。

两侧有血槽，剑基多浅刻虎纹和巴蜀符号；另一类剑身较窄而厚，不见纹饰符号。这种剑型，学术界一般称之为"巴蜀式柳叶形青铜剑"。不过，从这种柳叶形青铜剑的发展演化序列看，可以十分清楚地看出，后一类的形制不但在出现年代上早于前一类，而且在造型和工艺上都显得较为原始。因此，前一类剑应当是从后一类剑演化而来的。后一类剑在商代晚期和西周早期主要分布在古蜀文明的中心地区成都平原，前一类剑则主要是在春秋战国时代广泛分布在以成都平原为中心的四川盆地和渝东长江干流及其周围地区。很明显，在西南地区巴蜀文化区、成都平原是柳叶形青铜剑的使用和传播源的所在。

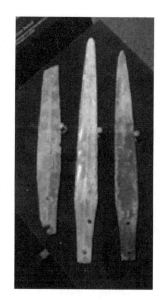

图一　巴蜀柳叶形青铜短剑

　　关于成都平原的巴蜀式柳叶形铜短剑的起源问题，长期以来学术界看法颇不一致，或认为起源于中原，或认为起源于陕南。这些认识，主要是基于过去柳叶形青铜剑在巴蜀地区发现的年代不早于春秋，而同样或类似的剑型在陕西宝鸡茹家庄、竹园沟、长安张家坡、甘肃灵台白草坡，以及北京琉璃河等西周早、中期墓葬内有一定数量的发现①。但是，由于近年考古发掘的新进展和新材料的不断出现，使这种认识已有重新研究的必要。

　　1986年春，在四川广汉三星堆遗址相当于商末周初的地层中，出土1件柳叶形青铜剑，长24厘米②。同年夏在三星堆一号祭祀坑内出土1件柳叶形玉剑，扁茎，无格，茎上一圆穿，残长28厘米③，年代相当于殷墟一期。1985—1989年在成都市十二桥商代建筑遗址发掘中，在第12层出土1件青铜剑，剑身呈柳叶形，中起脊，扁茎，无格，茎无穿，残长20.2厘米，年代为晚商。1990年在成都市十二桥新一村晚商地层内又出土1件柳叶形青铜剑，残长20.9厘米④。这几件柳叶形青铜剑，不仅年代早，而且形制原始，尤其是成都十二桥和新一村

---

① 《陕西省宝鸡市茹家庄西周墓发掘简报》，《文物》1976年4期；《宝鸡竹园沟等地西周墓》，《考古》，1978年第5期；《宝鸡竹园沟西周墓地发掘简报》，《文物》，1983年第2期；《沣西发掘报告》，文物出版社1962年版。

② 林向：《三星堆考古发掘琐记》，《文物天地》1987年第5期。

③ 《广汉三星堆一号祭祀坑发掘简报》，《文物》1987年第10期。

④ 江章华：《巴蜀柳叶形剑渊源试探》，《四川文物》"三星堆古蜀文化研究专辑"，1992年。

所出，茎上无穿，应是这种剑的早期型式。这表明，无论从年代还是从形制上看，成都平原出土的柳叶形青铜剑，均早于宝鸡、长安等地所出同类剑。由此可见，柳叶形青铜剑的最早使用地应在成都平原古蜀地区，其年代为商代晚期或更早。

在古蜀文明辐射圈内的西南夷道上的四川西昌大洋堆，出土 1 件时代相当于商代的匕首式柳叶形青铜短剑[1]。这种形制的青铜剑，不论在西亚还是小亚细亚地区，都是青铜剑比较早期的形制。在云南滇池区域的青铜文化中，青铜剑亦是仿自古蜀柳叶形青铜剑，其不同点仅在于滇式剑的剑茎呈扁圆形，而蜀式剑是扁茎[2]。贵州赫章可乐战国墓葬以及威宁中水汉墓内出土的青铜剑[3]，则完全是对古蜀柳叶形青铜剑的改装。

古蜀文明区内柳叶形青铜剑的发现，年代既早，数量亦多，分布也很集中。从时序上看，在商代晚期，柳叶形青铜剑主要是集中分布在成都平原；商周之际和西周时代，柳叶形青铜剑主要是向北发展，延伸到陕西南部；春秋战国至西汉早期，柳叶形青铜剑陆续而且呈连续性地向四川盆地东部地区以及四川西南地区和云南、贵州等西南夷地区辐射，成为西南地区最主要的青铜剑剑型。

三

四川盆地青铜兵器的组合，常常是戈、矛、剑、钺配套使用，这在考古发现的巴蜀墓葬里是十分普遍的现象。其中的剑为柳叶形，钺为銎内。蜀式青铜钺可约略分为直内和銎内两类，直内钺刃部外突近半圆，銎内钺圆刃，身近斧形，这两类青铜钺均不见于商文化，它们在成都平原古蜀地区出现的年代均为商代晚期，两者之间不大可能具有演变关系，但銎内钺的演变脉络较明显。西周以后，蜀式青铜钺均为銎内钺，直内钺已不见使用。

商代考古中，在黄河流域中下游地区发现的青铜扁内斧（钺）不与青铜剑形成兵器组合。这个现象说明，中国北方黄河流域地区所发现的青铜扁内钺和

---

[1]　资料现藏四川省凉山彝族自治州西昌市文物管理所。

[2]　童恩正：《我国西南地区青铜剑的研究》，《考古学报》1977 年第 2 期。

[3]　贵州省博物馆考古组、贵州省赫章县文化馆：《赫章可乐发掘报告》，《考古学报》1986 年第 2 期；贵州省博物馆考古组、威宁县文化局：《威宁中水汉墓》，《考古学报》1981 年第 2 期。

柳叶形剑，不是一同（成组合配套）在当地发生、发展并配合使用的，二者应分别发生在不同地区，并且不是作为作战武器功能的系统配置来使用的。黄河流域中原地区车战使用长兵器，短兵器并不适用，所以夏商时代黄河流域几乎不见青铜剑，这是与当时的战争形式和环境相适应的。河南偃师二里头出土的铜钺为直内，有的学者认为是经过改装的近东战斧①。二里头的直内钺不与剑同出，这是因为当时黄河流域中下游地区还没有青铜剑的使用，说明斧与剑在黄河流域的开始行用，不论在时间还是空间上都不具有共时性，这仍然表明斧、剑二者的来源不同。

西南地区古蜀柳叶形青铜剑与銎内钺组合配套使用，銎内钺为砍劈武器，其功能与斧相同，仅形制稍异，古蜀銎内钺的钺身尤近斧形，在有的地方出土的斧和钺，形制几乎完全一致，区分不出哪是斧，哪是钺。仅从这两类兵器的组合看，古蜀与中原的兵器组合确有不同，它们分别属于不同的武器系统，有不同的渊源，尽管二者存在交流关系②。由此可见，古蜀柳叶形青铜剑与銎内钺的组合配套使用，显然不是从黄河流域中原地区传入的。饶有兴味的是，近东地区的柳叶形青铜剑常与管銎青铜斧形成青铜兵器的组合，古蜀的这种情况却与近东文明非常近似，应是通过南亚和中亚地区引入的近东文明因素（详后）。

有的学者认为，西南地区的柳叶形青铜剑滞后于黄河流域中原地区，是所谓文化滞后原理的体现。其实不然。大量考古发现已经证实，古蜀柳叶形青铜剑出现的年代比中原黄河流域早，黄河流域的柳叶形青铜剑出现在西周早期，而古蜀的柳叶形青铜剑出现在商代晚期，并且古蜀柳叶形青铜剑不但连续使用的时间很长，从商代晚期直到战国秦汉，而且在出土柳叶形青铜剑的数量上，也是最多、最集中的。同时柳叶形青铜剑与銎内钺也是长期组合，直到战国秦汉。古蜀柳叶形青铜剑的这种发展情况充分说明，它是一个具有自身连续性和系统性的文化传统的存在、发展和延续，而这是所谓文化滞后说所不能解释的。

① 卢连成：《草原丝绸之路——中国同域外青铜文化的交流》，载上官鸿南、朱士光编：《史念海先生八十寿辰学术文集》，陕西师范大学出版社 1996 年版，第 719 页。按：据笔者在近东、小亚细亚和希腊等地博物馆所见，不论在两河流域、小亚细亚还是在希腊等古文明里，青铜斧除銎内类型的而外，直内类型的亦复不少。但中国黄河流域地区的斧钺自有起源，不必勉强去同近东起源说挂钩。

② 段渝：《巴蜀青铜文化的演进》，《文物》1996 年第 3 期；段渝：《四川通史》第 1 册，四川大学出版社 1993 年版，第 121—122 页。

为什么古蜀人会使用青铜剑这种兵器呢？这与这种剑型的功能和古蜀地区的环境有关。古蜀地区的中心是成都平原，向西据有四川西部高原，并且向四川西南山地和云贵高原扩张。在古蜀时期，尤其在春秋时期开明治水以前，成都平原森林密布，沼泽众多，古蜀人在没有使用战车的情况下（迄今考古学上还没有发现古蜀人使用战车的遗迹，历史文献同样没有古蜀人使用战车的记载），作战时使用短兵器，便于在森林中格斗，不但便于携带，而且便于近战。且短兵器不但是轻型武器装备，还可以进行中距离投掷，适合于在密林和山地作战，四川峨眉符溪、成都市罗家碾和成都市三洞桥青羊小区曾出土过带鞘的短小柳叶形青铜双剑，就是用于遥击的飞剑①。长兵器则适合于在平原和沼泽地带作战时使用。古蜀墓葬出土的青铜兵器，往往是长短配合，成组成套，这在很大程度上是适应环境的结果。所以，古蜀较早引入青铜剑，这是由它的需要所决定的，这就是古蜀之所以不车战、不骑战，却较早引入短兵器的原因之所在。这与商代中原车战适合使用长兵器而不用短兵器的情况完全不同。

在黄河流域尤其华北大平原上进行车战或集团作战，十分适合杀伤力很强的重型武器长兵器的施展，短兵器则完全不适用，所以黄河流域中原地区所发现的商周兵器，基本上是戈、矛等类长兵器。《尚书·牧誓》记载周武王东伐商纣王时在商郊牧野举行的誓师大会上说："称尔戈，比尔干，立尔矛，予其誓。"他所举出的这几类兵器，是当时最普遍使用的作战武器，它们全都是长兵器，恰恰没有剑一类短兵器。这就充分说明，商代黄河流域中原地区所使用的兵器，基本上都是长兵器，这与考古资料所显示出来的情况是完全一致的。

四

柳叶形青铜剑的起源，其实也并不在中国西南古蜀地区，因为在古蜀地区迄今没有发现它的起源发生序列。相反，柳叶形剑在古蜀地区一经出现，就是一种比较成熟的剑型。这种情况表明，柳叶形剑是外来的剑型，它是古蜀吸收其他文明的成果，而不是古蜀自身的发明。

从考古资料分析，柳叶形青铜剑发源于安纳托利亚文明（图二），时代为

---

① 　童恩正：《我国西南地区青铜剑的研究》，《考古学报》1977 年第 2 期。

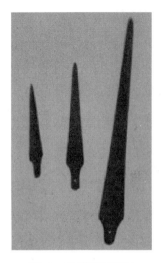
图二　伊朗青铜短剑

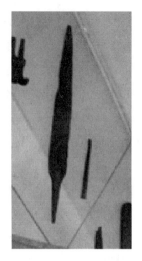
图三　哈拉巴文化青铜短剑

公元前3000年左右，稍后在近东文明，继而在中亚文明中大量出现柳叶形青铜剑，到公元前三千纪中期，柳叶形青铜剑出现在印度河文明中，这种剑型在印度地区一直流行到公元前1500年左右。中国西南地区出现这种剑型，时当商代晚期，大约在公元前1300年。从柳叶形青铜剑的发生、发展、分布及其年代等情况来看，中国西南地区这种剑型，应是从古代印度地区传入的。

在南亚印度河及恒河流域青铜文化中，既有柳叶形青铜剑，又有管銎青铜斧，它们显然来源于中亚地区。而在中亚西部的马尔吉那青铜文化和伊朗的卢里斯坦青铜文化及尼哈温德青铜文化中，柳叶形青铜剑均与管銎青铜斧并存的现象，又来源于近东文明的传统。在中国西南的青铜文化中，呈柳叶形剑身的青铜剑是使用最普遍的青铜兵器，尤其是古蜀地区，柳叶形青铜剑常常与銎内钺一道形成通用的兵器组合，但在古蜀地区却无法找到它们起源于当地的遗迹。因此，我们完全有理由认为，它们极有可能是通过南亚地区引入的中亚、西亚的青铜文化因素。这与古蜀三星堆文化青铜雕像文化因素是经由南亚吸收采借的近东文化因素的情况[1]，是完全一样的，而且在年代上也大致同时。

在印度河和恒河流域发现的柳叶形青铜剑，均为扁茎，无格，剑身为柳叶形，剑茎与剑身同时铸成，剑身有宽而薄与窄而厚两种（图三）。从形制上观察，印度河文明的青铜剑可以分为几种不同的形制。出土于Chanhudaro、Nal、Surkotada等地属于摩亨佐达罗（Mohenjodaro）的几件哈拉巴文化（Harappa）短剑，扁茎，无格，剑身较薄，呈较宽的柳叶形，长12—20厘米不等。在上述地点出土的另一类柳叶形剑，剑身较窄，较厚，中起脊，在剑基处有二圆

---

[1]　段渝：《商代中国西南的世界文明——论商代长江上游川西平原青铜文化与华北和世界古文明的关系》，《东南文化》1993年第2期；段渝：《商代蜀国青铜雕像文化来源和功能之再探讨》，《四川大学学报》1991年第2期。

穿，长 30—35 厘米。前一类与古蜀柳叶形青铜剑极为相似。很容易判断，两者之间一定具有同源的关系。印度河和恒河流域的青铜文化，时代在公元前2700 年至公元前 1500 之间。这个时代，正是古蜀三星堆青铜文明从发展走向鼎盛的时代，也是古蜀柳叶形青铜剑初现的时代。由此看来，古蜀地区的柳叶形青铜剑这种剑型，应当是从印度河和恒河流域引入，而古蜀人在古蜀地区自己制作的。

从考古学上看，早在旧石器时代，印度北部、中国、东南亚的旧石器就具有某种共同特征，即所谓砍砸器之盛行。而后来在中、缅、印广泛分布的细石器说明，在细石器时代，中国西南与缅、印就有文化传播和互动关系。在东印度多处发现有肩石斧、石锛、长方形石斧、石锛、八字形石斧、长方形有孔石刀等，是中国西南常见的形制①。在东印度阿萨姆发现一种圭形石凿，刃部磨在两窄边，这在四川西南如西昌等地是常见之物②。阿萨姆石器原料所用的翡翠，产在离中国云南永昌仅 150 公里的缅甸勐拱地区。阿萨姆地区的房屋建筑是干栏式③，这同样是中国西南尤其云南和四川常见的建筑形式，成都十二桥商代建筑遗址就是典型的干栏式建筑④。根据陈炎先生在《中缅文化交流两千年》中所引证的中外学术观点⑤，印度以东缅甸的现住民，不是当地的原住土著民族。他们当中的大多数是在史前时期从中国云贵高原和青藏高原迁入，其中的孟－高棉语族，是最先从云贵高原移居到缅甸的，这完全可能同有肩石器从云贵高原向缅印地区的次第分布有关。商代三星堆文化的大量白色海贝，来源于印度地区；三星堆和金沙遗址大批象牙的来源，也和印度地区有所关系；古蜀和西南夷地区的"瑟瑟（sit-sit）"和"碧琉璃（梵语

① 阚勇：《试论云南新石器文化》，《云南省博物馆建馆三十周年纪念文集》，云南省博物馆 1981 年印行，第 45—67 页。杨甫旺：《云南和东南亚新石器文化的比较研究》，《云南文物》第 37 期，1994 年。

② 礼州遗址联合考古队：《四川西昌礼州新石器遗址》，《考古学报》1980 年第 4 期。

③ 关于印度的考古资料，见 H. L. Movius, *Early Man and Pleistocene Stratigraphy in Southern and Eastern Asia*, Paper of Peabody Museum of Archaeology and Ethnology, vol.19. Cambridge, 1944; Shshi Asthana, *History and Archaeology of India's Contacts with other Countries: From Earliest Times to 300 B. C.*, Delhi, B. R. Publishing Corporation, 1976, p.154. 参见童恩正：《古代中国南方与印度交通的考古学研究》，《考古》1999 年第 4 期。

④ 四川省文管会、成都市博物馆：《成都十二桥商代建筑遗址发掘简报》，《文物》1987 年第 12 期。

⑤ 陈炎：《中缅文化交流两千年》，转自于周一良主编：《中外文化交流史》，河南人民出版社1987 年版。

beryl)"，亦是从印度引入的西亚产品①。其间的民族往来迁徙通道与文化交流传播渠道，正是柳叶形青铜剑从印度地区传入中国西南地区的路线，这就是为学术界所盛称的"南方丝绸之路"。

五

柳叶形青铜剑传入中国西南古蜀地区的可能路线有两条：一条是从西亚、中亚经过南亚传入中国西南成都平原；另一条是从西亚、中亚经过阿尔泰地区或北方草原地区折而向南，通过甘青高原沿岷山山脉南达四川盆地，而后为古蜀所吸收。以下我们对此进行分析。

前一条线路，是从伊朗通过厄尔布士山脉与苏莱曼山脉之间的地带进入南亚印度地区②，再从印度地区辗转传入中国西南，这条线路即是著名的"蜀身毒道"，亦即南方丝绸之路。南方丝绸之路早在商代已经初步开通，它是一条以商业贸易为主要内容的中西交通线，起点为成都平原，经云南，出缅、印、阿富汗至中亚、西亚地中海地区，是古代亚洲途程最长的交通大动脉之一。关于这一点，笔者已有专文讨论，本文不再赘述③。

后一条路线可能与中亚和阿尔泰地区有关。在中亚青铜文化中，安德罗诺沃文化（Andronovo Culture）是广泛分布在中亚草原地区的一支青铜文化，年代约为公元前2000年至公元前1000年，其青铜武器的形制多承袭了中亚青铜文化中的柳叶形剑和銎内斧的传统。而公元前1300年至公元前800年间分布在南西伯利亚的卡拉苏克文化（Karasuk Culture），其柳叶形青铜剑和管銎青铜斧并用的习俗，一般认为是受到的安德罗诺沃青铜文化的影响。在阿尔泰山区所发现的青铜柳叶形短剑，很明显地是由卡拉苏克文化传入的。关于

---

① 段渝：《商代中国西南的世界文明——论商代长江上游川西平原青铜文化与华北和世界古文明的关系》，《东南文化》1993年第2期；段渝：《商代蜀国青铜雕像文化来源和功能之再探讨》，《四川大学学报》1991年第2期。

② 叶奕良先生在《"丝绸之路"丰硕之果——中国伊朗文化关系》（周一良主编《中外文化交流史》，河南人民出版社1987年版，第250页）中说道："由于海路不发达，东西方交通必须经过伊朗的厄尔布士山脉与苏莱曼山脉之间的地带。这样，波斯人便逐渐掌握了中国与西方年罗马帝国期之间的贸易情况。"不论从中国西北还是西南转道中亚至西亚，均须经由此道西行。

③ 段渝：《中国西南的早期对外交通——先秦两汉的南方丝绸之路》，《历史研究》2009年第1期。

这一点，林梅村先生的看法是不错的①。但这条从中亚到阿尔泰山区的青铜文化传播带，是否在阿尔泰地区就折而向南，将这条线路向南延伸到中国西南方向了呢？

如果要从阿尔泰线路转向中国西南地区，那么这条线路就必然要通过甘青高原南下，这就是后来的丝绸之路河南道。从考古学文化上看，中国西南古蜀地区与西北高原甘青地区早在新石器时代就发生了文化交往，四川西部高原历年所发现的彩陶显然与马家窑文化有关②，而从川西高原一直向南分布到云南的大量石棺葬等文化因素也来源于西北甘青高原。从民族文化角度看，古代中国西南地区的两大主要民族集团中，氐羌民族是其中之一（另一个民族集团是来自于长江流域的濮越），他们与发源于黄河上源湟水析支（一作赐支）之地的古羌族在族源上有着不可分割的关系，古蜀王国的统治者也多与氐羌民族集团有关③。从交通上看，四川西部高原岷山山脉从来就是联系中国西部民族南北往还的重要走廊。在交通线方面，古蜀西部地区主要有岷江河谷与川西北高原沟通，有岷江支流南河达于临邛、青衣（今芦山县），入西夷各地。又有"秦道岷山青衣水"④，入青衣河谷，折转岷山谷地，北至秦陇地区。史籍所载黄帝后代在此活动，便是明证。《山海经·海内东经》记载："白水出蜀（山名，今西倾山）而东南流注江"，白水（今甘南白水江）即是联系蜀与武都（今甘肃西和县南）的重要通道。《尚书·禹贡》记载说："西倾因桓是来，浮于潜，逾于沔，入于渭，乱于河"，即指此而言。由甘青入若水（今雅砻江），再转渽水（今大渡河），又可入岷江下游，进抵蜀之腹心成都平原，亦可由若水达于绳水（今金沙江），再转入西南夷地区。这表明，在古蜀的西部地区，确实存在通往西北高原的交通线，这同时也是古代中国西部地区的民族走廊。

然而，我们是否能够根据这些交通和民族等方面的情况，就可以判定西南地区的柳叶形青铜剑是经由西北方面，从阿尔泰地区传入的呢？这还需要进行分析才能得出相关结论。

考古材料说明，来源于西北甘青地区的彩陶，虽然在四川西部高原岷江上

①　林梅村：《商周青铜剑渊源考》，《汉唐西域与中国文明》，文物出版社1998年版，第39—63页。

②　石兴邦：《有关马家窑文化的一些问题》，《考古》1962年第2期。

③　段渝：《四川通史·第1册》，四川大学出版社1993版，第31—36、260—273页。

④　方诗铭、王修龄校注：《古本竹书纪年》"梁惠成王十年"，上海古籍出版社1981年版，第115页。

游的汶川、茂县、理县等地有着点状分布①，但是既没有成为川西北高原文化的主流，也没有循着岷山余脉进入四川盆地。西北高原的石棺葬、陶双耳罐等典型文化因素，同样也是沿着四川西部山地南下分布，直达西南夷地区的，它们都没有能够进入四川盆地，更没有进入成都平原。其中的原因究竟何在呢？笔者认为，这至少可以从以下两个方面给以解释。

第一，西北高原的古代民族长期适应干寒气候下的高原畜牧业和粗耕农业生计方式，温暖、潮湿而多雨的平原气候对于他们来说，不论在生产方式还是生活方式上都是极不适应的。

第二，以四川盆地西部的成都平原为中心，早在新石器时代晚期就已开始了城市文明起源的历史进程，到夏代已经初步进入文明社会，到夏商之际形成了灿烂的古蜀三星堆文明，成为中国西部长江上游的古代文明中心，并以其强势文化向周边地区作强劲辐射。而在这个时期，不论在四川西部高原还是在甘青高原的民族或族群的社会里，都还没有诞生出文明，他们在古蜀文明强烈的文化与政治扩张面前，既不可能针锋相对，更不可能逆流而动，给古蜀文明以更加强劲的反向辐射，并强制性地进入四川盆地。

在这两方面因素的作用下，西部民族及其文化就只能沿着四川西部山地，从西北甘青高原南下西南夷地区。所以，反映在考古学文化上，我们所看到的就是西部民族及其文化因素从甘青地区向南一直到横断山地区的连续分布，而在四川盆地内自然也就很难发现它们的踪迹。因此，阿尔泰文化因素不可能从由西北甘青高原经川西北高原岷江上游地区进入成都平原。何况在从四川西部高原到横断山地区的早期文化中，也没有发现来自于阿尔泰地区的文化因素。至于西南夷地区的青铜剑，则不论在形制上还是在产生年代上，就更是与阿尔泰地区的文化因素谈不上任何关系，无法把它们与"北来说"联系起来。

从柳叶形青铜剑出现的年代及其形制方面，将古蜀与北方系青铜剑进行比

---

① 林名均：《四川威州彩陶发现记》，说文月刊第 4 卷，1944 年；郑德坤：《四川古代文化史》，华西大学博物馆 1947 年版；四川大学历史系：《四川理县汶川县考古调查简报》，《考古》1965 年第 12 期；蒋成、陈剑：《岷江上游考古新发现述析》，《中华文化论坛》2001 年第 3 期；成都市文物考古研究所：《四川茂县营盘山遗址试掘报告》，《成都考古发现年 2000》，科学出版社 2002 年版；王鲁茂、黄家祥：《四川姜维城遗址》，《中国文物报》2000 年 11 月 26 日；石兴邦：《有关马家窑文化的一些问题》，《考古》1962 年第 2 期。

较分析，我们可以得出完全相同的结论。前面已经说明，古蜀青铜剑的形制是扁茎、无格，剑身呈柳叶形，茎与身同时铸成。在成都市十二桥商代建筑遗址内出土的蜀式柳叶形青铜剑，茎上无穿，是这种剑型的早期形制，在四川广汉三星堆一号祭祀坑内出土的 1 件残长 28.2 厘米的柳叶形玉剑，形制与十二桥青铜剑几乎完全相同，只是三星堆玉剑的茎上有一圆穿，这从短剑的发展演化顺序上说，应是晚于十二桥青铜剑的形制。这种情况还进一步意味着，柳叶形青铜剑之在古蜀地区的出现年代还应提前，即早于成都十二桥商代建筑遗址的年代。我们知道，成都十二桥建筑遗址的年代为商代晚期[1]。那么，按照上面的讨论分析，柳叶形青铜剑之在古蜀地区的出现年代应当上溯到中商时期，与三角形青铜戈在古蜀地区的出现年代大致相当[2]。而北方地区所发现的中亚式青铜剑，年代一般在商末到西周初期。商代北方系青铜文化中的剑，剑身亦多呈柳叶形，但是它们大多数或是曲柄剑，或是翼格剑，或是匕首式短剑，而且多在剑首处铸有动物形雕像。这几种剑型，都只是在呈柳叶形的剑身方面与古蜀青铜剑有某些相似之处，而在剑基、剑茎以及剑首等方面却存在很大区别。从这些方面分析，二者的来源并不相同，这可以说是十分明显的。

至于阿尔泰地区的青铜剑，从现已公布的资料看，目前只能看到近年在新疆阿勒泰地区征集到的 1 件摹本[3]。据介绍，这件青铜柳叶形剑，全长 22 厘米、茎长 14.2 厘米、最宽处 3.9 厘米、把长 7.8 厘米。整个器形细长、轻薄，塔城市出土，现藏塔城市文管所。据分析，塔城是安德罗诺沃文化的分布区，这件青铜剑的形制与安德罗诺沃文化的柳叶形剑雷同。但是，仔细观察这件青铜剑的线描摹本，却无法断定它是一把剑，它的形制更接近青铜矛，而与青铜剑相去甚远。这种形制的青铜兵器，在西亚和小亚细亚地区的青铜文化中常常可以见到，均定名为矛（spear head），而不是剑（sword）或短剑（dagger）。至于 20世纪六七十年代先后在阿尔泰地区发现的其他几件"柳叶剑"，其实也很难确认是剑。据易浸白《新疆克尔木齐古墓群发掘简报》，在该墓出土的随葬品中，有4 件铜镞，"有三棱或扁平棱形等式，后一种较大而又薄如铜片，极为罕见，可能不是镞"[4]。遗憾的是，该简报没有发表文物附图。有学者根据简报所描述的后

---

① 四川省文管会、成都市博物馆：《成都十二桥商代建筑遗址发掘简报》，《文物》1987 年 12 期。

② 段渝：《巴蜀青铜文化的演进》，《文物》1996 年第 3 期。

③ 林梅村：《商周青铜剑渊源考》，《汉唐西域与中国文明》，文物出版社 1998 年版，插图 3。

④ 易浸白：《新疆克尔木齐古墓群发掘简报》，《文物》，1981 年第 1 期。

一件铜镞的形制，判定它是"柳叶剑残片"[①]，其实这是没有多少根据的。这样看来，阿尔泰山区是否出土柳叶形青铜剑的问题，还需要根据实物加以重新认识，尚不能给以明确判定。据此，我们可以初步断定，不论阿尔泰地区还是北方草原地区的柳叶形青铜剑，在形制方面均与西南地区的古蜀青铜剑存在较大差别，所以很难把古蜀柳叶形青铜剑的来源同阿尔泰或北方草原青铜文化联系起来。

在西南夷地区，近年来确曾发现不少与北方草原青铜文化有关的器物，如像鄂尔多斯式青铜弧背刀、环首刀等等。这些器物的年代，一般是在战国至汉代，几乎没有春秋时期以前的器物。所以，根据在西南夷地区所发现的战国至汉代这些北方草原青铜文化因素，不可能把这些地方从史前至商周时期的文化同北方草原青铜文化和阿尔泰青铜文化联系起来。

由上可见，柳叶形青铜剑在中国西南地区的出现，是成都平原古蜀人从印度地区吸收的中亚、西亚文明的因素，它从一个重要侧面反映出古代中国西南文明的开放性，而这与三星堆文化所包含的近东文明因素是完全一致的。

注：原文发表时无插图，本书收录时为方便对比特插入图片。

（原载《社会科学研究》2009 年第 2 期）

[①]　林梅村：《商周青铜剑渊源考》，《汉唐西域与中国文明》，文物出版社 1998 年版，第 61 页，注释第 32。

商代中国黄金制品的南北系统

不论在古代文献还是考古学上，迄今还没有中国新石器时代的黄金制品被发现。考古学上中国早期的黄金制品出现在青铜时代，目前所见资料中最早的一例，要数1976年在甘肃玉门市火烧沟遗址的墓葬中出土的黄金制品，有黄金制作的"鼻饮"和齐头合缝的金耳环，与彩陶、石器、青铜器和银器共存，其年代大致与夏代同时，相当于齐家文化的后期①。除此而外，在中国其他地区尚未发现夏代的黄金制品。

中国早期的黄金制品较多地出现于商代。从地域上划分，商代的黄金制品，在中原和北方地区主要发现于北京、河北、河南、山东、辽宁和山西，在南方则集中发现于四川。这些出土的黄金制品，不论从它们的形制、数量或制作方法上，还是从它们的功能体系上看，都存在南北之间的系统区别，从而反映了商代南方系统和北方系统不同的价值取向、价值观念以及其他一些问题。本文试对这几个问题作一初步探讨，抛砖引玉，就教于海内外达识方家、博学通人。

一、商代黄金制品的北方诸系统

本文所说的南方和北方，是指地理学上以秦岭和淮河划线所区分的南方和北方。中国北方地区现已发现的商代黄金制品主要如下：

1. 河南郑州商城

在郑州商城发掘中，在商城东北角内侧的祭祀坑内，出土一团极薄的金箔

---

① 甘肃省博物馆：《甘肃省文物考古工作三十年》，《文物考古工作三十年（1949—1979)》，文物出版社1979年版，第142、143、151页。

片，展开之后是一件夔龙纹金叶饰片①。

2. 河南安阳殷墟

1931 年至 1932 年殷墟第四、五、六次发掘，出土黄金块 2 块及小片金叶②，黄金块出土于 E16 坑内，黄金叶出土位置不详。在安阳后冈的商墓中还发现少量黄金制品，如后冈大墓内发现黄金叶③，后冈 M47 二层台上也发现黄金叶④。在安阳侯家庄甲种 I 式大型墓 HPKM1001 的盗坑填土中发现有黄金残片⑤。解放以前共在小屯发掘出金叶 24 片，最薄仅 0.5 毫米⑥。

1953 年在安阳大司空村 171 号墓出土金箔 1 件，厚仅 0.01 毫米⑦。

此外，在安阳殷墟曾发现一块重一两的金块，尚未进行制作，大概是天然金初经熔化而自然凝结者⑧。

3. 河南辉县琉璃阁

在河南辉县琉璃阁 141 号商墓内出土金叶片，共重 50 克⑨。

4. 河北藁城台西

20 世纪 70 年代在河北藁城台西村商代中期墓葬 M14 内发现金箔片，金箔片上压印有云雷纹，厚度不到 1 毫米⑩。

5. 山东益都苏埠屯

在山东益都苏埠屯商墓内，出土金箔 14 片，均极薄而均匀⑪。

---

① 河南省博物馆、郑州市博物馆：《郑州商代城遗址发掘报告》，《文物资料丛刊》（一），文物出版社 1977 年版，第 42 页。

② 李济：《安阳最近发掘报告及六次工作之总估计》，《李济考古学论文选集》，文物出版社 1990 年版，第 275 页，282 页。

③ 石璋如：《河南安阳后冈的殷墓》，《"中央"研究院历史语言研究所集刊》第 13 本，1948 年。

④ 邹衡：《商周考古》，文物出版社 1979 年版，第 101 页。

⑤ 邹衡：《商周考古》，第 98 页。

⑥ 《小屯》丙编《殷墟墓葬》。

⑦ 中国科学院考古研究所：《一九五三年安阳大司空村发掘报告》，《考古学报》第 9 册，1955 年。参考《中国冶金简史》，科学出版社 1978 年版，第 34 页。

⑧ 郭宝钧：《中国青铜时代》，三联书店 1963 年版，第 48 页。

⑨ 中国科学院考古研究所：《辉县发掘报告》，科学出版社版 1956 年版。

⑩ 河北省文物管理处台西工作队：《河北藁城台西村商代遗址发掘简报》，《文物》1979 年第 6 期；河北省文物考古研究所：《藁城台西商代遗址》，文物出版社 1985 年版，第 136 页。

⑪ 山东省博物馆：《山东益都苏埠屯第一号奴隶殉葬墓》，《文物》1979 年第 8 期。

6. 北京市平谷县刘家河

1977 年在北京平谷县刘家河发现了一座商代中期墓葬，墓内出土一批黄金制品[1]，计有：

金臂钏 2 件，形制相同，系用直径 0.3 厘米的金条制成。两端作扇面形，相对成环，环直径 12.5 厘米。一件重 93.7 克，另一件重 79.8 克（图一：1）。

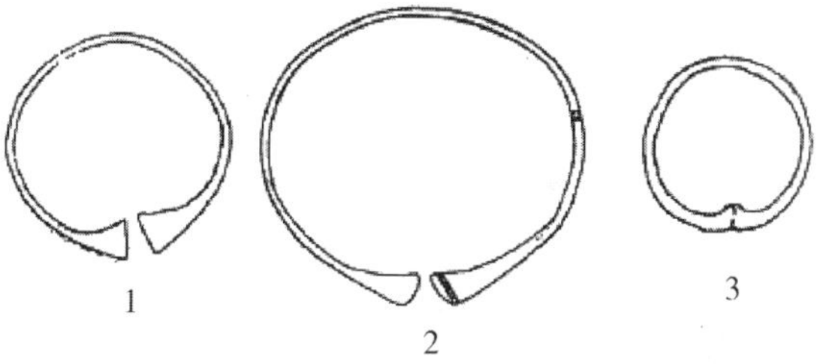

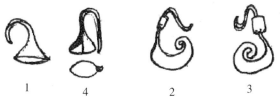

1. 平谷刘家河　2. 喀左和尚沟　3. 宁城南山根

图一　金臂钏

金耳环 1 件，一端作喇叭形，宽 2.2 厘米，另一端作尖锥形，弯曲成直径 1.5 厘米的环形钩状，重 6.8 克（图二：1）。

金笄一件，长 27.7、头宽 2.9、尾宽 0.9 厘米，截断面呈钝三角形，重 108.7 克。

此外，还出土金箔残片，残存 2 厘米 ×1 厘米，无纹饰。

1. 平谷刘家河（金）　2. 石楼后兰家沟（金）　3. 永和下辛角村（金）　4. 唐山小官庄（铜）

图二　耳饰

7. 北京市昌平县雪山村

1961 年在北京昌平雪山村的一座墓葬中，发现一副黄金耳环[2]，一端作喇叭状，另一端作 O 形。

8. 河北卢龙县东阙各庄

1972 年在河北卢龙东阙各庄商代晚期墓葬中出土与饕餮纹鼎、乳丁纹簋共存的金臂钏，两端接头处作扇面形[3]。

9. 辽宁喀左县和尚沟

1979 年在辽宁喀左和尚沟墓地 M1 内出土 2 件金臂钏，两端作扇面形（图一：

---

① 北京市文物管理处：《北京市平谷县发现商代墓葬》，《文物》1977 年第 11 期。

② 邹衡：《商周考古》，文物出版社 1979 年版，第 130、135 页。鲁琪、葛英会：《北京市出土文物展览巡礼》，《文物》1979 年第 4 期。

③ 河北省博物馆文管处：《河北省出土文物选集》，1980 年。

2)①，年代约为商末。

10.山西石楼县后兰家沟、永和县下辛角村、吕梁县石楼镇桃花庄

在山西石楼后兰家沟②、永和下辛角村③分别发现了与殷墟式青铜器共存的黄金耳饰5件，耳饰柄端作横S形，垂端作卷云形，柄的中部穿绿色珠（图二：2、3）。

另在吕梁县石楼镇桃花庄墓内人骨腿骨处和头骨处发现金片，还出土上有绿松石的金片8片（可能是耳环）④。

11.山西保德县林遮峪

在山西保德县林遮峪发现了与殷墟式青铜器共存的黄金"弓形饰"2件（图三）⑤，素面，两尖端各一穿孔，一件高11.1厘米、宽26厘米、厚0.5厘米，一件高13厘米、宽29.1厘米、厚0.5厘米，另有金丝6根。

从以上中国北方地区商代黄金制品的出土情况，可以看出它们具有两个明显的共性：第一，它们都出土于墓葬（殷墟金块除外）；第二，它们都是作为装饰品（人体装饰物或器具饰件）来使用的（金块除外）。从墓葬的角度

图三　黄金弓形饰（保德林遮峪）

上看，尽管对于山西保德、石楼、永和等处出土点的墓地情况，目前还了解得很少，但包括青铜器和黄金饰物均属墓葬的随葬品，则是可以肯定的⑥，而其他地点出土的黄金制品都确凿无疑地出于墓葬。从装饰品的角度上看，安阳后冈M47出土的黄金叶，是与绿松石、蚌片等一道组成的圆形饰物，显然是装饰在木器或其他易朽器物上的遗痕⑦。至于藁城台西M14出土的金箔片，原来也是漆

① 郭大顺：《试论魏营子类型》，《考古学文化论集》（一），文物出版社1987年版，第85页。
② 郭勇：《石楼后兰家沟发现商周铜器简报》，《文物》1962年第4—5期。
③ 石楼县文化馆：《山西永和发现殷代铜器》，《考古》1977年第5期。
④ 谢青山、杨绍舜：《山西吕梁县石楼镇又发现铜器》，《文物》1960年第7期。
⑤ 吴振录：《保德县新发现的殷代青铜器》，《文物》1972年第4期。
⑥ 中国社会科学院考古研究所：《新中国的考古发现和研究》，文物出版社1984年版，第241页。林沄：《商文化青铜器与北方地区青铜器关系之再研究》，《考古学文化论集》（一），文物出版社1987年版，第130页。
⑦ 邹衡：《商周考古》，文物出版社1979年版，第101页。

盒上的饰件，这从出土的漆盒尚见痕迹便一望可知[①]。金叶和金箔片虽然在用途上并不与其他地点所出作为人体装饰物的金臂钏、金耳环、金笄、金"弓形饰"（弓形头饰）等相同，但从作为装饰品这个意义上说，它们则是共同的、一致的。

然而，由于地域、民族和文化区系的不同，商代北方地区的黄金制品又存在着一些明显的差别。下面对此加以扼要分析讨论。

金箔见于藁城台西、平谷刘家河和山东苏埠屯商墓，郑州商城、殷墟、辉县琉璃阁等地出土的金叶其实也属金箔一类，不过切割成叶形而已。殷墟出土的金块，大概是供进一步加工锤制成金箔的材料。除此而外，北方其他地区尚未发现商代金箔。藁城台西就其文化面貌看，与商文化很少差别，应属商文化的亚区。平谷刘家河就其青铜器看，更接近于安阳殷墟早期墓葬中所出的同类器形[②]，应为服属于商王朝的方国遗存。平谷刘家河位于燕山南麓，在商周二代均属所谓"北土"。《左传》昭公九年记载詹桓伯说，"及武王克商，……肃慎、燕、亳，吾北土也"，大概刘家河出土的青铜器和黄金制品就是商代燕（北燕）的文化遗存。由此看来，北方的金箔均出于商文化区和与之密切相关的方国，其他文化区域则未见，这似乎意味着殷人和殷商文化有制作金箔的习俗，而北方其他文化则没有这种传统。

出土金臂钏的北京平谷刘家河与辽宁喀左和尚沟在文化面貌上差别很大。喀左和尚沟墓地属于燕山以北、长城以外介于夏家店下层文化与夏家店上层文化之间的魏营子类型[③]，年代为商末周初，晚于刘家河墓葬。而在夏家店下层文化中，除和尚沟墓地出土两端作扇面形的金臂钏外，其他地点迄未发现，也没有发现同类别的青铜或其他质料的臂钏。这种情况表明，燕山以北大小凌河流域魏营子类型的金臂钏，是由燕山南麓平谷刘家河传播而至的。关于这一点，如果联系到 1961 年在宁城南山根属于夏家店上层文化的石棺墓 M101 内发现的金臂钏来看，将会更加清楚。

南山根 M101 内出土的金臂钏，两端也作扇面形[④]，其形制与刘家河和和尚沟所出大体相同，所不同的仅在南山根 M101 金钏的两端是相对接的（图一：

---

① 河北省文物考古研究所：《藁城台西商代遗址》，文物出版社 1985 年版，第 148 页。

② 中国社会科学院考古研究所：《新中国的考古发现和研究》，文物出版社 1984 年版，第 240 页。

③ 郭大顺：《试论魏营子类型》，《考古学文化论集》（一），文物出版社 1987 年版，第 79—98 页。

④ 中国社会科学院考古研究所内蒙古工作队：《宁城南山根发掘报告》，《考古学报》1975 年第 1 期。

3)，而刘家河和和尚沟金钏则不合缝对接。不过由此却可以很清楚地看出，夏家店上层文化的金臂钏显然是从魏营子类型演变而来。可见，不论在地域传递关系、形制演变关系还是时代早晚关系上，都可以说明两端扇面形金臂钏从燕山南麓向燕山以北、长城以外发展的事实，而不是相反。至于燕山以南河北卢龙东阙各庄出土的金臂钏，从其形制与刘家河所出相同，以及年代晚于刘家河等情况分析，可以认为是刘家河金臂钏向其东南方向邻近方国发展的结果。

金耳饰根据其形制可在地域和文化上分为两个系统，一个系统是燕山以南、长城以内的夏家店下层文化的喇叭形金耳饰，另一个系统是太行山以西黄河东岸的商代方国文化的穿珠式金耳饰，两个系统的金耳饰在形制上完全不同。

黄河东岸山西石楼、永和等地出土的穿珠式金耳饰，均与殷墟式青铜器同出，表明它们是太行山以西黄河东岸的商王朝方国的文化遗存，可能与商代的"鬼方"有关[1]。古文献多见"鬼方"和"伐鬼方"的记载，《易·既济九三》说："高宗伐鬼方，三年克之"，《易·未济九四》、《后汉书·西羌传》引《竹书纪年》等记载略同。高宗是殷王武丁庙号，武丁时殷王朝西伐至太行山以西地区，使商文化扩张到黄河东岸，"邦畿千里，维民所止，肇域彼四海"[2]，这一史实与该区多次发现殷墟式青铜器的现象恰相一致，是很能说明问题的。不过，山西黄河东岸出土的穿珠式金耳饰，却绝不见于商文化和商代其他文化，表明是该区方国文化有特色的地方产物。有学者认为山西黄河东岸各地与金耳饰同出的一些青铜器具有斯基泰文化（Scythian Culture）的特征。可是斯基泰文化的形成年代，一般认为仅能追溯到公元前 7 世纪[3]，远远晚于殷墟文化的年代，可见此说完全不能成立，而穿珠式金耳饰也与斯基泰文化完全没有关系。

至于燕山南麓、长城以内的北京平谷刘家河和昌平雪山村出土的喇叭形金耳饰，两者形制相同，应属同一系统。考虑到喇叭形青铜耳饰是燕山以南夏家

---

① 山西省文物工作委员会：《建国以来山西省考古和文物保护工作的成果》，《文物考古工作三十年（1949—1979）》，文物出版社 1979 年版，第 58 页。

② 《诗经·商颂·玄鸟》。

③ 莫润先：《斯基泰文化》，《中国大百科全书·考古学》，中国大百科全书出版社 1986 年版，第 482、483 页。

店下层文化的典型饰物(图九),在河北大厂大坨头①、天津蓟县张家园②、围坊③、北京昌平雪山④、房山琉璃河刘李店⑤、河北唐山大城山⑥、小官庄⑦等地均有发现,因而燕山南麓所出与此相类的喇叭形金耳饰就完全有可能脱胎于夏家店下层文化的喇叭形青铜耳饰。虽然,这两种耳饰在形制上也存在一点差异,金耳饰的柄部作 O 形,青铜耳饰的柄部作倒 U 形,但这种差异所体现的是同一文化中同类制品的早晚变化关系,而不是异质文化之间的关系。正如张忠培等先生所分析的那样,较早的喇叭形耳饰的柄呈倒 U 形,较晚的出现了 O 形柄,而形制与青铜耳饰相同的金质耳饰,出现在较晚的阶段⑧。所以,喇叭形金耳饰应为夏家店下层文化的产物,平谷刘家河出土的这种金耳饰,应来源于夏家店下层文化。这种情况表明,喇叭形金耳饰这种文化因素的流动方向,恰与上文所论两端扇面形金臂钏的流动方向相反,不是从刘家河墓葬流向夏家店下层文化,而是从夏家店下层文化流向刘家河墓葬,诚可谓相反相成。

至于出土于太行山以西黄河东岸山西保德的黄金"弓形饰",则在商代的黄金制品中独树一帜,除此而外的其他地区均未发现这类制品,迄今尚无可以进行比较研究的材料。大概如同分布于与之相距不远的穿珠式金耳饰一样,黄金"弓形饰"同样也是该区方国文化有特色的地方产物。

从以上的分析讨论中可以初步总结出商代黄金制品北方诸系统的几个特点:

第一,中原商文化区的金箔系统,其分布空间大体上在燕山以南的华北平原范围内,并向东伸展到山东半岛西部边缘。

第二,燕山南麓、长城以内平谷刘家河的两端扇面形金臂钏系统,这个系统有着向燕山以北、长城以外作历时性辐射的发展趋势。

① 天津市文化局考古发掘队:《河北大厂回族自治县大坨头遗址试掘简报》,《考古》1966 年第 1 期。
② 天津市文物管理处:《天津蓟县张家园遗址试掘简报》,《文物资料丛刊》第 1 辑,文物出版社 1977 年版。
③ 天津市文物管理处考古队:《天津蓟县围坊遗址发掘报告》,《考古》1983 年第 10 期。
④ 鲁琪、葛英会:《北京市出土文物展览巡礼》,《文物》1979 年第 4 期。
⑤ 北京市文物管理处、中国科学院考古研究所、房山县文教局琉璃河考古工作队:《北京琉璃河夏家店下层文化墓葬》,《考古》1976 年第 1 期。
⑥ 河北省文物管理委员会:《河北唐山市大城山遗址发掘报告》,《考古学报》1959 年第 3 期。
⑦ 安志敏:《唐山石棺墓及其相关的遗物》,《考古学报》第 7 册,1954 年。
⑧ 张忠培、孔哲生、张文军、陈雍:《夏家店下层文化研究》,《考古学文化论集》(一),文物出版社 1987 年版,第 68 页。

第三，燕山南麓夏家店下层文化的喇叭形金耳饰系统，这个系统与同一文化的青铜喇叭形耳饰具有发展演变的密切关系。

第四，太行山以西黄河东岸的穿珠式金耳饰和黄金"弓形饰"系统，这个系统既没有东跨太行，也没有西越黄河，而是自成一系，与其他系统之间不存在交流传播关系。

总的说来，商代北方地区的黄金制品主要分布在黄河以东的华北平原及其北侧和西侧，而以西侧尤其北侧的燕山南麓为发达，制作较精，水平甚高。不过，诸系都存在数量不丰、种类不多、形体较小等特点。与同一时期的青铜器相比，北方诸系统的黄金制品明显地处于较低的发展水平，地位也远在青铜器之下。

二、三星堆文化：商代黄金制品的南方系统

迄今为止的考古资料表明，商代南方的黄金制品集中分布在西南地区四川广汉三星堆和成都市金沙遗址。

广汉位于横断山纵谷东侧的成都平原中部，水网密布，生态良好。1986 年夏在广汉三星堆遗址相继发现两个祭祀坑，出土大批青铜、黄金、玉石制品以及大量象牙和海贝①。其中的各种黄金制品多达数十件，一号坑计出 4 件，二号坑计出 61 件，另有金箔残片残屑等 191.29 克，还有 4 件粘贴于青铜人头像上的金面罩②，可谓全国现已发现的商代遗址中出土黄金制品最为丰富的，其数量超过北方诸系统出土量的总和。三星堆黄金制品的年代，可以根据祭祀坑青铜器的年代予以确定。三星堆祭祀坑的年代，一号坑的下埋年代相当于殷墟一期，其中青铜器的年代在二里岗上层一、二期与殷墟一期偏早阶段之间，二号坑的下埋年代约在殷墟三、四期之间，其中青铜器的年代均在殷墟二期的年代以内③。因此，与两个祭祀坑内青铜器密不可分的黄金制品的年代，可以分别确定为商代中期和商代晚期。

---

① 四川省文物管理委员会等：《广汉三星堆遗址一号祭祀坑发掘简报》，《文物》1987 年第 10 期。
　四川省文物管理委员会等：《广汉三星堆遗址二号祭祀坑发掘简报》，《文物》1989 年第 5 期。
② 四川省文物考古研究所：《三星堆祭祀坑》，文物出版社 1999 年版。
③ 陈德安：《三星堆遗址的发现与研究》，《中华文化论坛》1998 年第 2 期。

成都市金沙村遗址位于成都市区西部，从 2001 年 2 月发掘至 2002 年中，共出土金器 40 余件，器类主要有人面像、射鱼纹带、四鸟绕日饰、鸟首鱼纹带、喇叭形器、盒形器、球拍形器、鱼形器以及大量器物残片等，其年代约为晚商到西周[①]。金沙遗址所出金器，有些与三星堆所出极似，可归于三星堆文化系统，另有一些则不见于三星堆文化，由于对其具体年代尚不能完全确定，本文暂不予以列举。

三星堆出土的各种黄金制品，根据发掘报告[②]，主要有如下种类：

1. 金杖

1 件，用纯金皮包卷木芯而成，长 143 厘米、直径 2.3 厘米，重 463 克。杖的上端有一段 46 厘米长的平雕图案，分为三组，用双勾法雕刻出鱼、鸟、人头、羽箭等图案（图四）。

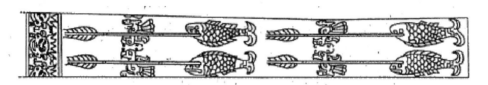

图四 三星堆金杖（局部）

2. 金面罩

7 件，均用纯金皮模压而成，双眉，双眼镂空，鼻部凸起。其中 4 件分别粘贴在青铜人头像面部（图五—图八），3 件当为从青铜人头像面部脱落

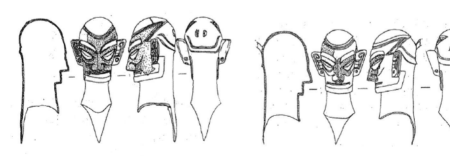

图五 三星堆金面罩铜人头像　　　图六 三星堆金面罩铜人头像

---

① 成都市文物考古研究所、北京大学考古文博学院：《金沙淘珍——成都市金沙村遗址出土文物》，文物出版社 2002 年版。

② 四川省文物考古研究所：《三星堆祭祀坑》，文物出版社 1999 年版。以下引此，不再一一注明。

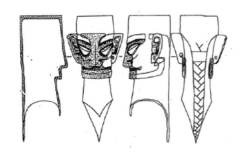

图七　三星堆金面罩铜人头像　　　　图八　三星堆金面罩铜人头像

图九　三星堆金面罩

者。这 3 件脱落的金面罩与青铜人头像面部大小相似，一件残宽 21.5 厘米、高 11.3 厘米，重 19.62 克（图九：1）；一件残为两半，一耳残缺，宽 23.2 厘米、高 9.6 厘米，重 29.36 克（图九：2）；另一件残损过甚，仅残面部的一侧，残宽 19.3 厘米、高 12.2 厘米。

3. 金果枝

二号坑出土的小神树，果柄有数处用金箔包卷。从这种现象分析，果枝原本均有金箔包卷，是典型的金枝（图十：1、2）。

4. 璋形金箔饰

14 件，分 A、B 两型，A 型 2 件，B 型 12 件，共重 10.15 克（图十：3、4）。

5. 虎形金箔饰

1 件，通身模压目形斑纹，高 6.7 厘米，长 11.6 厘米，重 7.27 克（图十：5）。

6. 鱼形金箔饰

19 件，分大号和小号两种，大号 5 件，小号 14 件，共重 44.81 克（图十：6、7）。

7. 金箔带饰

有宽、窄两种，宽带饰残为 6 片，重 10.82 克，窄带饰有两种共 13 件，共重 37.58 克。

8. 圆形箔饰

6 件，大小相同，直径 2.1 厘米，圆心处有一小圆穿，共重 4.37 克。

9. 四叉形器

1 件，宽 6.9 厘米、高 9.4 厘米，重 6.02 克（图十：8）。

10. 金箔残片

5 件，形制不规整，共重 14.20 克。

11. 金箔残屑

56 片，重 14.90 克。

12. 金料块

1 块，长 11.9 厘米，宽 4.4 厘米，厚 0.2—0.5 厘米，重 170.44 克。

从上述三星堆文化黄金制品的形制、出土情况尤其它们与大型青铜制品群密不可分的关系等情况，很容易看出它们具有几个明显的特点：第一，数量多，达到近百件（片），在商代中国首屈一指。第二，形体大，尤以金杖、金面罩为商代中国黄金制品之最。第三，种类丰富，为北方系统各系所不及。第四，均与实用器或装饰用品无关，而与

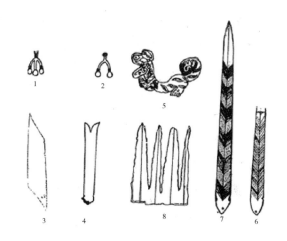

1、2 金果枝　3、4. 璋形金箔饰 5. 虎形金箔饰　6、7. 鱼形金箔饰　8. 金箔四叉形器

图十　三星堆黄金制品

大型礼仪、祭典和祭祀仪式有关，或与王权（政治权力）、神权（宗教权力）和财富垄断权（经济权力）的象征系统有关[1]。

三星堆文化黄金制品中最重要的种类是金杖和金面罩。这两种制品的文化形式在商代中国的其他任何文化区都绝无发现，即令在以三星堆遗址为代表的整个古蜀文化区也是绝无仅有。这种情况应当特别引起我们的重视。此外，数

---

① 段渝：《商代蜀国青铜雕像文化来源和功能之再探讨》，《四川大学学报》1991 年第 2 期。

尊金面青铜人头像和数十尊青铜人头像、立人像、跪坐人像、顶尊人像、鸟足
人像、神坛、神殿以及各种青铜面具、神树、眼形饰等，也与金杖、金面罩相
同，都是为商代中国包括古蜀文化区所仅见。根据笔者对金杖、金面罩的起源、
形制、功能体系、象征系统和艺术风格等方面所做的比较研究，三星堆文化的
金杖、金面罩等文化形式，很有可能是通过古代印度地区和中亚的途径，从古
代的西南夷道、蜀身毒道、滇缅道，经云南、缅甸、印度、巴基斯坦、阿富汗
等地区，采借吸收了西亚近东文明的类似文化因素，而由古代蜀人按照自身的
文化传统加以改造创新而成的，它们反映了商代中国西南与南亚、中亚和西亚
古代文化之间的交流关系[①]

关于三星堆文化的黄金制品，还有一些问题需要提出讨论，这里仅扼要讨
论金面罩与青铜人头像的关系，以及耳饰、腕饰、脚镯等问题。

据发掘报告，三星堆一号祭祀坑出土金面罩1件，二号坑出土金面罩2件，
另在二号坑出土的4尊青铜
人头像面部覆盖（粘贴）有
金面罩。学术界普遍认为，
这几件金面罩原来应是粘贴
在青铜人头像面部之上的。
有学者进一步认为，三星堆
青铜人头像的脸庞原来都可
能覆有金面罩，只是大部分
已损毁[②]。这个问题还可以进
一步深入探讨。从出土的3
件金面罩本身，目前还无从
分辨出它们各自原来粘贴在
哪种型式的青铜人头像脸部，

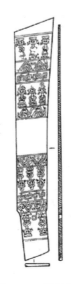 

图十一　三星堆牙璋　　图十二　三星堆青铜大立人

① 段渝：《巴蜀是华夏文化的又一个起源地》，《社会科学报》1989年10月19日；《古蜀文明富
于世界性特征》，《社会科学报》1990年3月15日；《商代蜀国青铜雕像文化来源和功能之再
探讨》，《四川大学学报》1991年第2期；《论商代长江上游川西平原青铜文化与华北和世界古
文明的关系》，《东南文化》1993年第2期；《支那名称起源之再研究——论支那名称本源于蜀
之成都》，载《中国西南的古代交通与文化》，四川大学出版社1994年版。
② 林向：《三星堆青铜艺术的人物造型研究》，《中华文化论坛》2000年第3期。

所以还无法判定是否每一型式每一尊青铜人头像脸部原来都被覆以金面罩。

从二号坑出土的 4 尊戴有金面罩的青铜人头像分析，可以分作 A、B、C 三型（发掘报告分作 A、B 两型，每型各 2 尊），A 型 2 尊，B、C 两型各 1 尊。A 型为戴金面罩青铜圆头型人头像（图五、六）。B 型为戴金面罩青铜长脸型人头像（图七）。C 型为戴金面罩青铜长方脸型人头像（图八），面像与青铜大立人像相同，而与 B 型有别。这三型戴金面罩青铜人头像，在与各自型式相同但未戴金面罩的青铜人头像中都只占有很小甚至极小比例，如 C 型头像共有 37 尊，但戴金面罩者只有 1 尊。至于除此三型以外的其他各型青铜人头像，则均未发现戴金面罩的痕迹。这是否意味着只有这三型青铜人头像当中的某几尊才覆有金面罩，而其他则否呢？或是由于人头像的制作有早晚之别，而其粘贴金面罩的习俗因时而异了呢？这个问题目前还没有可供进一步分析研究的材料，只能存疑不论，留待来者。

三星堆黄金面罩在两耳垂部留有穿孔，戴金面罩青铜人头像以及其他各种青铜人头像、人面像和立人像，都在两耳垂留有穿孔，显然是作为佩戴耳饰之用的，但耳饰的实物迄无发现。不过，从三星堆金杖平雕图案中的人头像（图四）和玉璋阴刻图案中的人像（图十一）上，可以知道三星堆文化至少有两种耳饰形制：一种是铃形耳饰（金杖、石璋），铃身有两道弦纹，另一种是双环形（或套环形）耳饰（石璋）。由于这几种人像、人头像均为写实之作，所以它们佩戴的两种耳饰原也应有实物存在，惜已损毁无存，自然也就无从知道原物是用黄金还是青铜或是其他金属材料制成。

从形状上看，三星堆铃形耳饰和双环形耳饰均不同于燕山南麓夏家店下层文化的喇叭形耳饰和长城以外北方草原的双环叠压形耳饰，也绝不同于太行山以西黄河东岸的穿珠式耳饰，而是自身发展起来的一个系统。

三星堆的腕饰和脚镯见于青铜大立人像（图十二），双手腕各戴腕饰三个，素面无纹饰，双脚踝处各戴方格形脚镯一个。由于不是原物，所以无从获知腕饰和脚镯的原物是用什么材料制成的。不过，青铜立人像的腕饰较粗，显然与刘家河臂钏不同系，而青铜立人像的脚镯，则在北方诸系统中绝未见到。由此可以知道，三星堆的腕饰和脚镯也是与北方诸系统没有关系的。

以上分析讨论说明，与北方诸系统相比较，不论从种类、形制还是从功能、象征意义上看，三星堆文化的黄金制品都是自成一系的，完全看不到有受北方诸系统影响的任何迹象。这一结论，将有助于从一个重要侧面来阐明三星堆文化与商文化平行发展的历史事实。

三、南北系统的技术异同

从技术特点上看，商代中国黄金制品的北方诸系统与南方系统之间有不少共同点，但也有若干差异。

黄金多以自然金，即生金的形态存在[1]。中国古代将金矿分为砂金和山金两种类型，砂金有"水沙中"淘洗的砂金和"平地掘井"开采的砂金两种，山金则有残积、坡积砂金矿床、古砂金矿床和脉金等三种。早期的采金技术，一般都是"沙里淘金"[2]，也有学者认为应是利用地表的天然金块[3]。不管哪一种采金方法，都必须将自然金先行熔化或熔合，此后才能制器或进一步施以各种加工。自然金不可能不经熔炼，那种认为用铅杵将金砂锤成颗块是没有根据的[4]。这表明，商代中国黄金制品的南北系统，都是在掌握了黄金开采技术和自然金熔炼技术以后兴起的。

从黄金的熔炼方面看，黄金的熔点为 1063℃，比纯铜的熔点 1083℃ 稍低，而比青铜的熔点要高。商代已是青铜时代的高级发展阶段，它是在掌握了纯铜冶炼术的基础上发展而来的。在二里头遗址三区发现的一件铜锛[5]，含铜 98%，几乎接近纯铜[6]。在郑州二里岗铸铜遗址和同一时期的湖北盘龙城铸铜遗址均发现了炼铜原料铜矿石或孔雀石（氧化矿物）[7]，在湖南石门皂市相当于从二里岗到晚商的遗址内还发现过不少铜块[8]，殷墟发掘中也常常发现孔雀石，其中最重的一块达 18.8 公斤[9]。在广汉三星堆祭祀坑中，曾出土大量翻模铸范用的泥芯（内

---

[1] R. F. Tyiecote, *A History of Metallurgy*, 1976.

[2] 北京钢铁学院《中国古代冶金》编写组：《中国古代冶金》，文物出版社 1978 年版，第 95 页。夏湘蓉、李仲均、王根元：《中国古代矿业开发史》，地质出版社 1980 年版，第 298 页，第 302—304 页。

[3] R. F. Tyiecote, *A History of Metallurgy*, 1976.

[4] 华觉民：《中国古代金属技术——铜和铁造就的文明》，大象出版社 1999 年版，第 450、451 页。

[5] 中国科学院考古研究所二里头工作队：《河南偃师二里头遗址三—八区发掘简报》，《考古》1975 年第 4 期。

[6] 中国社会科学院考古研究所：《新中国的考古发展和研究》，文物出版社 1984 年版，第 324 页。

[7] 廖新民：《郑州发现的一处商代居民与铸造铜器遗址简介》，《文物》1957 年第 6 期。湖北省博物馆：《盘龙城商代二里岗期的青铜器》，《文物》1976 年第 2 期。

[8] 高至喜、熊传新：《湖南商周考古的新发现》，《光明日报》1979 年 1 月 24 日。

[9] 刘屿霞：《殷代冶铜术之研究》，《安阳发掘报告》第 4 期，1933 年。

范）及青铜熔渣结核，遗址内还出土大量厚胎夹砂坩锅[1]，证明当地曾有大型青铜器铸造中心，并意味着三星堆文化已达到首先炼出金属铜、锡，再将金属铜、锡同炉而冶的青铜时代高级阶段[2]，表明早已掌握了纯铜冶炼技术，为黄金熔炼准备了温度和技术条件。因此，商代中国南北系统均已掌握了黄金熔炼技术，这是毫无疑问的。安阳殷墟和广汉三星堆均出土了金块，均是将自然金熔化后铸成块状的，确凿无疑地表明了这一事实。由此还可以看出，中国早期黄金制品的制作，是在进入青铜时代以后，而不是以前。

在黄金制品的最早阶段，一般是直接将砂金在坩锅中熔化后铸成小件饰物，经过相当的发展后，才有可能进一步发展出锤制技术。这一点，已为玉门火烧沟夏代黄金"鼻饮"、耳环均非锤制品的情况所证实。平谷刘家河出土的金笄，从器表及断面观察，似为铸件[3]。同出的两件臂钏系用0.3厘米的金条制成。与金笄相比，有可能金臂钏是先将砂金熔化铸成金条后，将两端锤成扇面形，然后弯曲而成的。同出的金箔残片则表明已掌握了锤制技术。昌平雪山村和平谷刘家河出土的喇叭形金耳饰亦当为铸件，其制作方法当与夏家店下层文化出土的同形青铜耳饰相同。喀左和尚沟出土的两端扇面形金臂钏，其制作方法应同于刘家河，先铸造而后施以锤打。至于安阳殷墟和藁城台西发现的金叶和金箔，则均为锤打后切片而成的，台西金箔还出现了模压云雷纹的技术，在工艺上比上几例均更成熟一些。可见，北方诸系统在技术上都已超过了黄金制品的初期阶段，但发展不平衡，燕山南北以范铸为主，商文化及其亚区以先范铸后锤制为主。显然，商文化的发展水平更高。

与北方诸系统相比，南方系统三星堆文化的黄金制品在技术和加工工艺发展上显得水平更高一些，制作也更为精湛。比如金杖，根据其长度和直径计算，其金皮的展开面积为1026平方厘米。如此之大的金皮，又锤制得如此平整、伸展，在那一些时代实属罕见，说明三星堆文化时期蜀人对黄金良好的延性和展性等物理性能已有了充分认识。除锤制外，三星堆黄金制品还较多地运用了包卷、粘贴、模压、雕刻、镂空等深加工工艺和技术。再从金杖表面的平整度和光洁度分析，当时可能还运用了表面研光工艺。它们无疑是中国古代黄金加工工艺和技术充分发展的科学结晶。

---

[1]　陈显丹：《论广汉三星堆遗址的性质》，《四川文物》1988年第4期。

[2]　段渝：《四川通史》第1册，四川大学出版社1993年版，第105页。

[3]　北京市文物管理处：《北京市平谷县发现商代墓葬》，《文物》1977年第11期。

三星堆文化黄金制品的制作技术和加工工艺，有一些是商代北方系统所没有的，如雕刻、镂空、包金等技术，在北方系统的黄金制品中还没有发现。北方系统中包金的最早实例，目前所见资料似为浚县辛村西周早期卫墓所出矛柄和车衡端的包金以及兽面饰包金和铜泡[①]。这种情况似可说明，商代北方系统的黄金制品在技术和工艺水平上逊色于南方系统三星堆文化。这与北方系统尤其商文化高度发达的青铜器制作技术和工艺形成了强烈的反差。而这种差异，很大程度上是由黄金制品在南北系统中的功能差异所决定的。

四、南北系统的功能差异

从南北系统各自出土的黄金制品看，它们在功能上的差异是一目了然的。

在北方诸系统中，燕山南麓和长城以外北方草原地区的两端扇面形金臂钏系统、喇叭形金耳饰系统，以及太行山以西黄河东岸的穿珠式金耳饰和黄金"弓形饰"（疑为弓形头饰）系统，其黄金制品的惟一功能在于人体装饰。考虑到这些黄金制品多半从相同种类的青铜制品脱胎而来，因此可以基本论定，它们是作为那些相同种类青铜制品的艺术补充被加以看待、加以使用的。当然，从另一个角度上看，也可以认为它们是相同种类青铜艺术的新发展。但不管怎样，它们的功能均是人体装饰，属于生活用品，所反映的是审美观念，而不是意识形态观念。不过，从价值观上看，由于黄金制品的出土量普遍少于相同种类青铜制品的出土量，而且年代也较之为晚，因而就有可能反映了这几个系统已把黄金视为稀世之珍那样一种新的价值取向。

安阳殷墟和藁城台西属于金箔系统。在这个系统中，黄金制品虽是新出之物，但不论其作用还是地位都远在青铜制品之下。殷墟和台西的金箔均出土于墓葬，从出土位置看，这些金箔均是充作墓内木器或漆器上所附饰件之用的，既不在墓的中心位置，更无法与墓内形制丰富、制作精良而洋洋大观的各式青铜制品相比。而且，台西墓地中出土金箔的 M14，其墓主属于中下层统治者阶级，其身份是"巫医"[②]，相反，在大型墓内却无黄金制品出土，这也证明黄金制

---

① 郭宝钧：《浚县辛村》，科学出版社 1964 年版，第 61 页。

② 河北省文物研究所：《藁城台西商代遗址》，文物出版社 1985 年版，第 146—149 页。

品的地位远在青铜制品之下。

事实上，商文化区出土黄金制品的数量是十分稀少的，绝大多数商墓内都没有黄金制品出土，就连生前地位十分显赫的殷王武丁之妻妇好的墓内，也没有发现黄金制品，而在殷王室的文字档案甲骨文中，也全然没有关于贡纳、掠夺或使用黄金的片言只字记载。这种现象，无疑意味着商文化对于黄金持一种比较冷漠的态度，其价值取向并不倾向于黄金，而是倾向于富于传统的青铜。

与北方诸系统形成鲜明对照的是，黄金制品在南方系统三星堆文化中占有极高、极优越的地位，其地位甚至超乎青铜制品之上。关于这一点，可以从对金杖、金面罩功能的分析中获得足够清楚的认识①。在三星堆文化这个神权政体中，金杖是国家权力的象征物，代表着实际的政治权力，是集神权（意识形态权力）、王权（政治权力）和财权（经济垄断权力）为一体的最高权力的象征。而在商文化中，象征国家最高权力的是用青铜制成的"九鼎"。在三星堆文化中，即使是用青铜制成的各级统治者即所谓"群巫"的头像，也要在面孔上覆以金面罩来显示其高贵和尊崇。而在商文化中，黄金只配充作木器一类的附属饰件。由此不难看出两者之间重要的系统差异。十分明显，商文化和三星堆文化对于青铜与黄金的不同价值取向，恰恰是两个不同文化系统的不同价值观念的不同反映。

最后需要指出，商文化与三星堆文化之间的上述差异，并不表示两者文明发展水平的高低，只是反映了两者价值取向的不同。在"国之大事，在祀与戎"②的时代，人们赋予黄金和青铜不同的文化内涵和价值，是完全可以理解的，尤其不同文化之间所存在的这种差异，当更无足怪。因此，商代南北系统黄金制品的功能差异，其实质是价值取向和价值观念的差异。而这种差异，是由系统间不同的价值取向和价值观念所决定的。

（本文为作者 1999 年在"三星堆遗址发现 70 周年暨殷商文明国际学术研讨会"宣读，载《考古与文物》2004 年第 1 期）

---

① 段渝：《商代蜀国青铜雕像文化来源和功能之再探讨》，《四川大学学报》1991 年第 2 期；《论商代长江上游川西平原青铜文化与华北和世界古文明的关系》，《东南文化》1993 年第 2 期，《政治结构与文化模式——巴蜀古代文明研究》，学林出版社 1999 年版，第 83—141 页。

② 《左传·成公十三年》。

支那名称起源之再研究

——论支那名称本源于蜀之成都

　　Cina，中译支那，或译为脂那或至那，这个名称最初见于梵文。在中国史书和佛教译经里的支那、斯那、脂那，均为梵文 Mahachinasthana（摩诃至那、摩诃支那）的译音，亦作震旦，也是译音。支那名称出现的年代，最迟在公元前 4 世纪或者更早，是古代印度地区对中国的称呼。而求之声类，古代西方世界对中国名称的认识，也多由此演化而来；西伯莱文 Sinim，希腊文 Sinae，Seres，以及英文 China，均由 Cina 一词节节转译。近代日本亦称中国为支那。因此，支那名称的起源问题自然便在中西交通史（The History of Sino—Foreign Relations）上占有异乎寻常的重要地位。其意义不仅仅在于这个称谓的名实问题，更重要的在于，它所包含并能揭示的一系列问题多与早期中西交通史上许多至今仍未解决的问题直接相关，并且其中的有些问题由于新材料的发现、研究视野的扩展以及南、北丝绸之路研究的持续深入开展而显得矛盾重重、破绽累累。这样，就使支那名称之起源这个过去未曾圆满解决的问题，再度显现出重新研究的必要。笔者希望通过对此问题的再研究，深化和扩展对于中西交通史尤其是早期中外经济文化交流史上一些关系的认识，本文之作，目的即在于此。

一、支那名称起源研究的回顾

　　关于支那名称源于梵语，学术界对此多无异议。中国唐代僧人道世所撰《法苑珠林》卷 113《翻译部》的记载代表了对此问题的一般看法。其文云："梵称此方，或曰脂那，或曰震旦，或曰真丹。"西方汉学家中偶有持异议者，如

B·劳费尔，（B. Laufer）认为，支那一词大概为马来语的古称①。但是其说没有任何有力的证据给以支持，所以无人响应附和。

支那名称所指，迄今学术界绝大多数公认是指古代中国。西方汉学家中也偶有持不同见解者，如李希霍芬（Von Richthofen）认为，支那应指日南②。但从汉武帝元鼎六年（公元前 111 年）置日南郡（辖境约为当今越南中部），治所西卷来看，当时的日南仍在中国的范围之内。所以此说对于支那的国别研究来说，并无多少实际意义。而且，从航海史的角度看，假如说在公元前 4 世纪或更早的年代里将支那名称从越南半岛循海路传播至孟加拉湾以北的印度半岛，也是不可能的。

就支那为中国古称而言，尽管学者们看法大体一致，但是对于支那之名究竟是根源于古代中国的王朝名称、王国名称还是地区名称，究竟来源于古代中国的哪个地区，却并非不存在分歧，长期讼而不平。百余年来的学术史表明，在这个问题上已形成了不同的流派，比较有影响的主要有"支那为滇说"、"支那为广东沿海说"、"支那为秦说"和"支那为荆说"等等。

"支那为滇说"由西方汉学家拉可皮尔利（Lacouperie）所提出，其主要理由是认为 Cina 乃是滇的对音，而滇古读为真③。此说由于立论的基点仅建立在对音基础上，缺乏史料凭据，因而受到其西方汉学同行的批驳，难显于世。

"支那为广东沿海说"出于美国著名的东方学家 B. 劳费尔（B. Laufer）。他在《支那名称考》中指出，支那当是公元前 4 世纪时马来群岛航海家所指示的广东沿海之称④。但是，没有什么有力的证据能够表明，当时的广东沿海能够经由海路与印度相互联系。而且，所谓"印度俗呼广府为支那"⑤，其年代迟至宋代，最早亦不能上溯至唐以上，所以 B. 劳费尔的看法，在当时就遭到法国汉学家伯希和的激烈反对，终难成其论。

"支那为秦说"是支那名称起源诸说中影响最大最深广的一派。指认支那为秦，最早的提出者是西方传教士卫匡国（Martin Martini），他于 1655 年（明

① B. Laufer 文，载于《通报》（T'oung Pao），1912 年，第 719—726 页。
② Von Richthoen 文，载于 [法] 伯希和著，冯承钧译：《交广印度两道考》，中华书局 1955 年版。
③ Lacouperie 之说，载于饶宗颐：《蜀布与 Cinapatta——论早期中、印、缅之交通》注释第 27，《"中央"研究院历史语言研究所集刊》，45 本 4 分，1974 年。
④ B. Laufer 文，载于《通报》（T'oung Pao），1912 年，第 719—726 页。
⑤ 赞宁：《宋高僧传》，广州制止寺极量传自注。

永历九年，清顺治十二年）在阿姆斯特丹刊印的《中华新图》中提出这个看法，得到不少人的相信①。据说佛典后汉录《报恩经》即译支那为秦。王先谦《汉书补注·李广利传》案曰："西人称禹域为支那、脂那、震旦，皆秦音之转。"薛福成《出使日记》亦云："欧洲各国，其称中国之名，英曰采依纳，法曰细纳，意曰期纳，德曰依纳，拉丁之名则曰西奈。问其何义，则皆秦字之音译……揆诸由来，当由始皇逼逐匈奴，威震殊谷，匈奴之流徙极远者，往往至今欧洲北土……彼等称中国为秦，欧洲诸国亦相沿之而不改也。"薛氏此说颇具代表性，且与欧洲一些人士的看法相符合。但此说却遭到德国的印度学学者雅各比的反对。雅各比（H. Jacobi）在《憍胝厘耶书中有关文化史语言史文学史的资料》中考证②，支那一词之在印度出现，已见于憍胝厘耶（Kautilya，或译考底里亚）所著《政事论》（Arthasastra），而憍胝厘耶是公元前 320 年至前 315 年间即位的孔雀王朝月护大王（Candragupta）的大臣，"如此看来，名中国曰支那，在纪元前三百年时已见著录，由是中国名称由秦朝（公元前 247 年）名称蜕化之说，可以绝对屏除。"此处的前 247 年，据《史记·秦本纪》，是指秦庄襄王卒，秦始皇即位之年。由于秦始皇即位之年晚于《政事论》有关支那记载的年代，所以雅各比断然否定支那名称源自秦始皇，这在年代和逻辑上均有一定道理。

但是，享有盛誉的法国汉学家伯希和（P. Pelliot）却极力坚持支那源于秦始皇说。他在《支那名称之起源》中重申③，尽管还没有找到足以促使东亚的中、印两大文化彼此知闻的证据，但是"若说这种最初交通是秦始皇统一中国的影响，倒还近于事实。所以我仍旧以为印度所识中国之名，就是这个本国人所痛恨，而足使其种族同国名之声威远达西北同南方的秦始皇朝代之名"。并认为："支那是印度人称中国人的唯一的名称，而亦为中国人始终自认者，而且就历史年代音声等方面说，皆足证明支那与秦比对的旧说为是。"虽然伯希和振振有词，从各方面反对雅各比之说，但是他不仅无法对支那与秦从语音上提供转生语的

---

① 莫东寅：《汉学发达史》，上海书店，1989 年据北平文化出版社 1949 年 1 月版本影印，第 69—70 页。

② H. Jacobi 文见 1911 年《普鲁士科学研究会议录》第 954—973 页；转引自 [法] 伯希和：《支那名称之起源》。

③ [法] 伯希和：《支那名称之起源》，《西域南海史地考证译丛》一编，冯承钧译，商务印书馆 1962 年版，第 36—48 页。

任何解释①，而且所列汉武帝时大宛城中的"秦人"等有关证据，也无法解决支那名称出现的年代与秦始皇即位年代完全不相符合的矛盾。当 1960 年代印度学者 Manomohan Ghosh 发表《支那名称稽古》②，考证梵文 Cina 一字的出现不会迟过公元前 625 年后，这种矛盾就更加难以克服。

遗憾的是，在这个事实面前，一些学者不是积极寻求新的思路和解决办法，却仍在老路上徘徊，仅对旧说进行证据显然不足的修正和弥补。张星烺在《中西交通史料汇编》中将秦始皇时期前推到春秋时代③，他说："秦之建国，始于周平王时代，在耶稣降生前七百余年。至秦穆公时，秦已强大……西方诸国，记载支那之名，以印度憍胝厘耶书为最早，然已后于秦穆公约三百五十年矣。"并认为："秦在西北，与诸戎既有言语之便利，而复加以累朝之武功勋烈，其名之得播至西方，不亦宜乎。"其说除年代上有所修正外，思路与伯希和完全一致，方法上也全属推测，并无可靠证据，仅建立在支那与秦对音的基础上。

1970 年代，香港学者饶宗颐在《蜀布与 Cinapatta——论早期中、印、缅之交通》一文中再次研究了这个问题④，认为公元前 316 年秦灭蜀，故蜀布"自可目为秦布，故得以 Cinapatta 称之"。文中应有之义是，支那指秦，但既非秦代，亦非故秦地，而是秦统一中国建立秦王朝以前的故蜀地。但是饶先生又说："《国事论》撰成于公元前四世纪，是时周室已东迁，秦襄公尽取周岐之地，至秦穆公称霸西戎，在西北边裔民族的心目中只有秦，故以秦为中国代称。以此推知中印之交往，早在《国事论》成书之前。"此论不但与前说相矛盾，而且以秦霸西戎引起秦名播于印度的说法，也缺乏足够的史实依据。究其实质，仍是受支那为秦对音说束缚的缘故。

若干年来，不少学者在几乎没有认真思考支那为秦说的立论基础是否可靠、是否有坚实的史实依据的前提下，信手采用这种成说，因而致使一再出现争论，就是极为自然的了。

"支那为荆说"也是一种颇具影响的观点。此说形成较早，苏仲湘《论"支那"一词的起源与荆的历史和文化》一文集中表述了此派的多种论点⑤。苏先生在对

① B. 劳费尔：《中国伊朗编》，林筠因译，商务印书馆 1964 年版，第 404 页。

② 饶宗颐：《蜀布与 Cinapatta——论早期中、印、缅之交通》，《史语所集刊》45 本 4 分，1974 年。

③ 张星烺：《中西交通史料汇编》，中华书局 1979 年版。

④ 饶宗颐《蜀布与 Cinapatta——论早期中、印、缅之交通》，《史语所集刊》45 本 4 分，1974 年。

⑤ 苏仲湘：《论"支那"一词的起源与荆的历史和文化》，《历史研究》1979 年第 4 期。

东周秦国是否具有能使它盖过其他各邦声望进行质疑的基础上论述道："在先秦的很长时期内，秦国整个看来，不妨说是一个普通的中上国家，除了后来的百年内外，它并没有显著的文治武功，不具备十分突出的国力和地位，从而也没有能够对它的四邻发挥强大的长久的影响，受到广泛强烈的注意。我们没有多么有力的理由可以认为，处于中国境外的地方，当时却能和秦国有多么密切的联系，从而激起它们的留心注视和强烈印象，以至把秦看作是中国大陆的突出代表。"进而论述说，由于荆地广势强，震铄中国，经济昌盛，文赋纷华，声势远炽，历久不衰；由于楚威王遣庄蹻王滇，"变服从其俗以长之"①，使中华民族大家庭从东南到西南密切地联系在一起。又由于荆人鳖灵助蜀建立制度，兴修水利，使巴蜀"实已成为荆的外府"，"在巴蜀长期立国期间，东起荆地，西达天竺，中以巴蜀为枢纽，当已形成一条漫长的贸易交通线"，向外进行经济文化交流，其中就"包括荆的名号和消息"。而支那一词，起源于从荆国传至蜀国的音乐"荆"这一名称。

尽管苏文以很大篇幅论证了荆楚灿烂的历史和文化，但对于问题的实质其实却并未提出强有力而使人信服的证据。所以汶江《"支那"一词起源质疑》一文几乎对其所举的主要论据皆予以反驳②，绝不是没有道理的。

除上述诸说外，印度古籍还有多处提到所谓"外支那"，大乘佛典如《方广大庄严经》，《普曜经》还提到"脂那国书"。多数人认为，所谓外支那，是指居于喜马拉雅山藏缅印之间的民族，而且正如所谓"脂那国书"一样，年代均相当晚出，与支那名称的起源没有直接关系。因此，本文对此暂置不论。

本文认为，在认真梳理"支那为秦说"和"支那为荆说"的各种矛盾和问题后再来研究这个主题，有充分的证据可以表明，支那名称的出现，与中国西南先秦时代的泱泱大国蜀国有关，支那名称起源于蜀，既非秦，亦非荆。

二、支那非秦说

"支那为秦说"有三个代表性的支派，对其立论依据进行分析，便可考见其

---

① 《史记·西南夷列传》。

② 汶江：《"支那"一词起源质疑》，《中国史研究》1980年第4期。

说是否能够成立。

（一）伯希和"秦代说"辨误

伯希和之所以重申"支那为秦代说"，主要依据有二：其一为憍胝厘耶《政事论》的年代问题，其二为《史记》、《汉书》有关西域"秦人"问题。仔细分析，这两个依据其实是不成问题的问题。

关于《政事论》的年代，从其作者 Kautilya（亦名 Visnuqupta 及 Canakya）为孔雀王朝月护王（Candragupta，B.C. 320—B.C. 315 在位）大臣的年代可知，是公元前 4 世纪。印度古籍《毗湿奴往世书》中提到憍胝厘耶推翻难陀王朝而使月护王登位，《十公子传》则提到毗湿奴笈多为孔雀王朝君主而将《政事论》删节为六千颂。因此，不少学者如印人萨马夏斯特里、英人史密斯、德人雅各比等等，均主张此书成书于公元前 4 世纪。虽然学术界亦有人认为此书或成书于公元初甚至公元 3 世纪，但持此见解者绝非多数。史密斯早就指出："《政事论》是孔雀王朝真正的古代作品，大概是憍胝厘耶所著。当然这个意见并不排斥现在此书中包括有后代小添改的可能性，但此书的大部分肯定是摩利耶王朝所写。"[1] 济次（A.B. Keith）认为："《政事论》完全可能是古老作品，可以断定它是公元前第一世纪的作品，而它的内容主旨很可能比公元前第一世纪还要古老得多。"[2] 印度尼赫鲁大学印度古代史教授 R.塔帕尔（Romila Thapar）博士专攻阿育王和孔雀王朝的历史，若干年来成就斐然，其论断被认为富于权威性。她指出，"《政事论》写成于孔雀王朝月护王的大臣憍胝厘耶，成书于公元前 4 世纪末"[3]，并在《印度历史》第 1 卷中再度指出，《政事论》是"旃陀罗笈多的首席顾问憍胝厘耶所著"[4]。中国著名的印度南亚学家季羡林教授也赞同公元前 4 世纪之说[5]。由此可见，《政事论》成书于公元前 4 世纪之说是不成问题的，在对其成书年代的讨论中出现的一些纷争和异说，理由并不充分，不足为据。所以，B.劳费尔在《中国伊朗编——中国对古代伊朗文明史的贡献》中指出："伯希和

---

① *Early History of India*, 3d. ed., 1914, p.153, 此据 B. Laufer 上引书。

② A. B. Keith, *Journal Roy. As. soc*, 1916, P. 137. 此据 B. Laufer 上引书。

③ R. Thapar, *The Date of the Arthasastra*, 见 *Asoka and the Decline of the Mauryas*, 1961.

④ R. Thapar, *A History of India*, Vol.1, P.77, 1966. 中译本《印度古代文明》，P.71 原注。

⑤ 季羡林：《中国蚕丝输入印度问题的初步研究》，《中印文化关系史论文集》，三联书店 1982 年版，第 76 页。

对梵语作品的日期闹得天翻地覆，实在是多余。"① 可谓一矢破的。

既然我们可以肯定《政事论》成书于公元前 4 世纪，而伯希和对于此书年代的怀疑并无充分依据，那么把公元前 221 年建立的秦王朝当作公元前 4 世纪已见于印度的支那一词的本源，这种本末倒置的说法显然是不能成立的。

其实伯希和自己对于此点也是没有多大把握的，所以他考证支那名称为"本于秦朝而适用于中国人的称呼"时又说："无论 Kautilya 的撰年是否在纪元前三百年，我们仍旧用别的方法，维持支那比对秦国一说。"② 这个"别的方法"，就是他据以立论的第二组证据。

第二组证据有两条材料，均引自《汉书》，谈论的是关于西域的"秦人"问题。第一条材料出自《汉书》卷 94 上《匈奴传》，记载秦亡后 120 多年（公元前 83 年或前 82 年），汉兵击匈奴，"于是卫律为单于谋，穿井筑城，治楼以藏谷，与秦人守之"。伯希和认为这里所记"秦人"，并非颜师古注中所说"秦时有人亡于匈奴者，今其子孙尚号秦人"，据清人徐松《汉书·西域传补注》卷下所说"以汉降匈奴者谓之秦人"，表明汉时匈奴仍称中国人曰秦人，故汉朝降匈奴的卫律称中国人曰秦人。第二条材料出自《汉书》卷 96《西域传》，记载汉武帝轮台诏，说用兵匈奴之失败，中有"匈奴缚马前后足置城下，驰言秦人，我匄若马"。认为此处的"秦人"，显然不是亡入匈奴的秦人子孙，而是汉朝的汉人。颜师古注说道："谓中国人为秦人，习故言也。"胡三省《通鉴注》亦言，"据汉时匈奴谓中国人为秦人，至唐及国朝则谓中国为汉，如汉人、汉儿之类，皆习故言也。"伯希和反驳道："可是，秦人、汉人两称，有一个根本不同之点。中国人自称，则曰汉人，至其所传匈奴之语，则曰秦人。"又说："汉时中国人听见匈奴所称之名，尚与秦言之音相近，当然我们作这种还原。由是我们可以想见这两个见于《汉书》而由匈奴所称的秦人，还原的方法不错，则一百二十五年前声威及于西北游牧部落同西南蛮夷的秦始皇帝之朝名，留传于后之说，似乎可以主张"，于是作出结论："由此看来，在匈奴同在印度最初所见的中国名称，皆出于秦。"

伯希和关于"秦人"的考证阐释，完全不能使人信服。因为中国史籍自古有"习故而言"的传统，如某国或某地为别国吞并，仍称其国或其地以故名，称其人为故国或故地之人。此类例子斑斑可见，史不绝书。比如《尚书》诸篇，

---

① B.Laufe：《中国伊朗编》，林筠因译，商务印书馆 1964 年版，第 404 页，原注 2。
② [法] 伯希和：《支那名称之起源》，载《通报》，1912 年。

就记载殷人称故夏代为"有夏"，而周人称殷之遗民为"殷民"。又如三家分晋后，时人和后人均犹言三晋。再如秦灭巴蜀后，仍称其地为巴蜀，称其人为巴人、蜀人。这些无一不是"习故而言"之例。至若从中夏之地亡入外域，中外之人"习故而言"的例子也并不鲜见，若殷周之际亡入东北的夫余，即是殷代山东半岛的薄姑（亦作蒲姑）之后，夫余就是蒲姑的对音或异译[①]，所以《后汉书·夫余传》说："国之耆老，自说古之亡人，……而夫余王其中，自谓亡人，抑有以也。"诸如此类的例子在史籍中比比可见，兹不具引。这说明，伯希和所运用的材料，非但不能丝毫驳倒颜师古和胡三省对"秦人"一词的注释解说，相反只能说明伯希和本人并不十分了解中国文化传统与历史。

再看伯希和所举两例，其结论均大有可商讨之处。第一例，并非如伯希和所说："汉朝降匈奴的卫律，称中国人曰秦人。""秦人"为"秦时有人亡于匈奴者"的后代子孙，颜师古注中已明确指出。伯氏以为不可能秦亡后120多年，匈奴仍称秦亡人之后为秦人，这种看法显然是不了解中国文化传统的缘故。秦灭楚后，至楚汉之争时，世人仍称"楚虽三户，亡秦必楚"，对前代遗民仍以前代名称称之。并且，《汉书》卷94上《匈奴传》记载匈奴称汉朝之名有二，一曰"汉"，一曰"中国"，绝不称秦。即使是汉人降匈奴者，如宦者燕人中行说，对单于亦言"汉"、"汉物"、"汉食物"、"汉絮缯"、"汉俗"等，或言"中国"。再查《汉书》卷94上匈奴传，原文是："单于年少初立，……常恐汉兵袭之。于是卫律为单于谋：'穿井筑城，治楼以藏谷，与秦人守之。汉兵至，无奈我何。'"很明显，这里并不是伯氏所谓"汉时匈奴仍称中国人曰秦人"，此处的"秦人"，与"汉兵"对举，显然是秦之亡人后代子孙，绝不是指汉朝的中国人。伯氏断章取义，不提"汉兵至"一句，其用意无非是把史料裁剪成适合于他所谓"汉时匈奴仍称中国人曰秦人"论点的需要罢了。

证之以《史记》，更可见伯氏之谬。《史记·大宛列传》记载："贰师与赵始成、李哆等计，闻宛城中新得秦人，知穿井，而其内食尚多。"此处的"秦人"，乃是汉将李广利等人所称，显然是指秦之亡人后代子孙之入居宛城者，而不是称汉朝人为秦人。由此亦可知道，颜师古对《汉书·匈奴传》中"秦人"的解说是正确的。

至于第二例，《汉书》卷96下《西域传》中所记"秦人"，则如颜师古和胡

---

① 　徐中舒：《先秦史论稿》，巴蜀书社1992年版，第87、88页。

三省所言，是"习故言也"，与伯氏所谓因秦朝的声威才将秦名播于西北并传诸后世，从而作为中国的代称之说丝毫也不相关。关于此点，上文已经论及，不再赘述。

说到秦在西南民族中的影响，虽然，"秦时常頞略通五尺道，诸此国颇置吏焉"，但是"十余岁，秦灭。及汉兴，皆弃此国而（开）（关）蜀故徼"[①]。秦在西南夷的作为，仅是"略通五尺道"和"颇置吏"而已，不仅没有留下多么深刻的影响，而且这种本来就不大的影响很快就随着秦王朝的土崩瓦解而灰飞烟灭，远不及汉武帝开西南夷和诸葛亮征南中对当地所带来的社会文化变迁那么强烈、巨大、久远和深刻。很明显，如果说在西南夷地区曾经存在一个由于其声威所加从而流传于后世的朝名，那么也只能是汉，即汉武帝之朝名和诸葛亮蜀汉之朝名，而绝不是"秦始皇帝之朝名"。况且，不论何种资料，都绝无西南夷称汉朝为秦之例。

我们用不着征引更多的材料，仅此即可看出，伯希和关于《政事论》成书年代的争辩和"秦人"问题的考证，是建立在沙滩之上的，经不起历史风浪的冲击和检验。既然如此，那么支那名称为"本于秦朝而适用于中国人的称呼"这种论点，自然也就不能成立。

（二）张星烺"秦国说"考辨

"支那为秦国说"的基点，是春秋战国时代秦国的累朝赫赫武功及其对西北民族所产生的巨大影响，使秦之国名远播于西方，所以西北民族以至印度和其他中亚地区民族便以秦国之名作为中国的代称。此论在逻辑上似乎顺理成章，然而却是以推测方法演绎出来的，并无史实依据。对此，我们做一番检查验证工作，自然便会明了。

自两周之际秦襄公始，秦国一直充任着西北方面抗衡西戎的主要力量。《史记·秦本纪》记载，秦襄公以兵护送周平王东迁，平王赐之岐以西之地，并言："戎无道，侵夺我岐丰之地，秦能攻逐戎，即有其地。"在"尊王攘夷"大旗下，秦奋起神威，力战西戎，屡获殊功。襄公"备其兵甲，以讨西戎"[②]，"西戎方强，而征战不休"[③]，秦襄公以降，秦文公伐戎，地至岐，将岐以东献于周王

---

① 《史记·西南夷列传》。

② 《诗经·小戎》。

③ 《毛诗正义》卷6、3。

室，秦武公伐邦、冀之戎而县之。至秦穆公时，用由余之谋，"伐戎王，益国十二，开地千里，遂霸西戎"①。秦在西北的赫赫武功，诸史并载其详，乃是不争的事实。

但是秦所辟有的西戎之地，并非从此为秦所有。《汉书》卷52《韩安国传》记载大行王恢说："昔秦缪（同穆——引者注）公都雍，地方三百里，知时宜之变，攻取西戎，辟地千里，并国十四，陇西、北地是也。"然而陇西、北地之西戎地，穆公以后又屡复失于西戎。史称是时秦之北有"西戎八国"。《史记·商君列传》记载："五羖大夫相秦六七年，发教封内而巴人致贡，施德诸侯而八戎来服。"《史记·匈奴列传》记载："秦穆公得由余，西戎八国服于秦，故自陇以西有绵诸、绲戎、翟、䝠之戎，岐梁山泾漆之北有义渠、大荔、乌氏、朐衍之戎。"绵诸在今天水，䝠在今陇西，翟在䝠以西，义渠在庆阳、宁县之间，大荔今县，乌氏在平凉，朐衍在今盐池、定边之间，从西、北、东三面形成对秦的重重包围，阻隔着秦的西进北上之道。秦与西戎之间的攻伐征战屡见于史册②，正是对穆公以后秦不能保持其对西戎的霸权这个事实的绝好证明，秦势既不能越西戎一步，则其声威亦不能越西北而远播域外，这同样是不争的事实。

据史载，直到战国初，秦厉共公强，十六年（公元前461年）"以兵二万伐大荔，取其王城"③，二十年（公元前457年）"公将师与绵诸战"④，三十三年（公元前444年）"伐义渠，虏其王"⑤，方对西戎取得优势，但仍有反复，未能逐戎而据其地。《史记·秦本纪》载，躁公十三年（公元前430年）年"义渠来伐，至渭南"，便是一例。《史记·六国年表》秦惠公五年（公元前395年）"伐绵诸"，亦见西戎势强，与秦反复攻伐之事实。所以秦孝公痛心疾首地说："会往者厉、躁、简公、出子之不宁，国家内忧，未遑外事，三晋攻夺我先君河西地，诸侯卑秦，丑莫大焉。"⑥秦孝公元年（公元前361年）"西斩戎之䝠王"⑦。秦惠文王七年（公元前331年）"义渠内乱，庶长操将兵定之"⑧，十一年（公元前327年）

① 《史记·秦本纪》。
② 《史记·六国年表》。
③ 《史记·秦本纪》。
④ 《史记·六国年表》。
⑤ 《史记·秦本纪》。
⑥ 《史记·秦本纪》。
⑦ 《史记·秦本纪》；《史记·匈奴列传》。
⑧ 《史记·六国年表》。

"义渠君为臣"①，"县义渠"②，惠文王更元十年（公元前315年）"伐取义渠二十五城"③。直到秦昭王时（公元前306—前251年在位）才最后灭义渠，复其北土西封，置陇西、北地郡，完成其先公先王数百年来未竟的宏图大业。

由此可见，秦在西北地区获取最终胜利是在公元前3世纪初。自此之后，西戎也才远居秦陇之西。而秦穆公固然武功勋烈，独霸西戎，却并未有其土地。《汉书·韩安国传》所以说"秦穆公都雍，地方三百里"，其原因正在于此。诚如蒙文通先生所说："秦陇西之得而复失屡也，则穆公都雍地方三百里，疆土之蹙，事可互证。非秦之支柱其间，是诸戎者胥相率而东也。"④当是之时，西戎东进南下之势极其猛烈，汹涌如潮，虽秦之强，却不能始终据有陇西、北地之间。秦师兵临渭首，挥戈北地，已实非易事，而西戎之西迁，亦仅退徙氐羌之地，被统称之为氐羌⑤，何谈逐戎于河套之西、之北，更何谈将秦之声威西播于中亚、南亚？

至于说《左传》襄公十四年范宣子说："姜戎氏，秦人追逐乃祖吾离于瓜州"，《左传》昭公九年詹桓伯说："故允姓之奸，居于瓜州"，杜预注说："瓜州，今敦煌"，似乎姜戎氏之祖早在春秋年间已被秦国西逐敦煌，近于中亚。但是，历代注家均以杜预之说为非。古瓜州，据《左传》、《尚书》，在古三危之地。三危，据诸史家所考，地与岷山相近，"西南当岷山"⑥。蒙文通先生考证三危当陇西沙州，瓜州在今青海之河南⑦。顾颉刚先生考证瓜州在今秦岭高峰之南北两坡⑧，谭其骧先生主编的《中国历史地图集》第一册⑨、杨伯峻先生《春秋左传注·襄公十四年》⑩均从其说。阚骃《十三州志》说道："瓜州之戎为月氏所逐，秦并六国，筑长城，西不过临洮，则秦未有此地。"⑪极是。由此可知，秦国亦不可能通过姜

① 《史记·秦本纪》。

② 《史记·六国年表》。

③ 《史记·秦本纪》，但《史记·六国年表》则系于更元十一年。

④ 蒙文通：《周秦少数民族研究》，《古族甄微》，巴蜀书社1993年版，第157页。

⑤ 田继周：《先秦民族史》，四川民族出版社1988年版，第410页。

⑥ 《尚书·禹贡》疏引郑玄转引《地记书》，《汉书·司马相如传》颜师古注引张楫。

⑦ 蒙文通：《周秦少数民族研究》，上引书，第171页。

⑧ 顾颉刚：《史林杂识·瓜州》，中华书局1962年版。

⑨ 谭其骧主编：《中国历史地图集》第1册第22—23图，地图出版社1982年版。

⑩ 杨伯峻：《春秋左传注》，中华书局1981年版，第1005页。

⑪ 《太平御览》"瓜州"条引。

戎氏为传播媒体，将其声威播染于敦煌、祁连之西，更谈不上越此而远达中亚和西方。

战国末秦汉之前，中国西北民族的迁徙移动，主要方向是由西向东，由北向南，东进南下的势头十分强劲，规模巨大，历时长久，如海潮般一浪推一浪，一批一批推进。在此期间，并无大规模的反向迁徙潮流载于史册。由西北民族的迁徙所带动的一些民族群团大批西迁的情况，发生于战国末秦汉之际，并且多与匈奴的勃兴有关。揆诸史乘，比如月氏（禺知、禺氏），战国时地在雁门西北，黄河之东[①]。汉初匈奴冒顿单于兴起后，月氏、大夏继续向西迁徙。《史记·大宛列传》："始月氏居敦煌、祁连间，及为匈奴所败，乃远去，过宛，西击大夏而臣之，遂都妫水北，为王庭，其余小众不能去者，保南山羌，号小月氏。"月氏为冒顿单于所败，当汉文帝四年，而其西居大夏，则在武帝之初[②]。《管子·小匡》记载齐桓公时大夏在太行，《吕氏春秋·古乐》记载秦疆"北过大夏"，表明战国大夏已迁到河套一带[③]，汉初才又继续向西迁徙。又如乌孙，初在敦煌、祁连间，汉文帝时始西迁于伊犁河和伊塞克湖一带[④]。张骞出西域，"所至者大宛、大月氏、大夏、康居，而传闻其旁大国五六"[⑤]，其中大夏、大月氏、乌孙等乃从敦煌、祁连间西迁而去，年代为汉初。从张骞"具为天子言之"的内容看，中亚诸国对于已经覆灭的秦王朝以及先秦时代的秦国并无印象，无一谈及。不难知道，从西北敦煌、祁连间西迁中亚的民族，自不会将他们并不知悉的秦国之名播至中亚和西方。何况其时已是汉初，自与支那名称的出现无关。

既然如此，那么，"秦在西北，与诸戎既有言语之便利，而复加以累朝之武功勋烈，其名之得播至西方，不亦宜乎"之论，又从何说起呢？我们以上对史实的复核验证表明，"支那为秦国说"其实同"支那为秦代说"一样，均出于一种逻辑演绎，而绝不是历史事实，因而同样不足置信。

考古学上，在北亚南部阿尔泰山北麓俄罗斯戈尔诺阿尔泰山乌拉干区乌拉干河畔的巴泽雷克（Pazyryk）古墓群内（约公元前 500 年—公元 100 年）[⑥]，出

---

① 王国维：《月氏未西迁大夏时故地考》，《观堂别集》卷一，中华书局 1959 年版。

② 王国维：《月氏未西迁大夏时故地考》，上引书。

③ 徐中舒：《先秦史论稿》，巴蜀书社 1992 年版，第 46 页。

④ 《汉书》卷 61《张骞传》，卷 96 下《乌孙传》。

⑤ 《史记·大宛列传》。

⑥ 鲁金科：《论中国与阿尔泰部落的古代关系》，《考古学报》1957 年第 2 期。

土不少西伯利亚斯基泰文化的织物和中国的丝织品，其中"有用大量的捻股细线织成的普通平纹织物，这类织物，有小块的、也有整幅的（铺盖在皮衣服的上面）"。出土的丝织品无论数量还是品种均较丰富。3 号墓出土有以红绿两种纬线斜纹显花的织锦，5 号墓出土的一块丝绸绣着凤凰连蜷的图案，与四川广汉三星堆文化的神树和青铜鸟的形象极似，也与长沙楚墓所出刺绣图案极为相似。从斯基泰文化通过匈奴与中国北方文化相互交流的历史看，巴泽雷克墓群中出土的中国丝织品极有可能是经由赵国传播而去的，这从斯基泰文化的动物纹样艺术如服饰上的动物带钩南下传播的史迹中可以得到证明。其传播途径显然与秦无甚关系。所以近于中亚的阿尔泰山北麓的古代民族，即使较早知道中国之名，也不会是秦，而是三晋。何况至今没有证据能够表明支那一词当时已经传至斯基泰文化区。可见，即令我们把眼光延伸扩展到匈奴以北地区，也发现不了将秦国之名播于西方的任何蛛丝马迹。事实又一次证明，"支那为秦国说"其实仅仅是一种逻辑演绎而已，不能成立。

（三）饶宗颐"秦之蜀地说"商榷

"支那为秦之蜀地说"较之前面两种看法有所变化，即将着眼点分出一支，移向西南的"蜀身毒道"，而不再专注于西北的"西域道"。但是此说既提出"秦之蜀地说"，却同时依旧认为"西北民族心中只有秦，故以秦为中国代称"，自相矛盾，莫衷一是，即令其"秦之蜀地说"，也存在不能克服和无法解决的若干矛盾与问题，有待于用事实去重新核查，进一步检验。关于"以秦为中国代称"，上文已给予了分析考辨，不再赘述，这里仅对"秦之蜀地说"进行分析。

依照此说，秦灭蜀在公元前 316 年[①]，而印度初见支那名称为成书于公元前320—前 315 年间的《政事论》（或译《国事论》、《利论》），两者年代似乎吻合，所以经由蜀身毒道播至印度的 Cina 一词当为秦的音译，是指秦之蜀地。

让我们先看《政事论》关于支那的记载：

"Kauseyam cinapattasca cinabhumijah"（"憍奢耶和产生在脂那的成捆的丝"）（Chapter XI，81）

据季羡林先生《中国蚕丝输入印度问题的初步研究》，"cinapatta 这个字是两个字组成的：一个是 cina，就是'脂那'、'支那'；另一个是 patta，意思是'带'、

---

① 《史记·秦本纪》。刘琳：《华阳国志校注》卷三《蜀志》，巴蜀书社 1984 年版。

'条'，两个字合起来意思就是'支那'（引者按：季羡林先生论文此处原作"中国"，为便于分析，此处还原为"支那"）的成捆的丝"。

又，《政事论》同章79又言及cinasi的skin（织皮），色为红黑或黑而带白。另据方国瑜先生《中国西南历史地理考释》上册①，憍胝厘耶书中还说到"支那（cina）产丝与纽带，贾人常贩至印度"。可见，支那在印度的心目中，是蚕丝、丝织品和织皮的产地，这几种物品早在公元前4世纪即已经输入印度。

我们知道，秦国素来不是蚕丝的原产地，虽然秦国可以从其他地方输入丝织品，但绝非其原产。史称秦国一直觊觎蜀国丝织物。《华阳国志·蜀志》说，司马错力主秦惠文王伐蜀而与张仪争辩，其重要理由之一，即是"蜀……其国富饶，得其布帛金银，足给军用"，帛即丝织品。秦惠文王果然听从司马错之议，发兵灭蜀。秦灭蜀后，即在成都城南置锦官②。据《华阳国志·蜀志》，张仪与张若筑成都城，"营广府舍，置盐、铁、市官并长丞，修整里阓，市张列肆，与咸阳同制"，是在秦惠文王二十七年（更元十四年，公元前311年）。依此，秦因"蜀时故锦官"以置秦之锦官，不能早过公元前311年前。假如以为秦灭蜀后，拥有蜀之丝织业，因而蜀丝得以称为秦丝，并以秦丝名义西传印度，从而被印度称为"支那丝"（cinapatta），那么与《政事论》的年代并不相符。可见，cinapatta中的cina，不能释为秦之蜀地。

根据各种载籍，蜀亡于秦以后，虽土地人民属于秦有，但其地并不称秦地，其人并不称秦人，而是一仍其旧，称蜀和蜀人。不论《史记》中的有关篇章、《汉书》中的有关篇章还是其他诸书，均如此。说明当时中原列国确实是"习故言之"。据史载，蜀亡后，秦曾三封蜀公子为"蜀侯"③，"贬蜀王更号为侯"④。直到秦昭王二十二年（公元前285年），"疑蜀侯绾反，王复诛之，但置蜀守"⑤，蜀才最终被秦罢国置郡⑥。再从秦在蜀既置相，又置"蜀国守"，并封"蜀侯"来看⑦，在公元前285年以前，秦在蜀实行的是分封制，而不是郡县制。因此，在此年

---

① 方国瑜：《中国西南历史地理考释》上册，中华书局1987年版，第6页。
② 刘琳：《华阳国志校注》卷三《蜀志》。又见杨守敬《水经注疏》卷33引李膺《益州记》。
③ 《史记·秦本纪》，《史记·六国年表》。关于秦所封为蜀公子，见蒙文通《巴蜀古史论述》，四川人民出版社1981年版，第56—61页。
④ 《史记·张仪列传》。
⑤ 刘琳：《华阳国志校注》卷三《蜀志》。
⑥ 徐中舒：《论巴蜀文化》，四川人民出版社1981年版，第28页。
⑦ 刘琳：《华阳国志校注》卷三《蜀志》。

以前，蜀地理所当然地称蜀，其人亦称蜀人，这是不言而喻的。同样，当时蜀国所产的丝，也只能称为蜀丝，而不会称为秦丝，这也是极其明显、理所当然的。可见，认为公元前316年蜀归秦，"故蜀产之布，自可被目为秦布，故得以cinapatta称之"，此说完全缺乏根据，不能成立。而所谓"复存至张骞使西域时，秦王朝已为汉所代替，故秦布一名，不在"之说，同样没有任何根据，不足凭信。与此相同，有学者所主张的"秦国名称通过蜀人传播至印度，故印度称秦为支那"，也并非事实。

从交通上看，秦与印度并不近邻，秦灭蜀后，如要出蜀以至印度，南中是必经之地。而秦对于南中，染指并不很深，其政令和经济均未达到深入南中的的程度，不具备从南中输出物品的条件。

古代南中包括今云南、四川的宜宾和凉山，以及贵州的一部分，从蜀至南中，主要有两条线路，一为从成都经四川雅安、凉山至云南大姚、大理；一为从成都经乐山、犍为、宜宾至云南昭通、曲靖、大理，前者为古代旄牛道，后者为古代五尺道。两路在大理会合后，再经保山，出腾冲，抵缅、印。综合《史记》、《汉书》和《华阳国志》、《后汉书》等史册来看，秦对古蜀国南部能够控临的有：

1. 五尺道。"秦时常頞略通五尺道，诸此国颇置吏焉"[1]。《括地志》说："五尺道在郎州。"[2]郎州，今云南曲靖。五尺道从四川宜宾，经高县、筠连至云南昭通，曲靖，先秦时主要分布着僰人、濮夷。

2. 旄牛道。《史记·司马相如列传》载："邛、筰、冉駹者近蜀，道亦易通，秦时尝通为郡县，至汉兴而罢。"邛在四川凉山州西昌市，筰在四川雅安地区汉源县。《华阳国志·蜀志》载：周赧王三十年（公元前285年），"张若因取筰及其江南地"，江南是指宜宾以上的岷江之南，即今汉源地。

五尺道、旄牛道以南的南中广大之地，秦未得通，牂牁郡、益州郡、朱提郡、永昌郡等云南贵州地区，均为汉代所开置，秦人未得染指。所以，《史记·西南夷列传》所说："诸此国颇置吏焉"，是指秦五尺道上下地区，不能延伸到滇、昆明等地，更不用说"域外荒域，山川阻深，生民以来，未尝通中国"[3]的永昌地区。

---

① 《史记·西南夷列传》。

② 《史记·西南夷列传》正义引。

③ 刘琳：《华阳国志校注》卷四《南中志》。

秦对古南中的控临既然如此有限，则经济上的影响也必然微乎其微。云南自古以海贝为货币，"云南用贝巴不用钱，贝巴即古之贝也"[①]。万历《云南通志》卷1"全省风俗"载："交易用贝……秦灭六国，……秦虽使常頞于滇中略通五尺道，然未尝属秦，故货贝之在南中独不变者，岂秦法未尝入滇耶？于此亦可以考世矣。"极是。明以来，云南各地出土不少古钱币，均无秦钱，大部分为汉钱[②]，而先秦贝币在考古中却被大量发现，正是对"秦法未尝入滇"的极好证明，同时也证明了秦没有通过西南夷道将其物品输出至缅、印这个事实。在"秦法未尝入滇"，政令不达、贸易不通、文化不染的情况下，何谈经由南中之地将秦国声名远扬于印度？又遑论公元前4世纪印度所见之cinapatta为"秦布"，从而遽将cina释为秦国之称？

与此相关的一个问题是所谓"秦布"问题。《史记·西南夷列传》和《大宛列传》一致记载张骞在大夏所见为"蜀布"，而大夏之有蜀布，来自于身毒，"得蜀贾人市"。说明蜀布和cinapatta均在印度行销。但是cinapatta是丝织品，不是布匹，因此与蜀布具有质地上的区别，不能等同。而cinapatta这个概念，更不能用"秦布"予以代换，此点十分重要。同样，蜀布这个概念，也不能用秦布予以代换。且不论先秦秦汉时期绝无"秦布"这样一个专有名称，我们只看丝、布之间具有清楚的分野便会一目了然。比如蜀锦与蜀布明显是两类纺织品：司马错伐蜀，欲"得其布帛金银"，布指蜀布，帛指蜀锦、蜀绣之类丝织品。成都城南有"锦官"，专门生产织锦，而蜀布之名则往往见于文献和考古材料，如《居延汉简》有简文称："广汉八稷布十九匹八寸大半寸，直四千三百二十。"另有简文载："九稷布三匹，价三百。"[③]陈直先生认为："此蜀布及布价之可考者。"[④]蜀布中的精品称为"黄润细布"，扬雄《蜀都赋》叹为"筒中黄润，一端数金"，汉代及以前又称之为"蜀细布"，《说文》谓之"繐"，总之均不与蜀锦相关。《盐铁论·本议篇》说："非独齐陶之缣，蜀汉之布"，一方面说明蜀布海内驰名，另一方面则显见布帛之别，不能混为一谈。很清楚，不论cinapatta还是蜀布均与所谓秦布丝毫也不相关。可见，把蜀布变为所谓秦布，又把秦布与cinapatta相等同，从而论证cina为秦之蜀地，在概念上极

①　（明）张志淳《南园漫录》卷3"贝源"条。

②　王大道：《云南出土货币概述》，《四川文物》1988年第5期。

③　中国社会科学院考古研究所编：《居延汉简》，卷1，中华书局1980年版，第38页。

④　陈直：《史记新证》，天津人民出版社1979年版，第178、179页。

为混淆，完全不能成立。

三、支那非荆说

关于"支那为荆说"之失误，汶江先生曾经辨析甚详，唯其中仍有几个问题还存在进一步商讨的必要。

（一）关于支那名称内涵的问题

这是一个既与"支那为荆说"有关又与"支那为秦说"有关的问题。众所周知，当人们最初对支那名称的起源进行研究时，就几乎众口一词，将其作为中国的代称。这种看法貌似有理，其实并不正确，关键之点在于未能从其内涵与时代的变化方面进行考虑，即没有将支那名称的起源同中国古代史上地域的扩展和政治的演变联系起来。

"中国"这个名称，至少在古代史上还不是包括各民族在内并且拥有辽阔疆域和统一政权的领土国家的概念。《诗经·大雅·民劳》："惠此中国，以绥四方"，《毛传》云："中国，京师也。"《史记·五帝本纪》："夫而后之中国，践天子位。"集解引刘熙曰："帝王所都为中，故曰中国。"这些都是将"中国"理解为京师。先秦史上"中国"又是一个与夷狄相对的概念，特指文化较发达的地域[1]。《左传》庄公三十一年："凡诸侯有四夷之功，则献于王，王以警于夷，中国则否。"《诗经·小雅·六月序》："《小雅》尽废，则四夷交侵，中国微矣。"《礼记·中庸》："是以声名洋溢乎中国，施及蛮貊。"在民族地域上，"中国"又是一个初指华夏族及黄河中下游地区的概念，还可以用来指称更广泛的地域。《晋书·宣帝纪》："孟达于是连吴固蜀，潜图中国（此处指魏国）。"《史记·天官书》："其后秦遂以兵灭六国，并中国。"专家考定，19世纪中叶以来，"中国"始专指我国家全部领土，不作他用[2]。

在支那名称起源的时代（约公元前4世纪），中国尚未统一，"中国"一词还不具备近世完整的领土国家这样一个内涵，不论秦还是楚，都不能代表中国，

---

[1]　杨伯峻、徐提：《春秋左传词典》，中华书局1985年版，第87页。

[2]　复旦大学历史地理研究所修订：《辞海·历史地理》，上海辞书出版社1982年版，第38页。

而且先秦史上秦、楚两国均从不被视为"中国"。虽然从广泛的意义上解释支那为中国并无不可，但是一旦我们将其与对支那名称起源地的探讨相联系，就容易产生一系列极易引人混淆和误解的矛盾，比如将其他地区的文化放进支那本源地文化一类问题，从而妨碍了对本源地的研究。

事实上，支那一词最初仅仅是指中国的某一地区，或某一诸侯国。在秦始皇统一以前，印度对支那的理解必然只能如此。只是到中古时，佛经译人才将"中国"作为完整的领土国家概念，将其与支那等同。即令如此，支那仍可指中国的某一地区。

基于这些理由，我们认为在研究支那名称的起源时，最好将这个名称还原为其本源地的名称，或秦、或荆、或蜀，以避免引起不必要的混乱。

（二）关于楚、蜀关系的问题

指认支那为荆，必须解决荆与印度在地域上并不毗邻这样一个问题。为此，苏仲湘先生提出"巴蜀是荆的外府"这样一个观点，以此论证楚地已越过巴蜀，从而避免在地域的论证方面陷入困境。

这个论点的错误是显而易见的。不论《水经注·江水》所引来敏《本蜀论》，或是旧题扬雄《蜀王本纪》还是其他诸书，虽共同指出春秋中叶至战国晚期蜀国王族出自"荆人"鳖灵，但所谓"荆"仅指其来源地，并不包含任何政治军事色彩。也就是说，历史上并不存在由楚国夺取蜀国王政，从而使蜀沦为楚国"外府"这回事。从考古学上看，尽管战国时期四川的蜀墓如新都大墓表现出有某些楚文化的因素[1]，但本身绝非楚文化，从主要或大部分上说完全是蜀文化特色[2]。况且，史载公元前377年"蜀伐楚，取兹方，于是楚为扞关以拒之"[3]，如此强大的西南泱泱大国，怎么会是楚之"外府"？再说，假如果真有楚贵族夺取蜀国王政这一重大事件，诸史不可能不留下明确记载，可是事情完全相反。又，按照楚国传统的地名随人迁徙之习，"名从主人"，假如楚贵族夺取了蜀国王政，蜀国就不会再成其为蜀，而应称为楚，或者荆，可是历史上并没有诸如此类的任何记载。至于蜀王开明九世"以乐曰荆"[4]，此"荆"也并不是指楚国的音乐，

---

① 四川省博物馆等：《新都战国木椁墓》，《文物》1980 年第 6 期。

② 段渝：《论新都蜀墓及所出"昭之飤鼎"》，《考古与文物》1991 年第 3 期。

③ 《史记·楚世家》、《史记·六国年表》。

④ 刘琳：《华阳国志校注》卷三《蜀志》。

而是开明氏庙堂祭祀之乐的名称①，将其与楚国音乐西传巴蜀并经巴蜀再西传印度，从而作为支那名称的本源相联系，显然不正确。可见，将巴蜀作为楚国"外府"以证明楚地西延接近印度，此论并无事实根据。

（三）关于"庄蹻王滇"的问题

庄蹻王滇"变服从其俗以长之"②，是"支那为荆说"的理由之一。但是庄蹻王滇本身是一个历史疑案，古今均有不少史家对此提出质疑并加以订正，难以作为"支那为荆说"的立论依据。荀悦《汉纪》首先将《史记·西南夷列传》庄蹻王滇的年代从楚威王订正为"楚庄王"（此楚庄王，徐中舒和唐嘉弘先生认为即楚顷襄王，庄、顷一声之转③），又改庄蹻王滇为王靡莫。常璩《华阳国志·南中志》亦改楚威王为楚顷襄王，又改"循江上略巴蜀黔中以西"为"溯沅水出且兰以伐夜郎"，再改庄蹻王滇为王夜郎。而范晔《后汉书·西南夷传》抄自《华阳国志》，却又把庄蹻改为庄豪。《水经注》对于滇池的记载采自《史记》，但完全不提"王滇"一事。如此等等，不一而足，总之"王滇"之说在方方面面都受到了历代史家的怀疑。蒙文通先生认为，王滇的庄王（庄豪）是古牂牁国的开国君长，并非楚国的庄蹻，后者为楚之大盗，本无入滇之事，与庄豪原不相干④。从滇文化考古发掘的情况看，滇文化是一支极富地方特色而传统悠久的文化，完全反映不出楚将庄蹻留王滇池的遗迹，可以证实庄蹻王滇仅是《史记》的误笔而已，不是史实。因此，从这里显然也找寻不到"支那为荆说"的任何依据。

（四）关于楚、印文化交流的问题

楚、印文化的交流问题，过去早有学者论及，丁山先生和日本藤田丰八分别对此作过不少探讨。丁山《吴回考》引证楚文化所受印度影响，认为楚、印文化交流至迟当在公元前6世纪以前⑤。藤田丰八《中国南海古代交通丛考》引《庄

---

① 段渝：《蜀醴享祀》，载《三星堆文化》，四川人民出版社1993年版，第291、292页。
② 《史记·西南夷列传》。
③ 徐中舒、唐嘉弘：《夜郎史迹初探》，载徐中舒《论巴蜀文化》，第185—211页。
④ 蒙文通：《庄蹻王滇辨》，《巴蜀古文论述》，第114—145页。
⑤ 丁山：《吴回考——论荆楚文化所受印度之影响》（1940），原载齐鲁大学《齐大国学季刊》新第一卷第二期，收入所著《古代神话与民族》，商务印书馆2005年版，第339—389页。

子》、《楚辞》、《诗经》所载的若干名词及楚国文化的若干问题，推论楚、印交通不仅在春秋战国，或始于宗周初叶 (公元前 11 世纪)[①]。方国瑜先生认为，诸家所引证的资料未必尽确，且有任意比附之嫌[②]。对此问题还可根据大量考古新发现作进一步探究。

　　楚地虽"方五千里"，但其西境的极限最多达到四川盆地东部巴地的枳，此即《战国策·秦策》所说"楚得枳而国亡"，时当楚襄王时。所谓"楚得枳"、"楚襄王灭巴子"[③]，均指楚占有巴王子所据守的枳地 (今重庆市涪陵)，而不是江州 (今重庆市) 的巴王都[④]，而巴国灭于公元前 316 年秦国之师灭蜀后的继续东进，诸史均有确载。楚国未尝据有蜀地，上文已经提到，王滇的庄王，也与楚国无关。楚、印之间存在一个蜀国和南中诸族，因而两者绝不可能与越国进行任何交流，这是极其明显的。

　　曾有不少人认为楚国对巴蜀影响极深，然而考古新发现证实，事情正好相反，商周时代是蜀文化较多地影响了楚文化，战国时代蜀文化则接受楚文化影响较多[⑤]。从文明时代之初，古蜀文化就顺江东下，在巫峡以东长江干流两岸留下大量文化遗迹，并扩张至"荆蛮"、"楚蛮"所在的江汉平原西边。在鄂西的考古发掘中发现了标志蜀王神权统治的鸟头勺柄，表明是古蜀国镇抚其东界的官员驻节之地。殷商时代并无楚文化，楚国在商代尚未存世[⑥]，长江三峡除分布有三星堆古蜀文化和二里头夏文化外，余皆尚未进入文明时代的新石器文化，不能阻挡蜀文化东进的势头[⑦]。西周时代楚国有蜀文化因素，如周宣王时的"楚公豪"戈[⑧] 便是蜀国东传至楚的。而西周时代楚国"甚微"[⑨]，不仅不可能向蜀文化扩张，而且也不可能越过蜀地直接同印度进行远距离文化

① 藤田丰八：《中国南海古代交通丛考》，商务印书馆 1936 年版。

② 方国瑜：《中国西南历史地理考释》上册，第 7 页。

③ 陈寿《益部耆旧传》。

④ 段渝：《论巴楚联盟及其相关问题》，《楚学论丛》第 1 集，《江汉论坛》1990 年增刊。

⑤ 李学勤：《〈帝系〉传说与蜀文化》，《四川文物》1992 年"三星堆遗址研究专辑"。

⑥ 段渝：《楚为殷代男服说》，《江汉论坛》1982 年第 9 期；《荆楚国名问题》，《江汉论坛》1984 年第 8 期。

⑦ 屈小强、李殿元、段渝主编：《三星堆文化》，四川人民出版社 1993 年版，第 590—598 页。

⑧ 高至喜：《"楚公豪"戈》，《文物》1959 年第 12 期。冯汉骥《关于"楚公豪"戈的真伪并略论四川"巴蜀"时期的兵器》，《文物》1961 年第 11 期。

⑨ 《史记·楚世家》。

交流。

长江三峡曾是蜀文化的分布区。从历史上看，巴国从汉水上游南移长江以前，夔、巫之西并为蜀境[1]。从文化上看，三峡曾是古蜀文化区的东缘，蜀人通过这个方向吸收商文化因素和长江流域其他文化因素。由于蜀对其东境的统治主要不表现为暴力，而着重突出宗教神权统治，所以长江三峡古文化在历史上弥漫着浓厚的神秘气息，以至于成为长江上中游之较具有鲜明色彩的"巫文化"分布区，这同浸透了神秘王国气氛的三星堆古蜀文明的神权东传，有着不可分割的关系[2]。《楚辞》中的若干篇章取材于此，使其放射出奇光异彩，千古流芳，不能不说是巴蜀文化较深影响了楚文化的缘故。楚国考古发现中的若干艺术形式，如楚帛画中十二种动物轮廓图中倒置的眼睛和隆起的眼球的组合，楚墓出土木俑常见的呈方形的下颔，以及楚漆器图案常见的神话母题等等，都可在三星堆古蜀文化中探其渊源，都与蜀文化的东传并在楚地留有深刻而久远的影响有关。关于此点，正与 N. 巴纳（N. Barnard）所提出的传播方向相反[3]。如果说宗周初叶以及《楚辞》时代楚地确有不少与印度有关的文化因素，那么也只能说是伴随着蜀文化的东传从蜀吸收而去的，因为蜀文化早在商代即与印度开展了早期的文化交流[4]，所吸收的印度文化因素极易顺江东下再播于楚地。于此可见，楚文化与印度文化之间的交流与传播，不仅远远晚于蜀文化，而且其交流传播方式也是间接而不是直接的。当然，这段历史也就不可能为"支那为荆说"提供任何依据，它所揭示的只能是此说的否证。

四、支那为蜀之成都说

上面的论述已经证明，支那名称的本源与秦、荆无关。纵观历史，支那名称的本源地应当在蜀，支那一词应是"成（都）"的对音。

---

[1] 徐中舒：《论巴蜀文化》，四川人民出版社 1983 年版。

[2] 《三星堆文化》，第 614—615 页。

[3] 巴纳：《对广汉埋藏坑青铜器及其他器物之意义的初步认识》，《南方民族考古》第 5 辑，四川科学技术出版社 1993 年版。

[4] 段渝：《古代巴蜀与南亚和近东的经济文化交流》，《社会科学研究》1993 年第 3 期，又见《三星堆文化》第 510—532 页。

（一）蜀身毒道贸易与支那名称本源

从成都经云南至缅印的蜀身毒道，是史籍所载最早的中西交流线路。成都所产的蜀布、丝绸及邛竹杖等"蜀物"，经由这条线路西输印度，播至中亚，因而使成（都）之名（即支那）得以在印度产生并广为流传。

蜀地商贾从事长途贸易直至印度的情况，文献记载颇多。《史记》中的《西南夷列传》和《大宛列传》详载张骞的西行报告，明言张骞"居大夏时见蜀布、邛竹杖，使问所从来，曰：'从东南身毒国，可数千里，得蜀贾人市'"。大夏商人所得蜀布、邛竹杖，即是在身毒"得蜀贾人市"，"往市之身毒"，就说明蜀身毒道贸易是直接的远程贸易，而不是所谓间接传播。

《史记·大宛列传》记载："然闻其西（指昆明族之西——引者）可千余里有乘象国，名曰滇越，而蜀贾奸出物者或至焉。"《三国志》卷30裴松之注引鱼豢《魏略·西戎传》亦载："盘越国，一名汉越王，在天竺东南数千里，与益部近，其大小与中国人等，蜀人贾似至焉。"滇越（即盘越）的所在，张星烺以为是孟加拉；向达以为是剽越，即《广志》所谓剽越，地在今缅甸；法国学者沙畹（E.Chavannes）[1]，饶宗颐等以为应在阿萨姆与缅甸之间；汶江《滇越考》则认为在今东印度阿萨姆，为迦摩缕波[2]。今案汶江说甚是。可见，蜀贾人是通过东印度陆路通道进入印度地区的，这也是蜀、印之间进行直接贸易的重要证据。

《史记·货殖列传》记载，"巴蜀亦沃野，地饶卮、薑、丹沙、石、铜、铁、竹、木之器，南御滇僰、僰僮，西近邛笮，笮马、旄牛。"《汉书·地理志下》载："巴、蜀、广汉本南夷，秦并以为郡，土地肥美，有江水沃野，山林竹木疏食果实之饶，南贾滇、僰僮，西近邛、笮马旄牛。"滇是蜀出南中西贾印度的必经之地，位于云南中部。僰即汉之僰道，在川南宜宾与滇东北昭通之间，此为秦时五尺道的所在。邛在今四川凉山，笮在四川雅安、汉源等地，为古时旄牛道（或称灵关道）之所在。五尺道和旄牛道是从成都南行入南中的两条重要通道。《史记·司马相如列传》载："邛、笮、冉駹者近蜀，道亦易通。"其间早有交通存在。这些史籍不仅说明了蜀人在南中进行商业活动的史迹，而且还清楚地记载了蜀入南中的路线，即通过旄牛道（西路）和五尺道（东路）分别南下至滇，殊途

---

[1]　沙畹：《魏略·西戎传笺注》，载冯承钧编《西域南海史地考证译丛》七编，第41—57页。
[2]　汶江：《滇越考》，《中华文史论丛》1980年第2辑。

而同归。

上述诸证结合起来，清楚地反映了蜀人经南中入缅印进行远程贸易的斑斑史迹。从蜀人南贾滇僰（即《华阳国志·南中志》所说"滇濮"）、僰僮，西近邛、筰，"取其筰马、僰僮、髦牛"[1]，到蜀人出没于东印度阿萨姆之滇越，再到中亚阿富汗北部大夏商人所卖蜀布、邛竹杖，乃是"往市之身毒"，"得蜀贾人市"，而张骞在中央亚细亚之大夏（今阿富汗）所见唯一的中国产品便是蜀布等"蜀物"。这一系列史实，一方面表明最早入印从事商业活动的是蜀人，另一方面也表明印度最早所认识的中国是蜀。把这一事实同印度憍胝厘耶《政事论》所载"支那产丝与纽带，贾人常贩至印度"相联系，可以清楚地看出，所谓支那，即指古蜀；所谓 cinapatta，即是蜀丝；中、印的记载原来都是出自一源的。丝绸、布匹、织皮、邛竹杖都是蜀地原产[2]，不论张骞在大夏所见从印度转手贩运的蜀布、邛竹杖，还是《政事论》所记支那的丝和织皮，都是由蜀贾人贩至印度出售。因此，印度得以称蜀为支那，并非偶然，而是事有必致，理所固然。

进一步看，印度最早所认识的支那，必然是印、支之间有路可通，有物可贾的地方。而在中国，在公元前 4 世纪以前，符合这几个条件的地区只有蜀；不论秦还是荆，均不能对此构成充分条件。而且，支那这个词汇主要流行的地域是印度和东南亚（至若西方载籍中的 seres 等，则是由 cina 一词派生转译而来），也表明它与中国西南有关，与西南文化之重心所在的蜀地有关。

（二）蜀在南中的影响与蜀身毒道的开通

蜀与南中的关系，除了蜀人"南贾滇，僰僮"外，还有较深的文化交流传播关系。从传播方式上说，主要有迁徙传播和观念、技术传播两种。

迁徙传播方面，载籍可以大致稽考。《史记·三代世表》褚少孙补云："蜀王，黄帝后世也，至今在汉西南五千里，常来朝降，输献于汉。"所说蜀王，是夏商之际国破南迁的蜀王蚕丛。所说"在汉西南五千里"，是指古代南中之地。《史记》正义引谱记说："蜀之先，肇于人皇之际。……虞、夏、商、周衰，先称王者。蚕丛国破，子孙居姚、嶲等处。"姚指今云南姚安、大姚，嶲指今四川凉山。

---

[1] 《史记·西南夷列传》。

[2] 按：蜀产织皮，见《禹贡》"梁州"，参考《说文》"纸"、"絣"等条。

这两条文献的记载相互吻合，完全一致，并且与四川广汉三星堆遗址所反映的蚕丛文化南迁的年代扣合，证实了早在夏、商之际蜀人便已进入南中，直至汉代其后代仍存的史迹。

蜀文化又一次对南中大规模的迁徙传播发生在公元前4世纪末，这就是著名的蜀王子安阳王南迁，经南中入交趾的事件。《水经·叶榆水注》引《交州外域记》载："交趾昔未有郡县时……设雒王雒侯，主诸郡县，县多为雒将，铜印青绶。后，蜀王子将兵三万，来讨雒王雒侯，服诸雒将，蜀王子因称为安阳王。"《大越史记》、《安南志略》、《越史略》以及近世越人所著史书，均对蜀王子安阳王入北越建国有确载，是为信史，考古亦可证实。安阳王南迁的年代，为公元前316年秦灭蜀，或谓在前311年，总之是公元前4世纪最后一二十年之中。南迁路线，从古蜀人的分布、迁徙和政治关系看，也是沿蚕丛南迁的路线，从巂至姚，再沿濮水（今云南礼社江），劳水（今云南元江）入航红河，达于北越①。

安阳王之所以经南中入越，一个重要原因在于南中原已有蜀王后世子孙，颇受古蜀文化浸染并保有较深影响，而长期保持与蜀的政治经济关系之故。《华阳国志·蜀志》说西周春秋时，蜀王杜宇"以南中为园苑"，表明历代蜀王均着意于南中，南中从夏商周到春秋战国无不受蜀文化濡染。方国瑜先生指出，南中是古蜀国的附庸②。蒙文通先生指出，越巂、永昌及益州、牂牁各郡，都是蜀的南中，汉代所谓西南夷，也都是巴蜀文化所及的区域③。方、蒙二先生所论均极有理，否则蜀王子难以踏上南中土地经西南夷道入越。关于此点，只要与汉武帝开西南夷，发使十余批，"四道并出；出駹，出冉，出徙，出邛、僰，皆各行一二千里，其北方闭氐、筰，南方闭巂、昆明，昆明之属无君长，善寇盗，辄杀略汉史，终莫得通"④略作比较，便可明白如无蜀文化长期影响，安阳王不可能假道南中入交趾的道理。

关于观念和技术的文化传播，史籍缺载，考古发现却充分展示了这方面的内容，填补了蜀与南中关系史上的若干空白。在云南晋宁石寨山⑤、江川李家山

---

① 蒙文通：《越史丛考》，人民出版社1983年版，第69页。

② 方国瑜：《中国西南历史地理考释》上册，第16页。

③ 蒙文通：《巴蜀古史论述》，第2、3页。

④ 《史记·大宛列传》。

⑤ 《云南晋宁石寨山古墓群发掘报告》，文物出版社1969年版。

古墓群①所出器物中，包含有不少古蜀早、中期青铜文化的因素。晋宁在汉代为滇池县，是先秦以来古滇国的故都之所在②。这里出土的青铜器上，铸有若干人物和动物立雕像，其风格不同于中原和长江中下游文化，却与古蜀三星堆文化有相似之处，造型艺术亦较接近，仅体形趋小。石寨山雕像人物在体质和发式诸方面，如穿耳、辫发、椎髻等，也与三星堆青铜雕像有共同点。一件长方形铜片（M13:67）上所刻符号中，有一柄短杖图像，无杖首，杖身刻4个人头纹，与三星堆金杖上刻人头、鸟、鱼纹颇为类似。从滇文化发现的大量各式杖首来看，滇文化有发达的用杖制度，这种以杖而不以鼎来标志宗教和政治权力的文化传统，与三星堆古蜀文化完全一致③。不论江川李家山还是晋宁石寨山，都发现了无格式青铜剑，证实了蜀文化对滇文化的影响④。滇文化的青铜戈，其无胡和援呈三角形等特点，亦可从蜀文化中寻其渊源⑤。这些无一不是蜀文化播染于南中的确切证据。

南中之地自古富产铜、锡矿石，不仅中原王朝需要从云南输入铜、锡矿料，而且蜀地青铜器原料也须部分仰给于云南，如三星堆青铜器中的铅，即取之于云南⑥，大概其铜、锡原料的供应也离不开这条途径。蜀、滇青铜器合金成分比较接近，适足证实这个问题。

云南、四川西南和广汉三星堆等地都出土大量贝币，表明两地均有以海贝作为商品交换媒介的习俗。将川、滇古道上所出贝币的地点连接起来，正是由蜀入南中的西南夷道和蜀身毒道⑦。可见蜀与南中的深厚历史关系，从政治影响到商品交易和文化交流诸方面，几乎无处不在。

以此再联系印度洋北部地区和东南亚自古存在以贝币为交易媒介的传统习俗，而云南各地和三星堆所出土海贝中的环纹货币仅产于印度洋，以及三星堆文化中明显的印度洋和南亚文化因素集结等来看，蜀与南中、蜀与印度的文化

---

① 《云南江川李家山古墓群发掘报告》，《考古学报》1975年第2期。

② 刘琳：《华阳国志校注》卷四《南中志》。

③ 段渝：《论商代长江上游川西平原青铜文化与华北和世界古文明的关系》，《东南文化》1993年第2期。

④ 童恩正：《我国西南地区青铜剑的研究》，《考古学报》1977年第2期。

⑤ 霍巍、黄伟：《试论无胡蜀式戈的几个问题》，《考古》1989年第3期。

⑥ 金正耀等：《广汉三星堆遗物坑青铜器的铅同位素比值研究》，《文物》1995年第2期。

⑦ 段渝：《论商代长江上游成都平原青铜文化与华北和世界古文明的关系》，《东南文化》1993年第2期。

交流关系很早以来即已发生，其滥觞至少在商代中晚期，约公元前 13、14 世纪上下[1]，延至支那名称初见于印度载籍的时候，其间关系已经存在了千年之久。所以，印度称蜀为支那，并不是偶然的。《华阳国志·南中志》记载永昌有"身毒之民"，又说"身毒国，蜀之西国，今永昌是也"，后一句固属有误，然而也可见到蜀与印度确实具有悠久的历史关系，而居于南中永昌的身毒之民，自然也会是将蜀之物产及声名播于印度的另一条渠道。可见，由蜀经南中至印度的蜀身毒道，从商代以来迄于汉世一直是开通的，张骞在中亚所闻，仅是其中的某些片断而已。

古蜀文化在西南地区的空间分布十分广阔，《华阳国志·蜀志》记述道："其地东接于巴，南接于越，北与秦分，西奄峨嶓。"在蜀的西南即所谓西南夷之地，古称南中，"南中在昔盖夷越之地"[2]，分布着大量濮越人的群落。《史记·大宛列传》正义说："昆、郎等州皆滇国也。其西南滇越、越巂则通号越，细分则有巂、滇等名也。"可见蜀地"南接于越"，即与南中之地包括永昌以西南滇越等夷越直接相连。这正是蒙文通先生所说包括汉之益州、永昌、越巂等在内的蜀之南中。在这种政治、经济、文化和地理条件下，通过蜀贾直接贩卖蜀丝、蜀布等蜀物到印度的同时，关于这些物品的产地之名必然也会随之流布于印度。换言之，印度在接触到蜀丝、蜀布等物品时，对这些物品来源地的认识和了解，只可能是蜀，而不会是其他任何地方。

南中长期受蜀文化播染以及蜀身毒道贸易长期为蜀所控制的情况，充分证明印籍所最早记载的支那是指古蜀国。这也与西方学者关于"支那是一个若干世纪以前的王国名称，这个王国控制着大陆与印度的商道和丝绸贸易"的说法[3]，不谋而合。除了古蜀以外，难道还有其他什么地区具备这些条件吗？

（三）支那为成都对音说

成都是一座古代的自由都市[4]。早在商代，成都即已开始了聚合成形的历程，

---

[1]　段渝：《古代巴蜀与南亚和近东的经济文化交流》，《社会科学研究》1993 年第 3 期。

[2]　刘琳：《华阳国志校注》卷四《南中志》。

[3]　D. D. Kosambi, *An Introduction to the Study of Indian History*, P. 202，引据饶宗颐文所引原著（英文）。

[4]　徐中舒：《成都是古代自由都市说》，载徐中舒主编：《巴蜀考古论文集》，文物出版社 1987 年版，第 151—152 页。

并开始向着早期的工商业城市发展。至迟到春秋时代，成都的早期城市化进程基本结束，发展成为一座比较典型的工商业城市①。春秋战国时代成都制造的精美漆器不但出现在四川各地，而且向南中方面和白龙江方面大批销售，成为蜀人和秦人、楚人喜爱的物品。成都的丝织业包括织锦和刺绣业等规模日益扩大，兴旺发达，以至于设置"锦官"进行生产和市场管理。这一时期蜀锦大批向外销售，行销内外各地。考古发掘中长沙出土的战国织锦和湖北江陵出土的战国织锦，即是成都所产②，可以证明蜀锦质地优良，驰名海内，文献记载不误。

在成都城市化进程日益加快，工商业日益繁荣，蜀锦、蜀绣等丝织品生产销售规模日益扩大的情况下，随着蜀人商贾经南中入缅印从事商业贸易活动的日益频繁，成都的丝织品也被销往印度，是并非不可能的。我们只要把蜀布同cinapatta在印度的出现相联系，便会发现两者具有内在关联。在当时中国没有其他任何地方向印度输出物品的情况下（从张骞只知有"蜀物"这一点可以证明），蜀布和cinapatta便只可能来源于一个共同的地方，这就是成都。季羡林先生指出："古代西南，特别是成都，丝业的茂盛，这一带与缅甸接壤，一向有交通，中国输入缅甸，通过缅甸又输入印度的丝的来源地不是别的地方，就正是这一带。"③ cinapatta就是成都丝，Cina就是成（都）的对音，这是明明白白、再清楚不过的了。

成都这座城市的得名很早，由来甚古。在历史文献上，《山海经》中就已出现成都这个名称。从考古资料上看，至少在春秋中叶，成都名称已经出现。四川荥经曾家沟发掘的春秋时期土坑墓内出土的漆器上，刻划着"成"、"成草"的铭文④。《广雅·释言》："草，造也。""成草"即"成"这个地方所生产制造。成，即成都的省称。先秦地名多有省称现象，漆文、印文和陶文尤多地名省称，至秦汉亦然⑤。四川青川和荥经古城坪出土战国漆器上也刻有"成亭"戳记文字⑥，是指蜀亡后秦在"成"这个地方所置的一个亭级机构。成都省称为成，汉代亦然。

---

① 段渝：《巴蜀古代城市的起源、结构和网络体系》，《历史研究》1993年第1期。

② 武敏：《吐鲁番出土蜀锦的研究》，《文物》1984年第6期。

③ 季羡林：《中国蚕丝输入印度问题的初步研究》，上引书，第75页。

④ 《四川荥经曾家沟古墓群第一、二次发掘》，《考古》1984年第12期。

⑤ 段渝：《先秦秦汉成都的市及市府职能的演变》，《华西考古研究》（一），成都出版社1991年版，第324—348页。

⑥ 《青川县出土秦更修田律木牍》，《文物》1982年第1期。《四川荥经秦汉墓发掘简报》，《文物资料丛刊》第4辑，1981年。

长沙马王堆一号汉墓和三号汉墓以及湖北江陵凤凰山八号汉墓出土文、景之际的大批漆器上，刻有"成市草（造）"、"成市饱（桼包）"、"成市口"、"成市"、"市府"、"市府饱（桼包）"、"南乡口口［之市］"、"中乡口［市］"、"北市口"等文字，制地为成都①。"成市"即"成都市"的省称，不仅与《云梦秦简》所载秦时的"成都市"以及《华阳国志·蜀志》所记汉代的"成都市"名称相符，而且与战国秦汉屡见于中国各地的封泥印文和陶器文字上的"某市"省称者完全一致，也从历史文化传统上证实先秦的"成"确为成都的省称②。

关于梵语 Cina 的中国对音，学术界分别有秦、荆、滇、日南等不同看法，以及我们所提出的成都这个新看法。从中国上古音韵看，这几个字的上古音读分别如下③：

秦，真部从纽；

荆，耕部见纽；

滇，真部端纽；

日，质部日纽；

成，真部从纽。

"成"这个字，或以为上古音韵当入耕部禅纽④，但这是从北方语言的角度来考虑的，南方语言则与此有较大出入。成，其声母北方话发舌音，入禅纽，但南方话则发齿音，入从纽；其韵母北方话发后鼻音，入耕部，南方话则发前鼻音，入真部。因此按南方语音，成字不当入耕部禅纽，而应入真部从纽。在先秦古音里，成字的读音与秦字的读音（从母真部）是一样的，可以说没有什么区别。

很明显，荆、滇、日南等，在中国上古音韵上均与 Cina 的上古音没有联系。所以，日本藤田丰八、法国拉可伯利、美国劳费尔等学者试图从音韵学上分别找到荆、滇、日南与支那的联系，他们的说法其实是没有什么坚实可信的上古音依据的。

从上古音韵来看，最有可能与支那发生联系的是秦和成。但是，当我们在

---

① 俞伟超、李家浩：《马王堆一号汉墓出土漆器制地诸问题》，《考古》1975 年第 6 期。

② 段渝：《先秦秦汉成都的市及市府职能的演变》，《华西考古研究》（一），成都出版社 1991 年版，第 324—348 页。

③ 参见唐作藩：《上古音手册》，江苏人民出版社 1982 年版。

④ 参见唐作藩：《上古音手册》，江苏人民出版社 1982 年版，第 16 页。

排除了用北方语音复原南方语音"成"的读音后，我们就可以知道，秦与成，二字的读音是完全一样的。而在公元前4世纪以前，只有古蜀才有可能将其声名播于印度，这就是支那（Cina），而秦则没有这种可能。

梵语里的Cina，据B.劳费尔研究，在古伊朗语里的相对字是Cina，波斯语里称中国的字如Cin、Cinistan、Cinastan、中古波斯语称中国的字如Cen、Cenastan，亚美尼亚语的Cen–k、Cenastan、Cenbakur（"中国皇帝"）、Cenazneay（"开始于中国"）、Cenik（"中国的"），粟特语的Cyn–stn（Cinastan），"费尔瓦尔丁（神）赞美诗"里的Saini和帕拉菲语古经《创世记》里的Sini，当头C和S并用恰恰等于希腊语里的对似语 Σivai 和 θivai（= Cinai），"可以假定中国在印度语、伊朗语和希腊语里的名称是出于一个共同的来源，而且这个原字或许可以在中国国内去找"[①]。B.劳费尔所举的这些语言例证，不论梵语Cina还是从Cina转生的各种对应字，均与"成"的古音相同，或相近。由此可以证明，Cina是"成"的对音和转生语，其他的相对字则均与"成"的转生语Cina同源。从语音研究上看，这是应有的结论。而其他诸种语言里支那一词的相对字都从梵语Cina转生而去，正与丝绸从蜀播至印度再播至中亚、西亚和地中海文明区的传播方向相一致，则从历史方面对此给以了确切证实。因而从历史研究上看，支那为成都的对音，同样也是应有的结论。

支那名称本源于蜀之成都，这个湮没已久并一再为人误解的事实，揭示出中国西南在早期中西交通史上不容忽视的作用和地位，证明以巴蜀为重心的中国西南文明曾经对包括东西方在内的世界古代文明的发展和繁荣做出了不可磨灭的重要贡献，应当永载史册，万古流芳！

（本文为作者1993年在"中国先秦史与巴蜀文化学术讨论会"宣读，载《中国西南的古代交通与文化》，四川大学出版社1994年版）

[①] B.Laufer：《中国伊朗编》，林筠因译，商务印书馆1964年版，第403、404、405页。

中国西南早期对外交通

——先秦两汉的南方丝绸之路

　　在古代中国的早期对外交通系统里，西南地区是一个不容忽视的区域，这在《史记·西南夷列传、大宛列传》和《汉书》、《后汉书》里的《西南夷传》以及《魏略·西戎传》等文献中，有着比较详细的记述。近世以来，中外学者对中国西南早期的对外交通问题颇有兴趣，不少名家曾对这个问题进行过专门研究。梁启超在 20 世纪 20 年代发表《中国印度之交通》一文，论述中印之间有 6 条交通线，其中第六条是滇缅路。夏光南于 1940 年出版《中印缅道交通史》，对早期中印缅交通多有考证。方国瑜在 1941 年发表的《云南与印度缅甸之古代交通》中认为，"中印文化之最初交通，当由滇蜀道"。① 张星烺、冯承钧、丁山、岑仲勉、季羡林、饶宗颐、桑秀云、严耕望、杨宪益、陈炎等先生均对中缅印古代交通进行过研究。国外学者对古代中缅印交通问题向来十分关注，法国汉学家伯希和（P. Pelliot）的《交广印度两道考》可谓这一领域的名作。② 美国东方学者劳费尔（B. Laufer），法国汉学家玉尔（Henry Yule）、沙畹（Chavannes），③ 日本学者藤田丰八等，先后对此有过专门研究。英国学者哈维的《缅甸史》、缅甸学者波巴信的《缅甸史》，亦对中缅印早期交通进行过阐述，英国学者霍尔的《东南亚史》对此也有涉及。④ 但"诸家所引证的资料未必尽确，且有任意比附之

① 梁启超：《佛学研究十八篇》，中华书局 1989 年版，第 132、133 页。夏光南：《中印缅道交通史》，中华书局 1940 年版。方国瑜：《云南与印度缅甸之古代交通》，《西南边疆》（昆明版）1941 年第 12 期。

② 伯希和：《交广印度两道考》，中华书局 1955 年版。

③ 国外学者的有关论文，载冯承钧编译：《西域南海史地考证译丛》，商务印书馆 1962 年版。

④ 藤田丰八：《中国南海古代交通丛考》，商务印书馆 1936 年版。G. E. 哈维：《缅甸史》，商务印书馆 1957 年版。波巴信：《缅甸史》，商务印书馆 1965 年版。D. G. E. 霍尔：《东南亚史》（上册），商务印书馆 1982 年版。

嫌"，[①] 许多结论未获学术界认同。

20 世纪 80 年代以来，学术界提出古代从成都出发经云南至缅甸、印度和中亚、西亚的交通线亦即"南方丝绸之路"的概念和课题，引起中外学术界的高度关注和浓厚兴趣。但学者们多从《史记》等文献出发进行探讨，缺乏对中国西南古文化和古蜀文明的系统分析，尤其缺乏对中外古文献与考古资料的综合研究，所以在南方丝绸之路的开通时代及其作用等问题上存在相当的歧见，不少学者仍然坚持南方丝绸之路开通于汉武帝时期的看法，而主张开通于先秦时期的学者或认为始于战国，或认为始于商周。由于中国西南的早期对外交通以古蜀为重心，因而对这个问题的研究，必须从对中外古文献与西南考古尤其古蜀文明相结合的角度出发，才有可能获得新的认识，推进南方丝绸之路的进一步深入研究。

一、古希腊罗马文献所载中国西南的早期对外交通

（一）关于赛里斯（Seres）的再研究

根据古代希腊罗马文献的记载，在东方极远的地方，有一地域叫 Seres。大多数西方文献以 Seres 为中国的代称。中文一般根据其读音译为赛里斯，也有一些论著直接译为中国。

但是，Seres 的内涵究竟是指什么？或它究竟是指中国的哪一地域？对于这些问题，国内外学术界向来存在争议，诸家说法不一。

不少学者认同法国汉学家亨利·玉尔（HenryYule）所提出的对 Seres 的解释。玉尔认为：Seres、Serica 二字，出于希腊罗马称中国绢缯的 Sericon、Sericum，又由阿尔泰语讹传。中国的丝绢，早为西方欧洲社会所喜爱，自古经索格德拉（Sogodiana）、安息（Parthia）商人输往西方，为希腊罗马士女所珍爱，以至于因缯绢而称呼其产地。Sin、Sinai 系的字，胚胎于秦始皇统一六国后的秦帝国名称，后百余年随汉武帝远征匈奴而传至边远之地。他认为，Seres 名称的起源，仅能上溯到公元前 221 年，但缯绢贸易的存在则可上

---

① 方国瑜：《中国西南历史地理考释》，中华书局 1987 年版，第 6—7 页。

溯到远古。① 另有一些学者认为 Sin 为蚕之译音。② 虽然，蚕字上古音为侵部从纽，读若 Cin，与 Cina 读音相近。但是，Sin 系统的字既然源出阿尔泰语，起源较晚，那么它与起源较早的梵语 Cina 系统就不具有同等的关系，应当是来源于梵语，其间关系恰好与中国丝绸从古蜀经印度西传的途径相一致。玉尔以为 Seres 名称为陆路西传，Cina 名称为海路西传，其实并没有坚实可信的证据。法国汉学家伯希和坚持认为 Seres、Sin 均出 Cina，③ 美国东方学家劳费尔（B. Laufer）亦赞同这一看法。④ 应当说，在这一点上，伯希和与劳费尔的看法是正确的。

至于赛里斯究竟是指整个中国，还是指古代中国的某个地域，这个问题在国内外学术界同样存在不同意见。一些学者认为赛里斯是指中国西北地区，而杨宪益先生则认为赛里斯是蜀的译音。杨宪益先生指认赛里斯为古代的蜀国，主要证据有两个：一是根据脱烈美《地志》所记载道里的方向和距离；二是认为"蜀国的蜀本为织丝的蚕的原字，此亦与 Seres 产丝的西方记载相符"。⑤

蜀，上古音为屋部禅纽，南方话无卷舌音，读为 Su，它是古蜀人的自称，黄河流域中原地区的人们则根据古蜀人善养蚕的特征，把 Su 的读音音译写作蜀。蜀，在甲骨文里为桑虫的象形字，如《说文》所释。此义正符合自称为 Su 的族群之经济特征，所以中原地区的人们即以蜀字来写定 Su 这个族群的名称。在殷墟甲骨文中的蜀字，从目、从虫类躯体，而不从虫，以目和虫体两个字会以蜀字。但在周原甲骨文里，蜀字则从目、从虫类躯体、从虫，以目、虫体和虫三个字会意蜀字。有学者以为殷周对蜀字的两种写法，是分别表示两个不同的蜀族。其实，两种蜀字完全是一样的，它们都表示同一个自称为 Su 的族群，这就是四川盆地的蜀。殷墟甲骨文中从目、从虫类躯体的蜀字，应当是省形字，即是省去了所从的虫，而周原甲骨文的蜀字则是完全写法。可见，蜀字的下半

① Henry Yule, *Cathay and the Way Thither*, New Edition by H. Cordier, Vol. 1,"Preliminary Essay on the Intercourse between China and the Western Nations previous to the Discovery of the Cape Route", London, 1915. 载莫东寅：《汉学发达史》，上海书店 1989 年版，根据北平文化出版社 1949 年 1 月版影印，第 7 页。

② 姚宝猷：《中国丝绢西传史》，商务印书馆 1944 年版，第 37、38 页。

③ 伯希和：《支那名称之起源》，冯承钧译，载《西域南海史地考证译丛》第 1 编，商务印书馆 1962 年版，第 36—48 页。

④ B. Laufer：《中国伊朗编》，林筠因译，商务印书馆 1964 年版，第 404 页。

⑤ 杨宪益：《释支那》，载《译余偶拾》，山东画报出版社 2006 年版，第 127—129 页。

部从虫或不从虫，其含义完全是一样的，毫无二致。不论殷墟甲骨文还是周原甲骨文里的蜀字，都不与蚕字相同。蜀，即是《尔雅》释文所谓的"桑中蚕"，《诗经》毛传所谓的"桑虫"，即桑蚕，它是"蚕之类多"中的一种，[①] 只有这种桑蚕才能演化为家蚕，而其他种类的蚕均不能演化为家蚕。[②] 可见，以蚕字来代替蜀字是并不妥当的。

其实，虽然从内涵来看，Seres 与 Su 有一定的相关性；但是从字音上分析，Seres 与 Su，二字的字根不同。问题的关键在于，阿尔泰语的 Seres 来源于梵语的 Cina，而梵语的 Cina 来源于丝绸的原产地地名成都，[③] 读若 Sindu，而不是读若 Su。

赛里斯（Seres）和后来产生的秦尼（Thinai）名称，都是公元前后西方人对中国的称呼。赛里斯（Seres）一名初见于公元前 4 世纪欧洲克尼德（Cnide）的克泰夏斯（Ctesias）关于远东有人居住地区珍异物的记载，秦尼（Thinai）一名初见于公元 1 世纪末亚历山大城某商人的《厄立特里亚航海记》，公元 530 年希腊教士科斯麻斯的《基督教世界风土记》，则称为 Tzinitza 及 Tzinista，实与拉丁文出自一源。[④] 而据法国著名东方学家戈岱司（George Gades）的看法，西语里的秦尼扎（Tzinitza）或秦尼斯坦（Tzinista），"显然就是梵文 Cinathana（震旦）的一种希腊文译法"。[⑤] 可见，不论是赛里斯（Seres）还是秦尼（Thinai），抑或是秦尼扎（Tzinitza）、秦尼斯坦（Tzinista），它们的语源都是支那（Cina），而支那就是成都的梵语译法。[⑥]

公元 1 世纪末亚历山大城某商人的《厄立特里亚航海记》，是分析希腊时代关于东方地理知识的一份十分重要的文献。[⑦]《厄立特里亚航海记》谈到，经过

---

① 郑樵：《通志略·昆虫草木略二》，上海古籍出版社 1990 年影印本，第 803 页。

② 段渝：《政治结构与文化模式——巴蜀古代文明研究》，学林出版社 1999 年版，第 352—355 页。

③ 段渝：《支那名称起源之再研究》，载四川大学历史系编：《中国西南的古代交通与文化》，四川大学出版社 1994 年版，第 126—162 页。

④ 方豪：《中西交通史》上册，岳麓书社 1987 年影印本，第 66 页。

⑤ 戈岱司著，耿昇译：《希腊拉丁作家远东古文献辑录》，中华书局 1987 年版，"导论"第 17—19 页。

⑥ 段渝：《支那名称起源之再研究》，载四川大学历史系编：《中国西南的古代交通与文化》，第 126－162 页。

⑦ 戈岱司著，耿昇译：《希腊拉丁作家远东古文献辑录》，"导论"第 16—18 页，正文第 17—19 页。长期以来，《厄立特里亚航海记》被认为是公元 2 世纪前半叶希腊史家阿瑞安（Arrien）的作品，实则是公元 1 世纪末的作品。见戈岱司为《希腊拉丁作家远东古文献辑录》所写的"导论"第 16 页。

印度东海岸以后，向东行驶，到达位于恒河口以东的"金洲"后，再经过一些地区，到达赛里斯，一直到达一座名叫秦尼（Thinai）的内陆大城市的地方，该地通过两条不同的道路向印度出口生丝、丝线和丝绸。第一条道路经过大夏到达婆卢羯车（Barygaza，即今之布罗奇）大商业中心，另一条路沿恒河到达南印度。赛里斯国与印度之间居住着称为贝萨特人（Besatai）的野蛮人，他们每年都要流窜到赛里斯国首都与印度之间，随身携带大量的芦苇，芦苇可用来制作香叶（肉桂），这种东西也向印度出口。据德国学者李希霍芬（F. von Richthofen）研究，贝萨特人的位置是介于阿萨姆和四川之间，《希腊拉丁作家远东古文献辑录》的编者戈岱司完全同意李希霍芬的看法。[①] 这一研究结论意味着，中印之间的交通线是从四川经云南和缅甸到达东印度、北印度、西北印度和中亚的。

亨利·玉尔《古代中国闻见录》第 1 卷记载了 10 世纪时阿拉伯人麦哈黑尔东游写的《游记》，其中说到中国的都城名为新达比尔（Sindabil）。玉尔分析说："谓中国都城曰新达比尔（Sindabil），此名似阿拉伯人讹传之印度城名，如康达比尔（Kandabil）、山达伯尔（Sandabur）等，中国无如斯之城名也，其最近之音为成都府，马可·波罗游记作新的府（Sindifu），乃四川省之首府，五代时，为蜀国之都城。"[②] 这条材料十分重要。10 世纪时的中国，最初 7 年是唐末，多半时间属于五代十国时期，960 年以后是北宋，这些政权的首府和唐、宋都城名称的读音，除蜀之成都外，没有一座的发音接近 Sindabil 和 Sindifu，可见当时阿拉伯人是用 Sindabil 这个名称来指称中国都城的。从语音上分析，不论 Sindabil 还是 Sindifu 的词根，都与古希腊语 Sina、Seres 的词根完全一样，均为 sin，而 Seres、Sin 均源出古印度梵语 Cina，其他音节都是词尾，可见 Sindabil、Sindifu 的语源是从 Sina、Seres 演变而来的，而 Sina、Seres 又是从 Cina 演变而来的。这种演变关系的原因在于，由于最初经印度传播到阿拉伯人手中的丝绸是成都生产的丝绸，而成都是蜀之都城，所以都城生产的丝绸这一概念在阿拉伯人心目中留下了极为深刻的印象，以至直到 10 世纪时还不但保留着成都（Sindabil）这一称呼，而且更用这个名称来指称阿拉伯人所认为的中国都城。玉尔说，阿拉伯人《麦哈黑尔游记》"谓中国都城曰新达比尔（Sindabil），此名似阿拉伯人讹传之印度城名"，恰好揭示出了丝绸产地成都（Sindabil）与丝绸

---

① 戈岱司著，耿昇译：《希腊拉丁作家远东古文献辑录》"导论"，中华书局 1987 年版，第 30 页。

② 张星烺：《中西交通史料汇编》第 2 册，中华书局 2003 年版，第 781 页。莫东寅：《汉学发达史》，上海书店 1989 年影印本，第 15 页。

中转地印度和丝绸到达地阿拉伯之间的历史和路线关系，这是很有意义的。由此可以清楚地看出，不论 Seres（赛里斯）、Cina 还是 Sindifu 所指的地域，其实都是中国西南古蜀之成都。如像此类因缺乏直接接触和交流而误解异国历史和现实情况的史例相当不少，正如有的中国古文献把 Sind（印度河）当作五天竺（五印度），而以条支指称阿拉伯，却不知那些地域由于不同历史时期的政权变化已引起多次版图变化和名称变化的情况一样。

印度学者谭中指出，欧洲人称中亚为 Serindia，这个词的 Ser 是 Seres 或 Serica 的缩写，意思是"丝国"，是古代欧洲人对中国的称呼，Serindia 的意思是"中印"。这与人们把东南亚半岛称为"印度支那"（Indochina）如出一辙。Serindia 和 Indochina 这两个概念，是指中印文明相互交流、相互激荡的大舞台。欧洲人到了 Serindia 和 Indochina（中亚和东南亚半岛），就有中亚文明相互交叉影响的感觉，所以这样取名。而印度人自己的"印度"名称，来源于 Sindhu 这个名称，Sind 是河流的名称，即是印度河，Sindhu 一地现在位于巴基斯坦，[①] 是著名的印度河文明的发祥地。根据这个认识来看，Seres 这个名称，显然是与 Sindhu（Sindhu，在波斯人那里讹变为 Hindu，传入希腊后，希腊人又讹变为 Indus，此即 India 名称的由来）这个名称一道，从印度西传到中亚地区的，欧洲人早在公元前 4 世纪就已知道 Cina 这个名称，而且把梵语的 Cina 一词，按照欧洲人的语言，音转成了西语的 Seres。由此看来，Seres 名称和 Sindhu 名称同传中亚，应该是从今印度经由巴基斯坦西传的。张骞所说蜀人商贾在身毒进行贸易活动，身毒即是 Sindhu 的汉语音译，指印度西北部印度河流域地区。[②] 可以知道，从中国西南到印度，再从印度经巴基斯坦至中亚阿富汗，由此再西去伊朗和西亚地中海，这条路线正是南方丝绸之路西线所途经的对外交通线。这与中国古文献《魏略·西戎传》所记载的蜀人商贾在"滇越"（今东印度阿萨姆）进行贸易活动、《史记·大宛列传》所记载的蜀人商贾在身毒（西北印度）进行贸易活动的路线是恰相一致的。

---

① ［印］谭中、［中］耿引曾：《印度与中国——两大文明的交往和激荡》，商务印书馆 2006 年版，第 83、84、88 页。

② 本文所使用的印度这个概念，除特别指出外，多数情况下是指"地理印度"而不是"印度国家"。"地理印度"大致上相当于印度文明的地理范畴，包括今印度、巴基斯坦以及其他一些地区在内。中国古文献对印度的指称，有着多种译名，如：身毒、天竺、贤豆、欣都思、捐毒，等等，而不同时期的译名所指称的地域范围有所差异，例如迦腻色迦创建的贵霜王朝在中国古文献里并不称身毒，而是初称大月氏，后称罽宾。载［印］谭中、［中］耿引曾：《印度与中国——两大文明的交往和激荡》，第 80—81 页。

（二）关于赛里斯之长寿者的传说

在戈岱司所编辑的《希腊拉丁作家远东古文献辑录》中，著录了公元前 4 世纪欧洲克尼德（Cnide）的克泰夏斯（Ctesias）关于远东有人居住地区珍异物的记载："据传闻，赛里斯人和北印度人身材高大，甚至可以发现一些身高达十三肘尺（Coudee，法国古代长度单位，指从肘部到中指长，约等于半米——译者注）的人。他们可以寿逾二百岁。"[①] 莫东寅《汉学发达史》的引述与此稍异："希罗多德（Herodotos）之后，记述东方之希腊人，有克泰夏斯（Ktesias），据云为欧洲人士最先记述中国者。克氏之作，约在纪元前四百年（周安王时），谓赛里斯（Seres）人及北印度人身体高大，达十三骨尺（Cubits，每骨尺，由肘至中指之末端），寿命达二百岁。"[②] 希腊地理学家斯特拉波（Strabon，约公元前 58—公元 21 年）《地理书》XV，Ⅰ，34 记载："然而，有人声称赛里斯人比能活一百三十岁的穆西加尼人还要长寿。"《地理书》XV，Ⅰ，37 还记载："人称赛里斯人可长寿，甚至超过二百岁。"[③] 克泰夏斯和斯特拉波的说法虽然不免荒诞，不过仔细考察分析，却有着几分中国古史传说的真实素地。

在中国先秦秦汉史上，长期流传着关于长寿的传说，流传得最广泛的，要数有关彭祖长寿的传说。相传彭祖为殷守藏史、周柱下史，寿八百余岁，[④] 较早的记载盖为孔子所说"窃比于我老彭"，[⑤] 老彭即彭祖。屈原也说："彭铿斟雉帝何飨，受寿永多，夫何久长？"[⑥] 汉晋间人对此亦颇多习知。[⑦] 先秦秦汉的史籍上有两个有关彭祖的记录，历史上曾把两个不同的彭祖混为一谈，以为是同一人，其实不然。考之史籍，不难知道这两个彭祖及其所在，其中一个是为孔子所提到的彭祖，以长寿闻名；而另一个彭祖，则不仅长寿，而且还以长于仙术闻名于世。关于彭祖仙术之迹，《庄子·刻意》明确记载道："吹呴呼吸，吐故纳新，

---

① 戈岱司著，耿昇译：《希腊拉丁作家远东古文献辑录》，第 1 页。

② 莫东寅：《汉学发达史》，上海书店 1989 年版，第 2 页。

③ 戈岱司著，耿昇译：《希腊拉丁作家远东古文献辑录》，第 6 页。

④ 《世本》雷学淇辑本，载《世本八种》，北京图书馆出版社 2008 年影印本，第 712 页。并见刘向《列仙传》卷上。

⑤ 《论语·述而》，中华书局 1980 年影印本，第 2481 页。

⑥ 洪兴祖：《楚辞补注》，中华书局 1983 年版，第 116 页。

⑦ 按：如刘向《列仙传》、应劭《风俗通》（逸文）、常璩《华阳国志》、干宝《搜神记》、葛洪《神仙传》、《抱朴子》等，均极而言之。

能经鸟申，为寿而已矣。此导引之士，养形之人，彭祖寿考者之所好也。"[1] 从《庄子》所述来看，彭祖长寿之术应属当时所谓的"方仙道"，[2] 他与蜀人王乔的仙术，均以行气吐纳为特点，属于同一仙道派别。

据《国语·郑语》、《史记·楚世家》，彭祖为祝融陆终氏之子，又称"大彭"，"自尧时举用，历夏殷，封于大彭"。[3]《汉书·地理志》以为："彭城，古彭祖国"，地在今江苏省徐州市。但蜀中也有彭祖遗迹，《华阳国志·蜀志》于犍为郡武阳县（今四川彭山县）下记载："郡治，有王乔、彭祖祠"，又载："王桥（乔）升其北山，彭祖家其彭蒙。"彭蒙之蒙，与望音近相通，《续汉书·郡国志五》犍为郡武阳县下载有"彭望山"，刘昭注引《南中志》云："县南二十里彭望山"，又引李膺《益州记》曰："县……下有彭祖冢，上有彭祖祠。"《元和郡县志》卷32亦载："彭亡城亦曰平无城，彭祖家于此而死，故曰彭亡。"蜀地这个彭祖渊源有自，应与《尚书·牧誓》所载西土八国"庸、蜀、羌、髳、微、卢、彭、濮人"中的彭人有关，不必勉强去同陆终氏之后的大彭相比附。从三国时张鲁之子叫彭祖的情况看，[4] 西蜀有为子取名彭祖之习。再从仙人彭祖行迹看，他以"吹呴呼吸，吐故纳新"为特征，恰与其同乡仙人王乔相同，[5] 所以《庄子》所说的仙人彭祖，实为西蜀犍为郡武阳县的彭祖，而非东方彭城的彭祖。此彭祖与王乔并为一派，蒙文通先生考证其为南方之仙道，与燕、齐有殊，而吴、越的行气一派也是源于西蜀王乔、彭祖的。[6] 至于《华阳国志·序志》所说"彭祖本生蜀，为殷太史"，则混淆了东方的彭祖和西方的彭祖，而两个彭祖又是各有渊源的，正如三个王乔各不相同一样。[7]

克泰夏斯和斯特拉波把长寿者和赛里斯联系在一起加以讲述，这显然是对

---

[1] 王先谦：《庄子集解》卷4《刻意》，中华书局1987年版，第132页。

[2] 方仙道之称，始见于《史记·封禅书》，但"依于鬼神之事"的方仙道，自不始于汉初，先秦即有之。屈原《远游》即称王乔之术为"道"，则方仙道至少在战国时即已有所流传。

[3] 《史记》卷1《五帝本纪》正义。

[4] 《三国志·魏志·张鲁传》。

[5] 《淮南子·齐俗篇》说："今夫王乔、赤诵子，吹呴呼吸，吐故纳新，遗形去智，抱素反真，以游玄眇，上通云天。今欲学其道，不得其养气处神，而放其一吐一吸，时诎时伸，其不能乘云升假亦明矣。"《淮南子·泰族篇》也讲到王乔之术道，与《齐俗篇》所述大体相同。王乔，蜀人，《淮南子·齐俗篇》高诱注："王乔，蜀武阳人也，为柏人令，得道而仙。"（刘文典：《淮南鸿烈集解》，冯逸、乔华点校，中华书局1989年版，第361页）

[6] 蒙文通：《晚周仙道分三派考》，《古学甄微》，巴蜀书社1987年版，第338页。

[7] 段渝：《巴蜀文化与汉晋学术和宗教》，《中华文化论坛》1999年第3期。

于人物和人物所在地的描述。正如我们以上的分析，赛里斯是指蜀之成都，而赛里斯之长寿者则是指蜀人彭祖。可见，希腊罗马古文献关于赛里斯与长寿者的记载，虽然其中含有一些荒诞不经的成分，但其内核却并非捉风捕影之说。剔除那些荒诞成分，我们便可看到赛里斯和长寿者的故事与先秦秦汉的蜀地所具有的内在关系。由此可以知道，希腊罗马古文献关于赛里斯与长寿者的记载，来源于中国西南古蜀地区传说的流传，它们曲折地反映了古代蜀人传说的西传，应是古希腊作家根据他们在中亚和印度时的耳闻所进行的实录性记述，表明当时已有从中国西南至印度和中亚的交通存在。

克泰夏斯的生活时代是公元前 4 世纪，此时关于支那（Cina）的名称已经远播于印度。[①] 古蜀人经云南、缅甸进入印度，一条主要的通道是从今东印度阿萨姆经北印度进入西北印度（身毒），这正与克泰夏斯把 Seres 和北印度联系在一起的记述相吻合，也与古蜀丝绸西传印度的年代、地域和路线相吻合。应该说，这绝不是偶然的巧合。

二、中国古文献所载西南地区的早期对外交通

贾谊《新书》卷 9《修政语上》记载："尧教化及雕题、蜀、越，抚交趾，身涉流沙，封独山，西见王母，训及大夏、渠搜、北中国幽都及狗国与人身鸟面及僬侥。"[②] 其中几个地名和古国、古族名，颇与古蜀和西南地区的内外交通线有关。

独山，即蜀山，独字上古音屋部定纽，与渎字音同相通，《史记·封禅书》即作"渎山"，指岷山，即是蜀山。[③] 狗国，先秦岷江上游有白狗羌，称为"阿巴白构"，为牦牛羌之笮都，即《史记·大宛列传》正义所说："笮，白狗羌也。"笮都在战国至汉初渐次南迁至今四川汉源大渡河南北，汉武帝末叶以后逐渐南迁至雅砻江流域即今四川凉山州西南部之盐源等地区。[④]"人身鸟面"，似与古蜀

① 季羡林：《中国蚕丝输入印度问题的初步研究》，《中印文化关系史论文集》，三联书店 1982 年版，第 76 页。

② 阎振益、钟夏：《新书校注》卷 9《修政语上》，中华书局 2000 年版，第 360 页。

③ 《史记·封禅书》："渎山，蜀之汶山。"《索隐》云："《地理志》蜀郡湔氐道，渎山在西。郭璞注云：'山在汶阳郡广阳县，一名渎山也。'"湔、岷古今字。（《史记》卷 28《封禅书》）

④ 段渝：《四川通史》第 1 册，四川大学出版社 1993 年版，第 270、271 页。

三星堆青铜雕像的人面鸟身有一定关系。① 而狗国与人面鸟身相联系，则可能暗示着三星堆古蜀人与白狗羌在族群上的某种联系。

　　僬侥，或作焦侥，始见于《国语·鲁语》，其后，《史记》、《后汉书》、《山海经》、《列子》、《括地志》诸书中有所记载，说其人身高不过三尺。《山海经·大荒南经》记载："有小人名曰僬侥之国。"《海外南经》所记略同。《史记·大宛列传》正义引《括地志》云，"小人国在大秦南，人才三尺……即焦侥国"。方国瑜先生引证李长传《南洋史纲》说："小黑人，后印度（中印半岛）之原住民，人种学家名曰小黑人，属尼格罗系（Negritos）。身躯短小，肤色黝黑，在有史以前，居住半岛，自他族徙入，遂见式微。"方先生认为，永昌徼外僬侥夷，当即古之小黑人，唯不详其地理。② 夏光南和波巴信认为焦侥可能就是缅甸的原始居民小黑人，即尼格黎多人。③ 其实，就印度历史看，所谓小黑人，即是尼格罗种系的达罗毗荼人（Dravidian），他们是印度河文明时代的主要居民，在印度河文明衰亡后，当北方操雅利安语的印-欧人从欧亚草原进入印度北方时，达罗毗荼人迁移到恒河流域、印度南部和印度东北等地，今天在南印度西海岸的卡拉拉邦、东印度的曼尼普尔邦和库奇山区的安加米那人身上，还可以见到达罗毗荼人的体质特征。④ 印度河文明衰亡于公元前 1500 年左右，此后，达罗毗荼人从印度河流域逐步向东印度和南印度迁徙。这个时期，正是古蜀三星堆文明兴起并走向繁荣的时期，也是古蜀文明与印度文明接触交流的时期，三星堆遗址出土的来源于印度洋的大量齿贝，古蜀的柳叶形青铜短剑形制，⑤ 以及三星堆和金沙遗址出土的巨量象牙，都出现在这个时期不是偶然的。李学勤先生曾在英国剑桥大学见到该校收藏的一片武丁卜甲，经不列颠博物院研究，龟的产地是在缅甸以

---

① 按：四川广汉三星堆出土的青铜雕像中有 1 件鸟脚人身像，腰部以上断裂，损毁不存。这件雕像腰至大腿、小腿为人身，脚为鸟爪，踩在一只作飞翔状的青铜鸟的头上。根据这件雕像的形态和意境，联系到三星堆出土的 1 件青铜神坛的上层所铸有的高踞四周的青铜鸟头，再联系到三星堆出土的大量青铜鸟头像和陶制鸟头勺柄等情况分析，这件鸟脚人身青铜雕像的头部很可能是鸟头。

② 方国瑜：《中国西南历史地理考释》上册，中华书局 1987 年版，第 216 页。

③ 夏光南：《中印缅道交通史》，中华书局 1940 年版，第 23 页。波巴信：《缅甸史》，商务印书馆 1965 年版，第 10 页。

④ 刘建、朱明忠、葛维钧：《印度文明》，中国社会科学出版社 2004 年版，第 10—14 页。R.塔帕尔（Romila Thapar）著，林太译：《印度古代文明》，浙江人民出版社 1990 年版。按，实际上，达罗毗荼人包括尼格罗人和地中海人两部分，一般认为，辉煌的印度河文明即是由达罗毗荼人创造的。

⑤ 段渝：《商代中国西南青铜剑的来源》，《社会科学研究》2009 年第 2 期。

南；YH127 坑武丁卜甲碎片粘附的一些织物痕迹，经台湾学者检验是木棉。[1] 木棉即《华阳国志·南中志》、《蛮书》、《新唐书·骠国传》等所说的"帛迭"，也就是所谓橦华布，主要产于缅甸。这些文化因素的直接来源，颇与印度洋沿岸地区、东印度阿萨姆和上缅甸有关，它们之间的接触、交流和交通，应是通过这些地区进行的。这表明，中、缅、印之间的交通、交流和互动，不但在商代确已存在，而且缅、印地区的一些文化因素还通过古蜀地区输往中原商王朝。[2]

古代东印度阿萨姆有一著名的迦摩缕波国，中国史籍记为盘越国，或滇越，滇越的东南即是上缅甸。公元前 3 世纪以前，上缅甸不曾存在任何国家，而印度早在阿育王时代（约公元前 273—前 232 年），孔雀王朝的势力已扩张到东印度布拉马普特拉河流域。[3] 鱼豢《魏略·西戎传》记载："盘越国，一曰汉越王，在天竺东南数千里，与益部相近，其人小与中国人等，蜀人贾似至焉。"[4] 盘越，《后汉书·西域传》误作"盘起"，《梁书》卷 54《中天竺传》作"盘越"，《南史》卷 78 作"盘越"，《通志》亦作"盘越"。据沙畹研究，盘越地在东印度阿萨姆与上缅甸之间。[5] 据汶江先生研究，盘越即滇越，即东印度阿萨姆的迦摩缕波。[6]《史记·大宛列传》记载："昆明之属无君长……然闻其西可数千里，有乘象国，名曰滇越，而蜀贾奸出物者或至焉。"直到汉魏，蜀人商贾仍在东印度进行经商活动。《大唐西域记》卷 10《迦摩缕波国》记载："迦摩缕波国，周万余里，国大都城，周三十余里……人形卑小，容貌黧黑，语言少异中印度。"[7] 这里所说迦摩缕波国"人形卑小，容貌黧黑，语言少异中印度"，就是《魏略·西戎传》所说的"其人小与中国人等"，其实就是分布在东印度阿萨姆地区与雅利安人语言有异的达罗毗荼人，亦即所谓僬侥。从《华阳国志·南中志》和《后汉

[1] 李学勤：《〈三星堆与南方丝绸之路青铜文化研讨会论文集〉序》，《三星堆研究》第 2 辑，文物出版社 2007 年版，第 1—2 页；《商代通向东南亚的道路》，《学术集林》卷 1，上海远东出版社 1994 年版。

[2] 商王朝与古蜀国之间，既有战争的对抗，又有和平的交往，双方还存在微妙的贸易关系。载段渝：《略论古蜀与商文明的关系》，《史学月刊》2008 年第 5 期。

[3] B. M. Barua, *Asoka and his Inscriptions*, pp.64–69, Culcutta, 1955. 转引自汶江：《滇越考》，《中华文史论丛》1980 年第 2 辑。

[4] 陈寿：《三国志·魏志·乌丸鲜卑东夷传》裴松之注引，中华书局 2011 年版，第 860 页。

[5] 沙畹：《魏略·西戎传笺注》，载冯承钧译：《西域南海史地考证译丛》第 7 编，商务印书馆 1962 年版，第 41—57 页。

[6] 汶江：《滇越考》，《中华文史论丛》1980 年第 2 辑。

[7] 季羡林等校注：《大唐西域记校注》下册，中华书局 2000 年版，第 794 页。

书·哀牢传》的记载来看，西南夷的空间范围包括了后来缅甸的许多地区，是直接毗邻于东印度阿萨姆地区的。[①]《后汉书·陈禅传》记载说："永宁元年，西南夷掸国王献乐及幻人"，掸国在今缅甸，时称西南夷。《后汉书·明帝纪》更是明确记载说："西南夷哀牢、儋耳、僬侥、盘木、白狼、动黏诸种，前后慕义贡献"，直接把僬侥之地纳于西南夷地域范围。《大唐西域记》卷10《迦摩缕波国》还记载："此国（按：指迦摩缕波）东，山阜连接，无大国都。壤接西南夷，故其人类蛮獠矣。详问土俗，可两月行，入蜀之西南之境。"这些记载十分清楚地说明，出蜀之西南境即西南夷，其境地是与东印度阿萨姆地区相连接的，这一线就是古蜀人出云南到东印度进行商业活动的线路。由此不难知道，古蜀三星堆文化和中国西南文化中出现的印度河文明的因素，其来源的主要途径之一，就是由蜀商通过当时已从印度河流域东迁至阿萨姆的原印度河文明的创造者达罗毗荼人那里了解，并往来传递信息的。贾谊《新书·修政语》把西南夷狗国、三星堆人身鸟面与印度达罗毗荼僬侥相互联系，其真实文化内涵应是上古时代中国西南与印度地区的交通和交流。

考古资料说明，早在旧石器时代，印度北部、中国、东南亚的旧石器就具有某种共同特征，即所谓砍砸器之盛行。而后来在中、缅、印广泛分布的细石器说明，在新石器时代，中国西南与缅、印就有文化传播和互动关系。在印度东北的阿萨姆、梅加拉亚、那加兰、曼尼普尔、孟加拉国、比哈尔、奥里萨、乔达·那格浦尔等地，多处发现有肩石斧、石锛、长方形石斧、石锛、八字形石斧、长方形有孔石刀等，是中国云南考古中常见的形制。[②] 在东印度阿萨姆发现一种圭形石凿，刃部磨在两窄边，这在四川西南部凉山州西昌市等地区是常见之物。[③] 饶宗颐先生也认为印度地区所发现的有肩石斧和有段石锛，是沿陆路从中国进入东印度阿萨姆地区和沿海路进入盘福加（孟加拉国）的，印度河文明哈拉巴文

---

① 《华阳国志·南中志》记载："（哀牢）其地东西三千里，南北四千六百里"。（刘琳：《华阳国志校注》，成都：巴蜀书社1984年版，第428页）《后汉书·哀牢传》记载："（哀牢夷）其称邑王者七十七人，户五万一千八百九十，口五十五万三千七百一十一"。方国瑜先生认为，据此可见，哀牢地广人众，包有今之保山、德宏地区，及缅甸伊洛瓦底江上游地带。参见方国瑜：《中国西南历史地理考释》上册，第22、24页。方先生之说，符合古文献记载。

② 阚勇：《试论云南新石器文化》，载《云南省博物馆建馆三十周年纪念文集》，云南省博物馆1981年印行，第45—67页。杨甫旺：《云南和东南亚新石器文化的比较研究》，《云南文物》1994年第37期。

③ 礼州遗址联合考古队：《四川西昌礼州新石器遗址》，《考古学报》1980年第4期。

化发现的束丝符号，与理塘和四川汉墓所见相同，据此可确认丝织品传至域外，而竹王的神话，则与西南夷的信仰同出一源。[①] 阿萨姆石器原料所用的翡翠，产在离中国云南边境仅 150 公里的缅甸勐拱地区，这个地区当属东汉永平十二年设置的永昌郡内外。阿萨姆地区新石器时代的房屋建筑是干栏式，[②] 这同样是中国西南云南和四川常见的建筑形式，成都十二桥商代建筑遗址就是典型的干栏式建筑。[③] 根据陈炎先生在《中缅文化交流两千年》中所引证的中外学术观点，印度以东缅甸的现住民，不是当地的原住土著民族。他们当中的大多数是在史前时期从中国云贵高原和青藏高原迁入，其中的孟－高棉语族是最先从云贵高原移居到缅甸的，[④] 这显然同有肩石器从中国西南云贵高原向缅印地区的次第分布所显示的族群移动有关。

《新书·修政语上》还提到"西见王母，训及大夏、渠搜"，西王母的所在，众说纷纭，莫衷一是，总之在中国的西方。近年有学者认为，"王母"是古印度语 Uma 通过古突厥语演变而来的，是印度神话中喜马拉雅山神之妻 Uma 的化身。[⑤] 葛剑雄先生认为，先秦至张骞通西域以前昆仑山、西王母所在的"西方"，实际上指的是西南，不仅包括今四川、云南，甚至包括境外的南亚次大陆和中亚，[⑥] 确实是有道理的。大夏，即巴克特里亚（Bactria），地在今阿富汗。渠搜，最早见于《尚书·禹贡》，称西戎中有"渠搜"，《汉书·地理志》将"搜"改作"叟"。《汉书·武帝纪》诏云，"北伐渠搜，氐羌来服"，可知叟是从氐羌中分化出来的。

---

① 饶宗颐：《梵学集》，上海古籍出版社 1997 年版，第 353、355、356 页。

② 印度石器时代的考古资料，见 H. L. Movius,"Early Man and Pleistocene Stratigraphy in Southern and Eastern Asia", *Paper of Peabody Museum of Archaeology and Ethnology*, vol.19. Cambridge, 1944; Shshi Asthana, *History and Archaeology of India's Contacts whith other Countries: From Earliest Times to 300 B.C.*, Delhi, B. R. Publishing Corporation, 1976, p.154. 参见童恩正：《古代中国南方与印度交通的考古学研究》，《考古》1999 年第 4 期。

③ 四川省文管会、成都市博物院：《成都十二桥商代建筑遗址发掘简报》，《文物》1987 年第 12 期。

④ 陈炎：《中缅文化交流两千年》，载周一良主编：《中外文化交流史》，河南人民出版社 1987 年版，第 3 页。关于缅甸的古代民族的来源问题，参见李绍明：《西南丝绸之路与藏彝走廊》，载四川大学历史系编：《中国西南的古代交通与文化》，四川大学出版社 1994 年版，第 35—48 页；贺圣达：《缅甸藏缅语各民族的由来和发展——兼论其与中国藏缅语诸民族的关系》，载方铁主编：《西南边疆民族研究》3，云南大学出版社 2003 年版，第 1—17 页。关于孟高棉语的问题，可参见何平：《中南半岛北部孟高棉语诸民族的形成》，载方铁主编：《西南边疆民族研究》3，第 18—33 页。

⑤ 库尔班·外力：《西王母新考》，《新疆社会科学》1982 年第 3 期。

⑥ 葛剑雄：《关于古代西南交通的几个问题》，《中国西南的古代交通与文化》，第 1—13 页。

叟人是古代氐羌的一支，也是今藏缅语族彝语支各族的一支先民，这不仅从现今四川凉山彝族传说他们的祖先原居北方，以及古侯和曲涅两支人在唐代从云南昭通渡江进入凉山的事实中得以说明，[①] 而且从在云南昭通发掘出的晋代霍承嗣墓葬的壁画中也可获得叟人与彝族关系的实证。[②] 该壁画绘有当时夷汉部曲的形象，其中的夷人即当地的叟人，他们的装束与现今凉山彝族有着许多相似之处，如披毡、赤足、椎结等等。晋时朱提郡（今云南昭通地区一带）和越西郡（今四川凉山一带）境内的叟人属于同一民族，习俗相同，形象相似，得以古今印证。[③] 贾谊既将僬侥与狗国和人面鸟身联系在一起，又将它们与西王母、大夏和渠搜联系在一起，意味着这些古国古族之间有着往来交流的关系，而这一联系交流和往还线路，恰恰是古蜀文明从岷江流域经西南夷之牦牛种白狗羌地区（即南方丝绸之路西线之旄牛道）至上缅甸再至东印度西行至阿富汗的南方丝绸之路交通线，这就是《史记·大宛列传》和《西南夷列传》中张骞所谓的蜀身毒道。《新书》关于这些古国古族交流往来的记载恐怕不是出于偶然，应是贾谊对西汉初年关于古代南方丝绸之路传闻的记录。

据《后汉书·西南夷传·哀牢传》记载："永初元年，（永昌）徼外僬侥种陆类等三千余口举种内附，献象牙、水牛、封牛"。[④] 东汉时僬侥进献封牛，所谓封牛，即牛脊梁凸起成峰的峰牛，这种牛的青铜雕像在云南大理地区的战国秦汉考古中有大量发现。峰牛产于印度，为中国所不产，云南大理考古发现的大量战国秦汉时期的峰牛青铜雕像，即与印度僬侥有关。这说明，中印之间通过中国西南地区进行的经济文化交流，早在先秦时期就已经达到相当频繁的程度。东汉时，"永昌徼外夷"多次遣使从永昌（今云南保山）通过西南夷地区进入中原京师进献方物，[⑤] 其中除僬侥外，还有敦忍乙、掸国等。据学者考证，这些族群和古国多在今缅甸境内。夏光南认为敦忍乙即下缅甸的得楞族（孟族），[⑥] 方国瑜先生认为敦忍乙是"都卢"的对音，似在上缅甸的太公。[⑦] 掸国，学术界一般

① 李绍明：《关于凉山彝族的来源问题》，《思想战线》1978 年第 5 期。

② 云南省文物工作队：《云南省昭通后海子东晋壁画墓清理简报》，《文物》1963 年第 12 期。

③ 李绍明：《邛都夷与大石墓的族属问题》，《西南民族学院学报》1981 年第 2 期。

④ 《后汉书》卷 86《西南夷传·哀牢传》，亦见《后汉书》卷 5《安帝纪》。

⑤ 《后汉书》卷 4《和帝纪》、《后汉书》卷 5《安帝纪》、《后汉书》卷 51《陈禅传》、《后汉书》卷 86《西南夷传》。

⑥ 夏光南：《中印缅道交通史》，中华书局 1940 年版，第 23 页。

⑦ 方国瑜：《十三世纪前中国与缅甸的友好关系》，《人民日报》1965 年 7 月 27 日。

认为即是今缅甸境内的掸邦。《后汉书·西南夷传》记载"掸国西南通大秦",大秦即罗马帝国。从成都平原经云南出缅甸、印度,经巴基斯坦、阿富汗至西亚的安息(伊朗),再至地中海、罗马帝国,这正是南方丝绸之路西线的全部行程。

贾谊《新书·修政语》还将蜀、越、交趾联系在一起,越为长江下游和华南地区古族,先秦秦汉时期的南中地区亦有相当多的越人,《华阳国志·南中志》称"南中在昔盖夷越之地",古文献亦称南中有"濮越"、"滇越"等;交趾在中印半岛北部,有雒田、雒王、雒侯、雒将。① 联系到越南北部红河流域发现的形制与三星堆文化相同的歧锋牙璋,越南北部永福省义立遗址发掘出土的与三星堆文化相似的多边形有领玉璧形器、石璧形器、A类灰坑等,② 以及在四川凉山州、云南以及越南青铜时代东山文化发现的大量蜀式三角形援青铜戈,③ 云南和中印半岛出土的大量铜鼓,和《水经·叶榆水注》所引《交州外域记》以及越籍《大越史记》、《安南志略》等文献所载蜀王子安阳王南迁交趾建立"蜀朝"的历史来看,先秦时期从四川经云南至中印半岛的交通线是畅通的,④ 这不仅与战国晚期蜀王子安阳王从蜀地南迁交趾有关,而且同从商代以来中越文化的早期交流互动有关。

---

① 王国维:《水经注校》卷37《叶榆水》注引《交州外域记》,上海古籍出版社1984年版,第1156页。

② 四川省文物考古研究院、陕西省考古研究院:《中越两国首次合作:越南义立遗址2006年度考古发掘的收获》,《中国文物报》2007年4月6日。

③ 王有鹏:《犍为巴蜀墓的发掘与蜀人的南迁》,《考古》1984年第12期。霍巍、黄伟:《试论无胡蜀式戈的几个问题》,《考古》1989年第3期。

④ 古代中越交通线的主要线路是步头道和进桑道。严耕望先生在《汉晋时代滇越道》中认为,进桑约在今河江县(E105°、N22°50')境,此道行程,北由贲古县东南行,沿叶榆水(今盘龙江)而下,经西随县(约今开化、文山县,E104°15'、N21°25'地区),达交趾郡(今河内地区)。(《"中央"研究院历史语言研究所专刊》第82页,"中研院"历史语言研究所,1986年)方国瑜先生在《南诏通安南道》中认为,进桑道确为滇越通途,进桑的方位在今云南的河口、马关二县间,系在红河流域,步头道在红河之元江经河口以至河内一线(《中国西南历史地理考释》上册,第521—530、566—586页)。关于步头道和进桑道在中越交通史上的作用,严耕望先生认为步头道在唐以前不如进桑道重要。笔者认为,步头是出云南至越南的水陆分程地点,以下即沿红河下航,这条线路是沟通云南和中南半岛交通的最古老的一条水道;另一条即是严耕望考证的进桑道。(《四川通史》第1册,1993年,第86、160、161页)李绍明先生《南方丝绸之路滇越交通探讨》一文认为,进桑道系沿盘龙江而下,而步头道系沿红河而下,二者走向是不相同的,不可仅视为一途以概之;红河一途即古步头道当是古代蜀人由滇进入越南最为便捷之最佳路径。(载《三星堆研究》第2辑,第4—7页)

王嘉《拾遗记》卷2记载，周成王即政三年，泥离之国来朝。法国学者鲍梯氏认为泥离国为尼罗河之音转，久良认为是印度拿拉镇之音转，拉克伯里认为是缅甸伊洛瓦底江西岸之奴莱。《拾遗记》卷2还记载，周成王四年，"旃涂国献凤雏……饰以五色之玉，驾以赤象"。从献玉和赤象来看，旃徐国有可能是缅印地区之国。五年，"有因祇之国，去王都九万里，献女工一人。体貌轻洁。被纤罗杂绣之衣，长袖修裾。风至则结其衿带，恐飘飘不能自止也。其人善织，以五色丝纳于口中，手引而结之，则成文锦"。"六年，燃邱之国献以比翼鸟，雌雄各一，以玉为樊。其国使者皆鬈头尖鼻，衣云霞之布，如今朝霞也"。张星烺认为："鬈头尖鼻，或者即欧洲之白人也。"[1]

过去学者在对《拾遗记》所述故事进行解释性研究时，或没有凭借可靠的参考资料，或其解释缺乏依据，多有比附之嫌。当笔者在系统研究古代巴蜀和西南地区的文化与文明后，再来分析《拾遗记》所述故事，可以发现其中值得注意的一些问题，如：一是"五"这个数字，与古蜀人的尚五习俗是否有关？古代蜀人尚五，在社会组织、文物制度等方面均以五为纪，秦始皇在蜀整修道路，亦以五尺道命名。[2] 二是丝，五色丝，当为织锦，是否与蜀锦有关？三是五色之玉和赤象，五色之玉当为翡翠之类，象则是缅甸和印度的特产。由此可以认为，《拾遗记》记载的这几个古国应该都在西南方向，当在印度支那半岛或南亚次大陆，与中国西南相毗邻。四是鬈头尖鼻，这种形象与三星堆青铜人头像极为近似，二者之间是否有某种关系？三星堆文化族群的主体属于古代氐羌民族系统，而古羌人的种属与中亚或西亚有关。五是献比翼鸟，《逸周书·王会篇》记载巴人献比翼鸟，二者是否有关？

以上五点，可以说已经形成了一个文化丛（文化集结），似乎已非偶然。但要进一步确定其间的关系，还需做深入的比较研究。

三、中国西南地区海贝和象牙的来源

从中外古文献的研究中，可以发现先秦时期中国西南与缅甸、印度和中亚

---

[1]　张星烺：《中西交通史料汇编》第1册"上古时代之中外交通"，中华书局2003年版，第51、52、53页。

[2]　段渝：《先秦巴蜀文化的尚五观念》，《四川文物》1997年第5期。

已存在以商业活动为主要内容的交通线。事实上，从对考古新资料进行分析的角度看，商周时代中国西南与印度的交通就已经明确存在，并且通过印度至中亚、伊朗和西亚的交通线，吸收采借了近东文明的若干因素。[①]

（一）商代三星堆海贝的来源

1986年夏，四川广汉三星堆遗址一、二号祭祀坑出土大批青铜人物雕像群、动植物雕像群、黄金制品、玉石器、海贝和象牙。三星堆出土的海贝中，有一种环纹货贝（Monetriaannulus），日本学者称为"子安贝"，大小为虎斑贝的三分之一左右，中间有齿形沟槽，与云南省历年来发现的环纹货贝相同。这种环纹货贝，只产于印度洋深海水域，[②] 既不产于近海地区，更不产于江河湖泊。地处内陆盆地的三星堆出现如此之多的齿贝，显然是从印度洋北部地区（主要指孟加拉湾和阿拉伯海之间的地区）引入的。

诚然，中国古文献中多见贝的记载，如《逸周书·王会篇》讲到"具区文唇，共人玄贝，海阳大蟹"，在《左传》等文献里，也可见到楚国富有贝的记载。不过，《左传》等文献里虽然记载江、淮产贝，但是江、淮所出贝，乃是蚌壳，而非海贝，不可混为一谈。是否可以根据文献的记载，就可以判定三星堆祭祀坑出土的海贝原产于南中国？对此，不少学者持审慎态度，也有学者断然说产自中国，认为海贝原产于华南。对此，仔细参订文献，并非没有疑义。海贝，多是深海产物，尤其白色的齿贝产于印度洋深海水域，乃是不争的事实。中国古籍里确实讲到南海附近产贝，但对产贝说要具体分析。殷墟甲骨文和一些史册中所谓产贝之地，其实多是中原的贝从那里输入，而那里本身并不产贝，只是从那里进口引入，并由此输往中原，故中原人以为是那里所产。在9—10世纪阿拉伯人所著《中国印度见闻录》中，[③] 说到广州是从海上引进海贝的输入点，即是从海岛或沿海国家、地区进口海贝的集散地，

---

① 关于中国西南古蜀文明通过缅印至中亚、西亚的交通线，吸收采借近东文明因素的问题，参见段渝：《商代蜀国青铜雕像文化来源和功能之再探讨》，《四川大学学报》1991年第2期；《论商代长江上游川西平原青铜文化与华北和世界古文明的关系》，《东南文化》1993年第2期。本文不再赘述。

② 熊永忠：《云南古代用贝试探》，《四川文物》1988年第5期。王大道：《云南出土货币概述》，《四川文物》1988年第5期。笔者曾在伦敦就环纹货贝的产地问题请教过这种贝壳的印度销售商，他们都说产于印度洋。

③ 穆根来、汶江、黄倬汉译：《中国印度见闻录》，中华书局1983年版，第15页。

说明大批海贝有赖进口，可是中国史籍却多误以为广州一带产贝，可见是将海贝的进口地和集散地误为原产地。也有另一种情况，古代中国视周边一些地区为属国，以附属国视之，故将其所产物品视为中国所产。比如"交广"连称，便把交趾（今北越）纳入中国领土的范围之中。而交趾、日南相近，多见海贝，通过交趾入广州，海贝便被视为产于交广，这样也就混淆了其原产地与集散地的区别。

在印度洋北部地区，一直流行以齿贝为货币的传统。《通典》卷九三"天竺"条记载说："西与大秦、安息交市海中，或至扶南、交趾贸易，多珊瑚、珠玑、琅玕、俗无簿籍，以齿贝为货（币）。"《旧唐书·天竺传》也说道："（天竺）以齿贝为货（币）。"元人汪大渊《岛夷志略》"朋加喇"条记载道："铸银钱为唐加，每个钱八分重，流通使用，互易贝八子一万五百二十有余，以权小便民，良有益也。"所谓"朋加喇"，即孟加拉国的对音。此书还谈到，许多地方如"罗斛"、"暹罗"、"大乌爹"、"放拜"等，都以海贝为货币。这些地方，虽不能确指，但均在印度洋地区，属于南亚次大陆或东南亚靠海的某些地方。根据《岛夷志略》，印度洋面上的马尔代夫也是以海贝为货币的。此书"北溜"条说道："地产贝八子，海商每将一舶贝八子下乌爹、朋加喇，必互易米一船余，盖彼番以贝八子权钱用，亦久远之食法也。"北溜，故地在今马尔代夫群岛的马累（Male）。北溜国以贝为货币，还见于明人马欢《瀛涯胜览》，此书"溜山国"条记道："海贝八，彼人采积如山，罨烂其肉，转卖暹罗、榜葛喇等国，当钱使用。"明人巩珍《西洋番国志》"溜山国"条也说："出海贝八，土人采积如山堆，罨待肉烂，取壳转卖暹罗、榜葛剌等国代钱使。"暹罗，为今泰国。榜葛喇，即《诸蕃志》所述的鹏茄罗国，求之声类，当即孟加拉国，亦即《岛夷志略》所述的朋加喇。英国人哈维所著的《缅甸史》，引用唐大中五年（851）波斯旅行家至下缅甸的记载，说道："居民市易，常用海贝巴（Cowries）以为货币。"海贝巴，即是海贝八，[①] 今云南仍然称海贝为海贝巴（海贝八）。

东印度和缅甸亦富齿贝。唐人樊绰《蛮书》卷10《南蛮疆界接连诸番夷国名》记载："小婆罗门，与骠国及弥臣国接界，在永昌北七十四日程，俗不食牛肉，预知身后事。出齿贝、白虫葛、越诺布。"文中"出齿贝"一句，今本作"出见齿"，四库馆臣不知"见齿"为何物，所以在校注时说，"按此句未详"。吴承

---

① 李家瑞：《古代云南用贝币的大概情形》，《历史研究》1956 年第 9 期。

志《唐贾耽记边州入四夷道里考实》卷四则说："《南夷志》云：'小婆罗门国出具齿、白蜡、越诺。'出具齿、白蜡，当作'出瑱玉、象齿、珀蜡'。《明一统志》：'孟养土产琥珀、碧瑱。'《缅甸国志》云：'孟拱产宝石、碧玉、翡翠、琥珀，又出国象、鹿茸。'《滇南杂志》云：'琥珀以火珀及杏红为上，血珀、金珀次之，蜡珀最下。'瑱玉、象齿、珀蜡，谓碧玉、象牙、火珀、杏红、血珀、金珀及蜡珀。"究竟什么是"见齿"？实则所谓"见齿"，乃是今本《蛮书》在转抄过程中出现的讹误，"见"字是"贝"字之讹。而"具"字也是"贝"字之讹。"贝齿"这个名称，见于杜佑《通典》卷一九三《天竺国传》，《本草纲目》卷四六引《别录》，百衲本《太平御览》亦写作"贝齿"。足证"见"、"具"、"贝"三字形近而讹，而以"贝"字为确。可见所谓"贝齿"，其实是"齿贝"的倒文。至于小婆罗门国的所在之地，历来多有歧义，陈序经《骠国考》认为在骠国西北，当今印度的曼尼普尔一带，岑仲勉亦主此说，向达《蛮书校注》[①] 则以为在今东印度阿萨姆南部一带。不管其间分歧如何，总之，小婆罗门国属于在东印度和缅甸地区内的古国，则无歧义。

中国西南地区出土来源于印度地区的海贝，并非只有四川广汉三星堆一处，其他地方还多有所出。例如：云南大理地区剑川鳌凤山的 3 座早期墓葬中出土有海贝，其中 M81 出土海贝 43 枚，M155 出土海贝 1 枚，M159 出土海贝 3 枚。这 3 座早期墓的碳 -14 年代为距今 2450±90 年（树轮校正），约当春秋中期至战国初期。[②] 昆明市文物管理委员会在 1979 年底至 1980 年初发掘的呈贡天子庙战国中期的 41 号墓中，出土海贝 1500 枚。[③] 云南省博物馆 1955 年至 1960 年发掘晋宁石寨山古墓群（年代从战国末至西汉中叶），有 17 座墓出土海贝，总数达 149000 枚。[④] 四川地区，最早出现海产品是巫山大溪遗址，但其来源不得而知。岷江上游茂县石棺葬内，亦出土海贝、蚌饰等海产物。[⑤] 云南大理、楚雄、

---

① 赵吕甫：《云南志校注》，中国社会科学出版社 1985 年版，第 323—324 页。唐樊绰所作《云南志》，自名《蛮志》，宋以后则多称《蛮书》、《云南志》、《云南记》、《南夷志》等。

② 云南省博物馆：《剑川鳌凤山古墓发掘报告》，《考古学报》1990 年第 2 期。

③ 昆明市文物管理委员会：《呈贡天子庙滇墓》，《考古学报》1988 年第 4 期。

④ 云南省博物馆：《云南晋宁石寨山古墓群发掘报告》，文物出版社 1959 年版。云南省博物馆：《云南晋宁石寨山第三次发掘简报》，《考古》1959 年第 9 期。《云南晋宁石寨山第四次发掘简报》，《考古》1963 年第 9 期。

⑤ 四川省文物管理委员会：《四川文物考古工作三十年》，载《文物考古工作三十年》，文物出版社 1979 年版。

禄丰、昆明、曲靖珠街八塔台和四川凉山州西昌的火葬墓中，也出土海贝。[①] 这些地区，没有一处出产海贝，都是从印度地区引入的。将这些出土海贝的地点连接起来，正是中国西南与印度地区的古代交通线路——蜀身毒道。

不过，三星堆出土的海贝，却并非由云南各处间接转递而来，不是这种间接的、有如接力一般的关系。通观从云南至四川的蜀身毒道上出土海贝的年代，除三星堆外，最早的也仅为春秋时期，而三星堆的年代早在商代中、晚期，差不多要早上千年。再从商代、西周到春秋早期的这 1000 年间看，云南还没有发现这一时期的海贝。不难看出，三星堆的海贝，应是古蜀人直接与印度地区进行经济文化交流的结果。而这类未经中转的直接的远距离文化传播，通常很难在双方之间的间隔地区留下传播痕迹，通常是直接送达目的地。因为无论对于传播一方还是引入一方来说，这些文化因素都是十分珍贵的，否则远距离传播便失去了意义。正如经由印巴次大陆传入古蜀地区的青铜雕像和金杖等文化因素，也未在云南境内留下任何痕迹，而是直接达于成都平原一样。这种现象，文化人类学上称之为"文化飞地"。

三星堆出土的海贝，大多数背部磨平，形成穿孔，以便将若干海贝串系起来。这种情形，与云南历年出土海贝的情形相同。三星堆海贝，出土时一部分发现于祭祀坑坑底，一部分发现于青铜尊、罍等容器中，这也与云南滇池区域青铜时代将贝币盛装于青铜贮贝器里的现象一致。云南汉晋时期、南诏大理时期、元明清时期，几乎商道附近均使用贝币，如《新唐书·南诏传》记载："以缯帛及贝市易，贝之大若指，十六枚为一觅。"《马可·波罗游记》说昆明一带"用白贝作钱币，这白贝就是在海中找到的贝壳"，又说大理"也用白贝壳作钱币"，"但这些贝壳不产在这个地方，它们全从印度来的"。马可·波罗所说白贝壳，其实就是白色齿贝。云南历史上长期用齿贝为货币，是受印度的影响所致，彭信威、方国瑜、张增祺先生等，[②] 都主张这种观点。成都平原深处内陆盆地的底部，从来不产齿贝，因此齿贝为货币，必然是受其他文化的影响所致，而这

---

① 云南省博物馆：《云南古代文化的发掘与研究》，载《文物考古工作三十年》。王大道：《云南出土货币初探》，《云南文物》1987 年第 12 期。四川省博物馆等：《四川西昌市郊小山火葬墓群试探记》，《考古与文物》1981 年第 1 期。

② 彭信威：《中国货币史·前言》，上海人民出版社 1958 年版。方国瑜：《云南用贝作货币的年代及贝的来源》，《云南大学学报》1957 年第 12 期。张增祺：《战国至西汉时期滇池区域发现的西亚文物》，《思想战线》1982 年第 2 期。

种影响，必然也同齿贝的来源地区密切相关，这就是印度。需要指出的是，齿贝对于商代的古蜀人来说，主要是充当对外贸易的手段，可以说是古蜀王国最高神权政体的"外汇储备"。古蜀人与南亚、东南亚地区的商品贸易以齿贝为媒介的情形，恰与三星堆文化所包含的其他南亚文化因素的现象一致，绝非偶然。不仅如此，从中原商文化使用贝币，而商、蜀之间存在经济文化往来尤其青铜原料交易的情况，[①] 以及古蜀王国从云南输入青铜原料等情况分析，[②] 古蜀与中原和云南的某些经济交往，也是以贝币为媒介的。

（二）商周时期成都平原象牙的来源

在三星堆一号祭祀坑内，出土了 13 支象牙；在二号祭祀坑内，出土了 60 余支象牙，纵横交错地覆盖在坑内最上层。一号祭祀坑里，还堆积着 3 立方米上下的较大型动物的骨渣，全部被打碎，经过烟火燔燎。这些较大型动物的骨渣，有可能是大象骨骼之遗。三星堆青铜制品中最具权威、高大无双的二号坑青铜大立人——古蜀神权政体的最高统治者蜀王的形象，其立足的青铜祭坛（基座）的中层，也是用四个大象头形象勾连而成的。更加令人不可思议的是，成都金沙遗址出土象牙的重量，竟然超过 1 吨。

据有关史籍记载，中国南方地区历来产象。《国语·楚语上》记载说道："巴浦之犀、牦、兕、象，其可尽乎？"《山海经·海内南经》记载道："巴蛇食象，三岁而出其骨，君子服之，无心腹之疾。"《山海经·中山经》也说："岷山，江水出焉……其兽多犀、象，多夔牛。"《诗经·鲁颂·泮水》记载说："憬彼淮夷，来献其琛，元龟、象齿，大赂南金。"《左传》定公四年、僖公十三年，也提到楚地有"象齿"。《尚书·禹贡》则称荆州和扬州贡"（象）齿"。这些文献记载的产象之地，多为长江中下游以南地区，唯"巴浦"与"岷山"，有的学者以为是指巴蜀地区，故认为古巴蜀产象。巴浦在何处呢？《国语·楚语上》"巴浦之犀、牦、兕、象，其可尽乎？"句下韦昭注云："今象出徼外，其三兽则荆、交有焉。巴浦，地名。或曰：巴，巴郡。浦，合浦。"巴浦，应如韦昭自己的解释，是一个地名，而不是巴郡与合浦的连称。巴郡地处嘉陵江以东地区，合浦地处今广西南部沿北部湾的合浦县东北，两地相隔万里，何以能够连称！况且，《国

① 段渝：《政治结构与文化模式——巴蜀古代文明研究》，学林出版社 1999 年版，第 395—409 页。

② 金正耀等：《广汉三星堆遗物坑青铜器的铅同位素比值研究》，《文物》1995 年第 2 期。

语》此言出自楚灵王之口，时当公元前529年，为春秋中叶。可是巴郡之设，时当秦灭巴以后，为战国晚期，而合浦之纳于汉家版图，是在汉武帝元鼎六年（公元前111年）。可见，巴浦不是指巴郡和合浦郡。而且韦昭自己也明言"今象出徼外"，分明不是言巴郡产象，当然更不是指蜀地产象。联系到《尚书·禹贡》荆、扬二州产象齿的记载，以及《左传》所说楚地多象齿等情况来看，巴浦这个地方，大概是指靠近古荆州的荆南之地，这也与楚灵王所指相合。《山海经·中山经》提到岷山多象，按《汉书·地理志》，岷山是指今岷江上游地区，但是考古资料却并没有显示出岷江上游产象的任何迹象。《华阳国志·蜀志》说岷山有"犀、象"，不少人以这条材料作为岷山产象的证据。但是，犀产于金沙江谷地，象则未闻，[①] 二者均非岷江上游所产。从岷山山区的气候条件而论，岷山为高山峡谷的干寒地区，不适应大象生存，要说那里产象尤其是富产群象，是没有依据的。何况，在岷山山区的考古发掘中并没有发现象牙、象骨和象牙制品。所以，岷山产象的说法，当属向壁之论。至于《山海经·海内南经》所说"巴蛇食象"，据《离骚》、《淮南子》等来看，也是指荆州之地，与古梁州的巴蜀之巴无关。[②] 由此可见，关于古代成都平原产象的说法是缺乏根据的，三星堆和金沙遗址的大批象牙不是原产于当地的大象牙齿。事实上，发现象牙和象牙制品的地点，同大象生存的地区，二者之间不一定具有必然的联系，并不必就是同一地点，正如青铜器的出土地点未必就是青铜原料的产地或青铜器的制作地一样。

古地学资料表明，新石器时代成都平原固然森林茂密，长林丰草，然而沼泽甚多，自然地理环境并不适合象群的生存。至今为止的考古学材料还表明，史前至商周时代成都平原虽有许许多多的各种兽类，然而诸多考古遗址中所发现的动物遗骨遗骸，除家猪占很大比重外，主要还有野猪、鹿、羊、牛、狗、鸡等骨骼，除三星堆祭祀坑和金沙遗址外，没有一处发现大象的遗骸、遗骨，更谈不上数十成百支象牙瘞埋一处。足见三星堆和金沙遗址的象牙必定不是原产于成都平原蜀之本土。

诚然，新石器时代至商周时代以三星堆文化和金沙遗址为代表的古蜀文明曾经远播于渝东鄂西之地，岷江上游也是构成早期蜀文化的渊源之一。但是，

---

① 刘琳：《华阳国志校注》。

② 关于"巴蛇食象"传说与古代巴人的关系问题，参见段渝：《巴人来源的传说与史实》，《历史研究》2006年第6期。

无论在渝东鄂西还是岷江上游地区，数十年来的考古调查和发掘都未曾发现盛产大象的情况，其周邻地区亦然。这种情况表明，这些地区还不是文献所记载的产象之地，因而也谈不上由当地土著部落向蜀王进献象牙或整象的问题。至于段成式《酉阳杂俎》前集卷十六所谈到的"今荆地象，色黑，两牙，江猪也"，则不仅文献晚出，而且也是指荆南之地，几乎与闽粤之地相接。不难看出，三星堆和金沙的巨量象牙也不可能来自所谓渝东鄂西、岷江上游之地，更与荆南闽粤之地无关。

商代的华北曾经盛产大象，河南古称"豫州"，即与"服象"有关。据《吕氏春秋·古乐》的记载，商末周初，东方江淮之地象群众多，后被驱赶到江南。文中这样说道："（周）成王立，殷民反……商人服象，为虐于东夷。周公遂以师逐之，至于江南。"所谓"服象"，即驯服大象，使其服役，犹如今之印度、缅甸服象。《孟子·滕文公下》也载有周公驱逐服象的商人的史迹："周公相武王，诛纣伐奄，三年讨其君，驱飞廉于海隅而戮之，灭国者五十，驱虎、豹、犀、象而远之，天下大悦。"从《尚书·禹贡》、《诗经》、《左传》及诸史《地理志》等分析，周公率师将服象的商人远逐于"江南"，远离黄河流域，则象群是南迁到了荆南、闽、粤之地，秦代所置"象郡"大约便与此有一定关系。《汉书·西域传·赞》说汉武帝通西域后，外域的各种珍奇宝物充盈府库，其中，"鉅象、师子、猛犬、大雀之群，食于外圃，殊方异物，四面而至"，表明大象来源于外域，属于"殊方异物"之类。先秦黄河流域有象，殷墟甲骨文有象字，河南为豫州，文献里有象牙及象牙制品，考古也发现有象牙制品。关于此点，徐中舒先生和郭沫若先生均早已有过精深考证和论述。[1] 但在周初，周成王"驱虎、豹、犀、象而远之，天下大悦"，至汉代而视象为"殊方异物"，由外域进贡中华朝廷。据竺可桢先生研究，汉代气候业已转冷，[2] 黄河流域的气候已不适应大象生存。

无论史籍还是考古资料，均不曾有成批殷民逃往或迁往蜀中的任何蛛丝马迹，更不曾有服象的殷民移徙蜀中的丝毫痕迹。何况殷末时，蜀为《尚书·牧誓》所载参加周武王的诸侯大军，在商郊牧野誓师灭商的"西土八国"之首，协助武王灭纣翦商，而后受封为"蜀侯"，与殷民不共戴天。服象的殷民逃往任

---

① 郭沫若：《中国古代社会研究》(1930)，人民出版社1964年版，第179—180页；徐中舒：《殷人服象及象之南迁》，《"中央"研究院历史语言研究所集刊》第2本第1分，1930年。

② 竺可桢：《中国近五千年来气候变迁的初步研究》，《考古学报》1972年第1期。

何地方，也绝不会自投罗网，投往其域中。而商王武丁时期，即在相当于三星堆祭祀坑的年代上下，甲骨文记载商王"登人征蜀"，商、蜀之间还在汉中地区相互置有森严的军事壁垒。[①]此情此景之下，商王朝自不可能赐象与蜀，何况卜辞和史籍中也全然没有这方面的片言只语之载。可以知道，三星堆的象牙，也同样不曾来源于中原商王朝。

云南西南部以及以西的缅甸、印度地区，自古为大象的原产地。不少人以为云南各地均产大象，其实是莫大的误会。汉唐时期的文献对于云南产象的记载，仅限于其西南边陲，即古哀牢以南的地区，这在常璩《华阳国志·南中志》和樊绰《蛮书》里有着清楚的记载。而在云南东部、东北部，即古代滇文化的区域中，以及在云南西部，即滇西文化的区域中，古今均无产象的记载。考古发掘中，无论在滇文化区域还是滇西文化区域中，也都未曾发现数十支象牙瘗埋一处的情形。而古蜀文化与云南的关系，主要是与滇文化和滇西文化的关系，与云南西南部并无何种关联。由此可知，三星堆和金沙遗址的象牙，也与滇文化区域和滇西文化区域无甚关系。

以上分析表明，商代三星堆遗址的象群遗骨遗骸，以及三星堆和金沙的象牙，既不是成都平原自身的产物，也不来自于与古蜀国有关的中国其他古文化区。

《史记·大宛列传》记载张骞西行报告说："然闻其西（按：此指"昆明"，在今云南大理之西）可千余里，有乘象国，名曰滇越。"滇越即印度古代史上的迦摩缕波国，故地在今东印度阿萨姆邦。[②]《大唐西域记》卷10《迦摩缕波国》记载道："迦摩缕波国，周万余里……国之东南，野象群暴，故此国中象军特盛。"《史记·大宛列传》还说："身毒……其人民乘象以战"。《后汉书·西域传》也说："天竺国，一名身毒……其国临大水，乘象以战……土出象、犀……"大水即今巴基斯坦境内的印度河。[③]据古希腊文献的记载，古印度难陀王朝（公元前362—前321年）建立的军队中，有2万骑兵、20万步兵、2000辆战车、3000头大象，孔雀王朝（公元前321—前185年）的创建者月护王拥有一支由9000头战象、3万骑兵、60万步兵组成的强大军队，[④]这与中国古文献的记载相当一致。汉唐之

---

① 段渝：《四川通史》第1册，第45页。

② 汶江：《滇越考》，《中华文史论丛》1980年第2辑。

③ 夏鼐：《中巴友谊的历史》，《考古》1965年第7期。

④ 转引自［印］R.塔帕尔（Romila Thapar）著，林太译：《印度古代文明》，第50页；刘建、朱明忠、葛维钧：《印度文明》，第74页。

间中国古文献极言印度产象之盛，说明即使从汉武帝开西南夷到东汉永平年间永昌郡归属中央王朝后，印度象群的数量之多，仍然令中国刮目相看。《史记》和《后汉书》等文献所数称的"大水"（印度河），正是辉煌的印度河文明的兴起之地。考古发掘中，在印度河文明著名的"死亡之城"摩亨佐·达罗废墟内，发现了曾有过象牙加工工业的繁荣景象，还出土不少有待加工的象牙，以此并联系东印度盛产大象的情况，以及三星堆祭祀坑内成千枚来自于印度洋北部地区的海贝，可以说明三星堆和金沙遗址出土的大批象牙是从印度地区引进而来的，而其间的交流媒介，正是与象牙一同埋藏在三星堆祭祀坑中的大量贝币。

四、古蜀丝绸与南方丝绸之路

由海贝和象牙及其他文化因素的引入可见，早在商周时期，中国西南地区便初步发展了与印度和东南亚大陆的陆上交通。而西方考古资料也说明，中国丝绸至少在公元前 600 年就已传至欧洲，希腊雅典 kerameikos 一处公元前 5 世纪的公墓里发现了五种不同的中国平纹丝织品，而中国丝绸早在公元前 11 世纪即已传至埃及，[①] 到公元前四五世纪时，中国丝绸已在欧洲流行。这两种情况，在早期中西交通的开通年代上是吻合的。可是如果仅仅根据中国古文献的记载，至公元前 2 世纪末期汉武帝时，汉王朝才开通西域丝绸之路，远远晚于考古发现所真实反映的中国丝绸西传欧洲的年代。

中国是丝绸的原产地，早在商周时期丝绸织造就已达到相当水平，[②] 而四川是中国丝绸的原产地之一，丝织素称发达，到商周时期，蜀地的丝绸业已有相当发展。[③] 广汉三星堆二号祭祀坑内出土的青铜大立人像头戴的兽首花冠和身着的长襟衣服上所饰的有起有伏的各种花纹，显示出蜀锦和蜀绣的特征。[④] 西周前期，渭水上游宝鸡附近分布着一支强氏族类，[⑤] 是古蜀人沿嘉陵江向北发

---

① 《新华文摘》1993 年第 11 期关于奥地利考古队在埃及发掘中发现中国丝织品的报道。Philippa Scott, *The Book of Silk*, London: Thames & Hudson, 1993, p. 78.

② 夏鼐：《我国古代蚕、桑、丝、绸的历史》，《考古》1972 年第 2 期。

③ 段渝：《黄帝嫘祖与中国丝绸的起源时代》，《中华文化论坛》1996 年第 4 期。

④ 陈显丹：《论蜀绣蜀锦的起源》，《四川文物》1992 年第 3 期。

⑤ 宝鸡市博物馆等：《宝鸡强国墓地》，文物出版社 1988 年版。

展到渭水上游的一个拓殖点。在强氏墓葬内，发现丝织品辫痕和大量丝织品实物，丝织品有斜纹显花的菱形图案的绮，有用辫绣针法织成的刺绣，这些丝织品其实就是古蜀丝绸和蜀绣，① 它们出土于以丝织著称的蜀人墓中，不是偶然的。

春秋战国时代，蜀地的丝绸业已达到很高的水平，湖南长沙和湖北江陵出土的战国织锦和刺绣，即是古代蜀国的产品，② 与四川炉霍卡莎湖石棺葬内发现的织品相似。③ 不少学者认为，张骞在大夏看见的"蜀布"，其实就是蜀地生产的丝绸。扬雄《蜀都赋》说蜀地"黄润细布，一筒数金"，④ 意思是蜀地的丝绸以黄色的品质尤佳。印度前任考古所所长乔希（M.C.Joshi）先生曾指出，古梵文文献中印度教大神都喜欢穿中国丝绸，湿婆神尤其喜欢黄色蚕茧的丝织品。⑤ 这种黄色的丝织品，应该就是扬雄所说的"黄润细布"。⑥ 印度教里湿婆神的出现年代相当早，早在印度河文明时期即已有了湿婆神的原型，后来印度教文明中的湿婆神就是从印度河文明居民那里学来的。⑦ 从印度古文献来看，湿婆神的出现至少也是在公元前 500 年以前，相当于中国的两周时期，那时中原尚不知九州以外有印度的存在，而古蜀经由西南夷已与印度有了丝绸贸易关系。公元前 4 世纪印度古书里提到"支那产丝和纽带"，又提到"出产在支那的成捆的丝"，⑧ 即是指成都出产的丝和丝织品。季羡林先生指出："古代西南，特别是成都，丝业的茂盛，这一带与缅甸接壤，一向有交通，中国输入缅甸，通过缅甸又输入印度的丝的来源地不是别的地方，就正是这一带。"⑨ 由此看来，先秦时期中国丝绸的西传，应当或主要是从蜀身毒道西行的。阿富汗喀布尔附近发掘的亚历山大城的一座堡垒内曾出土大量中国丝绸，据研究，这批丝绸是经南方丝绸之路，

① 段渝：《渭水上游的古蜀文化因素》，载《三星堆文化》，四川人民出版社 1993 年版，第 601、602 页。

② 武敏：《吐鲁番出土蜀锦的研究》，《文物》1984 年第 6 期。

③ 四川省文物考古研究所等：《四川炉霍卡莎湖石棺墓》，《考古学报》1991 年第 2 期。

④ 扬雄：《蜀都赋》，丛书集成初编本。

⑤ ［印］谭中、［中］耿引曾：《印度与中国——两大文明的交往和激荡》，第 71、72 页。

⑥ 笔者按：事实上，至今四川出产的生丝，仍略带黄色。

⑦ 刘建、朱明忠、葛维钧：《印度文明》，第 48、50 页。

⑧ 《国事论》，或译《政事论》第 11 章，81 节，转引自季羡林：《中国蚕丝输入印度问题的初步研究》，《中印文化关系史论文集》，第 76 页。

⑨ 季羡林：《中国蚕丝输入印度问题的初步研究》，载《中印文化关系史论文集》，第 75 页。

由蜀身毒道转运到中亚的蜀国丝绸。[①] 喀布尔正当南方丝绸之路要道，[②] 这批丝绸出现在那里不是偶然的。

先秦和汉初，从四川经云南至缅、印、中亚的南方丝绸之路在中西文化的早期交流中已扮演着重要角色。春秋以前，由中国西北方面民族的迁徙所带动的一些民族群团的大规模西迁还未发生。据西史的记载，欧亚民族的大迁徙发生在公元前七八世纪。当公元前七八世纪之际，欧亚大陆间的民族分布大致是：西梅瑞安人在今南俄一带，斯基泰人（Scythian，或译西徐亚）在西梅瑞安人稍东之地，索罗马太人（Sauromathae）在里海之北，马萨及太人（Massagetae）自黠嘎斯（kirghiz）草原至锡尔河（Sir Daria）下游，阿尔其贝衣人（Argippaei）在准噶尔及其西一带，伊塞顿人（Issedones）在塔里木盆地以东，阿里马斯比亚人（Arismaspea）在河西一带。[③] 这一时期经中国西北方面以及经北方草原方面的对外文化交流尚存困难。至秦穆公时（公元前659—前621年在位），用由余之谋，"伐戎王，益国十二，开地千里，遂霸西戎"。[④] 但秦在西北地区获取最终胜利是在公元前3世纪初，此后西戎也才远居秦陇之西。而秦穆公固然武功勋烈，独霸西戎，但却得而复失。《汉书·韩安国传》所以说"秦穆公都雍，地方三百里"，其原因正在于此。诚如蒙文通先生所说："秦陇西之得而复失屡也，则穆公都雍地方三百里，疆土之蹙，事可互证。非秦之支柱其间，是诸戎者胥相率而东也。"[⑤]

战国至汉初，由于匈奴和西羌分别封锁了河西走廊和北方草原地带，致使西北和北方的中西交通仍受阻隔，张骞所说"今使大夏，从羌中，险，羌人恶之；少北，则为匈奴所得"，[⑥] 反映的正是这种实际情况。而在中国西南方面，古蜀文化的空间分布十分广阔，《华阳国志·蜀志》记述道："其地东接于巴，南接于越，北与秦分，西奄峨嶓"，其西南方向与永昌、滇越等夷越直接相连，这正是蒙文通先生所论证的包括汉之益州、永昌、越巂等在内的蜀之南中。[⑦] 由于西南夷很早就已是蜀的附庸，[⑧] 商周时期古蜀王作为西南夷诸族之长，长期控

---

① 童恩正：《略谈秦汉时代成都地区的对外贸易》，《成都文物》1989年第2期。

② ［英］哈维：《缅甸史》，姚楠译，商务印书馆1957年版，第51页。

③ 方豪：《中西交通史》上册，岳麓书社1987年影印本。

④ 《史记》卷5《秦本纪》。

⑤ 蒙文通：《周秦少数民族研究》，《古族甄微》，巴蜀书社1993年版，第157页。

⑥ 《史记》卷123《大宛列传》。

⑦ 蒙文通：《巴蜀史的问题》，《四川大学学报》1959年第4期。

⑧ 方国瑜：《中国西南历史地理考释》上册，第15页。

制着西南夷地区，"以汶山为畜牧，南中为园苑"，"僰道有故蜀王兵栏"，① 古蜀与西南夷诸族之间的关徼常常开放，因此出西南夷道至缅、印而达阿富汗、中亚再至西亚和地中海，实比从西北和北方草原西行更容易。张骞西行报告说明，通过他的实地考察，得知不论从西北还是从北方草原地区出中国去中亚，都不但路途遥远，而且沿途环境险恶，民族不通，极为困难，只有从蜀经西南地区去印度到中亚，才是一条既便捷又安全的道路。而古蜀在西南地区的文化辐射和影响，基本上就是沿着南方丝绸之路展开的。张骞，汉中城固人，亦即蜀人，② 深知西南夷道上蜀与南中诸族的历史关系，所以说"从蜀宜径，又无寇"，可以由此打通中国与外域的关系。把张骞在中亚所见"蜀物"、"蜀贾"，同蜀贾在次大陆身毒和在东印度阿萨姆滇越从事商业活动等情况联系起来分析，可以清楚地看出，先秦和汉初蜀人商贾在印度和中亚从事丝绸、"蜀物"等长途贸易，必然是通过蜀身毒道进行的。

　　南方丝绸之路，是中国丝绸输往南亚、中亚并进一步输往西方的最早线路。早在商代中晚期，南方丝绸之路已初步开通，产于印度洋北部地区的齿贝和印度地区的象牙即在这个时期见于广汉三星堆和成都金沙遗址，三星堆青铜雕像文化因素和古蜀柳叶形青铜短剑形制等也由此而来，产于印度和西亚的"瑟瑟"也不仅见于四川考古，而且见于文献记载。③ 印度所最早知道的中国，梵语名称作 Cina，中译为支那，或脂那、至那等，就是古代成都的对音或转生语，其出现年代至迟在公元前 4 世纪，或更早。Cina 这个名称从印度转播中亚、西亚和欧洲大陆后，又形成其转生语 Seres、Thinai 等，如今西文里对中国名称的称呼，其来源即与此直接相关。而 Cina 名称的西传，是随丝绸的西传进行的，④ 说明古蜀丝绸在中西交流中发挥了积极作用。

① 刘琳：《华阳国志校注》卷三《蜀志》。徐中舒先生认为"兵栏"即驻兵的营寨，见《巴蜀文化续论》，《四川大学学报》1960 年第 1 期。

② 汉中城固先秦时"属蜀"，见刘琳：《华阳国志校注》卷三《汉中志》。考古学上，汉中城固亦曾发现大量商代中晚期的蜀式青铜兵器和陶尖底器，见唐金裕等：《陕西省城固县出土殷商铜器整理简报》，《考古》1980 年第 3 期，可证实《华阳国志·汉中志》之说。直到东汉，汉中仍"与巴蜀同俗"，见《汉书》卷 28 下《地理志下》。

③ 段渝：《古蜀瑟瑟探源》，载《三星堆文化》，第 542—545 页。王滨蜀：《试论"菱形"网纹蜻蜓眼古代玻璃在四川地区存在的情况》，载干福熹主编：《丝绸之路上的古代玻璃研究》，复旦大学出版社 2007 年版，第 225—234 页。

④ 段渝：《支那名称起源之再研究》，《中国西南的古代交通与文化》，第 126—162 页。

　　南方丝绸之路以巴蜀为重心。正如苏秉琦先生在《中国文明起源新探》一书所说:"四川的古文化与汉中、关中、江汉以至南亚次大陆都有关系,就中国与南亚的关系看,四川可以说是'龙头'。"[①] 南方丝绸之路以成都平原为起点,向南分为东、西两路,西路沿旄牛道南下至大理,东路从成都平原南行经五尺道至大理,两道在大理汇为一道继续西行,经保山、腾冲,抵达缅甸密支那,或从保山出瑞丽进抵缅甸八莫,跨入外域。南方丝绸之路国外段有西线和东线二条。西线即"蜀身毒道",从成都平原出云南至缅甸,西行至印度、巴基斯坦、阿富汗至中亚、西亚,这条纵贯亚洲的交通线,是古代欧亚大陆最长、历史最悠久的对外交通大动脉之一。南方丝绸之路国外段东线包括从四川经云南元江下红河至越南的红河道,和从蜀经夜郎至番禺(今广州)的牂牁道,经由此道发展了西南与东南沿海地区的关系。《逸周书·王会篇》记载商代初年成汤令伊尹为四方献令之词,其中有位于"正南"的"产里、百濮",即分布在东南沿海至南海一带的族群。香港南丫岛曾出土典型的三星堆文化牙璋,三星堆祭祀坑里的部分海贝也来自于南海,表明早在商代,古蜀文明就已经与南海地区发生了文化联系和交流。

　　由此看来,中国西南与东南亚濮系民族之间的联系,其交通应沿红河步头道和盘江进桑道等线路往还进行。而东南亚、南海与中国西南地区的海贝、牙璋等文化交流,也是通过红河道、盘江道和蜀、黔、桂、粤牂牁道相互往返联系的。中国东南沿海地区的有肩石斧、有段石锛等文化因素西渐进入缅印,则经由西南地区西行而去。可见,南方丝绸之路在古代文明初期确曾发挥了重要作用,不愧为古代亚洲以至欧亚大陆的文化交流大纽带。

(原载《历史研究》2009 年第 1 期)

---

① 苏秉琦:《中国文明起源新探》,三联书店 1999 年版,第 85 页。

五尺道的开通及其相关问题

《史记·司马相如列传》记载从蜀郡成都通往西南夷地区的道路为"西南夷道"①。从《史记》、《汉书》和《后汉书》有关西南地区的记载可以看出，先秦秦汉时期的西南夷道分为东、中、西三条线路：西线是"灵关道"，或称为"零关道"、"旄牛道"（一作"牦牛道"），由蜀之成都通往云南；中线为"五尺道"，由蜀之成都通往贵州西北部和云南东北部；东线是"牂柯道"，或称为"夜郎道"、"南夷道"，由蜀之成都经贵州通往两广以至南海。西线灵关道早在新石器时代就已初通，在商周以来的整个历史时期，它都一直发挥着中国西部民族与文化南来北往交流互动的通道作用，并充当着中国西南对外经济文化交往的国际交通线，具有十分重要的战略地位。对于这方面的认识，学术界基本达成共识。对于中线五尺道的开通时代，学术界长期以来认为是战国末叶秦时开凿，亦有认为秦始皇时开凿，很少异议。但是，历来对于五尺道开通年代的认识却难以经得起推敲，实有重新研究的必要。

一、五尺道并非秦人开凿

五尺道从古代成都南下南安（今四川乐山），经僰道（今四川宜宾）、夜郎西境（今贵州威宁、云南昭通），直通南中之建宁（今云南曲靖），是古蜀以及中原地区通往西南夷地区的重要通道之一，同时也是古代中国西南与东南亚、南亚地区交流往还的重要线路。《史记·西南夷列传》记载："秦时常頞略通五尺道。"《索隐》谓："栈道广五尺。"《正义》引《括地志》云："五尺道在郎州。

---

① 古代西南夷地区，指今四川宜宾以南和云南、贵州的大部分地区。

颜师古云：'其处险陆，故道才广五尺。'如淳云：'道广五尺。'"不少学者据此认为，五尺道是战国末叶秦国开通的，也有学者认为是秦汉时开通的。笔者曾在 1993 年出版的《四川通史》第 1 册中简略论证说，蜀、滇五尺道，《史记》记为秦时官道，但早在殷末，杜宇即由此从昭通北上至蜀。春秋时代，蜀王开明氏"雄张僚、僰"①，进一步开通了成都平原与川南、滇东北的交通。以后，"秦时常破，略通五尺道"②，对自商周至战国时代已经存在的这条道路予以进一步整修。这就意味着，五尺道并不开凿于秦，秦仅是对五尺道加以重修和整建③。葛剑雄先生在《关于古代西南交通的几个问题》一文中，亦认为五尺道的开凿不始于秦，该文认为秦法既然是"数以六为纪，符、法冠皆六寸，而舆六尺，六尺为步，乘六马"，却公然会修建"五尺道"，而严酷的秦法是不可能容忍"五尺"之制存在的，从而否定五尺道始修造于秦④。从秦法而论，葛先生的质疑确有道理。

关于五尺道的命名问题，本文后面还要论说，这里首先对是否秦人开凿五尺道进行考察。细审文献，《史记·西南夷列传》"秦时常頞略通五尺道"句中所说的"略通"，并不是"开凿始通"的意思。《史记·司马相如列传》说："相如为郎数岁，会唐蒙使略通夜郎西僰中"，《索隐》引张楫曰："蒙，故鄱阳令，今为郎中，使行略取之。"《汉书·司马相如传下》说："相如为郎数岁，会唐蒙使略通夜郎、僰中"，颜师古注曰："行取曰略。夜郎、僰中，皆西南夷也。僰音蒲北反。"如果"略通"是"开凿始通"的意思，那么为何秦时常頞已经"开凿始通"，汉时唐蒙又来"开凿始通"？可见，"略通"并非"开凿始通"之义，而是略取并使之保持畅通的意思。可以看出，《史记》和《汉书》先后使用"略通"一词，恰好说明了五尺道在秦"行略取之"前已经存在的事实。至于《汉书·西南夷传》记载此事为"秦时常破，略通五尺道"，则有着整修和修治之义，这与《史记》的记载其实并不矛盾，略取和整修往往是前后相接、一以贯通的。

① 刘琳校注：《华阳国志》卷三《蜀志》，巴蜀书社 1984 年版，第 185 页。
② 《汉书》卷 95《西南夷传》。《史记》卷 116《西南夷列传》作"秦时常頞略通五尺道"，常頞或作常颇。文渊阁四库全书本。
③ 段渝：《四川通史》第 1 册，四川大学出版社 1993 年版，第 161、257 页。
④ 葛剑雄：《关于古代西南交通的几个问题》，四川大学历史系编：《中国西南的古代交通与文化》，四川大学出版社 1994 年版，第 1—13 页。

《史记·西南夷列传》记载：

> 秦时常頞略通五尺道，诸此国颇置吏焉。十余岁，秦灭。及汉兴，皆弃此国而开蜀故徼。巴蜀民或窃出商贾，取其筰马、僰僮、髦牛，以此巴蜀殷富。

但《汉书·西南夷传》的记载却是：

> 秦时尝破，略通五尺道，诸此国颇置吏焉。十余岁，秦灭。及汉兴，皆弃此国而关蜀故徼。巴蜀民或窃出商贾，取其筰马、僰僮、旄牛，以此巴蜀殷富。

对于"蜀故徼"，《史记》记为"开"，《汉书》记为"关"，究竟是开还是关呢？对此，历史文献的记载颇不一致[1]，但这个问题对于我们理解五尺道的开通时代却具有关键性作用，需要认真考订。

所谓"蜀故徼"，即是西南夷诸族经由五尺道通往蜀地的途中所设置的关隘。这里的"開蜀故徼"，"開"为开通的意思。细审历史文献及其文意，我们认为，《史记·西南夷列传》"開蜀故徼"的"開"字，实应为"関"字之误。

《史记·西南夷列传》这段文字所说的秦时"诸此国颇置吏焉"，这里的"诸此国"，是指位于古蜀国以西和以南的邛、筰、冉、駹以及丹、犁[2] 等古国，这些古国在公元前 316 年秦灭蜀以后的相当一段时间还继续效忠于长期以来一直是"西僻之国而戎狄之长"的故蜀国[3]，而蜀国的反抗也一直没有停歇，直到秦昭王二十二年（公元前 285 年），秦国才在蜀彻底地建立起郡县制度[4]，此后秦国才可能道通西南夷。《史记·司马相如列传》记载："邛、筰、冉、駹者近蜀，道亦易通，秦时尝通为郡县，至汉兴而罢。"这里所说"秦时"，是指秦昭王以

---

[1]　对于究竟是"开蜀故徼"还是"关蜀故徼"，历史文献的记载颇不一致。文渊阁四库全书本、中华书局 1959 年点校本《史记》卷 116《西南夷列传》作"及汉兴，皆弃此国而開蜀故徼"；中华书局 1962 年点校本《汉书》卷 95《西南夷传》作"及汉兴，皆弃此国而関蜀故徼"，文渊阁四库全书本《玉海》卷 24《地理》、卷 173《汉北边城、外城》，《册府元龟》卷 956《外臣部》，《通志》卷 197《四夷传四·西南夷序略》，宋杨侃辑《两汉博闻》卷 5《西南夷传》等，均作"関蜀故徼"、"關蜀故徼"或"闗蜀故徼"。

[2]　《史记》卷 5《秦本纪》记载，秦惠王更元十四年（公元前 311 年），"丹、犁臣蜀"，足见古蜀在西南夷地区的影响力之强大，即令在古蜀国灭亡后这种影响力还长期存在。

[3]　刘向辑录：《战国策》卷 3《秦策一》，上海古籍出版社 1985 年版，第 115 页。

[4]　段渝：《论秦汉王朝对巴蜀的改造》，《中国史研究》1999 年第 1 期。

后的时段，而所说"秦时尝通为郡县"，则表明从秦昭王至秦灭的时段内西南夷与蜀之间道路畅通的事实。《史记·司马相如列传》接下来继续说："今诚复通，为置郡县，愈于南夷。"由此可知，既然秦在这些地方开通了郡县，置有守吏，那么这些地方之间的道路和关隘必然就是开通而不是关闭的。至秦灭汉兴，这些地方的族群"皆弃此国"，即拒绝汉王朝的统治，那么这时"诸此国"与汉王朝之蜀郡间的通道就只可能是关闭的，而不是开通。而司马相如所说，"今诚复通，为置郡县，愈于南夷"，意指在当前关闭的情况下应当恢复开通。这就确切说明，在邛、筰、冉、駹等西南夷请求内附之前，汉王朝与西南夷间的交通关隘是关闭而不是开通的。正是因为邛、筰、冉、駹等"诸此国"关闭了蜀与西南夷地区之间的通道，所以才会出现"巴蜀民或窃出商贾"到南中做买卖的现象，以至于产生西南夷诸族阻碍汉使十余批出使大月氏的结果。假若是"开蜀故徼"，那么巴蜀民就不会"窃出"西南夷地区，而汉武帝为打通与大月氏联系所派遣的十余批汉王朝使臣，也就不可能在西南夷道上遭遇到"其北方闭氐筰，南方闭嶲昆明"[1]那样的尴尬局面，受到西南夷的重重阻碍。开、関二字，古文形近，今本《史记·西南夷列传》所用的"開"字，显然是在传抄过程中因形近而导致的讹误，致使谬种流传，我们自然不能根据错讹的字义来领会史书所载历史。

据上所论，蜀与西南夷之间早有商道可通，这就是"蜀故徼"。而这个"蜀故徼"，在秦王朝"略通五尺道"以前的商周时代就已经存在了。

二、五丁力士与五尺道

五尺道之所以称为"五尺"，应与古蜀王国"数以五为纪"有关。史书虽未明言蜀人数以五为纪，但是蜀人崇尚五这个数字，从王室祭祀制度、社会组织直到宗教信仰，都以五计数，却是斑斑可见，史不绝书。并且，古蜀的文物制度多以五为纪的情况，也为历年来的考古发掘资料所证实。历史文献与考古资料的一致性，十分明确地反映了古蜀这一特有的制度。

古代蜀人的尚五宗教观念形成甚早，从目前的资料看，至少可以追溯到距

---

① 《史记》卷 123《大宛列传》。

今 4000 年以前古蜀文明起源时代今成都郫县三道堰古城遗址中部大型房屋内的五座卵石台基①，由此连续贯彻到商周、春秋战国各个时期，其遗风至汉魏之际犹可观瞻。在尚五观念的支配下，古蜀人发展出了一系列"数以五为纪"的文化丛：以五为朝代数的王朝盛衰史，以五为庙制的宗庙祭祀制度，以五为王制的青铜器组合，以五为单位的社会组织形式，以及以五计数的其他若干事物，都是以尚五观念为核心凝成的文化特质。由此可见，尚五观念已成为一种具有规范意义的文化模式和行为方式，规定并支配着蜀人的精神活动和社会行为。例如，青铜器中的罍、无胡三角形援戈、柳叶形剑等，从商代连续发展到战国，表现出古蜀青铜文化的显著特征，自有其演进规律；然而青铜器的组合却以五为纪，而为巨制，为王制（从新都蜀王墓中可充分证实此点），并且同样从商代连续发展到战国，存而不改，则表明古蜀青铜文化组合方式是在蜀人尚五观念支配下产生的一种行为方式，它的发展受到了尚五观念的严重制约。又如，五丁制度作为古蜀的社会组织形式，尽管其具体由来目前尚不清楚，但可以肯定的是，这种组织形式同样是在尚五观念支配下发展出来的社会行为方式。至于其他以五为纪的事物，也莫不受到尚五观念的支配和制约②。

公元前 316 年蜀亡于秦以后，虽然古蜀文明物质文化形式的发展受到遏制，社会组织形式完全被秦予以改造，政治经济制度发生了根本变革，但由于尚五观念极深地镌刻在蜀文化的精神实质当中，具有极广大的社会功能和极强劲的历史惯性，所以秦蜀守李冰为了稳定其统治秩序，不得不利用尚五观念来作为工具，因势利导，以期引起广大蜀人的共鸣，李冰在兴修都江堰时之所以"作石犀五头以厌（压）水精"③，正在于他准确地抓住了古蜀文化的宗教观念，准确地抓住了古蜀文化的精神实质，因而他就牢牢把握住了治蜀的精神武器，终于成功地修建了都江堰，创造出历史的奇迹。而秦时"略通五尺道"，也是出于同样的情况，因而成功地"略通"了五尺道，在西南夷地区"通为郡县"④，"颇置吏焉"⑤。这些史例，十分清楚地反映了尚五观念在古代蜀人和先秦蜀文化中所占

---

① 成都市文物考古工作队等：《四川省郫县古城遗址调查与试掘》，《文物》1999 年第 1 期。

② 段渝：《先秦巴蜀文化的尚五观念》，《四川文物》1999 年第 5 期。

③ 刘琳校注：《华阳国志》卷三《蜀志》。

④ 《史记》卷 117《司马相如列传》。

⑤ 《史记》卷 116《西南夷列传》。

有的核心凝聚力地位。

五尺道的命名同样也是出于蜀人数以五为纪的制度。《蜀王本纪》和《华阳国志》记载古蜀"五丁力士"的主要任务是担任国家公共工程的修建，而凿山开道、开辟和维修交通路线又是五丁力士的最重要义务之一。蜀人数以五为纪，所辟道路亦以五计数，两者之间当有必然的内在联系。而且，由五丁力士所开的道路，称为"五尺道"，也是理所当然。由此看来，五尺道始辟于蜀人而非秦人，乃是信而有征的。这也说明，五尺道是古蜀国通往西南夷地区的道路。

从商周之际古蜀已经形成数以五为纪的制度来看，五尺道的初通应始于商代。其实史籍关于杜宇入蜀的记载，已经为这条交通线路开辟的年代在商代提供了有力证据。史称杜宇为朱提人，朱提为今云南昭通[1]，由云南昭通北上，经大关、盐津至四川宜宾，正是五尺道所经由的线路之所在。杜宇为朱提僰人（濮人）[2]，入蜀自当由僰（今四川宜宾）北上，可见杜宇时期这条道路已经开通。杜宇由云南昭通入蜀，只可能走这条线路，再从今四川宜宾沿岷江河谷北上达于成都平原。杜宇为朱提之濮，杜宇入蜀当是以他为首的整支族群入蜀，否则不可能具有如此强大的力量和社会基础，足以在蜀地推翻古蜀王鱼凫氏的统治，"乃自立为蜀王，号曰望帝"[3]，建立起杜宇王朝。由杜宇从朱提入蜀"自立为蜀王"，亦可知朱提当时已经属于蜀的势力范围。至于春秋时期蜀王开明氏"雄张僚、僰"，则应理解为开明王对僚、僰之地的实际控制，僚、僰从此成为蜀之附庸。可见，杜宇氏族从昭通入蜀，表明五尺道至少在商代晚期就已经开通的事实。据《逸周书·王会篇》所载商代初年成汤令伊尹为四方献令之词，提到殷畿的正南诸族中有"百濮"，这个殷畿正南的百濮，专贡矮犬，当即云南之濮[4]。《逸周书·王会》记载西周初周成王举行成周之会，"卜人以丹砂"，王先谦补注："盖濮人也。"濮或作卜，见于殷卜辞："丁丑贞，卜又家，□旧卜。"郭沫若释为："卜即卜子之卜，乃国族名。"[5]西周初年正南之濮进入中原参加周成王的成周之会，其间通道必然是经由灵关道或五尺道至蜀，再出蜀之金牛道，经褒斜道转

---

[1] 汉书》卷28上《地理志》。

[2] 《史记》张守节《正义》："僰，蒲北反"，二字音近相通。参考《四川通史》第1册。

[3] 严可均辑：《全汉文》卷53扬雄《蜀王本纪》，中华书局1958年版，第414页。

[4] 章太炎：《太炎文集·续篇》卷6《西南属夷小记》，武汉印书馆1938年版。

[5] 郭沫若：《殷契粹编考释》卷26，北京图书馆出版社1937年版。

至陕南而达中原①。这也意味着，西周初年从四川盆地至云南东北的交通线已经开通。

虽然，五丁力士之称见于《华阳国志》是在春秋战国的开明王朝时期，但扬雄《蜀王本纪》并不如此，而是说："天为蜀生五丁力士，能徙蜀山。"蜀山，见于古蜀早期的历史，指岷江上游"蜀山氏"之蜀山，即《史记·五帝本纪》所记载的黄帝元妃嫘祖娶于蜀山氏的蜀山，时代相当早，反映出五丁力士之制在蜀地的初现，至少在虞夏之际就有其萌芽。不论在《蜀王本纪》还是在《华阳国志》里，五丁力士都常与大石相联系，但大石崇拜并非只是开明王朝的特征及文化现象，它早在夏商时代就已经存在，三星堆1号坑的一块自然梯形石块，与理县佳山墓葬的现象一致，表明至少在商代，蜀人已形成这一制度及其文化传统。而理县地处"蜀山"之中，它的大石崇拜遗迹正好证明了大石文化与蜀山的关系。这种关系又与《蜀王本纪》关于"天为蜀王生五丁力士，能徙蜀山，王无五丁，辄立大石"的记载恰相吻合②，绝非偶然，它恰恰表明大石崇拜与五丁力士的形成年代是在夏商时代，而不是战国时代。

其实，《华阳国志·蜀志》只是在叙述战国时代的蜀国历史时才提及五丁之制，这并不等于说五丁之制形成于战国。历代史籍对有关史事的记述几乎都是这样，"左史记言，右史记行"，无事则不记。由于战国时代蜀王调遣五丁力士从蜀本土出发，远至武都（今甘肃武都）担土，返回成都为蜀王之妃修墓，这一举动成为当时的大事，而五丁力士在往返途中，沿途开山修道，又产生了不

① 褒斜道见诸史乘很早。《史记》卷129《货殖列传》记载："巴蜀亦沃野……然四塞，栈道千里，无所不通，唯褒斜绾毂其口，以所多易所鲜。"《史记》卷29《河渠书》："褒水通沔，斜水通渭，皆可行船漕。"褒斜道是水、陆两条并行的古道。褒斜道在商代即见开通。殷卜辞所见蜀与商王朝交往，蜀文化中所见商文化因素，多由此道南入汉中，再入蜀之本土。武丁期卜辞"伐缶与蜀"，缶即褒，可见褒、蜀有路相通。殷末蜀师北出褒斜伐纣，西周末郑之遗民南奔南郑，春秋初蜀、秦商品的流通，战国时蜀、秦争南郑，蜀有褒、汉之地等等，都说明褒斜道在先秦时期长期畅通不衰。故道是北出蜀地，联系关中的另一条重要道路。因此道沿嘉陵江东源故道水河谷行进，故名。故道在商周之际已经开通。近年在宝鸡发现的大量早期蜀文化遗物，即由故道进入。西周早期在宝鸡的渭水之南建有散国，周初青铜器《散氏盘》铭文中记有"周道"，王国维考证此周道即是故道（王国维《散氏盘跋》，《观堂集林》卷18《史林》10，第887页，中华书局1956年版）。《水经注》卷19《渭水下》也提到宝鸡附近渭水支流扦水有"周道谷"。可见故道之开通，其年代大概与褒斜道相差不远。

② 严可均辑：《全汉文》卷53扬雄《蜀王本纪》，中华书局1958年版，第414页。

少怪异的传说①，成为蜀人街谈巷议之资，流传久远，为史官载入史册，当属极自然之事。我们自然不能仅凭史籍对战国事物的叙述而把这些事物统统看作只是在战国才出现的事物。

大石崇拜与五丁制度形成于蚕丛氏之时，还有史可征。《古文苑·蜀都赋》章樵注引《先蜀记》说："蚕丛始居岷山石室中"，其地在今四川茂县北境的叠溪，《汉书·地理志》载蜀郡蚕陵县，治今叠溪，旧称蚕陵，即"南过蚕陵山，古蚕丛氏之国也"②。蚕丛氏的来源之地，山崖陡险，怪石嶙峋，由其生存环境而产生大石崇拜，当属自然，这种情况在古代民族中是共通现象。五丁制度与大石相联系，而大石崇拜产生于夏商时代，那么五丁之制同样也是产生在这个时代。这两种制度（王室的祭祀制度和社会组织的五丁制度）相辅相成，是很有意思的，清楚地表明了王权与其社会基础的关系，王室正是建立并凌驾在五丁这种社会组织基础之上。一为统治者，一为被统治者。可见，大石崇拜与五丁制度并非神话，它们体现了真实的历史和文化内容。

三、五尺道是蜀通西南夷的重要通道

古蜀与西南夷地区大规模交通的始辟年代至晚也在商代中晚期，其时古蜀王国已向南发展到今四川雅安大渡河流域下游，而古蜀文化圈也已扩张到西南夷广大地区，并在金沙江流域的中游和下游建立了永久性的居住地点③。考古学上，近年相继在四川汉源出土古蜀文化的柳叶形青铜短剑，时代为商周之际④。在汉源富林，1976年出土商代青铜器8件，器物上留有细密的编织物印痕，原应有纺织品包裹，其中有青铜钺3件、青铜戈2件、凿1件、斧2件⑤。当中的烟荷包式钺和蜀式无胡戈，都是古蜀文化的典型形式，年代在三星堆二、三期

---

① 刘琳校注：《华阳国志》卷三《蜀志》。
② （清）陈登龙撰，陈一津分疏：《蜀水考》卷一，巴蜀书社1985年影印版。
③ 这是指蜀王蚕丛后世在姚、嶲等地建立的立足点。《史记》卷13《三代世表》褚少孙补曰："蜀之先……先称王者蚕丛国破，子孙居姚、嶲等处。"
④ 四川省文物考古研究院近年在四川汉源发掘，收获甚丰，出土文物中不乏古蜀柳叶形青铜短剑。资料现藏四川省文物考古研究院。
⑤ 岳润烈：《四川汉源出土商周青铜器》，《文物》1983年第11期。

之间（商代中晚期），这表明，继三星堆一期以后，三星堆二、三期即三星堆文化也同样在向大渡河流域扩展，而其目的与军事行动有关。

至于蜀与西南夷交通的早期年代，则在夏商之际，即古蜀王蚕丛败亡，南逃西南夷地区的年代①。西汉元、成间博士褚少孙补《史记·三代世表》载："蜀王，黄帝后世也，至今在汉西南五千里，常来朝降，输献于汉。"正义引《谱记》说："蜀之先，肇于人皇之际。历虞、夏、商、周。衰，先称王者蚕丛国破，子孙居姚、巂等处。"唐时姚州治今云南姚安，巂州治今四川西昌，均为西南夷重地所在。蚕丛国破，年代约当夏商之际，正是三星堆文化兴起之时。蜀王蚕丛后代南下姚、巂之间，世代在那里活动居息，对于古蜀文化在西南夷地区立稳足跟、世代传承起了重要作用，同时也对古蜀文化在西南夷地区发生持续影响起了重要作用。《史记·三代世表》既然记载汉代蜀王后世能够常至京师朝降输献，那就说明蜀王后世必为当地邑君，这也正是《史记·三代世表》褚先生对所谓黄帝后世"王天下之久远"的举证，表明蜀王后世从夏商到西汉一直在西南夷地区保有相当的势力和影响，而又北与蜀地保持着畅达的交通。

蚕丛氏南迁西南夷地区，绝非孤家寡人，亦非只有少数随从相从，当是较大规模的族群迁徙。只有这样，蚕丛氏后代才可能在西南夷地区的社会和自然环境中生存下来，不断发展，也才有可能到西汉时具有往还于中央王朝，"常来朝降，输献于汉"②的能力和资格。

据《水经·江水注》载：南安（今四川乐山市）"县治青衣江会，衿带二水矣，即蜀王开明故治也"。南安紧邻僰道，是蜀通五尺道的重要据点，不但曾是蜀开明王的治所，还是成都平原农业经济、城市手工业经济同西南夷半农半牧经济进行交流的要冲③。《华阳国志·蜀志》记载蜀开明王"雄张僚、僰"，表明僚、僰之地为蜀国所实际控制，为蜀之附庸④。僚指夜郎，今贵州安顺地区至黔西地区；僰指僰道，今四川宜宾到云南昭通地区。《华阳国志·蜀志》还记载说："僰道有故蜀王兵兰"，兵兰指驻兵营寨⑤，应当是古蜀王国建立在僰道的驻兵之所，

---

① 《史记》卷13《三代世表》褚少孙补曰："蜀之先……先称王者蚕丛国破，子孙居姚、巂等处。"

② 《史记》卷13《三代世表》褚少孙补曰："蜀王，黄帝后世也，至今在汉西南五千里，常来朝降，输献于汉。"

③ 段渝：《巴蜀古代城市的起源、结构和网络体系》，《历史研究》1993年第1期。

④ 方国瑜：《中国西南历史地理考释》上册，中华书局1987年版，第9页。

⑤ 徐中舒：《巴蜀文化续论》，《四川大学学报》1960年第1期。

目的在于蜀军进一步前出南中。考古学上，在云南昭通和贵州威宁发掘了大批古蜀文明的青铜器[①]，贵州威宁出土的古蜀青铜器，时代在公元前 800 年前后，威宁中水还出土古蜀三星堆文化（3700—3100B.C 商代中晚期）的玉器，均说明古蜀文明在云南东部和贵州西部的传播时代可以上溯到商周时期，与历史文献的记载完全吻合。既有文明的传播，必有传播的通途。云南昭通和贵州威宁恰好位于五尺道的主干线上。这就意味着，五尺道的开通年代，至少是它的初通年代，一定不会晚于商代晚期，否则对于昭通和威宁地区在那一时代出现古蜀文明因素的现象，将无法给以合理的解释。

四、五尺道是古蜀王国的官道

一般以为，五尺道的命名来源于山势陡峭，难以开凿，所以道路仅宽五尺，这种看法源于三国如淳和唐代颜师古之说。《史记·西南夷列传》"秦时常頞略通五尺道"句下张守节《正义》引如淳曰："道广五尺。"《汉书·西南夷传》"秦时尝破，略通五尺道"句下颜师古注："其处险陿，故道才广五尺。"其实，且不说以五尺为道完全违反秦法，绝不可能为秦法所容许，我们只看汉武帝时遣唐蒙通西南夷道，可以将道路开凿宽至丈余，就可知道颜师古关于"其处险陿，故道才广五尺"的说法之不可信。《史记·平准书》记载："唐蒙、司马相如开路西南夷，凿山通道千余里，以广巴蜀，巴蜀之民罢焉。"唐蒙、司马相如所"开路"的西南夷道，即指五尺道。据《水经·江水注》记载："汉武帝感相如（按：指司马相如）之言，使县令（按：僰道县令）南通僰道，费功无成。唐蒙南入，斩之，乃凿石开阁，以通南中，迄于建宁，二千余里。山道广丈余，深三四丈，其錾痕之迹犹存。"唐李吉甫《元和郡县图志》卷 31《剑南道上·戎州》亦载："初，秦军破滇，通五尺道，至汉武帝建元六年，遣唐蒙发巴、蜀卒通西南夷，自僰道抵牂牁，凿石开道，二十（按：十当为千）余里，通西南夷，置僰道县，属犍为郡。"由此可知，五尺道的名称绝不可能来源于所谓"其处险陿，故道才广五尺"，即不可能是由于山势陡峭不易开凿只能道宽五尺而得名。

[①] 贵州省文物考古研究所、四川大学历史文化学院考古系、威宁县文物管理所：《贵州威宁县红营盘东周墓地》，《考古》2007 年第 2 期。王涵：《云南昭通营盘古墓群发掘简报》，《云南文物》1995 年第 41 期。

其实，问题的关键并不在于五尺道是否道宽五尺，而在于论者将道宽五尺与秦人开凿联系在一起，从而造成了秦人开凿五尺道的错觉。如果我们仔细考察史书，立即就可知道，不论《史记》还是《汉书》，都没有说秦人开凿五尺道，仅仅说秦人"略通"五尺道，而如淳、颜师古等注家在说到五尺道时，也仅仅是说道广五尺，并没有把五尺道与秦人开凿相联系。仅仅因为颜师古在《汉书·西南夷传》"秦时尝破，略通五尺道"句下注明道广五尺，论者就以为是秦人开凿了仅宽五尺的五尺道，这显然是误读史书，违背了史书的原意。实际上，从《汉书·西南夷传》所记载的"秦时尝破，略通五尺道"来看，倒是在秦人进入西南夷地区以前，五尺道就已经存在，只是因为秦时五尺道曾经破损，而经由秦人整修罢了。

那么，为什么秦人仅将从今四川宜宾至云南昭通之间的交通线路称为五尺道，而从蜀地进入西南夷地区的另一条交通线灵关道却不称为五尺道呢？这与秦人整修五尺道并沿袭其旧称有关。五尺道为蜀国五丁力士所开凿，原为蜀王国的官道，属于古蜀王国的国家工程，故以五尺为名，称为五尺道。从史籍可见，战国时秦人从蜀至西南夷地区，分为两路南行，东路沿五尺道，西路沿旄（一作牦）牛道（灵关道），这两条交通线均为蜀时故道。东路的五尺道可由黔西北通往黔中，历来为秦王朝所特别重视，同时为笼络蜀人，利用蜀人维修整治，故沿袭蜀时旧名。而秦沿西路旄牛道南下，其政治军事势力仅达越嶲而止，而且这条道路也没有经过秦人修整，所以其旧名没有为秦人所沿袭下来。五尺道之所以以"五"为称，而不是为秦王朝"一断于法"之下"数以六为纪"的以"六"为称，原因就在于"五尺道"是沿袭古蜀王国的故道和旧称，而不是由秦人新辟和命名。

事实上，先秦时期不论中原诸侯还是西方秦国，他们与巴蜀以南的西南夷地区都没有多少直接联系，先秦文献对于西南夷地区的道路也极少记载，即令五尺道的名称也是由于秦灭蜀以后才见于文献记载，而西南夷道、旄牛道或灵关道等名称，也都是始见于汉代文献的名称，至于先秦古蜀王国时期这几条道路叫什么名称，文献并没有留下任何记载，是否亦由"五"命名或与之相关，今已难知其详。

根据《史记·西南夷列传》和《汉书·西南夷传》的记载，秦人在蜀地南部分东西两路南下进入西南夷地区，一路沿五尺道，在五尺道上"颇置吏焉"，一路沿旄牛道，在邛、笮"通为郡县"，两道的"略通"年代均在秦灭前十余年，远远晚于古蜀通西南夷的时代。而且，秦人所略通的这两道都是沿着旧时古蜀王国通往西南夷的道路而下，并没有新辟道路，这两道都在秦灭后就立即恢复了旧日的古蜀关隘，而蜀商要进入西南夷地区必须偷越五尺道。《史记·西南夷列传》记载秦灭后，西南夷诸族立即"关蜀故徼"。所以，一旦西南夷脱离秦王朝的统治，"蜀故徼"也就立即随之恢复，蜀商必须偷越关隘才能进入西南夷地区进行贸易。《史记·大宛列传》载："然闻其西（按：指滇、昆明之西）可千里，有乘象国，名曰滇越，而蜀贾奸出物者或至焉。"这里所说的"蜀贾奸出物者"，与《西南夷列传》所说"巴蜀民或窃出商贾"是一致的，都是指偷越"蜀故徼"南出西南夷地区的蜀人商贾。所谓"蜀故徼"，是指故蜀与西南夷诸族交通贸易的关隘或关卡，古蜀王国曾在此设置关卡收取关税，相当于《孟子》所说中原地区的"关市之征"。这同时也可以说明，先秦五尺道是古蜀王国时期的官道。

（原载《四川师范大学学报》2013 年第 4 期）

论三星堆与南方丝绸之路青铜文化的关系[*]

一

古蜀地区是中国文明的重要起源地之一，是中国西部长江上游的古代文明中心。三星堆和金沙青铜文化的重大考古发现[①]，彻底改变了两千多年来人们对古蜀文化落后于中原地区的传统看法。人们第一次认识到，早在先秦时期，古蜀地区就已经出现了一支拥有灿烂青铜文化、大型城市和古蜀符号（文字）的高度发达而连续发展的古代文明——三星堆文明和金沙文明。不仅如此，由三星堆文明和金沙文明所深刻揭示出来的古蜀的独特文化模式、文化类型和悠久始源，使它们在中国文明起源形成的研究中占有特殊的学术地位，雄辩地证明了植根于四川盆地的古蜀文明是中国古代文明的一个重要组成部分，是中国古代区系文明中具有显著地域政治特征和鲜明文化特色的典型代表，从而为中国文明起源的"多元论"提供了坚实的考古学证据，大大丰富了"中国文明多元一体形成发展"论断的理论内涵，取得了各个学科学者的普遍认同。

古蜀文明是一支开放性的文化，它以其悠久雄厚的文化为基础，深刻地影响了其周边地区的文化，促进了其周边地区文化的发展。南方丝绸之路是古蜀文明向外传播与辐射的最重要通道之一，南方丝绸之路上诸青铜文化中包含的众多三星堆文化因素，清晰地勾勒出它们与古蜀文明的联系，也凸现出古蜀文

---

* 本文系与刘弘合作。

① 四川省文物考古研究所：《三星堆祭祀坑》，文物出版社 1999 年版。成都市文物考古研究所：《金沙——21 世纪的考古新发现》，五洲传播出版社 2005 年版。

明在中国西南地区青铜文化中的"文化高地"地位。

二

丝绸之路这一名称,是德国地理学家李希霍芬(F. Von Richthofen)1877 年提出来的,指以丝绸为主要贸易内容的东西方商路和交通路线。古代中国通往西方和海外的丝绸之路有四条:南方丝绸之路、北方丝绸之路、草原丝绸之路和海上丝绸之路,古蜀丝绸曾是这几条通道上的重要商品。古蜀丝绸传播到西方,先秦时期的主要通道是南方丝绸之路,汉代及其后从北方丝绸之路输往西方的丝绸中,也以古蜀丝绸为大宗,而从草原丝绸之路输往北亚的中国丝织品中,目前所见最早的似乎也是蜀地出产的丝绸。由于在这些商道上流通的各类商品中丝绸最为珍贵,最为众人瞩目,所以这些交通路线都被冠以"丝绸之路"的美称,"丝绸之路"也因此成为从中国出发纵贯欧亚大陆的国际交通线的代名词。

先秦时期,从四川经云南西出中国至缅甸、印度的国际交通线已初步开通。以成都平原为中心,翻越横断山区、云贵高原的崇山峻岭,古代的商贾们将以丝绸为代表的众多商品输送到缅甸、印度、阿富汗,再继续西传至中亚、西亚。其实,商业活动只是人们在这条通道上的活动之一,古代四川、云南与南亚、中亚、西亚的文化交流和互动,都是经过这条道路进行的[①]。由于这条古老的国际交通线位于中国的南方,又由于这条位于中国南方的丝绸之路位于整个丝绸之路的南方,所以学术界称之为"南方丝绸之路"[②],简称"南丝路",或称为"西南丝绸之路"。

南方丝绸之路以成都平原为初始点和发源地,自有其客观的条件与原因。正如苏秉琦先生在《中国文明起源新探》一书中说的那样:"四川的古文化与汉中、关中、江汉以至于南亚次大陆都有关系,就中国与南亚的关系看,四川可以说是'龙头'。"[③] 正是四川古代文化的"龙头"地位决定了古蜀地区成为南方丝绸之路的源头。

---

① 段渝:《中国西南早期对外交通——先秦两汉的南方丝绸之路》,《历史研究》2009 年第 1 期。

② 段渝:《浅谈南方丝绸之路》,《光明日报》1993 年 5 月 24 日"史学"专栏。

③ 苏秉琦:《中国文明起源新探》,三联书店 1999 年版,第 85 页。

南方丝绸之路的起点为古蜀文明的中心——成都，从成都向南分为东、中、西三条主线：西线经今四川双流、新津、邛崃、雅安、荥经、汉源、越西、喜德、泸沽、西昌、德昌、会理、攀枝花，越金沙江至云南大姚、姚安，西折至大理，这条线路被称为"零关道"（或作"灵关道"，东汉时又称"旄牛道"）。中线从成都南行，经今四川乐山、峨眉、犍为、宜宾，再沿五尺道经今云南大关、昭通、曲靖，西折经昆明、楚雄，进抵大理。东西两线在大理会合后，继续西行至今永平，称为"永昌道"。从永平翻博南山、渡澜沧江，经保山渡怒江，出腾冲至缅甸密支那，或从保山出瑞丽抵缅甸八莫。东线从四川经贵州西北，经广西、广东至南海，这条线路称为"牂柯道"，或称为"夜郎道"。在这三条主线之间还有一些支线，如经四川宜宾、雷波、美姑、昭觉到西昌的支线和从西昌经盐源，云南宁蒗、丽江、剑川而抵大理的支线。

南方丝绸之路是中国古代的国际通道，它从四川经云南出境后分为西路、中路和东路三条主要线路。西路即历史上有名的"蜀身毒道"，后又称"川滇缅印道"，从四川出云南经缅甸八莫或密支那至印度、巴基斯坦、阿富汗以至中亚、西亚。这条纵贯亚洲的交通线，是古代欧亚大陆线路最漫长、历史最悠久的国际交通大动脉之一。中路是一条水陆相间的交通线，水陆分程的起点为云南步头，先由陆路从蜀、滇之间的五尺道至昆明、晋宁，再从晋宁至通海，利用红河下航越南，这条线路是沟通云南与中南半岛的最古老的一条水路，秦灭蜀后，蜀王子安阳王即从此道南迁至越南北部立国[1]。东路，据《水经·叶榆水注》和严耕望教授考证，应是出昆明经弥明，渡南盘江，经文山出云南东南，入越南河江、宣光，抵达河内[2]。

纵观整个南丝路，在国内形成了我国西南及南方地区的巨大交通网络，在国外则与中南半岛、南亚次大陆、中亚、西亚连接成一个更大的世界性交通网络。

李学勤先生指出，丝绸之路的研究非常重要，是今天非常有影响的一门学科，应该把欧亚大陆作为一个整体来研究，而历史上连接欧亚的就是几条丝绸之路，在"这几条丝绸之路里面，最值得进一步研究的是西南丝绸之路"[3]。南

---

① 《水经·叶榆水注》，王国维校本，上海人民出版社 1984 年版。

② 严耕望：《汉晋时代滇越道》，《"中央"研究院历史语言研究所专刊》第 82 期，台北："中研院"历史语言研究所，1986 年。

③ 李学勤：《三星堆文化与西南丝绸之路》，《文明》2007 年第 7 期。

方丝绸之路是从中国西南方向将中华古文明与世界古文明紧密联系起来的国际交通线，也是欧亚古代文明相互联系的纽带。通过南方丝绸之路这一巨大纽带，三星堆文明和金沙文明与世界古代文明联系起来，互动交流，由此奠定了古蜀文明在世界古代文明中的重要地位。由此不难看出，古蜀文明与南方丝绸之路青铜文化的研究所具有的重要学术价值。

三

南方丝绸之路从成都出发，纵贯了川西北、川西南山地、横断山区和云贵高原，这一广袤的地区自古便是中国南北民族的迁徙通道，也是中国南北文化的重要交流通道之一。早在新石器时代，中国南北文化的交流在这一地区就已初见端倪。到了春秋战国时期，分布在南方丝绸之路沿线的各文化都陆续进入青铜时代，并发展出灿烂多姿的各类青铜文化。其中以三星堆－金沙遗址青铜文化为代表的古蜀文化，发展水平最高，时间最早，形成了西南地区的"文化高地"，三星堆－金沙遗址文化自然成为西南地区各青铜文化的"龙头"，对西南地区青铜文化产生了重要的影响。与此同时，西南地区各青铜文化也保持着自身鲜明的文化特色，共同构成了丰富多彩的西南地区青铜文化。

整个西南地区的青铜文化可以分为三个大的文化区和若干个亚区，与之相应的是当时活动在西南地区的三大民族族群。

第一个文化区是以四川盆地为中心的古蜀文化区，这个文化区的地域和青铜器群因时代早晚有所发展与变化。殷商时期，这个文化区主要位于成都平原范围内，重要的考古发现有广汉三星堆遗址[①]、成都金沙遗址[②]和彭州的窖藏[③]。出土的青铜器有大小青铜立人、各式青铜人头像和青铜面具、铜罍、铜树、铜戈、铜铃和铜鸟、铜虎、铜蛇等各类动物造型，伴出大量玉器、金器、象牙等珍宝是该期青铜文化的显著特征，整个文化溢露出浓厚的神权政

---

① 四川省文物考古研究所：《三星堆祭祀坑》，文物出版社 1999 年版。

② 成都市文物考古研究所：《成都金沙遗址 I 区"梅苑"东北部地点发掘一期简报》，《成都考古发现（2002）》，科学出版社 2004 年版。成都市文物考古研究所：《金沙遗址"国际花园"地点发掘简报》，《成都考古发现（2004）》，科学出版社 2006 年版。

③ 四川省博物馆、彭县文化馆：《四川彭县西周窖藏铜器》，《考古》1981 年第 6 期。

治气氛。

进入春秋战国时期，古蜀文化区的范围扩大了数倍，北至川北的绵阳、昭化一带，西南以雅安、荥经为界，南抵峨眉、犍为，东至涪陵、云阳，东北到了宣汉一带。这一时期的重要考古发现有成都十二桥遗址①、商业街古蜀船棺②、百花潭古蜀墓葬③、新都马家乡古蜀大墓④、什邡古蜀船棺葬群⑤、巴县冬笋坝和昭化宝轮院巴蜀船棺葬⑥、荥经同心村和南罗坝古蜀墓葬⑦、峨眉符溪古蜀青铜器群⑧、宣汉巴蜀墓葬⑨、犍为五龙古蜀墓葬⑩、涪陵小田溪巴墓⑪等等。战国时期，分布在川东的巴文化已经与川西的蜀文化融为一体，可以称为巴蜀文化⑫。

这一时期的青铜器组合相对三星堆时期有了较大变化，主要由柳叶形剑、三角形援戈、弓形耳矛、"烟荷包"式钺、辫索状耳的鍪和釜、"古蜀图语"印章等组成，墓葬形制则流行船棺、独木棺。

在巴蜀文化区内，青铜文化的面貌比较统一，不能划出亚区。其周边受到巴蜀文化较深影响的有滇东北的昭通和黔西北的威宁两地区。

第二和第三个文化区是秦汉时期被文献称为"西南夷"的地区，在这个地区分布着众多的西南民族，它们青铜文化的繁荣期主要在战国至西汉这一时段。

---

① 四川省博物馆、成都市博物馆：《成都十二桥商代遗址发掘简报》，《文物》1987年第12期。

② 成都市文物考古研究所：《成都市商业街船棺、独木棺墓葬发掘报告》，《成都考古发现（2000）》，科学出版社2002年版。

③ 四川省博物馆：《成都百花潭中学十号墓发掘记》，《文物》1976年第3期。

④ 四川省文管会：《新都战国木椁墓》，《文物》1982年第1期。

⑤ 四川省文物考古研究所、什邡文管所：《什邡市城关战国秦汉墓葬发掘报告》，《四川考古报告集》，文物出版社1998年版。

⑥ 四川省博物馆：《四川船棺葬发掘报告》，文物出版社1960年版。

⑦ 四川省文物考古研究所、荥经严道古城遗址博物馆：《荥经县同心村巴蜀船棺葬发掘报告》，《四川考古报告集》，文物出版社1998年版。荥经严道古城遗址博物馆：《四川荥经南罗坝村战国墓》，《考古学报》1994年第3期。

⑧ 陈黎清：《四川峨嵋县出土的一批战国青铜器》，《考古》1986年第11期。

⑨ 四川省文物考古研究所、达州地区文物管理所、宣汉县文物管理所：《四川宣汉罗家坝遗址2003年发掘简报》，《文物》2004年第9期。

⑩ 四川省博物馆：《四川犍为巴蜀墓》，《考古》1983年第9期。

⑪ 四川省考古所、涪陵地区博物馆、涪陵市文管所：《涪陵市小田溪9号墓发掘报告》，《四川考古报告集》，文物出版社1998年版。

⑫ 林向：《巴蜀文化辩证》，载段渝主编：《巴蜀文化研究》第二辑，巴蜀书社2006年版。

第二个文化区在地理上包括了川西北山地、川西南山地、横断山区和滇西高原。虽然这个文化区地域广大，区域内的诸青铜文化各具特点，异彩纷呈，但却包含着一些明显的共同因素。如铜器中的山字格剑、双圆饼首短剑、曲柄剑、弧背削，以鸡首杖为主的各式铜杖和铜杖首、短柄铜镜、数量众多的各式铜镯和铜泡钉、各式铜铃等等。墓葬形制以石棺葬为主，还有与石棺葬有密切关系的大石墓和石盖墓，常见用马、牛、羊殉葬的葬俗。这个文化区青铜器种类不多，纹饰较为简朴，表现出一种朴实的风格。

这个文化区从北到南可划为四个亚区，每个亚区的青铜文化都有各自的特点。

第一个亚区的中心在岷江上游河谷，向西延伸到了青衣江上游。此亚区青铜时代文化的重要的考古发现有茂县、理县、汶川的石棺葬群，茂县城关、营盘山、别立、勒石村的石棺葬群[①]，牟托一号石棺墓[②]，理县佳山寨石棺葬群[③]，巴塘、雅江的石棺墓[④]，甘孜吉里龙古墓葬，炉霍卡莎湖石棺葬群[⑤]，宝兴陇东、瓦西沟口的石棺葬及汉塔山土坑积石墓群[⑥]。出土的铜器物以山字格剑、曲柄剑、手镯、泡钉为区域性组合。由于该区域紧邻古蜀文化区，古蜀文化对其影响较大。根据文献记载，此地区秦汉时期的主要民族为冉、駹，故此区域可称为冉駹文化区。

---

① 冯汉骥、童恩正：《岷江上游的石棺葬》，《考古学报》1973 年第 2 期。茂汶羌族自治县文化馆：《四川茂汶营盘山的石棺葬》，《考古》1981 年第 5 期。茂汶羌族自治县博物馆蒋宣忠：《四川茂汶别立、勒石村的石棺葬》，《文物资料丛刊》1983 年第 9 辑。叶茂林、罗进勇：《四川汶川县昭店村发现的石棺葬》，《考古》1999 年第 7 期。成都市文物考古研究所等：《四川茂县营盘山遗址试掘报告》，《成都考古发现（2000）》，科学出版社 2002 年版。四川省文物考古研究所、阿坝州文物管理所、汶川县文物管理所：《四川汶川县姜维城新石器时代遗址发掘报告》，《四川文物》2004 年增刊。

② 茂县博物馆、阿坝州文管所：《四川茂县牟托一号石棺墓及陪葬坑清理简报》，《文物》1994 年第 2 期。

③ 四川省文管会、阿坝州文管所：《四川理县佳山石棺葬发掘清理报告》，《南方民族考古》第 1 辑，四川大学出版社 1987 年版。

④ 四川省文物考古研究所等：《四川巴塘、雅江的石棺葬》，《考古》1981 年第 3 期。

⑤ 四川省文物考古研究所等：《四川炉霍卡莎湖石棺墓》，《考古学报》1991 年第 2 期。

⑥ 宝兴县文化馆：《四川宝兴出土的西汉铜器》，《考古》1978 年第 2 期。宝兴县文化馆：《四川宝兴县汉代石棺墓》，《考古》1982 年第 4 期。四川省文管会、雅安地区文管所、宝兴县文管所：《四川宝兴汉塔山战国土坑积石墓发掘报告》，《考古学报》1999 年第 3 期。四川省文物管理委员会、宝兴县文化馆：《四川宝兴陇东东汉墓群》，《文物》1987 年第 10 期。

第二个亚区为安宁河谷。主要的青铜时代文化遗存为分布在安宁河谷两岸的大石墓[①]，出土铜器以山字格剑、弧背刀、束发器、发钗、铃、泡钉为基本组合，学术界基本认为安宁河流域的大石墓是文献所载的邛都夷的遗存，该区可称为邛都文化区，在邛都文化中可看到一些古蜀文化的因素。

第三个亚区为以盐源盆地为中心的金沙江与雅砻江交汇的巨大三角形地带。主要的青铜时代考古发现有盐源盆地的石盖墓[②]，宁蒗大兴镇的土坑木椁墓，永胜金官龙潭的青铜器群[③]，德钦石底、纳古、永芝的古墓葬，盐边县的石棺葬。出土的铜器物以铜鼓、覆瓦形编钟、山字格剑、双圆饼首短剑、弧背刀、曲柄剑、细长形三角援戈、直銎钺、短柄镜、各式镯、铃、泡钉、带饰和以鸟形杖首为主的各式铜杖首为基本组合。该区域还出土一些造型十分特殊的器物，如双柄刀、一人双兽枝形器、羊首杖、蛇形杖、铜燕等。文献记载，战国至西汉时期活动在此地区的民族主要是笮都夷，故该区域可称为笮都文化区。

第四个亚区是滇西高原的洱海地区。主要的青铜时代考古发现有剑川海门口遗址[④]、祥云检村的石棺墓[⑤]、祥云大波那的木椁墓，剑川鳌凤山的土坑墓群[⑥]，大理洱海地区的青铜器群[⑦]、楚雄万家坝墓葬群等。出土铜器以铜鼓、覆瓦形铜编钟、羊角编钟、山字格剑、双圆饼首短剑、凹刃矛、弧刃戈、"V"字形领钺、靴形钺、尖叶形锄、六畜模型和主要以鸡和鸟形杖首为主的各式铜杖首为基本组合。战国至秦汉时期，该地区的主要民族为昆明，故该区可称为昆明文

① 礼州遗址联合考古发掘队：《四川西昌礼州新石器时代遗址》，《考古学报》1980 年第 4 期。凉山彝族自治州博物馆：《米易弯丘的两座大石墓》，《考古学集刊》第 1 期。安宁河流域联合考古队：《西昌坝河堡子大石墓发掘简报》，《考古》1976 年第 5 期。西昌地区博物馆：《西昌河西大石墓》，《考古》1978 年第 2 期。凉山彝族地区考古队：《四川凉山喜德拉克公社大石墓》，《考古》1978 年第 2 期。凉山州博物馆：《四川普格小兴场大石墓》，《考古与文物》1982 年第 5 期。凉山州博物馆：《四川西昌一号墓发掘简报》，《考古学集刊》1983 年第 3 期。四川省文物考古研究院、凉山州博物馆、西昌市文物管理所：《2004 年西昌洼垴、德昌阿荣大石墓发掘简报》，《文物》2006 年第 2 期。

② 凉山州博物馆、西昌市文管所、盐源县文管所：《盐源近年出土的战国西汉文物》，《四川文物》1999 年第 4 期。

③ 云南省博物馆保管部：《云南永胜金官龙潭出土青铜器》，《云南文物》1986 年 6 月。

④ 云南省博物馆：《剑川海门口古代文化遗址清理简报》，《考古通讯》1958 年第 6 期。肖明华：《云南剑川海门口青铜时代早期遗址》，《考古》1995 年第 9 期。

⑤ 大理州文管所、祥云县文化馆：《云南祥云检村石椁墓》，《文物》1983 年第 5 期。

⑥ 云南省考古所：《剑川鳌凤山古墓发掘报告》，《考古学报》1990 年第 2 期。

⑦ 杨益清：《云南大理收集到一批汉代铜器》，《考古》1966 年第 4 期。

化区。

第三个文化区包括滇中高原和滇东地区。墓葬基本为土坑墓，出土铜器的种类非常丰富，以铜鼓、贮贝器、编钟、葫芦笙、尊、壶、枕、案、一字格剑、蛇头剑、伞盖、针线盒、绕线板、尖叶形锄、长銎斧、宽叶矛、窄叶矛、新月形刀钺、啄、狼牙棒和种类繁多的戈、以斗兽纹或狩猎纹为主的扣饰、各种杖首等基本组合。铜器上饰以繁缛的纹饰，多双旋纹、编织纹、辫纹、三角齿纹、蛙纹、人形纹等，器身上多阴刻鸟、蛇、鱼、虫、虎、熊、豹、鹿等鸟兽图案，造型生动活泼。在器物上焊铸各种立体人畜是该区青铜器最显著的特征。第三个文化区的青铜文化带有强烈的地方色彩，由于在晋宁石寨山 6 号墓中出土了金质的"滇王之印"，印证了文献上所记载古滇国的存在，所以这种青铜文化被称为滇文化。

滇文化区可分为两个亚区。其中一个亚区主要位于滇中高原的滇池四周，重要的考古发现有晋宁石寨山滇墓群①、呈贡天子庙滇墓群②、江川李家山滇墓群③、昆明羊甫头滇墓群④、安宁太极山滇墓群⑤ 等，该区是滇文化的中心区。另一个亚区位于滇东的曲靖盆地，重要考古发现有曲靖珠街八塔台墓葬和横大路墓葬⑥ 等。此两个亚区的青铜文化存在一些差别，故后一个亚区的青铜文化也被称为滇文化——八塔台—横大路类型。

除此而外，在南方丝绸之路上还存在一些小的青铜文化区，如昭通盆地⑦、

---

① 云南省博物馆：《云南晋宁石寨山古遗址及墓葬》，《考古学报》1956 年第 1 期。云南省博物馆：《云南晋宁石寨山第三次发掘简报》，《考古》1959 年第 9 期。云南省博物馆：《云南晋宁石寨山古墓第四次发掘简报》，《考古》1963 年第 9 期。

② 昆明市文物管理委员会：《呈贡天子庙滇墓》，《考古学报》1985 年第 4 期。云南省博物馆文物工作队：《云南呈贡天子庙古墓群的清理》，《考古学集刊》第 3 集。昆明市文物管理委员会：《昆明呈贡石碑村古墓群第二次清理简报》，《考古》1984 年第 3 期。

③ 云南省博物馆：《云南江川李家山古墓群发掘报告》，《考古学报》1975 年第 2 期。

④ 云南省考古所、昆明市博物馆、官渡区博物馆：《昆明羊甫头墓地》，科学出版社 2005 年版。

⑤ 云南省文物工作队：《云南安宁太极山古墓葬清理报告》，《考古》1965 年第 9 期。

⑥ 云南省考古研究所：《曲靖八塔台与横大路》，科学出版社 2003 年版。

⑦ 葛季芳：《云南昭通闸心场新石器时代遗址的发掘》，《考古》1960 年第 5 期。云南省文物工作队：《云南昭通马厂和闸心场遗址调查简报》，《考古》1962 年第 10 期。游有山：《鲁甸野石新石器时代遗址调查报告》，《云南文物》第 18 期，1985 年。营盘发掘队：《云南昭通营盘古墓群发掘简报》，《云南文物》第 41 期，1995 年。

保山盆地[1]、城河流域等。

<h1 style="text-align:center">四</h1>

迄今为止的考古资料和研究成果表明，西南地区各种青铜文化大多形成于春秋战国时代，在战国末至西汉时期达到了鼎盛时期。而其文化则多与其北面的巴蜀文化尤其是古蜀文化有着深刻的联系。

考古资料揭示，在西南地区的各种青铜文化中，存在着以三星堆和金沙为代表的古蜀文化因素的历时性辐射所带来的程度不同的影响。通过这些文化因素的来源和传播途径的分析，可以看到三星堆古蜀青铜文化在西南地区的辐射、凝聚、传承和创新。由此可以进一步探索先秦时期中国西南广大地区青铜文化的来源、影响、传播、互动等整合过程，探索以青铜文化为表征的西南各族的社会结构、政治制度，以及族群和族群之间的关系，探索西南各族的经济技术水平和文明演进程度。并通过战国秦汉时期巴蜀对西南地区诸青铜文化的影响所引起的西南各族文化的深刻变迁，探索秦汉时期中央王朝通过巴蜀将西南地区诸青铜文化整合进中国文化圈的过程，而这一过程正是中国文明多元一体历史发展格局在西南地区的具体表现。

以三星堆为代表的古蜀青铜文化对西南地区各青铜文化的历时性辐射与影响最明显地表现在众多的青铜人物和动物造型三角援铜戈、神树及树形器、金杖和铜杖、有领铜璧、太阳图案及太阳崇拜等几个方面[2]。这些文化因素都沿着南方丝绸之路不同程度地向南传播，并在传播过程中与西南诸青铜文化发生碰撞、交融、整合，在很大程度上影响了西南地区诸青铜文化的发展。三星堆和南方丝绸之路沿线诸青铜文化的青铜器，直观地反映了这个过程。

---

[1] 保山地区文管所：《昌宁县大田坝青铜兵器出土情况调查》，《云南文物》1983 年 6 月，总第 13 期。云南省博物馆、昌宁县文化馆：《近年来云南昌宁出土的青铜器》，《考古》1990 年第 3 期。云南省考古研究所：《云南昌宁坟岭岗青铜时代墓地》，《文物》2005 年第 8 期。

[2] 段渝：《古代中国西南的世界文明》，《先秦史研究动态》1990 年 1 - 2 期合刊；《古蜀文明富于世界性特征》，《社会科学报》1990 年版；《商代蜀国青铜雕像文化来源和功能之再探讨》，《四川大学学报》1991 年第 2 期；《论商代长江上游川西平原青铜文化与华北和世界古文明的关系》，《东南文化》1993 年第 2 期。

例如，三星堆与南方丝绸之路上的一些青铜文化都有单个的青铜人物造型和群体人物造型。三星堆的单个人物造型有青铜立人、踞坐人等，滇文化则有单个的跪坐执伞俑和持棍俑。三星堆的群体人物造型有神坛上的群神，滇文化的贮贝器与铜鼓上的群体人物造型则是滇青铜器最具特点的风格之一。此外，笮都文化的青铜器也有群体人物造型的风格。

古蜀多见用鸟兽鱼虫造型装饰青铜器的手段，常见有鸡、凤、鱼凫、龙、虎、牛、鹿、鱼、蝉等造型。这种方式被西南地区诸文化所接受、所承袭。滇青铜器上装饰的鸟兽鱼虫种类繁多，大到马、牛、熊、鹿，小到蜜蜂、甲虫、蜈蚣；天上飞翔的孔雀、犀鸟、鹰隼，地上奔跑的虎、豹、豺、狼，都被装饰到滇青铜器上。昆明文化、笮都文化、冉駹文化中也多见各种动物造型，如昆明文化中的鸡、鹤、鹰、燕、马、犬、牛、羊，笮都文化中的虎、马、蛇、鸡、燕、鹰，冉駹文化中的犬和鸟等。

三星堆出土的华丽精美的金杖说明古蜀文化曾经存在过用杖习俗，三星堆金杖是宗教和世俗权力的代表物。而铜杖和铜杖首却在西南诸文化中大量出现，这种现象至少说明两个方面的问题，其一是古蜀的用杖习俗在西南地区得到了承袭，其二是用杖的社会面比古蜀文化有所扩大。

三角援铜戈是古蜀青铜文化影响西南地区诸青铜文化的又一个范例。从总体上讲，西南地区的铜戈都属于三角援戈，属于一个大的系统。尽管不同的区域的戈拥有各自的独特风格，但它们都以蜀式戈为"祖形"，与蜀式戈存在着"血缘"关系，这种关系又随着该区域与蜀地的远近和与蜀文化关系的密切程度而有所变化。与蜀近邻的地区，蜀式戈直接传入了这些地区。与蜀相隔较远的地区则发生了变化，演变出各式各具特点的铜戈，共同组成了西南地区青铜戈的"大家庭"。如冉駹文化区，因与蜀地紧邻，该区域内的三角援戈基本为蜀式戈。笮都文化区与昆明文化区的铜戈则发生了变化，带上了地方文化特色，滇文化区的铜戈在形制上变化最大，种类也最丰富，但它们与古蜀三角援铜戈的"血脉"关系还是一目了然的。

在滇文化分布区的南边，还有一个受古蜀文化影响的地区，即越南北部红河流域。分布于越南北部的东山文化与滇文化相似，已是学术界共同的认知。东山文化的铜戈基本上属于滇文化的石寨山类型，也就是说仍然属于蜀式戈的大系统。就目前所知，越南北部是古蜀文化向南延伸最远的地区。

古蜀青铜文化的南传，基本上是沿着南方丝绸之路传播的，南方丝绸之路是古蜀文明的文化传播线，而古蜀文明的南传对南方丝绸之路的稳定化起到了相当重要的作用。

五

南方丝绸之路不但是古蜀文化向南的传播路线，同时也成为西南地区诸青铜文化间相互影响和文化传播的路线。一些颇具特点的青铜器在南方丝绸之路沿线出现，勾画出若干条文化传播路线。如山字格铜剑，这种颇具特色的器物基本分布在南方丝绸之路的西线沿线，从北到南的分布点有茂县、宝兴、西昌、盐源、宁蒗、永胜、丽江、德钦、剑川、弥渡、楚雄、大理、保山、昌宁等地。另一种双圆饼首铜短剑也分布在茂县、宝兴、盐源、宁蒗、永胜、德钦、剑川一线。分布在这条线上的还有曲柄铜剑、短柄铜镜等青铜器。这些器物的传播经过了冉駹文化区、邛都文化区、笮都文化区和昆明文化区，出土地点都位于南方丝绸之路的零关道和博南道上。

西南地区最富代表性的青铜器——铜鼓，基本上也是沿着南方丝绸之路进行传播的。考古资料证明，目前发现的铜鼓当数滇中楚雄万家坝出土的最早，故楚雄应是铜鼓的发源地。铜鼓以楚雄为中心向四方传播，目前出土战国至西汉时期铜鼓的地点有：楚雄、昆明、呈贡、晋宁、江川、文山、大理、祥云、弥渡、保山、昌宁、云县、曲靖、丽江、盐源、会理等地。出土铜鼓的地点都分布在南方丝绸之路上滇文化区、昆明文化区和笮都文化区内，且位于零关道南段、五尺道中西段和博南道上。

还有一类器物也体现了南方丝绸之路的文化传播功能，即靴形铜钺。西南地区的靴形钺集中出土在滇中地区，然后沿着博南道和零关道向西和向西北传播，大理、保山都出土了不少靴形钺，在滇中西北的盐源盆地也是出土靴形钺的又一个区域。

值得注意的是，中国北方草原和中亚、西亚的某些文化因素，如金杖、铜杖、金面具、双马形器、侧头展翅的鹰、双圆饼首铜短剑、人形茎铜剑、曲柄铜剑、弧背铜削等具有中亚、西亚和北方草原文化风格的器物出现在南方丝绸之路上，这一现象已经向人们透露出南方丝绸之路还有更大的文化背景即欧亚古代文明这一更加广阔深厚文化背景的重要信息。

　　以三星堆和金沙为代表的古蜀文明与南方丝绸之路沿线的各青铜文化构成了中国西南地区青铜文化的主体，而南方丝绸之路则是联系西南诸青铜文化的纽带。由此，中国西南地区诸青铜文化的相互交流、影响、交融、整合得以在南方丝绸之路上进行和完成。

（原载《学术探索》2011 年第 4 期）

论巴蜀艺术形式与近东古文明的关系

一、偶像式构图与情节式构图艺术形式的来源

史前从西起比利牛斯山、东到贝加尔湖的广大欧亚地区，存在着一种所谓"偶像式构图"的艺术形式。它的典型代表是裸体女像，学术界称之为"早期维纳斯"。历史时期，在近东、中亚到南亚文明中，发展出了与偶像式构图形式相并行的所谓"情节式构图"的艺术形式。在中国东北地区西辽河流域的红山文化，曾发现裸体女像。但在黄河流域和长江流域，迄今还没有发现这类早期的裸体女像。在先秦时期的中原诸夏中，是不奉行偶像崇拜的。所以在夏商时代，黄河流域中原地区极少有人物图像的塑造品，青铜器和玉石器不流行人物雕像，而以动物和饕餮像为主，零星出现的人物像也主要是小型塑像和人面具，没有大型人物造型。春秋战国时代，黄河流域青铜器的纹饰受到斯基泰文化的一些影响，但仍然缺乏偶像式以及具有故事情节性的造像和雕刻。汉代河南南阳和山东等地的画像砖，始有富于情节的图像，但这并不是黄河流域的文化传统，从构图形式和刻画内容上看，它们很可能同秦灭巴蜀后，巴蜀的鍪釜甑和饮茶等习俗由秦人北传中原的情形一样，是由蜀地传播而去的。

在古蜀三星堆文化和金沙遗址出土的大批文物上，我们可以看到偶像式构图和情节式构图这两种艺术形式的存在。

三星堆青铜神坛的第二层和第四层分别塑造有一组铜立人雕像（图一、图二）。其中，第四层（盝顶建筑层）的每个人物都作跪坐、双臂平抬前伸、双手呈环状，作抱握状，看

图一　三星堆青铜神坛上层人物雕像

不出手中握有什么器物。第二层（山形座）的每个铜人的手势完全相同，都是双臂平抬于胸前，双手前伸呈抱握状，手中各握一藤状枝条，此物已经残损，无完整形状。三星堆另一座青铜神坛的圆座上有一立人像，双手作横握拳、收臂状。三星堆二号坑的一件跪坐持璋小铜人像，两臂平抬，双手执握一牙璋[1]。二号坑另出有一件小型铜立人像，两臂向前平伸，双手相握，手中有一竖形孔隙，推测所执之物为牙璋一类器物[2]。

　　三星堆二号坑出土的一件戴兽冠人物像[3]，所戴的兽冠应为象首冠，冠顶两侧有两只斜立的大耳，冠顶正中是一只直立而前卷的象鼻（图三）。戴象首冠人物的双手曲臂前伸至胸，作握物状，颇为类似青铜大立人双手前握的形状，但角度与大立人不同。从戴象首冠人物像双手前握的角度看，它不具备双手同握一物的条件，很像是双手各执一物的形态，但它所握之物究竟是何器物，目前还无法加以推测。如果联系到成都市金沙遗址出土的短节象牙柱来看，也许这件戴象首冠人物双手所握之物各是一个短节象牙柱。

　　成都市金沙遗址出土的一件青铜小立人雕像，双手也作前伸握物状[4]（图四），其形态也与三星堆青铜大立人近似（图五）。金沙遗址 10 号祭祀遗迹玉璋所刻肩扛象牙跪坐人像[5]，应是一幅写实之作，有可能刻画的是蜀王举行祭祀仪式时的跪祭形像，但也有可

图二　三星堆青铜神坛中层人物雕像

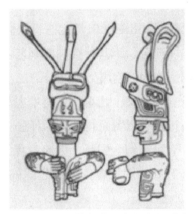

图三　三星堆戴象首冠青铜人物雕像

①　四川省文物考古研究所：《三星堆祭祀坑》，文物出版社 1999 年版，第 231—235 页。

②　四川省文物考古研究所：《三星堆祭祀坑》，文物出版社 1999 年版，第 164—167 页。

③　四川省文物考古研究所：《三星堆祭祀坑》，文物出版社 1999 年版，第 164、167、168 页。

④　成都文物考古研究所：《金沙——21 世纪中国考古新发现》，五洲传播出版社 2005 年版，第 35—37 页。

⑤　成都文物考古研究所：《金沙——21 世纪中国考古新发现》，五洲传播出版社 2005 年版，第 74 页。

能不是蜀王跪祭，而是蜀人肩扛象牙前行即搬运象牙的形象刻画，这一类例子在古代近东文明的雕像中常常可以见到。

不难知道，三星堆二号坑出土的上下成四层的青铜神坛，其艺术形式是典型的情节式构图，金沙遗址出土的玉璋所刻四组对称的肩扛象牙跪坐人像同样也是典型的情节式构图。而整个三星堆青铜制品，包括青铜人物雕像动物雕像和植物雕像，如果仅从单件作品看，大量

图四　成都市金沙遗址出土的　图五　三星堆出土的大型
　　　小型青铜立人雕像　　　　　　青铜立人雕像

是偶像式构图；但是这些青铜制品的功能是集合性的，必须把它们集合到一起才能充分认识其社会功能和艺术功能。我们已经指出，三星堆青铜制品群既是蜀王作为西南夷各族之长的艺术表现，又是古蜀政治权力宗教化的艺术表现①。从这个意义上认识，三星堆大型青铜雕像群是为了表现古蜀王国的政治目的和意识形态意图而制作的，对它们的艺术形式自然也应当从这个角度出发去认识，才有可能切合实际。因此，我们认为，三星堆青铜雕像制品群总的艺术特征是情节式构图，各个雕像之间的关系具有连续性，整个雕像群具有可展开的情节性。

将金沙遗址 10 号祭祀遗迹玉璋上所刻四组对称的肩扛象牙跪坐人像图案，联系三星堆二号坑出土的牙璋上所刻祭山图图案，以及三星堆祭祀坑内出土的大型青铜雕像群、金杖图案、神坛以及神殿立雕等分析，商周时期的古蜀文明在艺术形式尤其绘画和雕刻艺术上，盛行具有连续、成组的人物和故事情节的图案，并以这些连续、成组的图案来表达其丰富而连续的精神世界，包括哲学

---

① 段渝：《商代蜀国青铜雕像文化来源和功能之再探讨》，《四川大学学报》1991 年第 2 期；段渝：《政治结构与文化模式——巴蜀古代文明研究》，学林出版社 1999 年版，第 108—121 页。

思想、政治观念、意识形态以及价值观和世界观等等。如果把这些图案分类进行整理，并加以综合研究，以分析古蜀文明的艺术形式及其文化内涵，将是很有意义的。由此我们还可以进一步看出，它们与同一时期中原玉器和青铜器图案的艺术表现形式和内涵有很大不同，而与近东文明艺术形式的某些方面有着表现手法上的相似性。这种情形，当可以再次证实古蜀文明与近东文明之间所存在的某种关系。商周时期古蜀文明这种富于形象思维的文化特征，在它后来的发展史上凝为传统，成为蜀人思维模式的一个重要方面。而商周时期古蜀文明有关文化和政治内涵的艺术表现形式及其手法，则在后来的滇文化中得到了比较充分的继承、发扬和创新①。

有的学者认为，汉代四川的西王母造像，在制作技术和构图形式等方面，有可能同中亚地区有关②。另有一些学者认为，汉代四川的西王母图像，在艺术形式上来源于古蜀三星堆文化③。实际上，如果仅从单件雕像制品看，广汉三星堆祭祀坑出土的大量青铜人物雕像，是典型的偶像式构图艺术，但是从总体上看，三星堆青铜雕像却是情节式构图艺术。汉代四川的西王母造像，艺术手法多为圆雕或立雕，这类艺术手法与商代三星堆青铜制品的艺术形式十分相似，很有可能是古蜀文明雕刻艺术传统的传承和演变。从图像形式上看，汉代四川的西王母造像是从情节式构图向偶像式构图的转变，反映了它的早期形式应是起源于情节式构图，这与三星堆和金沙出土文物中有故事情节的雕像或雕刻，在形式和表现手法上十分相似。这就说明，不论情节式构图还是偶像式构图的造像艺术，都是古蜀文明的一种固有传统，它们在古代四川是从商代以来一脉相承的，而均与近东文明的类似传统有关④。

二、巴蜀文化中的"英雄擒兽"母题

巴蜀文化中有一种符号，这种符号的基本结构相同，都是中间一个物体，

---

① 段渝：《论商代长江上游川西平原青铜文化与华北和世界古文明的关系》，《东南文化》1993年第1期。

② 李凇：《论汉代艺术中的西王母图像》，湖南教育出版社2000年版，第38—47页。

③ 何志国：《论汉代四川西王母图像的起源》，《中华文化论坛》2007年第2期。

④ 段渝：《古蜀象牙祭祀考》，《中华文化论坛》2007年第1期。

两边分别一个相同的物体。这一类符号屡见于巴蜀印章（图五），在巴蜀青铜器如新都马家大墓出土的青铜戈内部、青铜钺、青铜钲，涪陵小田溪出土的青铜钲以及其他地点出土的青铜器上亦较常见（图六），可以说是巴蜀文化中一种习见的、使用较为普遍的符号。

图六　巴蜀印章

这一类符号，在商代青铜器铭文中并不鲜见，见容庚《金文编》（增订第 2 版，1933 年，长沙），李济先生在其《中国文明的开始》一文里，把这类符号称作"英雄擒兽"，并引之为中国文明与美索不达米亚文明关系的重要证据。李济先生认为："这种英雄擒兽主题在中国铜器上的表现已有若干重要的改变。英雄可能画成一个'王'字。两旁的狮子，先是变成老虎，后来则是一对公猪或者是一对狗。有时这位英雄是真正的人形，可是时常在他下方添上一只野兽。有时中间不是'王'字，代之以一个无法辨识的字。所有这些刻在铜器上的不同花样，我认为是美索不达米亚的原母题的变形。"[1]李济先生所说的"英雄擒兽"母题，是指近东文明中常见的一种图案，即中间一人，两旁各有一兽。H.法兰克福曾指出，这种图形最早源于美索不达米亚，后来流传到埃及和古希腊米诺斯文明[2]。李济先生认为商代铜器上的这种母题源于近东文明的看法，近年来得到更多材料的支持，国内一些学者将这类图形称为"一人双兽"母题。

仔细观察巴蜀文化中的这类图案，它的基本结构与"英雄擒兽"母题即今所谓"一人双兽"母题完全一致，都是中间一个人形，两旁各有一兽。只不过在巴蜀文化中的这类图形，中间的人形已经简化或变化，两旁的兽形也已同时发生了简化或变化，图形发生了演变。

---

[1]　李济：《中国文明的开始》，江苏教育出版社 2005 年版，第 25 页。

[2]　H. Francford, *The Dong of Civilization in the Near East*, 1954.

1. 四川新都马家青铜戈（左） 2. 重庆涪陵小田溪青铜钲（右）

图七 青铜器上的符号

至于这类图形的含义，在美索不达米亚表现的是英雄擒兽，在中国商代则演变为家族的族徽，在巴蜀文化中也有可能是家族的族徽。基本结构的相同，是否意味着来源于一个共同的祖先，而图形的变化，则可能意味着家族的裂变，表明是共同祖先的不同分支，或者并不是意味着血缘关系而是意味着文化传播抑或文化趋同呢？

如果裂变说成立，那么在巴蜀文化研究中，会出现一些新的说法。在同属于商代的古蜀文明三星堆金杖上的图案，人头像（蜀王）的上方分别有两只鸟和两条鱼，一支羽箭将鱼和鸟连在一起，这个图形与"英雄擒兽"或"一人双兽"母题在基本结构上相似。新都马家战国墓属于战国时代中期，而涪陵小田溪墓则属于战国晚期秦昭王时期，前者的年代早于后者。这是否说明涪陵小田溪墓与蜀人及蜀文化有一定关联？抑或反过来，战国时期的蜀文化与巴文化有关（若这类图形见于川东鄂西巴地较之见于蜀地为早的话。也有一些学者认为开明王来源于巴人或巴地）。其实，从战国时期巴文化与蜀文化已经趋同，在物质文化上已是不可分，以至于最终形成今天所谓巴蜀文化的情况看，英雄擒兽母题之在蜀地和巴地相继出现，就不是一个令人感到奇怪而是可以合理解释的文化现象了。

在中国西南地区，除在巴蜀文字或符号中发现大量"英雄擒兽"母题而外，在一些地方出土的青铜器纹饰上也发现这类母题，而且还有一些青铜器直接被制作成"英雄擒兽"的形制。

在古蜀文明辐射范围内的今四川盐源县境内，发现大量以"英雄擒兽"或

"一人双兽"为母题的青铜器，如学者称为"枝形器"的青铜杖首和青铜插件。在今云南保山也发现有这类图形，如青铜钟上的图案等。在这些地区所发现的刻铸有此类图案的青铜器，年代多属于战国至西汉。有的学者认为是从中国西北地区传入的斯基泰文化的因素。但如联系到商代三星堆、战国新都、战国末年小田溪的同类母题来看，问题恐怕没有这样简单。斯基泰文化是公元前7世纪中亚兴起的一种文化，主要特征是动物尤其是猛兽或猛禽纹样，以及立雕和圆雕手法等，大多体现在青铜兵器和小件青铜器的装饰上，没有重器。但在中国西南地区（西南夷）发现的具有"一人双兽"母题的青铜器，如盐源青铜器，多属平雕，而其图案缺乏斯基泰文化最常见的母题"格里芬"或猛兽形象。如此看来，如果要把西南夷地区发现的"一人双兽"母题青铜器简单地与斯基泰文化联系起来，还缺乏必要的证据。考虑到古蜀文明这类图形的来源，特别是古蜀文明在青铜文化方面对西南夷的影响，认为西南夷地区的这类图案是受到的蜀文化的影响，这种看法也许更加符合实际情况。

四川盐源发现的一种青铜杖首，中间为一个腰带短杖的人，其两旁侧上方分别为一匹马，马上坐一人（图八）。这个图形中间的人物，形象与商代金文族徽类似图形极其相似，其间关系值得深入探讨。商代这类图形来源于美索不达米亚，那时斯基泰文化还没有兴起。盐源这种图形如与商有关，则可能是受到蜀文化同类图形影响的孑遗，而不是来源于西北高原传入的斯基泰文化因素。

盐源青铜器如果是笮人的文化，那么更与斯基泰无关。笮人属于古羌人的一支，原居岷江上游，为旄牛羌之白狗羌，秦汉时期主要聚居在大渡河今雅安市汉源一带，是古蜀文明与外域交流的通道南方丝绸之路的重要枢纽之一[①]，所受古蜀文明的影响无疑较大，所以笮文化的这类图形很有可能与古蜀文明有关，还难以与斯基泰文化搭上关系。

根据《华阳国志·蜀志》的记载，秦汉时蜀郡治所成都少城西南两江有七桥："直西门郫江中曰冲治桥；西南石牛门曰市桥；下，石

图八　四川盐源发现的青铜枝形器

---

① 段渝：《四川通史》第 1 册，四川大学出版社 1993 年版。

犀所潜渊也；城南曰江桥；南渡流曰万里桥；西上曰夷里桥，亦曰笮桥；从冲治桥西北折曰长升桥；郫江上西有永平桥。"①成都少城是先秦时期古蜀王国都城的中心位置所在地，也是秦汉时期蜀郡郡治的官署所在地。这说明了两个史实：第一，"夷里桥"的名称来源于夷人居住的区域名称"夷里"。第二，"夷里"的"里"，是地方低层行政单位的名称。"十里一亭"，里有里正，是标准的汉制，而汉制本源于秦制，"汉承秦制"。由此可见，在先秦时期，成都城市西南居住着不少夷人，建有专门的街区"夷里"。第三，"夷里桥"亦曰"笮桥"，说明居住在"夷里"的夷人是西南夷中的笮人。既然成都少城西南有夷里桥，又称笮桥，直到秦之蜀郡守李冰治蜀时仍然还居住着西南夷笮人并保留着笮人的街区和名称，那么先秦时期的蜀国与笮人相同，都属于西南夷的组成部分，应该是没有什么疑问的②。既然笮人与蜀不论是在族系上还是在文化上都有着如此深厚密切的关系，那么如果说笮人此类"一人双兽"形青铜枝片的文化渊源于蜀，是不是较之它的斯基泰文化来源说更加合理呢？

有意思的是，在巴蜀和西南夷地区，不但发现这一类所谓"英雄擒兽"或"一人双兽"母题的文字字形（巴蜀文字）或符号，而且还发现大量同样类型的青铜器造型或图案。这种情况，恐怕仅仅用巧合是难以解释的，二者的这种关联性意味着其中必然有着深刻的内在联系。

此外，三星堆青铜神树上的龙，脖颈上生翼，这是中国最早出现的带翼兽。中国古代没有带翼兽的艺术形象，不论红山文化出土的玉龙还是河南濮阳出土的蚌龙，龙身均无翼。带翼兽的艺术形象，是古代美索不达米亚巴比伦文化的艺术特征，后来为中亚草原游牧族群所接受，并随其迁徙和流布而传向东亚和南亚。有学者认为，中国境内带翼兽的出现是在春秋晚期到战国时期③，这其实是指黄河流域中原地区而言，事实上应是商代中晚期的古蜀三星堆。到了汉代，双兽图案多分布在西南的四川地区，如四川绵阳的平阳府君阙上的带翼狮，就是最为典型的代表。带翼兽和双兽母题图案在古蜀地区如此之早地出现，确切表明了古蜀三星堆文明与欧亚古代文明的关系。

---

① 常璩：《华阳国志》卷一《巴志》，刘琳校注，巴蜀书社1984年版，第227页。
② 段渝：《先秦汉晋西南夷内涵及其时空演变》，《思想战线》2013年第6期。
③ 李零：《论中国的有翼神兽》、《再论中国的有翼神兽》，均见所著《入山与出塞》，文物出版社2004年版。

三、巴蜀卐形纹饰的来源

迄今所发现的卐形纹饰，最早出现在公元前 3000 年古埃及十二王朝时期的塞浦路斯和卡里亚陶器上，在属于公元前 3000—前 2000 年的印度河文明摩亨佐·达罗出土的印章上，也发现卐形纹饰。中国青海乐都柳湾出土的新石器时代彩陶上，亦发现大量卐形纹饰。一般认为，青海乐都柳湾陶器上的卐形纹饰，是从西亚、中亚、南亚的途径传播而来的[①]。

在广汉三星堆祭祀坑出土的一尊青铜神坛上的人物雕像的衣襟上，铸有十字形纹饰，这种纹饰被认为是卐形纹饰之一种。三星堆出现的卐形纹饰不多，可以肯定是从外传播而来的，但究竟是通过青海地区南传还是经由印缅通道传播而来，这个问题还须深入探讨。若是通过青海南传，那么必然与藏彝走廊有关。若是经由印缅而来，那么必然与南方丝绸之路有关。

卐形纹饰之在三星堆出现，而三星堆文化是以氐羌民族为主体的古蜀人的文化遗存。这一点，与卡诺文化有相似之处。卡诺文化中即有西方文化的因素，但主体是当地文化与甘青古羌人文化因素相融合的文化。看来，不排除三星堆的卐形纹饰是通过藏彝走廊传播而来的可能性。

四、神树崇拜

在三星堆祭祀坑内，出土 8 株青铜神树的枝干个体，其中可以复原的有 3 株。三星堆青铜神树中，体量最大的是 1 号神树，高 3.95 米，树枝上有飞龙、金乌、花蒂等装饰物。令人惊讶的是，有一株神树的残断树枝竟然是由纯金箔包卷起来的。这不但与弗雷泽在其名作《金枝》里所叙述的人类学资料雷同，而且与早年吴雷在美索不达米亚发掘的乌尔王陵中出土的黄金神树几乎完全相同。在印度古代文明里，同样存在着十分明显的神树崇拜，这在印度青铜器上比比可见。这一文化传统播染到西南夷地区，四川盐源发现的青铜树枝形器即是神树崇拜的产物，云南的滇文化亦盛行神树崇拜。而在黄河流域中原地区，

---

① 参见饶宗颐：《梵学集》，上海人民出版社 1992 年版。

地民与天神之间相交通的工具是山[1]和青铜器上的动物纹样[2]。从美索不达米亚向北延伸到欧洲，向南经印度延伸到中国西南的神树崇拜习俗，和从中国西南经印度延伸到中亚、西亚和欧洲的丝绸之路的存在，证实了古代亚洲交通大动脉和文化交流线路的存在，这充分说明了中国文化开放性的事实。

---

[1]　袁珂:《山海经校注》，上海古籍出版社 1980 年版，第 451 页。

[2]　张光直:《中国青铜时代》，三联书店。

古代四川与东南亚文明

一、西南夷与中缅交通

汉朝贾谊《新书》卷9《修政语上》记载："尧教化及雕题、蜀、越，抚交趾，身涉流沙，封独山，西见王母，训及大夏、渠搜、北中国幽都及狗国与人身鸟面及僬侥。"[①] 其中几个地名和古国、古族名，颇与古蜀和西南地区的内外交通线有关。

独山，即蜀山，《汉书·武帝纪》"文山郡"下颜师古注云："应劭曰：文山，今独郡岷山。"独字上古音屋部定纽，与渎字音同相通，《史记·封禅书》即作"渎山"，指岷山，即是蜀山。[②] 狗国，先秦岷江上游有白狗羌，称为"阿巴白构"，为旄牛羌之筰都，即《史记·大宛列传》正义所说："筰，白狗羌也。"筰都在战国至汉初渐次南迁至今四川汉源大渡河南北，汉武帝末叶以后逐渐南迁至雅砻江流域今四川凉山州西南部之盐源等地区。[③]"人身鸟面"，似与古蜀三星堆青铜雕像的人面鸟身有一定关系。[④] 而狗国与人面鸟身相联系，则可能暗示着三星堆古蜀人与白狗羌在族群上的某种联系。

---

① 阎振益、钟夏：《新书校注》卷9《修政语上》，中华书局 2000 年版，第 360 页。

② 《史记·封禅书》："渎山，蜀之汶山。"《索隐》云："《地理志》蜀郡湔氐道，渎山在西。郭璞注云：'山在汶阳郡广阳县，一名渎山也。'"渎、岷古今字。《史记》卷 28《封禅书》，中华书局 1959 年版，第 1372、1373 页。

③ 段渝：《四川通史》第 1 册，四川大学出版社 1993 年版，第 270、271 页。

④ 四川广汉三星堆出土的青铜雕像中有 1 件鸟脚人身像，腰部以上断裂，损毁不存。这件雕像腰至大腿、小腿为人身，脚为鸟爪，踩在一只作飞翔状的青铜鸟的头上。根据这件雕像的形态和意境，联系到三星堆出土的 1 件青铜神坛的上层所铸有的高踞四周的青铜鸟头，再联系到三星堆出土的大量青铜鸟头像和陶制鸟头勺柄等情况分析，这件鸟脚人身青铜雕像的头部很可能是鸟头。

僬侥，或作焦侥，始见于《国语·鲁语》，其后，《史记》、《后汉书》、《山海经》、《列子》、《括地志》诸书中有所记载，说其人身高不过三尺。《山海经·大荒南经》记载："有小人名曰僬侥之国。"《海外南经》所记略同。《史记·大宛列传》正义引《括地志》云："小人国在大秦南，人才三

三星堆出土鸟身人面像　　　缅甸鸟身人面像

尺……即焦侥国"。方国瑜先生引证李长传《南洋史纲》说："小黑人，后印度（中印半岛）之原住民，人种学家名曰小黑人，属尼格罗系（Negritos）。身躯短小，肤色黝黑，在有史以前，居住半岛，自他族徙入，遂见式微。"方先生认为，永昌徼外僬侥夷，当即古之小黑人，唯不详其地理。[①] 夏光南和波巴信认为焦侥可能就是缅甸的原始居民小黑人，即尼格黎多人。[②] 英国剑桥大学收藏的一片武丁卜甲，经不列颠博物院研究，龟的产地是在缅甸以南；YH127 坑武丁卜甲碎片粘附的一些织物痕迹，经台湾学者检验是木棉。[③] 木棉即《华阳国志·南中志》、《蛮书》、《新唐书·骠国传》等所说的"帛叠"，也就是所谓橦华布，主要产于缅甸。这表明，中、缅、印之间的交通、交流和互动，不但在商代确已存在，而且缅、印地区的一些文化因素还通过古蜀地区输往中原商王朝。

从《华阳国志·南中志》和《后汉书·哀牢传》的记载来看，西南夷的空间范围包括了后来缅甸的许多地区，直接毗邻于东印度阿萨姆地区。[④]《后汉书·陈禅传》记载说，"永宁元年，西南夷掸国王献乐及幻人"，掸国在今缅甸，

① 方国瑜：《中国西南历史地理考释》上册，中华书局 1987 年版，第 216 页。

② 夏光南：《中印缅道交通史》，中华书局 1940 年版，第 23 页。波巴信：《缅甸史》，商务印书馆 1965 年版，第 10 页。

③ 李学勤：《商代通向东南亚的道路》，《学术集林》卷 1，上海远东出版社 1994 年版。

④ 《华阳国志·南中志》记载："（哀牢）其地东西三千里，南北四千六百里"。（刘琳：《华阳国志校注》卷四《南中志》，巴蜀书社 1984 年版，第 428 页。）《后汉书·哀牢传》记载："（哀牢夷）其称邑王者七十七人，户五万一千八百九十，口五十五万三千七百一十一。"（第 2849 页）方国瑜先生认为，据此可见，哀牢地广人众，包有今之保山、德宏地区，及缅甸伊洛瓦底江上游地带，见方国瑜：《中国西南历史地理考释》上册，第 22、24 页。方先生之说，符合古文献记载。

时称西南夷。《后汉书·明帝纪》更是明确记载说："西南夷哀牢、儋耳、僬侥、盘木、白狼、动黏诸种，前后慕义贡献"，直接把僬侥之地纳于西南夷地域范围。《大唐西域记》卷10《迦摩缕波国》还记载："此国（按，指迦摩缕波）东，山阜连接，无大国都。壤接西南夷，故其人类蛮獠矣。详问土俗，可两月行，入蜀之西南之境。"这些记载十分清楚地说明，出蜀之西南境即西南夷，其境地是通过上缅甸地区与东印度阿萨姆地区相连接的，这一线就是古蜀人出云南到缅甸和东印度进行商业活动的线路。贾谊《新书·修政语》把西南夷狗国、三星堆人身鸟面与僬侥相互联系，其真实文化内涵应是上古时代中国西南与缅甸和东印度地区的交通和交流。

考古资料说明，早在旧石器时代，印度北部、中国、东南亚的旧石器就具有某种共同特征，即所谓砍砸器之盛行。而后来在中、缅、印广泛分布的细石器说明，在新石器时代，中国西南与缅、印就有文化传播和互动关系。根据陈炎先生在《中缅文化交流两千年》中所引证的中外学术观点，印度以东缅甸的现住民，不是当地的原住土著民族。他们当中的大多数是在史前时期从中国云贵高原和青藏高原迁入，其中的孟高棉语族是最先从云贵高原移居到缅甸的，[1]这显然同有肩石器从中国西南云贵高原向缅、印地区的次第分布所显示的族群移动有关。

据《后汉书·西南夷传·哀牢传》记载："永初元年，（永昌）徼外僬侥种陆类等三千余口举种内附，献象牙、水牛、封牛。"[2]东汉时僬侥进献封牛，所谓封牛，即牛脊梁凸起成峰的峰牛，这种牛的青铜雕像在云南大理地区的战国秦汉考古中有大量发现。封牛产于印度、缅甸，为中国所不产，云南大理考古发现的大量战国秦汉时期的峰牛青铜雕像，即与缅甸、印度僬侥有关。这说明，中、缅、印之间通过中国西南地区进行的经济文化交流，早在先秦时期即已经达到相当频繁的程度。东汉时，"永昌徼外夷"多次遣使从永昌（今云南保山）通过西南夷地区进

---

① 陈炎：《中缅文化交流两千年》，载周一良主编：《中外文化交流史》，河南人民出版社1987年版，第3页。关于缅甸的古代民族的来源问题，参见李绍明：《西南丝绸之路与藏彝走廊》，《中国西南的古代交通与文化》，第35—48页；贺圣达：《缅甸藏缅语各民族的由来和发展——兼论其与中国藏缅语诸民族的关系》，载方铁主编：《西南边疆民族研究》3，云南大学出版社2003年版，第1—17页。关于孟高棉语的问题，可参见何平：《中南半岛北部孟高棉语诸民族的形成》，载方铁主编：《西南边疆民族研究》3，第18—33页。

② 范晔：《后汉书》卷86《西南夷传·哀牢传》，中华书局版1965年版，第2851页。亦参见：《后汉书》卷5《安帝纪》，第207页。

入中原京师进献方物，[①] 其中除僬侥外，还有敦忍乙、掸国等。据学者考证，这些族群和古国多在今缅甸境内。夏光南认为敦忍乙即下缅甸的得楞族（孟族），[②] 方国瑜先生认为敦忍乙是"都卢"的对音，似在上缅甸的太公。[③] 掸国，学术界一般认为即是今缅甸境内的掸邦。《后汉书·西南夷传》记载"掸国西南通大秦"，大秦即罗马帝国。从成都平原经云南出缅甸、印度，经巴基斯坦、阿富汗至西亚的安息（伊朗），再至地中海、罗马帝国，这正是南方丝绸之路西线的全部行程。

云南大理出土的青铜封牛　　　　缅甸现生封牛　　　　越南东山文化青铜封牛

二、蜀王子安阳王与古雒城

贾谊《新书·修政语》还将蜀、越、交趾联系在一起，越为长江下游和华南地区古族，先秦秦汉时期的南中地区亦有相当多的越人，《华阳国志·南中志》称"南中在昔盖夷越之地"，古文献亦称南中有"濮越"、"滇越"等；交趾在中印半岛北部，有雒田、雒王、雒侯、雒将。[④] 联系到越南北部红河流域发现的形制与三星堆文化相同的歧锋牙璋，

越南北部永福省义立遗址发掘出土的与三星堆文化相似的多边形有领玉璧形器、石璧形器、A 类灰坑等，[⑤] 越南红河流域发现的"棘字"戈，以及在四川凉

① 《后汉书》卷 4《和帝纪》、《后汉书》卷 5《安帝纪》、《后汉书》卷 51《陈禅传》、《后汉书》卷 86《西南夷传》，第 177、183、231、258、1685、2851 页。

② 夏光南：《中印缅道交通史》，中华书局 1940 年版，第 23 页。

③ 方国瑜：《十三世纪前中国与缅甸的友好关系》，《人民日报》1965 年 7 月 27 日。

④ 王国维：《水经注校》卷 37《叶榆水》注引《交州外域记》，上海古籍出版社 1984 年版，第 1156 页。

⑤ 雷雨：《从考古发现看四川与越南古代文化交流》，《四川文物》2006 年第 6 期。四川省文物考古研究院、陕西省考古研究院：《中越两国首次合作：越南义立遗址 2006 年度考古发掘的收获》，《中国文物报》2007 年 4 月 6 日。

山州、云南以及越南
青铜时代东山文化
发现的大量蜀式三
角形援青铜戈，[1] 云
南和中印半岛出土的
大量铜鼓，和《水
经·叶榆水注》所
引《交州外域记》以
及越籍《大越史记》、

广汉三星堆出土牙璋　　成都金沙遗址出土牙璋　越南东山文化牙璋

《安南志略》等文献所载蜀王子安阳王南迁交趾建立"蜀朝"的历史看，先秦时期从四川经云南至中印半岛的交通线是畅通的，[2] 这不仅与战国晚期蜀王子安阳王从蜀地南迁交趾有关，而且同从商代以来中越文化的早期交流互动有关。

在《水经·叶榆水注》所引《交州外域记》，以及《史记·南越尉佗列传》索隐所引《广州记》、《唐书·地理志》所引《南越志》，以及《太平寰宇记》引《日南传》等其他一些史籍中，保存了蜀王子安阳王南迁交趾建立王国的珍贵史料。据越籍《大越史记全书》、《安南志略》、《越史略》诸书的记载，蜀王子安阳王名泮，蜀人，显然就是蜀王开明氏后代。安阳王既称蜀王子，说明是蜀王

---

① 王有鹏：《犍为巴蜀墓的发掘与蜀人的南迁》，《考古》1984 年第 12 期。霍巍、黄伟：《试论无胡蜀式戈的几个问题》，《考古》1989 年第 3 期。

② 古代中越交通线的主要线路是步头道和进桑道。严耕望先生在《汉晋时代滇越道》中认为，进桑约在今河江县（E105°、N22°50'）境，此道行程，北由贲古县东南行，沿叶榆水（今盘龙江）而下，经西随县（约今开化、文山县，E104°15'、N21°25'地区），达交趾郡（今河内地区）。（严耕望：《"中央"研究院历史语言研究所专刊》第 82，台北："中研院"历史语言研究所，1986 年）方国瑜先生在《南诏通安南道》中认为，进桑道确为滇越通途，进桑的方位在今云南的河口、马关二县间，系在红河流域，步头道在红河之元江经河口以至河内一线（方国瑜：《中国西南历史地理考释》上册，第 521—530、566—586 页）。关于步头道和进桑道在中越交通史上的作用，严耕望先生认为步头道在唐以前不如进桑道重要。笔者认为，步头是出云南至越南的水陆分程地点，以下即沿红河下航，这条线路是沟通云南和中南半岛交通的最古老的一条水道；另一条即是严耕望考证的进桑道。（段渝：《四川通史》第 1 册，四川大学出版社 1993 年版，第 86、160、161 页）李绍明先生《南方丝绸之路滇越交通探讨》一文认为，进桑道系沿盘龙江而下，而步头道系沿红河而下，二者走向是不相同的，不可仅视为一途以概之；红河一途即古步头道当是古代蜀人由滇进入越南最为便捷之最佳路径。（《三星堆研究》第 2 辑，文物出版社 2007 年版，第 4—7 页）

后世子孙①。开明与安阳，本是一词的同音异写，仅音读稍异②。

根据上述史籍的记载，安阳王自开明王朝灭亡后，即率部南迁，经红河进入交趾（今越南北部地区），征服当地雒王、雒侯、雒将，建立"蜀朝"。《续汉书·郡国志》"交趾郡"下刘昭注曰："即安阳王国"，《广州记》称安阳王"治封溪县"③。越南史籍《大越史记全书》《岭南摭怪》等，均以今越南河内东英县古螺村古螺城（Co Lao）为公元前 3 世纪蜀人所建造的安阳王城，这与安阳王进入交趾建国的年代相当吻合。越南史籍中的"螺城"，当为"雒城"之讹。

河内东英县古螺城原有外城、内城和宫城三重城墙，外城平面略呈五边形，周长 8 千米左右，墙基最厚处约 25 米，现存高度约 4—5 米，顶宽约 12 米；内城平面约呈椭圆形，周长 6.5 千米，城墙现存高度约 2—3 米，顶宽约 20 米，这

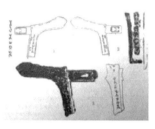 

四川出土的"棘字"戈　　越南东山文化"棘字"戈

两道城墙的间距约 30 米，内墙已毁不存；宫城平面略呈长方形，周长 1.65 千米。从形制上看，古雒城与中国四川新津宝墩古城十分近似。宝墩古城现已发现内城和外城，城址平面大致呈不甚规整的五边形，长约 2000 米，宽约 1500 米，城墙周长约 6.2 千米④。内城中一处被称为"鼓墩子"的地方发现大型建筑遗迹，有可能是古城的中心，或许将来能够发现"宫城"。从出土器物上看，古雒城城址内出土万余枚青铜箭镞⑤，这也与中国史籍关于安阳王善用弩的记载恰相一致。越史记载说安阳王城为九重，考古发掘证实为三重。这种"重城"形制，及其依河流而建之势，与成都平原古城群有极为相似之处。而且，越史所记载的关于在安阳王城修建过程中由金龟相助才得以建成的传说⑥，与战国时期秦人因得

---

① 徐中舒：《论巴蜀文化》，四川人民出版社 1982 年版，第 159 页。

② 蒙文通：《越史丛考》，《古族甄微》，巴蜀书社 1993 年版，第 361—362 页。

③ 《史记》卷 113《南越列传》索隐引。

④ 成都文物考古研究所、新津县文管所：《新津宝墩遗址调查与试掘简报（2009—2010 年）》，《成都考古发现（2009）》，科学出版社 2011 年版，第 67 页。

⑤ 赖文到：《古雒城遗址出土的东山文化青铜器》，《越南考古学》2006 年第 5 期。

⑥ 见《岭南摭怪列传》卷之二《金龟传》，载戴可来、杨宝筠校注：《岭南摭怪等史料三种》，中州古籍出版社 1991 年版，第 27—30 页。

神龟帮助才得以建成成都城因而成都又称为"龟化城"的传说如出一辙。显然，安阳王城是由来源于四川的蜀王子安阳王所建。

古螺城东南外建有祭祀安阳王的安阳王庙，还建有祭祀安阳王女儿媚珠的寺庙，在河内还有一条名为"安阳王大街"的大道，这些都与中、越历史文献关于安阳王故事的记载相当吻合，充分说明了蜀王子安阳王南迁交趾的史实。

蜀王子安阳王南迁交趾的史迹，在考古学文化上也有若干反映。近年在四川峨眉符溪、峨边共安和永东、犍为金井、汉源小堡、会理瓦石田、盐源柏林、盐边团结等地均发现大量蜀式器物，反映了安阳王南迁的情况。[①] 云南滇池区域青铜文化中也有大量蜀式器物，如呈贡龙街石碑村、晋宁石寨山、江川李家山古墓

四川新津宝墩古城平面图

越南河内东英县古雒城平面图

群中，都出土大量蜀式无胡青铜戈。从流行年代及戈的形制纹饰分析，其中一些与蜀人南迁、蜀文化因素的渗透和影响有关。而越南北部东山文化中的无胡青铜戈[②]、船棺葬等等，也应与蜀文化的南传有深刻联系，证实了中、越史籍关于蜀王子安阳王南迁交趾建国的史实。

（本文系作者 2013 年 5 月在泰国东方大学召开的 The First SEAMEO SPAFA International Conference on Southeast Asian Archaeology 宣读的论文。原文为英文，载 *Advancing Southeast Asian Archaeology:Selected Papers from the First SEAMEO SPAFA International Conference on Southeast Asian Archaeology*, Bangkok, Thailand, 2015）

---

① 王有鹏：《犍为巴蜀墓的发掘与蜀人的南迁》，《考古》1984 年第 12 期。

② ［越］黎文兰、范文耿、阮灵等：《越南青铜时代的第一批遗迹》，河内科学出版社 1963 年版。

古代中印交通与中国丝绸西传

从四川成都经云南至缅甸、印度的"蜀身毒道",是史籍所载最早的中西交通线路。这条中西交通线路,历史上称之为"蜀身毒道",学术界又称之为"南方丝绸之路"。经由南方丝绸之路,古代四川所产的蜀布、丝绸及邛竹杖等"蜀物",西输印度,播至中亚,因而使成(都)之名得以在印度出现并广为流传。本文对此略作论述,就教于海内外博学通人。

一、蜀身毒道的开通

蜀人商贾从事长途贸易直至印度的情况,历代文献都有记载。《史记》中的《西南夷列传》和《大宛列传》详细记载了张骞出使西域归来后向汉武帝做的西行报告,其中明确指出:"臣(张骞)居大夏时,见蜀布、邛竹杖,使问所从来,曰:'从东南身毒国,可数千里,得蜀贾人市'"。大夏(今阿富汗)商人所得蜀布、邛竹杖,是他们在身毒"得蜀贾人市",而这些"蜀物"是由蜀人商贾"往市之身毒"。这些史料显然说明,蜀身毒道贸易是由蜀人商贾直接从蜀地前往印度从事的远程贸易,而不是所谓间接的转手买卖。

《史记·大宛列传》记载:"然闻其西(指昆明族之西——引者)可千余里,有乘象国,名曰滇越,而蜀贾奸出物者或至焉。"《三国志》卷30裴松之注引鱼豢《魏略·西戎传》亦载:"盘越国,一名汉越王,在天竺东南数千里,与益部近,其大小与中国人等,蜀人贾似至焉。"滇越(即盘越)之所在,张星烺以为是孟加拉;向达以为是骠越,即《广志》所谓骠越,地在今缅甸;法国学者沙畹

(E. Chavannes)①、饶宗颐等以为应在阿萨姆与缅甸之间，汶江《滇越考》则认为在今东印度阿萨姆，即迦摩缕波②。考之史实，汶江的意见应是符合文献记载的。可见，蜀人商贾是通过东印度陆路通道从阿萨姆进入印度地区的，这也是蜀、印之间进行直接贸易的重要证据。

《史记·货殖列传》记载，"巴蜀亦沃野，地饶卮、薑、丹沙、石、铜、铁、竹、木之器，南御滇僰、僰僮，西近邛笮，笮马，旄牛。"《汉书·地理志下》记载："巴、蜀、广汉本南夷，秦并以为郡，土地肥美，有江水沃野，山林竹木疏食果实之饶，南贾滇、僰僮，西近邛、笮马旄牛。"滇是蜀出西南夷地区西贾印度的必经之地，位于云南中部。僰即汉之僰道，在四川南部的宜宾与云南东北昭通之间，这是先秦秦汉时期五尺道所在。邛在今四川凉山，笮在四川雅安、汉源、盐源等地，为古代旄牛道（或称灵关道）所在。五尺道和旄牛道是从成都南行进入西南夷地区的两条重要通道。《史记·司马相如列传》说："邛、笮、冉、駹者近蜀，道亦易通。"其间早有交通存在。这些史籍不仅说明了蜀人在西南夷地区进行商业活动的史迹，而且还清楚地记载了从蜀地进入西南夷地区的路线，即通过旄牛道（西路）和五尺道（东路）分别南下至滇，殊途而同归。

西南夷地区自古富产铜、锡矿石，不仅中原王朝需要从云南输入铜、锡矿料，而且蜀地青铜器原料也须部分仰给于云南，如三星堆青铜器中的铜，即取之于云南③，其锡、铅原料的供应也离不开这条途径。蜀、滇青铜器合金成分比较接近，也可以证实这个问题。

云南、四川西南和广汉三星堆等地都出土大量贝币，表明两地均有以海贝作为商品交换媒介的习俗。将川、滇古道上所出贝币的地点连接起来，正是由四川进入云南的西南夷道和蜀身毒道④。可见蜀与西南夷的深厚历史关系，从政治影响到商品交易和文化交流诸方面，几乎无处不在。

把上述诸证结合起来，清楚地反映了蜀人商贾经西南夷地区进入缅、印进行远程贸易的斑斑史迹。从蜀人南贾滇僰（即《华阳国志·南中志》所说"滇

---

① 沙畹：《魏略·西戎传笺注》，冯承钧译：《西域南海史地考证译丛》第 7 编，商务印书馆 1962 年版，第 41—57 页。

② 汶江：《滇越考》，《中华文史论丛》1980 年第 2 辑。

③ 金正耀等：《广汉三星堆遗物坑青铜器的铅同位素比值研究》，《文物》1995 年第 2 期。

④ 段渝：《论商代长江上游川西平原青铜文化与华北和世界古文明的关系》，《东南文化》1993 年第 2 期。

濮")、僰僮，西近邛、筰，"取其筰马、僰僮、髦牛"[1]，到蜀人商贾出没于东印度阿萨姆之滇越，再到中亚阿富汗北部大夏商人所卖蜀布、邛竹杖，乃是"往市之身毒"，"得蜀贾人市"，而张骞在中亚细亚之大夏（今阿富汗）所见唯一的中国产品便是蜀布等"蜀物"。这一系列史实，一方面表明最早进入印度地区从事商业活动的是蜀人，另一方面也表明印度地区最早所认识的中国是蜀。对此，还可以从"支那"名称的内涵得到具体说明。

"支那"（Cina）是古代印度地区对中国的称呼，最初见于梵文，出现年代最迟在公元前 4 世纪或更早。但支那名称指的是中国哪个地域，并不明确，历来译者只是将支那翻译为中国，但并没有对支那名称所指的具体地域加予以还原。研究成果表明，关于"支那"的确切地域指向，不应为秦国、楚国，而应该是成都。印度孔雀王朝月护王（Candragupta，B. C. 320—B. C. 315 在位）大臣 Kautilya（Visnuqupta，Canakya 憍胝厘耶）在《政事论》中提到 Cinapatta，意思是"支那生产的成捆的丝"。既然梵语 Cina 这个词还原为成都，那么 Cinapatta 显然就是指产自成都的成捆的丝绸，而被四川蜀人商贾贩运至印度[2]。

古蜀文明从商代以来就同印度地区存在经济文化交流，这就为古蜀名称远播于印度提供了条件。据《史记》和《汉书》，蜀人商贾很早就"南贾滇、僰僮"，并进一步到达"滇越"从事贸易，远至身毒销售蜀布、邛竹杖等蜀物。滇越，即今印度阿萨姆地区，身毒即印度。成书于公元前 4 世纪的印度古籍《政事论》也提到"支那产丝与纽带，贾人常贩至印度"，所说蚕丝和织皮纽带恰是蜀地的特产。表明了战国时期蜀人在印度频繁的贸易活动，而这又是同商代以来三星堆文化与印度文化的交流一脉相承的。在这种长期的交往中，印度必然会对古蜀产生较之中国其他地区更多的印象和认识。

成都这个名称产生很早，已见于《山海经》，春秋时期的四川荥经曾家沟漆器上还刻有"成造"（成都制造）的烙印戳记。"成"这个字，过去学者按中原中心论模式，用北方话来复原它的古音，以为是耕部禅纽字。但是，从南方语音来考虑，它却是真部从纽字，读音正是"支"。按照西方语言的双音节来读，也就读作"支那"。这表明，支那其实是成都的对音。

梵语里的 Cina，在古伊朗语、波斯语、粟特语以及古希腊语里的相对字，

① 《史记·西南夷列传》。

② 段渝：《支那名称起源之再研究——论支那名称本源于蜀之成都》，四川大学历史系编：《中国西南的古代交通与文化》，四川大学出版社 1994 年版，第 126—162 页。

均与"成"的古音相同，证实 Cina 的确是成都的对音或转生语，其他地区的相对字则均与成都的转生语 Cina 同源。而其他诸种语言里支那一词的相对字都从梵语 Cina 转生而去，也恰同成都丝绸经印度播至其他西方文明区的传播方向一致。由此可知，支那一词源出成都，是应有的结论。支那名称本源于蜀之成都，揭示出成都平原在早期中西交通史上不容忽视的地位和作用，证明了古蜀丝绸的西传史实。把这一事实同印度憍胝厘耶《政事论》所载"支那产丝与纽带，贾人常贩至印度"相联系，可以清楚地看出，所谓支那，即指成都；所谓 cinapatta，即是成都生产的丝绸，中、印的记载原来是出自一源的。丝绸、布匹、织皮、邛竹杖都是蜀地原产①，不论张骞在大夏所见从印度转手贩运的蜀布、邛竹杖，还是印度《政事论》所记支那的丝和织皮，都是由蜀贾贩至印度出售的。因此，印度得以称成都为支那，并非偶然。

进一步看，印度最早所认识的支那，必然是印、支之间有路可通、有丝可贾的地方。而在中国，在公元前 4 世纪以前，符合这几个条件的地区只有蜀，而且支那这个词汇主要流行的地域是印度和东南亚，至若西方载籍中的 seres 等，则是由 cina 一词派生转译而来②，也表明它与中国西南有关，与西南文化之重心所在地蜀之成都有关。

以此再联系印度洋北部地区和东南亚自古存在以贝币为交易媒介的传统习俗，而云南各地和三星堆所出海贝中的环纹货币大多产于印度洋，以及三星堆文化中明显的印度洋和南亚文化因素集结等来看，蜀与南中、蜀与印度的文化交流关系很早以来就已发生，其滥觞至少在商代中晚期，约公元前 13—前 14 世纪③，延至支那名称初见于印度载籍的时侯，其间关系已经存在了千年之久。所以，印度称成都为支那，并不是偶然的。《华阳国志·南中志》记载永昌有"身毒之民"，又说"身毒国，蜀之西国，今永昌是也"，后一句固属有误，然而也可见到蜀与印度（身毒）确实具有悠久的历史关系，而居于西南夷永昌地区的身毒之民，自然也会是将蜀之物产及声名播于印度的另一条渠道。可见，由蜀经云南至印度的蜀身毒道，从商代以来迄于汉世一直是开通的，张骞在中亚所闻，仅是其中的某些片断而已。

古蜀文化在西南地区的空间分布十分广阔，《华阳国志·蜀志》记述道："其

---

① 蜀产织皮，见《禹贡》"梁州"，参考《说文》"纸"、"绯"等条。
② 段渝：《中国西南早期对外交通——先秦两汉的南方丝绸之路》，《历史研究》2009 年第 1 期。
③ 段渝：《古代巴蜀与南亚和近东的经济文化交流》，《社会科学研究》1993 年第 3 期。

地东接于巴，南接于越，北与秦分，西奄峨嶓。"在蜀的西南外即汉代所谓西南夷之地，古称南中，"南中在昔盖夷越之地"①，分布着大量濮越人的群落。《史记·大宛列传》正义说："昆、郎等州皆滇国也。其西南滇越、越巂则通号越，细分则有巂、滇等名也。"可见蜀地"南接于越"，即与南中之地包括永昌以西南滇越等夷越直接相连。这正是蒙文通先生所说包括汉之益州、永昌、越巂等在内的蜀之南中。在这种政治、经济、文化和地理条件下，通过蜀人商贾直接贩运蜀丝、蜀布等蜀物到印度的同时，关于这些物品的产地之名必然也会随之流布于印度。换言之，印度在接触到蜀丝、蜀布等物品时，对这些物品来源地的认识和了解，只可能是蜀，而不会是其他任何地方。

西南夷长期受蜀文化播染以及蜀身毒道贸易长期为蜀所控制的情况，充分证明印度古文献所最早记载的支那是指古代成都，这也与西方学者关于"支那是一个若干世纪以前的王国名称，这个王国控制着大陆与印度的商道和丝绸贸易"的看法②，不谋而合。

二、古蜀丝绸与汉通西域前的南方丝绸之路

中国丝绸早在公元前11世纪即已传至埃及③，公元前四五世纪时，丝绸在欧洲尤其罗马帝国盛行。至汉武帝时，汉王朝才开通西域丝绸之路（公元前2世纪末），远远晚于中国丝绸西传欧洲的年代。

先秦时，位于西方的秦国不产丝绸，秦人一向被蜀人笑讽为"东方牧犊儿"④，就是说秦人主要从事畜牧，工商不多。秦国历史上向来重农抑商，商鞅变法后，更是变本加厉。虽然，战国晚期秦惠王为拉拢义渠，曾以"文绣千纯，妇女百人，遗义渠君"⑤，但这"文绣千纯"应是蜀国所产的蜀绣。秦、蜀早在春

---

① 刘琳：《华阳国志校注》卷四《南中志》，巴蜀书社1984年版，第333页。

② D. D. Kosambi, *An Introduction to the Study of Indian History*, P. 202, 此据饶宗颐《蜀布与 Cinapatta——论早期中、印、缅交通》所引原著（英文），《史语所集刊》45本4分，1974年。

③ Philippa Scott, *The Book of Silk*, London: Thames & Hudson, 1993, p.78. 又见《新华文摘》1993年第11期关于奥地利考古队在埃及发掘中发现中国丝织品遗物的报道。

④ 刘琳：《华阳国志校注》卷三《蜀志》。

⑤ 《史记·犀首传》。

秋时期就已经"隙陇蜀之货物而多贾"①，其中必然包括原产于蜀国而声明远扬的蜀绣。严酷的秦法绝不允许商人大批买卖丝绸和丝织品，史籍中也未见秦国大规模地从其他地区进口丝绸，再经由西北边疆民族转手卖给西方的记载。考古学上，至今并没有出土秦国丝绸的事实，也是一个明确的证据。根据《史记·大宛列传》的记载，张骞出西域西行，沿途在西域各国均有所见闻，知道西域各国国君"贪汉缯絮"，却并没有提到和听说过秦国出产的丝绸。这说明在汉王朝通西域以前，西域各国即使知道中国丝绸，他们能够得到的丝绸也少得可怜，所以张骞特别强调说西域各国国君"贪汉缯絮"。可见当时中国丝绸的西传，在西域沿线并不多，丝绸主要不是经由西域传往中亚和西亚地区的。

由此看来，公元前2世纪汉武帝开通西域道以前，中国丝绸的西传，其线路应当是沿蜀身毒道西行而去。考古学家曾在阿富汗喀布尔附近发掘的亚历山大城的一座堡垒内发现大量中国丝绸，据研究，这批丝绸是经南方丝绸之路，由蜀身毒道转运到中亚的蜀国丝绸②。喀布尔正当南方丝绸之路要道，这批丝绸出现在那里不是偶然的。联系到史籍关于张骞在大夏（今阿富汗）见到蜀布、邛竹杖等"蜀物"，是大夏人"往市之身毒（印度）"，并在身毒"得蜀贾人市"等记载，足证很早就有蜀人商贾前往印度从事长途贸易的史实，而丝绸的西传，自然也离不开这条古道和往来活跃在这条古道上的蜀人商贾。

古蜀丝绸素称发达，从它的蚕桑起源之早这个角度便足可见其一斑。蜀王蚕丛氏在虞夏之际南迁成都平原，"教民养蚕"，引起了巴蜀丝绸的兴起。到商周时代，蜀地的丝绸业已达到相当的水平。广汉三星堆2号祭祀坑内出土的一尊青铜大立人像，身着内外三重衣衫，外衣长及小腿，胸襟和后背有异形龙纹和各种花纹。学术界认为：青铜大立人像头戴的花冠，身着的长襟衣服上所饰的有起有伏的各种花纹，表明其冠、服为蜀锦和蜀绣③，这是有道理的。西周前期，渭水上游宝鸡附近分布着一支弶氏族类，其大量遗物已被发掘出来④。从各种文化现象分析，弶氏文化是古蜀人沿嘉陵江向北发展的一支，是古蜀国在渭水上游的一个拓殖点⑤。在弶氏墓葬内，发现丝织品辫痕和大量丝织品实物，丝

---

① 《史记·货殖列传》。

② 童恩正：《略谈秦汉时代成都地区的对外贸易》，《成都文物》1989年第2期。

③ 陈显丹：《论蜀绣蜀锦的起源》，《四川文物》1992年第3期。

④ 宝鸡市博物馆等：《宝鸡弶国墓地》，文物出版社1988年版。

⑤ 屈小强、李殿元、段渝主编：《三星堆文化》，四川人民出版社1993年版，第601、602页。

织品有斜纹显花的菱形图案的绮，有用辫绣针法织成的刺绣，这些丝织品其实就是古蜀丝绸和蜀绣，它们出土于以丝织著称的蜀人墓中，不是偶然的。

春秋战国时代，蜀地的丝绸业持续发展，达到相当高的水平。湖南长沙和湖北江陵出土的战国织锦和刺绣，据专家研究，均属古代蜀国的产品[①]，并与四川炉霍卡莎湖石棺葬内发现的织品相似[②]，均为1.2经二重夹纬(含心纬)1/1平纹，或 1：1 经重夹纬 1/1 平纹，经密 36×3 根／厘米，或 56×2 根／厘米。蜀锦色彩丰富，图案纹饰优美绮丽，多数可见于元人费著《蜀锦谱》，足见源远流长。蜀绣品种较多，图案多以神话为主题，花纹单位较大，呈二方或四方连续，绣法以辫绣为主，这些也都是后来蜀绣的特点，亦足见其源远流长。西汉扬雄《蜀都赋》所谓"尔乃其人，自造奇锦"，对蜀锦极尽赞美之词，是有充分根据的，一点也不过分。

由于巴蜀丝绸质量优良，产量亦大，所以从很早起就充当了中国人民的友好使者，沿丝绸之路输送到印度和西方，对印度和西方文明的繁荣起到了推波助澜、锦上添花的作用，为世界文明的发展做出了重要贡献。

南方丝绸之路是巴蜀丝绸输往南亚、中亚并进一步输往西方的最早线路。早在商代中晚期，南方丝绸之路已初步开通[③]，产于印度洋北部地区的齿贝即在这个时期见于广汉三星堆蜀文化。三星堆出土的大量仿海洋生物青铜雕像也由此而来[④]。印度所最早知道的中国，梵语名称作 Cina，中译为支那，或脂那、至那等，就是古代成都的对音或转生语，其出现年代至迟在公元前 4 世纪，或更早[⑤]。印度古书里提到"支那产丝和纽带"，又提到"出产在支那的成捆的丝"，即是指成都出产的丝和丝织品，Cina 这个名称从印度转播中亚、西亚和欧洲大陆后，又形成其转生语 Seres、Thinai 等，如今西文里对中国名称的称呼，其来源即与此直接相关。而 Cina 名称的西传，是随丝绸的西传进行的，说明了古蜀丝绸对西方的巨大影响和古蜀丝绸在中西交流中的积极作用。

汉代和以后出西域西行中亚、西亚并抵东罗马安都奥克 (Antioch，当即《魏

---

① 武敏:《吐鲁番出土蜀锦的研究》,《文物》1984 年第 6 期。

② 四川省文物考古研究所等:《四川炉霍卡莎湖石棺墓》,《考古学报》1991 年第 2 期。

③ 段渝:《浅谈南方丝绸之路》,《光明日报》1993 年 5 月 24 日。

④ 段渝:《古代巴蜀与南亚和近东的经济文化交流》,《社会科学研究》1993 年第 3 期。

⑤ 段渝:《支那名称起源之再研究》,《中国西南的古代交通与文化》,四川大学出版社 1994 年版,
第 126—162 页。

略·西戎传》中的安谷城）的西域丝绸之路，其国际贸易中的物品相当多数是丝绸，而丝绸中的主要品种，便是出产于蜀的丝绸，其中大量的是蜀锦。在新疆吐鲁番阿斯塔那——哈拉和卓古墓群中，先后出土大批织锦[1]，均为蜀锦[2]，其年代从南北朝到唐代均有，确切表明蜀锦是西域丝绸贸易中的重要商品，也是经由北方丝绸之路输往西方的主要中国丝绸。因此，唐代吐鲁番文书中有"益州半臂"、"梓州小练"等蜀锦名目，并标有上、中、下三等价格[3]，就不是偶然的，充分表明了蜀锦在中西经济文化交流中所占有的重要地位和发挥的重要作用。

蜀锦、蜀绣不但分别沿南、北丝绸之路传播到南亚、中亚、西亚和欧洲地中海文明区，而且还在战国时代向北通过北方草原地区传播到北亚，这条线路便是草原丝绸之路。考古学上，在俄罗斯阿尔泰山乌拉干河畔的巴泽雷克（Pazyryk）古墓群内(约公元前 5—前 3 世纪)[4]，出土不少西伯利亚斯基泰文化的织物和中国的丝织品，丝织品中有用大量的捻股细线织成的普通的平纹织物，还有以红绿两种纬线斜纹显花的织锦，和一块绣着凤凰连蜷图案的刺绣。刺绣图案与长沙楚墓出土的刺绣图案极为相似，有学者据此认为是楚国刺绣。其实，楚地织锦和刺绣素不发达，战国和汉代楚地的丝织品均仰给于蜀，长沙楚墓出土的织锦和刺绣均为蜀地所产，并非楚地的产品。因此，巴泽雷克墓内出土的织锦和刺绣，必定就是蜀锦和蜀绣。由此可见，最早经由草原丝绸之路输送到北亚地区的中国丝绸，是蜀地所产丝绸，而草原丝绸之路也是由此命名的，表明古蜀丝绸在中国北方草原地区与北亚地区文化交流中所居的重要地位和所发挥的积极作用。

古蜀丝绸在欧亚大陆的传播，丰富了南亚、中亚、西亚、北亚和欧洲文明的内容，并由丝绸的传播而引起了丝绸之路的开通，从一个重要方面沟通了中国与欧亚各古代文明的交流和互动，不仅对于中国认识世界和世界认识中国，而且对于世界文明的繁荣和西方古典文明的发展，都做出了积极而卓越的贡献。

（原载《天府新纶》2014 年第 1 期）

---

[1] 深圳博物馆：《新疆出土文物图录》，文物出版社 1975 年版。

[2] 武敏：《吐鲁番出土蜀锦的研究》，《文物》1984 年第 6 期。

[3] 日本龙谷大学图书馆藏：《大谷文书》第 3097、3066 号。

[4] ［俄］鲁金科：《论中国与阿尔泰部落的古代关系》，《考古学报》1957 年第 2 期。

古代氐羌与丝绸之路

——兼论江源松潘地区在南北丝绸之路中的重要作用

分布和往来于藏彝走廊所连接的南北两条丝绸之路上的民族和文化相当众多，其中最主要的就是氐羌民族。从氐羌民族在藏彝走廊的分布来分析，位于今川西北岷江上游古代江源一带的松潘地区以及绵阳北部及甘肃地区的族群恰好处在南北丝绸之路之间的枢纽位置，这条线路及其在这个地理空间范围居息、繁衍、活动的氐羌族群对于南北丝绸之路的沟通和连接起到了重要作用。

一、氐羌南下的通道

氐、羌民族的历史十分悠久，在商代就已屡见于史册。《诗经·商颂·殷武》："昔有成汤，自彼氐、羌，莫敢不来享，莫敢不来王，曰商是常。"《竹书纪年》：成汤十九年，"氐、羌来宾。"又载：武丁三十四年，"王师克鬼方，氐、羌来宾。"又载："是时（殷）與地东不过江、黄，西不过氐、羌，南不过荆蛮，北不过朔方，而颂声作。"《尚书·牧誓》记载西土八国有羌人。《逸周书·王会》："氐、羌以鸾鸟。"都表明氐、羌为古老民族。

氐、羌同源异流，原居西北甘青高原，后分化为两族。羌，殷墟甲骨文屡见，其字从羊从人。《说文》："羌，西戎牧羊人也"，是以畜牧业为主并营粗耕农业的民族。氐，《说文》释为"本也"，原为低、平之义[①]。《逸周书·王会》孔晁注曰："低地羌羌不同，故谓之羌，今谓之氐矣。"鱼豢《魏略·西戎传》说氐人"其俗、语不与中国同，及羌杂胡同"，又说"其嫁娶有似于羌"，"其

---

① 　徐中舒：《论巴蜀文化》，四川人民出版社 1982 年版，第 79 页。

妇人嫁时著衽露，其缘饰之制有似羌，衽露有似中国袍，皆编发"。氐、羌在语言、风俗上的相同处，正是两者同源之证。而氐人"俗能织布，善田种，畜养豕、牛、马、驴、骡"①，以农业为主，羌人则"地少五谷，以产牧为业"②。氐人"无贵贱皆为板屋土墙"③，羌人则是"其屋，织氂牛尾及羖羊毛覆之"④。两者的差异，又正是其异流的极好证据。综此可知，氐族其实就是从羌族中分化出来后由高地向低地发展并主要经营农业的族类。其初始分化年代，至少可上溯到商代。

从考古学观察，新石器时代至青铜时代今甘肃、青海有众多民族活动居息。甘肃地区的古文化遗存，如马家窑文化、半山文化、马厂文化等，在广义上都同古羌人有一定关系⑤。分布在河西地区山丹、民乐至酒泉、玉门一带的火烧沟类型文化，年代与夏代相当，可能是古羌族文化的一支。而相当于殷商时期的辛店文化，也与古羌人有关。在陇山之东西，则分布有相当于殷周时期的寺洼文化。它分两个类型。⑥ 寺洼类型分布在洮河流域和陇山以西的渭水流域，年代早于西周⑦。安国类型分布在甘肃的泾水、渭水、白龙江、西汉水诸流域，年代大致与西周同时⑧。寺洼文化这两种类型，应是古代氐族的文化遗存⑨。它们西起洮河，东至白龙江、西汉水（嘉陵江上游），波及甘肃境内的泾水、渭水等域。这些地区，正是文献所记"世居岐、陇以南，汉川以西"⑩，以武都、阴平为中心的古氐人的分布区域⑪。可证寺洼文化为氐人所遗。而氐人所居之区，较之古羌人所居的河曲以西、以北⑫，地势相对说来既低且平，又多滨水，正与氐字本义相合。所谓低地之羌曰氐族，即由此而来。可见，氐、羌分化，在商

① 《三国志·魏志·乌丸鲜卑东夷传》注引。

② 《后汉书·西羌传》。

③ 《三国志·魏志·乌丸鲜卑东夷列传》裴松之注引鱼豢《魏略·西戎传》。

④ 《北史·宕昌传》。

⑤ 俞伟超：《古代"西戎"和"羌"、"胡"文化归属问题的探讨》，《青海考古学会会刊》1980年第1期。

⑥ 《甘肃古文化遗存》，《考古学报》1960年第2期。

⑦ 《甘肃文物考古工作三十年》，载《文物考古工作三十年》，文物出版社1979年版，第143页。

⑧ 《宝鸡竹园沟等地西周墓》，《考古》1978年第5期。

⑨ 《甘肃文物考古工作三十年》，《文物考古工作三十年》，载文物出版社1979年版，第144页。

⑩ 《北史·氐传》。

⑪ 《三国志·魏志·乌丸鲜卑东夷列传》裴松之注引鱼豢《魏略·西戎传》。

⑫ 马长寿：《氐与羌》，上海人民出版社1984年版，第11、12页。

代已是如此。

至于辛店文化和寺洼文化均出陶双耳罐，则如上述氐、羌文化风俗的联系一样，是两者同源的反映。《吕氏春秋·义赏》："氐、羌之民其虏也，不忧其系累，而忧其不焚也"，氐、羌均有火葬之俗。寺洼文化中火葬与土葬并存[1]，不仅证实了文献的可靠性，同时再次证明了古代氐、羌在族源上有着千丝万缕、不可分割的关系。这种起源甚古的火葬之俗，直到战国秦汉时期仍在岷江上游氐人中流传[2]。

考古资料可以反映出氐羌由西北向西南迁徙的情况。近几十年来，在岷江上游及其支流杂谷脑河岸发现了大量新石器时代文化遗址，大多分布在距河谷100公尺以上的台地上。这些遗址按其文化面貌可以大致分为两个大的系统，一是含彩陶的系统，主要以属于仰韶晚期的茂县营盘山遗址[3]和汶川县姜维城遗址[4]为代表，一是不含彩陶而以夹砂陶和泥质陶为主的属于龙山时代的考古学文化遗存，如茂县白水寨遗址、茂县下关子遗址[5]、汶川县高坎遗址[6]、茂县沙乌都遗址[7]。后一个系统的即不含彩陶的文化，与四川盆地的新石器文化有着比较

---

[1] 夏鼐：《临洮寺洼山发掘记》，《考古学论文集》，科学出版社 1961 年版。

[2] 《后汉书》卷 86《冉駹传》载，冉駹"死则烧其尸"，是为火葬。考古中，岷江上游石棺葬内也存在将尸体火化后再殡入石棺的火葬。

[3] 成都文物考古研究所、阿坝藏族羌族自治州文管所、茂县羌族博物馆：《四川茂县营盘山遗址试掘报告》，《成都考古发现（2000）》，科学出版社 2002 年版；蒋成、陈剑：《岷江上游考古新发现述析》，《中华文化论坛》2001 年第 3 期；蒋成、陈剑：《2002 年岷江上游考古的发现与探索》，《中华文化论坛》2003 年第 4 期；成都文物考古研究所、阿坝藏族羌族自治州文管所、茂县羌族博物馆：《四川茂县营盘山遗址发掘报告》，待出版。

[4] 王鲁茂、黄家祥：《汶川姜维城发现五千年前文化遗存》，《中国文物报》2000 年 11 月 26 日第一版；黄家祥：《汶川县姜维城新石器时代遗址及汉明城墙》，《中国考古学年鉴》（2001 年），文物出版社 2002 年版；黄家祥：《汶川姜维城遗址发掘的初步收获》，《四川文物》2004 年第 3 期；四川省文物考古研究所、阿坝藏族羌族自治州文管所、汶川县文管所：《四川汶川县姜维城新石器时代遗址发掘报告》，《四川文物》2004 年增刊；四川省文物考古研究所、阿坝藏族羌族自治州文管所、汶川县文管所：《四川汶川县姜维城新石器时代遗址发掘简报》，《考古》2006 年第 11 期。

[5] 成都文物考古研究所、阿坝州文管所、茂县羌族博物馆：《四川茂县白水寨及下关子遗址调查简报》，《成都考古发现（2005）》，科学出版社 2007 年版。

[6] 资料存成都市文物考古研究所。

[7] 成都文物考古研究所、阿坝州文管所、茂县羌族博物馆：《四川茂县沙乌都遗址调查简报》，载《2004 成都考古发现》，科学出版社 2006 年版。

密切的关系，而与含彩陶的系统在文化面貌上有较大的差别。含彩陶的系统与黄河上游的马家窑文化等有较密切的关系。马家窑文化的彩陶从西北高原向西南传播到岷江上游干流及支流地区和大渡河上游和中游地区，这在考古学上是比较清楚的。而从甘青高原逶迤而南的石棺葬文化，也是沿着这条线路，一直分布到云南。可见，从史前到战国秦汉时期，在中国西部高原存在着一条民族走廊，它从西北经松潘草地到岷江上游和大渡河上游，又沿岷江和大渡河（其后转安宁河）河谷南下，而达云南的鲁甸、昭通、昆明、大理及贵州的毕节等地，通向西南的广大地区。

在这条线路即民族走廊分布的民族，历史上是属于氐羌系的族类，如今是藏缅语系的各族。如：今甘、青、川交界处，古代是西羌以及其后的党项羌，现在是藏族；岷江和大渡河上游，古代是冉、駹及其后的西山羌（包括嘉良），现在是羌族和藏族中的嘉戎支；沿大渡河及安宁河至滇东、黔西及昆明一带，古代是筰都、邛都、嶲、靡莫、夜郎、滇等部落，或者是越嶲羌叟，现在主要是彝族；沿安宁河至大理一带，古代是摩沙和昆明，现在是纳西族、普米族和白族。据历史文献及本民族传说，这些族体的历史均可上溯到氐羌。就语言的系属而言，他们都是汉藏语系中藏缅语族之下的各族，有着亲缘的关系[1]。虽然在后来的长期历史发展中，这些氐羌系的部落相继发展为不同的族，但由于有着同源关系，因此具有很多共同点，最主要的一是语言接近，一是在历史传说、风俗习惯和宗教信仰诸方面，均具若干共同的特点。因此，古代的氐羌有着同源关系，从广义上说即是现今的藏缅语系各族，他们早在新石器时代就由西北高原向西南氐地区移居了[2]。

氐、羌在今四川境内出现，可以追溯到夏商时代，这无论在文献还是考古资料中都有据可证。

川西高原近年发现大批石棺葬，广泛分布于岷江上游、雅砻江流域和金沙江流域，在大渡河流域也有发现。川西石棺葬起源甚早，延续时间也很长。川西高原石棺葬的族属，总的说来应是氐、羌系统的文化遗存。

从石棺葬的起源看，近年考古说明，最早出现在西北高原。1975 年在甘肃景泰县张家台墓地发现的 22 座半山类型墓葬中，既有木棺墓，也有石棺墓，以

① 参见罗常培等：《中国少数民族的语言概况》。

② 李绍明：《关于羌族古代史的几个问题》，《历史研究》1963 年第 5 期。

石棺墓为主①。半山类型的年代，约在公元前2200—前2000年②，相当于五帝时代之末和夏代之初的纪年范围，早于川西高原石棺葬。石棺葬于夏商时代出现在川西高原，说明氐羌系统的民族中，有一部分在此期间已进入川境，而不是过去所认为的春秋战国时代。但由于氐、羌同源异流，文化、风俗上异同并存，加以早期活动地域相近，很难区分彼此，因而西北石棺葬就很难划分具体族属。从景泰张家台石棺葬所揭示出来的情形看，无论是氐还是羌，都应有石棺葬传统，此外也还有土葬、火葬等传统，不可非此即彼，一概而论。由此出发，川西高原石棺葬属氐属羌，也不能一概而论。综合多方面资料，大体说来，岷江上游石棺葬应是氐族文化，雅砻江、金沙江和大渡河流域的石棺葬，则应是羌族文化。

在岷江上游汶、理、茂等县所属地区，当地羌族称石棺葬为"戈基嘎布"，意为"戈基人的墓"。在羌族端公（巫师）唱词和民间口头相传的《羌戈大战》长篇叙事诗中，戈基人是在羌族南下与之激战后被赶走的一个民族，先于羌人在岷江上游定居③。既然不是羌族墓葬，就只可能是氐族墓葬了。戈基人即是氐人。文献方面，《山海经·海内南经》记载："氐人国在建木西，其为人，人面而鱼身，无足。"建木，《淮南子·地形》谓"建木在都广"，《山海经·海内经》记有"都广之野"，即成都平原。都广之野以西，正是岷江上游之地。《汉书·地理志》记载秦在蜀西设湔氐道，湔氐道即是因氐人聚居而置。可见建木以西的氐人，恰恰是在岷江上游之地。所谓"建木西"，也恰与《史记·西南夷列传》所记氐族冉駹"在蜀之西"相合。又，《大戴礼记·帝系》说"青阳降居泜水"，《史记·五帝本纪》作"江水"，古以岷江为长江正源，可知此泜指岷江，表明也与氐族有关。综此诸证，先秦岷江上游的石棺葬，应是氐族的文化遗存。

大渡河、雅砻江和金沙江流域的石棺葬，则应与古代羌族有关。据《水经·青衣水注》："县故青衣羌国也。"青衣江、大渡河流域古为羌族地，有莋、徙等族，故其石棺葬应与青衣羌、旄牛羌等有关。雅砻江和金沙江流域也是古羌人居地。从巴塘扎金顶墓葬年代在公元前1285年即商代后期来看④，羌人早在

---

① 《甘肃景泰张家台新石器时代的墓葬》，《考古》1976年第3期。
② 中国社会科学院考古研究所编：《新中国的考古发现和研究》，文物出版社1984年版，第126页。
③ 罗世泽整理：《羌戈大战》，载《木姐珠与斗安珠》，四川民族出版社1983年版，第81—124页。
④ 中国社会科学院考古研究所：《放射性碳素测定年代报告（七）》，《考古》1980年第4期。

商代就已入川，其南下路线当沿金沙江、雅砻江河谷而行。

二、江源松潘地区的古代族群

松潘位于古代的江源地区，历代舆地志对此记载颇为详细。《水经》卷三十三《江水一》记载："岷山在蜀郡氐道县，大江所出，东南过其县北。江水自天彭阙，东迳汶关而历氐道县北。"郦道元《注》云："岷山，即渎山也，水曰渎水矣，又谓之汶阜山，在徼外，江水所导也。"《益州记》曰："大江泉源，即今所闻，始发羊膊岭下……东南下百余里至白马岭而历天彭阙，亦谓之为天谷也……汉武帝元封四年，分蜀郡北部置汶山郡以统之。（氐道）县，本秦始皇置，后为升迁县也。"《华阳国志》亦云："氐道县有岷阜山，江所出之处也。"①氐道县，杨守敬《水经注疏》作"湔氐道"。秦氐道县即晋升迁县，位置在今松潘县北。李元《蜀水经》卷一《江水一·松潘厅》曰："松潘分府，故湔氐道也。"又云："晋分置兴乐县，又改湔氐道为升迁县，俱属汶山郡。"

古代江源主要是氐羌族群的居息繁衍之地，在这个地区活动的族群主要是冉駹和白马。根据史籍的记载，冉、駹分布在岷江上游，而其分布地域相当广阔。《后汉书·冉駹夷传》记载："冉駹夷者，武帝所开。元鼎六年，以为汶山郡。至地节三年，夷人以立郡赋重，宣帝乃省并蜀郡，为北部都尉。"蜀汉汶山郡辖有绵虒、汶江、湔氐、蚕陵、广柔、都安、白马、平康等八县，中心区域当在今四川阿坝藏族羌族自治州的茂县、汶川县和理县一带，北部在松潘一带。

从史册关于古代松潘地区族群的习俗看，多与冉駹相同。李元《蜀水经》卷一引《谿崕纤记》曰："松潘，古冉駹地，积雪凝寒，盛夏不解。人居累石为室，高者至十余丈，名曰碉房，亲死，布衣斩衰，五年不浴。犯淫事者，输金请和，而弃其妻。惟处女婺妇勿禁。有罪者，树一长木，击鼓集众杀之，富者贳死，烧其屋，夺其田畜。部落甚众，无总属，推一人为长。"将这段史料与《后汉书·冉駹传》相对照，显然可见是基本相同的。《后汉书·冉駹夷传》记载："冉駹夷者，武帝所开。元鼎六年，以为汶山郡，至地节三年，夷人以立郡赋重，宣帝乃省并蜀郡为北部都尉。其山有六夷七羌九氐，各有部落。其王侯颇

---

① 《北堂书钞》卷一五七引。

知文书，而法严重。贵妇人，党母族。死则烧其尸。土地多寒，在盛夏冰犹不释……皆依山居止，累石为室，高者至十余丈，为邛笼。"由此可知，古代松潘的族群中，很大一部分属于冉駹族群。

松潘也是古代白马羌的居地之一。《史记·西南夷列传》记载："自冉駹以东北，君长以什数，白马最大，皆氐类也。"白马即指白马氐，先秦时分布在今四川绵阳地区北部与甘肃南部武都之间的白龙江流域①。《后汉书·西羌传》记载："羌无弋爰剑者，秦厉公时为秦所拘执，以为奴隶。不知爰剑何戎之别也。后得亡归，而秦人追之急，藏于岩穴中，得免……遂俱亡入三河间……至爰剑曾孙忍时，秦献公初立，欲复爰剑之迹，兵临渭首，灭氐源戎。忍季父邛畏秦之威，将其种人附落，而南出赐支河曲西数千里，与众羌绝远，不复交通。其后子孙分别，各自为种，任随所之，或为牦牛种，越嶲羌是也；或为白马种，广汉羌是也；或为参狼种，武都羌是也……羌之兴盛从此起矣。"至汉代，上述白马氐之地多见羌人活动，称为"白马羌"，表明羌族中的一支已迁入其地，而因白马之号②。这支羌人，即《后汉书·西羌传》所说"或为白马种，广汉羌是也"的白马羌。白马羌的分布，除今绵阳地区北部外，也向西延展到松潘。李元《蜀水考》卷一"东南下百余里至白马岭"下朱锡谷补注云："（白马岭）在松潘厅西北，古白马羌地，蜀汉置白马屯守，晋分置兴乐县，即今白马寨夷地。"白马岭之白马羌与今绵阳地区古代的广汉羌之白马羌当是同一支系，《后汉书·冉駹传》记载的"其山有六夷、七羌、九氐"，其中当即包括了今松潘和绵阳的白马羌。

三、南北丝绸之路的枢纽地带

从史前到战国秦汉时期，在中国西部高原存在着一条民族走廊，它从西北高原经松潘草地到岷江上游和大渡河上游，又沿岷江和大渡河（其后转安宁河）

---

① 据《汉书》卷 28《地理志》，汉高祖在这一区域的南部置有甸氐道（今四川九寨沟县）、刚氐道（今四川平武县东）、阴平道（今甘肃文县西北），属广汉郡，汉武帝在其北部置武都郡，所辖武都、故道、河池、嘉陵道、循成道、下辨道等，均为氐族所居。其中，今甘肃武都、文县和四川九寨沟、平武县一带的氐人，即是白马氐。《史记》所述，正是指此。

② 冉光荣、李绍明、周锡银：《羌族史》，四川民族出版社 1984 年版，第 98、99 页。

河谷南下，而达云南的鲁甸、昭通、昆明、大理及贵州的毕节等地，通向西南的广大地区。这条民族走廊，费孝通先生将其命名为藏彝走廊。在藏彝走廊中，位于岷江上游古代江源地区的松潘一带是连通西北地区河西走廊和西南地区横断山走廊的重要交通枢纽之一。

在藏彝走廊南面，即中国西南地区，由于以三星堆文化为重心的古蜀文明的历时性传播和推动，南方丝绸之路沿线地区相继产生了青铜文化，社会复杂化程度加深，酋邦组织形成，推动了中国西南地区文化的演进。由于成都平原古蜀文明的吸引力和凝聚力，先秦中国西南地区的文化从分散的后进状态逐步走向文明，初步形成了在古蜀文明影响和制约下的政治和文化的一体化状态，这对秦汉时代西南民族地区纳入中国文化大家庭起到了十分重要的作用。而古蜀文化对西南民族的整合，基本上就是沿着南方丝绸之路展开的。

在藏彝走廊北面，即中国西北远至阿尔泰地区，从青铜时代开始已同中亚的各种文化发生了不同程度的联系和交流。考古学上，在阿尔泰地区所发现的青铜短剑，研究表明是中亚青铜时代的印欧民族迁徙所传播而至的。中国的两轮马车和单人骑乘，也是从斯基泰人那里传播而来的。同时，在中亚地区的一些考古发现说明，中国商代的一些文化因素在中亚地区亦有分布，表明西北丝绸之路确是中外文化交流互动的重要通道。

在藏彝走廊分布的民族，历史上主要是属于藏缅语系各族先民的氏羌系民族，它们对南北丝绸之路的联系和交流起到了重要作用。

藏彝走廊是中国西部的民族和文化走廊，在先秦秦汉史的时空范围内，这条走廊的流动性尤其明显，它的民族和文化内涵随历史的变化而变化，具有显著的流动性和不稳定性等特点，而不是像文化板块那样具有稳定化和一成不变的特点。

关于藏彝走廊的名称和内涵问题，1978年到2003年期间，费孝通先生曾多次做过说明[1]。费孝通先生谈到中华民族聚居地区由六大板块和三大走廊构成的格局，板块是指北部草原区、东北高山森林区、青藏高原、云贵高原、沿海区、中原区；走廊是指西北民族走廊、藏彝走廊、南岭走廊，板块是以走廊相

---

[1] 费孝通：《关于我国民族的识别问题》，《中国社会科学》1980年第1期；《民族社会学调查的尝试》，费孝通《从事社会学五十年》，天津人民出版社1983年版；《谈深入开展民族调查问题》，《中南民族学院学报》1982年第3期。

联结的①，藏彝走廊是其中的一条。对于藏彝走廊的含义，李绍明先生从民族走廊的理论问题、藏彝走廊范围问题、考古学问题、民族史问题、民族语言问题、民族文化问题、生态与民族的关系问题、民族经济的发展问题等八个方面进行过深刻阐释②。依据费孝通先生和李绍明先生的研究成果，本文所讨论的藏彝走廊的地理范围，主要是指地理学上的横断山脉地区。而丝绸之路，是指从河西走廊至中亚的西北丝绸之路和从川滇至缅印、东南亚的南方丝绸之路。

童恩正先生曾于1980年代提出"我国从东北到西南的边地半月形文化传播带"③，主要从中国国内文化传播和交流的角度讨论先秦秦汉时期分布于长城内外、青藏高原和横断山区的民族文化传播带，其视野基本上局限在国内。就童恩正先生所讨论的半月形文化传播带而言，它从中国西北到西南的一段，正是费孝通先生所提出的藏彝走廊的地理范围，这在李绍明先生的上述论文里已有明确阐释。就这条走廊的外部通道而言，在它的南北方向都有着漫长的延长线。在藏彝走廊的北方，由甘青高原西行经河西走廊和西域至近东和小亚细亚，并由甘青高原向东延伸，越过北方草原地带，直到俄罗斯。藏彝走廊北面这两条线路，向西的一条是著名的丝绸之路，现称为北方或西域丝绸之路，向东的一条即是草原丝绸之路。藏彝走廊的南方，由横断山向南，一直向南伸展到中南半岛，并从横断山脉南端向西经过南亚印巴次大陆延伸到中亚、西亚和东地中海地区。藏彝走廊南面这两条线路，向西的一条即是著名的蜀身毒道，向南的一条称为安南道（包括步头道和进桑道），这两条向南的线路又合称为南方丝绸之路。从地图上看，藏彝走廊连同它的南北两条丝绸之路，就像两个头向外、尾相连的巨大的Y字，深深地刻印在中国西部的大地之上。因此，藏彝走廊实际上是一条沟通南北丝绸之路的国际走廊，是一条具有国际性和国际意义的历史、地理、民族和文化走廊④。而位于这两个头向外、尾相连Y字形的中端或枢纽，正是江源松潘草地一带。

分布和往来于由藏彝走廊所连接的南北两条丝绸之路上的民族和文化相当众多，其中最主要的就是氐羌民族。从氐羌民族在藏彝走廊的分布来分析，位

---

① 费孝通：《民族研究文集》，民族出版社1988年版，第268—285、295—305页。

② 李绍明：《藏彝走廊研究中的几个问题》，《巴蜀文化研究》第3辑，巴蜀书社2006年版。

③ 童恩正：《试论我国从东北到西南的边地半月形文化传播带》，《文物与考古论集》，文物出版社1987年版。

④ 段渝：《藏彝走廊与丝绸之路》，《西南民族大学学报》2010年第2期。

于今川西北岷江上游古代江源一带的松潘地区以及绵阳北部及甘肃地区的族群恰好处在南北丝绸之路之间的枢纽位置，这条线路及其在这个地理空间范围居息、繁衍、活动的氐羌族群对于南北丝绸之路的沟通和连接起到了重要作用。

（本文为作者 2013 年 9 月在成都举行的"松潘县江源文明与茶马古道研讨会"上宣读，载《松潘历史文化研究文集》，四川人民出版社 2014 年版）

藏彝走廊与丝绸之路

一

藏彝走廊是中国西部的民族和文化走廊，在先秦秦汉的时空范围内，这条走廊的流动性尤其明显，它的民族和文化内涵随历史的变化而变化，具有显著的流动性和不稳定性等特点，而不是像文化板块那样具有稳定化和一成不变的特点。

关于藏彝走廊的名称和内涵问题，1978 年到 2003 年期间，费孝通先生曾多次做过说明[①]。费孝通先生谈到中华民族聚居地区由六大板块和三大走廊构成的格局，板块是指北部草原区、东北高山森林区、青藏高原、云贵高原、沿海区、中原区，走廊是指西北民族走廊、藏彝走廊、南岭走廊，板块是以走廊相联结的[②]，藏彝走廊是其中的一条。对于藏彝走廊的含义，李绍明先生从民族走廊的理论问题、藏彝走廊范围问题、考古学问题、民族史问题、民族语言问题、民族文化问题、生态与民族的关系问题、民族经济的发展问题等八个方面进行过深刻阐释[③]。依据费孝通先生和李绍明先生的研究成果，本文所讨论的藏彝走廊的地理范围，主要是指地理学上的横断山脉地区。而丝绸之路，是指从河西走廊至中亚的西北丝绸之路和从川滇至缅印、东南亚的南方丝绸之路。

关于南方丝绸之路与藏彝走廊的关系问题，李绍明先生曾从民族学和民族

---

① 费孝通：《关于我国民族的识别问题》，《中国社会科学》1980 年第 1 期；《民族社会学调查的尝试》，费孝通《从事社会学五十年》，天津人民出版社 1983 年版；《谈深入开展民族调查问题》，《中南民族学院学报》1982 年第 3 期。

② 费孝通：《民族研究文集》，民族出版社 1988 年版，第 268—285、295—305 页。

③ 李绍明：《藏彝走廊研究中的几个问题》，《巴蜀文化研究》第 3 辑，巴蜀书社 2006 年版。

史的角度，在《西南丝绸之路与民族走廊》一文中进行了深刻讨论①，文中也提到西北丝绸之路大体与西北民族走廊相当。童恩正先生曾于 1980 年代提出"我国从东北到西南的边地半月形文化传播带"②，主要从中国国内文化传播和交流的角度讨论先秦秦汉时期分布于长城内外、青藏高原和横断山区的民族文化传播带，其视野基本上局限在国内。许倬云先生认为，童恩正先生所划的这条传播带，还应该向南北两头延伸，向北应越过长城以北草原地带，向南应该延伸到中南半岛，这实际上应该是一条国际文化交流传播带③。许倬云先生的看法确为精辟之论。

就童恩正先生所讨论的半月形文化传播带而言，它从中国西北到西南的一段，正是费孝通先生所提出的藏彝走廊的地理范围，这在李绍明先生的上述论文里已有明确阐释。就这条走廊的外部通道而言，在它的南北方向都有着漫长的延长线。在藏彝走廊的北方，由甘青高原西行经河西走廊和西域至近东和小亚细亚，并由甘青高原向东延伸，越过北方草原地带，直到俄罗斯。藏彝走廊北面这两条线路，向西的一条是著名的丝绸之路，现称为北方丝绸之路，向东的一条即是草原丝绸之路。藏彝走廊的南方，由横断山向南，一直向南伸展到中南半岛，并从横断山脉南端向西经过南亚印巴次大陆延伸到中亚、西亚和东地中海地区。藏彝走廊南面这两条线路，向西的一条即是著名的蜀身毒道，向南的一条称为安南道（包括步头道和进桑道），这两条向南的线路又合称为南方丝绸之路。从地图上看，藏彝走廊连同它的南北两条丝绸之路，就像两个头向外、尾相连的巨大的 Y 字，深深地刻印在中国西部的大地之上。因此，藏彝走廊实际上是一条沟通南北丝绸之路的国际走廊，是一条具有国际性和国际意义的历史、地理、民族和文化走廊。

分布和往来于由藏彝走廊所连接的南北两条丝绸之路上的民族和文化相当众多，其间关系错综复杂，其中一些族群和文化涉及当今中外关系史的重要内容。实际上它是一条古代中外文化传播、交流和民族迁徙往来十分集中的地带，它的外延远远超出了今天中国的范畴。

---

① 李绍明：《西南丝绸之路与民族走廊》，四川大学历史系编《中国西南的古代交通与文化》，四川大学出版社 1994 年版，第 35—48 页。

② 童恩正：《试论我国从东北到西南的边地半月形文化传播带》，《文物与考古论集》，文物出版社 1987 年版。

③ 按：此为许倬云先生 1994 年见示作者。

二

研究表明，先秦时期，在藏彝走廊南面即中国西南地区，由于以三星堆文化为重心的古蜀文明的历时性传播和推动，南方丝绸之路沿线地区相继产生了青铜文化，社会复杂化程度加深，酋邦组织形成，推动了中国西南地区文化的演进。由于成都平原古蜀文明的吸引力和凝聚力，先秦中国西南地区的文化从分散的后进状态逐步走向文明，初步形成了在古蜀文明影响和制约下的政治和文化的一体化状态，这对秦汉时代西南民族地区纳入中国文化大家庭起到了十分重要的作用。而古蜀文化对西南民族的整合，基本上就是沿着南方丝绸之路展开的。

中国西南地区早在史前时代就与缅、印地区以及东南亚地区发生了文化交流，饶宗颐先生在《梵学集》中分析道，印度地区所发现的有肩石斧和有段石锛，是沿陆路从中国进入东印度阿萨姆地区和沿海路进入盘福加的。他又举印度河文明哈拉巴发现的束丝符号，与理塘和四川汉墓所见相同，认为据此可确认丝织品传至域外。马来亚与马来族的素梦、招魂巫术，与中国南方的楚风亦多相似，而竹王的神话，则与西南夷的信仰同出一源[①]。

李学勤先生精辟地指出："三星堆的重要性当然不止在于海贝的存在，只有将这一遗址放到'南方丝绸之路'的大背景中，才有可能深入认识其文化性质及历史意义。'南方丝绸之路'是中国通向东南亚、南亚的通道，它的价值和作用应当站在世界史的高度上来考察。以往在商代晚期的都邑殷墟，曾经看到一些有关线索，例如，三十年代发掘的小屯 YH127 坑中的'武丁大龟'，生物学家伍献文先生鉴定为马来半岛所产；八十年代我在英国剑桥大学收藏里选出的一片武丁卜甲，经不列颠博物院研究，龟的产地也是缅甸以南。再有 YH127 坑武丁卜甲碎片粘附的一些织物痕迹，台湾学者检验认为是木棉。另外，越南北部出土的玉牙璋，形制纹饰特点表明与三星堆所出有密切联系，已为学者周知。"[②]

---

① 饶宗颐：《梵学集》，上海人民出版社 1992 年版，第 353、355、356 页。

② 李学勤：《〈三星堆研究〉第二辑〈三星堆与南方丝绸之路青铜文化研讨会论文集〉序》，《三星堆研究》第二辑，文物出版社 2007 年版，第 1—2 页；《商代通向东南亚的道路》，《学术集林》卷一，上海远东出版社 1994 年版。

从四川经云南至缅印地区的南方丝绸之路在中西文化交流中据有显著的地位，尤其在中国文明初期，具有十分重要的地位。春秋以前，中国西北方面的民族移动尚不剧烈，由西北民族的迁徙所带动的一些民族群团的大规模迁徙还未发生。据西史的记载，欧亚民族的大迁徙发生在公元前七八世纪。公元前七八世纪之际，欧亚大陆间的民族分布大致是：西梅里安人在今南俄一带，斯基泰人（Scythian，旧译西徐亚）在西梅里安人稍东之地，索罗马太人（Sauromathae）在里海之北，马萨及太人（Massagetae）自黠嘎斯（kirghiz）草原至锡尔河（Sir Daria）下游，阿尔其贝衣人（Argippaei）在准噶尔及其西一带，伊塞顿人（Issedones）在塔里木盆地以东，阿里马斯比亚人（Arismaspea）在河西一带[1]。这一时期，从西北方面经西域或北方草原方面的对外文化交流存在较多的困难。西南方面则由于西南夷很早就已是蜀的附庸[2]，古蜀王作为西南夷诸族之长，长期控制着西南夷地区，古蜀与西南夷诸族之间的关徼常常开放，因此从西南夷道出境外，由此至缅、印而达中亚大夏（今境阿富汗）、西亚，实比从西北和北方草原西行更容易。张骞从西域探险归来后向汉武帝报告时指出："大夏去汉万二千里，居汉西南。今身毒国又居大夏东南数千里，有蜀物，此其去蜀不远矣。今使大夏，从羌中，险，羌人恶之；少北，则为匈奴所得；从蜀宜径，又无寇。"[3]这表明，通过他的实地考察，得知不论从西北还是从北方草原地区出中国去中亚，都不但路途遥远，而且沿途环境险恶，民族不通，极为困难，只有从西南地区出中国去印度到中亚，才是一条既便捷又安全的道路。张骞，城固人，亦即蜀人[4]，深知西南夷道上蜀与南中诸族的历史关系，所以说"从蜀宜径，又无寇"，可以由此打通中国与外域的关系。

除西南夷道这条主要线路外，南方丝绸之路还包括从四川经云南元江下红河至越南的红河道，还包括从蜀经夜郎至番禺（今广州）的牂牁道，经由此道发展了西南与东南沿海地区的关系。《逸周书·王会篇》记载商代初年成汤令伊尹为四方献令之词，其中有位于"正南"的"产里、百濮"等族，即在东南沿海至南海一带。香港南丫岛曾出土典型的三星堆文化牙璋，三星堆祭祀坑里的部分海贝也来自于南海，表明早在商代，古蜀文明就已经与南海地区

---

① 方豪：《中西交通史》，岳麓书社 1987 年影印版，第 47、48 页。

② 方国瑜：《中国西南历史地理考释》上册，中华书局 1987 年版，第 15 页。

③ 《史记·大宛列传》。

④ 陕西城固先秦时属蜀，见刘琳：《华阳国志校注》卷四《南中志》，巴蜀书社 1984 年版。

发生了文化联系和交流。由此看来，中国西南与东南亚濮系民族之间的联系，其交通应沿红河道和安南道相往还。而东南亚与中国西南地区的海贝、牙璋等文化交流，也是通过红河道相互往返联系的。中国东南沿海地区的有肩石斧、有段石锛等文化因素西渐进入缅印，则是经由古蜀地区出西南夷道再西行而去的。

在藏彝走廊北面即中国西北远至阿尔泰地区，从青铜时代开始已同中亚的各种文化发生了不同程度的联系和交流。考古学上，在阿尔泰地区所发现的青铜短剑，研究表明是中亚青铜时代的印欧民族迁徙所传播而至的[①]。中国的两轮马车和单人骑乘，也是从斯基泰人那里传播而来的。同时，在中亚地区的一些考古发现说明，中国商代的一些文化因素在中亚地区亦有分布，表明西北丝绸之路确是中外文化交流互动的重要通道。

三

藏彝走廊的南北东西方向，都有对外联系的通道，尤其是它的南北两端，是先秦秦汉时期中国最重要的国际文化交流的进出口。藏彝走廊的北方出口，就是北方丝绸之路；而它的南方出口，就是南方丝绸之路。实际上，出口同时也就是进口，古代南北东西的文化以至族群的交流互动，就是通过北方丝路和南方丝路进行的。经由丝绸之路，中国西部的族群和文化与南亚细亚、中亚细亚、西亚细亚以及东亚细亚南部即中南半岛进行互动与交流。先秦秦汉时期中国的西方文化因素和同一时期西方的中国文化因素，就是通过藏彝走廊两端的南北丝绸之路进行的。

在从西亚、中亚和南亚传入的文化因素中，青铜人物雕像、黄金人体装饰、黄金面罩、黄金权杖，以及柳叶形青铜短剑等，是对古代中国影响深远的文化因子。

四川广汉三星堆出土的金杖、金面罩、青铜人物全身雕像、人头像、人面像、兽面像等，不论在形式还是风格上都完全不同于包括古蜀本土在内的商代中国各地的文化。从古代欧亚文明的视角看，至迟在公元前三千年初，西亚的

---

① 林梅村：《商周青铜剑渊源考》，《汉唐西域与中国文明》，文物出版社1998年版，第39—63页。

美索不达米亚地区就开始形成了青铜雕像文化传统[1]；古埃及也在公元前3000年代初叶开始制作青铜人物雕像并形成传统[2]；印度河文明地区早在哈拉巴文化时期（2500—1500B.C）就已开始制作青铜雕像，成为后来印度教制作青铜雕像的重要渊源。最早的权杖出现在西亚欧贝德文化第4期（Ubaid Ⅳ，约公元前4000年代前半叶）[3]，其后在西亚不少地方出现铜制权杖[4]，而古埃及使用权杖的传统至少在早王朝初期就已形成[5]。黄金面罩在古代西亚、古埃及和伯罗奔尼撒半岛的迈锡尼文明考古中亦经常可见[6]。古代西亚文明的青铜雕像、权杖、黄金面罩等因素相继集结出现在其他文明当中，应属文化传播所致。商代三星堆遗址出现的金杖、金面罩和青铜雕像等，既然在古蜀本土和中国其他地区都找不到它们的发生序列，但却与西亚、印度等古代文明类似文化因素的风格一致，功能相同，并且位于这些文化因素发展序列的较晚位置，因而就有可能是吸收了这些文明地区的有关文化因素再创作而制成。

考古学上，中国早期的黄金制品出现于夏代，1976年在甘肃玉门市火烧沟遗址的墓葬中出土的黄金制品，是目前所见资料中最早的一例[7]。除此而外，在中国其他地区尚未发现夏代的黄金制品。中国早期的黄金制品较多地出现于商代，商代的黄金制品存在南、北之间的系统区别，在中原和北方地区主要发现于北京、河北、河南、山东、辽宁、山西，在南方则集中发现于四川的成都平原。

中国北方地区现已发现的商代黄金制品主要是金箔片、黄金、小片金叶、金臂钏、金耳环、金笄、黄金"弓形饰"，等等。中国北方地区商代黄金制品具有两个明显的共性：第一，它们都出土于墓葬（殷墟金块除外）；第二，它们都

---

[1] [埃及] 尼·伊·阿拉姆：《中东艺术史》，上海美术出版社1985年版。R.Willis, *Western Civilization*, vol.1, p.18, 16, 1981；[俄] 罗塞娃等：《古代西亚埃及美术》，人民美术出版社1985年版。

[2] J. E. Quibell, *Hierakonpolis*, 11, Plate 1, 1902; Mosso, *Dawn of Mediterranean Civilization*, p.56. 见 H. R. Hall, *The Ancient History of the Near East*, 1947, p. 136; G. Mokh Tared, *General History of Africa*, vol.11, 1981, p. 158.

[3] Strommenger, *5000 Years of the Art of Mesopotamia*, 1964, p.12.

[4] R. F. Tylecote, *A History of Metallurgy*, 1976.

[5] A. Gardiner, *Egyption Grammar*, 1957, p. 510.

[6] R. Willis, *Western Civilization*, vol.1, p. 19；尼·伊·阿拉姆：《中东艺术史》。

[7] 甘肃省博物馆：《甘肃省文物考古工作三十年》，《文物考古工作三十年（1949—1979）》，文物出版社1979年版，第142、143、151页。

是作为装饰品（人体装饰物或器具饰件）来使用的。金叶和金箔片虽然在用途上并不与其他地点所出作为人体装饰物的金臂钏、金耳环、金笄、金"弓形饰"等相同，但从作为装饰品这个意义上说，它们则是共同的、一致的①。从欧亚古代文明的视角看，商代黄河流域黄金器物中的人体装饰物，可能与中亚草原文化的流传有关②。

商代南方的黄金制品集中分布在西南地区四川广汉三星堆和成都市金沙遗址。1986 年夏在广汉三星堆遗址相继发现两个祭祀坑，出土大批青铜、黄金、玉石制品以及大量象牙和海贝③。其中的各种黄金制品多达数十件④，成都市金沙村遗址位于成都市区西部，从 2001 年 2 月以来的发掘中，共出土黄金器物 200 余件，其中有黄金面罩、射鱼纹金带、鸟首鱼纹金带、太阳神鸟金箔、蛙形金箔、鱼形金箔、金盒、喇叭形金器等，是先秦时期出土金器数量最大、种类最多的遗址⑤。根据发掘报告⑥，三星堆出土的各种黄金制品，主要种类有金杖、金面罩、金果枝、璋形金箔饰、虎形金箔饰、鱼形金箔饰、金箔带饰、圆形箔饰、四叉形器、金箔残片、金箔残屑、金料块，等等。三星堆文化黄金制品的形制、出土情况以及它们与大型青铜制品群密不可分的关系，显示出几个明显的特点：第一，数量多，达到近百件（片）；第二，形体大，尤以金杖、金面罩为商代中国黄金制品之最；第三，种类丰富，为北方各系所不及；第四，均与实用器或装饰用品无关，而与大型礼仪、祭典和祭祀仪式有关，或与王权（政治权力）、神权（宗教权力）和财富垄断权（经济权力）的象征系统有关。其中金杖和金面罩的文化形式在商代中国的其他任何文化区都绝无发现，即令在以三星堆遗址为代表的整个古蜀文化区也是绝无仅有。三星堆文化的金杖、金面罩等文化形式，与青铜雕像的文化形式一样，很有可能是通过古代印度地区和中亚的途径，从古代的西南夷道、蜀身毒道，经云南、缅甸、印度、巴基斯坦、阿富汗等地区，采借吸收了西亚近东文明的类似文化因素，而由古代蜀人按照自身的文化

---

① 段渝：《商代黄金制品的南北系统》，《考古与文物》2004 年第 1 期。

② 马健：《黄金制品所见中亚草原与中国早期文化交流》，《西域研究》2009 年第 3 期。

③ 四川省文物管理委员会、四川省文物考古研究所、四川省广汉县文化局：《广汉三星堆遗址一号祭祀坑发掘简报》，《文物》1987 年第 10 期。四川省文物管理委员会、四川省文物考古研究所、广汉市文化局文管所：《广汉三星堆遗址二号祭祀坑发掘简报》，《文物》1989 年第 5 期。

④ 四川省文物考古研究所：《三星堆祭祀坑》，文物出版社 1999 年版。

⑤ 成都市文物考古研究所：《金沙——21 世纪中国考古新发现》，五洲传播出版社 2005 年版。

⑥ 四川省文物考古研究所：《三星堆祭祀坑》，文物出版社 1999 年版。以下引此，不再一一注明。

传统加以改造创新而成的，它们反映了商代中国西南与南亚、中亚和西亚古代文化之间的交流关系。①

中国境内的青铜短剑，最早见于先秦时期的西北和西南地区，时间是在商代中晚期。而近东地区早在公元前三千纪即已开始使用剑身呈柳叶形的青铜短剑，这种剑型不久传入中亚地区和印度地区，在公元前二千纪分别从南北两个方向传入中国西北地区和中国西南地区。在中国西北地区发现的青铜短剑，剑身呈柳叶形，多为曲柄剑，或是翼格剑、匕首式短剑，多在剑首处铸有动物形雕像。这种剑型，形制几乎与中亚青铜短剑一致，因而学术界认为这类青铜短剑很有可能是从中亚引入的剑型②。在中国西南地区发现的青铜短剑，主要分布在以成都平原为中心的四川盆地内外，年代为商代中晚期或更早。成都平原发现的柳叶形青铜短剑，形制几乎与印度河和恒河流域青铜短剑相同，都是扁茎，无格，剑身呈柳叶形，剑茎与剑身同时铸成，剑身有宽而薄与窄而厚两种。很容易判断，两者之间具有同源的关系。印度河流域的青铜文化，时代在公元前 2500 年至公元前 1500 年之间。这个时代，正是古蜀三星堆青铜文明从发展走向鼎盛的时代，也是古蜀柳叶形青铜短剑初现的时代。由此看来，古蜀地区的柳叶形青铜短剑这种剑型，应当是从印度河和恒河流域引入，由古蜀人在古蜀地区自己制作的。

四

在南、北丝绸之路上往来迁徙的民族及其关系方面，有一现象可引起特别注意。《隋书》卷83《西域传·康国传》记载："康国者，康居之后也。迁徙无常，不恒故地，然自汉以来相承不绝。其王本姓温，月氏人也。旧居祁连山北昭武城，因被匈奴所破，西窬葱岭，遂有其国。支庶各分王，故康国左右诸国并以

---

① 段渝：《巴蜀是华夏文化的又一个起源地》，《社会科学报》1989 年 10 月 19 日；《古蜀文明富于世界性特征》，《社会科学报》1990 年 3 月 15 日；《商代蜀国青铜雕像文化来源和功能之再探讨》，《四川大学学报》1991 年第 2 期；《论商代长江上游川西平原青铜文化与华北和世界古文明的关系》，《东南文化》1993 年第 2 期；《支那名称起源之再研究——论支那名称本源于蜀之成都》，《中国西南的古代交通与文化》，四川大学出版社 1994 年版。

② 卢连成：《草原丝绸之路——中国同域外青铜文化的交流》，载上宫鸿南、朱士光编：《史念海先生八十寿辰学术文集》，陕西师范大学出版社 1996 年版，第 719 页。林梅村：《商周青铜剑渊源考》，《汉唐西域与中国文明》，文物出版社 1998 年版，第 39—63 页。

昭武为姓，示不忘本也。……人皆深目高鼻，多须髯。善于商贾，诸夷交易多凑其国。"《旧唐书》卷 198《西域传·康国传》："康国，即汉康居之国也。其王姓温，月氏人。先居张掖祁连山北昭武城，为突厥所破，南依葱岭，遂有其地。枝庶皆以昭武为姓氏，不忘本也。其人皆深目高鼻，多须髯。"昭武城，义为王城，相当于中原王朝所谓"京师"。据学者言，大月氏、贵霜帝国有所谓"昭武九姓"，均源于河西走廊祁连山北的昭武城，与氐羌种姓的"京师"有关①。前秦（氐人所建之国）称王为"诏"，如前秦王苻坚称为"苻诏"。南诏之诏，亦为王的称呼。缅甸王都称为 Chaohwa，也是以诏或昭相称（同上）。以昭或诏作为王称，这不免使人联系到同样高鼻深目的古蜀王的称谓。

三星堆出土青铜人物雕像中的青铜大立人像，当为古蜀王的雕像。这座雕像与其相类的青铜雕像，都是高鼻深目的古蜀人的形象，我们认为这些雕像具有明显的中亚或西亚人种的面貌特征②。张正明先生和张增祺先生也认为它们与中亚和西亚人种有关。张正明先生说："三星堆出土的诸色人像和头像，显然表明族类的复杂。那么，在古蜀国中，有没有从中亚辗转迁来的西徐亚人呢？西徐亚人，英称 Scythians，《汉书》谓之'塞种'，汉译旧称'斯基泰人'。张增祺先生认为，汉代滇国青铜贮贝器上的人像，有一种是《史记》所谓'巂人'，《汉书》谓之'塞种'，言之有据。我所要补充的，是后世所谓'叟'，亦即汉代所谓'巂'和'塞'，都是 Scythians 的音译。汉代的滇国已有之，应该不是突如其来的。那么，先秦的蜀国有没有西徐亚人呢？假如没有，有没有经西徐亚人传来的中亚乃至西亚的文化因素呢？"③张正明先生的答案是肯定的④。

在高鼻深目的古蜀人所使用的汉文文字里，称自己为"昭"，实例见于1980 年新都马家大墓所出列鼎，其中一件鼎铸刻有"昭之飤鼎"四个汉字⑤。徐中舒、唐嘉弘先生曾以为是楚国屈景昭三大姓中的昭氏⑥。我过去曾认为"昭之

① 方豪：《中西交通史》，岳麓书社 1987 年影印版，第 87—88 页。

② 屈小强、李殿元、段渝主编：《三星堆文化》，四川人民出版社 1993 年版，第 87、88 页。

③ 张正明：《对古蜀文明应观于远近》，《巴蜀文化研究》第三辑《巴蜀文化研究新趋势国际学术研讨会论文集》，巴蜀书社 2006 年版，第 3—4 页。

④ 张正明先生 1989 年底致段渝之函见示。参考《三星堆文化》，四川人民出版社 1993 年版，第536 页注释第 4 条。

⑤ 四川省博物馆：《四川新都战国木椁墓》，《文物》1981 年第 6 期。

⑥ 徐中舒、唐嘉弘：《古代楚蜀的关系》，载徐中舒《论巴蜀文化》，四川人民出版社 1982 年版，第 235 页。

飤鼎"的昭，是"金奏昭乐"之义[1]，现在看来，这个昭字更有可能与古蜀人的王称有关。也就是说，有可能古蜀人称呼王为"昭"。从古蜀人的族系分析，既有氐羌系，又有濮越系，那么这"昭之飤鼎"的昭，是否与大月氏、贵霜、南诏、缅甸对于王或王都的称呼有关？蜀地紧靠云南，又近于缅甸，其间具有族系上的同源关系。蜀与大月氏分别位于藏彝走廊的南北两端，而藏彝走廊正是氐羌系民族从北南迁的主要通道，早在新石器时代就有马家窑文化沿着这条通道南下进入岷江上游地区，茂县营盘山遗址以及其他遗址多有马家窑类型的彩陶发现，可以说明这个问题。但是古蜀与大月氏联系的直接证据，目前还是缺乏，难以证实其间的交流和互动关系。文献说"蚕丛国破，子孙居姚巂等处"[2]，姚为今云南大姚、姚安。近年在云南大理发现的青铜器中，可以见到古蜀青铜文化对当地明显的影响之迹，这正与褚少孙补《史记·三代世表》所说"蜀王，黄帝后世也，至今在汉西南五千里，常来朝降，输献于汉"的记载相合。蚕丛为氐羌，南诏亦氐羌后裔所建，如果说他们都以"昭（诏）"作为王称，似乎是有一定道理的。不过，关于这个问题，还需要更多的材料来证实。

（本文为作者 2009 年在云南大学举行的"世界民族学人类学大会"上的发言，载《西南民族大学学报》2010 年第 2 期）

---

[1] 段渝：《论新都蜀墓及所出"昭之飤鼎"》，《考古与文物》1991 年第 3 期。

[2] 《史记·三代世表》正义引《谱记》。

南方丝绸之路：中—印交通与文化走廊

古代中—印文化走廊，是指从成都平原向南，经四川西南、云南、缅甸，到达印度东部、中部和北部以及孟加拉，并进一步延伸到南亚、中亚、西亚和欧洲的国际交通线。中—印之间的交通线路曾是古代南方丝绸之路的主干线，《史记·西南夷列传》称之为"蜀身毒道"，它曾经在古代中外文明交流与互动方面发挥了重要作用。本文从南方丝绸之路概况、古代中—印文化交通与交流、中—印文化走廊等方面加以论述。

一、南方丝绸之路

古代中国与印度之间的交通线路，最早是从四川、云南经过缅甸北部通往东印度、北印度和今巴基斯坦的蜀身毒道。这条道路在中国古文献如《史记》、《汉书》和《三国志》裴松之注引三国时人鱼豢所著《魏略·西戎传》里，有一些简略的记载，在古希腊、罗马记述东方地理人文的一些文献也对中—印交通有所述及，但多数记载间接而模糊。近世以来，一些中外学者对此进行了研究，取得若干成果，但由于缺乏必要的资料和其他一些条件，在若干方面难以深入探讨，许多结论也未能获得学术界认同。20 世纪 80 年代，在全国改革开放大潮的促动下，四川省和云南省的历史学、考古学、人类学界提出古代南方丝绸之路研究，取得相当可观的成果。随着研究的深入和广泛，到 21 世纪初，学术界初步完成了南方丝绸之路的基础性研究，主要包括以下 3 个方面：

首先是南方丝绸之路的线路走向。南方丝绸之路的起点是成都，远在公元前 2000 年前，成都即已开始形成为一座工商业城市，公元前 700 年以后，成都逐步发展成为长江上游以至中国西南的古代文明中心，并以其强劲的吸引力和辐射力，成为中国西南国际交通线的起点和国际贸易中心。[①]

以古代成都为起点的南方丝绸之路中—印国际交通线，有西路、中路和东路3条，分别通往印度、中南半岛和南海，其中最主要的一条是通往印度的"蜀身毒道"。其走向为：从成都出发，向南分为东、西两路：西路为灵关道（又称为旄牛道），线路为成都—雅安—汉源—西昌—大姚—大理；东路为五尺道，为成都—乐山—宜宾—昭通—曲靖—昆明—楚雄—大理；两道在大理会合后，继续向西，经博南道至保山，而后经永昌道出腾冲抵缅甸密支那，去印度阿萨姆；或出瑞丽抵缅甸八莫，经密支那去阿萨姆。这条线路最长，也是南方丝绸之路最重要的一条线路，堪称古代亚洲的交通大动脉。

其次是南方丝绸之路开通的时代。过去学术界认为南方丝绸之路的开通始于秦并巴蜀之后，而五尺道为秦灭巴蜀后始凿。近年以来的考古发现和研究成果表明，五尺道早在商周之际即已开凿，[②]而四川、云南与印度之间的交通线也早在商代即已存在。[③]

第三是南方丝绸之路的性质。南方丝绸之路至少承载着对外贸易、民族迁徙、文化交流3种功能。对外贸易是南方丝绸之路的主要功能，对外贸易的主要货物有丝绸、蜀布、邛竹杖、蜀枸酱、盐、香料、宝石、象牙、琉璃、铜矿、锡矿等，使用的货币通常是一种出产于印度洋的海贝。贸易性质有官方控制的贸易和民间自由贸易，贸易形式有直接贩运和转口贸易两种形式。南方丝绸之路同时是一条民族迁徙线路，它同中国西部南北向的藏彝走廊相互结合并进一步通向国外。[④]由于商业贸易和民族迁徙在数千年的历史演进中往来不绝，因而使南方丝绸之路成为一条跨地区、跨民族、跨国家、跨洲际的国际交通线，一条在史前时代就已开拓而在历史时期更加兴盛的国际文化走廊。

二、古代中—印交通与交流

南方丝绸之路连接了欧亚大陆腹地最古老而灿烂的文明，而在蜀身毒道上，

---

① 参见段渝《四川通史》第1册，四川大学出版社1993年版；段渝《中国西南早期对外交通——先秦两汉的南方丝绸之路》，《历史研究》2009年第1期。

② 段渝：《五尺道的开通及其相关问题》，《四川师范大学学报》2013年第4期。

③ 段渝：《论商代长江上游川西平原青铜文化与华北和世界古文明的关系》，《东南文化》1993年第2期。

④ 段渝：《藏彝走廊与丝绸之路》，《西南民族大学学报》2010年第2期。

古蜀文明、滇文化、蒲甘文化、印度文明以及一些次级文化，在长期的贸易及民族迁徙往来中，产生了广泛的文化交流和互动。经由这条国际文化走廊，中国西南古代文明与印度古代文明相互吸收借鉴，促进了古代文明的繁荣与进步。

（一）古蜀文化与滇文化

滇文化是分布在云南东部以滇池区域为中心的一支地方文化，其创造者为古代滇人。滇池地区青铜文化的上限约为公元前5世纪，下限约为公元前1世纪，相当于春秋末战国初到西汉，前后相续达400余年。

比较而言，古蜀青铜文化诞生年代比滇文化更加古远，连续发展的时代也比滇文化长久。固然这两种青铜文化各有优长之处，也互有影响，但成都平原古蜀青铜文化较早渗入和影响了滇文化，却是考古学上的事实。

在云南晋宁石寨山、[①]江川李家山[②]古墓群出土的青铜器中，包含有古蜀早、中期青铜文化的某些因素。晋宁在汉代为滇池县，是古滇国故都之所在。在这里出土的青铜器上，铸有若干人物和动物的立雕像，这种风格与三星堆青铜文化有着相近似之处，造型艺术也较接近，仅有体量大小的不同。青铜雕像人物，有椎髻、辫发、穿耳等形式，与三星堆青铜人物雕像群不乏某些共同点。一件长方形铜片上刻划的文字符号中，有一柄短杖图像，无杖首，杖身上刻4个人头纹。从滇文化发现大量各式杖首来看，应有发达的用杖制度。滇文化以杖而不以鼎来标志宗教权力和政治权力，与古蜀文化颇为一致，应是受到古蜀文化的影响所致。

滇文化的青铜兵器也含有蜀文化色彩。江川李家山和晋宁石寨山墓地均出土了无格式青铜剑，它们与蜀式扁茎无格柳叶形青铜剑属于同一风格，没有本质性区别，显然存在文化交流和传播的关系。[③]滇文化的青铜兵器形制也有蜀文化的特征，青铜戈上的太阳纹或人形纹在蜀戈上也是早已有之，表明它在发展演变中显然曾经受到过蜀式戈的重要影响。[④]

---

① 参见云南省博物馆编：《云南晋宁石寨山古墓群发掘报告》，文物出版社1959年版。

② 云南省博物馆：《云南江川李家山古墓群发掘报告》，《考古学报》1975年第2期。

③ 童恩正：《我国西南地区青铜剑的研究》，载《云南青铜器论丛》，文物出版社1981年版，第168页；张增祺：《滇西青铜文化初探》，载《云南青铜器论丛》，文物出版社1981年版，第94页。

④ 霍巍、黄伟：《试论无胡蜀式戈的几个问题》，《考古》1989年第3期。

滇文化青铜贮贝器上的人物雕像，在造型和风格上模仿三星堆青铜雕像，滇文化的用杖制度模仿蜀制，都意味着滇文化长期受到蜀文化的影响，这其实就是《华阳国志·蜀志》所说蜀王杜宇以"南中为园苑"所表达的历史事实。

云南自古富产铜、锡矿石。早在商代，中原王朝就大量从云南输入铜、锡，作为制作青铜器的原料。根据用铅同位素比值法对殷墟 5 号墓以及三星堆和成都市金沙遗址所出部分青铜器进行的测定结果，这些青铜器的矿料来自云南①，而古蜀青铜器的锡料必须仰给于云南，三星堆青铜器中的铅也是取之于云南。蜀、滇青铜器合金成分比较接近，也足以说明这个问题。而蜀、滇都曾使用来自印度洋的海贝为货币，为二者间的金锡交易提供了可能。② 这说明，滇文化对古蜀青铜文化的发展做出了积极而重要的贡献。

（二）印度、中国西南对蒲甘文化的影响

早在 5000 年前，纵贯缅甸南北的伊洛瓦底江边的村庄就有人类居住。在公元前 200 年左右，骠人进入伊洛瓦底江的上游地区。公元 2 世纪之后，孟族进入锡唐河流域。后来，逐渐强大起来的缅族控制了骠河流域，建立起缅甸最早的城市——蒲甘。缅族、骠族和孟族成为对缅甸历史文化贡献最大的 3 个民族。1044 年，蒲甘阿努律陀国王基本上统一了缅甸，开创了蒲甘王朝。蒲甘王朝以蒲甘城为都城，先后征服掸族和孟族，并不断扩展领土，大力推行南传上座部佛教。到 12 世纪时，南传上座部佛教已经成为缅甸的主流文化，并在 13 世纪初期达到顶盛。在蒲甘城周围，陆续建造起 400 余万座寺庙，至今尚保存有2000 余座，不愧为世界三大佛教遗迹之一，与柬埔寨吴哥窟以及印尼的婆罗浮屠塔齐名。

蒲甘文化以有缅甸风格的南传上座部佛教为主体，以形制、意蕴、雕刻、色彩、装饰等独具韵味与特色的佛塔建筑为最显著的标志，以神像、碑文、寺庙建筑、灵兽、宗教故事、神话、民居故事与传说等为主要内容。从古至今，这些文化内容和现象几乎是无处不在地、以各种形态体现于缅甸人日常的精神与物质生活中。

蒲甘地处缅北，东与中国西南、西与印度东北接壤，受到了来自这两大文

---

① 金正耀，[日]马渊久夫等：《广汉三星堆遗物坑青铜器的铅同位素比值研究》，《文物》1995 年第 2 期。

② 段渝：《四川通史》第 1 册，四川大学出版社 1993 年版，第 146 页。

明区域的很大影响。首先是民族迁徙带来的文化交融，缅甸的缅族、克伦族、克钦族等民族，与中国西南的羌族、景颇族、哈尼族、傣族等民族有族源关系。其次是宗教文化影响。大乘佛教经缅北传入中国西南，缅北先是信奉大乘佛教，传入中国西南的也首先是大乘佛教。到了12世纪时，南传上座部佛教才成为缅甸的主流文化，中国西南的云南南部以傣族为主的少数民族也逐渐改信南传上座部佛教。而四川的道教传入印度，也是经过缅北地区，密宗的形成之地迦摩缕波国，正是紧邻缅北的印度东部阿萨姆地区。

（三）中国西南与印度的文化交流与互动

至少在距今3000年前的殷商时期，由四川进入云南，经上缅甸达于东印度、西印度、巴基斯坦和阿富汗的"蜀身毒道"已经初步开通，由此开辟了中国西南走向南亚并进一步通往西方世界的交通，沟通了中国与缅、印地区的经济文化交流。魏晋南北朝时期，北方大乱，黄河流域和河西地区先后被十六国和北魏占领，经河西走廊出西域的中西交通线因此阻断，西域也陷于乱局之中。在这种形势下，中西交通线路便移至南方，除南海道外，以成都为起点的南方丝绸之路便承担起中西经济文化交流的主要任务。这一时期的滇蜀道基本上沿袭汉代的蜀身毒道，从成都出发，中经云南，西通缅、印。这条线路在永昌郡又分为海路和陆路。海路出永昌郡，沿伊洛瓦底江至下缅甸出海，航行于孟加拉湾，在金洲（Khersonese）登陆，这是成都与罗马进行丝绸、黄金和宝石异物贸易的主要商业线路。《后汉书·南蛮西南夷传》说："掸国（缅甸）西南通大秦（罗马）"，《三国志·魏志·乌丸鲜卑东夷传》裴松之注引三国时人鱼豢《魏略·西戎传》说："（大秦）又有水道通益州、永昌，故永昌出异物。"又记载说："（大秦）又常得中国丝，解以为胡绫，故数与安息（古波斯，今伊朗）诸国交市于海中。"[1]罗马人在孟加拉湾金洲登陆，获得中国丝绸后，又加工为"胡绫"，再出口于安息诸国。陆路在永昌又分为两道：一条循弥诺江（Chindwan）至东印度曼尼普尔，再经北印度达于阿富汗，进行丝绸、黄金贸易；一条经上缅甸至东印度的阿萨姆地区，再抵孟加拉，进行丝绸、黄金、宝石贸易。通过海陆两路，成都丝绸大量运往西方，成都则从西方获得黄金、宝石以及香料等物品。

除大量官方贸易外，蜀地商人亦踏着先秦至汉代的蜀身毒道，出云南至东

---

[1] 《三国志》卷三十《乌丸鲜卑东夷传》。

印度阿萨姆地区进行贸易。《魏略·西戎传》记载说："盘越国（按：《后汉书·西域传》作"磐起国"），一名汉越王，在天竺（印度）东南数千里，与益部近。其人小，与中国人等。蜀人贾似至焉。"[1] 盘越国，或以为是孟加拉（Bengal），以其古音相近，[2] 但从道里、风俗等分析，应为东印度的阿萨姆地区，即迦摩缕波国（Kāmarūpa），也即《史记·大宛列传》所记"蜀贾奸出物者或至"的"滇越"[3]。这条道路是蜀中商人同西方进行各种贸易的传统商道之一，在魏晋南北朝时依然发挥着重要作用。

隋唐时期，南方丝绸之路的政治功能逐渐强化，更多地承担了境内外的进贡回赐和盐、绢丝交易等经济贸易功能。南诏建国后，大力发展佛教，与缅甸建立了密切的交往关系，保持了通往缅甸道路的畅通。南诏南接骠国，北连唐王朝，贞元年间，骠国使团献乐队伍前来中国的路线，就是沿着唐代宰相贾耽记载的中缅印路线进入大理的，[4]"自羊咩城西至永昌郡……西渡怒江……至诸葛亮城（龙陵）……南至乐城……入骠国境，经万公等八部落，至犀利城七百里。……至骠国（指都城），……西度黑山，至东天竺迦摩波国……又西北渡迦罗都河至奔那伐檀那国……又西南至中天竺国东境恒河南岸羯朱啅罗国……西至摩羯陀国。"[5]献乐使团到达大理后，经成都到达唐都长安。这条线路正是唐代从蜀身毒道的起点成都经滇、缅入印度的通道。

至明清，南方丝绸之路的国际贸易走向低谷，尤其到了清代，原经南方丝绸之路进行的官方贸易多数转向广州和上海，但南方丝绸之路民间贸易仍在进行。

关于古代中国西南与印度文明经蜀身毒道所进行的文化交流，这里列举以下几点加以说明。

1.三星堆文化与古印度文明

在三星堆遗址的外来文化因素中，来自印度的因素十分明显，尤其是海贝、象牙，其来源均为古印度。

---

[1]　《三国志》卷三十《乌丸鲜卑东夷传》。

[2]　张星烺：《中西交通史料汇编》第6册，中华书局1979年版，第42页。

[3]　汶江：《滇越考》，《中华文史论丛》1980年第2辑。

[4]　[缅] 吴耶生：《公元802年骠国使团访华考》，朱杰勤译，载《中外关系史译丛》第1辑，上海译文出版社版1984年版，第68—70页。

[5]　《新唐书》卷四十三下《岭南道》。

（1）从海贝看中—印交通。三星堆一、二号祭祀坑中出土了大量来自印度洋的白色齿贝，这种来自印度洋的海贝在云南、四川的多处考古遗址中被大量发现，如云南昆明、晋宁、楚雄、禄丰、大理、曲靖，四川广汉、凉山、茂县等地，均有发现。把这些出土这种海贝的地点连接起来，恰好就是南方丝绸之路蜀身毒道的走向。

《史记·大宛列传》记载汉武帝为打通汉王朝与大月氏的联系，派遣使者10余批，"乃令骞因蜀犍为发间使，四道并出：出駹，出冉，出徙，出邛、僰，皆各行一二千里。其北方闭氏、筰，南方闭嶲、昆明。"① 张骞在蜀郡和犍为郡发间使经由4条道路前往大月氏所在地区（其时大月氏已迁徙到乌浒水地区，即今阿富汗地区），4条道路中，除冉、駹在岷江上游地区外，徙、邛、僰均位于犍为郡以南。这说明张骞是明确了解并且知道从蜀经由西南夷徙、邛、僰等地区，可以通往大月氏所在地。徙位于今四川汉源，邛位于今四川凉山西昌，僰位于今四川宜宾，这3地恰好是蜀身毒道东西两线的要冲。《史记·西南夷列传》还记载："于是天子乃令王然于、柏始昌、吕越人等，使间出西夷西，指求身毒国。至滇，滇王尝羌乃留，为求道西十余辈。岁余，皆闭昆明，莫能通身毒国。"② 汉武帝派出的使者在滇池地区后，"皆闭昆明"，"其北方闭氏、筰，南方闭嶲、昆明"，遮挡了汉王朝使者前往身毒和大月氏的道路。嶲、昆明的所在，嶲位于今云南保山，昆明位于今云南大理一带。嶲、昆明遮挡了汉王朝使者的道路，可见汉王朝使者的意图，是要通过大理和保山西去身毒和大月氏，他们所选择的这条早已存在的交通线路，就是蜀身毒道。《华阳国志·南中志》记载永昌有"身毒之民"，说明从永昌到身毒的道路是畅通的。将蜀、犍为、邛、僰、嶲、昆明与永昌和身毒连接起来，正是从蜀、滇通往印度的蜀身毒道线路的全程。

（2）从象牙看中—印交通。在四川盆地的考古发掘中，迄今出土了不少大象的门齿、臼齿等，这些大象的遗骸集中发现于广汉三星堆和成都金沙遗址。除象牙外，在出土青铜器的造型方面，三星堆青铜大立人像座为4个象头，三星堆出土的一件夔龙凸目青铜面具实为凸目青铜人象面具（鼻作上卷的象鼻状），还有一件戴象冠的立人像。③ 除此而外，在彭县竹瓦街发现的商周之际的青铜器窖藏中出土了一件青铜罍，亦有大象的造型。迄今的考古发现似乎说明，从

---

① 《史记》卷一百二十三《大宛列传》。

② 《史记》卷一百一十六《西南夷列传》。

③ 段渝：《古蜀象牙祭祀考》，《中华文化论坛》2007年第1期。

商周之际以后，成都平原没有发现完整的象牙，在青铜器或其他器物的纹饰里也没有发现大象的图形。成都百花潭战国墓出土的一件水陆攻战铜壶，盖和身下部铸有各种动物图像，有牛、羊、猪、狗等，应是当时成都平原所见的动物，其中没有大象，似可说明大象并非成都平原的原产动物。

如果说成都平原产象，那么为什么仅在商代和商周之际成都平原出现大象（整只，或象牙），而西周以后却没有了呢？金沙遗址的象牙出土数量，从地层关系看，商周之际以后大大减少，充分表明了供应不足的情况，这与西周以后大象图像的消失是一致的。从成都平原的气候条件和物产来看，不可能是由于西周以后气候变冷致使大象南迁。宝墩文化时期成都平原的谷物以小米为主，三星堆文化时期小米和水稻并存，金沙遗址则以水稻为主，这从农业气象的角度说明了先秦成都平原的气候，即是新石器时代较冷，商代稍暖和，西周以后是温暖气候。既然在商代的气候条件下大象可以生存，那么西周以后更能够生存发展。但从考古发现来看，情况却恰恰相反，这说明大象并不是成都平原的原产动物。[①]

印度自古盛产大象，中国历代史册对此多有记载。在印度河文明著名的摩亨佐·达罗遗址里，就发现了象牙加工工业的繁荣景象，还出土不少有待加工的象牙。

把成都平原出土的大量象牙，同三星堆遗址出土的成千枚来自印度洋地区的海贝，以及古蜀青铜剑形制的来源[②]等加以联系，不难看出，成都平原大批象牙的来源地不是别的地方，正是古印度。而在三星堆祭祀坑中埋藏的大量贝币，也应是二者象牙贸易的媒介。[③]

2. 佛教传入中国西南

佛教传入中国西南的途径，学术界认为主要有南、北两条线路。北路由印度经西域和甘、青地区传入，南路由印度经缅甸、云南传入。由于四川据有形胜之利，既有长江沟通东西交通，又有横断山脉连接南北往来，于是成为江南和西域的僧人往来传教的必经之地，并由此深受南北佛教的推动和影响。任继

---

① 参见段渝：《中国西南地区海贝和象牙的来源》，载段渝主编《巴蜀文化研究集刊》第 5 卷，巴蜀书社 2009 年版。

② 段渝：《商代中国西南青铜剑的来源》，《社会科学研究》2009 年第 2 期。

③ 参见段渝：《中国西南地区海贝和象牙的来源》，载段渝主编《巴蜀文化研究集刊》第 5 卷，巴蜀书社 2009 年版。

愈先生认为，四川地区广泛分布的早期佛教造像，最大的可能是通过云南输入。[①] 东汉时佛教造像南传，从印、缅经云南传入四川的情况，不但有近年在滇蜀道上发现的大量佛教造像予以证实[②]，而且也与《华阳国志·南中志》关于永昌郡居住有佛教来源地的"身毒之民"等记载相吻合，其间关系绝非偶然。

魏晋南北朝时期，南方丝绸之路滇缅道仍是长江流域与印度联系的主要通道，南朝僧侣同西域和印度佛教往来，都要在蜀地中转或暂住。大量高僧南来北往，东进西上，给蜀中佛教的风行增添了很大的激励力量。

佛教艺术自东汉经南方丝绸之路滇缅道传入四川后，又继续向长江中下游传播，从而形成了早期佛教的南传线路。

3. 道教传入印度

中国西南的道教传入印度，对印度的宗教思想产生了很大影响，构成了印度密宗最主要的思想根基之一。中国道教起源于蜀，兴盛于蜀，而蜀地的道教也最早南传至印度。

道家的哲学思想自先秦以来就在巴蜀地区长期传播，在蜀中的深厚土壤中长期生长，不断发展，到西汉之世，蜀中大学者如严君平、扬雄等，均以精通道学，耽于《老》、《庄》而饮誉中华。宋人所说"《易》学在蜀耳"，[③] 确实真切反映了蜀中道学思想的丰富多彩和源远流长。到东汉时，中国最重要的本土宗教——道教在巴蜀地区诞生。至东晋，道教在四川地区已经相当兴盛，产生了鹤鸣山、青城山、峨眉山等著名的道家圣地，并且还向四面八方传播，向南即传入印度。

道教对印度宗教的影响，集中体现在印度密宗与炼金术上。就如达斯古普塔所说，密宗既非来自于印度，也非来自于佛教，而是来自于远古与玄妙的哲理无关的宗教暗流，这股暗流应该就是中国的道教。道教传向印度是非常自然的事。佛教传入中国，曾长期和道教混杂不清，为了争取大众的接受，顺利传教，佛教僧侣也自觉地学习当地的宗教思想，将其融合进佛教。并且随着印度僧侣回国，以及中国道士赴印，将道教思想传到印度。[④] 印度的迦摩缕波国是密

---

① 任继愈：《中国佛教史》第 1 卷，中国社会科学出版社 1985 年版，第 187 页。

② 阮荣春：《早期佛教造像的南传系统》，《东南文化》1990 年第 1 期。

③ 《宋史》卷 459《谯定传》。

④ 汶江：《试论道教对印度的影响》，载伍加伦、江玉祥主编《古代西南丝绸之路研究》，四川大学出版社 1990 年版，第 80—81 页。

宗的形成之地，位于印度东部阿萨姆地区，迦摩缕波国即是中国史籍所称的滇越，历史文献记载的商旅、僧人在中国西南与滇越间往来不绝，表明其间正是道教传入印度的主要线路。

三、中—印历史文化走廊

早在古代就已形成并日益繁荣的南方丝绸之路，是一条呈带状分布的经济文化带或经济文化走廊。这条丝绸之路经济带，以其长期不绝的经济贸易、民族迁徙而形成广泛的文化交流，使得整个走廊的各区域文化显示出多种多样的特性，既有鲜明的地域特色，又有互鉴、交融、创新的文化风貌，大大提升了地域文化的品位。这是整个古道上各区域共有的文化资源，也是将其整体开发、建设、利用的有利条件。

中—印文化走廊由历史上形成的九条走廊重合而成。

（一）古代文明走廊

在南方丝绸之路经济带文化走廊中，曾诞生了辉煌灿烂的古代文明，它们是：印度文明、古蜀文明、滇文化、蒲甘文化，以及一些次级文化如爨文化、南诏文化等。这些都是人类最宝贵的文化遗产，具体表现物为文明遗址、出土文物。

（二）中国丝绸西传走廊

早在商周时期，古蜀地区便初步发展了与印度的陆上交通，成都丝绸通过上缅甸、东印度阿萨姆地区传播到印度和中亚、西亚以至地中海地区，这条国际贸易线路便是蜀身毒道，亦即南方丝绸之路，由此引起了丝绸之路的开通。

成都平原销往南亚的代表性商品是丝绸。根据《史记·大宛列传》、《史记·西南夷列传》以及《魏略·西戎传》等的记载，蜀地商贾曾前往印度从事长途贸易，贩运"蜀物"。大夏（今阿富汗）人专门"往市之身毒"，在身毒"得蜀贾人市"，购进蜀布和邛竹杖。如果不是因为蜀物在身毒的畅销，就不可能吸引大夏人到身毒购买蜀物。这说明，蜀身毒道贸易是畅通无阻的直接的远程贸易。

印度学者 Haraprasad Ray 教授在他的《从中国至印度的南方丝绸之路——一篇来自印度的探讨》一文中说道，印度诗人迦梨陀娑（Kalidasa）那个时代以前，中国纺织品的名字已频繁出现。Haraprasad Ray 教授指出，Cinapatta 在 Kalidasa 时代（在公元前 1 世纪至公元 400 年之间），通称为 Cinangsuka。在公元前 4—公元前 3 世纪的早期阶段，它通称为 Cinapatta，印度人对它的织质是不清楚的，因此他们称之为"中国布"（China cloth）。Patta 很可能是用亚麻或黄麻制成，因为整个东印度(in Bhojpuri Patua)Pat- ta 的现在形式 Pat 意谓"黄麻"。从织质和外观来看，它类似丝。同样的词 Pat，阿萨姆语意指"丝"，这是由于阿萨姆的丝极其普遍的缘故。这种丝可能从中国传入，替换了亚麻丝或亚麻布，Patta 这个词便用来专指由蚕茧制成的中国丝绸或阿萨姆的丝绸，Patta（Pat，黄麻）在阿萨姆失去了它的原始意义。早在公元前 5 世纪，丝绸一定已从中国传到阿萨姆。[①] 这也可说明，《史记》记载张骞在大夏所见贩自蜀人在印度销售的"蜀布"，梵语称为 Cinapatta，这个名称应该就是四川丝绸从阿萨姆传播到印度广大地区后，为印度所接受的阿萨姆语言对丝绸的称呼。

（三）佛教文化走廊

南方丝绸之路经济带文化走廊，最显眼的文化遗产是佛教文化遗产。有佛教发源地、南传上座部佛教和大乘佛教，其内容之全面、分布之紧凑，在佛教传播路线上具有唯一性。"印度东部—缅甸北部—中国云南—中国四川"就是佛教南传的线路。

在佛教的发源地印度，有当时世界上最大的佛教寺庙（学校）那烂陀寺遗址、灵鹫山释迦牟尼开坛讲经遗址、释迦牟尼在菩提树下成佛的菩提伽耶等佛教圣地遗址。中国古代的高僧法显、玄奘、义净都到这些地方参拜和居住过。

缅甸北部、云南南部，是南传上座部佛教盛行之地，有世界三大佛教建筑遗址之一的蒲甘佛塔：2000 余座样式各异、高低不一的佛塔散落在蒲甘平原；而云南的南传上座部佛教寺庙建筑，则具有自身的特点，小巧精致，富于装饰。

自云南保山向北，又见大乘佛教寺庙建筑，最著名的是大理鸡足山、成都平原峨眉山。

---

① 参见［印］Haraprasad Ray：《从中国至印度的南方丝绸之路——一篇来自印度的探讨》，江玉祥译、曾媛媛校，载江玉祥主编《古代西南丝绸之路研究》第 2 辑，四川大学出版社 1990 年版。

鸡足山的佛教文化，融合了大乘佛教、南传上座部佛教、印度密教、儒家的文化元素，大理本土的文化传统信仰元素，也融合到大理佛教中。大理佛教文化的这种特色，充分反映出大理在南方丝绸之路经济带文化走廊中所处的重要枢纽位置。

（四）古城镇文化走廊

南方丝绸之路经济带文化走廊分布着许多古城镇。由于地域、民族、历史等原因，呈现出各不相同的特色，散发出迷人的魅力，具有很高的旅游开发价值。

成都平原的古城有成都、大邑、崇州、邛崃等，具有浓郁的川西平原风格。川西南的雅安、荥经、汉源、西昌，尤具古道雄关的风范。云南昆明、楚雄、大理、保山、腾冲、瑞丽，展现滇西风采，文化独特，是为要道枢纽。缅北有皇城曼德勒，第一古都蒲甘，印度东北地区文化发祥地古瓦哈蒂，圣河恒河的入海口加尔各答，印度教最重要的朝圣地之一因帕尔，印度历史上第一个奴隶制国家——孔雀王朝的都城帕塔娜等，都是古道上最重要的交通、经济、文化的枢纽和中心。

南方丝绸之路经济带文化走廊的古镇以四川的平乐、上里、新场、黄龙溪古镇，云南的巍山、和顺古镇等为典型，代表了川西农耕文化、水乡文化，大理南诏文化、边疆侨乡文化。

（五）茶文化走廊

南方丝绸之路经济带文化走廊是世界茶文化的发祥地，茶文化源远流长。南方丝绸之路的成都—雅安段、滇—藏道，还一度承担了汉藏茶马贸易的使命，被后人称之为茶马古道。在蜀身毒道上，印度红茶享誉全球；深受藏民喜爱的云南普洱茶，如今焕发出新的生机；四川绿茶被白居易盛赞为"茶中故旧是蒙山"，产品全面，质量上乘，是茶产品的最高代表。

各地各族创造的茶文化丰富多彩，有广为流传的诗歌、传说，传承至今的饮茶、食茶礼仪和习俗，加之茶马古道文化，构成了蜀身毒道风韵独具的茶文化。

（六）玉文化走廊

南方丝绸之路经济带文化走廊拥有全世界独一无二的玉文化。玉文化发源于中国，也是东方最古老、最神秘和最具人文品格的文化。云南、缅甸出产的翡翠，以及近年来新涌现出的黄石和其他新产品，与北方的和田玉及其他玉石分庭抗礼，撑起玉产品的半壁江山。以玉为重要元素的玉文化带，极大地丰富了南方丝绸之路经济带文化走廊建设的文化内容，提升了人文品格和艺术品质。

（七）黄金文化走廊

中国、缅甸、印度，是世界上最大的黄金文化走廊，人们对黄金的喜好甚至崇拜的习性，不仅源远流长，而且根深蒂固。四川的蜀文化、金沙文化以及云南香格里拉、滇池区域，都有着悠久的黄金文化传统。在印度、缅甸的宗教文化中，黄金文化登峰造极，体现得淋漓尽致，缅甸有世界上最大的金佛塔；缅甸吉谛佑金石头佛塔位于一座巨大的砾石上，而巨砾则坐落在陡峭的山崖边缘，据说与山崖并无接触，是前来祭祀的男子都往上贴金箔，逐渐形成金石头佛塔。缅甸曼德勒还有一座金佛像，前来祭祀的男子也都往佛像上贴金箔，以至于佛像上的黄金日益增加，大大超过建设落成之时的重量。

在民众生活中，黄金也是不可或缺的重要物质，因此，在南方丝绸之路经济带文化走廊的旅游文化开发中，黄金文化开发具有非同寻常的价值。

（八）民族民俗文化走廊

南方丝绸之路经济带文化走廊的民族民俗文化，既是其非物质文化遗产最重要的组成部分，也具有很高的旅游开发价值。在这条民族走廊中，迄今有中国的汉、藏、羌、彝、白、纳西、傈僳、普米、独龙、怒、阿昌、景颇、拉祜、哈尼、基诺、傣、佤、布朗、德昂、苗、瑶等民族聚居其间。缅甸有缅族、克伦族、克钦族等42个民族，135个支系。其中克钦族跨中、缅、印而居，是缅北的主要居民，而布岛族以女性长颈为美，超长脖颈的习俗举世闻名。据不完全统计，印度东北部地区，共有分属于5个不同种族集团的160个表列部族及400多个部落和亚部落群。各地各民族都创造了与众不同的历史文化，展示出各自独特的风格和魅力。

（九）抗战文化走廊

南方丝绸之路经济带文化走廊建设中，抗击日本侵略的抗战文化具有十分鲜明的特色，而且保留有很多纪念场所、实物。如史迪威公路、滇缅公路、密支那大捷、保山抗日烈士纪念陵园、畹町抗日烈士纪念陵园等；保山市博物馆中有关滇西抗战之中国远征军事迹、松山战役、腾冲战役、龙陵战役资料及文物，以及松山战役遗址等内容。

中印史迪威公路长1222公里（从雷多到腾冲600公里），始建于1942年，1945年初正式通车，其起点正是印度阿萨姆。它与滇缅公路一道，为抗日战争的胜利做出了重大贡献。

滇西抗战是中国人民抗日战争的重要组成部分，有着十分重要的地位。滇西至今还保存了一些战争遗址、遗迹，是宣传抗战文化的好资源，它们与博物馆展出的文物一道，构成了抗战文化的主体实物。既是不忘国耻、开展爱国主义教育的好教材，也是世界人民反法西斯战争胜利的好教材。

以史迪威公路、滇缅公路为纽带，把中国远征军事迹、滇西抗战、密支那大捷、腾冲战役、龙陵战役、松山战役，以及保山抗日烈士纪念陵园、腾冲国殇园、畹町抗日烈士纪念陵园等相连接，形成中缅印抗战文化带，将在中—印国际文化走廊的建设中具有鲜明特色。

四、余论：中—印历史文化走廊建设

中—印之间相互重合、多线一体的9条走廊说明，中—印文化走廊的各种历史文化要素，已经形成了独具特色而内涵深厚的线性文化遗产，完全符合国际古迹遗址理事会（ICOMOS）2008年11月制定通过的《文化线路宪章》（*Charter on Cultural Routes*）的有关定义。这是一份历史上形成、至今仍然存在于南方丝绸之路经济带中的十分珍贵的文化遗产，是一条从历史走进现实，从现实走向未来的国际文化长廊，应引起中、缅、印、孟4国政府的高度重视和积极建设。

中—印文化走廊的建设模式，应在保护、开发、利用的原则框架内，以南方丝绸之路为载体，中、印、缅、孟4国通力合作，线性研究，全线开发，共同建设，利益共享。其建设目标，是将南方丝绸之路蜀身毒道作为中国西北—中亚丝绸之路"申遗"的延伸，申报世界文化遗产，从而提升南方丝绸之路蜀身毒道即中—印文化走廊的品牌地位，以便进行更加深入广泛的开发建设。再进一步，开展全面的经济文化交流，建设和谐互动共荣的互惠共进型经济文化走廊。

由南方丝绸之路蜀身毒道延续而来的中—印文化走廊即南方丝绸之路经济带文化走廊，是有着数千年深厚历史积淀的国际文化走廊，是中、印、缅、孟4国共有的十分珍贵的文化遗产资源和巨大的历史文化财富。在建设丝绸之路经济带和21世纪海上丝绸之路的大背景下，在建设和谐友好邻国关系、促进共同发展的认识已经日渐被各国人民广泛接受的形势下继往开来，建设南方丝绸之路经济带文化走廊，具有非常重要的战略价值和现实意义。

（本文为作者2014年在成都举行的"中印论坛"宣读的论文，

修订发表于《思想战线》2015年第6期）